인지언어학의 지평

- 이론, 개념 그리고 새로운 방향 -

Ⅱ

The Routledge Handbook of Cognitive Linguistics
1st Edition

The Routledge Handbook of Cognitive Linguistics

인지언어학의 지평

– 이론, 개념 그리고 새로운 방향 –

Ⅱ

쉬 웬Xu Wen · 존 테일러John R. Taylor 엮음

임태성 옮김

한국문화사

한국문화사 인지언어학 시리즈

인지언어학의 지평 Ⅱ

이론, 개념 그리고 새로운 방향

1판 1쇄 발행 2026년 1월 16일

원 제 | The Routledge Handbook of Cognitive Linguistics
엮 은 이 | Xu Wen · John R. Taylor
옮 긴 이 | 임태성
펴 낸 이 | 김진수
펴 낸 곳 | 한국문화사
등 록 | 제1994-9호
주 소 | 서울시 성동구 아차산로49, 404호(성수동1가, 서울숲코오롱디지털타워3차)
전 화 | 02-464-7708
팩 스 | 02-499-0846
이 메 일 | hkm7708@daum.net
홈페이지 | http://hph.co.kr

ISBN 979-11-6919-376-4 94700
979-11-6919-374-0 (세트)

차례

제3부 인지언어학 및 다른 분야 또는 학문 간의 접점

제4부 인지언어학의 새로운 방향

그림 차례

표 차례

제3부
인지언어학 및 다른 분야 또는 학문 간의 접점

제23장
언어와 인지에서 문화

1. 개요

1.1 언어, 마음, 문화의 독립성 대 상호 의존성

인지언어학은 인지과학의 기초 위에 세워진 언어학의 독특하고 고도로 학제적인 접근 방식이다. Lakoff(1987), Langacker(1987), Talmy(2000)와 같은 기본 텍스트는 인지심리학, 특히 게슈탈트 심리학(Sinha 2007)에서 유래한 오랜 전통을 바탕으로 하고 있지만 종종 간과되곤 한다. 인지언어학의 근본적인 신조는 화자와 청자가 언어를 사용할 때 활용하는 인지 능력과 처리 과정이 언어뿐만 아니라 다른 인지 및 지각 영역의 토대가 되는 **영역-일반적**이라는 것이다. 이는 인지언어학이 역사적으로 비판적인 반응을 보였던 생성(또는 형식) 언어학과 대조적이다. 생성언어학은 인간의 언어능력과 그 하위 체계 모두에 대한 **모듈식** 관점을 취하고 있다. 생성언어학자들은 통사론의 하위 체계가 의미론과 음운론으로부터 자율적일 뿐만 아니라, 언어라는 체계가 다른 인지 과정과 언어공동체의 문화 및 사회적 조직의 영향으로부터도 자율적이라고 주장한다. 한 가지 중요한 예외는 모든 언어학자들이 한 언어의 **어휘소**가 자연물의 명명과 인공물 및 제도의 명명을 포함한 문화의 영향을 받는다는 데 동의한다는 점이다. 그러나 생성언어학자들은 언어의 **문법적** 특징이 문화적 패턴과 완전히 독립적이라고 주장한다. 인지문법과 구문문법에서는 어휘소와 문법의 구분이 형식언어학보다 덜 범주화된다(Langacker 1987, Kay & Fillmore 1999). 만약 언어가 마음을 들여다볼 수 있는 창을 제공하고, 이러한 마음을 형성하는 문화의 차이로 인해 개별적인 마음에 차이가 있다면, 언어는 문화적으로 특정한 인지를 들여다볼 수 있는 창도 제공할 것이다. 이것이 바로 인지언어학을 기반으로 한 **문화언어학**의 약속이다. 게다가 인지언어학자들은 문법적 사실을 포함하여 언어의 모든 언어적 사실이 의미에 의해 동기화되며, 문화는 근본적으로 의미와 의미 조직에서 인간 집단 간의 변이에 관한 것이라고 믿기 때문에(Sinha 2017a), 문화언어학은 언어, 문화, 마음이 **독립적**이기보다는 **상호 의존적**이라는 가정을 기반으로 할 것이다(Sinha 2017b).

1.2 문화란 무엇인가?

'문화'라는 단어의 의미는 오랫동안 많은 논쟁과 불일치를 불러일으켜 왔다. 19세기 영국 인류학자 에드워드 버넷 테일러(Edward Burnett Tylor)가 문화를 "지식, 신념, 예술, 도덕, 법률, 관습 및 기타 사회 구성원으로서 인간이 획득한 능력과 습관을 포함하는 복합적인 전체"라고 정의했다.[1] 이 정의는 초기에 많이 인용되었지만, 너무 모호하고 문화가 서로 **다르다**는 사실의 중요성을 간과한다는 비판을 자주 받았다. 20세기 중반 인류학자인 Kroeber & Kluckhohn(1952)은 문화에 대한 164개 이상의 정의를 인용하며 다음과 같이 정리했다.

> 문화는 상징으로 획득되고 전달되는 행위에 대한 명시적 및 암시적 패턴으로 구성되며, 인공물에 신체화된 것을 포함하여 인간 집단의 독특한 성취를 구성한다. … 문화 체계는 한편으로는 행위의 산물로, 다른 한편으로는 추가 행위의 조건 요소로 간주될 수 있다.

이 정의는 상징, 인공물, 행위의 중요성을 강조하지만, (이 정의가 작성된 당시의 행동주의적 취지에 따라) 이를 뒷받침하는 인지적 기반의 중요성을 간과하고 있다.

Sinha(2017b: 9)는 문화에 대한 정의의 중심에 의미를 두고, 모든 인간 문화는 "의미의 패턴 혹은 패턴 … 언어를 포함한 기호 체계 또는 수단, 지속적인 인공물과 제도에서 실현되고 재생산되며 사회적 및 의사소통 관행에서 제정되고 갱신되는 규범적 질서"로 이해해야 한다고 제안한다. 신하는 또한 문화를 세 가지 관점에서 동등하게 개념화할 수 있다고 강조한다. 즉, **일을 하는 방식(Ways of doing things)**(관습), **사고와 감정의 방식(Ways of thinking and feeling)**(정신모형, 도식, 세계관, 이념, 감정의 구조), 그리고 **대화 방식(Ways of talking)**(담화)이다. 이 모든 관점은

---

1 Spencer-Oatey(2012: 1)에서 인용됨.

다양한 분야의 언어와 문화에 대한 사고의 역사에 영향을 미쳤다.

2. 역사적 관점

2.1 인류학적 관점

역사적으로, 그리고 오늘날에도 문화와 가장 밀접하게 관련된 분야는 인류학이다. 인류학의 역사는 문화에 대한 개념화의 역사라고 할 수 있다. 19세기 전반에는 문화 진화론적 관점이 우세했으며, 이는 다양한 인간 집단이 보편적으로 복잡하고 정교한 형태로 존재한다고 믿었다. Lewis Henry Morgan(1877)의 영향력 있는 이론에 따르면, 사회와 문화는 야만주의(barbarism)나 야만성(savagery)을 거쳐 문명(civilization)으로 발전한다고 한다. 이러한 진화론은 유럽 중심의 암묵적인 인종주의적 **계통적 문화 복합체(phylocultural complex)**라는 관점을 뒷받침했으며, 사회적 다윈주의적 변형도 포함되었다(Sinha 1988). 이 관점에서는 '원시적 언어'가 '문명화된' 민족의 언어보다 복잡하고 명확하지 않다는 가정이 있었다.

이러한 편견과 과학적 근거가 부족한 견해는 언어인류학의 창시자이자 현대 문화언어학의 주요 선구자 중 한 명인 미국의 인류학자 프란츠 보아스(Franz Boas)와 "민족 언어학"이라는 용어를 창안한 브로니슬라프 말리노프스키(Bronislaw Malinowski)에 의해 도전받고 전복되었다(Senft 2007).[2] 문화와 언어 사이의 관계에 대한 인류학의 진지한 연구는 보아스의 아메리카 원주민 언어에 대한 현장 연구에서 시작되었으며, 1911년 『미국 인디언 언어의 핸드북Handbook of American Indian Languages』의 출판으로 절정에 달했다.[3] 보아스는 이 획기적인 저작의 서문에서 언어, 마음 그리고

---

2 페르디낭 드 소쉬르(Ferdinand de Saussure)는 일반적으로 현대 언어학의 창시자로 알려져 있지만, "덜 알려진" 언어에 중점을 둔 보아스도 똑같이 타당한 주장을 한 것으로 간주될 수 있다. 그러나 그는 일반적으로 '미국 인류학의 아버지'로 여겨진다. 인류학에서 언어와 문화에 대한 이 절의 개요는 특히 아메리카 대륙에서 여전히 영향력을 행사하고 있는 보아스 전통에 초점을 맞추고 있다. 안타깝게도 말리노프스키의 선구적인 연구에도 불구하고 언어-문화 관계는 최근 사회 구성주의 이론에서 담론과 주제 위치의 담론적 구성을 지향하는 것 외에는 후기 영국 사회인류학에서 거의 주목을 받지 못했다(Henson 1974). 이 접근법과 유럽 대륙의 구조주의 및 후기 구조주의 전통은 이 장의 범위를 벗어난다.

3 보아스는 영어로 cultures라는 용어를 복수형으로 사용한 최초의 학자인 것으로 보이지만, 이전에 그에게 영향을 준 독일 문화심리학자인 하이만 슈타인탈 및 빌헬름 분트(Heymann Steinthal & Wilhelm Wundt)가 복수형을 사용했다(Leavitt, p.c.).

문화 간의 상호 관계를 명시적으로 인정했다. 그는 “순수한 언어학적 탐구는 세계 사람들의 심리에 대한 철저한 조사의 일부이자 꾸러미”라고 썼다(Boas 1911: 63). 보아스는 ‘인류의 정신적 통합’(Köpping 1983), 즉 모든 인간이 동일한 근본적인 심리적 능력을 가지고 있으며 “인간의 마음을 지배하는 통일된 법칙”이 존재한다고 믿었다(Boas 1896: 901). 그는 또한 “모든 언어에서 가장 근본적인 문법 개념의 발생은 근본적인 심리적 과정의 통일성을 증명하는 것으로 간주되어야 한다”라고 주장했다(Boas 1911: 71).

보아스는 문화가 학습된 독특한 사고방식을 전달하며, 이러한 전달이 언어**를 통해** 이루어진다는 점을 인식하면서도, 언어나 문화가 개인이나 사회가 새로운 사고방식을 습득하는 데 한계를 설정한다는 생각에 반대했다. 예를 들어, 그는 “숫자가 2개 또는 3개를 넘지 않는 많은 언어가 존재한다”라는 사실을 언급했는데, 이는 그 집단의 사회적 관행에 기인한 것이다. 즉, “사물의 개성이 완전히 사라질 정도로 일반화된 형태로 그 사물을 고려하기 전까지는 세는 것이 필요하지 않다”라는 것이다. 그러나 그는 “숫자 사용의 부족이 더 높은 수의 개념을 형성하지 못하는 것과 어떤 식으로든 연결되어 있다는 증거는 없다”라고 주장했다(Boas 1911: 66). 보아스가 도달한 일반적인 입장은 “언어의 형태는 문화 상태로 형성되지만, 특정 문화 상태가 언어의 형태적 특성에 의해 조건화되는 것은 아니다”(Boas 1911: 67)라는 것이었다.

Boas(1896)는 에드워드 버넷 테일러와 루이스 헨리 모건(Edward Burnet Tylor & Lewis Henry Morgan)의 진화론에 반대하며, 나중에 **문화 상대주의(cultural relativism)**라고 불리게 될 이론적이고 방법론적인 입장을 주장한 최초의 인류학자였다. 즉, 각 문화의 사상, 가치, 관습은 어떤 보편적인 진화적 척도가 아니라 문화의 복잡한 전체로 이해되어야 한다는 주장이었다.[4] 이러한 상대주의적 입장은 인류학뿐만 아니라 언어학(Pike 1975)과 심리학(Berry 1969)에서도 민족지학적 접근에 공통적인 방법론적 구분, 즉 **에믹(emic**, 내재적 관점에서 문화 및 언어 형태를 연구)과 **에틱(etic**, 외재적인 비교적 관점에서 문화 및 언어 형태를 연구) 간의 차이를 알려준다. 보아스는 북미 원주민 문화의 멸종 위기에 처한 언어를 기록하고 문서화하려는 열정적인 의지를 가지고 있었으며, 그의 연구는 멸종 위기에 처한 언어의 문서화에 대한 현대적 접근 방식을 예견하고 토대를 마련했다. 보아스에게 멸종 위기에 처한 언어에 대한 설명과 분석은 언어학의 하위 분야가 아니었다. 언어 기술은 본질적으로 민족지학적 연구와 불가분의 관계에 있었던 것이다. 실제로 보

4 Sinha(2017b: 168-170)는 보아스주의의 ‘긍정적 상대주의’를 유아론과 회의주의로 구분될 수 있는 ‘부정적 상대주의’와 차별화한다.

아스는 고고학, 언어학, 신체 인류학, 문화인류학의 하위 분야로 구성된 미국 인류학의 핵심인 "네 가지 분야 접근법"의 창시자였다. 최근 몇몇 학자들은 오늘날 다큐멘터리 언어학의 주류 접근 방식이 방법론적 엄격함과 획일성을 추구하면서 매우 중요한 학제 간 및 사회과학적 맥락을 소홀히 했다고 비판했다(Austin 2016, Grinevald & Sinha 2016).

언어학 이론과 인류학 이론 사이의 간극이 커지면서, 보아스적 전통은 20세기 후반에 주로 문법 중심의 기술언어학과 관련되게 되었다. 인류학적 언어학은 더 이상 의사소통의 미시사회학(Goffman 1967), 대화 분석(Sacks *et al*. 1974), 상징 및 비판 인류학(Geertz 1973, Clifford & Marcus 1986)에서 새롭게 떠오르는 흐름과 이론적 토대를 공유하지 않게 되었다. 대신, 언어인류학에 대한 새로운 접근 방식인 **의사소통적 민족지학(ethnography of communication)**(Gumperz & Hymes 1972)이 자리 잡았고, 그 실무자들은 "문화를 정신 현상으로 인식하는 보아스적 전통을 깨고, '지식(knowledge)' 문제를 무시하고 '수행(performance)'을 선호하는 경향이 있다"는 비판을 받았다(Duranti 2003: 328). 이러한 접근 방식은 특히 미국에서 '언어인류학'이라는 용어로 알려지게 되었다. 하지만 20세기 후반에 언어 상대성 이론에 대한 연구가 부활하면서(아래 참조), 보아스적 전통에 대한 인류학자들의 관심이 다시 높아졌고, 이로 인해 문화언어학이라는 '새로운' 분야가 언어학자들 사이에서 다시 태어났다.

2.2 심리학적 관점

19세기 계통문화적 복합체의 초석은 비유럽인의 '야만적 마음(savage mind)'이 백인 서양인의 정신보다 덜 발달하고 "어린아이 같다"라는 견해에 기반하고 있었다. Tylor(1865: 125)는 "마음속에 있는 것과 마음 밖에 있는 것을 명확하게 구분하는 것과 우리 시대의 가장 낮은 야만인의 정신적 혼란 사이에는 엄청난 간격이 있다"고 말했다. 이 '정신적 혼란'이라는 개념은 나중에 인류학자이자 사회학자인 Lévy-Bruhl(1910)에 의해 '전-논리적 원시 사고(pre-logical primitive thought)'라는 이론으로 변형되었는데, 그는 이 용어가 명백한 유럽 중심주의적 시각을 반영한다고 보았고, "인간 마음의 기본 구조는 모든 곳에서 동일하다"라는 그의 입장에 비추어 이를 거부했다(Lévy-Bruhl 1949, Pertierra 1983: 114에서 인용). 루시앙 레비브륄(Lucien Lévy-Bruhl)은 후기 연구에서 개인의 정신 능력은 보편적이지만(심리적 통일성) 전-근대 사회의 **사고방식**은 근대 사회의 사고방식과 다르다는 것(상대성)을 기본 명제로 삼았다. 따라서 레비브륄의 이론은 계통문화적 복합체의 제국주의적이고 인종적인 환상과 20세기 문화 및 언어적 상대주의 사이의 중간 지점을 차지한다고 할 수 있다.

레비브륄의 연구는 20세기 초 심리학, 특히 두 명의 저명한 마음과 언어 이론가인 장 피아제(Jean Piaget)와 레브 비고츠키(Lev Vygotsky)에게 큰 영향을 미쳤다. 두 사람은 아동의 사고와 비-서구적 문화에 대한 사고 사이에 유사점을 도출했다. Peterman(2000: 405)은 "레비브륄은 원시적 정신과 현대적 정신의 대조 속에서 사회 발생을 연구했으며, 피아제는 아동 정신과 성인 정신의 유사한 대조에서 정신 발생을 연구했다"라고 설명했다. 후기 연구에서 피아제와 비고츠키는 이러한 평행 이론을 부인했지만, 인지 발달과 아동 언어 발달 사이의 관계에 대한 이론은 크게 달랐다. 그럼에도 불구하고 두 사람 모두 레비브륄의 아이디어에 영향을 받았다.[5]

피아제는 행위의 조정을 통해 점점 더 복잡한 조작적 도식을 생성하는 인지 발달을 강조하며, 언어 발달이 비언어적 인지 발달의 영향을 받는다고 보았다. 반면 비고츠키는 언어와 다른 기호들이 아동이 형식적 추론으로 발전하는 데 중요한 역할을 한다고 주장했다. 피아제는 보편주의자로서 모든 아동이 동일한 발달 단계를 거치며, 발달 속도는 사회적 및 문화적 요인의 영향을 받는다고 말했다. 이와 대조적으로, 비고츠키는 (기억 및 추론을 포함하는) '고등 심리적 기능'이 특정 사회에서 형성된 문화적 형태에 의해 영향을 받으며, **기호학적으로 매개**된다고 주장했다. 즉, 심리적 기능의 발달은 언어 및 기타 기호의 습득과 사용에 의해 가능해진다는 것이다. 비고츠키는 "문화적 행동 양식의 내면화는 기호 작용에 기초한 심리적 활동의 재구성을 포함한다 … 사회적으로 뿌리를 내리고 역사적으로 발전된 활동의 내면화는 인간 심리학의 특징이다"라고 썼다(Vygotsky 1978: 57-58).

비고츠키와 그의 동료들은 인간 인지가 뇌뿐만 아니라 도구, 인공물, 언어 기호를 포함한 물질적이고 상징적인 문화의 산물로 신체화되어 있다고 믿었기 때문에, 인간 발달과 성인 인지에서 문화적 차이를 조사하고자 했다. 이를 위해 그들은 1930년대 초 우즈베키스탄의 농업 집단화에 따른 사회적 변화에서 고등 인지 과정의 변화를 연구했다(Luria 1976). 이 연구는 교차 문화 심리학의 초기 사례로, 라이베리아에서 학교 교육이 사고방식에 미치는 영향을 조사하기 위해 '실험 인류학'이라는 방법론을 사용한 마이클 콜(Michael Cole)과 동료들(Cole, Gay, Glick & Sharp 1971)의 연구와 같은 후기 연구의 기초가 되었다.

콜과 그의 동료들의 연구는 '문화와 사고'라는 개념을 새롭게 정의하는 데 기여했다. 이들은

5 피아제 이론과 비고츠키 이론은 종종 서로 상충되는 것으로 여겨지지만, 최근의 평가에 따르면 두 이론은 상호 보완적인 것으로 볼 수 있다고 강조되고 있다(Bronckart 2012).

'선진' 사회와 그렇지 않은 사회, '논리적' 사고와 '비논리적' 사고를 단순히 구분하는 것을 넘어, 다양한 추론과 의사소통의 맥락에서 문화 간 인지 자원이 어떻게 다양한 문제 영역에 적용되는지를 중점적으로 다루었다. 이들의 '주요 결론'은 **"인지의 문화적 차이는 한 문화 집단에 어떤 과정이 존재하고 다른 문화 집단에 어떤 과정이 존재하지 않는 것보다 특정 인지 과정이 적용되는 상황에 더 많이 존재한다"**라는 것이었다(Cole *et al*. 1971: 233, 이탤릭체 저자).

20세기 후반의 문화와 마음에 대한 연구는 '문화와 심리학'으로 대상을 개념화한 교차-문화 심리학에서, "심리학에서 문화의 체계적이고 역동적인 본질 그리고 문화에서 심리학 … 문화는 '독립적인' 변수가 아니라 인간 심리 과정의 기호학적 및 역사적 본질의 체계적인 조직을 나타내는 것이다"(Valsiner 1995: 7)에 초점을 맞춘 학제 간 문화 심리학으로 패러다임의 전환을 겪었다. 비고츠키 학파에서 영감을 받은 이 이론적 접근 방식은 문화적 비교를 포함하며, 사회적 및 의사소통적으로 위치한 인지 및 학습에 대한 민족지학적 연구(Lave & Wenger 1991)와 마음의 '문화적 침투'에 대한 급진적 행동주의적 설명(Hutto *et al*. 2020)과의 접점을 가지고 있다.

2.3 언어적 상대성

언어 상대성 이론은 유럽 철학과 문화 이론, 특히 "언어의 다양성은 기호와 소리의 다양성이 아니라 세계관의 다양성"이라고 쓴 다차원 수학자이자 교육자인 빌헬름 폰 훔볼트(Wilhelm von Humboldt, 1999[1836])의 기초 연구에 뿌리를 두고 있다(Trabant 2000: 25에서 인용). 보다 최근의 그리고 가장 자주 오해되고 잘못 표현된 버전은 종종 창시자인 에드워드 사피어(Edward Sapir)와 벤자민 리 워프(Benjamin Lee Whorf)의 이름을 따서 언급되며, 보아스 학파의 인류학적 언어학에서 유래했다(Darnell 2006). 사피어는 보아스의 제자였고, 워프는 사피어의 제자였다. 사피어와 워프는 아인슈타인의 상대성 이론에서 용어와 지적 영감을 차용했지만 Sapir(1949: 153-155)에서 표현된 바와 같이 이 이론은 보아스적 상대주의에서 직접 발전했다. "모든 언어에 대한 뛰어난 사실은 그 언어의 형식적 완전성이다." 즉, 세계의 문화를 원시주의와 문명주의로 서열화할 수 있는 것처럼, 가설적 진화 척도에서 표현력이 제한되는 '원시 언어'는 존재하지 않는다는 것이다. 보아스는 언어가 문화적 패턴을 표현할 수 있다는 점을 인식하면서도 '심리적 통합'을 강조하는 경향이 있었다. 사피어와 워프는 보아스의 접근 방식에서 한 단계 더 나아가 언어, 문화, 사고의 **상호 의존성**을 강조했는데, 이는 보아스의 연구에서 명시적이기보다는 암묵적인 개념으로 남아 있었다. 사피어-워프 이론에서 언어는 문화적 패턴과 세계관을 **표현하는** 동시에, 언어공동체 구성원 개개인의 습관적 사고방식에 영향을 미친다. “우리 공동체의 언어 습관이 특정 해석을 선택하게 만들기 때문에, 우리는 보고 듣고 경험하는 바가 매우 크다”(Sapir 1949: 69). 이러한 ‘성향’은 보아스가 이미 강조한 것처럼, 언어가 사고의 한계를 의미하지는 않는다는 점에 유의해야 한다.

그러나 “언어, 사고, 문화가 깊이 맞물려 있는 역동적이고 삼자 관계”(Gumperz & Levinson 1996: 2)라는 개념은 이후 주로 실험 연구자들에 의해 언어가 개인의 사고를 결정한다는 이원적이고 일방향적인 ‘언어적 결정론’으로 축소되고 단순화되었다(Jourdan & Tuite 2006, Leavitt 2010). Sinha & Jensen de López(2000: 27)는 “훔볼트에서 보아스, 사피어 및 워프에 이르기까지 언어와 ‘세계관’을 언급하는 관점에서 문화에 대한 언급은 문제 영역을 개인의 심리언어적 기능 중 하나로 좁히는 과정에서 경시되었다”라고 지적했다. 이러한 축소는 과학 및 대중 담론에서 언어 상대성 이론의 표현을 왜곡했을 뿐만 아니라, 워프가 주장하는 언어 결정론과 보아스의 심리적 통합을 받아들이는 것 사이의 차이를 과장했다(Lee 1996). 언어 결정론(및 심리적 상대주의)은 종종 다음 인용문(Whorf 2012: 213-221)을 근거로 워프에 기인한다고 여겨진다.

> 우리는 자연을 잘라내어 개념으로 구성하고 의미를 부여하는데, 이는 우리가 자연을 이런 방식으로 구성하기로 한 합의의 당사자이기 때문이다. 이 합의는 우리 언어공동체 전체에 적용되며, 우리 언어의 패턴에 체계화되어 있다 … 현저하게 다른 문법을 사용하는 사람들은 문법에 따라 서로 다른 유형의 관찰을 하게 되고, 따라서 외부적으로 유사한 관찰 행위에 대한 평가가 달라지기 때문에, 관찰자로서 동등하지 않으며 다소 다른 세계관에 도달할 수 밖에 없다.

사실 워프는 심리학에 대해 비제약적 상대주의자가 아니었으며, “게슈탈트 심리학은 언어에 관계없이 모든 관찰자에게 준거 기준을 제공한다”(Whorf 2012: 163)라고 믿었다. 그러나 1950년대에 실험적 심리언어학자들이 **색채(color)** 영역과 관련하여 테스트를 시작한 것은 이 가설이 독점적으로 어휘집에만 적용된다는 가정에 의해 더욱 단순화된 언어 결정론적 버전의 ‘워프 가설’로 이어졌다(아래 참조). 이 연구는 ‘제1차 인지 혁명’의 결과로 워프가 근본적으로 잘못되었다는 합의를 이끌어내는 데 큰 영향을 미쳤으며, 1990년대까지 거의 도전받지 않았던 관점이었다.

언어 상대성 이론에 대한 재평가의 이정표는 존 루시(John A. Lucy)의 두 권의 역사적 이론 및 경험적 연구(Lucy 1992a, 1992b)의 출판으로, 그는 언어 범주화가 비언어적 인지에 미치는 영향에 대한 실증적 조사에서 (워프 자신의 저작과 일관되게) 어휘적 언어 다양성보다 문법적 언어 다양성의 우위를 주장했다. 루시는 문화에서 언어(특히 언어 사용)가 차지하는 위치를 인정했지만, 현장 연구에서 언어와 문화를 방법론적으로 분리해야 한다고 주장했다. 즉, "진정한 '언어적' 상대성은 그것이 자율적인 힘으로 정의상 좀 더 일반적인 문화적 상대성과는 어느 정도 독립적으로 작동해야 한다"고 말했다(Lucy 1992a: 269).

루시의 이론적 재구성과 그의 현장 기반 비교 실험 방법론(콜의 '실험 인류학'과 많은 유사점이 있음, 위 참조)은 막스 플랑크 심리언어학 연구소(Max-Planck Institute for Psycholinguistics)에서 Stephen Levinson(1996, 2003)의 지도 아래 수행된 언어와 인지의 공간 참조 틀(아래 참조)에 대한 대규모 교차 언어 연구에 영향을 미쳤다. 이 연구와 그 이후의 많은 '신-워프주의(neo-Whorfian)' 연구에 영감을 준 방법의 일반 이론은 문화적 변이의 다른 차원과는 별개로 교차 언어 간 인지적 행동 차이의 상관관계와 추정적 인과관계를 조사하기 위해 언어유형학적 매개변수를 식별할 필요가 있음을 강조한다. 언어 변이와 문화 변이를 '독립 변수'로 취급하고 행동주의적 실험에 내재된 방법론적 개인주의는 '마음속의 문화와 문화 속의 마음'을 탐구하려는 21세기 문화 심리학의 방법론적 입장과 충돌한다(위 참조). 그러나 신-워프주의적 연구가 문화와 사회 조직으로부터 언어의 유형학적 특징의 상대적인 자율성을 지나치게 강조한다면, 문화 심리학 연구는 기호학적 매개의 언어별 (유형학적 포함) 측면에 대한 관심이 충분히 주의를 기울이지 않는다는 점에서 비판받을 수 있다.

2.4 기호학적 매개와 확장된 신체화

인지언어학은 언어가 **마음을 들여다볼 수 있는 창**이라는 생각을 출발점으로 삼는다. 언어는 전경-배경 조직, 범주화의 원형성 등 인간 인지의 일반적인 속성과 과정에 기반하고 이를 예시하기 때문에, 언어 연구는 동시에 인지 연구이기도 하다. 즉, 언어는 인간의 인지 과정의 **표현**이며, **인지는 언어를 가능하게 한다**. 기호학적 매개의 개념은 다른 직관 즉, (종종 인간 고유의 것으로 간주되는) '고등 인지 과정'이 언어에 의존하고, 더 일반적으로는 인간의 기호 사용에 의존한다는 생각에 기반한다(Mertz & Parmentier 1985).[6] 라이프니츠의 철학에 뿌리를 둔 이 아이디어

6 인간이 아닌 동물의 인지가 기호학적 매개 이론의 창시자들이 생각했던 것보다 오늘날 인간과 더 유사하다는 점은 주목할 만하다. 이 문제는 이 장의 범위를 벗어나지만, 본 저자는 인간과 비-인간의 인지적 차이의 상당 부분이 모든 인간 공동체가 언어와 기타 의사소통 및 인지적 기호를 사용하기 때문이라고 보는 것이 타당하다고 생각한다.

(Leavitt 2010: 60, 73)는 프랑스 계몽주의의 철학자인 에티엔 보노 드 콩디야크(Etienne Bonnot De Condillac)가 가장 유명한 초기 지지자로, 다음과 같이 썼다.

> 동물의 정신적 활동은 지각, 의식, 주의, 회상, 상상력으로 제한되며 통제할 수 없다. … 사색이 지각을 보존하는 것으로 구성된다면 제도적 기호를 사용하기 전에는 단지 우리의 통제 밖에 있을 뿐이다. … 상상력과 사색이 우리의 통제 밖에서 작동하는 한, 우리는 원하는 대로 주의를 기울일 수 없다. … 그러나 누군가가 자신이 선택한 기호에 아이디어를 첨부하기 시작하면 그의 기억이 형성되기 시작하는 것을 볼 수 있다. … 나중에 그는 더 많은 기호를 발명하면서 상상력을 훨씬 더 잘 통제할 수 있다.
>
> Condillac 1987 [1746]: 459

이는 비고츠키가 인간의 고유한 고등 인지 과정을 **구성하는** 것으로 간주하여 **발달 과정**으로 생각한 기호학적 매개 개념의 씨앗이었다. 이러한 관점에서 **언어는 고등 인지를 가능하게 한다**.

여기서 세 가지 중요한 사항을 확인해야 한다. 첫째, 언어가 인지의 창이라는 개념과 기호학적 매개라는 개념은 명백히 상반되지만, 반드시 서로 모순되는 것은 아니다. 즉, 언어-사고 관계를 특징짓는 역동적인 상호 의존성에 대한 상호보완적인 통찰로 볼 수 있다. 둘째, 문화를 '의미의 그물망(webs of significance)'(Geertz 1973: 5)으로 본다면, 문화 심리학에서 주장하는 것처럼 문화가 마음에 스며드는 것은 기호학적 매개를 통해 이루어진다. 더구나 이러한 (언어를 포함한) 의미 전달 체계가 문화마다 다를 경우, 기호학적 매개를 통해 마음의 **문화적 차이**가 확립되고 유지된다. 셋째, 기호학적 매개는 언어에 의한 사고의 매개를 포함하지만 이에 국한되지 않는다. 또한 제스처와 아이콘과 같은 다른 의사소통적 기호뿐만 아니라 **물질적 인공물**에 의한 중재도 포함된다(비고츠키는 아이가 학교 교사에게 메시지를 전하도록 상기시키기 위해 어머니가 아이의 손수건에 매듭을 묶는 예를 사용했다). 따라서 대상도 의미를 가지며 기호로 기능할 수 있다(Sinha 1988, 2015).

이러한 관점에서 문화는 **인간이 창조한 의미의 세계로 신체화된 확장**으로 볼 수 있다. 이 통찰은 철학자 Maurice Merleau-Ponty(1962: 146)가 처음 표현한 것일 수 있다.

> 몸은 세계를 소유하는 우리의 일반적인 매개체이다. … 때때로 목표하는 의미는 신체의 자연스러운 수단으로는 달성할 수 없다. 그런 다음 스스로 도구를 만들어야 하며, 그렇게 함으로써 문

화 세계를 투사해야 한다.

Yu(2014: 233)도 같은 맥락에서 다음과 같이 상기시킨다.

> 몸은 피부의 살(fleshy) 경계로 끝나는 것이 아니라 물리적, 사회적, 문화적 환경으로 확장되어 모든 종류의 신체적, 사회문화적 상호작용에 관여하므로 유기체와 환경은 독립적인 것이 아니라 신체 경험의 기본 흐름에서 상호 의존적이다. … 몸을 완전히 이해하려면 몸 그 자체를 넘어서는 것이 필요하다.

확장된 신체화의 관점은 '신-워프주의'에서 '후기-워프주의'의 연구 패러다임으로의 전환에서 핵심적인 역할을 해 왔다(Sinha & Bernárdez 2015).

2.5 문화언어학

문화언어학은 훔볼트부터 시작해 Palmer(1996: 36)에 의해 "보아스주의자, 민족지학자, 의사소통의 민족지학에 관심이 있는 언어와 문화의 동일한 영역 대부분과 관련하여 … 본질적으로 인지적인 관점을 가정하는" 종합적인 학문으로 정의되기까지 오랜 역사를 가진 분야에 대한 비교적 새로운 용어이다. Sharifian(2017: 2)은 또한 "인간 경험의 전 범위를 포괄하는 문화적으로 구성된 개념화를 부호화하거나 실례화하는 인간 언어의 특징"과 관련하여 인지언어학과 문화언어학의 관심사 사이의 연결을 강조한다. Sharifian(2017: 23)은 "문화적 도식, 문화적 범주 및 문화적 은유는 문화언어학의 세 가지 주요 분석 도구"라고 제안하며, 이는 문화 심리학과 심리 인류학의 관심사와 직접적으로 연결되는 이론적 개념을 강조한다(Shore 1996). 현재 저자가 중요하게 생각하는 것은 문화언어학의 범위에 대한 자명한 한계가 아니라, 인지언어학의 발전이 언어, 문화 그리고 마음에 대한 학제 간 연구에 새로운 자극을 준 방식을 인식하는 것이다.

3. 연구 방법

언어, 인지 및 문화 연구는 다양한 학문적 맥락에서 개발된 여러 방법을 사용하여 얻은 경험적 결과를 결합하고 비교하는 데 의존한다. 이 연구 분야는 학제 간 연구이자 다중 방법론을 사용하는 특징이 있다. 다양한 방법론을 혼합하고, 특히 데이터 기록 및 분석을 위한 최신 기술을 활용하는 것은 큰 이점을 제공하지만, 서로 다른 방법의 기반이 되는 다양한 가정으로 인해 도전 과제를 제기하기도 한다. 먼저 '현장에서', 즉 자연어를 사용하는 비실험실 상황에서 데이터를 얻는 주요 방법을 간략히 살펴보겠다.

3.1 민족지학: 현장 연구와 성찰성

민족지학은 보아스와 말리노프스키 시대부터 인류학 분야의 핵심적이고 기초적인 방법으로 자리 잡아 왔으며, 언어와 문화에 대한 학제 간 접근에 필수적인 학문이다. Sharifian(2017: 41)은 언어적 민족지학이 '데이터 수집'을 위한 '일련의 절차'가 아니라 '데이터 수집 및 분석을 위한 일련의 절차'로 더 잘 설명되는 인식론이라고 올바르게 지적한다. 또한 민족지학에 내재된 메타방법론적 또는 인식론적 입장의 핵심 속성인 **성찰성(reflexivity)**을 강조하고 싶다. 성찰성은 **의미(meaning)**의 해명(Sinha 2017a)을 목적으로 하는 모든 질적 사회과학적 방법에 내재하는 자기성찰을 의미하며, 연구자의 **해석(interpretation)**에 필수적인 요구 사항을 고려할 때 단순한 절차로 환원될 수 없다. 해석의 성찰성은 새로운 관찰과 분석에 비추어 (항상 잠정적인) 연구자의 발견과 결론을 지속적으로 재검토하고, 연구자 자신의 문화적 전제에 대해 질문하는 과정을 포함한다.

민족지학은 종종 과학이자 예술이라고 표현되며(Carrithers *et al.* 1990), 지식 구성을 위한 인식론/방법론일 뿐만 아니라 고의적이고 숙고하는 (상호) 문화적 만남의 **관습(practice)**, 즉 '현장 연구'라는 이름으로 진행되는 만남이기도 하다. Grinevald & Sinha(2016: 28)는 현장 연구와 관련된 기술을 '관습으로서의 지식/지식으로서의 관습'으로 개념화한다.

> 이는 현장 연구를 뒷받침하는 '요령(know-how)'과 질적 연구 방법을 사용하는 모든 학문의 연구자에게 이론적으로 요구되는 성찰적 태도를 모두 포함한다고 볼 수 있다. 여기에는 기술 장비와 소프트웨어 도구 사용법에 대한 지식이 포함되지만, 그것으로 한정될 수는 없다.

과거에 민족지학자가 연구 결과를 기록하기 위해 주로 사용했던 도구는 (종이) 현장 노트였다. 현장 노트는 여전히 비판적 성찰과 통찰력에 중요한 역할을 하지만, 21세기 연구자는 노트북과 태블릿뿐만 아니라 데이터를 코딩하고 주석을 다는 소프트웨어로 보완되는 정교한 오디오-비디오 장비도 갖추고 있다.

3.2 현장 실험 및 생태적 타당성

행동 실험은 언어, 인지, 문화를 탐구하기 위한 방법론적 도구의 중요한 부분이지만, 동시에 가장 문제가 많은 방법 중 하나이다. 심리학의 실험 설계는 일반적으로 실험실 맥락을 전제로 하며, 이 맥락에서는 불필요하고 관련 없는 변수를 통제한다. 참가자의 표본 추출과 데이터의 통계 분석은 대개 동일한 대규모 모집단에서 이루어지며, 하위 집단은 명확하게 정의된 인구통계학적 변수에 의해서만 구분된다고 가정한다. 교차 문화적 심리학은 전통적으로 서로 다른 국가나 문화적 배경을 가진 집단에 동일한 실험 자료를 사용하여 동일한 실험 절차를 시행하는 방식에 의존한다. 그러나 게슈탈트 심리학자들이 이미 지적한 바와 같이, **동일한** 물리적 자극도 맥락에 따라 피험자마다 **다른** 의미를 가질 수 있다.

표준화된 자료와 절차를 사용하면서 '비-서구적' 또는 소수 민족 집단에 불리할 수 있는 편견이 생길 수 있다는 인식은 마이클 콜과 그의 동료들이 개척한 '실험 인류학'의 핵심 개념이었다(위 내용 참조). 저명한 인지심리학자인 조지 밀러(George A. Miller)는 Cole *et al.*(1971: ix)의 서문에서 다음과 같이 언급했다.

> 대부분의 심리학자들은 전통문화에 살고 있는 사람들의 정신적 과정을 이해할 수 있는 교육이나 훈련이 부족하다. … 전통문화 또는 그러한 사람들의 경험이 서구 경험이 우리에게 주입한 많은 인지 전략을 개발하고 사용할 필요가 없다는 사실의 완전한 의미를 파악하는 것이 중요하다.

이러한 이유로 Cole *et al.*(1971: 217)은 실험 과제의 구성을 안내하고 연구자가 참가자의 반응을 해석할 수 있는 환경과 관행을 식별하기 위한 민족지학적 연구의 부재로 인해 실험 연구가 유효한 문화적 비교를 산출할 수 있는 가능성을 부정했다. 이는 비교 인지적 연구가 **생태학적으로 타당한** 방법을 사용해야 한다는 요구의 근거가 되며(Cole *et al.* 1978), 최소한 자료와 절차를 현지 조건에 맞게 조정해야 한다는 점을 강조한다. 마찬가지로 Dasen *et al.*(2018: 328, 338)은 문화 심리학자들이 동일한 과제에 대한 문화 집단의 성과를 비교하는 대신, "비교 가능한 방법으로, 일련의 누적된 연구"를 포함하는 민족지학적 기반 설계를 채택할 것을 권장한다.

3.3 기술 및 기록 언어학

언어학자들은 이전에 연구되지 않았거나 덜 연구된 언어를 기술하고 분석하기 위해 '현장으로 가는' 오랜 전통을 가지고 있다. 이 작업의 정식 목표는 문법을 정리하고, 텍스트를 수집하며, (이중언어) 사전을 작성하고, 경우에 따라 조사 중인 언어로 성경을 번역하는 '보아스주의 3부작'이다. 전통적으로 기술 언어학자들은 단어 목록과 문장 목록을 활용하여 목표 언어의 발화를 이끌어냈다. 최근 20년 동안 기술 언어학은 멸종 위기에 처한 언어의 문서화, 보존 및 활성화를 목표로 하는 기록 언어학으로 보완되어 왔다(Austin & Sallabank 2011). 현대의 기술 언어학자는 언어 이론뿐만 아니라 시지각적 기록 장비와 도출 도구를 사용하며, 이는 종종 대상, 행위, 상황 및 내러티브를 담은 사진, 그림 또는 비디오 클립의 형태로 나타난다. 일반적으로 연구자는 소수의 이중언어를 구사하는 원어민 언어 컨설턴트와 함께 작업한다. 언어 도출 과제를 사용할 때의 주요 방법론적 위험은 언어 컨설턴트가 과제나 과제 자료를 부적절하다고 거부하거나, 연구자가 기대하는 해석과 다르게 해석할 수 있다는 점이다. 따라서 이러한 제한은 실험과 관련된 언어 추출 절차에도 적용된다. 연구자는 민족지학적 방법(관찰 및 인터뷰)을 사용하여 과제와 묘사가 현장 상황에 적합한지, 언어 컨설턴트가 묘사하고자 하는 내용을 제대로 전달하고 있는지를 확인해야 한다.

3.4 기타 방법

문화적 개념화를 조사하는 데 항상 현장 조사가 필요한 것은 아니다. 특정 용례, 예를 들어 문화적으로 특정한 담화 은유를 식별하기 위해 현대 및 역사적 텍스트와 말뭉치 분석(Gries 2016)을 활용할 수 있다. 또한, 언어와 문화에 관한 모든 연구가 문화적 개념화를 조사하도록 설계된 것은 아니다. 수행적이고 화용적인 의사소통을 연구하는 민족지학은 종종 대화 분석 방법(Liddicoat 2011)과 다중양상적 변형을 사용한다.

3.4.1 기술력: 현장 데이터를 분석할 수 있도록 준비하기

민족지학적, 현장 실험적, 현장 언어학적 방법은 다소 자연스러운 상황에서 특정 언어에 대한 데이터를 수집하는 방법이다. 적당한 오디오-비디오 녹화 장비의 보급 덕분에 오늘날에는 대화와 인터뷰뿐만 아니라 현장에서 수행되는 실험 및 언어 유도 세션도 녹화할 수 있다. 이로 인해 분석을 위해 데이터를 준비할 수 있는 소프트웨어 도구의 필요성이 커졌다. 비디오 녹화를 통해 언어적 및 비언어적 행위, 즉 비-의사소통적 행위(예: 인공물 제작)와 의사소통적 행위(예: 제스처, 시선, 신체 자세 및 방향)를 동시에 분석할 수 있다. 다중양상적 분석은 문화적 및 상황적 맥락에서 언어 사용을 연구하는 데 점점 더 중요해지고 있다. 모든 종류의 언어 및 언어 관련 데이터에 대한 중요한 도구는 막스 플랑크 심리언어학 연구소에서 개발한 ELAN과 같은 다중양상적 상호작용에 주석을 달고 전사하는 소프트웨어이다.[7] 충분히 연구되지 않은 언어의 발화에 대한 주석은 일반적으로 **형태소별 주석**의 형태를 취하며(Comrie *et al.* 2008), 형태소 주석 외에도 특정 연구 질문에 따라 하나 이상의 연결된 줄이 미리 설정된 부호화 범주를 사용하여 발화에 주석을 달 수 있다. 현장 실험 데이터는 주석 및 전사 소프트웨어를 사용하여 부호화할 수도 있다. 자연스럽게 발생하는 상호작용, 인터뷰, 추출 및 실험 세션에서 부호화된 데이터는 필요에 따라 스프레드시트, 음향 도구 및/또는 통계 패키지와 같은 다른 소프트웨어로 내보낼 수 있다.

3.4.2 문화적 정보에 기반한 언어 분석

다음 단계는 데이터를 분석하여 문법 및 어휘 패턴에서 나타나는 문화적 동기나 현장 실험에서의 비언어적 반응 패턴을 밝히고, "의미 결정을 위한 해당 언어 사용의 기초가 되는 문화적 개념화"를 식별하는 것이다(Sharifian 2017: 41). Sharifian(2017: 41ff)은 문화언어학 연구에서 일반적으로 유용하게 사용되는 몇 가지 데이터 분석 절차를 요약한다. 여기에는 개념적-연관적 분석, 이야기 기록의 개념적 분석, (메타) 담화 분석, 말뭉치 분석, 민족지학적 개념적 텍스트/시각적 분석, 통시적/공시적 개념 분석이 포함된다. 말뭉치 분석을 제외한 모든 절차는 정성적 분석으로, 연구자는 ELAN과 같은 프리웨어 분석 도구나 NVIVO[8] 또는 ATLAS.ti.[9]와 같은 상용 정성적 분석 소프트웨어를 사용할 수 있다. 말뭉치 분석과 현장 실험, 도출된 언어 데이터 분석은 소프트웨어 패키지를 사용하여 부호화된 데이터에 정량적 통계 절차를 적용하며, 때로는 정성적 프로토콜 분석과 결합하여 수행되기도 한다. 그러나 언어 패턴과 개념화의 사회적, 의사소통적, 역사적 맥락에 대한 민족지학적 기반 지식이 없다면, 아무리 잘 수행된 분석 절차라도 언어 패턴과 개념화의 문화적 동기에 대한 유효한 통찰력을 얻기 어렵다. 이러한 이유로 원어민에 의한 현

7 Sloetjes & Wittenburg(2008) 참조. ELAN 소프트웨어는 https://archive.mpi.nl/tla/elan에서 다운로드할 수 있다.

8 www.qsrinternational.com/nvivo-qualitative-data-analysis-software/home

9 https://atlasti.com/product/

장 연구와 현장 언어 방법에 대한 원어민 연구자의 체계적인 교육이 언어 기술, 문서화 및 재활성화뿐만 아니라 문화 및 유형론적 언어 연구에 필수적이라는 점이 점점 더 중요하게 인식되고 있다(Cabral *et al.* 2016).

3.4.3 좋은 현장 조사란 무엇인가?

모든 경우에 데이터 집합과 관련하여 사용되는 정성적 및 정량적 분석 절차는 연구자가 답하려고 하는 연구 질문에 의해 동기가 부여된다. **이 분석 결과는 분석 대상의 데이터만큼이나 좋은 결과를 얻을 수 있다**. 언어, 문화 및 인지에 대한 현장 조사를 위한 가장 중요한 방법론적 요구 사항은 연구자가 함께 일하는 공동체의 구성원들과 신뢰 관계를 구축하고 유지해야 한다는 점이다. 이는 연구자가 공동체의 구성원이자 원어민인 경우에도 마찬가지로 강조되어야 한다. 좋은 현장 연구란 연구 참가자들에게 연구 목표를 주의 깊게 설명하고, 조사 방법이 상호 이해되며 문화적으로 타당하고 적절하다는 데 동의해야 한다. 사람을 대상으로 하는 모든 연구에 적용되어야 하는 윤리적 규범 외에도, 좋은 관행은 연구 결과를 연구 대상 공동체가 이해할 수 있는 방식으로 제공하여 지역 사회 활성화를 위한 교육을 포함해 그들이 자체적으로 활용할 수 있도록 해야 한다.

4. 주요 연구 주제

4.1 색채

색채 영역은 언어 상대성 이론에서 '언어 결정론'의 해석인 '워프 가설'의 흥망성쇠에 중요한 역할을 해 왔다. 대중 과학에서는 오랫동안 "눈을 가리키는 에스키모의 수많은 이름"이라는 비유가 사용되어 왔다.[10] 이는 **부호화 가능한** 범주(가급적 단일 형태소로 어휘화된 범주)가 이러한 방식으로 어휘화되지 않은 범주보다 인지적, 지각적으로 더 현저하다는 가설을 불러일으켰다. 이 가설은 색채 인식과 회상에 대한 실험에서 일부 (이후에 논쟁이 있는) 지지를 받았다(Brown &

10 '눈에 대한 에스키모의 많은 이름'이 발명된 허구라는 주장도 있지만, 실제로는 Boas(1911: 25-26)에서 자세한 언어적 설명을 찾을 수 있다.

Lenneberg 1954). 이에 반대되는 보편주의적이고 진화론적인 가설은 Berlin & Kay(1969)에 의해 제안되었다. 이들은 '기본 색채 용어'(B.C.T)가 언어에 걸쳐 불변의 7단계 출현 순서를 따른다고 주장했다. 그들의 가설에 따르면, 모든 언어에는 검은색(어두움)과 흰색(밝음)을 나타내는 단어가 있으며, 기본 색채 용어가 3개인 경우 세 번째는 빨간색, 4개일 경우 네 번째는 녹색 또는 노란색이 된다. 최대 11개까지 기본 색채 용어가 존재할 수 있으며, 이는 영어의 수와 같다.[11] 기본 색채 용어는 색채 지각의 신경생리학에 뿌리는 둔 보편적인 **초점 색채(focal colors)**를 중심으로 범주를 명명한다는 가설이 세워졌다(Kay & McDaniel 1978). 브렌트 벌린과 폴 케이(Brent Berlin & Paul Kay)에 대한 지지와 부호화 가설에 대한 증거는 Rosch(1973)의 연구에 의해 제공되었다. 그는 파푸아뉴기니의 다니어 사용자들이 단 두 가지의 기본 색채 용어(밝은색과 어두운색)를 가지고 있으며, 다른 초점 색채에 대한 발명된 이름(언어에 표시되지 않음)을 비초점 색채에 대한 발명된 이름보다 더 잘 학습하고 기억한다는 것을 보여주었다.[12]

기본 색채 용어 연구의 패러다임은 색조, 밝기, 채도의 등급성에 따라 조직된 색채 샘플로 구성된 먼셀 색채표를 사용하는 특정 도출 절차에 따라 달라진다(Nickerson 1940). '비신체화되고 해체된' 자극의 사용, 즉 색채의 의미 영역이 비-매개된 감각 지각에 기반하여 분류된다는 가정, 초점 색채에 대한 원주민 설명, 색채 용어에 대한 사회 역사적 및 기술적 영향의 무시, 그리고 이 이론의 민족언어적 편향성은 모두 보편주의자(Wierzbicka 1990, 2006), 상대주의자(Lucy 1997), 비판적 역사주의자(Saunders 2006) 등 여러 저자들에 의해 비판을 받았다. 예를 들어, Wierzbicka(1990: 99)는 다음과 같이 주장한다.

> 색채 개념은 낮과 밤, 불, 태양, 초목, 하늘, 땅과 같은 특정한 '경험의 보편성'에 기반하고 있다. … 우리는 공유하는 환경의 어떤 요소를 통해 [색채 감각]에 대해 의사소통할 수 있다.

Lucy(1997: 341)는 유사한 맥락에서 "시각적 경험의 의사소통적으로 관련 있는 부호화는 생물학적 '내부에' 있는 것이 아니라 사회적으로 고정된 언어 체계에 있다"라고 주장한다. Saunders(2006: 96) 또한 이러한 '사회적으로 고정된 언어 체계'가 '시각적 지각'의 개념을 둘러싼 철학적이고 과학적인 담론을 포함한다고 말하며, "'색'이 일관된 개념이라면 그것은 자연적인 것이

11 흥미롭게도 러시아어와 폴란드어는 영어보다 하나 더 많은 기본 색채 용어(B.C.T)를 가지고 있다(Davies & Corbett 1994, Wierzbicka 1990).

12 이 연구는 로쉬의 **원형이론(prototype theory)**을 발전시키는 계기가 되었다(10장 참조).

아니라 인공적인 것"이라고 강조한다.

이러한 관점에서 볼 때, '비기본' 색채 용어와 기본 색채 용어의 차이는 11개의 영어 색채 용어에 기반한 목록을 통해 식별할 수 있으며(예를 들어, 11개의 중국어 기본 색채 용어와 엄격하게 일치하지 않는 경우도 있음), 기본 색채 용어 연구의 패러다임 전체는 "보편성을 추구할 뿐만 아니라 그 발견과 형태를 보장하는 절차를 설정하는 급진적 보편주의적 입장"(Lucy 1997: 331-332)에서 나온 방법론적 인공물로 간주될 수 있다.

루시는 우리가 색채 지각이라고 부르는 현상의 의미론적 처리에는 보편적인 패턴이 있지만, … 그것이 [기본 색채 용어] 전통의 발견과는 매우 간접적인 관계를 가지고 있다고 확신한다(Lucy 1997: 332). 그럼에도 불구하고, 기본 색채 용어 프로그램이 색채 용어의 대규모 교차 언어 데이터베이스를 구축했으며, 이후 기본 색채 용어 전통의 연구가 가설화된 신경인지 과정과 범주화에 대한 문화적 영향을 이론적으로 수정하고 정교화했다는 점은 인정해야 한다(Maclaury 1997, Kemmerer 1999).

그렇다면 언어와 색채의 현대적 연구를 촉발시킨 질문, 즉 보편주의와 상대주의는 무엇인가? Roberson *et al*.(2006: 160)은 광범위한 연구 프로그램의 결과를 다음과 같이 요약한다. "[성인의] 색채 범주화에 대한 교차-문화 연구는 각 문화의 색채 범주와 체계적으로 연결된 다양한 지각 및 기억 과제에서 일관된 차이를 발견했다." 또한 Roberson *et al*.(2006: 166-168)은 아동 발달 연구 결과도 요약하고 있다.

> [명명 및 기억 과제]에서 [기본 색채 용어의 중심이 되는] 항목의 이점은 … 종단 연구 전반에 걸쳐 증가해 왔다 … 이 초점은 보편적이지 않으며, … 언어에 따라 달라진다. [그리고] 어린이는 … 유사성에 기반한 비분류적 색채 구성에서 언어와 문화에 따라 달라지는 구조화된 범주 조직으로 점진적으로 발전하게 된다.

이러한 결과는 신-워프주의 효과에 대한 비고츠키적 해석을 지지하며, MacLaury(1997)가 제안한 수정된 기본 색채 용어 설명과의 연결점을 제공한다.

4.2 공간과 시간

공간과 시간의 인지적 및 언어적 영역은 보편주의적 가정이 지배하는 서양의 마음 철학과 공간 관계의 개념화에서 특별한 위치를 차지하고 있다. 이는 인지언어학의 기초인 인지의미론, 인지문법, 인지유형학에서도 중요한 역할을 한다(Lakoff 1987, Langacker 1987, Talmy 2000). 지난 30년 동안 공간과 시간은 인지와 언어의 변화를 탐구하고 신-워프주의 이론과 후기-워프주의 이론을 발전시키는 데 핵심적인 역할을 해 왔다.

4.2.1 공간 참조틀

공간 참조틀(Frame of Reference, FoR)은 전경과 배경 사이의 공간적 관계를 개념화하는 **좌표계(coordinate system)**를 의미한다. 예를 들어, 화자가 배의 바깥쪽과 선미, 배의 하류, 그리고 배를 마주보고 서 있는 동일한 공간적 장면을 다음과 같이 표현할 수 있다. The boat is in front of me(보트가 내 앞에 있다)(**상대적** 참조틀), I am behind the boat(나는 배 뒤에 있다)(**내재적** 참조틀) 그리고 I am down-river from the boat(나는 보트를 타고 강 아래로 내려간다)(**절대적** 참조틀). Stephen Levinson(2003)과 그의 동료들이 수행한 대규모 교차 언어 연구 프로그램은 1990년대부터 언어 상대성을 재평가하는 데 중요한 기초가 되었다(Brown 2015 참조). 이들은 모든 공간적 언어 개념화에서, 특히 기점(NSEW), 지형 또는 지리를 사용하는 절대적 참조틀 언어를 포함하여, 언어 간에 놀라울 정도로 광범위한 차이가 있음을 문서화했다. 예를 들어, 화자는 상대방을 to the left(왼쪽으로)라고 언급하는 대신 to the South(남쪽으로), upriver(강 위로), towards the mountains(산 쪽으로), towards the ocean(바다 쪽으로) 등으로 표현해야 한다. 연구자들은 또한 화자의 공통 발화 제스처 사용의 차이가 언어적 참조틀의 차이와 유사하다는 사실을 발견했다. 이는 다중 서법적 의사소통 방식에 대한 인지언어학 연구의 광범위한 사용을 미리 보여주는 중요한 발견이었다. 마지막으로, 연구자들은 공간 배열에 대한 기억과 관련된 과제에서 참여자들이 사용하는 전략이 언어적 참조틀의 차이와 유사하다는 것을 입증했다. 이 프로젝트는 공간적 참조틀이 동일하더라도 문화적 전경화가 다른 언어를 샘플링했기 때문에, (실험과 도출을 통해 확립된) 비언어적 인지의 차이가 문화적 차이와 **독립적으로** 언어 변화에 기인한다는 가설을 뒷받침하는 중요한 근거가 되었다. Brown(2015: 302)은 문화적 맥락에서 언어, 문화 및 사고의 '상호침투(interpenetration)'에 대한 더 많은 연구를 요구하고 있으며, 이는 오늘날 신-워프주의 이론과 관련 연구 설계의 핵심 신조로 자리 잡고 있다.

4.2.2 공간 언어 발달의 문화적 신체화

덴마크어, 일본어 그리고 자포텍어를 사용하는 아동의 언어 이해 전략과 비언어적 행동 모방을 비교한 연구에서, 본 저자와 동료들(Jensen de López *et al*. 2005)은 아동의 공간 언어 및 개념 발달에 대한 교차 문화 및 교차 언어 연구에서 대조적인 접근 방식을 취했다. 이 연구를 통해 다음과 같은 중요한 결론을 도출했다.

> 언어를 습득한 아동은 문화적으로 제시된 물질 세계와의 상호작용 경험과 문화적 관행을 매개로 하여 습득하는 언어의 특정 의미와 일치하는 [인지적, 언어적] 전략을 사용하도록 '성향'이 형성된다. 즉, 언어의 습득과 사용 경험은 기존의 워프주의 가설처럼 인지적 차이를 유발하거나 결정하는 것이 아니라, 사회문화적으로 기반한 인지적 차이를 고착화한다.
>
> Sinha & Jensen de López 2000: 36

이 연구는 확장된 문화적 신체화라는 개념에 기초한 이론적 설명을 제공할 뿐만 아니라, 문화 심리학의 핵심인 방법론적 신조, 즉 언어와 문화를 '독립 변수'로 개념화할 수 없다는 점을 강화한다(Valsiner 1995).

4.2.3 언어와 문화의 시간 개념

언어는 시간을 개념화하는 방식이 매우 다양하며, 여러 문화권에서 시간성과 '시간 계산'에 대한 연구는 오랫동안 인류학의 주요 주제 중 하나였다(Munn 1992). 최근까지도 다양한 문화, 종교 집단, 국가가 각기 고유한 문화적 또는 종교적 의미를 지닌 서로 다른 달력 체계를 사용해 왔다는 사실이 자주 언급되고 있다. 오늘날 세계는 공식적인 생활을 위해 단일 표준 달력(ISO 8601:2004, 원래는 서양의 기독교 태음력인 그레고리력)을 채택하고 있지만, 여전히 많은 문화권에서 다양한 달력(예: 중국 전통 음력)이 공존하고 있다.

달력은 시계와 마찬가지로 역사적 발명품이며(Postill 2002), 그 기능은 '시간'을 지속시간의 간격으로 측정하는 것이다. 이러한 이유로 달력과 시계의 시간은 **미터법 시간**이라고 할 수 있다(Sinha & Gärdenfors 2014). 또한 많은 문화권에서 달력과 시계 시간이 부재하거나 모호하거나 '생태학적 시간'에 종속되어 있다는 지적(Evans-Pritchard 1940)이 있었지만, 미터법이 없는 시간 개념에 대한 문화언어학적 분석에는 거의 관심이 기울여지지 않았다. 최근 연구에서는 시계나 달력 시간과 같은 미터법 시간 체계가 없고 소수 체계(보아스가 이미 언급한 종류—위 참조)를 가진 아마존 문화와 언어의 **사건-기반 시간(event-based time)**을 조사했다. 이 연구에 따르면 사건-기반 시간 간격은 어휘화된 시간 간격의 복잡한 체계로 조직되어 있으며, 자연환경의 계절적, 일과적 리듬과 사회생활 및 인간 발달을 지배하는 규제 규범에 기반하고 색인화되어 있다(Sinha *et al*. 2011, Silva Sinha *et al*. 2012, Silva Sinha 2019). 사건-기반 시간 간격은 모든 문화와 언어에서 발견되며, 모든 미터법 시간 체계는 문화적, 역사적으로 진화한 것으로 가정할 수 있다. 예를 들어, 기독교 수도원에서 기도자를 위한 '표준 시간'(중세 기도서(books of hours)에서 체계화됨, Brown 2017)은 보다 규칙적이고 미터법적인 '시계 시간'으로 발전했다.

4.2.4 시공간 은유적 사상

영어에서 공간적 의미를 가진 단어와 구문을 사용하지 않고 사건 간의 시간적 관계를 표현하기는 어렵다. 예를 들어, We may party *through* the night then take a day off *on* Sunday(우리는 밤새 파티를 하고 일요일에 하루를 쉬기도 한다) 또는 We may be *coming up* to graduation, and the deadline for an essay may be rapidly *approaching*(졸업이 다가오고 있고 에세이 마감일이 빠르게 다가오고 있을 수도 있다)와 같은 표현이 있다. 시간 개념을 공간 관계와 이동의 측면에서 이해하는 것은 매우 다양한 언어와 문화권에서 발견되며(Haspelmath 1997, Núñez & Cooperrider 2013), 아마도 대부분의 언어에 존재할 것이다. 이러한 이유로 개념적 은유인 TIME IS SPACE(시간은 공간이다)가 보편적이라는 주장이 제안되었다(Lakoff & Johnson 1999, Fauconnier & Turner 2008).

예를 들어, My birthday is coming(내 생일이 다가온다) 또는 I'm coming up to my 30th(나는 30살이 다가온다)와 같은 구문은 경험자의 관점이 상상적으로 움직이거나 사건의 상상적 움직임을 포함한다. 대부분 언어에서 경험자의 관점은 미래를 향하고 있지만, 안데스 언어인 아이마라어에서는 경험자가 과거를 향하고 있다는 증거가 언어와 공-발화 제스처에서 모두 발견된다(Núñez & Sweetser 2006). 그러나 모든 언어에서 표상된 정신적 타임라인을 찾을 수 있는가? Hoerl & McCormack(2019)의 가설처럼 정신적 타임라인이 인간 마음의 타고난 속성이라면 그럴 것으로 예상할 수 있지만, 실제로는 그렇지 않다. 말, 제스처, 수어에서 정신적 타임라인이 나타나지 않는 몇몇 관련 없는 언어가 문서화되었다(LeGuen & Pool Balam 2012, Le Guen 2017, Silva Sinha 2019).

Silva Sinha(2019)의 연구에 따르면, 아마존 언어에서는 언어적인 정신적 타임라인의 증거가 없었을 뿐만 아니라, 시간에 대한 은유가 공간적 위치와 방향이 아니라 신체화된 지각과 인지에 기반하고 있었다. 예를 들어, THE PAST IS IN MY HEART(과거는 내 마음속이다)와 THE FUTURE IS IN MY HEAD(미래는 내 머릿속이다)와 같은 표현이 그 예이다. 이러한 결과는 정신적 타임라인

이 타고난 것이 아니라, 달력 체계와 같은 상징적 인지 인공물의 발명에 기반한 문화적이고 역사적인 기원을 갖는다는 후기-워프주의의 설명을 뒷받침한다.

4.3 자아와 정체성

앞서 언급한 두 가지 주제는 수년 동안 언어, 인지 및 문화 연구와 이론 개발의 중심이 되어 왔다. 여기서 간단히 언급할 세 번째 주제는 인지적 전통의 문화언어학자들이 최근에 관심을 갖게 된 주제이다. 이 주제는 다른 두 주제와 유사하게 인지언어학의 근본적인 이론적 명제, 특히 **신체화 이론(embodiment theory)**과 Johnson(1987)의 『마음속의 몸The body in the mind』에 대한 지속적인 연구에 뿌리를 두고 있다. 문화적 개념화 조사에서 중요한 연구 분야는 다양한 문화권의 신체 부위와 내부 기관이 사고와 감정과 같은 정신적 과정에 은유적으로 사상되는 방식을 비교하는 것이다. 예를 들어, 이해를 위한 은유적 위치로서의 시각이나 청각, 감정의 은유적 위치로서의 심장과 복부 등이 있다(Evans & Wilkins 2000, Sharifian *et al*. 2008, Yu 2009). 그러나 연구자들이 인간 마음의 개별 위치 즉, 자아의 문화적 개념화에 관심을 돌린 것은 최근의 일이다.

반면, 자아에 대한 문화적 개념과 그 역사적 기원에 대한 연구는 인류 심리학(Marsella *et al*. 1985)과 철학적 인류학(Taylor 1989)에서 비교적 잘 확립된 분야이다. 교차 문화적 심리학 연구에 따르면, 서양인(주로 미국인) 실험 참가자들은 자아를 **독립적(dependent)**이고 제한적이며 자율적인 것으로 개념화하는 경향이 있는 반면, 비서양인(주로 동아시아) 참가자들은 자아를 **상호 의존적(interdependent)**이고 관계적이며 사회적 의무의 네트워크에 뿌리를 둔 것으로 개념화하는 경향이 있다(Markus & Kitayama 1991). 이러한 연구는 흥미로운 일반화 결과를 가져왔지만, 지나친 일반화와 단순화, 그리고 매우 다양한 문화적 형성물을 하나로 묶는 경향의 위험이 있다. 인류학자들은 자아의 개념화보다는 특정 문화적 맥락에서 성별, 민족, 이주 정체성과 관련하여 정체성 및 소속감과 같은 사회적으로 위치하며 담론적으로 구성된 개념에 더 초점을 맞추는 경향이 있다(Casey & Edgerton 2005).

인지 문화적 언어학자들은 이제 이 분야에 관심을 기울이기 시작했다. Lu(2019)의 주목할 만한 연구는 호주 중국계 디아스포라 인구의 이주민 자아와 정체성에 초점을 맞추고 있으며, 신체화 이론과 의사소통적 민족지학적 접근 방식을 모두 활용하고 있다. 또 다른 최근 연구는 인지 문화적인 언어적, 학제적 관점에서 자아와 정체성에 대한 탐구를 진행하고 있다(Silva Sinha *et al*. 2020). 이 주제는 의사소통과 인지에서 자아, 정체성, (상호) 주관성 사이의 복잡하고 문화적으로 자리 잡은 상호 관계에 대한 방향성을 제시하며, 향후 몇 년 동안 점점 더 많은 관심을 받을 것으로 예상된다.

5. 향후 방향

지난 수십 년 동안 인지언어학자들은 점점 더 다양한 언어를 대상으로 연구해 왔다. 오늘날 인지언어학은 다국어 연구를 중시하는 분야로 자리 잡고 있다. 따라서 인지언어학자들이 다양한 언어의 의미와 문법을 형성하는 다양한 문화적 모형과 도식에 대한 관심을 보이는 것은 자연스러운 일이다. 이러한 발전은 앞서 살펴본 바와 같이, 인지언어학을 기반으로 한 문화언어학 분야에서 연구자들의 참여 증가로 이어졌다. 완벽한 예측 도구는 없지만, 다음과 같은 전망을 제시해 본다.

- 연구 주제는 신체화 이론, 개념적 은유 및 핵심 인지언어학 영역을 중심으로 한 주제에서, 현재 인류언어학에서 주로 다루는 주제와 방법을 포괄하는 방향으로 확장될 것이다. 문화, 마음, 언어를 연구하는 다른 사회과학, 특히 인류학과 심리학을 연구하는 언어학자들의 참여가 증가할 것이다.
- 언어가 생태학적 맥락에서 인간의 뇌와 신체에 기반을 둔다는 인지언어학의 근본적인 명제는, 이러한 생태학적 맥락이 사회문화적으로 구성되며 가변적이고, 모든 인지는 사회문화적으로 규정된다는 점을 명확히 인식하는 방향으로 확장될 것이다.
- '문화'나 '언어'가 서로 다른 공동체에 균일하게 분포된 본질주의적 실체가 아니라는 인식이 점점 더 확산될 것이다. 문화는 상호작용하며, 모든 개인이 동일한 문화 자본을 공유하지 않고 다양한 문화적 정체성을 가지고 있다. 언어는 접촉뿐만 아니라 경쟁을 통해 서로 영향을 주고받으며, 전 세계 인구에서 다국어 사용자가 단일 언어 사용자보다 더 많을 수도 있다. 언어 연구자로서, 우리 자신이 가진 문화적 모형은 이러한 현실을 더욱 수용해야 할 것이다.

감사의 말

이 장을 개선하는 데 도움을 준 피터 오스틴(Peter Austin)과 존 리빗(John Leavitt)의 통찰력에 감사드린다. 남은 미비점은 전적으로 내 책임이다. 또한, 문화언어학 분야에 많은 기여를 했지만 여전히 많은 것을 남기고 떠난 2020년 5월 파자드 샤리피안(Farzad Sharifian) 교수님의 갑작스러운 죽음에 깊은 애도를 표한다.

더 읽을거리

책 및 개요

Foley, W. A. (1997). *Anthropological linguistics: An introduction*. Oxford: Blackwell Publishing.

Sharifian, F. (2017). *Cultural linguistics*. Amsterdam: John Benjamins.

Shore, B. (1996). *Culture in mind: Cognition, culture and the problem of meaning*. Oxford: Oxford University Press.

Sinha C. (2017). *Ten lectures on language, culture and mind. Cultural, developmental and evolutionary perspectives in cognitive linguistics*. Leiden: Brill.

공동연구

Sharifian, F. (Ed.). (2015). *The Routledge handbook of language and culture*. New York: Routledge.

Silva, A. S. da, Torres, A., & Gonçalves, M. (2004). *Linguagem, cultura e cognição: Estudos de lingüística cognitiva* (2 vols.). Coimbra: Livraria Almedina.

논문

International Journal of Language and Culture. Published by John Benjamins Publishing Company. www.benjamins.com/catalog/ijolc

제24장
인지언어학과 비유 언어

1. 개요

인지언어학은 '인지적 언명'이라는 개념에 기반을 두고 있다. 이는 인간이 언어를 사용할 때 발생하는 모든 구조, 과정, 메커니즘, 기능 등이 언어가 단지 하나의 유형일 뿐, 인간의 인지가 작동하는 방식에 대한 더 일반적인 이해와 일치해야 한다는 생각이다. 만약 언어의 기능적 구조가 인지적 또는 심리적으로 타당하지 않다면, 그 설명은 인지언어학적 설명에 포함될 수 없다. 우리는 사람들이 어떻게 언어를 생성하는지를 설명해야 하며, 이는 일반적인 인간의 인지 기능에 대한 이해와 일관성을 유지해야 한다.

비유 언어, 즉 발화된 언어의 표면적 형태와 그 형태의 사용에서 의도된 의미 간의 뚜렷한 분리를 나타내는 다양한 형태의 언어와 관련하여, 인지언어학은 많은 발전을 이루었다. 이러한 다양한 비유 언어는 각각 다른 방식으로 표면적 형태와 분리된다. 예를 들어, **은유(metaphor)**는 한 가지를 다른 것에 빗대어 표현하는 것(예: Don't be afraid to approach that professor, he's a teddy-bear(그 교수님께 다가가는 것을 두려워하지 마, 그는 테디베어다)이고, **환유(metonymy)**는 어떤 것의 속성이나 부분을 사용해 전체를 지칭하는 방식이다(예: get your ass over hear!(이리 와서 들어!)). **풍자(sarcasm)**나 언어적 아이러니는 의도한 것과 반대되는 말을 하는 경우로, 예를 들어 도어락이 고장난 지저분한 호텔 방을 묘사하며 Oh yeah, I felt totally safe(오, 네, 완전히 안전하다고 느꼈다)라고 말하는 것이 이에 해당한다. 또한 **관용구(idioms)**와 **속담(proverbs)**은 일반적으로 고정된 문구로, 표면 형태와 다른 의미를 가지며 간결한 의미를 전달한다(예: bite the dust(헛물을 켜다), make hay while the sun shine(좋은 기회를 놓치지 마라). **과장법(hyperbole)**은 어떤 일의 규모를 과대 또는 과소평가하는 표현이다(예: only the worst night ever(최악의 밤만)). 인지언어학의 많은 설명은 인지심리학 및 인지과학의 다양한 현상을 활용하여 생산자와 이해자가 비유 언어의 형태에서 나타나는 다양한 의미적 해리를 어떻게 처리하는지를 설명한다.

2. 역사적 관점

은유(metaphor)는 인지언어학에서 비유 언어의 영향과 논쟁을 다루는 데 있어 가장 중요한 개념 중 하나로, 특히 개념적 은유가 그 중심에 있다(Lakoff & Johnson 1980, Gibbs 2017). 은유는 단순히 한 가지를 다른 것의 관점에서 **논의하는** 언어 구조가 아니다. 오히려 은유는 우리가 사물을 다른 방식으로 이해하고 개념화하는 깊이 있는 인지적 과정이다. 이런 관점에서 개념적 은유는 우리가 말하고, 생각하고, 추론하며, 제스처를 취하고, 창조하고, 느끼는 방식에 영향을 미치는 중요한 요소이다.

개념적 은유는 인지심리학과 인지과학에서 개념을 차용했을 뿐만 아니라, 의미 자체, 의미 표상, 의미 생성, 의미의 사용 및 의사소통을 새로운 방식으로 이해하는 데 기여했다. 예를 들어, UNDERSTANDING IS SEEING(이해하는 것은 보는 것이다), ACCOMPLISHMENT IS MOVEMENT THROUGH PHYSICAL SPACE(성취는 물리적 공간을 통한 움직임이다), GOOD is UP(좋음은 위이다)/BAD IS DOWN(나쁨은 아래이다)와 같은 은유는 언어에서 관찰되는 체계적인 패턴을 보여준다. 이러한 은유들은 공통된 구조를 가지고 있으며, 인간 경험과 행동의 유사한 측면을 반영한다. 또한, 개념적 은유는 언어학과 인지심리학/인지과학 간의 연결을 통해 의미에 대한 새로운 사고의 틀을 제공하고, 두 학문이 서로 협력할 수 있는 기반을 마련한다.

개념적 은유의 후속 연구에서는 운동 활동과 감각 기능, 최근에는 감정 처리와 관련된 신경 활성화 패턴이 신체화된 경험으로 가정되고 있다(Bergen 2012, Gibbs 2006, Glenberg & Kaschak 2002). 이러한 신체화된 시뮬레이션은 의미를 개념화하는 새로운 방법을 제시한다. 의미는 단순한 추상적인 지식 표현이나 정신 어휘집에 저장된 정의가 아니라, 언어가 지칭하는 대상에 대해 운동 및 감각적 경험의 한 형태로 이해될 수 있다.

예를 들어, The man is pounding on his hand drum(남자가 핸드드럼을 두드리고 있다)이라는 문장을 들으면, 우리는 실제로 드럼을 연주하는 사람을 보는 것처럼 시뮬레이션을 실행하게 된다. 만약 드럼 연주 경험이 있다면, 우리는 손으로 드럼을 연주하는 운동 시뮬레이션을 추가로 실행할 수 있다. 이러한 경험은 청자가 hand drum(핸드드럼)을 연주하는 장면을 **실제로** 보거나 드럼을 연주할 때 뇌의 운동 및 감각 영역에서 관찰되는 활성화와 매우 유사하다.

의미의 새로운 형태는 신체화된 시뮬레이션에서 비롯된 이해의 생산물에 훨씬 더 많은 뉘앙스를 부여한다. 예를 들어, 서아프리카의 드럼인 젬베를 실제로 보거나 듣거나 연주해 본 사람은 이 드럼이 매우 시끄럽고 피부에 닿는 듯한 흙냄새가 나며, 두드리는 방법에 따라 깊은 음색과 밝은 울림을 낼 수 있다는 것을 알게 된다. 드럼을 쳐 본 경험이 있는 사람은 팔이 피곤하고 손이 아플 수 있다는 것도 잘 알고 있을 것이다. 이러한 신체화된 의미, 즉 실제 감각과 운동 경험을 통해 생성된 의미는 언어에서 '핸드드럼'의 비유적(즉, 은유적) 사용뿐만 아니라 비유적이지 않은 사용을 이해하는 데도 큰 도움이 된다.

예를 들어, The man really cares about this issue, that's why he's pounding on his hand drum about it(그 남자는 이 이슈를 중요하게 생각해서 핸드드럼을 두드리고 있는 것이다)라는 은유를 듣는 사람은 신체화된 내용 중 일부를 이해할 수 있다. 예를 들어, The drum is loud(드럼 소리가 크다)는 '이 이슈가 중요하다'는 의미로 해석될 수 있고, The sound can be heard by many people(그 소리는 사람들에 의해 들릴 수 있다)는 '그 남자가 이 이슈에 대해 소문을 퍼뜨리려고 한다'는 뜻이 될 수 있다. 또한, The sound is both deep and high pitched(그 소리는 깊으면서도 높게 울린다)는 '그 문제가 복잡하고 다양한 측면이 있다'를 나타내고, The rhythm is steady and repeating(그 리듬은 일정하고 반복적이다)는 '그 남자가 메시지를 계속 전달하고 있다'는 의미일 수 있다. 마지막으로, The playing of the drum can hurt your arms and hands(드럼 연주는 너의 팔과 손을 아프게 할 수 있다)는 '이 이슈가 희생할 가치가 있다'를 암시한다.

개념적 은유는 비유 언어의 사용과 이해를 설명하기 위해 인지심리학과 인지과학의 현상을 끌어들인 설명으로서 영향력을 발휘해 왔지만, 여전히 논란의 여지가 있다(Gibbs 2017). 다른 연구에 따르면, 다양한 문화와 언어가 은유를 이해하거나 생산할 때 신체화된 시뮬레이션의 종류와 파생된 의미를 변화시킬 수 있다는 증거가 있다(Majid, Gaby & Boroditsky 2013, Majid 2019). 이러한 연구 결과는 인간의 운동, 감각, 감정 신경계가 대체로 유사하다는 보편적인 가정에만 의존하는 설명이 그 자체로는 충분하지 않을 수 있음을 시사한다.

환유(metonymy)에 대한 인지언어학적 설명도 인지적 언명에서 비롯된 최초의 설명 중 하나였다. 그러나 이러한 설명은 은유에 비해 동일한 수준의 경험적 평가나 논쟁을 받지 못했으며, 처음에는 개념적 은유의 그늘에 가려져 있었다. 그럼에도 불구하고 환유는 어떤 면에서 개념적 은유보다 더 광범위하게 인지심리학과 인지과학의 내용을 통합하고 있다.

처음에 개념적 환유는 개념적 은유를 옹호하는 일반적인 인지적 작용의 일환으로 간주되었다. 두 설명의 주된 차이점은 개념적 은유에서는 근원영역과 목표영역이 명확하게 구분되지만, 개념적 환유에서는 동일한 영역 내에서 부분과 전체 간의 사상이 강조된다는 것이다. 예를 들어, All hands on deck(모든 손들이 갑판 위에)에서는 부분인 '손'이 전체인 '사람들'을 나타낸다. 이후 연구는 이러한 구분을 바탕으로 환유를 개념적 은유와 본질적으로 독립적인 것으로 정의하는 경향이 있으며, 그에 따른 일련의 화용적 효과도 발생하고 있다(Dirven & Ruiz de Mendoza 2010, Ruiz de Mendoza & Otal Campo 2002, Dirven, 2005, Colston 2015).

개념적 환유는 범주화, 지식 구조, 의미망, 기억에 관한 전통적이고 주류적인 인지심리학과 인지과학 연구에서 많은 부분을 차용하고 있다. 사람들이 어떻게 정신적 범주(예: 모범, 원형, 가족 유사성 등의 설명)를 형성하고 발전시키며 유지 및 조정하는지에 대한 방대한 연구가 이루어졌다. 이러한 범주가 어떻게 구조화되는지는 도식, 스크립트, 틀 등 인지적 연구와 관련이 있으며, 구조의 한 부분을 선택할 때 다른 부분에서 활동(예: 확산 활성화)이 어떻게 일어나는지를 탐구한다. 인간의 기억에 관한 연구, 특히 기억이 어떻게 작동하는지와 '정확하게' 작동하지 않는 경우에 대한 방대한 문헌도 범주화와 지식 구조의 연구와 밀접하게 연결되어 있다. 예를 들어, 패스트푸드점에서 고객이 물건을 구매하는 상황에 대한 짧은 이야기를 들은 사람은 나중에 기억력 테스트에서 명시적으로 언급되지 않은 일부 항목(예: 고객이 '칩 카드'를 눌러 음식을 결제하는 장면)에 대해 실수를 하는 경우가 많다.

개념적 환유는 That dish is delicious(그 접시는 맛있다)와 같이 대체의 일반적인 개념이나 언급된 참조 대상(예: 용기, '접시')이 다른 참조 대상(예: 용기의 내용물인 음식)을 대신하여 이해의 기초가 되는 구조를 내재적으로 차용한다. 이러한 연결 고리는 항상 구체적으로 언급되지는 않지만, 이는 아마도 일종의 병렬적 진화가 발생했기 때문일 것이다. 그러나 유사한 용어와 기능(예: '백과사전적 지식')은 동일한 기본 인지적 기능에 크게 의존하고 있다.

개념적 통합/혼성(Conceptual Integration/Blending)은 인지언어학의 중요한 기여 중 하나로, 은유 처리뿐만 아니라 다른 형태의 비유 언어에도 적용될 수 있다. 이러한 관점에서는 전통적인 은유의 단방향적 사상 대신, 정신적 입력과 혼성공간을 통해 서로 다른 영역이 결합되는 과정을 제안한다. 예를 들어, My marriage is a tug-o-war(내 결혼생활은 줄다리기이다)라는 은유에서는 tug-o-war(줄다리기)와 결혼생활이 모두 입력공간으로 작용하며, 이 두 영역이 결합하여 혼성공간을 형성한다. 이 과정에서 결혼생활의 대립적 측면뿐만 아니라, 파트너 간의 업무 분담과 같은 다양한 측면도 은유적으로 나타날 수 있다. 즉, 이 대립은 단순한 소유권 문제가 아니라, 실제로

부부 간의 역할 분담과 관련된 것이며, 이는 흔하지 않지만, 은유가 암시하는 바이다(Fauconnier & Turner 2002, Gomola 2010).

이와 같은 통합적 과정은 인지심리학과 인지과학의 여러 분야에서도 논의되는 일반적인 현상으로, 인간의 마음이 주변 환경을 이해하기 위해 서로 다른 감각 정보를 통합하는 방식으로 이루어진다. 예를 들어, 수렵/채집 사회의 사냥꾼은 발자국이나 냄새와 같은 환경의 흔적과 사냥감에 대한 직접적인 정보를 통해 현재 쫓고 있는 사냥감의 상황을 이해하고 판단한다. 범죄 탐정 TV 프로그램에서 사람들이 여러 정보원을 결합해 범죄의 설명을 만들어내는 과정이 그 예이다.

인지심리학과 인지과학의 구체적인 연구를 살펴보면, 이러한 통합적 처리 과정은 문제 해결, 추론 등 다양한 상황에서 나타난다. 비유적이지 않은 언어 처리에서도 유사한 종류의 통합 과정이 발견된다. 담화 처리에서 새로운 정보를 접할 때마다 상황 모형을 지속적으로 업데이트하는 방식이 이에 해당한다. 혼성 이론에서 제안된 능동적 및 수동적 정보 활성화와 억제 과정은 다른 인지적 연구에서도 공통적으로 나타나는 현상이다. 개념적 환유와 인지심리학/인지과학 간의 상관관계는 항상 명확하지 않지만, 두 분야의 중첩은 인지언어학의 인지적 언명이 어떻게 적절성을 가질 수 있는지를 보여준다.

기타 비유(Other Figures)에 대한 논의는 비유 언어의 다양한 측면을 다루며, 단일 비유형 전체를 설명하기보다는 단편적인 방식으로 접근한다. 예를 들어 관용어, 언어적 아이러니, 과장법의 구조와 내적 특성, 주변 맥락, 그리고 일반적인 양극성 등 다양한 변동성을 설명하기 위해 원형성의 개념이 사용되었다(Penttila 2010, Gibbs 2000, Colston 2007).

과장법을 살펴보면, 중미의 성인 화자들이 녹음한 약 447건의 과장법 사례 중 대략 절반(51%)이 극단적인 표현(예: never, always, continuously 등)을 포함하고 있었다. 과장적 발화의 거의 4분의 1은 특정 수량을 언급했으며, 그중 19%는 텍스트나 디지털 숫자를 사용했다. 과장법을 사용한 화자의 기대치가 위반된 경우는 34%에 불과했고, 기대치가 위반되지 않았다고 응답도 37%로 나타났다. 나머지 경우에서는 화자의 기대치 상태를 알 수 없었다. 또한 과장법은 주로 실제 수준보다 더 큰 수치를 언급하는 경향이 있었고(예: It's broiling hot in here(여기가 타는 듯이 뜨겁다)), 표현의 극성은 거의 부정적이었다. 모호한 사례를 포함할 때 부정적이지 **않은** 사례는 9%에 불과했으며, 모호하지 않은 경우에는 6%만이 부정적이지 **않았다**.[1] 이 데이터가 수집된 문화와 지역에서는 과장법이 종종 실제 규모를 부풀려 불만을 표현하는 데 사용된 것으로 보인다. 이는

1 흥미롭게도, 평균 연령이 7.39세인 아동 집단의 발화에서도 유사한 경향이 관찰되었다(Colston 2007).

화자가 원하는 수준에서 벗어난 규모를 강조하여 불일치에 대한 관심을 끌기 위한 방법으로 활용된다(Colston 2007, 2015).

과장법의 이러한 원형 및 비정형 사례에 대한 평가는 인지심리학과 인지과학에서 알려진 여러 가지 현상을 기반으로 한다. 예를 들어, 주의를 끌기 위해 무언가를 부풀리는 경향이 있다. 구별되는 것이 구별되지 않는 것보다 주의를 끌기 쉽다는 사실은 지각과 인지에서 직접적으로 관찰된다. 사물을 독특하게 만드는 일반적인 방법 중 하나는 그 크기를 부풀리는 것이다. 이러한 현상은 동물의 위협 표시부터 광고, 뉴스 머리기사까지 다양한 상황에서 찾아볼 수 있다. 따라서 화자가 환경의 어떤 규모가 자신이 선호하는 것과 다르다는 점을 강조할 때, 실제보다 더 크게 표현하여 주의를 끌 수 있다.

또한, 과장법은 유머와도 밀접한 관계가 있다. 여러 유머 이론에서 공통적으로 드러나는 점은 불연속성이 유머의 주요 요인이라는 것이다. 과장법은 발화의 크기를 부풀려서 기대하는 크기보다 더 두드러지게 만들어 유머를 유발할 수 있다. 유머는 비난의 부정적 내용을 더 듣기 좋게 만들거나, 화자와 청자 간의 유대감을 형성하여 청자가 화자의 관점을 수용하도록 만드는 등 다양한 기능을 수행할 수 있다.

인지심리학/인지과학의 현상들이 다양한 형태의 처리와 이해, 화용적 효과 계산에 적용될 수 있는 유사한 설명을 제공한다. 예를 들어, 동화 및 대비 효과는 언어적 아이러니에 적용되었고(Colston & O'Brien 2000a, 2000b, Colston 2000, 2002), 언어적 아이러니와 반박 유추를 비교하는 데 사용되었다(Colston & Gibbs 1998). 인지적 편향성은 언어적 아이러니(Matlin & Stang 1979) 및 간접 부정(Colston 1999)에 적용되었다. 극성의 등급성 및 기타 도식을 통해 언어적 아이러니와 과장법을 비교하고(Colston 1997a, 1997b), 속담과 그 이해도를 논의하는 데에도 활용되었다(Gibbs, Colston & Johnson 1996, Gibbs, Johnson & Colston 1996).

또한 비유 언어에 적용할 수 있는 또 다른 인지 과정은 **숙달도 표시(mastery display)**와 같은 화용적 효과를 설명하는 것이다(Colston 2015, 2019). 이 과정에는 비유 언어 처리에 적용되는 메타추론이 포함된다. 비유 언어는 발화에서 정보의 양을 풍부하게 하면서도 비유적이지 않은 표현에 비해 간결한 구조로 **의미 있게 밀도를 높인다(they increase meaningful density)**. 다양한 인지심리학/인지과학의 처리를 통해 비유 언어는 풍부하고 미묘한 의미를 활용한다. 메타추론 과정을 통해 이러한 의미를 효율적이고 적절한 간접적인 방식으로 압축함으로써 비유 언어는 수신자를 **감동시킬** 수 있다. 화자는 비유적 메커니즘을 사용할 때 자신의 언어 사용 능력을 드러내며, 이는 청자에게 긍정적인 인상을 남길 수 있다. 이러한 효과는 담화와 상호작용에서 복합적이고 상호작용하는 다양한 노크 효과를 가져올 수 있다(즉, 대담자를 결속시키고, 수신자가 설득에 더 쉽게 반응하며, 화자의 후속 작품에 대한 해석을 풍부하게 하고, 화자가 사회적 지위를 얻는 등의 효과)(Colston 2015, 2019).

마지막으로, 숙달된 표시 외에도 비유 언어는 다양한 인지 과정과 상호작용하여 여러 화용적 효과를 생성할 수 있다. 예를 들어, 단순 연상(즉, snow(눈)와 ice(얼음), doctor(의사)와 nurse(간호사))을 통해 비유 언어가 의미를 어떻게 활용할 수 있는지를 보여준다. 어떤 사람이 흥미로운 뉴스를 듣고 그 뉴스가 실제로는 전혀 흥미롭지 않다고 느낄 때, Oh, how exciting!(정말 신난다!)과 같은 풍자적 표현을 사용하면, 사람들은 그 발화를 통해 뉴스가 지루하다는 의미로 이해할 수 있다. 하지만, 만약 어린아이 같은 순진한 말투나 고정관념에 사로잡힌 표현을 사용한다면 조롱의 수위가 더 높아질 수 있다. 예를 들어, Oh, golly gee!(오! 세상에) 또는 Oh, heavens to Betsy(어머나! 세상에!)와 같은 표현을 사용하면, 이러한 구조는 순수함이나 순진함, 또는 특정 시대적 맥락과 연결되어 표현의 의미가 다르게 풍부해질 수 있다.

3. 핵심 이슈 및 주제

은유, 환유 및 다양한 비유 언어에 대한 인지언어학적 설명이 인지적 언명을 성공적으로 채택했음에도 불구하고, 이러한 방식으로 비유적 기능을 설명하려는 시도에 대해 두 가지 주요 비판이 여전히 제기되고 있다. 첫째, 비유 언어에 대한 인지언어학적 설명에서 다양한 인지 영역이 상대적으로 드물게 다뤄진다는 점이다. 둘째, 인지와 상호작용하는 인간 기능의 다른 모든 양식을 포괄하지 않고 인지에만 국한된 인지적 언명이라는 점이다.

'인지'의 전체 범위는 인지심리학과 인지과학의 방대한 현상이 비유적 언어의 생산, 처리, 이해 등에 큰 영향을 미칠 수 있지만, 인지언어학의 설명에서는 거의 논의되지 않는 경우가 많다. 여기에는 주의, 기억과 같은 핵심 인지 과정, 정교한 추론, 사고 발견법(heuristics), 편견 등 다양한 영역이 포함된다. 이러한 모든 영역을 검토하는 것은 현재 연구의 범위를 벗어나지만, 기억과 관련된 몇 가지 현상과 그것이 비유 언어에 미치는 영향을 간략히 검토하고자 한다.

인간의 기억력에 대한 연구는 인지심리학, 나아가 심리학 전체에서 가장 오래된 연구 중 하나이다. 19세기 후반부터 사람들은 인간의 기억력을 엄격하게 평가하기 시작했고, 기억력 연구는 인간의 인지적 기능을 탐구하는 가장 방법론적으로 복잡한 분야 중 하나로 발전했다. 기억력에 영향을 미치는 요소가 많기 때문에 이러한 복잡성이 필요했다. 학습 중인 내용이나 이미 알고 있는 정보, 기억력을 테스트할 수 있는 대상 등은 기억력 수행에 영향을 미친다. 새로운 자료의 학습 방식, 정보에 노출된 기간, 기억력 평가 또는 테스트에 할당된 시간도 모두 수행에 영향을 미친다. 학습과 테스트 사이의 기간이나 그 사이에 학습자가 무엇을 했는지도 기억력에 영향을 미친다.

기억력을 평가하는 방법은 다양하다. 사람들에게 구두나 서면으로 기억나는 것을 보고하도록 요청할 수 있다(예, 자유 회상). 학습한 목록에서 각 단어의 첫 글자와 같은 단서를 제공하여 사람들이 기억하는 데 도움을 줄 수도 있다(예: 단서 회상). 또는 학습한 자료 중 일부를 다른 자료와 함께 제공하고, 이전에 학습했는지 여부에 따라 각 항목에 대해 '예/아니오'를 결정하도록 요청할 수도 있다(예: 인식 테스트). 심지어 사람들에게 자신의 기억력이 평가되고 있다는 사실을 모르게 기억력을 평가하는 암시적 기억 테스트도 존재한다.

이러한 방법론적 도구와 다양한 방법들은 연구자들이 기억이 어떻게 작동하고 실패하는지, 사고와 행동에서 기억의 다양한 모습과 발현이 어떻게 달라지는지에 대한 견고한 설명을 구축하는 데 도움을 주었다. 요컨대, 우리는 기억이 어떻게 작동하는지에 대해 꽤 잘 이해하고 있지만, 이러한 지식이 비유 언어에 대한 인지언어학적 설명에서 직접적으로 고려되는 경우는 거의 없다.

고정하기 효과(Anchoring Effects)에 대해 살펴보자. 고정하기와 같은 인간 기억에 잘 확립된 효과를 이해하기 위해, 표준 고정하기 과제를 예로 살펴볼 수 있다. 무작위로 선정된 캐나다 거주자 그룹에게 핼리팩스(Halifax)와 밴쿠버(Vancouver) 사이의 거리를 추측하도록 요청했다고 가정해 보자. 그러나 이 질문을 듣기 전에 먼저 해당 거리에 대한 예/아니요 질문에 답하도록 요청받는다. (무작위로 선택된) 절반의 사람들에게는 "핼리팩스와 밴쿠버 사이의 거리가 1,000km보다 이상입니까, 미만입니까?"라고 질문하고, 나머지 절반의 사람들에게는 "핼리팩스와 밴쿠버 사이의 거리가 10,000km보다 크거나 작습니까?"라는 질문을 던졌다. 결과는 놀랍다. '1,000km'라는 질문을 받은 그룹은 '10,000km'라는 질문을 받은 그룹보다 평균적으로 더 작은 추정치를 제시했다. 하지만 두 그룹 모두 초기 '고정하기' 질문에 대해 일반적으로 똑같이 정확하게 답했다. 무작위 배정이 이루어졌기 때문에 각 그룹은 실제 거리와 관련해 같은 출발점에서 시작했다. 따라서 고정하기 질문이 추정치의 차이를 유발한 것으로 보인다.

이 차이에 대한 설명은 특정 모형에 따라 미묘하게 다를 수 있지만, 본질적으로 사람들은 초기 수량에 고정하고, 그 수량을 기억한 상태에서 후속 추정을 하게 된다. 사람들은 초기 고정 수량에서 크게 벗어나지 않으려는 경향이 있어, 결국 두 그룹은 서로 다른 추정 거리를 제시하게 되는

것이다(실제 핼리팩스에서 노바 스코샤(Nova Scotia)까지의 거리는 4,444km이다).[2]

이 효과를 과장된 이해력의 관점에서 살펴보면, 잠재적인 영향력을 알 수 있다. 사람들이 과장법을 비교적 잘 이해하더라도(예를 들어, We got ten meters of snow last night!(어젯밤에 10미터의 눈이 내렸다)라는 말을 문자 그대로 받아들이지 않는 경우), 고정하기 효과에 따라 청자는 스키장을 과장되게 묘사하는 언어와 눈의 양을 똑같이 열정적으로 받아들일 수 있다. 즉, 과장적이지 않은 언어(예: We got half a meter of snow last night!(어젯밤에 0.5미터의 눈이 내렸다))와는 다른 생각을 형성할 수 있다.

앞서 과장법의 인플레이션 설명은 화자가 예상치 못한 (또는 바람직하지 않거나 선호하지 않은) 규모를 나타내기 위해 과장을 사용하는 방법을 다루었지만, 과장을 듣는 사람의 머릿속에 어떤 실제 규모가 형성될 수 있는지에 대해서는 언급하지 않았다. 그러나 기억력 연구에서 나온 전형적인 효과는 이러한 영향을 미칠 수 있으며, 결과적으로 우리가 과장법과 그 이해 산출물에 대해 어떻게 생각해야 하는지에 영향을 줄 수 있다.[3]

대조 및 동화 효과(Contrast and Assimilation Effects)에 대해 살펴보자. 앞서 풍자의 이해력을 설명하는 데 대조 효과가 어떻게 사용되었는지 논의했듯이, 여기에서는 동화로 알려진 일련의 관련 효과와 함께 과장법에 대해 고려할 것이다. 이러한 효과를 보여주는 고전적인 기억력 과제를 예로 들어 보겠다. 세 그룹의 사람들에게 약간의 객관적인 정보가 제공된다. 예를 들어, 낡고 녹슨 자동차가 카메라에 접근하다가 멈추는 장면을 묘사한 단편 영화를 보여준다. 운전자가 시동을 끄고 차에서 내리며, 자동차 문이 경첩에서 큰 소리로 신음하는 소리가 들린다. 이후 그는 양손으로 자동차 문을 잡고 격렬하게 움직이며 쾅 닫는다. 마지막으로 운전자가 걸어 나가면서 영화는 끝난다.

그런 다음 각 집단에 이 영화를 회상하도록 요청하고, 영화에 나타난 사건에 대한 평가를 하도록 한다. 하지만 이 회상 및 평가 과제를 수행하기 전에 집단들은 몇 가지 중재 과제를 수행해야 한다. 첫 번째 집단인 통제 집단은 짧은 시간 동안만 집중하도록 고안된 단순하고 관련 없는 과제를 수행한다. 두 번째 집단인 **동화** 집단은 **약간의** 위험성, 공격성, 비열함 또는 폭력성을 공유하는 잘 알려진 소설 및 역사 속 인물의 짧은 목록을 생각하도록 요청받는다. 이 집단의 사람들은

2 2019년 12월 26일, 인터넷 출처: www.distancefromto.net.

3 사람들은 일반적으로 감정적으로 부정적인 방향으로 선호도, 욕망, 기대치와 규모가 다르다는 것을 지적할 때 과장법을 사용한다. 스키장에서의 눈과 관련된 예시는 예상치 못한 결과를 **축하하기** 위해 과장법을 사용하는 드문 사례를 반영한 것일 수 있다.

이 인물들의 공통된 특성인 약간의 공격성에 주목하게 된다. 세 번째 집단인 **대조** 집단은 동화 집단과 유사한 작업을 수행하지만, 대조 집단이 고려하는 특성은 **극도로** 위험하거나 공격적이거나 폭력적이거나 비열하거나 살인적인 인물이다.

마지막으로 모든 집단에게 영화를 회상하며 영화에 묘사된 운전자의 몇 가지 특징을 평가하도록 요청한다. 특히 흥미로운 것은 참가자들이 자동차 문을 쾅 닫는 장면의 운전자가 얼마나 폭력적이라고 생각하는지 평가한 결과이다. 대조 집단은 '전혀 그렇지 않음'에서부터 '매우 폭력적'까지의 범위에서 평점을 제공한다. 반면, 동화 집단은 일반적으로 '매우 폭력적'에 약간 더 가까운 평균 평점을 제공한다. 대조 집단의 평균 평점은 '전혀 폭력적이지 않음'에 더 가깝고, 두 집단 간의 차이는 대조 집단의 평균 평점과 비교했을 때 일반적으로 더 크다.

이러한 차이점에 대한 설명은 동화와 대조의 메커니즘에 해당한다. 대조 집단의 참가자들 중 **일부는** 문을 쾅 닫는 행동을 폭력적으로 해석할 수도 있지만, 다른 일부는 오래된 자동차에서 문이 잘 잠기지 않는 필수적인 행동으로 간주할 수 있어 평균 평점이 중간 정도에 가까워질 수 있다. 그러나 동화 집단의 경우, 약간의 폭력적인 성격에 노출되면 그 행동이 약간 공격적이라는 개념이 활성화된다. 이로 인해 참가자들은 영화 속 운전자의 성격을 고려할 때 이 개념이 여전히 영향을 미치게 된다(Herr 1986, Smith & Branscombe 1988, Ford, Stangor & Duan 1994). 결과적으로 약간의 공격성이라는 개념이 활성화되면서 그 행동은 상황적 요인(예: 딱딱한 경첩)보다 약간 공격적인 성격에서 비롯된 것으로 해석된다. 대조 집단의 경우에도 유사한 폭력 개념이 활성화되지만, 이 집단은 고려해야 할 성격의 특성이 극단적이기 때문에 영화 속 운전사의 폭력성이 상대적으로 약하게 보이게 된다. 예를 들어, 아돌프 히틀러(Adolf Hitler), 블라드 체페쉬(Vlad the Impaler), 잭 더 리퍼(Jack the Ripper)와 같은 폭력적인 인물과 비교했을 때 영화 속 운전자는 훨씬 덜 폭력적으로 평가된다.

편향적 문맥에서 활성화된 개념과 영화 속 운전자가 얼마나 공격적인지에 대한 판단 간의 차이는 동화, 대조 또는 편향성 효과의 발생 여부에 영향을 미친다. 또한 고려 대상의 범위, 유형, 편향성 항목과 목표 항목의 병치 정도도 중요하다. 이러한 형태의 판단은 다양한 영역에서 일반적인 패턴을 따르며, 목표 특성과 약간 다른 편향성 정보가 있을 경우 전형적으로 편향성 정보가 있는 방향으로 판단을 내리는 경향이 있다. 반면, 목표 특성과 크게 다른 편향성 정보는 동화, 대조와 같은 편향성 정보로부터 판단을 밀어내는 경향이 있다.

고정하기 효과와 마찬가지로 과장법에 적용할 경우 대조 또는 동화 효과의 일반적인 패턴이 유지될 가능성이 높다. 따라서 화자가 어떤 대상의 크기를 약간 또는 크게 과장할 경우, 사람들은 그 대상에 대한 지각과 그에 따른 기억이 과장을 사용하지 않은 경우와 비교하여 변경될 수 있다. 이렇게 다양한 수준의 과장은 기술되는 대상에 대한 사람들의 개념화, 즉 그 이해도의 변화를 촉진할 수 있다.

우선순위와 최신 효과(Primacy and Recency Effects)는 인간 기억에서 잘 알려진 현상이다. 이 효과는 동일한 조건에서 자료의 처음이나 마지막에 접한 정보가 중간에 접한 정보보다 더 잘 기억된다는 것을 의미한다. 예를 들어, 긴 도시 이름 목록을 읽을 때, 가장 처음 읽은 도시(우선순위 효과)와 마지막에 읽은 도시(최신 효과)의 기억이 가장 잘 남는다(Murdoch 1962).

이를 은유 이해와 연결지어 생각해 보면, 특정 상황에서의 해석에 미치는 영향력을 알 수 있다. 예를 들어, 애리조나의 사막 교외 지역에 사는 한 부부를 상상해 보자. 최근 이 지역에서 의심스러운 서비스 판매를 시도하는 사람들을 많이 보았던 상황에서, 남편이 아내에게 Oh there was a snake out there I had to get rid of(밖에 뱀이 있어서 없애야 했다)라고 말할 때, 아내는 이 말을 어떻게 해석할까? 아내는 이를 부도덕한 영업사원을 snake(뱀)라고 조롱하는 은유로 해석할 수도 있고, 실제로 방울뱀을 언급한 것일 수도 있다.

아내의 해석은 최근의 경험에 따라 달라질 수 있다. 만약 최근에 영업사원에 대한 이야기를 많이 들었다면, 남편의 말을 듣고 **영업사원**을 떠올릴 가능성이 높아지고, snake(뱀)를 은유적으로 이해할 가능성이 커진다. 반대로, 최근에 그런 생각을 하지 않았다면 방울뱀을 문자적으로 해석할 가능성이 높아진다. 즉, 기억의 회상 가능성은 단순히 정보의 빈도에 따라 결정되는 것이 아니라, 우리가 이미 알고 있는 지식과 경험의 맥락에 따라 달라진다는 것이다.

일관성과 기억력(Congruency and Memory)에 대해 살펴보자. 기억 정보는 원래 기억된 물리적, 정서적 그리고 기타 관련 맥락에서 회상될 때 더욱 잘 기억된다고 한다. 반면, 학습과 재연의 맥락이 다르면 기억력이 저하될 수 있다.

이 효과는 비유적 언어 이해에도 영향을 미칠 수 있다. 예를 들어, 한 남성의 딸이 친구를 bumblebee(호박벌)라고 불평하는 모습을 상상해 보자. 여기서 호박벌은 시끄럽게 윙윙거리며 다른 사람의 사적인 일에 참견하는 사람을 비유적으로 표현한 것이다. 이 남성은 식탁에 앉아 커피를 마시면서 딸이 이 은유를 여러 번 사용하는 것을 들었다고 가정해 보자. 나중에 그가 식탁에 앉아 커피를 마시고 있을 때, 다른 화자나 심지어 그의 딸이 bumblebee라는 표현을 사용하는 것을 듣게 된다면, 특히 그 의미가 모호할 경우(예를 들어, 앞서 언급한 snake와 같이 은유적이거나 문자적으로 해석될 수 있는 경우), 그는 bumblebee를 비유적으로 해석할 가능성이 높다. 이는 순수하게 기억의 일치에 기반한 것이며, 그로 인해 은유적 해석을 취할 가능성이 더 커진다. 결국 우리가 기억하는 것은 주변의 관련 맥락 변화에 영향을 받으며, 이는 비유적 언어를 이해하고 생산하는 방식에도 영향을 미칠 수 있다.

기억과 신체화(Memory and Embodiment)에 대해 살펴보자. 인간의 기억은 전통적으로 일반적인 인지 능력으로 여겨져 왔다. 비록 몇 가지 단점이 있지만, 기억은 다른 생리학적 또는 생물학적 과정과 독립적으로 작동하는 캡슐화된 마음의 능력으로 간주되었다. 기억되는 내용은 다목적 인간 기억 체계에서 부호화, 저장, 검색(또는 검색되지 않음) 등의 정보 조각으로 환원될 수 있기 때문에 그 자체로는 그다지 중요하지 않다고 여겨졌다.

하지만 이 견해는 제한된 맥락에서는 신뢰할 수 있지만, 기억에 대한 전반적인 설명으로는 지나치게 단순화된 것으로 밝혀졌다. 인간의 기억은 유전자, 개인, 사회 집단의 요구에 따라 진화해 형성된다는 점에서 다른 생체 인지 과정과 훨씬 더 유사하다. 따라서 기억되는 대상과 그 목적에 따라 다르게 작동할 수 있다. 다양한 기억 체계가 서로 다른 요구에 충족할 수 있으며, 이는 기억되는 내용과 결과에 따라 점점 더 정확하게 작동할 수 있다는 사실이 밝혀졌다.

비유적 언어의 이해와 생산 등에 영향을 미치는 상호 공유된 정보의 회상은, 두 사람 간의 정보 부호화 수준이 동일하더라도, 특정 관심사(예: 성적, 사회적 등)가 있는 사람과의 관계에서 훨씬 더 원활하게 작용할 수 있다.

요약(Summary)에 대해 살펴보자. 여기에서 다룬 효과들은 비유적 언어 사용과 이해에 영향을 미칠 수 있는 기억 현상 중 일부에 불과하다. 지면 제약으로 인해 자세히 논의할 수 없는 다른 기억 현상으로는 친숙성(familiarity), 고유성(distinctiveness), 의도적 대 우발적 부호화(intentional vs. incidental encoding), 능동적 및 소급적 간섭(proactive and retroactive interference), 처리 수준(levels of processing), 점화(priming), 문맥 효과(context effects), 다양한 직렬 위치 효과(a wide variety of serial position effects), 읽기와 회상 생성의 차이(read vs. generate recall differences), 차단(blocking), 그리고 망각의 쇠퇴 및 간섭 모형(decay and interference models of forgetting) 등이 있다. 비유적 언어 인지에 대한 완전한 설명은 궁극적으로 이러한 모든 요소를 철저히 고려해야 한다.

하지만 이들 효과와 사례는 인간의 기억이 매우 가변적이고 역동적이며, 사건 전후의 정보에 민감하고 도식적으로 구조화되어 있으며, 동기와 내용에 따라 달라질 수 있다는 점을 잘 보여준다. 이러한 모든 가변성은 비유적 언어 인지에 영향을 미칠 수 있다.

인지는 섬이 아니다(Cognition Is Not an Island). 인지적 언명이라는 개념은 언어학에서 중요한 전환점을 이루었다. 이 개념은 언어적 설명이 그 언어를 사용하는 사람들의 내적 작용과 일치해야 한다는 점을 강조한다. 하지만 인지는 외딴섬이 아니다. 인지는 복잡하고 밀접하게 연결되어 있으며, 인간의 다양한 기능과 서로 상호작용한다. 따라서 우리는 **감각적 언명(sensory commitment)**, **정서적 언명(emotional commitment)**, **성격적 언명(personality commitment)**, **생리적 언명(physiological commitment)**, **동기적 언명(motivational commitment)**, **문화적 언명(cultural commitment)** 그리고 가장 중요한 **사회적 언명(social commitment)** 등 다양한 요소의 필요성을 강조해야 한다. 사람들이 언어를 사용하는 방식, 감각하고 느끼는 방식, 성격, 생리적 기능, 동기와 추진력, 그리고 그들이 속한 문화와 다른 사람들과의 상호작용을 이해하려면, 이러한 요소들을 언어학적으로 설명할 필요가 있다.

4. 현재 기여 및 연구

비유 언어에 적용되는 인지언어학의 발전은 계속되고 있다. 지면 관계상 한 가지 주제를 간략히 다뤄보면, 비유적 언어의 생성과 이해에서 신체화된 시뮬레이션의 역할이 중요하다는 점이다. 이러한 관점에서 언어의 진화는 사람들 간의 더 큰 상호 연결을 가능하게 하기 위해 오래된 신경 기능 영역을 활용한 것으로 볼 수 있다. 감각과 행위에 관한 내부 기능은 상당히 유사하기 때문에, 이러한 신경 영역은 서로 다른 두 신경계가 공명할 수 있도록 돕는 역할을 한다. 결과적으로, 이 두 신경 영역은 의미를 생성하는 강력한 기반을 제공하며, 이는 우리의 다양한 문화적 배경을 통해 더욱 정교해지고 여과된다.

5. 주요 연구 방법

인지심리학과 인지과학을 수용한 언어학은 방법론적으로 큰 성과를 거두었다. 전통적인 언어학의 경험적 기법들(예: 말뭉치 연구, 문서화, 전사, 실제 언어 녹음, 추출 등)은 이제 통제된 환경과 자연주의적 환경 모두에서 활용할 수 있는 행동 연구, 관찰 연구 및 실험 방법론과 결합되고 있다.

6. 실습을 위한 권장사항

설득을 목적으로 한 비유적 언어 사용과 치료적 실천에 관한 방대한 문헌은 비유 언어에 대한 우리의 이해를 더욱 심화할 수 있다. 인지적 노력이 인간의 다른 기능적 영역으로 확장된다면, 비유 언어와 관련된 이러한 실천 방식도 변화할 가능성이 크다.

7. 향후 방향

'사회적 언명'이 인지적 언명의 확장을 지지하는 이유 중 하나는, 인간이 사회적 연결과 지위를 구축하고 유지하는 과정에서 경험하는 압박을 설명하는 인지사회적 신경과학의 새로운 발견에 기초한다. 이 연구에서는 언어의 사회적 요소와 비유적 표현이 단순히 기존에 알려진 것보다 더 중요한 역할을 한다는 점을 강조한다. 사람들은 신경학적으로 사회적 연결과 지위를 확보하고, 사회 지향적 자아감을 형성해야 한다는 강한 동기를 갖는다(Lieberman 2013). 비유 언어의 기능에 대한 이러한 사회적 압박의 영향을 고려하면, 다양한 비유가 존재하는 이유와 그 비유가 사용되는 방식을 새로운 시각에서 탐구할 수 있다(Colston 2019 참조).

더 읽을거리

비유 언어와 관련된 인지언어학에서 '사회적 언명'의 필요성을 뒷받침하는 연구로는 Colston(2015, 2019), Lieberman(2013), Dunbar(1996), Williams(2001) 등을 참고할 수 있다. 또한, '발달적 언명(developmental commitment)'의 필요성을 제안하는 연구로는 Colston(2019)을 확인할 수 있다.

제25장
개념화 규정하기

1. 개요

이 장에서는 인지언어학과 전통적인 (유형론적) 기능언어학의 교차점에 놓인 문제를 다룬다.[1] 이 문제는 인간이 주변 세계를 어떻게 개념화하는지에 관한 것이다. 좀 더 구체적으로, 우리는 지각, 추론, 또는 소문을 통해 알게 된 상황에 대한 정보를 장기 기억에 어떻게 저장하는지를 질문한다. 우리는 '상황의 규정화(qualifications of states of affairs)'라는 다양한 차원에 따라 문제가 되는 상황을 구체화하고, 위치를 지정하며, 상태를 평가한다. 이러한 차원은 복잡한 계층적 조직을 보여주며, 이는 언어적 표현 방식에 반영되고 지각과 이해의 여러 기본 원칙을 구현한다. 개념화에서 중심적인 역할을 하는 이러한 규정적 위계는 언어의 통시성에서 의미 변화의 주요 메커니즘으로서 (상호) 주관화 과정에서도 필수적인 요소이다.

이 장은 다음과 같이 구성된다. 2절에서는 인지언어학과 기능언어학 전통에서의 상황 규정화 문제를 살펴본다. 3절에서는 가장 중요한 규정적 차원에 대한 개요를 제공하고, 이들 사이의 계층적 관계와 언어 표현에 반영되는 방식을 설명하며, 위계 체계의 개념적 원리를 탐구한다. 4절에서는 의미 변화에서 (상호) 주관화의 메커니즘을 이해하기 위한 계층 구조의 중요성에 대해 논의한다. 마지막으로, 5절에서는 몇 가지 결론을 도출한다.

1 이 두 분야의 관계에 대한 자세한 내용은 Nuyts(2005a, 2007)를 참조할 수 있다.

2. 인지언어학 및 기능언어학에서 규정화

인지언어학에서는 상황 사태에 대한 정보를 개인의 세상사 지식에 고정시키는 문제를 다루는데, 이는 인지문법에서 개념화 분석의 중심 요소인 '배경화(grounding)' 개념에서 가장 두드러지게 나타나고, 이 맥락에서 가장 정교하게 연구되었다(Langacker 1987: 126-129, 2002, 2008: 296-309, 자세한 논의 및 참고문헌은 이 책의 2장 참조).

그러나 배경화라는 개념은 상황의 규정화라는 개념보다 더 넓고 동시에 더 좁은 의미를 가진다. 배경화는 '직시(deixis)'와 관련된 모든 것을 포괄한다는 점에서 더 넓게 정의될 수 있다.[2] 예를 들어, 명사구 영역에서의 참조(명사구, 대명사, 지시어 등의 명확성 등의 이슈)도 포함되지만, 이는 규정화 상태의 문제에서는 쟁점이 되지 않는 경우도 있다.

따라서 '배경화'는 규정적 범주 영역의 일부만 포함한다는 의미에서 더 좁게 간주될 수 있다. 래내커의 관점에서는 넓은 의미의 '인식론'으로 간주될 수 있는 부분만 포함된다. 여기에는 좁은 의미의 인식론적 서법성(즉, 가능성의 추정)이나 시간적 상황은 포함되지만, 위상적 양상, 양적 또는 빈도적 양상, 심지어 의무적 서법성 같은 차원은 포함되지 않거나 명확하지 않다(이러한 모든 개념에 대한 정의는 3절 참조).[3] 또한, 언어적 영역에서는 해당 범주의 고도로 문법화된 표현(예, 강하게 문법화된 보조사와 형태)만을 다룬다는 의미에서 더 좁게 볼 수 있다. 그러나 이 장에서 초점을 맞추는 문제는 언어적으로 부호화되는 방식과 관계없이 의미론적 차원 자체의 개념적 역할과 지위에 관련되어 있다. 따라서 이를 표현하는 데 사용할 수 있는 모든 유형의 언어 장치의 의미 윤곽이 관련되며, 여기에는 (무엇보다도) 부사, 형용사 또는 동사 형태가 포함된다(배경화의 개념과 현재의 개념화 규정성의 개념 사이의 대응 및 차이에 대해서는 Nuyts(2002)를 참조).

그러나 인지언어학의 다른 분야에서는 규정적 차원이 그다지 주목받지 못했다. 인지의미론적 관점에서도 개념화에 초점을 맞추고 있음에도 불구하고, 이에 대한 관심은 거의 없었다. 레너드 타미(Leonard Talmy)의 힘 역학 개념을 통해 서법 의미를 분석하려는 몇 가지 시도가 있었지만 (Talmy(1988, 2000: 7장), Sweetser(1990) 참조), 그 외에는 큰 주목을 받지 못했다. 또한, 다른 버

---

2 이러한 매우 포괄적인 직시 개념이 반드시 일반적으로 받아들여지는 것은 아니다. 예를 들어, 이 개념은 인식론적 서법성(배경화의 핵심 구성요소, 아래 참조)도 포함하지만, 이를 직시적이라고 부르는 것은 명확하지 않다.

3 다시 말해, '인식론적(epistemic)'이라는 개념의 사용은 논쟁의 여지가 있다. 예를 들어, 시간적 상황은 좁은 의미의 인식론적 서법성과 같은 방식으로 인식론의 범주에 속하지만, 정량적 측면과 빈도적 측면은 그렇지 않은 이유가 불분명하다. 이 개념을 '인식론상(epistemological)'과 동등하다고 생각할 수도 있지만, 이 용어는 일반적으로 지식과 관련된 모든 것을 포괄하는 더 넓은 의미로 사용된다.

전의 구문문법에서도 이 문제를 다루는 연구는 거의 없었다. 후자의 경우, 규정적 차원의 개념적 지위에 대한 질문보다는 구문주의적 뼈대에서 규정적 표현을 어떻게 표상하는가에 대한 질문에 초점을 맞추었다(예를 들어, 조동사에 대한 Cappelle & Depraetere(2016)이나 양상 및 시제에 대한 Michaelis(1998) 참조). 다양한 인지언어학적 접근법에서 규정적 차원을 다루는 방법에 대한 보다 일반적인 개요는 Mortelmans(2007)과 Boogaart & Fortuin(2016)의 서법성 관련 연구, 그리고 Boogaart & Janssen(2007)의 시간 및 양상 관련 연구에서 확인할 수 있다.

반면에 기능언어학, 특히 유형론적 언어학 분야에서는 전제나 명제를 규정하는 언어 표현에 대한 연구가 수년 동안 주요 쟁점으로 다루어져 왔고, 지금도 계속되고 있다. 이러한 연구는 종종 '시제(tense)-양상(aspect)-서법(mood)/서법성(modality)(이하 TAM)'이라는 용어로 묶여서 언급된다. 예를 들어, Hopper(1982), Bybee *et al.*(1994), Bybee & Fleischman(1995), Dahl(2000), Givón(2001: 285-367), Binnick(2012), Nuyts & van der Auwera(2016) 등은 TAM 체계 또는 그 주요 부분을 다룬 여러 연구 중 일부이다. 이와 함께, 전 세계 개별 언어에서 TAM 체계를 분석하는 수많은 논문도 존재한다.[4] 그러나 이러한 연구들은 거의 독점적으로 규정적 표현의 언어적 행위에 초점을 맞추고 있다. 의미론을 다룰 때에도 이를 표현하는 언어 장치의 문법적 속성을 (기능적, 의미 중심적으로) 설명하는 것이 주된 관심사였다. TAM 체계의 동작에 대한 보다 체계적인 설명을 제공하려는 맥락에서도 개념적 역할에 대한 관심은 거의 없었다(3절 참조). 더욱이 배경화 문헌에서도 비문법적 표현에 대한 관심이 어느 정도 있었지만, 문법화된 표현에 대한 편향이 강하게 나타났다.

통시적 의미 변화의 메커니즘으로서 (상호) 주관화는 서법과 같은 규정적 차원이 중심적인 역할을 한다는 점에서 상황의 규정적 문제와 밀접한 관련이 있다(혹은 주관화 과정의 한 부분으로서, 4절 참조). Traugott(1989, 2010, Traugott & Dasher 2002)에 의해 처음 도입된 이 개념은 지난 수십 년 동안 (문법화의 개념과 함께, Hopper & Traugott 2003) 통시적 문헌에서 매우 중심적인 위치를 차지했다(예를 들어, Athanasiadou *et al.* 2006, López-Cooso 2010, Davidse *et al.* 2010. 자세한 내용은 (상호) 주관성과 (상호) 주관화에 관한 이 책의 19장을 참조.)[5]

---

4 이 문제는 형식의미론에서도 상당한 관심을 받고 있으며, 생성언어학에서도 어느 정도 다루어지고 있다(Cinque 1999, Mani *et al.* 2005, Portner 2009). 현재의 접근 방식은 기능언어학 전통과 밀접한 관계를 가지고 있으므로 형식주의 접근 방식을 고려하지 않을 것이다.

5 트라우고트의 (상호) 주관화 개념은 인지문법의 맥락에서 Langacker(1990)가 정의한 주관화 개념과 직접 대응하는 것으로 보인다. 그러나 초기 가정과는 달리(Langacker 1990: 16 참조), 트라우고트와 래내커의 개념이 서로 다른 문제를 다루고 있음을 분명히 알 수 있었다(Langacker 1999: 393-394, Traugott & Dasher 2002:

3. 규정적 위계와 인지적 지위

먼저 규정화 상태의 이슈(3.1절)를 분석하는 데 관련된 언어적 사실을 살펴보고, 이어서 인지적 지위(3.2절)를 살펴보기로 한다.

3.1 규정적 차원과 계층적 관계

언어 발화에는 원칙적으로 항상 두 가지 유형의 의미 자료가 포함된다. 한편으로, 절의 일부는 화자가 의사소통하고자 하는 세계의 상황(화자의 개념화)을 지정하는 역할을 한다. 여기에는 일반적으로 사건 유형을 부호화하는 서술어와 사건의 참가자를 부호화하는 명사구 그룹이 포함된다. 예를 들어, (1)에서 볼트체로 표시된 구성요소는 전달하고자 하는 상황을 표현한다.

(1) **I** *will probably have to* **get a new car** *before long*. (나는 머지않아 새 차를 구입해야 할 것이다)

반면에 절에는 다양한 차원에서 당면한 상황을 지정, 설정 및/또는 평가하는 역할을 하는 요소가 포함되어 있다. 이러한 상황의 규정화는 전형적으로 서술어의 부사 및/또는 문법적 표시를 통해 표현된다. (1)에서 이러한 목적에 부합하는 언어 자료는 이탤릭체로 표시되어 있다. will과 before long은 사태의 시간적 상황을 명시하고, have to는 I가 사태에 의해 수행을 강요받고 있음을 나타낸다(예: because her/his old car is breaking down(그/그녀의 오래된 차가 고장났기 때문에), 동적 서법성). 그리고 probably는 I가 곧 새 자동차를 구입해야 할지는 아직 확실하지 않지만, 그럴 가능성이 있다는 것을 표시한다(인식적 서법성).[6]

(1)의 예에 설명된 것 외에도 몇 가지 다른 규정적 차원이 존재한다. 그러나 2절에서 언급한 유형론적 연구에 따르면 이러한 범주의 목록은 제한적이고 고정되어 있다. 게다가 모든 언어가 이

97-99, Traugott 2003, López-Couso 2010: 145, Nuyts 2012 참조). 래내커의 개념은 규정화 사태의 문제와 관련이 없으므로 이 장에서는 더 이상 다루지 않을 것이다.

6 이 예는 '사태(state of affairs)'라는 용어가 개념화된 것에 대한 정적인 개념을 함축하는 동시에 동적인 사건도 포함해야 한다는 점에서 다소 아쉬운 점이 있음을 보여준다. 예를 들어, '사건(event)'은 역동성을 의미하므로 정적인 상태를 배제하는 것처럼 보일 수 있어, 대체 용어 역시 동일한 문제에 직면하게 된다.

범주 안에 있는 모든 의미를 표현할 수 있는 수단을 제공한다는 점에서 이 집합은 보편적인 것으로 보인다. 하지만 각 언어에서 서로 다른 차원이 얼마나 현저한지 즉, 범주 내의 의미적 세분화가 언어로 표현될 수 있는 정도에 따라 다르며, 언어가 내부적으로 범주를 구성하는 방식과 전경화하는 하위 차원이 무엇인지(예: Levinson 2003에서 분석된 세계 각국의 언어에 매우 다른 공간 참조 체계) 살펴볼 수 있다. 또한 언어가 범주를 표현하는 방식(예: 문법적 수단과 어휘적 수단, 그리고 다양한 유형의 범주에 대한 선택)도 주목할 만하다.

다음은 이러한 차원 중 가장 중요한 차원에 대한 간략한 (완전하지 않은) 개요이다(모든 예시는 영어로 설명되며 관련 형식은 이탤릭체로 표시됨).[7]

국면상(phasal aspect)은 사태의 전개 단계를 표시한다. 즉, 사태가 완료되었는지(완료상), 완료되지 않았는지(미완료상), 곧 시작될 것인지(잠재상), 시작되었는지(기동상), 진행 중인지(진행상), 종료되었는지(종료상) 등을 나타낸다. (2)를 참조할 수 있다.[8]

(2) a. I *am* think*ing* of buying a new car. (나는 새 차를 살까 고민 중이다) [진행상]
 b. I *am about to* buy a new car. (나는 새 차를 사려고 한다) [잠재상]

정량적 양상(quantitative aspect) 또는 빈도 양상은 어떤 사태가 얼마나 자주 발생하는지를 나타낸다. 예를 들어, 단지 한 번(순간상), 반복적으로(반복상), '습관'처럼(습관상), 규칙적으로(총체상) 등이 있다. (3)을 참조할 수 있다.

(3) a. I *usually* buy a used car. (나는 보통 중고차를 구입한다) [습관상]
 b. I *only* buy diesels. (나는 디젤만 구매한다) [총체상]

공간(space)은 3차원 공간에서의 상황과 관련이 있다. (4)를 참조할 수 있다.

(4) When I was living *in California* I was driving a huge Ford T-Bird make 1977. (내가 캘리

---

7 규정적 차원과 하위 범주의 정확한 목록, 정의와 범주 간의 구분 등과 같은 문제에는 상당한 논쟁이 있다. 다음 목록은 비교적 중립적이고 선택적인 개요이지만, 일부 쟁점, 특히 서법 및 증거성 범주의 범위에서 필자의 관점에 의해 편향되어 있을 수 있다(Nuyts 2005b, 2017 참조).

8 (2a)에서는 동사 자체가 아니라, 문법적 형태(am Xing)만이 문제가 된다.

포니아에 살 때, 1977년형 대형 포드 티-버드를 몰고 다녔다)

시간(time)은 시간 축에 있는 사태의 상황을 포함한다. (5) 또는 위의 (1)을 참조할 수 있다.

(5) *When I was living in California* I was driving a huge Ford T-Bird make 1977. (내가 캘리포니아에 살 때, 1977년형 대형 포드 티-버드를 몰고 다녔다)

서법성(modality)은 문헌에서 상당히 다양한 범주를 포괄하기 위해 사용되는 용어이다(보다 광범위한 논의는 Nuyts 2006, 2016 참조). 가장 중요한 세 가지 전통적 서법성은 다음과 같다.

동적 서법성(dynamic modality)은 사태에서 첫 번째 논항 참여자의 능력이나 가능성, 또는 필요와 필요성을 나타내며, 상황 전체에 내재된 잠재성이나 필연성(상황적)을 표현한다. (6)을 참조할 수 있다(또는 (1)에서 'have to'가 참가자에게 부과된 필요성을 표현하는 경우).

(6) A diesel *can* be quite clean you know, if you buy a recent model. (디젤은 최신 모델을 구입하면 꽤 깨끗할 수 있다) [상황적 잠재성]

의무적 서법성(denotic modality)은 도덕적 수용성이나 바람직한 정도에 대한 평가를 표시한다. (7)을 참조할 수 있다.[9]

(7) You *shouldn't* buy an old diesel anymore, they're far too polluting. (오래된 디젤은 너무 오염이 심하기 때문에 더 이상 구입하지 않는 것이 좋다)

인식론적 서법성(epistemic modality)은 상황의 가능성을 표시한다. (8) 또는 위의 (1)을 참조할 수 있다.

(8) I *may* have to buy a new car this time, if I want a clean diesel. (내가 클린 디젤을 원한다면,

9 이 범주의 전통적 정의는 주로 의무와 허가의 개념을 언급하지만, 후자는 규정적 범주가 아닌 (기능적으로 명령형과 동일한) 화행적 범주로 간주해야 한다는 주장이 있다. 이에 대한 분석은 Nuyts *et al.*(2010)을 참조하시오.

이번에는 새 차를 사야 할지도 모른다)

마지막으로 **증거성(evidentiality)**은 상황에 대한 정보를 직접적으로 지각했는지(경험적), 다른 알려진 사실이나 관찰된 사실로부터 간접적으로 추론했는지(추론적), 의사소통을 통해 획득했는지(소문) 등 정보의 출처를 부호화한다. (9)를 참조할 수 있다.[10]

(9) It *seems* I'll have to buy a new car soon. (나는 곧 새 차를 사야 할 것 같다) [추론적]

이 차원적 집합의 중요한 속성은 단순히 비구조화된 목록이 아니라는 점이다. 이는 조직화된 집합이며, 그 안의 범주는 계층적 순서를 보여준다. 이러한 순서는 각 범주를 절에서 결합할 때 알 수 있듯이, 각 범주의 의미적 범위의 상대적인 확장과 관련이 있다. 이는 이미 이 절의 앞부분에서 (1)에 대한 논의에서 설명한 바 있다. I는 미래에 새 자동차를 사도록 강요당할 것이지만, 미래는 어떤 식으로든 강제되지 않는다(즉, 미래 표지는 동적 서법성 표지에 영향을 미치거나 범위가 있지만 그 반대는 아님). 그리고 가능성은 I가 미래에 새 자동차를 사도록 강요받는 것과 관련이 있지만, 가능성에 대한 판단은 미래에 위치하지 않으며(또는 강제되지 않고) 이는 발화 시간에 유효하다(즉, 인식적 표지는 시간과 동적 서법성 표지에 영향을 미치거나 범위를 갖지만, 그 반대의 경우는 아님). (10)에서 두 가지 예를 더 제공한다.

(10) a. John *apparently* tried to call me *several times last week*. (존이 분명히 지난주에 나에게 여러 번 전화를 시도한 것 같다)
b. *Regrettably*, he *started* smoking *again*. (유감스럽게도 그는 다시 담배를 피우기 시작했다)

(10a)에서 apparently(분명히)로 표현된 추론은 "그가 지난주에 나에게 여러 번 전화했다"라는 상황의 사태와 그 빈도(반복성 표지인 several times) 및 시간적 상황(last week)에 관한 것이다. 그러나 후자의 어느 것도 증거성 형식에 영향을 미치지 않는다. 추론은 지난주에 위치하지도 않고 여러 번 이루어지지 않으며, 발화 순간에 적용할 수 있는 단수이다. last week(지난주)는 "그가 나

10 전통적인 견해에도 불구하고 증거성은 하위 범주(경험, 소문, 추론)가 매우 뚜렷한 속성을 가지고 있기 때문에 일관된 개념이 아닐 수 있다. 이에 대한 논의는 Nuyts(2017)를 참조하시오.

에게 여러 번 전화했다"라는 시간적 상황을 나타내므로 빈도 표지에도 영향을 미치지만, 후자는 시간 표지에 영향을 미치지 않는다(last week는 하나뿐임). 따라서 "그가 지난주에 나에게 여러 번 전화를 시도한 것이 분명하다" 또는 "그가 지난주에 나에게 여러 번 전화를 시도한 것이 (명백하게) 사실이었다"라고 완벽하게 말할 수 있지만, 이를 매번 뒤집으면 말도 안 되는 진술이 생성된다. 예를 들어, *It is several times the case that he apparently called me last week라는 표현은 어색하다. 따라서 추론적 증거성은 시간과 정량적 양상에서 의미적 범위를 가지지만 그 반대는 아니며, 시간은 정량적 측면에 대한 의미적 범위를 가지지만 그 반대는 적용되지 않는다.

비슷한 방식으로 (10b)에서 의무적 서법 표지인 regrettably(유감스럽게도), 반복상 표지인 again(다시), 기동상 표지인 start(시작하다)와 과거시제 표지 사이의 관계를 해석하는 것은 어렵지 않다. 서법적 판단은 "그가 다시 담배를 피우기 시작했다"라는 사실에 관한 것으로, 정량적, 국면적 측면과 시간 지시를 포함하지만 후자는 의무적 판단에 영향을 미치지 않는다. 시제형은 두 가지 상적 규정성을 포함하여 "그가 다시 담배를 피우기 시작했다"라는 과거에 위치하지만, 이러한 양상 표지 중 어느 것도 시간 표지에 영향을 미치지 않는다. 그리고 반복상(정량적) 양상 표지는 "그가 담배를 피우기 시작하다"와 관련이 있지만, 기동상(단계적) 양상 표지는 정량적 양상 표지에 영향을 미치지 않는다. 따라서 의무적 서법성은 시간에 대한 범위를 가지며, 시간은 정량적 측면에 대한 범위를 가지며, 정량적 측면은 단계적 측면에 대한 범위를 갖지만, 그 반대의 경우는 적용되지 않는다.

비교 가능한 관찰은 다른 모든 규정적 범주의 결합에 적용된다. 그리고 관찰된 의미적 범위 관계는 (원칙적으로) 모든 언어 내의 사용 사건과 언어 간에도 안정적이다(즉, 범주와 같이 보편적이다).[11]

이러한 의미적 범위의 구분은 언어적으로도 반영되며, 무엇보다도 다양한 규정적 범주를 표현하는 표지의 표층 순서에 나타난다. 예를 들어, 동사에 접사를 주로 사용하는 언어에서는 전형적으로 범위가 좁은 범주의 표지는 동사 어간에 더 가깝게 위치하고, 범위가 넓은 범주의 표지는 어간에서 더 멀리 떨어져 나타난다(즉, 접사 순서가 의미적 범위를 도상적으로 표현함). 어순을 결정하는 다른 기능적 차원(예, 정보적 현저성)의 간섭으로 인해 상황이 훨씬 더 복잡해지며, 부사 표현의 범위 내에서도 유사한 것이 적용된다(Van Valin 2005: 19ff 참조).

11 그러나 수행적 용법(화자의 규정성을 표현하는 것)과 기술적 또는 보고적 용법(다른 사람의 자격을 인용하는 것) 사이의 구분을 포함하여 언어 표면의 복잡성을 증가시키는 여러 요소가 존재한다(사태에 대한 다른 사람의 자격을 인용하는 것은 범위 속성의 측면에서 다르게 작동한다). 이에 대한 논의는 Nuyts(2001)를 참조하시오.

이러한 모든 관찰을 바탕으로 의미론적 계층구조에서 양파처럼 서로 다른 규정적 범주를 정렬할 수 있다. 규정적 사태는 중심에 위치하고, 규정적 차원은 그 폭이 커짐에 따라 주변에서 서로 연속적인 껍질을 형성한다. 이러한 규정적 차원의 계층적 또는 계층화된 표상에 대한 개념은 때때로 상당히 다른 버전이지만, 기능적 및 유형론적 언어학 내의 여러 이론에서 중심적으로 나타난다(예: 역할 및 참조 문법-Foley & Van Valin 1984, Van Valin & LaPolla 1997, 기능적 (담화) 문법-Dik 1997, Hengeveld & Mackenzie 2008, Saint Petersburg School-Malchukov 2011, 또한 Bybee 1985, Nuyts 2001, Narrog 2009 참조).[12] 상당히 이론적으로 중립적인 (그리고 잠정적인) 버전의 계층구조가 (11)에 표현되어 있다.[13] 도식에서 위쪽이 높을수록 의미적 범위가 넓어지므로, 범주는 그 아래 범주에 대한 범위를 갖지만, 그 위의 범주에 대한 범위는 갖지 않는다. (가로선으로 표시된 구분은 아래 3.2절에서 설명한다.)

(11) > 추론적 증거성
　　　> 인식적 서법성
　　　　> 의무적 서법성　　　　　　　　　　[평가하기]

....

　　　　> 시간
　　　　　> 공간
　　　　　　> 정량적 양상/역동적 서법성　　　　[상황화]

....

　　　　　　　> 국면상　　　　　　　　　　　[구체화]

....

　　　　　　　　　> 사건의 사태(STATE OF AFFAIRS)

---

12 이 제안들의 차이는 부분적으로 이러한 대안적 이론에서 이론적 관점이 상당히 다르기 때문이다. 그러나 상당한 정도로 계층구조와 언어적 영향의 많은 측면이 아직 충분히 이해되지 않았음을 반영하기도 한다.

13 (11)의 계층구조는 이 절의 앞부분에서 소개한 규정적 차원의 선택만을 특징으로 한다는 점에서 불완전하다. 또한 계층구조와 관련된 문제를 좀 더 정확적으로 추상화한다. 예를 들어, 증거성 하위 범주 중 추론적 유형은 다른 두 가지 유형(경험 및 소문)이 계층구조에 직접 포함되지는 않지만, 더 높은 '영역(sphere)'에 관련이 있기 때문에 추론적 유형만 존재한다(Nuyts 2017 참조). 또한 세 가지 전통적인 서법적 하위 범주의 위치가 매우 다르다는 점에 주목하여, 이들이 의미적으로 매우 다른 개념임을 강조한다. 역동적 서법성은 다른 두 양상보다 계층구조에서 훨씬 낮으며, 정량적 측면과 관련이 있거나 심지어 일부일 수도 있다.

3.2 규정적 계층의 인지적 중요성: 세상사 지식의 정보 고정하기

거의 모든 언어 사용에서 규정적 표현이 강력하게 존재하며, 세계 언어에서 규정적 차원과 그 위계적 조직의 보편성을 통해 알 수 있듯이 사태 규정화 문제는 단순한 언어 현상이 아니다. Nuyts(2001, 2009)의 주장에 따르면, 이는 세계를 개념화하기 위한 인간 인지 체계의 매우 기본적인 차원을 구성하며, 의미적 범위와 어순 측면에서의 언어적 효과는 이를 피상적으로 반영하거나 발산하는 것일 뿐이다.[14]

이러한 맥락에서 먼저 3.1절에 나열된 개별 규정적 차원이 단순한 언어적 개념 그 이상이라는 점에 주목해야 한다. 이러한 차원은 모두 인간이 일반적으로 세상과 상호작용하는 방식의 매우 근본적인 요소를 구성한다. 예를 들어, 인식적 서법성을 고려해 보자. 상황의 확률을 추정하는 것은 모든 수준의 복잡성에서 문제 해결과 의사 결정에 중요한 역할을 하며, 우리가 환경에서 적절히 기능하고 궁극적으로 생존하기 위해 매우 중요하다. 길을 건너는 것과 같은 아주 간단한 문제에서도 우리는 차량이 다가오기 전에 반대편에 도달할 수 있는 가능성을 판단해야 한다. 복잡한 문제에서 국가 원수가 다른 국가에 대해 적대적인 행동을 취하기로 결정할 때는 그 행동이 성공할 가능성과 자국이 이익을 얻을 수 있는 가능성을 판단해야 한다. 시간이나 공간을 고려하는 것도 매우 명백한 예이다. 우리가 세상을 이해하고 행동하는 것은 모든 수준의 복잡성에서 시간적, 공간적 관계, 상태 간 관계, 그리고 상태와 우리의 의식 간의 **즉각적(hic et nunc)** 관계를 추정하는 능력에 결정적으로 의존한다. 우리는 걷기, 쓰기, 설거지와 같은 기본 작업을 수행할 때 개별 행동을 조정하고, 집을 짓거나 회사를 운영하는 복잡한 기업을 조직하는 데에도 이러한 능력이 필요하다. 다른 모든 규정적 차원에도 유사한 점이 적용된다. 예를 들어, 도덕적 판단은 삶의 모든 결정과 행동에 스며들어 있으며(의무적 서법성 참조), 이전에 반복적으로 경험했던 상황과 유사한 상황(양적 양상 참조)에 처해 있는 것과 새로운 미지의 상황에 직면해 있다는 사실을 인식하는 것은 잠재적으로 행동 방식에 큰 차이를 만들어낼 수 있다.

따라서 (11)에서 볼 수 있듯이, 이러한 범주의 계층적 구성에는 매우 근본적인 인지적 근거가 있는 것으로 보인다. 이 계층구조는 인간의 인식과 개념화에 대한 몇 가지 기본 원칙을 반영한다. 추상적으로 보면, 적어도 다음과 같이 강하게 얽혀 있는 차원이 작용하는 것으로 보인다(아래에

14 물론 이 진술을 단순하게 해석해서는 안 된다. (11)의 계층구조와 같은 것이 문자 그대로 개념화에서 표현되거나 저장된다는 가정을 포함하지 않는다. 현재로서는 그것이 실제로 어떤 형태를 취하는지 알 수 없더라도, 계층구조로 제시되는 것에 해당하는 무언가가 인간의 개념화에 존재한다고 가정하는 것만 포함된다.

서 몇 가지 규정적 차원에 대해 자세히 설명할 것이다).

- 계층구조를 올라갈수록 사태에 대한 관점이 점차 넓어진다. 가장 아래쪽의 규정성은 사태의 내부 구성을 구체적으로 설명하는 추가 사양을 제공한다. 가운데 위치한 규정성은 세계 전체의 사태를 설명하며, 상단의 규정성은 언어 사용자의 세상사 지식에서 상황의 추상적 특성화를 포함한다. 이것이 (11)의 도식에서 가로 점선으로 구분된 범주 그룹으로 세분화되며, '구체화하기(specifiying)', '상황화하기(situating)' 및 '평가하기(assessing)'로 표시된다.
- 따라서 계층구조가 올라갈수록 현 상황을 넘어서는 지식의 역할이 커진다. 이 체계에서 낮은 규정성은 상황의 개념을 넘어서는 것을 거의 필요로 하지 않지만, 높은 규정성은 상황 외부의 정보에 전적으로 의존한다.
- 또한, 앞서 언급한 내용과 마찬가지로 계층구조는 지각과 특이점, 그리고 해석과 일반화 사이의 긴장을 반영한다. 위로 올라갈수록 (단일) 사태의 인식이 (토큰으로) 규정화되는 역할이 감소하고, 점점 더 추상적이고 일반적인 원칙에 기반한 개념화자의 추론을 통해 (유형 측면에서) 사태를 해석하고 일반화하는 역할이 증가한다.
- 따라서 올라가는 것은 화자/개념화자의 역할 증가를 동반한다. 계층구조에서 위로 올라갈수록 해당 규정성을 수행하기 위해 더 많은 노력을 기울여야 하며, 이는 관심 있는 사태 너머의 정보를 끌어들이고, 그러한 관점에서 후자의 상황을 해석하는 데에도 마찬가지이다. 이를 쉽게 표현하자면, '높을수록 더 많은 개념적인 작업을 수행한다'는 것이다. 그러나 이것은 또한 사태의 규정성을 파악하는 데 있어 창의적인 개입의 여지가 더 많다는 의미이기도 하다. 다시 말해, 상위로 올라갈수록 규정성의 '주관성'(특정 개념의 의미에서—4절 참조) 정도가 높아진다는 것이다.

이를 좀 더 구체적으로 설명하기 위해 개념화자가 체계의 몇 가지 차원에 대한 '값(values)'을 결정하기 위해 해야 할 일을 고려해 보자.

- 어떤 사태의 배치 상태(단계적 측면)를 결정하려면 내부 구성의 한 측면을 지정해야 한다. 그렇게 하려면 토큰으로 사태의 지각체(또는 기억 속의 사태 표상)만 있으면 된다. 이 경우 일반화할 필요도 없고, 사태를 넘어서는 정보도 필요하지 않다. 개념화자의 입장에서는 해석의 여지가 많지 않다.

- 어떤 사태의 발생 빈도(정량적 측면)를 결정하려면 그것이 고유한지, 아니면 유사한 다른 토큰과 함께 유형에 포함될 수 있는지를 판단해야 하며, 이를 정량화할 수 있는지를 결정하기 위해 여러 사태의 토큰에 대한 인식(기억)과 이들 사이의 유사점과 차이점을 감지해야 한다. 이 경우 분명히 해석의 여지를 남긴다. 즉, 언제 토큰이 유형에 포함되는가? 그러나 관련 사태에 대한 (서로 다른 지각체에 대한) 기억 속 표현을 넘어서는 정보는 거의 필요하지 않다.
- 시간의 사태를 파악하려면 태양과 달의 주기와 같은 패턴과 하위 패턴 등 세상에 대한 더 복잡한 사실을 비교하여 그 위치를 평가해야 한다. 종종 이러한 측면에서 다른 사태와 관련하여 그 위치를 결정하는 것도 포함된다. 어떤 사건의 시간적 상황은 화자/개념화자에게 **즉각적(hic et nunc)**으로 상대적일 수 있지만, 다른 사건에 상대적일 수도 있다. 개념화자가 이를 처리하는 방법에는 상당한 유연성이 있다.
- 그러나 인식론적으로 어떤 사태를 평가하는 것은 더 이상 그 사태에 대한 인식을 포함하지 않는다. 직접적으로 지각된 사태는 인식론적 판단이 필요하지 않으며, 가능성을 평가하는 것은 가상의 상황에만 적용된다. 이는 순전히 구체적인 지각과 세상이 '작동'하는 방식에 대한 추상적인 일반화뿐만 아니라, 가정된 상황의 가능성을 추정하기 위해 세계에 대한 다른 관련 정보를 연관시키고 비교하는 문제이다. 이 추론 과정에서 역할을 할 수 있는 정보의 종류에는 훨씬 더 다양하고, 그 변화는 원칙적으로 무한하다. 따라서 이 과정은 시간 상황(시계, 달력 참조)보다 관습화된 패턴에 기반하는 경우가 훨씬 적다. 이로 인해 개념화자의 입장에서는 훨씬 더 많은 해석의 여지가 존재한다.

요컨대, 규정적 차원과 그 안의 계층적 체계는 의심할 여지 없이 인간 개념화의 필수적인 부분이다. 사실 이들은 우리의 일반적인 장기적 세상사 지식 저장소를 구성하는 핵심 요소로 간주될 수 있으며, 새로 획득한 정보를 그 안에 고정하는 데 결정적인 역할을 한다. Chafe(1994: 129)는 "의식은 공간, 시간, 사회 및 진행 중인 배경 사건에 대한 지향성 없이는 기능할 수 없다"라고 말했다. 따라서 어떤 사태가 (11)의 전체 체계에서 특징화되고 그 안의 모든 차원에 대해 '가치'가 지정되지 않는 한, 세상사 지식에서 안정적인 위치를 획득할 수 없다고 할 수 있다.[15] 실제 발화에서 화자는 일반적으로 하나의 절 또는 전체 담화에서 특정 상황과 관련된 하나 또는 몇 개의 규

15 이 공식화는 문제를 단순화한다. 즉, 사태를 고정화하기 위해 값을 지정하는 것이 무엇을 포함하며 무엇을 암시하는지는 규정적 차원에 따라 상당히 다를 수 있다. 특히 체계에서 '평가하기(assessing)' 범주 집합(위의 (11) 참조)의 경우 이야기는 상당히 복잡해진다. 자세한 내용은 Nuyts(2001, 2009)를 참조.

정적 범주에 대한 값만 지정한다. 그러나 이러한 한계는 의사소통의 역동성에 기인하며, 실제 담화 맥락에서 적절성이 있는 내용만 언급된다.[16] 이는 의미심장한데, 일상적인 의사소통은 세상사의 새로운 상황에 대해 배우는 것뿐만 아니라, 대화 상대방의 지식에 고정되어 있다는 점에서 (새롭게 알게 된 또는 이미 알려진) 사태와 관련된 문제를 해결하는 데에도 상당한 목적이 있다.

이것이 어떻게 작동하는지, 그리고 그것이 무엇을 의미하는지 더 잘 이해하는 것은 앞으로 유망한 과학적 탐구 분야가 될 것이다.

4. 규정적 위계와 (상호) 주관화

개념화의 기본 차원으로서 규정적 위계의 중요성은 언어의 의미 변화에서 중심적인 역할을 한다는 사실로 더욱 강조된다. 특히, Traugott(1989)가 처음 정의하고 이후 그녀의 연구에서 수정 및 정교화한 주관화라는 변화의 메커니즘은 복잡한 (상호-)주관화 과정의 일부로서 원동력이 된다(Traugott 2010, Traugott & Dasher 2002). 엘리자베스 클로스 트라우고트(Elizabeth Closs Traugott)와 동료들은 주관화라는 개념을 통해 언어 형식이 객관적 세계(즉, 세상의 대상과 사태)에 대한 화자의 개인적 입장과 관련된 의미, 즉 "태도와 신념을 부호화하고 규제하는" 의미로 진화하는 강한 경향이 있음을 언급한다(Traugott 2010: 35). Traugott(1989)는 인식론적 서법성을 강하게 주관화된 의미의 전형적인 사례로 명시적으로 언급한다.

트라우고트는 주관화의 개념을 매우 일반적인 용어로 정의하면서 규정적 위계에 대한 언급은 하지 않았다. 그러나 두 개념 사이에 직접적인 연관성이 있음을 시사하는 몇 가지 요소가 있다(Nuyts 2012, Byloo & Nuyts 2014, Nuyts & Byloo 2015 참조). 세상사에 대한 기술과 관련된 객관적 의미와 화자의 개인적 입장과 관련된 주관적 의미 사이의 대립은 (11)의 계층구조에서 맨 아

16 부분적으로는 언어의 문법에 의해서도 결정된다. (원칙적으로 항상 필요한 사태 표현과 달리) 언어 발화에서 규정적 범주를 표현하는 것은 일반적으로 선택사항이다. 그러나 많은 언어에서는 어떤 범주에 속하는지는 다르지만, 모든 절에서 특정 범주의 규정적 표지(전형적으로 문법론적/형태론적 범주)를 어느 정도 의무적으로 사용하도록 하고 있다. 예를 들어, 게르만어와 로망스어에서는 시제 표지(적어도 원칙적으로는 시간의 부호화)가 포함된다. 슬라브어에서는 시제 표지와 관련이 있다. 일부 아시아 및 아메리카 언어에서는 증거성 표지와 관련이 있다. 이러한 표지는 의무적으로 사용되기 때문에 기본값으로 간주할 수 있는 것보다 더 많은 규정적 의미를 표현하는 경향이 있다. 예를 들어, 게르만어와 로망스어의 시제는 시간보다 더 많은 차원을 표현할 수 있다.

래에 있는 사태 수준과 위쪽에 있는 평가(또는 태도)의 규정성 수준 사이의 대립에 해당한다. 화자/개념화자의 역할 증가와 그에 따른 규정성의 주관성 증가('개인적 관여'의 의미에서 주관성의 대안적 개념에 대해서는 Nuyts 2012 참조)라는 개념은 3.2절에 설명된 바와 같이 규정적 계층의 근거에 대한 핵심 부분이다. 더욱이 일반적으로 주관화의 원형적 사례로 간주되는 조동사 영역에서 잘 알려진 진화 경로 중 하나는 역동성에서 의무적 서법으로, 그리고 더 나아가 인식론적 서법으로 발전하는 것이다.[17] 이 순서는 (11)의 계층구조에서 이러한 범주가 낮은 곳에서 높은 곳으로 나열된 것과 완벽하게 일치한다. 따라서 트라우고트의 주관화 개념을 (12)의 도식 왼쪽에 제시된 것처럼 언어 요소의 의미가 계층구조에서 점진적으로 올라가는 통시적 과정으로 이해하는 것이 합리적이다.[18]

(12) **개념화** **의사소통 계획**

> 추론적 증거성
> 인식론적 서법성
> 의무적 서법성
> 시간
> 공간
> 정량적 양상/역동적 서법성
> 국면상
> 사태의 상태

발화수반/행위 관련 차원, 예를 들어,
의도
발화수반력 지시체
상호작용 관리, 예를 들어,
울타리표현 도구
텍스트/담화 차원, 예를 들어,
절 연결자,
담화 표지

세로 화살 = 주관화
가로 화살 = 상호주관화

(12)의 도식에서도 알 수 있듯이, 트라우고트의 분석에서 주관화 이후의 과정인 상호주관화는 넓은 의미에서 화자와 청자의 의사소통적 상호작용을 조절하는 역할을 맡는다. 이는 어떤 형식이 의미론적 또는 기능적으로 규정적 위계를 벗어나는 변화로 정의될 수 있다. 여기에는 (12)의 오른쪽 열에 표시된 다양한 차원이 포함된다(Nuyts 2008 참조). 따라서 이 문제는 언어 사용에 대

17 원래 이 세 가지 의미가 선형적으로 진화한다고 가정했지만, 경험적 연구에 따르면 일부 경우에는 진화가 첫 번째 단계에서 역동적인 것에서 의무적으로, 이후 단계에서는 다시 역동적인 것에서 인식론적으로 진화한다는 것이 밝혀졌다(즉, 의무적인 것에서 인식론적으로 발전하지 않음). Byloo & Nuyts(2014) 참조.

18 이러한 발전이 계층구조의 모든 단계를 거친다는 의미는 아니며(아마도 그런 일은 절대 일어나지 않을 것이다), 형태의 의미가 계층구조의 낮은 곳에서 높은 곳으로 일반적으로 변화한다는 의미일 뿐이다.

한 인지 이론에서 또 다른 중요한 구분인, 언어 사용의 개념적 차원과 의사소통적 차원 사이의 구분을 활용한다. 예를 들어, 울타리표현, 공손성 전략의 사용, 발화의 형성과 같은 요소는 우리가 세상을 개념화하는 방식과는 아무런 관련이 없으며, 전적으로 개념화와 관련된 의사소통 행위를 계획하고 실행하는 방법에 관한 것이다.

그러나 이러한 문제와는 별개로, 규정적 위계가 언어의 통시적 진화에서 의미 변화의 주요 메커니즘의 중심 요소라는 사실은 우리가 세상사에 대한 개념화를 조직하는 방식에 중요한 역할을 하는 차원을 다루고 있다는 점을 강조한다.

5. 결론

기능적 및 유형론적 문헌에서는 사태의 규정성 문제에 대한 방대한 논의가 이루어졌지만, 이 차원의 인지적 역할에 대한 관심은 미미하다. 언어학에는 언어가 인간의 인지 과정에 어떻게 뿌리를 내리고 있는지를 밝히는 데 적극적으로 관여하는 방대한 인지언어학적 연구가 존재하지만, 규정적 범주 영역에는 상대적으로 관심이 부족했다. 그러나 언어 사용에 반영된 이 영역은 인간이 세계를 개념화하는 방식의 핵심 측면과 직접적으로 관련이 있음을 보여주는 강력한 증거가 존재한다. 따라서 인지적 관점에서 이 분야를 심층적으로 탐구하는 것은 인간의 개념화와 사고 그리고 언어 사용 간의 관계에 대한 현재의 제한적인 이해를 확장하는 데 상당한 기여를 할 수 있다.

더 읽을거리

이 장에서 다룬 다양한 항목에 대한 추가 자료는 위의 논의 과정에서 제공되었다. 다른 참고 자료보다 더 중요한 자료를 골라내는 것은 불가능하지만, 관심 있는 주제에 따라 다양한 자료를 찾아보는 것이 좋다.

제26장
인지화용론

1. 개요

화용론에 대한 정의는 다양하며, 서로 완전히 일치하지 않는 경우가 많다. 일부 학자들은 이 분야에 대한 일관된 이론적 정의를 내리기 어렵다고 주장하기도 한다. 예를 들어, Bar-Hillel(1971)은 '화용적 쓰레기통'이라는 개념을 언급하며, 학자들에게 자신이 선호하는 통사-의미 이론의 일부를 강제로 집어넣기 전에 그 내용에 "어떤 질서를 가져올 것"을 권장했다(Bar-Hillel 1971: 405). 이처럼 화용론의 두 기초 이론인 폴 그라이스(Paul Grice)와 존 오스틴(John L. Austin)의 이론조차도 동일한 현상에 대한 상이한 관점을 제시하고 있다. 이로 인해 화용론의 통일성에 문제가 있는 것처럼 보인다. 화용론이 문맥에서 언어 사용과 관련이 있다는 점은 대체로 인정되지만, 이러한 정의가 단일한 설명적 메커니즘에 적합한지 아니면 단순히 우연히 모인 사실들인지 여부는 덜 명확하다.

인지적 접근, 즉 우리가 찾고자 하는 설명적 메커니즘이 심리적 과정과 관련이 있다면 어떻게 될까? 화용론은 철학과 언어학에 뿌리를 둔 비교적 최근의 학문으로, 그라이스는 협동적 합리성, 오스틴은 사회적 관습 또는 추상적인 언어 체계에 초점을 맞추어 언어 사용의 규범적 근거를 탐구해 왔다. 그러나 1980년대부터 이러한 규범적 수준에서 설명되는 구조의 원인으로 심리적 과정에 대한 관심이 증가했다. 이것이 바로 인지화용론의 핵심 영역이다. 이 관점에서 화용론의 통일성 문제는 다음과 같이 정리할 수 있다. 모든 화용론적 현상을 설명할 수 있는 단 하나의 과정을 선택할 수 있는가, 아니면 그것만을 설명할 수 있는가? 이를 인지과학의 용어로 표현하면, 화용적 처리를 위한 특화된 심리적 메커니즘, 즉 문맥에서 언어를 사용하고 이해하는 **모듈(module)**이 존재하는가 하는 질문이다.

이 질문에 대한 답은 그라이스의 모델에 큰 영향을 받았다. 그라이스는 전통적인 언어철학자로 훈련을 받았음에도 불구하고 인지적 실용주의의 발전 방향을 정립할 수 있었다. 특히 두 가지 아이디어는 이 분야에 지속적인 영향을 미쳤다. 첫째, 인간 의사소통의 **의도적(intentional)** 본질이다. 즉, 화자의 언어 사용은 자신의 의사소통적 의도를 전달하는 데 도움이 되며, 수신자는 그러한 의도를 인식하는 것을 목표로 한다는 것이다. 둘째, 인간 의사소통의 **추론적(inferential)** 특성이다. 화자와 청자는 모두 화용적 추리에 관여하며, 화자는 수신자가 자신의 의도에 도달할 수 있는 적절한 수단을 알아내야 하고, 수신자는 그 반대 방향으로 이동해야 한다. 하지만 인지화용론의 학자들은 주로 수신자가 화자의 의사소통적 의도를 어떻게 파악하는지를 분석하는 데 집중해 왔다.

지난 40년 동안, 그라이스의 추론적 의사소통 및 의사소통적 의도에 대한 개념은 화용적 처리를 위한 단일 인지적 메커니즘을 규명하려는 모든 시도의 중심이 되어 왔다. 관련 메커니즘은 본질적으로 의도 인식의 형태이거나 추론적 추리의 형태로 설명되어 왔다. 그러나 모든 사람이 화용적 이해를 의도 인식의 추론적 과정으로만 간주하는 것은 아니다. 반대로, 화용적 이해는 전적으로 또는 본질적으로 추론적이지 않으며 의도 인식에 기반하지 않는다는 주장도 반복적으로 제기되고 있다. 그러나 이러한 주장들에서 화용적 이해에 특유한 단일 인지적 메커니즘에 대한 논의는 강조되지 않았다.

이 장에서는 인지화용론에 대한 간략한 개요를 제시할 것이다. 이 결과물은 다소 복잡할 수 있다. 한편으로는, 그라이스의 패러다임이 실제로 인지적 연구의 중심이며 관습과 문법에 기반한 접근 방식과도 일관성을 가질 수 있다는 점을 제안할 것이다. 즉, 발화 이해를 위한 인지적 메커니즘을 본질적으로 추론에 기반한 의도 인식 장치로 설명할 수 있으며, 이 과정에는 관습적 행동 패턴의 인식이 구성요소로 포함된다고 주장한다. 그러나 다른 한편으로는, 인지 과정에 대한 높은 수준의 기능적 설명이 두 가지 의미에서 단순화될 가능성이 있다고 제안할 것이다. 첫째, 해당 분야의 내적 차별화를 희생하면서 설명적 목적에 일관된 것에 초점을 맞추는 것이다. 둘째, 방법론적으로 가장 적절한 것은 이 수준에서 설명하는 인지 능력이 개인 발달 과정에서 기능적 조직이 복잡해지는 하위 메커니즘에서 나온다는 것이다. 이 관점은 발화 이해에 특화된 선천적 모듈이 존재하지 않음을 시사할 수 있다. 오히려 이 능력은 다른 능력의 발달과 얽혀 있는 사회문화적 발달의 결과일 가능성이 높다. 구체적으로 추리(즉, 추론) 능력과 마음읽기(mindreading) 능력이다.

요약하자면, 인지화용론은 맥락에서 인간의 의사소통을 담당하는 처리 과정을 연구하는 학문이다. 이러한 과정은 추론에 기반한 의도 인식의 형태로 설명될 수 있으며, 추리 능력과 마음읽기 능력의 진화적 발달 과정과 연관되어 있다.

2. 역사적 관점

2.1 그라이스의 유산

그라이스의 (언어적) 이해 이론에서 의도 개념이 얼마나 중심적인지, 그의 중요한 논문인 『의미 Meaning』(Grice 1957)에서 도출된 구분을 통해 분명히 드러난다. 그는 자연적 의미와 비자연적 의미를 구분했다. 예를 들어, Those spots mean measles(저 반점들은 홍역을 말한다)와 Those three rings on the bell mean that the bus is full(벨이 세 번 울리면 버스가 가득 찼다는 뜻이다)과 같은 발화에서 mean이라는 동사는 상당히 다른 의미를 전달하는 데 사용된다는 것을 관찰했다. 이제 이해 이론은 의도의 행위격 개념을 함축하는 후자의 용법에만 초점을 맞춘다. 즉, 어떤 것은 자연적인 상관관계 때문이 아니라 의도적인 의미 부여로 인해 다른 것을 나타내는 기호이다. 그라이스는 의사소통을 위해 관습이 반드시 필요한 것은 아니라고 생각하기 때문에 이 특징을 관습성의 측면에서 설명하지 않는다. 결국 의사소통의 의도가 있다면 인간은 그것을 표현할 방법을 찾아내고, 관습적 의미는 의사소통적 사용이 관습화될 때 비로소 생겨난다는 것이다.

그라이스의 또 다른 중요한 통찰은 의사소통적 의도가 이중적이고 반사적인 구조를 가지고 있다는 점이다. 화자는 일반적으로 특정 정보를 제공하려는 의도를 가지고 있으며, 더 넓게는 수신자의 정신 상태를 특정 방식으로 변화시키려는 의도를 가지고 있다. 하지만 화자는 이 정보 제공 의도가 수신자에게 인식된다는 의도도 가지고 있다. 예를 들어, A는 B가 X를 알기를 원하지만, A가 그것을 원한다는 사실을 B가 알기를 원하지 않는 경우(즉, 정보의 출처로 인정받고 싶지 않은 경우)를 상상할 수 있다. 이러한 경우에는 흔히 말하는 것처럼 정보 제공은 있지만 의사소통적 의도는 없는 상황이다. 다시 말해, A가 B에게 진정한 의사소통을 하려면 B가 A의 정보 교환 의도를 인식하고, A의 의도가 그의 정신 상태에 영향을 미치려는 것을 이해해야 한다.

이는 그라이스의 유명한 '협력의 원리(Cooperative principle)'와 밀접하게 관련되어 있다. 진정한 의사소통에서 화자는 대화 교환에 적절한 기여를 해야 한다는 일반화이다. 화자는 (**총체적** 정보 제공의 의도로) 수신자에게 정보를 제공하려는 자신의 의도가 수신자에게 그대로 인식되기를 원하며, 그 이상의 것을 원한다. 즉, 화자는 수신자가 현재 상황에서 자신의 정신 상태를 변화시키기를 원하는 **구체적인** 방법을 이해하기를 바란다. 따라서 화자는 그 목적에 적합한 의사소통적 행위를 생성해야 한다. 인지과학의 최신 용어로 표현하자면, 화자의 의사소통적 행위는 화자와 수신자가 공동의 목표를 가진 '우리(we)'로 느끼는 '공동 행위(joint action)'의 일부이다. 이는 특정 정보를 주고받는 공동의 목표를 가진 '우리'로 느끼는 것이다. 그럼에도 불구하고 화자는 모든 가능한 의미에서 수신자에게 협력할 필요는 없다. 화자는 수신인을 속이고 싶을 수도 있지만, 이 경우에도 "대화자는 항상 적어도 하나의 공통된 목표, 즉 이해하고 이해받으려는 목표를 공유한다"(Sperber & Wilson 1986/1995: 268, Reboul 2017, Mazzone 2018: 12 참조)고 할 수 있다.

마지막으로 중요한 개념은 그라이스의 '함축(implicature)'이다. 이는 추론과 합리성이 완전히 작용하는 곳이다. 인간 언어는 상당 부분 관습적이기 때문에, 원칙적으로 의사소통에서 사고의 부호화와 해독을 허용한다(물론 몇 가지 복잡한 문제도 따른다). 하지만 그라이스에게 의도는 이런 의미에서도 관습보다 더 중요하다. 대부분의 경우, 화자가 특정 상황에서 의사소통하고자 하는 것(의미한 것, what is meant)은 그 발화가 관습적인 의미만으로 받아들여질 수 있는 것(말한 것, what is said)과 다르다. 예를 들어, 로미오가 Juliet is the sun(줄리엣은 태양이다)이라고 말할 때, 그 문장의 문자적 의미와는 다른 것을 의미한다. 또한 누군가 집 전화가 울리는 동안 I'm having a shower(나는 샤워 중이다)라고 외친다면, 그 문맥은 그 표현의 관습적인 의미를 넘어서 화자가 현재 전화벨이 울리는 것과 관련하여 무엇을 할 수 없는지를 이해하는 데 도움이 된다. 일반적으로 그라이스는 의사소통을 특정 상황에서 화자가 발화한 내용에서 그 발화를 통해 무엇을 의미하는지 추론하는 것으로 설명했다. 이건 요컨대 화용적 추리의 한 형태라고 할 수 있다.

좀 더 정확하게 말하자면, 그라이스는 발화의 전적으로 관습적인 의미인 '문장 의미'와 '화자 의미'를 구분한 다음, '화자 의미'를 '말한 것'과 '의미한 것'의 두 부분으로 나누었다. 전자는 문장 의미를 모호한 단어의 명확화와 직시적 표현에 대한 참조 할당이라는 아주 사소한 화용적 과정에 의해 얻어진다. 이 두 가지 과정은 모두 '화용적'으로 화자가 특정 언어 표현을 사용하여 말한 내용을 구체화하기 위해 문맥을 고려해야 한다. 다시 말해, 수신자는 해당 문맥에서 발화의 진리조건(발화가 표현하는 완전한 사고나 명제)을 판단하기 위해 문맥을 살펴봐야 한다. 그러나 그라이스는 특히 다음과 같은 일에 초점을 맞추었다. 즉, 완전한 명제 p가 결정되면 문맥은 수신자가 다른 명제 q를 추론할 수 있는 추가 정보를 제공한다는 것이다. 이러한 p에서 q로의 추론적 전이를 함축이라고 부른다.

다시 말해, 이 개념은 의사소통적 의도와 협력의 원리와 밀접하게 관련되어 있다. 앞서 말했듯이, 발화를 이해할 때 수신자는 자신이 협력 행위에 관여하는 합리적 주체라는 가정 하에 화자의 의사소통적 의도를 재구성하는 것을 목표로 한다. 대부분의 경우, 화자가 합리적으로 협력적일 때 p는 상황과 전혀 관련이 없거나(Why are you telling me that you are having a shower?(왜 샤워를 하고 있다고 말하는 건가?)") 명백히 거짓(How can Juliet be the sun?(줄리엣이 어떻게 태양이 될 수 있니?))인 경우, 화자가 전달하려는 의도가 될 수 없기 때문에, 이는 p에서 q로 전환하는 데 매우 중요하다. 함축은 직접적 의미 p가 **일견** 협력 원리에 부합하지 않는 경우에 간접적 의미인 암시적 의미 q로의 추론적 전이를 의미한다. 이러한 경우, 수신자는 실제로 의도한 추가 명제를 추론할 수 있도록 상황을 고려한 합리적 화자가 제공한 단서로 (의도된 의미가 아니라) p를 받아들인다.

요컨대, 협력의 원리는 함축성을 도출하는 데 매우 중요하다. 즉, 수신자는 화자가 합리적으로 협력할 것으로 기대하고, 화자가 말한 것(what is said)이 그 기대를 의도적으로 위반하는 경우, 이는 다른 명제(의미하는 것, what is meant)를 의도한다는 신호이다. 그라이스는 네 가지 대화 격률을 통해 화자의 협력적 태도(및 수신자의 관련 기대치)를 분석한다. 그중 두 가지는 위의 예에서 설명된 바와 같이, 명백히 관련이 없거나 거짓인 명제는 문맥상 관련이 있고 참인 적절성을 가지지만 다른 명제를 찾도록 유도한다. 그라이스는 의도된 의미가 참이고(질의 격률), 적절성이 있으며(적절성의 격률), 정보가 적절히 유익하고(너무 많거나 적은 정보를 제공하지 않음: 양의 격률), 정보가 명확하고 질서 있게 제시되어야 한다는 기대(태도의 격률)를 언급한다.

2.2 적절성 이론

그라이스의 화용주의 이론은 대략 1957년에서 1982년 사이 여러 논문을 통해 발전했으며, 그중 가장 중요한 논문은 1989년에 출간된 『단어에 대한 연구Studies in the way of words』이다. 이 시기는 인지과학이 확산되고 인지 지향적 언어학이 통사론뿐만 아니라 음운론과 어휘론을 중심으로 탄탄한 연구 분야로 발전한 시기이기도 하다. 1980년대부터 이러한 발전은 화용론의 인지적 지위에 대한 관심을 불러일으켰다(Domaneschi & Bambini 2020: 420 참조). Chomsky(1980)는 언어능력과 언어수행을 구분하며 '화용적 언어능력(pragmatic competence)'이라는 개념을 도입했다. 그러나 '인지화용론'이라는 용어를 처음 사용하고 화용론의 모듈적이고 생성적인 이론을 체계적으로 탐구한 것은 Asa Kasher(1991, 1994)였다. 여기에서 '모듈적'이라는 용어는 화용적 능력을 설명하는 인지적 모듈이 있다는 가정과 관련이 있으며, '생성적'이라는 용어는 노엄 촘스키(Noam Chomsky)의 생성문법을 참조하여 사용되었다.

이 시기의 결정적인 단계는 Dan Sperber & Deirdre Wilson(1986/1995)이 오늘날까지 인지화용론에서 가장 포괄적이고 영향력 있는 이론인 적절성 이론(Relevance Theory, RT)의 토대를 마련한 책인 『적절성 이론Relevance』의 출간이었다. 이는 그라이스의 이론에 기반을 두고 있지만 몇 가지 중요한 혁신이 이루어졌다. 특히 댄 스퍼버(Dan Sperber)와 디어드리 윌슨(Deirdre Wilson)은 발화 이해가 추론 과정을 통해 의도를 인식하는 것이라는 그라이스의 생각을 유지했다. 그라이스의 주요 출발점은 기능의 인지적 원리로서 적절성 개념의 새로운 중심성이었다.

그라이스는 발화 처리의 각 단계에서 화자의 기여가 적절(즉, 적절성)하다고 규정하는 관계의 격언을 통해 적절성의 역할을 인식하고 있었다. 그러나 그라이스에게 이것은 화자가 준수해야 하고 수신자가 화자가 준수하기를 기대하는 합리적인 규칙으로 생각되는 협력 원리를 분석한 네 가지 격언 중 하나에 불과했다. 스퍼버와 윌슨의 접근 방식은 두 가지 면에서 다르다. 첫째, 그들은 적절성만으로도 충분하다고 생각한다. 즉 협력 원리의 모든 격언이 사실상 적절성 개념에 포함된다는 것이다. 그러나 무엇보다도 적절성은 대화 상대가 따라야 하거나 따를 수 없는 합리적 규범으로 생각되지 않는다. 오히려 인지적 메커니즘이 실제로 (그리고 필연적으로) 작동하는 방식에 기초하여 인지 일반과 특히 의사소통의 기능적 원리라고 주장한다. 구체적으로 스퍼버와 윌슨은 '인지적 원리'와 '의사소통의 적절성 원리'를 구분한다. 전자에 따르면 인간 인지는 적절성의 극대화에 맞춰져 있는 경향이 있다. 우리는 한 순간에 너무 많은 감각 자극에 노출되어 모든 자극을 처리할 수 없기 때문에 인지적 메커니즘은 가장 적절성이 높은 자극을 감지할 수 있어야 한다. 의사소통은 인지 체계가 수많은 우발적 자극에 직면하는 것이 아니라 화자가 수신자를 위해 의도적으로 생성한 메시지에 직면한다는 점에서 다르다. 여기서 적절성의 의사소통적 원리가 전면에 등장한다. 이에 따르면 모든 집중적 자극, 즉 대화 상대에게 명시적으로 전달되는 모든 의사소통 행위는 그 자체로 최적의 적절성에 대한 추정을 전달한다(Wilson & Sperber 2002: 256-257). '최적의 적절성'은 (a) 표면적 자극이 수신자가 그것을 처리하기 위해 노력할 가치가 있을 만큼 충분히 적절성이 있고, (b) 의사소통자의 능력과 선호도에 부합하는 가장 적절성이 높은 자극이라는 기대감으로 정의된다(Sperber & Wilson 1986/1995: 270).

스퍼버와 윌슨은 노출된 자극의 해석을 통해 달성될 수 있는 인지적 효과와 이러한 해석에 도달하는 데 소요되는 노력 사이의 균형이라는 측면에서 적절성에 대한 명확한 정의를 내렸다. 직관적으로 수신자의 정보적 상태에 변화가 생기는 것이지만, 인지 체계가 필요한 시간과 노력에 관계없이 현실적으로 정보 변화를 추구할 수 없기 때문에 비용도 고려해야 한다. 실제로 적절성 이론가들은 '적절성 기반의 이해 절차'라고 부르는 이상적인 절차에 대한 빠르고 경제적인 접근 방식인 발견법(heuristic)을 통해 이해의 적절성을 보장할 수 있다고 제안하며, 이 절차는 두 단계로 구성된다. 첫째, 인지 체계는 인지적 효과를 계산할 때 노력이 가장 적게 드는 경로, 즉 접근성이 높은 순서대로 가능한 해석을 고려한다. 둘째, 이 체계는 적절성에 대한 기대치를 충족하는 해석에 도달하면 멈추고, 그렇지 않으면 다음으로 가장 접근하기 쉬운 해석으로 이동한다.

그렇다면 발화의 해석은 무엇인가? 그라이스의 접근 방식에 따르면 연역적 추론은 전제 중 하나가 현재 발화의 명시적 의미(그라이스의 '말한 것')인 반면, 결론(또는 결론 중 하나)은 적절한 맥락에서 발화의 함축적 의미(해당 맥락에서 화자가 '의미하는 것')의 다른 명제인 비-연역적 추론으로 개념화된다. 예를 들어, 집 전화벨이 울리고 A가 I'm having a shower(나는 샤워 중이다)라고 말할 때, 명시적 의미(최소한 발화의 모든 직시적 표현에 지시체가 할당된 명제, 이에 대해서는 아래 3.1절에서 더 자세히 설명함)는 전제 중 하나로, 이 전제가 다른 전제(예: 샤워 중인 사람은 전화를 받을 수 없다는 상식적인 가정)와 함께 수신자가 A가 전화를 받을 수 없다고 결론을 내릴 수 있게 해 준다. 이러한 구조로 인해 화용적 처리는 본질적으로 추론적이라고 간주된다. 스퍼버와 윌슨의 관점에서 이것이 의도적이고 의식적인 과정이라는 것을 의미하지는 않으며, 표준 조건에서는 자동적이고 비-반사적인 것으로 보인다. 요컨대, 적절성 이론에 따르면 화용적 이해는 적절성에 대한 기대를 기반으로 한 발견법을 통해 자동으로 수행되는 추론 과정이다.

1990년대 말부터 적절성 이론가들은 화용적 처리가 명시적 의미에서 문맥적 결론에 이르는 순방향 추론을 통해 반드시 순차적으로 작동하는 것은 아니라고 제안하게 되었다(Sperber & Wilson 1998, Wilson 2004, Wilson & Sperber 2002, Carston 2002). 대신 이해는 명시적 의미와 암시적 의미 사이의 상호 조정을 유발하기 위해 문맥적 결론에 대한 기대에서 명시적 의미로 역추론하는 **전방** 추론과 **후방** 추론이 동시에 작동한다는 합리적인 가설을 세웠다.

적절성 이론이 그라이스와 일치하는 또 다른 점은 발화 이해가 마음읽기의 한 사례라는 주장이다(Sperber & Wilson 2002). 즉, 해석을 형성하는 데는 화자의 마음 상태(특히, 의사소통적 의도)의 귀속이 포함된다. 또한 앞서 살펴본 것처럼, 적절성 이론의 최적 개념은 수신자가 의사소통자의 능력과 선호도에 대한 기대치를 가지고 있다는 것을 전제로 한다. 이제 화용적 처리를 위해서는 다른 사람의 마음에 대한 정보, 즉 마음읽기 과정의 정보에 접근할 수 있어야 한다.

이는 마음읽기를 수행해야 하는 바로 그 모듈이 이해력을 달성할 수 있는지에 대한 추가적인 인지적 문제를 제기한다. 스퍼버와 윌슨은 그 대신 고유한 기능 원리를 가진 해당 모듈의 하위 모듈에 의해 수행된다고 제안한다. 일반적으로 Sperber & Wilson(1986)의 『적절성 이론Relevance』 초판에서는 이해의 추론적 과정이 중심 사고 체계에 기반한다고 주장했지만, 2판(1995)부터는 적절성 이론가들이 모듈식 관점을 취하고 있다. 즉, 이해는 특정한 과정을 통해 달성된다는 견해이다.

3. 중요 이슈 및 주제

3.1 문맥주의 대 최소주의

적절성 이론가들은 또한 의미론과 화용론 사이의 분업에 대한 격렬한 논쟁에서 중요한 역할을 해 왔으며, 특히 21세기 초반 10년 동안 문맥주의자와 최소주의자들이 대립각을 세웠다. 앞서 언급한 바와 같이, 그라이스에 따르면 인간의 의사소통에 반드시 관습적 부호가 필요한 것은 아니다. 그러나 일단 부호가 배치되면 이해력은 이를 통해 이익을 얻을 수 있다. 즉, 그라이스는 이 과정의 첫 번째 단계가 언어 부호화이며, 그다음에는 화용적 처리가 뒤따른다고 제안한다. 오늘날 문자주의라고 불리는 관점에 가까운 그의 주장에 따르면 문장은 문맥에서의 사용(화자가 의미하는 것)과 관계없이 문장 그 자체의 (문자적) 의미, 즉 진리조건을 가진 명제를 전달한다고 한다. 그라이스는 명제를 갖기 위해 몇 가지 간단한 화용적 과정(즉, 참조 할당 및 명확성)이 필요하다는 것을 인정할 준비가 되어 있었지만, 이는 문자주의적 그림에 대한 사소한 조정으로 생각될 수 있다.

그러나 최근에는 문맥을 고려하지 않는 한 문장이 고유하고 완전한 의미를 지닌다고 보기 어렵다는 인식이 확산되고 있다. 문장의 중의성이나 불완전성, 즉 독특하고 완전한 명제를 갖기 위해 문맥에서 의사소통적 의도를 고려해야 할 필요성은 그라이스와 초기 문자주의자들이 생각했던 것보다 훨씬 더 크다. 그럼에도 불구하고 많은 사람들은 이 단계에서 문맥의 기여가 자유롭지 않고 화자의 의도에 따라 달라진다고 가정함으로써, 가능한 한 문자주의에 가깝게 유지하려고 노력해 왔다. 반대로 문맥은 눈에 보이든 보이지 않는 방식으로 문장에 의해 완전히 제약을 받는다는 것이다. Recanati(2004: 85)는 "현대적 형태의 문자주의가 문장의 진리조건이 화자의 의미와는 무관하게 언어의 규칙으로 고정된다고 주장한다"고 말했다. 즉, 문맥에 대한 모든 호소는 표층의 통사론 층위에서 볼 수 있거나 통사적 분석의 더 깊은 수준에서 주어지든 언어 규칙에 의해 사실상 제약을 받는다는 뜻이다. 다시 말해, "문장 자체가 문맥상 채워질 슬롯을 설정"한다는 의미에서 내용이 전적으로 '문법에 의해 유발'되는 최소한의 명제가 존재한다고 할 수 있다(Recanati 1993: 240). 이 견해를 달리 표현하면, 말한 것(what is said)은 언어적으로 의무적인 상향식 '포화' 과정의 영향을 받을 뿐, 문맥에 따른 하향식 '자유 강화' 과정의 영향을 받지 않는다고 볼 수 있다(Recanati 2002).

이러한 견해에 반대하여(Stanley 2000, Borg 2004, Cappelen & Lepore 2005에서 옹호됨) 문맥주의자들(특히 프랑수아 레카나티(François Recanati) 및 적절성 이론가, 예를 들어 Carston 2002, 2008)은 문맥이 그라이스가 생각했던 것보다 '말한 것'에 더 많은 영향을 미친다고 주장한다. 다시 말해, 문장은 본질적으로 그 문장을 사용하는 화자가 '말한 것'을 결정하지 못하며, 언어는 근본적으로 모호하고 불완전하다. 몇 가지 예를 살펴보면, Julie is tall(줄리는 키가 크다)이라는 문장에서 수신인은 형용사 tall(크다)을 평가하기 위해 비교 부류를 결정해야 한다. (tall은 무엇과 관련되는가?) The book of Mr. Smith is on the table(스미스 씨의 책이 테이블 위에 놓여 있다)이라는 문장에서 of를 해석하는 방법은 여러 가지가 있다(스미스 씨가 책을 썼는가? 그가 소유자인가? 스미스 씨가 도서관에서 빌린 책인가? 등등). window(창문)와 같은 단일 단어는 틀, 유리창, 벽의 열린 공간, 들여다볼 수 있는 무언가 등을 의미하는 데 사용될 수 있다. 이러한 예와 그 밖의 수많은 예는 문맥에서만 언어 항목의 의미를 파악할 수 있음을 시사한다.

Bezuidenhout(2017)이 지적한 바와 같이, 최소주의와 문맥주의 사이의 논쟁은 상당히 다른 관점에서 접근할 수 있다. 이는 분석철학의 전통처럼 무엇이 존재하는가(what there is)(최소 명제가 존재하는가?)를 파악하는 위한 개념적 분석의 틀을 구성할 수 있고, 자연어의 형식적 논리 분석에 도구가 될 수 있지만 두 가지 다른 의미에서 인지적 중요성도 가지고 있다.

첫째, 이 논쟁은 인지적 **처리**에 대해 시사점을 제공한다. 최소주의자들(특히, Cappelen & Lepore 2005)은 최소 명제라는 개념이 심리적 실재를 갖는다고 주장하지만, 문맥주의자들은 반대의 관점을 취한다. Recanati(2004: 64)는 "최소 명제는 언어 규칙에 의해 결정되는 것을 넘어서는 그러나 심리적 실재성을 갖지 않는 발화를 이해하는 과정의 어떤 시점에서도 접하거나 표상될 필요가 없는 하이브리드이다"라고 말한다. 즉, 언어 규칙에 따라 엄격하게 의무적인 문맥적 정보만을 모두 고려해서 완전한 (진리조건적) 명제를 산출하는 처리 단계는 존재하지 않는다는 것이다. 이러한 처리의 결과는 완전한 명제가 아니라 "명제를 구축하기 위한 도식 또는 형판"이 될 수 있다(Carston 2008: 324). 설령 완전한 명제를 제공할 수 있다 하더라도, 이는 이해 과정에서 수신자가 표현해야 할 종류의 것이 아닌 것으로 보인다. 기껏해야 쓸모없을 정도로 모호한 명제, 즉 앞의 예에서처럼 매우 추상적인 방식으로 the book *of* Mr. Smith(스미스 씨의 책)를 설명하는 것으로 보인다. 다시 말해, 문맥에 따라 단어 의미를 직접적으로 조정하는 대신(예: of의 적절한 문맥적 의미를 선택) 인지 체계가 왜 그러한 명제를 통과해야 하는지(또는 현재 증거를 고려할 때 실제로 통과하는지) 명확하지 않다. 요컨대, 어떤 경우에는 완전한 최소 명제를 상상하기 어렵지만, 어떤 경우에는 상상할 수는 있지만 상당히 추상적이며 인지 체계가 이를 통과해야 하는지 불분명하다.

둘째, 이 논쟁은 어휘의 구조와 본질에 관한 어휘의미의 개념에도 영향을 미친다. 의미론에서 널리 퍼진 가정은 어휘적으로 부호화된 의미는 개념이며, 대부분 분석되지 않은 원자(Fodor 1975의 의미에서 정신적 표시)로 생각되며 일반적으로 각 단어에 대해 어휘화된 개념이 하나만 존재한다고 여겨진다. 이는 확실히 최소주의와 양립할 수 있지만, 문맥주의의 관점에서 볼 때 그 의의가 있는지 분명하지 않다(Carston 2012 참조). 후자의 관점에서는 하나의 어휘화된 개념이 있다고 가정하더라도, 이는 일반적으로 이해 과정에 투입되는 것이 아니라 실제로 구성된 첫 번째 명제에는 이미 조정된 개념, 즉 문맥 조정의 결과인 개념이 포함되어 있다. 그러나 어휘화된 단일 개념이 문장 의미에 거의 사용되지 않는다면 그 의미가 무엇인가? 설상가상으로, 대부분의 단어에서 문맥에 걸쳐 안정된 의미는 (적어도) 한 가지 중요한 측면에서는 개념으로 작용하지 않을 정도로 추상적이어서, 실제 사고(그리고 실제로 전달되는 명제)에 등장할 가능성이 낮다. 요컨대, 문맥주의는 Recanati(2004)가 언급한 '잘못된 형식관' 즉, (포더식의) 개념이 일반적으로 단어의 의미에 적합한 형식을 갖지 못한다는 생각을 따르는 경향이 있다. 스퍼버와 윌슨이 말했듯이, 어휘적 의미는 문맥상 의도된 의미로 선택될 수 있는 개념을 가리키는 '개념 지향적(pro-concept)' 개념이다. 문맥에서 가끔 단어의 의미를 제공하는 이러한 개념은 종종 '임시 개념(ad hoc concept)'이라고 불린다.

3.2 화용론에서 의식의 역할

앞서 언급했듯이, 적절성 이론은 발화 이해가 (아래에서 한 가지 중요한 예외를 제외하고) 흥미로운 의미에서 의식이 개입되지 않는 자동적 과정을 통해 이루어진다고 주장해 왔다. 자동성은 Fodor(1983)가 강조한 모듈성의 특징 중 하나이며, 이 개념이 폭넓게 받아들여지면서 언어 이해와 같은 고차원적인 인지 과정에서도 의식이 필요하지 않을 수 있다는 생각이 확산되었다.

화용론에서는 Recanati(2004)가 발화 이해에 '일차적' 및 '이차 화용적 과정'이라는 두 가지 매우 다른 메커니즘이 관여한다고 보는 다른 관점을 제시했다. 일차적 과정은 무의식적이고 전-명제적(즉, 문맥상 단일 단어를 조정하는 것과 관련됨)인 반면, 이차적 과정은 명제적 내용 사이의 의식적 전이를 포함하는 고차원적 과정이다. 다시 말해, 이차 화용적 과정은 그라이스가 함축이라고 부른 추론의 종류를 정확하게 포착하기 위한 것이며, 적절성 이론과 달리 레카나티는 의식이 이러한 전이의 특징이라고 제안한다. 그의 관점에서 수신자는 발화의 명시적 의미, 즉 자동 문맥 변조를 통해 문자적 의미에서 파생된 명제가 단서로 사용된다는 사실을 어느 정도 인지하고 있다.

명시적 의미에서 암시적 의미로 추론하는 것이 의식적인 과정이라는 이 주장은 두 가지 주요 문제에 직면해 있다. 첫째, 발화 이해는 전형적으로 빠르고 수월하며, 이는 자동 처리를 강력하게 시사한다(자동성에 대한 잘 정립된 기술 및 이론은 Logan 1989 참조). 둘째, 명시적 의미의 구문과 암시적 의미에 대한 추론 사이에는 의식적 접근성과 관련하여 뚜렷한 구분이 없는 것 같다. 우리는 후자를 항상 내성적으로 인식하는 것은 아니며, 반대로 전자를 가끔 인식하는 것 같다(이 방향을 가리키는 언어적 예는 Carston 2007에서 논의됨).

이러한 문제에서 벗어나기 위해 레카나티는 이해를 위해서는 실제 의식이 아니라 '의식적 가용성(conscious availability)'이 필요하다고 제안했다. 그러나 이는 결국 이 과정이 자동적이라는 것을 인정하는 대가로, 빠르고 수월한 이유를 설명할 수 있다. 즉, 화용적 추론이 의식에 "이용 가능하다"는 것은 의식적 처리가 실제로 일어나는 것이 아니라, 의식적 처리가 일어날 수 있다는 것을 의미하며 이는 여전히 의식적이지 **않다**(Mazzone 2015: 292, 2018: 75 참조).

반면에, 완전한 자동성은 합리적인 복잡성을 지닌 인지 과정과 양립할 수 없다는 반론이 제기될 수 있다. 사고와 추론을 설명하는 데 자동 처리 시스템과 의식 처리 시스템을 필수적으로 구분하는 이중 프로세스 이론조차도 자동 시스템을 '편안한 저효율 방식'에서 의식적 주의를 수반하는 것으로 묘사하는 경우가 많다(Kahneman 2011: 24). 다시 말해, 대부분의 인지 처리와 관련하여 중요한 구분은 한편으로는 낮은 수준의 의식을 수반하는 자동 처리와 다른 한편으로는 본격적인 의식 처리 사이의 구분인 것 같다. 전자의 경우, 의식은 당면한 과제에 대한 정보를 적극적으로 유지, 증폭, 억제하는 데 중요한 역할을 한다(Mazzone 2018: 118, 저효율 방식의 의식이 어떻게 화용적인 현상을 설명할 수 있는지에 대한 예는 pp. 85-94 참조). 신경인지적 관점에서 볼 때, 저효율 방식에서도 의식은 대뇌피질의 넓은 영역에 분포하는 자체 활성화 루프와 관련이 있으며, 여기에는 상위 연관 피질과 감각운동 영역이 모두 포함된다(Dehaene 2014). 이러한 루프는 국소적이고 몇 초 만에 소멸하는 단순한 활성화 확산 메커니즘과 달리, 현재 과제에 대한 정보가 활발하게 유지되는 작업 기억 공간을 제공한다.

흥미롭게도 최근 적절성 이론가들조차도 화용적 처리에서 의식의 역할을 인정하고 있는데, 특히 로빈 카스턴(Robyn Carston)의 이중 은유 이론과 관련하여 더욱 그러하다(Carston 2010). 그녀의 관점에서 단순한 은유는 적절성 이론의 표준 설명으로 적절하게 설명되며, 이에 따르면 어휘의미는 항상 "이해하는 동안 화용적으로 조정되거나 변조되며"(Carston 2010: 301) 은유는 느슨한 사용에서 연속체의 극단에 불과하다. 이러한 "신속한 온라인 임시 개념 형성 과정"(Carston 2010: 308)과 대조적으로, "보다 확장된 및/또는 문자적 예"(304)에 관해서는 "은유적으로 사용되는 언어의 문자적 의미가 유지되고 […] 더 느리고 반성적인 해석적 추론이 적용되는"(308) 두 번째 처리 경로가 필요할 수 있다. 실제로 이러한 경우에 함께 제공되는 이미지를 포함하여 문자적 의미가 목표영역 내에서 세심하게 표상되고 통합된다. 이러한 작업 기억에 대한 세심한 초점과 유지는 적절성 이론의 표준 설명이 예측하는 것보다 "더 느리고 더 의식적으로 통제되고 반사적인 처리"의 징후로 인정받고 있다.

4. 현재 기여 및 연구

4.1 추론적 화용론에 대하여

Kasia Jaszczolt(2019)가 최근에 보여주었듯이, 지난 수십 년 동안 그라이스 관점의 모든 주요 측면에서 도전을 받아 왔으며, 이는 오늘날 그라이스주의가 무엇을 의미하는지에 대한 질문으로 이어진다. 이러한 도전은 그의 이론의 두 가지 주요 기둥인 추론과 의도의 설명적 역할에 관한 것이다. 첫 번째 요점부터 시작해 보자.

추론적 설명에 반대하여, 이해는 대부분 직접적이고 반-추론적이라는 주장이 제기되었다. 이 견해는 Recanati(2016)에 의해 잘 예시된다.

> 화자의 사고는 문맥에 의존적이고 관점에 따른 사적인 표상 방식을 사용한다는 점에서 본질적으로 지표적이라고 할 수 있으며, 이는 수신자에 의해 그렇게 표현된다. '발화에 의해 표현된 사고'로 제시하는 것은 이 그림을 왜곡한다.
>
> Jaszczolt 2019: 18

레카나티의 '지표적 사고(indexical thought)'에 대한 아이디어는 "공간이나 시간에서 특정 위치를 차지하거나 현재 대상을 인식하고 있기 때문에 가질 수 있는 사고들"이라는 주장을 한 조나단 에반스(Jonathan Evans)에게서 시작된다(Dummett 1981: 122). 요컨대, 사고는 본질적으로 우리의 지각적 관점에 의존할 수 있다. 그러나 발화에 의해 표현된 생각, 즉 화자가 전달하고자 하는 사고와 청자가 추론을 통해 회복하고자 하는 사고는 존재하지 않으며, 대신 "화자의 사고와 의사소통이 성공했을 때 청자가 형성하는 사고"가 존재한다(Recanati 2016: 119). 따라서 레카나티는 "의사소통을 사고의 복제로 보는 순진한 개념을 포기하고 화자와 청자의 사고가 단지 조정되는 개념에 찬성해야 한다"고 제안한다(Recanati 2016: 120). 이 관점에서 언어 정보는 (문맥과 함께) 이러한 사고의 조정을 위한 제약만 제공할 뿐, 공유된 추론의 시작점은 제공하지 않는다.

이와 관련하여 의문이 제기된 것은 의미에 대한 계층화된(또는 '파이프라인') 설명이다. 즉, 이해는 언어적 해독에서 시작하여 명시적 의미(문자주의자들에 따르면 최소 명제라는 중간 단계를 거쳐)를 거쳐 최종적으로 발화의 내포적 의미를 전달하는 일련의 단계가 존재한다는 생각이다. 앞서 이미 보았듯이, 문맥주의자들은 최소 명제의 심리적 실체에 의문을 제기한다. 보다 급진적으로 Jary(2016)는 함축적 내용에 대한 추론을 보증하는 명시적 내용의 표상을 형성할 필요조차 없다고 주장한다. 그의 주장은 적어도 부분적으로는 인식론적인 것 같지만(지각에 합리적 보증이 필요하지 않은 것처럼 이해의 마지막 단계에서는 정상적으로 작동하는 메커니즘에 대한 함축적인 가정이면 충분하다) 인지적 결론을 제시하기도 한다. 마크 제리(Mark Jary)는 함축적 내용이 "지각된 표면적 자극으로 촉발된 연상의 경우"로 활성화될 뿐만 아니라, 진정한 함축이 있을 수 없다는 적절성 이론가들의 견해에 의문을 제기한다. 이들의 관점에서 더 필요한 것은 전제로서 명시적 의미와 함축적 의미를 연관시키는 추론 절차의 존재이다. 따라서 적절성 이론과 달리 제리는 지각에 기반한 이해에 대한 설명을 지지하는 것으로 보인다.

명시적 의미와 함축적 의미의 구분, 그리고 명시적 의미의 실체에 대한 의문은 게임 이론적 의미론의 전통(Lewis 1969, Barwise & Perry 1983, Parikh 2010)과 Jaszczolt(2005, 2010)가 제안한 기본값 의미론(Default Semantics)에서도 보다 형식적인 관점에서 제기되었다.

이 반-추론적 경향에 대해 많은 논의가 이루어졌다. Lepore & Stone(2015: 5)은 "[화용적 처리]에 관련된 사고는 이질적이고 다양하며, 합리성의 원칙을 제한적이거나 획일적으로 적용하는 것이 아니다"라고 주장한다. 실제로,

> 화자가 자신의 발화를 통해 청중에게 유도하는 추론은 [대화 함축] 이론이 주장하는 것처럼 널리 퍼져 있지 않으며 자연스러운 부류를 형성하지도 않는다. 가장 단호하게 말하자면 우리는

전통적으로나 현재 이해되고 있는 대화 함축이라는 범주를 사용할 필요가 없다.

Lepore & Stone 2015: 6

이들의 관점에서 화용적 처리는 주로 추론적 추리에 기반하는 것이 아니라 일종의 모호성, 즉 패턴 인식에 기반한다고 한다. 수신자는 적절한 "문법적으로 지정된 형태와 의미의 쌍"을 복구해야 한다(Lepore & Stone 2015: 88). 이러한 문법에 대한 호소는 곧 살펴볼 것이다.

그러나 중요한 것은 추론 처리에 대한 위의 고려 사항이 한편으로는 추론적 설명과 다른 한편으로는 지각 기반의 연상적 설명이 서로 양립할 수 없다는 가정에 의존한다는 것이다. Sperber & Wilson(2015: 137)은 다른 견해를 제시한다.

모든 추론이 명시적 전제에서 명시적 결론을 논리적으로 도출하는 것은 아니다. 틀림없이 인간과 다른 추론하는 대부분의 추론은 그러한 추론을 포함하지 않는다. […] 보다 일반적으로 많은 (전부는 아니지만) 추론은 다소 표준적인 논리적 추론이 아니라 대안적 결론 간의 경쟁으로 설명될 수 있다. (It will rain(비가 올 것이다)/It won't rain(비가 오지 않을 거다), let's go for a walk(산책하러 가자)/let's not(가지 말자) 등). 이러한 경쟁의 승자는 모든 종류의 정보를 나타내는 뇌 상태의 활성화 또는 억제에 의해 결정된다. […] 이러한 경쟁의 결과를 결정하는 정신적 메커니즘이 정당한 결론을 선호하는 경향이 있다면 그 과정은 일련의 좋은 오래된 삼단논법과는 상당히 다르지만, 여전히 진정으로 추론적일 것이다.

Sperber & Wilson(2015)에 따르면, 연상적 활성화와 억제로 인해 발생하는 활성화 패턴의 변화는 메커니즘이 보증된 결론을 선호하는 경향이 있다면 추론 처리의 대부분을 설명할 수 있다고 한다.

이들의 주장이 옳다면, (다른 맥락에서 적절성 이론가들이 흔히 가정하는 것과는 달리) 추론적 설명과 연상적 설명 사이에는 대립이 존재하지 않게 된다. Mazzone(2018)은 이러한 반대의 주장은 '연상'(및 '연상적')이라는 용어의 모호성에서 비롯된 불행한 결과라고 주장한다. 특히, 네트워크가 자극 간의 임의의 상관관계(어떤 의미에서 단순 **연상**)뿐만 아니라, 공간적, 시간적, 인과적, 부분-전체적, 기능적 관계 등 자극이 서로 어떻게 연관되어 있는지를 나타내는 도식을 나타내는 경우, 연상 네트워크 내의 활성화는 추론적 전환으로 간주될 수 있다. 이러한 도식은 체계가 (도식의 한 구성요소에서 다른 구성요소로) 동기화된 전환을 유도하여 네트워크 내의 연관 활성화 및 경쟁의 역학을 합리적으로 제한할 수 있도록 한다. 그럼에도 불구하고 네트워크에서 발생하는 것은 '확산되는 활동의 계단식'인 반면(Kahneman 2011: 97), 우리가 함축이라고 부르는 일종의 합리적 재구성은 개념적으로 가장 관련이 높은 것을 기반으로 실제 활성화 패턴의 매우 제한된 부분에 초점을 맞추도록 요구한다. 이는 수신자가 이해를 높이기 위해 전제와 결론을 구분하여 표현할 필요가 없다는 인식이 확산되고 있기 때문일 수 있다.

4.2 의도에 반하여

전통적인 비판의 대상 중 하나는 그라이스의 의사소통적 의도의 개념이다. Jaszczolt(2019)는 그라이스의 의도 개념과 오스틴의 관습 개념을 기반으로 한 접근법 간의 이론적 차이를 지적했다. "발화행위 이론(Speech Act Theory)은 관습과 패턴에 중점을 두며, 이로 인해 설명의 순서는 그라이스주의와 반대가 되는 경우가 많다. 발화행위는 화자의 의도를 그대로 설명하는"(Jaszczolt 2019: 219) 것이기 때문에, 개인의 의도보다 사회적 관습을 선호하는 경향이 있다. 이는 인류학(Rosaldo 1982)뿐만 아니라 철학적/언어학적 이론(Saul 2002, Chierchia 2004, Arundale 2008, Lepore & Stone 2015, Geurts 2019)에서도 문법과 사회적 규범의 역할을 강조하는 데서도 드러난다.

기본 아이디어는 간단하다. 수신자가 발화를 이해할 수 있는 규칙이 있다면, 왜 다른 사람의 마음을 '읽어야' 하는가? Geurts(2019: 7)가 언급한 바와 같이, "도출된 해석이 항상 화자가 그렇게 의도한 것이라고 결론을 내릴 수 있지만, 이는 해석 과정의 핵심 단계가 아니라 사후에 추가되는 번성 수식이다"라고 말한다. 따라서 구트의 관점에서 의도라는 개념은 설명력이 없는 '공회전 바퀴(idle wheel)'로 여겨질 수 있다. 즉, 우리는 관습 덕분에 의사소통 의도를 이해하게 되는 것이지 그 반대가 아니다.

관습(또는 그들이 종종 '문법'이라고 말하듯이)이 추론적 추리를 불필요하게 만드는 것처럼 보이기 때문에, 전통적인 관점에서는 추론 개념도 의도와 같은 운명을 공유한다고 지적할 수 있다.

의도와 추론을 옹호하는 사람들은 언어적 관습이 의사소통 의도를 추론하는 능력을 전제로 한다고 주장할 수 있다. 마음읽기 능력이 필요한 의사소통적 행위의 관습화가 없다면, 애초에 그러한 관습이 어떻게 생겨날 수 있는가? 그러나 관습주의자들은 관습의 장점이 수신자가 마음읽기에서 벗어날 수 있다는 점이라고 반대할 수 있다.

결국 이 문제는 언어적 부호화가 설정되어 있음에도 불구하고 의사소통이 얼마나 관습적인가,

그렇지 않은가의 문제로 귀결된다. 문맥주의자들이 옳다면, 관습은 (명시적이든 함축적이든) 의미를 결정하는 데 대체로 불충분하다. 발화의 의미를 문맥적으로 조정하기 위해서는 많은 추론이 필요하다. 그러나 문맥주의에 얽매이지 않는 다른 주장을 펼치는 것도 가능하다. 비판자들이 의도가 관습에서 파생된 것이라면 '공회전 바퀴'라고 주장하는 것은 지나치게 높은 기준을 적용하는 것처럼 보인다.

첫째, 화자가 의도한 대로 발화를 해석하는 것이 구트가 말했듯이 쓸모없는 '번성(flourish)'에 불과하다는 것은 명백하지 않다. 우리는 서로 관련된 목표의 연쇄를 통해 화용적인 추리와 행동 제약을 수행한다고 생각할 충분한 이유가 있다(Bratman 1992, Baldwin & Baird 2001, Cooper & Shallice 2006, Wolpert *et al.* 2003, Glenberg & Gallese 2012, 논의는 Mazzone 2018: 2.10절, 4.2절, 4.3절 참조). 명시적 의미와 함축적 의미를 조정하는 능력은 이러한 능력의 표명으로 볼 수 있다. 예를 들어, I'm in the shower(나는 샤워 중이다)라고 말했을 때 아내가 내가 전화를 받을 수 없다는 것을 이해한다면, 이(수신자의 정신 상태의 변화)는 추가 목표(행위)를 위한 수단이 될 수 있다. 발화 해석을 목표/의도로 표현하는 것은 결코 쓸데없는 번성이 아닐 수 있다.

둘째, 의도나 목표가 다른 것에서 해석되어야 한다는 사실은 반대 논거가 아니다. 정신 상태는 지각의 규칙성에서 읽어야 하며, 문자 그대로의 의미에서 마음읽기는 존재하지 않는다. 예를 들어, 누군가 포크를 입에 대면 우리는 그 사람이 음식을 먹으려는 의도를 가지고 있다고 기대한다. 관습은 우리가 의도와 목표를 부여하는 규칙성의 특별한 경우일 뿐이다. Levinson(1992)은 사회적 관습, 특히 그가 '활동 유형(activity types)'이라고 부르는 것이 목표 지향적 행위의 패턴으로 어떻게 구조화되는지를 설명한다. 의사소통적 움직임은 수단-목적 구조에 따라 활동 유형에 포함되며, 모든 움직임은 활동 유형의 주요 목표를 추구한다. Geurts(2019: 2)가 I hereby declare the cricket season open(크리켓 시즌 개막을 선언한다)이라는 발화를 분석하며 "화자의 정신 상태가 발화행위의 성공적인 수행과 항상 관련이 있는 것은 아니다"라고 결론을 내릴 때, 이는 문제의 인지적 지점을 구성하는 유용한 방법인지 의문이 든다. 청자는 화자가 말한 내용에서 유추할 수 있는 것 **이상으로** 화자가 무엇을 염두에 두고 있는지에 대해 관심이 없다. 그러나 인지적 관점에서 볼 때, 청자는 화자가 자신의 진술과 일치하지 않는 방식으로 행동한다면 놀랄 것이다. 이러한 일관성에 대한 기대는 청자가 화자가 말한 것의 관습적인 결과를 **의도**한다고 가정하게 만든다. (비록 화자가 그러한 결과를 원하지 않더라도, 관습적 절차에 의한 행한 것 이외의 다른 정신 상태는 관련이 없다고 하더라도) 청자는 해당 발화의 관습적인 결과를 이해할 뿐만 아니라 화자도 그러한 결과를 인식하고 있으며, 그러한 결과를 초래할 의도가 있다고 가정한다.

요약하자면, 언어적 움직임을 더 넓은 목표 사슬(즉, 목표 지향적인 인간 관습)의 맥락에 포함시키기 위해서는 발화 의도적 해석이 필요하며, 이는 행동 제약 및 실천적 추리 내에서 내포되어야 한다. 더욱이 마음읽기는 지각적 규칙성으로 정당화되는 기대에 기반한 추론 활동으로 보이며, 관습은 이러한 규칙성의 특별한 경우일 뿐이다.

이것이 사실이라면, 추론적 처리와 연상적 처리 사이에 충돌이 없는 것처럼 화용적 처리에 대한 의도 기반 설명과 관습 기반 설명 사이에도 충돌이 없다. 관습은 저장된 규칙성, 즉 도식의 일부로 연상적 활성화에 제약을 가하지만, 이러한 제약 덕분에 활성화가 합리적 추론으로 간주될 수 있다. 게다가 관습은 **의도적인** 규칙성, 즉 의도적인 행동에 관한 것이다. 따라서 관습은 의도에 대한 추론을 가능하게 한다.

4.3 이해력, 추리 및 마음읽기

관습과 의도가 동일한 화용적 과정의 다른 측면이라는 가설은 대부분의 사람들에게 달갑지 않을 수 있지만, Jaszczolt(2019: 22)는 "관습-기반 설명과 의도-기반 설명의 혼성 가능성"을 명시적으로 제안한다. 사실, 화용론에서 의도와 추론에 대한 비평가들은 관습을 대안으로 간주할 뿐만 아니라, 그라이스가 염두에 둔 표준적 이미지에 따르면, (현재 넓은 의미에서) '문법'에 기반한 화용적 추론과 언어 처리는 서로 다른 종류의 과정이다. 따라서 이 두 가지가 동일한 과정의 일부분이라는 가설을 이론적으로 뒷받침하는 것이 적절할 수 있다.

첫째, 인지과학에는 사고와 추론을 패턴 인식 측면에서 바라보는 전통이 있다. 다니엘 카네만(Daniel Kahneman)은 허버트 사이먼(Herbert A. Simon)의 고전적인 논문을 적절히 인용하며, 똑똑한 직관이란 결국 패턴을 인식하는 것에 불과하다고 설명한다. 즉, "상황은 단서를 제공하고, 이 단서를 통해 전문가는 기억에 저장된 정보에 접근하며, 그 정보를 통해 답을 제공한다. 직관은 인식 그 이상도 이하도 아니다"(Simon 1992, Kahneman 2011: 11에서 인용)라는 것이다. 패턴 인식에 대한 통찰력 있는 분석으로는 Margolis(1987)의 연구가 있으며, 그는 추리가 "맥락적 단서에 의해 도출된 사전 지식과 현재 추구하고 있는 목표를 참조하여" 문제를 맥락화한다는 아이디어를 제시했다. 이와 같은 관점은 Stanovich(1999)의 '근본적인 계산 편향'으로 거슬러 올라간다(Evans 2006: 380 참조).

또한 조건부 추리 연구에서는 패턴과 도식의 본질적인 역할이 적어도 Cheng & Holyoak(1985) 이후로 인식되어 왔다. 초기 이론에서는 조건부 추리가 선천적인 인지 구조로 구현되는 공식적 규칙에 기반한다고 가정했지만, 점차적으로 경험의 내용에 크게 의존한다는 사실이 밝혀졌다(검토는 Elqayam 2017, Mazzone의 논문 참조). Cheng & Holyoak(1985)은 의무적(deontic) 영역에 적용할 때, 왓슨의 선택 과제에서 더 나은 언어수행이 '화용적 도식', 즉 도식적 규칙성의 표상으로 설명된다고 제안함으로써 이러한 이론적 전환에 기여했다(다른 중요한 단계에 대해서는 Manktelow & Over 1991, Oaksford & Chater 1994 참조). Markovits(2015)는 이러한 '화용적 해석'이 서로 다른 화용적 도식이 다른 영역마다 적용되기 때문에 영역 **간** 언어수행의 차이를 설명할 수 있다고 주장하지만, 동시에 전제의 내용과 관련된 특정 정보의 온라인 검색이라는 측면에서 영역 **내** 개인차가 의미적 기억으로도 설명될 수 있다고 덧붙인다.

이러한 고려 사항은 언어학 및 화용론에서 패턴 인식의 중요성이 증가함에 따라 새로운 시각을 제시할 수 있다. 촘스키의 통사론이 오랫동안 지배적이었던 이후, 지난 수십 년 동안 구문문법 및 기타 유사한 접근 방식은 통사론이 다양한 추상화 수준에서 저장된 규칙성(특히 형식 함수 단위)의 관점에서 설명될 수 있다고 주장해 왔다. 최근에는 구문-기반 접근 방식이 화용주의로 확장되어 통사적 규칙뿐만 아니라 "그라이스의 격률, 정보 구조, 발화수반력(illocutionary force) 및 더 큰 담화 구조"도 저장된 패턴으로 설명할 수 있다고 제안되었다(이 주제에 대한 관련 문헌의 검토는 Cappelle 2017: 115). 발화수반력이 기억의 패턴으로 부호화될 수 있다는 점은 Sbisà(2014: 475)에서 제안되었다. 그녀는 오스틴의 '관습적인 절차'를 "특정 종류의 대본으로 생각할 수 있으며, 동시에 발화행위의 종류를 지정하는 동사의 의미와 그러한 종류의 발화행위의 원형적인 성공적 수행의 특징을 확립"할 수 있다고 설명한다. 이것이 사실이라면, 화용론은 화용적 추리의 경우가 아니라 문법적(또는 관습적) 규칙성을 적용하는 경우라는 것을 의미할 수 있다. 우리가 패턴 인식으로서의 추리에 대해 말했던 것을 감안할 때 또 다른 가능성이 있다. 구문 기반적 접근 방식은 화용적 **추리**가 어떻게 수행되는지에 대한 설명으로, 영역 특정적 패턴의 저장에 기반한 내용 의존적 추리를 제안한다.

이 접근법에서는 이해력과 추리 모두 경험에 의존하고, 경험을 통해 발전한다. 마음읽기와 관련하여 유사한 접근 방식도 옹호되고 있다. 일부 학자들은 데이터의 문화 간 및 개인 간 변이성에 근거하여, 마음읽기가 주로 경험으로 구성되는 복잡한 능력이며, 따라서 발달 과정에 따라 다양한 정도로 나타날 수 있다고 제안한다(Garfield *et al.* 2001, Hughes *et al.* 2005, Ruffman 2014, Christensen & Michael 2015, Fenici 2017, Frank 2018).

요컨대, 이해력, 마음읽기 및 추리는 경험의 영역에 기반하고 상호작용하며 동시에 발달하는 능력군의 이름일 수 있다. 확실히 이러한 각 영역에 특화된 고유한 선척적 과정이 있는 모듈식 대안이 완전히 유행에서 벗어나지는 않았다. 그러나 적어도 화용론에서 모듈주의는 연상 처리 및 관습에 할당된 역할이 커짐에 따라 그 매력을 일부 잃었을 수 있다. 전자는 화용론에 대한 영역 일반적 메커니즘을 제공하고, 후자는 그 메커니즘을 제한하는 데 적합한 영역 특정적 지식을 제공한다. 따라서 영역별 메커니즘이 더 이상 필요하지 않은 것처럼 보인다.

4.4 실험적 증거

최근 Domaneschi & Bambini(2020)는 화용론이 마음읽기의 연습이라는 주장을 뒷받침할 실험적 증거를 검토했지만, 그 증거가 부족하다는 사실을 발견했다. 이들은 "화용적 능력은 다른 사람의 의도를 이해하는 능력에 국한되지 않고, 발달적 탄도체, 쇠퇴 패턴, 신경 기질 측면에서 고유한 특징을 지닌다"고 주장한다. 실제로 그들은 "인지 기능의 다발이 화용적 과제 유형에 따라 다른 방식으로 화용적 처리를 지원한다"라는 다원적 관점을 채택하고 있다. 다양한 인지 능력을 포함하는 여러 화용적 현상이 고려되고 있다. 예를 들어, 직시(deixis)는 마음읽기와 거의 관련이 없어 보이지만, 시각적 주의와 작업 기억을 통한 참조틀 구성 등 인지 능력의 네트워크를 활용한다. 작업 기억과 담화 정신 모형의 구문/업데이트도 전제 처리와 관련이 있다. 요컨대, 화용적 역량은

> 특정 과제에 따라 다르게 관여하는 다른 인지 능력을 활용할 수 있다. 은유나 척도와 같은 과제는 어휘 지식과 밀접하게 연결될 수 있지만, ToM(Theory of Mind, 즉 마음읽기)과는 최소한으로만 연결될 수 있다. 반면 아이러니와 같은 다른 과제는 마음읽기 기술을 크게 활용할 수 있다.

이러한 결론은 "증거는 […] ToM의 신경 기반과 화용적 이해의 신경 기반 사이에 상당한 중복이 있음을 나타낸다"라는 Frank(2018: 116)의 결론과 대조되는가? 반드시 그런 것은 아니다. 이전에 화용적 처리를 뇌 네트워크의 넓은 영역에 걸쳐 확산되는 활성화의 연속으로 설명했던 이전 그림을 고려할 때, 의도를 인식하는 데 관여하는 뇌 영역은 더 크고 복잡한 다발의 핵심에 불과할 수 있다. 더욱이 화용적 현상(예: 직시 또는 전제)을 연구할 때 빼기 방법을 사용하면 해당 현상에 특정한 활성화를 찾을 수 있을 것으로 예상되지만, 일반적으로 의사소통에 공통적인 요소들은 상쇄될 가능성이 크다.

5. 향후 방향

인지화용론의 향후 방향을 예측하는 것은 쉽지 않지만, 현재의 경향은 분명하다.

우선, 주로 철학적 언어 분석에 집중했던 초기 50년보다, 더 경험적인 접근으로 명확한 전환이 이루어지고 있다. Noveck & Sperber(2004)를 시작으로, 실험적 화용론이라는 새로운 하위 분야가 주목받고 있으며, 오늘날 이를 전문적으로 연구하는 프로젝트와 학술 활동이 활발히 진행되고 있다(Noveck 2018 참조). 같은 맥락에서, 임상 화용론(Cummings 2009, 2017, Schneider & Ifantidou 2020)과 신경 화용론(Bara & Tirassa 2000, Bambini2010, Hagoort & Levinson 2014)에 대한 관심도 높아지고 있다.

더 읽을거리

Marmaridou, S. S. A. (2000). *Pragmatic meaning and cognition*. Amsterdam: John Benjamins.

Mazzone, M. (2018). *Cognitive pragmatics: Mindreading, inferences, consciousness*. Boston/Berlin: Walter de Gruyter.

Schmid, H.-J. (Ed.). (2012). *Cognitive pragmatics*. Berlin: De Gruyter Mouton.

Sperber, D., & Wilson, D. (1986/1995). *Relevance: Communication and cognition*. Cambridge, MA: Harvard University Press.

제27장
인지시학과 은유의 문제

1. 정의, 명칭 및 주제

시학(poetics)이라는 용어는 아리스토텔레스(Aristotle, B.C. 384~B.C. 322)의 비극에 관한 논문에서 유래하며, **시(poetry)**는 "다양한 형태의 문학적 표현의 총칭"으로, 이를 비평적이고 분석적으로 다루는 것을 의미한다(Zhang 2011: 631-632, Reed 2012: 1058-1059 참조). 이러한 맥락에서 시학은 문학 비평이나 문학 이론의 또 다른 이름으로 볼 수 있다. 하지만 Culler(2002)는 **시학**이 단순한 해석이 아니라, 문학적 의미 생산의 **원리**, 즉 '장치, 관습 및 전략'(vii)에 초점을 맞춘 문학적 분석의 한 형태라고 주장한다. 조나단 쿨러(Jonathan Culler)의 정의는 아리스토텔레스의 이론과 1970년대 이후 시학으로 알려진 다양한 문학적 분석에 적용될 수 있다(예를 들어, 『현대시학Poetics Today』 저널 참조). 1992년 루벤 춰(Reuven Tsur)는 자신이 연구하고자 하는 시적 분석의 영역을 지각, 감정, 주의, 기억, 심상, 언어 이해의 원리를 포함하는 인지 원리로 설명하기 위해 주목하여 **인지시학**이라는 용어를 만들었다(Tsur 2002: 280-281 참조). 춰의 연구는 엄밀한 의미의 시(즉, poems)에 초점을 맞추고 있지만, 일반적으로 문학에 주목한 인지시학(또는 인지문체론 또는 인지 문학 이론)의 넓은 분야에 속한다.

넓은 의미에서 인지시학은 문학 텍스트의 시적 효과나 미적 특성을 인간의 마음(및 인지 원리)과 특정 구성의 문학 텍스트 간의 상호작용의 결과로 이해하려는 학제 간 노력이다. 인지시학은 서사성, 공감과 몰입의 메커니즘, 거리감 효과와 낯설게 하기, 내러티브 소설에서의 관점의 중첩(예: 메타표상), 문학의 인지적 보편성, 유머와 아이러니, 시적 은유, 정신적 이미지와 감정, 창의성의 언어적 메커니즘, 형태-의미 유사성의 효과(즉, 도상성), 운율, 전경-배경 지각 등 다양한 주제를 조사한다(자세한 주제에 대해서는 Stockwell 2002, Gavins & Steen 2003, Herman 2003, Hogan 2003, Veivo *et al*. 2005, Brône & Vandaele 2009, Jaén & Simon 2012, Zunshine 2015, Alber *et al*. 2018, Burke & Troscianko 2017, Cave & Wilson 2018, Csabi 2018, Kukkonen 2019 등을 참조).

2. 관점과 긴장

위의 내용에서 알 수 있듯이, 인지시학은 다양한 학문 분야와 전문 분야에서 개념과 방법론을 차용하고 있다. 그러나 많은 문학 분석가들은 이와 같은 자극적인 문학 분석이 (인지) 과학의 방법 및 용어와 결합할 가능성에 대해 의문을 제기한다. Jackson(2002, 2005)의 인지시학 비판은 1970년대 문체론의 과학적 열망에 대한 스탠리 피쉬(Stanley Fish)의 날카로운 비판을 떠올리게 한다. 즉, 인지시학은 전문 용어로 가득 찬 장치를 사용하여 사소한 해석을 생성하고, 분석가의 해석 기술이 수행하는 중심적인 부분을 모호하게 만든다는 것이다. 숙련된 텍스트 해석, 즉 해석학(hermeneutics)은 특정한 기호 이론(Todorov 1977: 30-31)이나 정신에 대한 특정 이론을 요구하지 않는다. 토니 잭슨(Tony E. Jackson)의 비평은 쿨러의 시학과 해석학의 구분, 찰스 퍼시 스노우(Ccharles Percy Snow)의 과학과 인문학의 '두 문화' 구분(Veivo *et al*. 2005, Vandaele & Brône 2009 참조) 및 다양한 학문적 연구 대상에 적합한 서로 다른 '설명 층위'를 연상시킨다. 문학은 그 자체의 고유한 속성과 원리를 가진 '높은' 설명 수준에 있기 때문에 하위층위의 과학적 요소에서 위로 올라가는 전적으로 상향식 접근은 불가능하다고 주장한다(Jackson 2002: 206, Hogan 2003: 202ff, Franchi & Güzeldere 1994에 대한 Mark J. Bruhn 2011의 논의).

반면, 인지시학 내에서 연구하는 학자들은 학제 간 융합을 강점으로 내세우며, 학문적 분열을 해소하고 설명 수준 간의 간극을 메울 수 있다고 주장한다. 예를 들어, Gavins & Steen(2003: 2)은 "인지시학은 문학 연구를 언어학, 심리학 및 인지과학 전반과 연결시킨다"라고 말한다. 많은 기본 텍스트에서 인지시학의 학제성을 강조하지만, 제안된 학문의 계층구조는 다양하다. 첫째, Turner(1991: 3)는 문학 연구를 언어학에, 언어학을 인지과학에 포함시키면서 인지과학의 중심성을 주장했다. 즉, "문학 연구는 언어 연구 안에, 언어 연구는 일상적인 마음 연구 안에 존재해야 한다"라는 것이다. 둘째, 다른 학자들은 다양한 관련 학문 중에서 언어학(문체론)의 중심성을 강조한다. Culpeper & Semino(2002: ix)는 '인지문체론'이 "문체론 전통의 전형적인 문학 텍스트에 대한 명시적이고 엄격하며 상세한 언어 분석과 언어의 생산과 수용의 기초가 되는 인지 구조 및 과정에 대한 체계적이고 이론적인 고려를 결합한 것"이라고 설명한다. Stockwell(2002: 60)도 "심리학, 사회 이론, 담화분석, 언어철학과 비평 이론의 발전을 수용"한 것은 언어학의 하위 분야인 '문체론'이라고 지적한다. 셋째, Richardson(2006: 544)은 이 분야의 "심리학, 언어학, 신경과학 및 심리철학의 주요 대학 학과에서 생산되는 최고의 현대 작품에 대한 비판적 참여"를 강조하기 위해 동일한 용어(**인지적 리터러시**)를 사용하고 있지만, Zunshine(2015)이나 Bernaerts *et al.*(2013: 10)과 같은 연구자들은 **인지적 문학 이론** 또는 **연구**라는 용어를 채택하는데, 이는 문학 이론이나 문학 연구 전반이 이 분야와 관련된 많은 학문 중 더 중심적인 학문임을 시사한다.

구조주의 시대에는 **시학**이라는 용어가 문학 연구를 언어학에 포함시키는 데 사용되기도 했다(로만 야콥슨의 "시학은 언어학의 필수적인 부분으로 간주될 수 있다"(Jakobson 1958: 63)라는 진술 참조). 그러나 **인지시학**은 아리스토텔레스의 획기적인 논문을 언급하며, 언어학, 문학 연구 및 인지과학 간의 학문적 구분보다 앞서 있기 때문에 덜 호전적이고 학제적인 용어일 수 있다. 즉, **인지시학**에서 우리는 현대의 학제 간 대화를 나타내는 고대의 권위 있는 학문 이전의 용어를 발견할 수 있다(예를 들어, Bruhn 2011)의 대등한 입장에서의 대화 조건 참조).

어떤 용어와 위계를 선호하든, 이 분야의 공통된 과제인 존재 이유(raison d'être)는 인간 마음이 문학 텍스트와 상호작용에서 어떻게 작동하는지, 그리고 특정 상호작용의 기능으로 특정 종류의 시성(poeticality)이 어떻게 발생하는지를 명확히 하기 위해 학문의 지식을 결합하는 것이다. 인지시학은 문학적 정신생활, 즉 문학적 맥락에서 마음의 작용을 연구하고자 하며(Freeman 2002: 43), 인지과학에서 개발된 통찰력과 때로는 방법을 연계하고 적용하는 방식으로 연구한다(예를 들어, Troscianko 2014 참조). 또한, 인지시학은 문학 분석이 인지적으로 조정된다면 인지과학의 인간 마음에 대한 일반적인 이해에 기여할 것이라고 제안한다(Vandaele & Brône 2009: 1-3 참조). Hogan(2003: 3)은 "예술을 설명하지 못하는 인간 마음 이론이 있다면, 이는 매우 빈약한 인간 마음 이론을 가진 것"이라고 강조한다.

중요한 과제는 용어이다. 인지시학이 진정한 학제 간 학문이 되려면 연구자들은 배경과 어휘의 다양성에도 불구하고 서로를 명확히 이해해야 한다(Jackson 2000: 332 참조). 인지시학의 많은 이론적 출발점을 고려할 때, 이 장에서는 인지주의적 틀에 대한 전문적 지식을 전제하지 않는다. 또한 인지시학을 일반적으로 소개하는 수많은 흥미로운 에세이와 달리,[1] 이 장에서는 특히 은

1 이미 언급된 참고문헌 외에도 Richardson 2006, Caracciolo 2013, Burke & Troscianko 2013, Harrison &

유의 인지시학을 확대하여 인지시학 수행의 복잡성을 설명한다. 실천의 복잡성은 연구 대상(여기서는 은유의 시적 특성), 이 대상을 인지와 관련하여 설명한다고 주장하는 수많은 이론, 그리고 이러한 설명이 문학적 분석과 얼마나 적절한지에 대한 추정에서 비롯된다. 은유를 설명하려는 두 가지 인지언어학적 이론인 개념적 은유 이론과 혼성 이론은 시적 은유를 함께 조명한다는 점에서 은유에 대한 다른 인지 이론과 관련하여 다루어질 것이다.

3. 은유: 중요한 문제

인지적으로 은유는 '목표', '주제', '테너'라고도 불리는 어떤 것을 '근원', '수단', '보조 주체'라고도 하는 다른 것의 관점에서 이해하거나 언어적으로 틀을 부여하는 행위이다. 인지 이론의 중요한 측면은 이 틀 부여가 양방향적이며 상호작용적이라는 주장이다. 즉, 은유의 양쪽이 모두 근원과 목표가 될 수 있기 때문에 '목표에서 근원'으로의 진행도 가능하다는 것이다. 예를 들어, 누군가가 Your theory is on shaky ground(네 이론이 흔들리고 있다)라고 말할 때, 그 사람은 내가 내 이론(주제 또는 목표)을 흔들리는 땅(수단 또는 근원) 위에 서 있다고 이해하기를 원한다. 반면, Man is a wolf(인간은 늑대이다)라고 말하면, 나는 인간(주제 또는 목표)을 늑대(수단 또는 근원)로 이해하게 되며, 늑대의 특성이 인간에게도 적용될 수 있다는 점에서 늑대를 어느 정도 인간화하는 효과가 있다(Black 1962: 41-44 참조).

이 초기 정의는 은유 사용과 관련된 정신적 작업을 의미하며, 다양한 인지 이론을 포함할 만큼 충분히 광범위하다. 예를 들어, 단방향 개념적 은유 이론(CMT)의 창시자인 Lakoff & Johnson(1980: 5, 아래 참조)은 "은유의 본질은 한 종류의 대상을 다른 종류의 관점에서 이해하고 경험하는 것"이라고 언급했다.[2] Black(1962)의 후계자인 Glucksberg(2001: 1)는 개념적 은유 이론을 명시적으로 반대하지만, 그의 '상호작용적 속성 부여' 이론은 우리의 초기 정의와 관련이 있다. 샘 글럭스버그(Sam Glucksberg)는 은유를 수단(근원)이 제시하는 범주의 구성원으로 주제(목표)를 이해하도록 초대하는 것으로 보았다. 예를 들어, My lawyer is a snake(내 변호사는 뱀이다)라는 표현에서 변호사는 문자 그대로의 SNAKE(뱀) 범주에서 적절히 파생된 **추상적인** SNAKE(뱀)

Stockwell 2014, Cave 2014, Cave & Wilson 2018를 참조할 수 있다.

2 이 두 이론 간에는 명백한 연관성이 있지만, 나는 개념적 은유 이론을 질 포코니에(Gilles Fauconnier)와 마크 터너(Mark Turner)의 혼성 이론이 아닌 조지 레이코프(George Lakoff)와 동료들의 연구로 받아들인다.

범주에 포함된다. 상호작용적 관점에서 도구인 snake(뱀)도 주제의 영향을 받으며, 예를 들어 This road is a snake(이 길은 뱀이다)에서 this road와 상호작용하는 방식이 My lawyer is a snake(내 변호사는 뱀이다)에서 my lawyer와 다르다는 점이 주목할 만하다.

물론, 단방향이든 양방향이든 초기 정의는 현재 목적에 비해 너무 일반적이다. 문학적 은유에 대한 이른바 '새로운' 인지적-시적 접근을 보증하기에는 이론적 구체성과 참신성이 부족하다. 이미 단방향성과 양방향성으로 나뉘어 있지만, 그 일반성은 인지주의적 논쟁을 흐리게 할 수 있다. 인지시학적 과제는 시적 은유에 대한 기존의 비인지적 분석에 비해 부가 가치를 창출하고, 긴장에 주의를 기울이며, 인지적 은유 이론의 특정 측면을 문학 텍스트 해석에 적합하게 만드는 것이다. 이후 절에서는 인지적 은유 이론에 대한 간략한 요약이 제시되며, 시학 관련 문제를 간략하게 암시할 것이다. 이 장에서는 은유에 대한 다른 인지적 관점('상호작용', '부류 포함', '적절성', '혼성', '양방향성')을 소개하고, 형식의 중요성을 강조하며, 모든 이론의 아이디어를 결합한 형판을 제안하고, 인지적 시학의 목표와 관련하여 은유에 대한 이러한 발견을 보다 일반적으로 논의할 것이다. 논의를 진행하는 과정에서 이 장에서는 은유에 관한 아리스토텔레스의 명성을 바로잡고자 한다.

3.1 개념적 은유 이론과 아리스토텔레스

Eco(1983: 217-218)는 "은유에 관해 쓰인 수천, 수만 페이지의 책들에서 아리스토텔레스가 언급한 처음 두세 가지 기본 개념, 즉 시학과 수사학에 관한 그의 논문에서 실질적인 내용을 추가한 것은 거의 없다"라고 말한다. 그러나 아리스토텔레스는 현대 분석가들, 특히 인지주의자들에게 중요한 인물로 여겨진다(Lakoff & Johnson 1980, 1999, Turner 1987: 9-21, Glucksberg 2001: 4-11). 아리스토텔레스는 은유를 **오노마(onoma**, '명사', '단어' 또는 '표현')를 한 사물에서 다른 사물로 옮기는 것(**에피포라(epiphora)**)으로 정의했다. 예를 들어, 누군가가 being on shaky ground(흔들리는 땅)를 your theory(네 이론)로 옮기거나, Car fumes are slow stranglers(자동차 매연은 천천히 목을 조르는 살인자이다)를 말함으로써 slow stranglers(천천히 목을 조르는 살인자)를 car fumes(자동차 매연)로 옮기는 경우가 있다. 스페인 시인 루이스 세르누다(Luis Cernuda, 1902-1963)가 Some bodies are like flowers/ others like daggers/ others like ribbons of water/ but all bodies, sooner or later/ will be burns growing bigger on other bodies(어떤 몸은 꽃과 같고/ 어떤 몸은 단검과 같고/ 어떤 몸은 물줄기 같지만/ 모든 몸은, 조만간/ 다른 몸에서 더 커지는 화상을 입게 될 것이다)(1931, 내 번역)라고 쓰며, flowers(꽃), daggers(단검), ribbons of water(물줄기), burns(화상을 입다)를 bodies(몸)로 옮긴다.[3] 인지주의자들은 일반적으로 아리스토텔레스를 인용하여 은유를 명사의 치환, 즉 한 명사가 다른 명사를 대체하는 것으로 간주한다. 이는 이전 명사가 관습적이고 적절한 문자적 의미(예: someone who strangles slowly(천천히 목을 조르는 사람))를 버리고 새롭고 비유적이며 부적절한 의미(예: something that chokes and eventually kills people(질식시켜 결국 사람을 죽이는 것))를 취하는 것에 지나지 않는다고 주장한다. 이는 실제로 19세기 프랑스 수사학자들이 만든 아리스토텔레스의 환원주의적 해석이며(Ricoeur 1975 참조), Black(1962)이 이를 비판적으로 분석했다. 서양 시학의 창시자인 아리스토텔레스를 은유가 단순한 표면적 조작이라고 믿었던 인물로 묘사한 것은 그의 틀 부여 때문이다(Black 1962).[4]

이러한 오류는 Lakoff & Johnson(1980) 및 동료들에 의해 개념적 은유 이론을 통해 비판받았다. Katz(2011: 484, 원문 강조)는 이들의 반-아리스토텔레스적 주장을 다음과 같이 요약한다.

> 아리스토텔레스는 은유를 언어의 영역에 위치시켰고, 이는 이후 이론의 기초가 되었지만, 1980년 이후 인지언어학 분야에서 활동하는 이론가들에 의해 논쟁의 대상이 되고 있다. 아리스토텔레스의 기본 전제는 은유를 사용하면 한 단어(또는 표현)가 다른 단어(또는 표현)로 **대체된다**는 것이다.

언어적 대체 관점에 반대하여 개념적 은유 이론은 "은유는 단순히 언어의 문제가 아니라 사고의 문제이다"라고 주장한다(Katz 2011: 485). 따라서 문장 Your theory is on shaky ground(네 이론이 흔들리고 있다)는 더 실질적인 개념적 은유인 THEORIES ARE BUILDINGS(이론은 건물이

---

3 아리스토텔레스의 은유 개념이 현대의 개념보다 더 많은 현상을 포함한다는 점은 여기서 다루지 않을 것이다(Ricoeur 1975, Eco 1983 참조).

4 Black(1962: 34, 36)은 '대체 관점'과 '비교 관점'의 오류를 구분하였고, 이를 통해 아리스토텔레스와의 연관성을 제시했다. 그는 대체 관점에서 "문자 그대로의 틀 내에서 은유적으로 사용되는 단어나 표현은 문자 그대로 표현될 수 있는 의미를 전달하기 위해 사용된다"라고 주장하며, Richard is a lion(리처드는 사자이다)은 Richard is brave(리처드는 용감하다)와 '거의 같은 의미'를 가진다고 말한다(32, 36). 이는 은유를 장식적인 요소로 만드는 것이다(34). 비교 관점에서 은유는 '응축 또는 타원형 직유'로 해석되며, Richard is a lion은 (용감하다는 점에서) Richard is like a lion(리처드는 사자와 같다)과 거의 동일하다고 주장한다(36). Black(1962: 37)은 후자의 관점에서 은유가 단지 "은유가 형성되기 이전에 존재했던 유사성을 나타내는 신호일 뿐"이라는 문제점을 지적한다.

다)의 언어적 실례로 볼 수 있다. 여기서 대문자는 언어적 표현이 아니라 개념을 표준적으로 나타낸다. 개념적 은유에서 범주(즉, 개념) 또는 개념적 영역(THEORIES)은 다른 범주 또는 영역(BUILDINGS)의 관점에서 이해되며, 이때 **영역(domain)**은 특정 개념과 관련된 개념적으로 구조화된 경험의 영역을 나타낸다(Lakoff & Johnson 1980: 117, Lakoff 1993).[5] 요컨대, 일상 표현에 대한 개념적 은유 이론의 분석은 개념적 근원 구조(BUILDINGS)가 목표(THEORIES)에 '사상'되거나 '투사'되는 방식으로 이루어지며, 이를 통해 우리는 말하고, 생각하고, 생활한다.

아리스토텔레스, Black(1962) 및 개념적 은유 이론 간에는 더 많은 연관성이 있다. 아리스토텔레스는 은유가 종종 서로 다르거나 유사해 보이는 것들 사이의 유추를 나타낸다고 제안했으며(Eco 1983: 234), Glucksberg(2008: 72)는 이를 은유의 역설, 즉 '비교되는 것들과는 다른 것들'이라는 불렀다. 이 역설에 대한 인지적 해결책은 다양하며, Glucksberg(2008: 68)는 "은유는 비교를 통해 거의 이해되지 않는다"라는 사실을 발견하면서 이 역설을 해체한다(아래 참조). Black(1962: 37)의 영향을 받은 것으로 보이는 Lakoff & Johnson(1980: 148, 154)에 따르면 은유는 서로 다른 개체 간의 '객관적인' 유사성 정도에 의해 동기가 부여되는 것이 아니라 개념적 구조의 양을 하나에서 다른 것으로 단방향적으로 투사함으로써 서로 다른 개념 사이의 유사성을 **생성한다**고 주장한다.[6] 개념적 은유 이론은 맥스 블랙(Max Black)의 제안을 단방향적 용어로 재구성하여 일상생활에서 개념적 은유의 창의적이고 구성주의적인 힘을 강조한다. 이는 시학의 어원적 의미인 poiein[ποιεῖν], 즉 '만들다'와 연결된다. 또한 개념적 은유 이론은 "은유적 구조화가 […] 총체적이라면 한 개념이 단순히 그것과 관련하여 이해되는 것이 아니라 다른 개념이 **될** 것"이라고 지적한다(Lakoff & Johnson 1980: 13, 원래 강조). 블랙이 상호작용에 대해 말했다면, 개념적 은유 이론은 제약 조건에 대해 논의한다. 즉, 개념적 은유 이론에서 목표는 근원에 의한 완전한 재구성을 허용하지 않는다. 예를 들어, Your theory is on shaky ground(네 이론이 흔들리고 있다)나 This theory collapse(이 이론은 무너진다)에서, "개념 THEORY(이론)를 구조화하는 데 사용되는 개념 BUILDING(건물)의 부분은 기초와 외부 껍질이다. 지붕, 내부 방, 계단 및 복도는 개념 THEORY(이론)의 일부로 사용되지 않는 BUILDING(건물)의 일부이다"(Lakoff & Johnson 1980: 52). 이

5 Sullivan(2007: 31)은 "은유에 사용되는 '영역'의 유형을 정의하는 방법에 대한 일반적인 합의는 물론이고 많은 논의조차 이루어지지 않고 있다"라고 지적한다. 일반적으로 **영역(domain)**은 경험에서 구조적 연결이 발생하고, 경험에 기반한 배경지식을 의미하며, 이는 복잡한 전체로 조직화된 많은 구성요소의 관계를 포함한다.

6 Black(1962: 37)은 "은유가 이전에 존재하는 어떤 유사성을 공식화한다고 말하는 것보다 은유가 유사성을 만들어 낸다고 말하는 것이 더 조명할 수 있는 경우가 있다"라고 썼다. 그러나 Lakoff & Johnson(1980)은 이 아이디어에 대한 Black(1962)의 공로를 인정하지 않는다.

구체적인 통찰은 레이코프(George Lakoff)와 존슨(Mark Johnson)이 시적 은유를 논의할 때 적절하게 활용될 수 있다.

시적 의미와 관련하여 개념적 은유 이론의 구체성을 파악하기 위해서는 레이코프와 존슨이 개념(범주)을 어떻게 생각하는지를 염두에 두는 것이 중요하다. 우리가 생각하는 BUILDING(건물)은 단순히 '집이나 공장처럼 지붕과 벽이 있는 구조물'(『옥스포드 영어사전Oxford English Dictionary』)이 아니라, 우리가 접한 수많은 사례에 대한 경험이 응축된 정보가 풍부한 영상적 개념이다. 이 영상적 개념은 처음에는 총체적이지만 '무한히 분석 가능한' 게슈탈트(Lakoff & Johnson 1980: 72)로, 다음에는 여러 감각 근원의 도식적 정보를 통합하고 신체화된 시뮬레이션을 허용하는 '영상도식'(Johnson 1987, Hampe 2005: 1, Tendahl & Gibbs 2008: 1837)으로 설명된다. 또한 해당 범주의 모범 사례(예: 건물)에 대한 우리의 경험에서 파생된 의도적 상호작용 속성을 가진 '이상화된 인지모형' 또는 ICM(Lakoff 1987)으로 이해될 수 있다.[7] James J. Gibson(1979)의 용어를 사용하면, BUILDING(건물)에 대한 ICM에는 건물이 전형적으로 제공하는 용도인 '행위유발성(affordance)'이 포함되며, 따라서 개념은 동등한 위치에 있거나 필요충분한 기능으로 구분된 무균의 자질 묶음이 아니라 경험에서 파생되고 경험에 맞춰진 '총체적' 실체이다(Gibson 1979: 72). 사람들은 건물의 특정 예시(예: HOUSE(집), APARTMENT BLOCK(아파트 블록))가 범주의 중심(즉, 원형적)이 되는 반면, 다른 예시들은 범주를 확장할 때 약간만 포함되며(예: ROOFED BUS STOP(지붕이 있는 버스정류장)), 또 다른 예시들은 범주에서 벗어나 은유적 의미로만 건물(예: THEORIES(이론))이 될 수 있다. 마지막으로 많은 개념(예: THEORIES(이론))은 은유적으로 정의되고 이해되며, 즉 다른 개념(예: BUILDING(건물))의 관점에서 정의되고 이해된다. Lakoff & Turner(1989: xi)에 따르면 이러한 개념은 시인도 함께 사용하는 개념적 '도구'이다. Alber *et al.*(2018: 429)의 표현을 적용하자면, 개념적 은유 이론은 언어 예술이 '활용'하는 일반적인 '인지적 구성'의 일부를 설명하는 데 기여한다.

은유가 투사에 의해 유사성을 생성하지만, 개념적 은유 이론도 언급했듯이 은유적 창의성은 항상 제약 조건 하에서 작동한다고 주장한다. 예를 들어, 울리포(Oulipo) 작가들이 고안한 자발적인 시적 제약과는 달리, 은유는 무의식적 제약 아래에서 형성된다. 유사성 창조가 특정한 제약 원칙을 따른다는 주장은 은유가 완전히 자유롭고 제약 없는 상상의 과정이라는 '이상주의자', '주관주

---

7 칸트의 **도식(schema)** 개념(1781)에서 영감을 얻은 영상 체계는 "[구체적인] 영상보다 추상적이지만, 명제보다 덜 추상적"인 것으로 간주된다(Gleason 2009: 438 및 참고문헌).

의자', '낭만주의자'의 견해에 반하는 것이다(Lakoff & Johnson 1980: 185, 228). 이 주장은 개념적 투사에 대한 제약이 우리의 개념 구조의 함수라는 점을 강조한다. 일상적이고 시적인 은유에 관한 연구에서 Turner(1990: 476)는 이러한 제약 중 하나인 근원 개념의 '영상도식', 즉 반복되는 경험 패턴에서 추출된 골격적 이미지(Tendahl & Gibbs 2008: 1836)는 일반적으로 목표 영상도식을 위반하지 않는다고 명시한다. 예를 들어, LIFE IS A JOURNEY(인생은 여행이다)에서 JOURNEY(여행)는 LIFE(삶)에 PATH(경로)의 영상도식적 구조를 빌려주지만, 우리가 길을 걸을 때 종종 돌아올 수 있듯이 인생에서도 돌아갈 수 있다고 추론하지 **않는** 이유는 LIFE(삶)에 대한 우리의 영상도식이 PATH(경로)의 영상도식에 포함된 도보 옵션과 모순되기 때문이다. Turner(1990)는 근원 영상도식이 호환되지 않는 목표 영상도식을 지우거나 대체하지 않는다고 제안한다. 이는 소위 불변성 원칙(Invariance Principle; Turner 1990: 475)이라고 불리며, 이 잠재적인 시적 적절성은 아래에서 논의될 것이다.

개념적 은유 이론을 설명할 때, 은유는 **마음의 은유적 구조**에 관한 것이라고 강조하는 것이 중요하다. 은유는 우리가 사용하는 개념 체계의 일부인 은유 체계와 함께 작동한다는 의미에서 인지적 개념으로 이해된다. 언어적 은유인 Your theory is on shaky ground(네 이론이 흔들리고 있다)를 사용하거나 이해하는 것은 은유적 정신 구조인 THEORIES ARE BUILDINGS(이론은 건물이다)의 실례를 활성화하거나 인식하는 것이다. 이는 마음속에 존재하며, The argument collapsed(이 논증이 무너졌다) 또는 The theory will stand or fall on the strength of that argument(이 이론은 그 논증에 따라 서거나 무너질 것이다)와 같은 다른 언어적 실례에서도 활성화된다(Lakoff & Johnson 1980: 46). Lakoff & Johnson(1980: 116)은 이러한 문장을 "개별 단어나 개별 개념이 아닌 개념의 전체 체계"를 포함하는 "이해의 일반 원리로 이어질 수 있는 데이터"로 간주한다. 은유는 인간 정신 구성의 일부인 근원-목표 사상(예: THEORIES ARE BUILDINGS(이론은 건물이다))을 구성하며, 이는 언어로 표현된다(비판적 논의에 대해서는 Tendahl & Gibbs 2008: 1835, 1841-1843 참조). 그러나 언어적 표현 자체는 종종 '문자적 언어' 또는 기껏해야 '관용구'라고 불리며, 이는 개념적 은유에서 파생된다(Lakoff & Johnson 1980: 46).

Lakoff & Johnson(1980)은 시적 언어에 대해 거의 언급하지 않았지만, 마음의 구조가 왜 그렇게 널리 은유적인지 이론화한 것으로 유명하다. 인간은 세상에 대한 신체화되고 상호작용하는 경험을 통해 '단순한 공간 개념'에 대한 **문자 그대로의** 개념을 발전시켜 왔다. 예를 들어, 개념 UP은 "우리가 살고 있는 중력장에 대한 우리의 직립 자세와 관련된 지속적으로 수행되는 감각운동 기능의 집합에서 나온다"라고 설명할 수 있다(ibid.: 56-57, 117). 그러나 감정과 추상적 아이디어와 같은 대부분의 다른 인간 경험은 우리의 경험에서 그렇게 '선명하게 묘사'되지 않으므로, 더 명확하게 묘사되는 개념의 관점에서 은유적으로 이해된다(ibid.: 58-59). TIME(시간), THEORIES(이론) 또는 LOVE(사랑)와 같은 추상적 개념은 이해하기 어려워서 "은유적 정의가 필요하다"라고 한다(ibid.: 118). 이는 개념적 은유 이론이 물리적, 문화적 경험에서 개념의 **배경화(grounding)**라고 부르는 이유이다(ibid.: 68). "[…] 이해는 경험에 근거를 두어야 하며" 우리의 범주는 "우리 경험에서 생겨났을 뿐만 아니라 지속적으로 성공적인 기능을 통해 끊임없이 테스트되고 있다"라고 강조한다(ibid.: 180). 이는 문학 텍스트가 다양한 경험의 질적이고 종종 거의 표현할 수 없는 속성을 포착하기 위해 '창조적 은유'를 사용한다는 관찰과 관련이 있다(Caracciolo 2016: 214 참조).

은유가 "일상적 경험에 근거하는 경향이 있다"(Stockwell 2002: 31, 111)라는 통찰은 은유적 사상의 단방향성을 명시하는 개념적 은유 이론의 '방향성 가설'로 이어진다(Lakoff & Johnson 1980: 112). 개념적 은유 이론은 인지에 있어 BUILDING(건물), JOURNEY(여행), WAR(전쟁), SEEING(보기), UP(위)과 같은 **구체적** 개념을 사용하여 THEORY(이론), LIFE(삶), AGRUMENTS(논증), UNDERSTANDING(이해), GOOD(좋음)과 같은 **추상적**이고 덜 실체적인 개념과 영역을 은유적으로 구조화하고 이해하려는 경향이 있음을 가정한다. 따라서 인간의 마음은 THEORIES ARE BUILDINGS(이론은 건물이다), LIFE IS A JOURNEY(삶은 여행이다), ARGUMENTS ARE WAR(논증은 전쟁이다), UNDERSTANDING IS SEEING(이해하는 것은 보는 것이다), UP IS GOOD(위는 좋음이다) 등의 강력한 개념적 은유에 의해 구조화된다. 예를 들어, LIFE IS A JOURNEY(삶은 여행이다)는 지각 가능한 공간의 관점에서 추상적인 시간을 구조화하는데, 이는 The future lies before us(미래는 우리 앞에 놓여 있다), We look back at the past(우리는 과거를 돌아본다)와 같은 언어 표현에서 잘 드러난다(이 개념적 은유의 명시적인 소설 적용에 대해서는 Hustvedt 2019: 29 참조). Lakoff & Johnson(1980: 56)은 이러한 표현이 지극히 정상적인 표현이므로 은유적 언어가 기본적으로 비정상적인 것은 아니라고 지적한다. 더욱이 Shen(2008 및 관련 참고문헌)의 연구에 따르면, 은유의 구체적-추상적 방향성은 방대한 시 말뭉치에서도 지배적이다. 이는 시 영역에서 개념적 은유 이론의 중심 가설을 확인시켜 주지만, 시적 분석과의 적절성은 논의의 여지가 있다(아래 참조).

마지막으로, 은유에 대한 개념적 은유 이론의 근거 있고 경험적이며 신체화된 관점은 은유의 '죽은-살아 있는' 이분법이 개인의 마음속에 있는 표현의 은유성을 평가할 때 부적절하다는 것을 시사한다. 죽은 은유를 만들어 내는 화자는 종종 제스처를 통해 근원영역의 일부 측면이 정신적으로 촉발되었음을 나타내며, 이는 그들이 마음에서 깨어 있음을 배신한다(Müller 2008). 죽은 것으로 여겨지는 은유는 기껏해야 '휴면 상태'인 경우가 많으며, 이러한 휴면 상태의 은유는 화자가 인지하지 못하는 은유성을 어느 정도 지니고 있을 수 있다. 이러한 은유성이 관객에게 의식의 문턱 아래에서 최소한의 시성을 심어줄 수 있다는 것은 상상할 수 있는 일이다.

3.2 개념적 은유 이론과 시적 은유: 이론과 실제

Lakoff & Johnson(1980)은 은유적 사고가 우리의 일상에 깊이 뿌리내리고 있지만, 그렇다고 해서 우리의 일상이 시적이라는 것은 아니라고 결론지었다. Eco(1983: 247-251)가 지적했듯이, 많은 은유는 '시적'이나 '좋거나', '개방적'이라기보다는 오히려 '사소한' 것이 많다.

레이코프와 존슨은 은유적 사고의 만연함을 드러내지만, 그들의 연구는 시적 은유와 사소한 은유 사이의 **차이**를 이해하는 데는 그리 도움이 되지 않는다고 할 수 있다(Jackendoff & Aaron 1991, Biebuyck & Martens 2011 참조). 이러한 차이에 대해 문학적 은유가 일상 담화에서 은유와 같은 개념 구조의 언어적 실현이라고 주장하는 것은 오히려 비생산적이고 환원주의적이다. Lakoff & Johnson(1980)은 일부 은유가 다른 은유보다 더 상상력이 풍부하다는 점을 인정하지만, 은유는 정량적인 것이고 시적 은유는 Gleason(2009: 437)의 회의적인 표현을 빌리자면 "은유의 더 큰 규칙 내에서 변이"에 불과하다는 주장과 이 양보의 균형을 맞추는 데 어려움을 겪고 있다. 그들은 언어가 실제로 시적 은유의 매개체라는 것을 인정한 후, 시적 은유가 "단순히 언어의 문제가 아니다"라고 주장한다(Lakoff & Johnson 1980: 235). 이는 확실히 사실이지만, 개념적 은유 이론의 주장은 아리스토텔레스의 비-인지적 허수아비 버전에 대한 비난을 반복하며, 시적 은유가 개념적이라는 것을 설명할 뿐이다. 즉, 이 주장은 시적 은유가 왜 시적인지를 설명하지 않으며, 언어적 은유가 개념적 은유를 실례화한다는 개념적 은유 이론의 기본 견해와 시성이 어떻게 일치하는지를 보여주지 않는다.

Lakoff & Johnson(1980: 53)은 특이한('상상적') 은유가 일반적('일상의') 은유와 세 가지 방식으로 다를 수 있다고 주장한다. (i) These facts are the bricks and mortar of my theory(이러한 사실들이 내 이론의 핵심이다)와 같이 일상 은유의 '사용된 부분의 확장', (ii) His theory has thousands of little rooms and long, winding corridors(그의 이론은 수천 개의 작은 방과 길고 구불구불한 복도가 있다)와 같이 '사용되지 않은 부분의 실례화' 또는 (iii) Classical theories are patriarchs who father many children, most of whom fight incessantly(고전 이론들은 많은 자녀를 둔

가부장이며, 대부분 끊임없이 싸운다)와 같이 우리의 정상적인 개념적 체계의 일부가 아닌 '새로운 은유'이다. 따라서 개념적 은유 이론은 은유적 사고가 어디에나 존재함을 보여주지만, 더 상상적인 은유는 일상적인 은유에서 **벗어난다는 점**도 시사한다. 이들은 근원의 사용된 부분을 확장하거나 일반적으로 사용되지 않는 근원 부분을 사용하거나 새로운 조합을 만들어낸다.

Lakoff & Turner(1989)는 시적 은유에 대한 논문에서 시적 은유를 일상적 은유와 다시 비교했다. 즉, "위대한 시인들은 장인으로서 우리가 사용하는 도구와 동일한 도구를 사용한다"(xi)라고 말한다. 앞서 언급한 시적 은유의 메커니즘에 대해, Lakoff & Turner(1989: 71)는 시적인 '복합 은유의 형성'과 '개념적 은유의 한계에 대한 명시적 논평과 대안 제시'를 추가한다. Freeman(1995)은 이러한 맥락에서 에밀리 디킨슨(Emily Dickinson)이 칼뱅주의의 개념적 은유인 LIFE IS A JOURNEY THROUGH TIME(인생은 시간을 통한 여행이다)을 거부하고, 과학에서 영감을 얻은 LIFE IS A VOYAGE IN SPACE(인생은 우주에서의 항해이다)라는 새로운 시적 '개념적 우주'를 구축한다고 주장한다. 또한 디킨슨은 Time heals all wounds(시간은 모든 상처를 치유한다)는 진부한 은유에 반대하여, Time is a test of trouble(시간은 문제의 시험하는 것이다)/But not a remedy(그러나 치료법은 아니다)라는 새로운 은유를 설정한다(Freeman 1995). 레이코프와 터너는 시적 은유에서 정신적 이미지의 역할에 중점을 둔다. 시에서 '영상도식 은유'는 "경계가 있는 영역, 경로, 중심과 같은 매우 일반적인 구조"를 목표에 사상할 수 있다. 예를 들어, 위스탄 휴 오든(Wystan Hugh Auden)의 the crack in the tea-cup opens(찻잔의 균열이 열리고)/a lane to the land of the dead(죽은 자의 땅으로 가는 길이 열리고)에서 삶과 죽음의 영역에 균열-유체-유출의 '경로 영상도식'이 사상된다(Lakoff & Turner 1989: 98-99). 그러나 일상 은유는 LIFE IS A JOURNEY(인생은 여행이다)에서 JOURNEY(여행)의 경로 영상도식이 LIFE(삶)에 사상되는 것처럼, 근원-개념 이미지를 목표에 투사할 수 있는 능력도 가지고 있다. 그렇다면 시적인 것과 일상적인 것의 차이는 어디에 있는가?

Turner(1990)는 이와 관련하여 두 가지 관찰을 제시한다. 첫째, 일부 창의적 은유는 개념적 **영역**이 **멀리 떨어져 있지만** 불변성 원리를 존중하기 때문에 이상하게 느껴지지 않는다. 예를 들어, Trees climb the hills toward the Golan and descend to test their resolve near the desert(나무들은 골란을 향해 언덕을 오르고 사막 근처에서 그 결의를 시험하기 위해 내려온다)라는 은유에서 "의도적인 유생물 행위자가 식물에 사상되는 것"이 이상하게 보일 수 있지만, "산봉우리가 올랐다가 내려온 흔적이 나무의 선과 동일한 영상도식적 구조를 가지고 있기 때문에" 사상은 자연스럽게 들린다(Turner 1990: 468, 476). 둘째, 터너는 우리가 어떤 방식으로든 위반에 의미를 부여할 수 **있다면**, 기술된 원리를 위반함으로써 시성이 발생할 수 있다고 지적한다(ibid.: 471, 473). 반대로, "궁극적으로 우리가 위반에서 아무런 의미를 발견하지 못한다면, 우리는 은유적 발명에 결함이 있거나 우리의 능력을 넘어선 것을 발견하게 될 것이다"(ibid.: 474). 터너는 시적 은유가 적어도 두 가지 방식으로 일상적 은유와 **다르다**고 제안한다. 그럼에도 불구하고, 유사한 영상도식적 구조를 가진 멀리 떨어져 있는 영역을 하나로 모으고 독자가 동기를 부여할 수 있는 방식으로 근원영역의 영상도식 구조를 위반한다. 이러한 명백한 규칙 위반 후 독자의 동기화는 예술과 일상 담론의 **차이**를 강조하는 시적 메커니즘이다(Semino & Steen 2008: 233, Caracciolo 2016 및 참고문헌을 참조, 불변성 원리에 대한 일반적인 비판은 Stockwell 1999 참조). 마지막으로 Lakoff & Turner(1989: 201)는 상상력이 풍부한 시인들이 "풍부한 정신적 영상을 다른 풍부한 정신적 영상에 사상"하는 새로운 '영상 은유'를 창조한다고 언급하며, 예를 들어, 진흙밭에서 일하고 밟는 아시아의 맨발 농부들을 chicken's pants(닭의 바지)를 입은 것으로 묘사되는 경우를 들 수 있다.

Lakoff & Turner(1989: 20, 52)가 시적 은유에 대해 rich(부유하다)이라는 표현을 자주 사용한다. 이들은 특정 개념, 예를 들어 PLAY(연극)에 대한 우리의 정신적 도식이 그 자체로 풍부하며, 이는 시적 은유가 가지는 인지적 잠재력과 그 잠재력을 활용하는 시인의 능력에 기초하고 있음을 시사한다(Lakoff & Turner 1989: 61). 그러나 영상 은유의 맥락에서 rich는 앞서 언급한 골격적 **영상도식**과는 달리, 생생하고 비골격적인 특성을 나타내는 것처럼 보인다.[8] 어쨌든 개념적 은유 이론은 구조주의 및 후기구조주의에서 경시되었던 은유의 풍부하고 생생한 시각적 영상이라는 주제를 다시 활성화하는 데 크게 기여했다(Gleason 2009 참조). 이 주제는 볼프강 이저(Wolfgang Iser)와 같은 현상학자, Tsur(2009)와 같은 인지시학자 그리고 문학 비평에서 초기의 '인지적 혁명'을 복원하려는 다른 학자들로부터도 주목받고 있다(Goodblatt & Glicksohn 2003: 210). 사실, 영상에 대한 인지주의적 초점은 아리스토텔레스(Rhetoric 1411b, 아래 참조)를 떠올리게 한다.

이제 우리는 질문을 던져야 한다. 아리스토텔레스의 은유에 대한 견해도 개념적 은유 이론의 방식은 아닐지라도 결국 인지적인 것인가? Eco(1983: 232)는 "은유론적 전통의 후기는 은유가 즐거움의 수단일 뿐만 아니라 무엇보다도 인지의 도구라는 아리스토텔레스의 독창적이고 강력한 결론을 자주 무시한다"라고 말한다.[9] 에코와 마찬가지로 그리스어 원전을 인용한 Swiggers(1984)

8 흥미롭게도, Gleason(2009: 451)은 '은유 특정' 영상(그가 영상 은유의 **시각적 형판**이라고 부르는 것)이 일반적으로 매우 추상적인 영상도식보다 세부적으로 풍부하지만, 시각적 형판이 "가장 큰 공통 요소 영상"이기 때문에 다소 추상적이거나 '스케치된' 영상이라고 주장한다.

9 또한 아리스토텔레스가 "자질을 신비한 본능이 아니라 '유사성을 볼 수 있는 능력'으로 정의한다"라고 언급한

는 아리스토텔레스의 이론에서 "은유는 항상 인지 행위를 수반한다"라고 주장한다. 화자의 입장에서 "좋은 은유를 말한다는 것은 닮음에 대한 눈을 갖는 것"을 의미하며, 이는 인식의 행위이자 '천재의 징표'이다(『시학Poetics』 1459a: 5-8, 피에르 스위거(Pierre Swiggers)가 번역한 다른 구절 중 1984: 44). Swiggers(ibid.: 44-45)에 따르면, 아리스토텔레스는 "호메로스(Homeros)가 은유를 뛰어나게 사용하여 무생물에 대해 마치 살아있는 것처럼 말할 수 있었기 때문에 인기를 얻었다"라고 말한다. 따라서 은유적으로 표현된 현실은 아리스토텔레스의 말을 빌리면 청자의 "눈앞에 [두는 것]"이다("πρὸ ομμάτων", 『수사학Rhetoric』 1411b, 또한 Eco 1983: 234 참조).

Lakoff & Johnson(1980: 190)은 아리스토텔레스의 "통찰력을 유도하는 은유의 능력에 대한 찬양"을 인정했지만, 아리스토텔레스의 주장은 다른 인지주의자들, 예를 들어 Freeman(2009)의 제안처럼 시적 은유가 수잔 랭거(Susanne Langer)의 문구를 인용하고 헨리 제임스(Henry James)의 '느껴진 삶의 감각(sense of felt life)'을 언급하면서 '느낌의 삶과 닮은꼴(semblance of felt life)'을 만들 수 있다는 주장에 공감을 불러일으킨다. 문학적 은유가 어떤 특정한 방식으로 예외적으로 상상력을 발휘할 수 있는지(Freeman 2011 참조), 그리고 그러한 은유가 주로 이미 마음속에 존재하는 교차 개념 구조의 표면적 실현을 어느 정도까지 유지하는지 묻는 것은 인지시학에게 정당한 질문이다. 인지시학이 동일성이 아니라 상상력이 풍부한 은유와 사소한 은유 사이의 차이에 초점을 맞추는 것은 타당하다. "은유는 고유한가?"라는 Giora(2008)의 질문은 많은 은유가 문자 그대로의 언어만큼이나 시적이지 않으며, 비-은유적으로도 충족할 수 있는 조건에서 특정 은유만이 시적인 것으로 인정받을 수 있다는 것을 암시한다.[10]

Halliwell(1986/1998: 90)도 참조할 수 있다. 따라서 "은유는 분석적으로 조사하고 분류할 수 있지만, […] 아리스토텔레스의 눈에는 '기술적' 이해에 대한 저항이 분명히 남아 있다. […] 그 이유는 은유가 다른 유형과 함께 문체적 장식으로 간주될 수 있지만, 철학자에 의해 특정 인식을 표현하는 독특한 수단으로 평가되기 때문이다"(ibid.: 349, 원문 강조).

10 심리언어학적 실험에 기초하여 Giora(2008: 628 및 참고문헌)는 현저한 어휘의미(즉, 어휘 항목에 의해 자동으로 활성화되는 부호화된 의미)에 의존하는 텍스트 해석과 현저한 의미와 비-현저한 의미(즉, 문맥에서 파생됨)를 결합하는 해석을 구별하는 현저성-비-현저성 구분을 가설한다. 현저성-비-현저성 구분은 문자적-형상적 구분을 가로지르며, 은유의 해석은 종종 현저한 의미에 전적으로 의존하는 반면, 특정 문자적 표현의 해석은 현저한 의미와 비-현저한 의미를 결합하여 특정 조건에서 시성을 생성할 수 있다. 지오라에게 담화를 미학적 또는 시적으로 만드는 것은 은유 그 자체의 존재가 아니라 "최적으로 혁신적인 자극", 즉 표현의 비-현저한 의미를 활성화하는 자극과 비-현저한 의미가 질적으로 다른 두드러진 의미를 활성화하는 자극의 존재이다. 이러한 시적 효과는 Their bone density is not like ours(그들의 골밀도는 우리와는 다르다)와 같은 현저하게 문자적인 표현이 특정 문맥에서 은유적으로 사용될 때 발생할 수 있으며, 반대로 spill the beans(비밀을 폭로하다)라는 현저하게 은유적인 표현이 특정 문맥에서 갑자기 문자적으로 사용될 때도 발생할 수 있다(ibid.: 154). 따라서 은유는 시적일 수 있지만, 문자적으로도 가능하다는 점을 강조할 수 있다. 시성을 정의하는 것은 현저

Lakoff & Johnson(1999: 123)은 아리스토텔레스에 대한 일반적인 비판을 수용된 말뭉치의 차이와 연결시킨다. 즉, "아리스토텔레스는 은유적 언어가 본질적으로 시적이고 수사적일 뿐, 일상적인 언어의 일부가 아니라고 착각했다"라는 주장도 있다. 그러나 아리스토텔레스에 대한 반론과 그 참신성에 대한 주장에 문제가 없지 않다. 첫째, 레이코프와 존슨은 아리스토텔레스의 허수아비 버전을 다시 공격한다. Eco(1983: 234)의 해석에 따르면, 그리스 철학자는 은유가 "장식품이 아니다"라는 점을 보여준다. 둘째, 아리스토텔레스는 시의 영역 외에서도 은유의 잠재적으로 창조적인 역할을 언급하고 있다. 셋째, 레이코프와 존슨이 은유가 시 바깥에 널리 퍼져 있다는 사실을 처음으로 지적한 것은 아니다. 예를 들어, 1730년에 프랑스 문법학자 두 뒤마르세(Du Marsais)는 아카데미 프랑세즈(Académie française)의 여러 세션에서 연속으로 사용된 것보다 파리의 시장인 레 알(Les Halles)에서 하루 동안 사용된 비유가 더 많다고 썼다(Fontanier 1830/1968: 157에서 인용). 따라서 말뭉치와 관련하여 개념적 은유 이론의 더 큰 참신함은 일상 언어 은유에 대한 지속적이고 체계적인 조사에 있다.

시에서 개념적 은유 이론을 간단히 테스트하기 전에, 시학에 대한 개념적 은유 이론의 적절성에 대해 마지막으로 한 가지 문제를 제기해야 한다. 방향성이 은유의 시적 특성을 다루고 이해하는 데 적절한 기준이 될 수 있는가? 앞서 언급했듯이, Shen(2008)은 시 텍스트에서도 구체적 은유에서 추상적 은유가 시적 주류라는 것을 보여주었는데, 이는 개념적 은유 이론의 검증을 위해 흥미로운 요소일 뿐만 아니라 문학적 분석에 있어서도 가치가 있는가? 벨기에 플랑드르 시인인 폴 스노크(Paul Snoek)의 1970년대 시 the empty house of my memory(내 기억의 빈집)처럼, 구체적인 것에서 추상적인 것까지 모든 방향성을 나타내는 시적 은유를 떠올리는 것은 매우 쉽다. 그러나 닉 케이브(Nick Cave)의 2013년 노래 제목인 Push the Sky Away(하늘을 멀리 밀어내라)의 은유와 같은 추상에서 구체적(적용 대상보다 덜 경험적일 수밖에 없음)인 경우나, 윌리엄 셰익스피어(William Shakespeare)의 Life is a tale told by an idiot(인생은 바보가 들려주는 이야기이다)과 같은 추상에서 추상, 또는 Borges(1921)의 아방가르드한 상상적 은유인 With a rifle on their shoulder, trams/patrol the avenues(어깨에 소총을 메고, 트램이/도로를 순찰한다)(López Alonso 1994: 9에서 인용) 또는 세르누다의 bodies will be burns on other bodies(몸은 다른 몸에 화상을 입을 것이다)와 같은 구체적-구체적 은유도 있다. 일부 방향성은 특정 학파와 관련될 수 있지만(Semino & Steen 2008: 239), 시성은 방향성 그 자체에 연결되지 않는다(Stockwell 1999). 따라서

한 의미와 비-현저한 의미의 흥미로운 조합이며, 이를 처리해야 한다.

Gleason(2009: 440, 445)은 에이미 로웰(Amy Lowell)의 If I throw a stone into the placid water/ It suddenly stiffens/ Into rings and rings/ Of sharp gold wire(잔잔한 물속에 돌을 던지면/ 갑자기 뻣뻣해진다/ 고리와 고리 속으로/ 날카로운 금선으로)와 같은 영상 작가들의 시에는 구체적인 영상 은유가 풍부하다고 지적한다(또한 Crisp 1996 참조).

개념적 은유 이론은 주로 인지를 이해하기 위한 관문으로서 언어적 은유에 관심이 많고, 문학적 장치에는 상대적으로 관심이 적다. 그러나 인지시학의 첫 번째 주요 교과서인 Stockwell(2002)은 개념적 은유 이론이 문학 연구와 적절하다고 주장하여 이전 논문(Stockwell 1999)보다 덜 비판적인 입장을 보인다. 피터 스톡웰(Peter Stockwell)이 분석한 시적 은유는 개념적 은유 이론의 핵심 아이디어와 명확하게 연결되지 않지만, 여전히 훌륭한 사례이다. 예를 들어, 그는 데이비드 게스코인(David Gascoyne)의 시 구절 there is an explosion of geraniums in the ballroom of the hotel/ [···]/ her arms are like pieces of sandpaper/ or wings of leprous birds in taxis(호텔 연회장에 제라늄이 폭발하고 있다/ [···]/ 그녀의 팔은 사포 조각 같고/ 택시에 탄 나병 걸린 새의 날개처럼)를 인용한다. 개념적 은유 이론의 특징인 구체성에서 추상성으로의 방향성과 개념적 은유의 반복이 부재하기 때문에 이 대사가 놀랍거나 시적으로 유쾌한 이유를 설명할 수 없다. 오히려 우리가 발현하는 것은 다소 낯선 explosion of geraniums(제라늄의 폭발)에서부터 더 낯선 arms like pieces of sandpaper(사포 조각 같은 팔) 그리고 매우 기괴한 [arms] like wings of leprous birds in taxis(택시에 탄 나병에 걸린 새의 날개 같은 [팔])에 이르기까지, 구체적인 것에서 구체적인 것으로의 사상(explosion of geraniums, arms like pieces of sandpaper)과 이질적인 은유적 과정의 축적이다. 이는 개념적 은유의 예가 아니라 새로운 은유이다. 사실, 이것은 Stockwell(1999: 136)이 불변성 가설에 의문을 제기하고, 대신 리처드로부터 영감을 받은 문학적 은유에 대한 관점으로 전환한 그의 초기 논문에서 제안한 것과 거의 일치한다(아래에서 논의됨).

좀 더 긍정적으로 보면, 개념 EXPLOSION(폭발)은 영상도식 구조(갑작스럽고 빠르고 격렬하며 원심적으로 팽창하여 손상을 남기는 것)의 일부를 연회장에 제라늄이 있다고 상상하는 방식에 투사하는 이상적 인지모형(ICM)이라고 할 수 있다. 마찬가지로 개념 SANDPAPER(사포)는 경험적 의미 중 일부(상상할 수 있는 거친 질감, 유연성, 짧은 수명)를 팔의 피부에 투사하는 이상적 인지모형을 활성화한다고 볼 수 있다. Stockwell(2002: 112-114)은 제라늄-폭발 은유가 "폐허가 된 호텔 연회장 바닥에 깊이 흩어져 있는 방화 꽃잎의 영상"이라는 독특한 정신적 영상을 생성하기 때문에 시적이라고 제안한다. 그러나 게스코인의 시에 나오는 다른 시적 은유는 너무나도 낯설고 평범하지 않아서, 공상적인 정신적 영상조차도 쉽게 의미 있는 것으로 해석할 수 없다. arms like wings of leprous birds in taxis(택시에 탄 나병에 걸린 새의 날개 같은 팔)는 세르누다의 bodies are burns growing bigger on other bodies(몸은 다른 몸에서 화상이 더 커지고 있다)보다 훨씬 더 은밀하고 상상하기 어려운 것처럼 보인다.[11]

하이메 길 데 비데마(Jaime Gil de Biedma, 1929-1990)의 시에서, 개념적 은유 이론에 따른 시적 분석을 할 수 있는 여러 후보가 존재한다.

I will never be young again (다시는 젊어지지 않을 것이다)

That life was for real (그 삶은 진짜였다)
one begins to understand later (나중에 이해하기 시작했지만)
—like all young people, I came (모든 젊은이들처럼, 나도)
to have the world at my feet. (세상을 발 아래 두기 위해)

To leave a mark I wanted (내가 원했던 흔적을 남기고)
and leave amid applause (박수 속에 떠나는 것)
—aging, dying, were only (노화, 죽음은 단지)
the dimensions of the theater. (극장의 차원일 뿐이었다)

But time has passed (하지만 시간이 지나고)
And an unpleasant truth shows up: (그리고 불쾌한 진실이 드러났다)
aging and dying (노화와 죽음)
is the one plot of the play. (연극의 한 줄거리다)

Gil de Biedma 1968, 스페인어로 번역됨

Cleanthess 2013, 약간의 수정을 가함

11 정신적 영상이 은유를 '해결'할 수 있다는 내 제안은, 굿블랫과 글릭손(Goodblatt & Glicksohn)이 주장한 바와 같이, 어려운 시적 은유를 해석하는 것이 "지각적, 의미적 재구성 행위를 수반하는 문제 해결"의 한 형태라고 볼 수 있다(Goodblatt & Glicksohn 2002: 428). 예를 들어, scattered geranium petals(흩어진 제라늄 꽃잎)의 정신적 영상은 이상한 영상 은유를 해결하는 (정신적) 지각체가 될 수 있다. 일부 영상의 '공상적(fanciful)'이라는 특성화는 Grady *et al.*(1997: 108)에서 확인할 수 있다.

개념적 은유 이론의 관점에서 aging, dying, were only the dimensions of the theater(노화, 죽음은 극장의 차원에 불과했다; 두 번째 연의 마지막 부분)와 aging and dying is the one plot of the play(노화와 죽음은 연극의 한 줄거리다; 시의 마지막 부분)는 LIFE IS A THEATER PLAY(인생은 극장의 연극이다)(**세계 무대(theatrum mundi)** 은유라고도 함)라는 개념적 은유의 실례로 간주할 수 있다. 이 은유는 역사적으로 많은 텍스트와 해석적 맥락에서 등장해 왔다. 플라톤(Plato, B.C. 429~B.C. 347)적 해석에서 연극은 진실하지 않고 피상적이며 일시적인 삶의 질을 의미할 수 있다. 셰익스피어는 이 은유("온 세상은 무대, 모든 남녀는 단지 배우일 뿐")의 버전을 영원화했고, 네덜란드의 유명한 극작가 요스트 판 덴 폰델(Joost van den Vondel)과 같은 바로크 작가들은 이 은유를 차용했다. 현대에 이르러 어빙 고프만(Erving Goffman)은 『일상 속 자아의 표현The Presentation of Self in Everyday Life』(1969)에서 그 사회적 파급 효과를 탁월하게 탐구했다. 사람들은 종종 '연극에 불과'한 삶에 대해 성찰하거나, 단순히 해야 하기 때문에 '역할'에 대한 책임을 회피하기 위해 이 은유를 반복할 수 있다. Lakoff & Turner(1989: 20-22)는 PLAY(연극) 도식의 의미론적 '풍부함'을 나타내는 일상 표현들, 예를 들어 It's curtains for him, She always wants to be in the spotlight, He saved the show(그를 위한 커튼, 그녀는 항상 이목을 집중시키기를 원한다. 그는 쇼를 구했다) 등을 통해 LIFE IS A PLAY(인생은 연극이다)의 생산성을 논의한다. Stockwell(2002: 110)은 LIFE IS A STAGEPLAY(인생은 전략이다)를 일련의 '강력한 개념적 은유'에 포함시켰다.

하지만 여기서 다시 질문이 생긴다. 은유가 일상생활에서 그토록 널리 퍼져 있고 생산적이라면, 왜 비데마의 은유는 여전히 많은 독자들에게 시적이고 감동적이며 평범하지 않은 인상을 주는 것인가? 익숙한 은유적 진리를 상기하는 것만으로도 의미 있는 일이 될 수 있지만, 면밀히 살펴보면 **낯설게하기(defamiliarization)**의 사례가 시의 시적 특성에 중요한 역할을 하는 것으로 보인다. Tsur(2009)의 게슈탈트 이론에서 영감을 받은 이 시의 은유는 낯설게하기의 '전경-배경 반전' 또는 적어도 전경과 배경의 급진적인 재구성을 작동시킨다.

게슈탈트 심리학(Ellis 1938 참조)에서는 시각적 인식 및 다른 인지적 영역에서 인간 마음이 전경이 초점에서 벗어난 배경에서 나오는 자체 포함된 대상으로 인식되는 배경에 대해 지속적으로 전경을 식별한다고 주장한다(Stockwell 2002: 15 참조). Tsur(2009)에 따르면 우리는 자신의 삶을 비생명적 배경, 즉 출생 전과 특히 죽음 이후를 배경으로 한 중요한 전경에 초점을 맞추는 경향이 있다. 그는 필립 시드니 경(Sir Philip Sidney)의 은유를 빌려 "탄생이 죽음에 이르는 이 작은 과정"을 통해 이러한 일반적인 전경-배경 조직이 어떻게 역전되거나 재구성되는지를 보여준다. 짧은 선으로 시각화할 수 있는 이 작은 과정은 "'신이 죽은' 세상에서 그 너머에 아무것도 없고, 그 사이에 있는 것은 무의미하고 무시할 수 있기 때문에 정서적 혼란"을 유발한다고 주장한다. 출생에서 죽음에 이르는 짧은 과정인 삶의 전경은 "연결이 짧을수록 삶이 무의미해지기" 때문에 영향을 미친다(Tsur 2009: 271).

비데마의 시에서도 비슷한 일이 일어나는 것 같다. 확실히 은유의 첫 번째 언급(aging, dying, were only the dimensions of the theater(노화, 죽음은 극장의 차원에 불과했다))에서 삶에 대한 평범한 관점이 먼저 활성화되지만, 이는 연극이 상연되자마자(즉, 내 삶이 시작되는 순간) 연극의 차원(즉, 죽음)이 배경이 된다는 것을 보여준다. 그러나 시의 두 번째 실례화와 마지막 행(텍스트의 끝과 인생의 종말 사이의 도상성에 주목)은 습관적이고 안심할 수 있는 전경-배경 조직의 반전을 촉발한다. 즉 aging and dying are the only plot of life(노화와 죽음은 인생의 유일한 줄거리다)라는 것이다. 시드니가 인생을 출생에서 죽음으로 이어지는 짧은 코스로 보았다면, 비데마는 노화와 죽음만이 인생의 유일한 이야기 요소라고 보았다. 두 경우 모두 낯설게하기 조직(life as the short stretch between birth and death(탄생과 죽음 사이의 짧은 순간으로서의 인생), aging and dying as the only plot of life(인생의 유일한 줄거리인 노화와 죽음))을 완벽하게 이해할 수 있지만, 이러한 이해에는 끝없는 무의 배경에 대한 삶의 작음을 묘사하는 것이 포함된다.

이 분석은 전경-배경 반전과 낯설게하기의 개념이 특정 개념적 은유 이론의 아이디어보다 은유의 시성에 더 많은 통찰을 제공한다는 것을 보여준다. 물론 강력한 개념적 은유가 실례화되어 있지만, 이는 일상생활에서 항상 발생하는 일이다. 정신적 도식이 의미 있는 역할을 하는 것은 사실이지만, 춰의 게슈탈트 분석은 이를 부정하지 않는다. 게다가 aging and dying is the plot(노화와 죽음은 줄거리다)라는 주장은 추상성에서 구체성으로의 전환을 보여주며, (영상도식적 투사에 대한 잠재적 제약에 관한) 불변성 가설은 여기에서 크게 관련이 없는 것처럼 보인다. 마지막으로 plot of the play(연극의 줄거리)는 근원영역인 연극에서 "일반적으로 사용되지 않는" 부분이 **아니며**, 강력한 개념적 은유로 인해 근원영역과 목표영역이 오래전에 하나로 합쳐졌기 때문에 "멀리 떨어져 있다"라는 주장도 사실이 아니다. 오히려 인지적 분석은 시적이고 정서적으로 의미 있는 낯설게하기의 효과를 이끌어낸다.

3.3 개념적 은유 이론에 도전하기 (1): 리차드, 블랙 및 글럭스버그의 교훈

Lakoff & Johnson(1999: 122)은 아리스토텔레스가 은유를 문자 그대로의 의역으로 환원할 수 있다고 믿는 '문자주의자'라고 비난했다. Ricoeur(1975)는 은유가 속기나 장식에 불과한 형식적이고 피상적인 것으로 전락하게 만들기 때문에, 은유의 철저한 문자적 의역 가능성에 문제가 있다고 지적했다. 그러나 앞서 언급했듯이, 이러한 장식적 관점은 아리스토텔레스의 것이 아니라 19세기 해석에 속하며(Ricoeur 1975: 66), 미국에서는 20세기 초의 문학 분석으로 대체되었다. 게슈탈트 심리학과 사무엘 테일러 콜리지(Samuel Taylor Coleridge)에서 영감을 받은 새로운 비평가인 Richards(1936)는 분석을 주제-매체 상호작용과 은유를 포함하는 문장 또는 담화로 전환하는 은유에 대한 설명을 제안했다(Ricoeur 1975: 102, 106, 109, 또한 Goodblatt & Glicksohn 2003, 2017, Danesi 2017). 리처드는 테너(즉, 주제 또는 테마)와 매체(즉, 근원)의 동시 존재와 상호작용이 은유의 의미를 생성한다고 주장하며(Ricoeur 1975: 106), "**두** 용어가 다른 용어의 의미에 영향을 미친다"라고 덧붙였다(Gibbs 1994: 238, 원문 강조).

리처드는 Black(1962)의 은유적 상호작용 이론에 영감을 주었고, 이는 Goodman(1976), Goodblatt & Glicksohn(2003, 2017, Glicksohn & Goodblatt 1993), 심리언어학자 Glucksberg(2001)에게도 영감을 미쳤다. 글럭스버그는 일반 문장에서 은유를 이해하는 것을 다루는 인지 이론을 개발했으며(Glucksberg 2001: v), Goodblatt & Glicksohn(2017)은 시 읽기에서 펼쳐지는 양방향성에 초점을 맞추고 있다. Goodblatt & Glicksohn(2003: 213)은 상호작용 이론이 대부분 무시되고 심지어 "Lakoff & Turner(1989)에서 […] 허위 진술"의 대상이 되고 있다고 지적한다. 그들은 또한 구체적에서 추상적인 것으로의 개념적 사상을 통해 은유에 대한 개념적 은유 이론의 비-상호작용적인 '단방향' 관점을 비판하며, 상호작용적 '양방향' 접근 방식을 통해 혼성 이론에서 더 많은 것을 발견할 수 있다고 주장한다. 글럭스버그(다음 절) 및 적절성 이론(이후 절)과 관련하여 샤를 피에르 보들레르(Charles Pierre Baudelaire)에 대한 짧은 논의 후에 차례로 살펴볼 것이다. 앞으로 살펴볼 Glucksberg(2001)는 비교 이론에 대한 블랙의 공격을 급진화하고 구체화했다는 점에서 은유의 상호작용 이론이라고 할 수 있다. 이는 글럭스버그가 "비교되는 것들과는 다르다"라는 역설을 (비)해결하려는 방법이기도 하다. 글럭스버그는 은유가 일반적으로 비교가 아니라고 주장한다.

보들레르는 그의 시 The Cover(프랑스어로 Le couvercle)에서 다음과 같이 끝맺는다. The Sky! black cover of the great cauldron/In which boils vast, imperceptible Humanity(하늘! 거대한 냄비의 검은 덮개/광활하고 지각할 수 없는 인류가 끓는 곳)(번역은 윌리엄 아글러(William Aggeler)의 것이며, 보들레르의 marmite는 가마솥이 아니라 요리용 냄비이다). 내가 1990년에 수강했던 학사 수준의 프랑스어 시 수업에서 이 행은 humanity on earth beneath the sky(하늘 아래 지구상의 인류)를 whatever is boiling in a great cooking pot under a black lid(검은 뚜껑 아래 커다란 냄

비에서 끓고 있는 것이 무엇이든)에 비유하고 있다고 설명했다(프랑스어로 couvercle). 예를 들어, Groupe μ의 유명한 『수사법 일반Rhétorique générale』(1970년, 아래 〈그림 27.1〉 참조)에서 제시된 이 전통적인 관점에 따르면, 은유는 독자가 비교의 두 용어 사이의 공통점(〈그림 27.1〉의 교차점)인 **3자 비교(tertium comparationis)**를 식별하도록 유도하는 비교를 의미한다. 따라서 시 수업에서 "The Cover"의 마지막 행을 이해하는 것은 한편으로는 하늘 아래에서 자신을 발견한 인류와 다른 한편으로는 검은 뚜껑 아래에 있는 큰 냄비에서 끓고 있는 존재의 공통 기반 또는 공통 의미론적 특징(표준적으로 명사로 표현됨)을 찾는 것이었다.

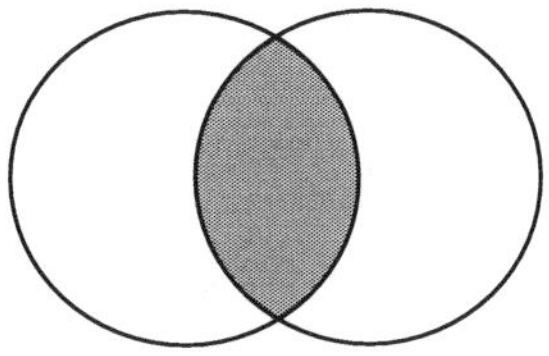

〈그림 27.1〉 3자 비교

출처: 『수사법 일반Rhétorique générale』의 Groupe μ의 그림 12 이후(1970/1982: 107)

이 해석 절차는 명백해 보이지만, 의아한 점이 있다. 다이어그램에서 교차하는 두 용어는 **대칭성**과 **가역성**을 암시한다. 즉, A가 (적어도) 자질 T를 공유한다는 점에서 B와 비교된다면, 동일한 자질 T를 공유한다는 점에서 B가 A와 비교될 수 있어야 한다는 것이다. 그러나 보들레르의 시는 지구상의 인류 상태를 가마솥에 삶아지는 것과 비교하지만(A와 B를 비교함), 가마솥에 삶아지는 것을 지구상의 인류와 비교하지는 않는다(B와 A를 비교하지 않음). 이는 Grice(1975)와 Searle(1979)이 개발한 은유 이해의 '표준적 화용주의 모형'을 포함한 전통적인 비교 분석을 반박한다(Glucksberg 2008: 67-68). 이 전통적인 모형에 따르면, 은유적 진술은 문자 그대로 해석할 경우 예외적이므로, 글럭스버그에 따르면 비교되는 **사실이 아닌(quod non)** 용어의 공통 근거를 찾도록 유도하는 비교로 재해석된다.[12]

글럭스버그는 비대칭성과 비가역성이 비교 관점으로는 설명할 수 없지만, '부류 포섭 관점'으로는 우아하게 설명할 수 있다고 주장한다. 이 관점에서 My surgeon is a butcher(외과의사는 도

12 또한 은유 이해가 2단계 과정이라는 그라이스(Paul Grice)와 설(John Searle)의 생각을 반박하는 실험적 증거도 많이 있다(Giora 2008 및 참고문헌 참조).

축자다), My accountant is a spreadsheet(회계사는 스프레드시트이다)는 은유적 부류 포섭 진술로, 주제(surgeon(외과의사), accountant(회계사))는 매체(butcher(도살업자), spreadsheet(스프레드시트))가 나타내는 부류에 할당된다. 비교와 달리 부류 포섭 진술은 은유적 또는 문자적 본질에 관계없이 항상 되돌릴 수 없다. 예를 들어, A tree is a plant(나무는 식물이다)와 같은 문자적 부류 포섭 주장은 A plant is a tree(식물은 나무이다)로 되돌릴 수 없다(Glucksberg 2008: 44). 마찬가지로 은유적 부류 포섭 진술인 My surgeon is a butcher(외과의사는 도축자다)나 My laywer is a shark(변호사는 상어이다)는 (다른 의미인) My butcher is a surgeon(도축업자는 외과의사이다)나 (불합리한) My shark is a laywer(상어는 변호사이다)로 되돌릴 수 없다. Glucksberg(2001: 41, 3장)에 따르면, 부류 포섭 진술은 은유적이며, 포섭을 위해서는 매체(예: shark)를 특성을 가진 상위 부류('은유적 상어')로 전환해야 하는데, 이 부류는 두 가지 기준을 염두에 두고 임시로 선택해야 한다. (i) 기본 부류(문자 그대로의 shark)에서 원형적으로 예시되고, (ii) 당면한 주제에 적절성 있게 적용되어야 한다는 것이다. 'A는 B이다'라는 단정적 형식을 취하지 않는 은유에도 가역성이 적용되지 않는다는 점을 덧붙이자면, 보들레르의 Humanity of cooking(요리의 인류)을 cooking of Humanity(인류의 요리)로 해석하는 것은 이상할 것이다.

이제 글럭스버그가 자신의 이론을 대체 견해와 비교 견해의 틀을 짜고 공격한 Black(1962)과 유사하다고 생각하는 이유를 알 수 있다. 화자는 청중에게 개념적 상호작용의 세부 사항을 해결하도록 지시한다. 즉, 매체(근원)가 주제(목표)를 개념적으로 재구성할 수 있도록 허용하되, 이 개념적 구성을 위해 매체의 관련 기능을 선택하는 데 주제를 결정적으로 받아들이도록 한다. 그러나 글럭스버그의 이론에는 '단일방향성'이라는 개념, 즉 진술이나 단언 또는 서술이라는 개념도 포함되어 있다. 의사소통 측면에서 서술 또는 단언(A는 B임)은 일반적으로 가역적이지 않은 단방향성이며, 은유적 의사소통은 (부류 포섭) 단언이다. 은유는 주어진 주제(my lawyer)가 명시적으로 언급된 문자적 범주(sharks)가 원형적 구성원이라고 주장되는 추상적 범주('상위 부류')에 포함되어야 한다고 주장한다. 따라서 서술이나 단언이 청중의 마음에 은유적 과정을 심을 때, (앞으로 보게 될 것처럼) 서술적 단일방향성(비가역성)이 따르지만, 이는 반박될 수 있다.

3.4 도전적인 개념적 은유 이론 (2): 적절성 이론

글럭스버그와 적절성 이론은 개념적 은유 이론과 마찬가지로 일상 언어의 은유에 초점을 맞추고 있지만, 몇 가지 중요한 차이점이 있다. (i) 은유의 편재하는 틀 부여의 힘을 강조하지 않으며, (ii)

언어적 의사소통을 설명하는 데 주로 인지에 관심을 둔다. 반면, 개념적 은유 이론은 마음의 구성을 밝히는 데 중점을 두고 언어적 은유를 다룬다.[13] Tendahl & Gibbs(2008: 1824, Semino & Steen 2008: 237 참조)에서는 "많은 은유 학자들이 인지언어학과 적절성 이론이 근본적으로 다르다고 본다"라고 언급했다. 그러나 인지시학은 문학을 의사소통의 한 형태로 보는 경향이 있기 때문에(논쟁에 대해서는 Pilkington 2000, Herman 2008, Levinson 2010, Abbott 2011 참조), 지지자들이 문학적 은유에 제한된 관심만 보였음에도 불구하고 적절성 이론의 의사소통적 접근 방식을 무시할 수는 없다.

글럭스버그와 적절성 이론의 중요한 연결 고리는 그라이스의 화용론이다. Glucksberg(2001: 47)는 은유와 비-은유 모두 "발화는 적절성이 있고 정보가 있다고 가정"하는 "그라이스의 협력 원리와 일치하는" 의사소통 목적을 가지고 있다는 점에서 폴 그라이스(Paul Grice)의 의견에 동의한다.

> 따라서 긍정적인 부류 포섭 주장, 예를 들어 Man is a wolf(인간은 늑대이다)는 관심 주제를 **관련된** 범주에 배치함으로써 하나 이상의 진단적 속성을 해당 주제에 부여한다. 반면, 부정적인 부류 포섭 주장인 People are not sheep(사람들은 양이 아니다)은 **잠재적으로 관련된** 범주에서 관심 주제를 제외하여 해당 주제가 특정 특성을 가지고 있음을 부정한다.
>
> Glucksberg 2001: 47, 필자 강조[14]

13 글럭스버그의 이론은 은유 이해를 즉흥적으로 생성된 범주에 포함시키는 반면, 개념적 은유 이론은 은유 이해를 마음속에 존재하는 개념적 관계를 활성화하는 것으로 설명한다. 이로 인해 글럭스버그의 이론은 개념적 은유 이론과 명백히 대립하는 입장을 위하게 된다. McGlone(2001: 95)에 따르면, 개념적 은유 이론은 순환적 추론의 희생양이 된다. 즉, "사람들이 이론을 건물로 생각한다는 것을 어떻게 알 수 있는가? 사람들은 종종 건물과 관련된 표현을 사용하여 이론에 대해 이야기하기 때문이다. 사람들은 왜 건물과 관련된 표현을 사용하여 이론에 대해 이야기하는가? 사람들은 건물의 관점에서 이론을 생각하기 때문이다." 이러한 비판은 개념적 은유 이론에 가까운 연구자들에 의해서도 제기되었다(Müller 2008: 16 및 참고문헌 참조). 그러나 Müller(2008)의 신체화된 제스처 연구와 Tendahl & Gibbs(2008: 1850)의 다른 연구는 은유가 체계적 수준에서는 죽은 것처럼 보이지만, 특정 담화 사건에서는 여전히 활성화될 수 있다는 실증적 증거를 제시한다. 코넬리아 뮬러(Cornelia Müller)와 같은 연구자들은 순환적 추론을 일종의 칸트적 초월 연역으로 전환하는 경향이 있다. 개념적 은유 이론은 죽은 것으로 여겨지는 은유를 생성하면서, 근원영역 관련 제스처나 정신적 영상과 같은 설명되지 않은 경험적 현상을 설명하는 추상적 메커니즘을 제시한다(개념적 은유 이론의 테스트 가능성에 대해서는 Gibbs 1994 및 Tendahl & Gibbs 2008 참조).

14 부정적 부류 포함 진술은 문자적으로 참이면서도 은유적 해석에서도 의미가 **있기** 때문에, 이는 (일부 전통적인 화용주의 및 기타 진리조건적 설명이 제안하는 것처럼) 은유가 해석자를 비문자적 진실로 이끄는 문자적 거짓의 문제가 아니라는 것을 보여준다.

잘 알려진 바와 같이, 그라이스는 대화적 의사소통의 기본 조정 원리 중 하나로 적절성을 정의했다. 청자는 발언이 적절하기를 기대하며, 화자는 청자가 이러한 기대를 가지고 있다는 것을 알고 있기를 바란다. 적절성이 그라이스에게 중요한 개념이었다면, 글럭스버그에게도 **그** 핵심 개념은 크게 수정된 형태로 나타난다(Sperber & Wilson 1986, 아래 설명 참조). 더욱이, 적절성 이론은 글럭스버그와 달리 주제-매체 간의 상호작용뿐만 아니라 의사소통 전반, 즉 의사소통의 적절성을 중요시한다.

적절성에 대한 문맥의 중요성은 이론적 은유 분석에서 명백하게 드러난다. 예를 들어 Caroline is a princess(캐롤라인은 공주이다)라는 문장에서, Wilson & Carston(2008: 11)은 이 문장의 문자적 또는 은유적 의미가 전적으로 문맥에 달려 있다고 지적한다. 만약 Caroline이 실제로 왕족이라면, 이 주장은 문자적 해석에서 문맥적 적절성을 암시한다. 그러나 다른 문맥에서는 princess(공주)를 은유적으로 해석할 때 그 주장이 타당성을 얻을 수 있다.

A (B의 친구): Will Caroline help us clear up the flood damage?(캐롤라인이 홍수 피해 복구에 도움을 줄 거니?)

B (캐롤라인의 언니, 캐롤라인과 마찬가지로 왕족 혈통이 아닌 것이 분명함): Caroline is a princess.(캐롤라인은 공주야)

여기서 고유명사인 Caroline은 그 의미를 획득하기 위해 문맥, 즉 특정 대상을 필요로 한다. 또한 A의 질문은 B의 답변에 대한 구체적인 은유적 해석을 추론하는 데 도움이 되는 문맥이기도 하다. 즉, A는 B가 은유적으로 Caroline이 '버릇없고', '방종하며'(Wilson & Carston 2008: 10) 일반적으로 더럽고 대규모 청소 작업을 수행하는 경향이 없기 때문에 도움이 되지 **않을** 것임을 암시한다고 이해한다. 이 예시는 적절성 이론이 은유 이해를 문자적 이해에 비유하거나 문자적 이해와 '연속적'인 것으로 간주함으로써, 적절성 이론이 '연속성 관점(continuity view)'(Wilson & Carston 2008: 4, 8, 19) 또는 '디플레이션 설명(deflationary account)'(Sperber & Wilson 2008)으로 잘 설명된다는 점을 보여준다. 실제로 Caroline이 진짜 공주**인** 문맥에서는 A가 B의 주장을 질문에 대한 적절한 답변으로 바꾸는 방식으로 문자 그대로의 공주를 이해할 필요가 있다.[15] 적절

15 This surgeon is a butcher(외과의사는 도축자다)가 Caroline is a princess(캐롤라인은 공주이다)보다 문자 그대로 받아들여질 가능성은 낮지만, 모든 것은 항상 문맥에 따라 달라진다. 예를 들어, 파티에서 친구에 대해 This surgeon is a butcher(외과의사는 도축자다)라고 말할 때, 그 발언의 적절성은 실제로 서술어의 문자적 의

성에 대한 문맥 검색은 항상 어휘 항목의 구체적 해석을 조정한다. 이 절에서는 적절성 이론의 핵심 아이디어를 간결하게 제시하고(Sperber & Wilson 1986), 이를 Hustvedt(2019)의 소설에서 가져온 시적 은유와 관련지어 설명할 것이다. 다음 절에서는 보들레르의 "The Cover"와 관련하여 적절성 이론과 혼성 이론을 간략하게 비교할 것이다.

인지과학(Sperber & Wilson 1986: 24)에 따르면, 적절성 이론은 **의도**와 의도 **인식**이 의사소통에서 중요하다고 강조한다. "화자로서 우리는 청자가 어떤 상황을 알리려는 우리의 의도를 인식하기를 원한다. 청자로서 우리는 화자가 우리에게 알리려는 것이 무엇인지 인식하려고 노력한다"(ibid.: 23). 예를 들어, 한 소년과 어머니가 부엌에 있는데 소년이 The amount of flies in here!(여기 파리가 얼마나 많은지!)라고 말한 후 어머니가 활짝 열린 창문을 가리킨다고 가정해 보자. 이 경우 적절성 이론은 어머니가 청자로서 소년이 무언가를 전달하려는 의도(아마도 파리가 성가시다는 것)를 추론하고, 어머니는 소년이 잠재적인 원인을 전달하려는 의도를 추론하며, 아마도 소년이 창문을 닫거나 문제의 원인에 대해 소년을 비난하려는 의도를 인식하도록 의도한다고 주장한다(이는 본 저자의 예이다). 시리 허스트베트(Siri Hustvedt)의 참신한 은유 사용으로 넘어가기 전에, 적절성 이론이 제스처 의사소통, 일상 문자적 대화, 일상 대화의 은유를 어떻게 다루는지 설명할 필요가 있다.

어머니의 손가락 가리키기는 **의도 인식이 추론되는** 한 부호화된 구어 자료가 없어도 의사소통이 성공할 수 있음을 보여준다. 이는 Sperber & Wilson(1986: 25)이 '그라이스의 가장 큰 독창성'으로 간주하는 것이다. 적절성 이론의 주요 논지는 손가락으로 어딘가를 가리키는 것과 같은 모든 '외향적 행동(ostensive behavior)'처럼 언어적 의사소통은 항상 적절성(ibid.: 49-50), 즉 청자가 처리할 때 의미 있는 '인지적 효과'를 가져올 수 있다는 약속을 담고 있다는 것이다(Wilson & Carston 2008: 88).[16] 이것이 바로 적절성의 의사소통적 원리이다. 화자가 자신의 행동으로 청자가 화자에게 무언가를 **의사소통하려는** 의도(즉, '의사소통적 의도')를 인식한다는 것을 확인할 수 있다면, 화자는 청자가 **특정** 의도된 정보(즉, '정보제공적 의도')를 추론하려고 시도할 것이라는 것을 알고 있다. 청자의 입장에서 **그** 의사소통적 의도가 드러나는 순간, 청자는 적절성에 대한 기

미에서 예상치 못한 효과를 찾을 수 있다. 일부 외과의사는 도축자일 수도 있다. 내 친구 중 한 명은 DNA 분석 박사학위를 가진 공인 도축자인데, This DNA analyst is a butcher(DNA 분석가는 도축자다)라고 말하는 것이 적절한 맥락이 될 수 있다고 말한다.

16 발화가 청중에게 미치는 **인지적 효과**는 청자에게 표명된 기존 가정을 확인하고 강화하기 때문에, 적절성이 있는 정보는 기존 가정과 모순되거나 기존 가정을 제거하거나 기존 가정과 결합하여 새로운 가정을 산출하는 정보로 정의된다(Tendahl & Gibbs 2008: 1848 참조).

대가 생기고, 적절성에 대한 기대가 충족되자마자 전달하고자 하는 것이 **무엇인지** 알아냈다고 간주할 것이다.

발화의 적절성을 찾기 위한 '이해 발견법'은 최소한의 노력을 기울이는 경로를 따르는 자동적 추론 절차로 간주된다. 특히, 문장의 명시적 내용, '인지적 맥락'(즉, 문맥상으로 드러나는 모든 것), 그리고 가능한 문맥적 함축은 청자나 독자에 의해 "발화의 적절성을 만들기 위해" "상호 조정"된다(Wilson & Carston 2008: 22-23).[17] 예를 들어, 소년과 그의 어머니는 그들이 부엌에 있다는 것과 부엌에 혼자 있다는 것이 서로 드러나며, 이는 그가 그녀에게 무언가 (관련) 정보를 의사소통하려는 **것**을 이해하는 데 도움이 된다. 적절성에 대한 기대를 충족시키기 위해서는 '외연(explicature)'(즉, 문맥상 주어진 참조 값, 예를 들어, **그는 부엌에 파리가 많다는 신호를 보낸다**)과 특정 '함축(implicatures)'(명시적 내용과 외연이 적절성에 도달하기에 불충분한 경우)을 결합하여 발화의 명시적 내용**(여기 파리의 양!)**을 보완해야 한다. 함축은 일반적으로 문장이 적절성을 갖기 위해 추론하고 지정해야 하는 가정(암시적 전제 및 결론)이다. 예를 들어, 소년이 파리가 마음에 들지 않는다는 것을 어머니에게 알리고 싶다는 잠재적 함축과 상황에 대해 무언가를 해 달라는 요청이 있다. 함축이 어디에나 존재하는 이유는 의도된 적절성에 대해 완전히 명시적인 문장 구조를 가진 발화는 거의 없기 때문이다. 예를 들어, Mom, I want to communicate to you that I notice a large amount of flies here in the kitchen, and that this situation bothers me, and that I would like you to do something about it(엄마, 부엌에 파리가 많이 있다는 걸 말씀드리고 싶어요. 이런 상황이 저를 불편하게 하고, 엄마가 이 문제에 대해 뭔가 조치를 취해 주셨으면 해요)와 같은 기이한 발화는 명시적으로 관련된 경우이다.

적절성 검색에서 함축은 매우 강하거나 강하지 않거나 오히려 약할 수도 있는 다양한 정도의 필요성을 가지고 있다. 매우 강한 함축(즉, 매우 강력하게 암시된 전제와 결론)은 의사소통이 적절성을 갖기 위해 반드시 제공되**어야 하는** 것들이다. 강한 함축은 "청자가 적절성을 생성하기 위해 […] 강력하게 권장되지만 실제로 제공하도록 강요되지는 않는 전제와 결론"을 의미한다(Sperber & Wilson 1986: 199). 약한 함축은 제공될 필요는 없지만 제공될 때 적절성을 생성한다. 소년의 불행에 대한 함축적 표현은 (발화에 적절성을 부여하는 데 상당히 필요한) 매우 강한 함축이며, 그 상황을 해결해 달라는 소년의 함축적 요청은 상대적으로 강하지만 반드시 필요한 것은 아니다.

---

17 이러한 상호 조정 과정은 문자적 및 은유적 의사소통에서 항상 발생하므로, 적절성 이론은 은유 해석에 대한 표준 그라이스식 설명을 2단계 과정으로 지지하지 않는다.

이제 이러한 일반적인 이론적 틀을 시적 은유를 포함한 은유와 연결해 볼 수 있다. 의사소통적 맥락과 명시적 문장 의미 사이의 상호 조정의 일환으로, 청자의 마음은 종종 적절성을 위해 어휘 구조의 의미를 좁히거나 넓히는 추론 과정을 시작한다. 이는 은유가 임시 개념의 구성을 촉진한다는 글럭스버그의 분석과 유사한 관점이다(Pilkington 2000: 95-100, Barsalou 2011). 소년의 발화에서는 그러한 조정이 (비록 **양**은 정신적으로 **많은 양**으로 조정되어야 하는) 노골적이지는 않지만, 많은 문자적 발화에는 분명히 개념적 조정이 필요하다. 예를 들어, A: She gave a very weird speech(그녀는 아주 이상한 연설을 했다). B: She drinks too much(그녀는 술을 많이 마신다)에서 동사 drinking은 적절성을 위해 drinking alcohol(술을 마시기)로 좁혀진다(Wilson & Carston 2008 참조). 적절성 이론은 동사 drinking이 여기에서 다소 느슨한 방식으로 사용된다고 설명한다. 은유(예: Caroline is a princess(캐롤라인은 공주이다))의 경우, 적절성 이론은 그것도 본질적으로 느슨한 대화의 한 형태라고 분석한다. 문자 그대로의 DRINK(마시기)와 은유적인 PRINCESS(공주)는 모두 단어에 대한 의미론적으로 조정된 임시 해석이다(Sperber & Wilson 2008: 90-95, Pilkington 2000: 92 참조). 은유 해석은 전형적으로 은유적 공주가 "(실제로 공주가 아닌 일부 사람들에게 적용되기 때문에) 어떤 측면에서는 부호화된 개념보다 넓고 (버릇없거나 방종한 [...] 사람들에게만 적용되기 때문에) 다른 측면에서는 좁을 때"와 같은 '확장과 축소의 조합'을 포함한다(Wilson & Carston 2008: 10). 따라서 은유는 보다 문자 그대로의 형태의 느슨한 대화와 본질적으로 다르지 않은, 즉 기본적으로 연속되는 흥미로운 **다양한** 느슨한 대화로 나타난다.[18]

적절성의 의사소통적 원리(적절성의 약속된 보장)에 이어, 청자가 의사소통의 적절성 정도를 평가하는 방법을 이론화한 것이 적절성의 인지적 원리이다. 즉, 인지적 효과가 클수록, 그리고 이러한 인지적 효과에 도달하기 위한 노력이 적을수록 의사소통의 적절성 추정치가 높아진다는 것이다(Sperber & Wilson 1986: 125). 이 인지적 원리는 최소성(minimax) 원리라고도 불린다. "인간의 인지는 적절성의 극대화에 맞춰져 있는 경향이 있기 때문에" 청중은 어느 정도의 적절성에 도달하자마자 해석 작업을 중단하게 되며, 이는 일반적으로 일상 대화에서 매우 빠르게 발생한다. 즉, "표시적 자극에 대한 올바른 해석은 적절성 원리에 부합하는 가장 먼저 접근 가능한 해석이다"라고 할 수 있다(ibid.: 178).

18 이를 은유와 범주 수용 사이의 연속성이 있음을 인정하면서도 별개의 현상으로서 은유의 중요성을 강조하는 Grady(2007: 206-207)와 비교해 보자. 즉, "은유와 새로운 항목을 수용하기 위해 범주가 '확장'되는 경우 사이에는 명확한 경계가 없다 [...] 그럼에도 불구하고 연구의 자료가 될 명백한 은유적 사례는 방대하며 '중심적' 사례는 분명하다."

이러한 개념적 조정과 문맥에서의 적절성 최소 탐색을 강조하는 디플레이션 또는 연속성 관점이 문학적 사례에도 적용될 수 있는가? 소설 『미래의 기억Memories of the Future』(Hustvedt 2019: 37)에서 62세의 여성 화자는 자신이 어렸을 때 잠깐 만났지만 지금은 어렴풋이 기억하는 젊은 남자인 아론 블라인더맨(Aaron Blinderman)에 대해 "내 마음속에서 하나가 되어 몇 번이고 마주친 한 종류의 남자, 젊거나 나이가 많은 남자, 눈이 내 얼굴에서 아래쪽으로 계속 멀어지는 남자, 말하고, 말하고, 말하고, 말하면서, 나에게 아무 질문도 하지 않는 남자"라는 저주스러운 묘사를 제공한다. 서술자는 "많은 사람을 한 사람으로 축소하는 것"에 대해 언급한 후 "때때로 기억은 칼이다"라고 주장한다. 이때 KNIFE(칼) 개념을 즉흥적으로 조정하여, knife(칼)는 **임시로 조정하여 잘라내는 것, 줄이는 것, 즉 유용한 것**을 의미하거나, 나쁜 기억이 갑자기 떠오를 때처럼 **해로운 것, 많은 고통을 유발하는 것**을 의미하도록 조정할 수 있다. 이 은유는 이 시점에서 양가적이며, 서술의 나머지 부분에서는 유용한 감소로서의 칼에서 고통으로 해석을 유도하게 되는데, 이는 읽는 동안 진화하는 맥락의 역할과 은유적 해석의 변화를 보여준다. 내러티브에서 은유 해석은 실제로 변동하는 과정이며, 독자와 내러티브의 상호작용적 기능을 반영한다(Biebuyck & Martens 2011의 문학 연구 및 참고문헌 참조).

중요한 것은 Sperber & Wilson(1986: 224)이 "시적 효과는 […] 적절성을 추구할 때 매우 약한 함축을 많이 배열하는 데서 비롯된다"라고 지적한 점이다. 따라서 "은유가 더 풍부하고 창의적일수록 약한 함축의 범위가 넓어진다. 대조적으로 함축의 범위가 좁고 강할수록 은유가 더 관습적일 수 있다"는 것이다(Pilkington 2000: 100). 허스트베트의 Sometimes memory is a knife(때때로 기억은 칼이다)는 소설 37페이지에 처음 등장했을 때 적절성에 대한 기대치를 명백히 충족시키지 못한다. 이는 성찰이 필요하며, 상대적으로 약하고 심지어 모순적인 몇 가지 함축을 허용하여 점점 더 적절성의 정도를 제공하게 된다. 여기서 주목할 점은 저자가 이 발화를 눈에 띄는 한 문장 단락으로 표현했다는 것이다. 이는 중요성을 암시하고 독자의 성찰을 유도하는 공식적인 강조 장치로서 최소성 원리에 반하는 것이다.

이러한 점은 시적 은유의 문제에서 적절성 이론의 첫 번째 약점을 드러낸다. 즉, 적절성의 최소성 원리가 문학 텍스트보다 일상 대화에 훨씬 더 명백하게 적용된다는 사실을 경고한다. Sullivan(2007: 441)이 언급한 바와 같이, "대화는 […] 명확성과 간결성에 대한 우려(예를 들어, 그라이스식 격률에 요약되어 있음)"에 의해 제약을 받는 반면, "많은 시적 장르는 같은 방식으로 제약을 받지 않는다"는 것이다. 은유 해석이 때때로 빠르고 이야기 중심으로 이루어질 수 있는 서사 소설보다, 시는 정의상 '최소성' 접근법, 즉 시간에 구애받지 않고 여유롭게 처리하는 방식을 제안하는 장르이다(Steen 1994: 100, Semino & Steen 2008: 243 참조). 적절성 이론이 문맥의 역할을 강조함에도 불구하고, 장르의 강력한 문맥은 적절성 이론 출판물에서 무시되거나 약간만 인정되는 경향이 있다(Pilkington 2000: 16, 103-105).

시적 은유에 관한 두 번째 약점은 적절성 이론이 화용주의 이론으로서 의미론, 개념적 구조, 그리고 새로운 개념화에 충분히 초점을 맞추지 않는다는 점이다. 이 이론의 핵심은 의미론적 의미와 화자의 의미 사이의 간극을 이론화하고, 화자와 청자가 어떻게 그 간극을 지속적으로 연결하는지를 설명하는 것이다.[19] 그러나 Deacon(1997)이 강력하게 주장하듯이, 창조적인 범주적 사고는 인간 사고의 가장 큰 강점이다. 어떤 자극이 범주화되면, 이는 더 이상 자동으로 파블로프식 반응을 유발하는 자극이 아니라, 많은 범주 간 관계를 가진 범주가 된다. 이러한 범주는 종종 '통찰력에 의한 학습'을 통해 발견되고, 정신적 '재구조화 사건'을 통해 재배열된다(ibid.: 93). 철학적 관점은 다를 수 있지만, Goodman(1976: 69)은 은유를 과거(즉, 습관적 의미가 부여된)의 '레이블'(또는 '서술어')을 "항의하면서 양보하는 대상"에 재할당하는 것으로 보고, 서술어의 습관을 깨는 것이 은유를 지식 생산과 '세계 만들기(worldmaking)'의 기본적인 인지 도구로 바꾸는 것이라고 말한다. 대조적으로, 적절성 이론에서는 은유가 주로 '어휘 항목'의 국부적 조정으로 간주되며, 창의적인 이해가 아니라 효율적이고 빠른 의사소통을 위한 과정으로 여겨진다. 일상생활에서의 은유적 이해(즉, 범주 차이의 해결)는 근원 범주의 적절성을 최소한으로 제거하지만(PRINCESS(공주)는 **버릇없는** 것으로 귀결됨), 시에서의 은유적 이해는 독자가 이상화된 인지모형(ICM)을 최대한 활용하거나 '실행'하고 유추적 상관관계를 찾아 적절성을 정확하게 찾도록 유도할 수 있다(Steen 2009, 아래 혼성 이론 참조). 대화에서는 상호 이해가 빠른 해석을 필요로 하는 반면, 시적 담화나 과학적 담화에서는 개념의 재배치나 변형이 많은 처리 시간을 필요로 할 수 있다. 문학적 해석은 대화적 해석의 압박으로부터 자유롭기 때문에, 시적 은유는 범주 간 통찰력을 통한 즐거운 학습의 형태가 될 수 있으며, 이는 서사 소설이 우리의 마음 이론 능력을 즐겁게

---

19 예를 들어, Pilkington(2000: 94)은 "적절성 이론의 관점에서 볼 때, 개념에 첨부된 백과사전 항목에 저장된 가정들 내에서 고정된 위계가 존재하지 않는다"라고 말한다. 특정 가정은 어떤 맥락에서 더 현저하게 나타나고, 다른 가정은 다른 맥락에서 더 현저할 수 있다. 물론 이것은 사실이지만, 개념은 맥락을 벗어난 구조를 가지고 있다. 여기서 Lakoff & Johnson(1980)은 마음속에 활용할 수 있는 이상화된 인지모형의 레퍼토리가 존재한다고 주장하며, Schank & Abelson(1977)은 **유사한** 상황과 시나리오에 반복적으로 직면하면서 마음속에 활용할 수 있는 스크립트의 레퍼토리가 쌓인다고 시사한다. Tendahl & Gibbs(2008: 1835, 1859)는 이러한 점에서 적절성 이론이 "은유적 사고를 지속한다는 개념에 저항"하는 이유를 궁금해 하며, 개념적 은유가 우리 마음속에 존재하고 "인지적 환경의 일부"로 활성화될 수 있다고 제안한다. 이들은 가정에 대한 인지적 **접근성** 정도에 대한 적절성 이론의 관심을 고려할 때, 이러한 점이 적절성 이론에 호소할 수 있다고 주장한다.

훈련하는 것과 유사한 방식일 수 있다(Zunshine 2006).

시적 은유 문제에서 적절성 이론의 세 번째 약점은 인지를 명제 형식, 즉 명제로 간주되는 생각으로 축소하는 경향이 있다는 점이다. 이는 정신적 영상을 경시하는 인간 마음의 관점을 반영한다(Pilkington 2000: 164ff, Green 2017, Banks 2018 등, 뉘앙스에 대해서는 Wilson & Carston 2019 참조). 이와 대조적으로, 레이코프는 인지가 신체화되어 있으며, 양태적이고 감각적이며 상상적이라고 주장한 최초의 학자 중 한 명이다. 노엄 촘스키(Noam Chomsky)의 제자였던 디어드리 윌슨(Deirdre Wilson)은 신체화되지 않은 마음에 대한 촘스키의 데카르트적 관점을 계승한 반면, 레이코프는 역시 촘스키의 제자였지만 데카르트의 심신 이원론, 즉 마음이 육체와 분리된 개체라는 생각을 끈질기게 공격해 왔다. 시적 은유와 관련하여, Gibbs & Bogdonovich(1999)는 독자가 영상 은유(예를 들어, 앙드레 브르통(André Breton)의 시 "Free Union")를 이해하도록 요청받을 때, 영상 활성화가 명제적 지식보다 훨씬 더 큰 역할을 할 수 있음을 보여주었다. 영상은 뇌의 감정 회로를 활성화하기 때문에(Holmes & Mathews 2010, Hogan 2011: 46), 영상에 대한 신체화된 초점은 종종 감정을 무시하는 분야에서 시적으로 더욱 관련이 있다(예를 들어, Freeman 2012, 그러나 은유와 느낌에 관한 레이몬드 깁스의 작업(Gibbs 2002a, 2002b) 참조).[20]

3.5 경쟁자 또는 협력자? 혼성 이론과 양방향성 이론

시적 은유에 대한 개념적 은유 이론의 접근법은 레이코프와 협력한 후(Lakoff & Turner 1989), 터너는 1990년대 중반부터 질 포코니에(Gilles Fauconnier)와 함께 발전시킨 혼성 이론으로 이어진다. 이들은 혼성 이론(Fauconnier & Turner 2002)을 통해 시적 은유에 대한 더 깊은 관심을 기울였으며, 이는 적절성 이론보다 더 포괄적인 시각을 제공한다(Turner & Fauconnier 1999 참조).

개념적 은유 이론은 은유를 "장기기억에 저장된 고착화된 개념적 관계"로 분석하는 반면(Grady *et al*. 1999: 101, 그리고 위 참조), 혼성 이론은 은유를 즉석에서 창의적으로 생성되는 의미(혼성 이론의 용어로 '온라인')로 바라본다. 혼성 이론의 '온라인' 혼성 과정은 장기기억에 저장된 틀, 이상화된 인지모형(Idealized Cognitive Model, ICM), 고착화한 개념적 사상 등을 활용하여 의미를 생성한다(Grady *et al*. 1999, Fauconnier 2007: 352, 355). 이러한 과정은 시 읽기의 **과정적** 본

20 Pilkington(2000: 166-169)은 (i) 은유가 동원하는 함축적 배경지식이 '상호 명백한' 가정과 그에 따른 친밀감에 도움이 되며, (ii) 독자가 '현상적 기억', 즉 특정 대상이 어떤 것인지에 대한 기억된 느낌에 접근할 때 은유가 '질적 느낌'과 정확하고 풍부한 '현상적 어조'를 전달하기에 적합하다는 점을 인정한다(ibid.: 156ff).

질을 강조하며(Freeman 2002: 43, Goodblatt & Glicksohn 2003), 문학 읽기(Sternberg 2009: 456)와도 널리 연결된다. 즉, 개념적 은유 이론은 은유를 두 개념적 영역 간의 고착화한 **단방향** 사상으로 이해하지만, 혼성 이론은 은유적 혼합을 다방향으로 연결되는 역동적인 의미구성으로 설명한다. 혼성 이론에서 제안하는 '네 공간 모형'(Grady *et al*. 1999: 103)은 복잡한 개념적 혼성을 설명하는 데 사용된다. 여기서 **공간(space)**은 "부분적이고 일시적인 표상적 구조"(Fauconnier 2007: 102)로, "우리가 국부적 이해와 행위를 위해 생각하고 이야기할 때 [···] 작업기억에 역동적으로 구축된다"(ibid.: 351-352)라고 설명된다. 예를 들어, 네 공간 모형은 복잡한 개념적 혼성을 설명하기 위해 입력공간 자료를 연결하고 선택하며 통합하는 역동적 과정을 보여준다. 이는 〈그림 27.2〉에서 This surgeon is a butcher(외과의사는 도축자다)라는 은유로 시각화될 수 있다. 이 은유는 BUTCHER(도축자)와 SURGEON(외과의사)이라는 두 개념의 ICM을 연결하여 새로운 의미를 창출하는 과정을 나타낸다.

네 공간 모형에서 입력공간 1은 목표 또는 주제인 SURGEON(외과의사)에서 제공되는 인지적 입력공간이다. 입력공간 2는 근원 또는 매체인 BUTCHER(도축자)로부터 제공된다. 총칭공간은 두 입력공간 사이의 공통점인 교집합으로 나타나지는 않지만, 전통적인 **3자적 비교**와 혼성공간의 개념을 포함한다. 혼성공간은 다른 공간에서 최종적으로 선택되어 특정한 방식으로 결합된 요소들이 의미를 갖도록 만들어진다. 〈그림 27.2〉에서 하단의 굵은 글꼴로 표시된 요소인 '무능함'은 특히 중요하다. 이는 혼성 이론이 은유의 **창발적** 의미라고 부르는 것으로, 입력공간 중 어느 곳에도 속하지 않는 중요한 의미이다. 따라서 개념적 은유 이론이나 전통적인 은유 접근법에서는 이 의미를 이론화할 수 없다. 이 예에서 '무능함'은 BUTCHER(도축자)의 ICM에는 포함되지 않지만, 도살 수단(즉, 살을 자르는 것)과 수술의 목적(즉, 환자를 치료하는 것)을 의미 있게 결합한 은유의 핵심 요소이다(Grady *et al*. 1999: 105-106).

Turner & Fauconnier(1999: 403)는 개념적 은유 이론에서 창발적 의미의 개념을 제시한다. 레이코프의 개념적 은유 이론을 참조하거나 최소한 포함하는 '표준적 관점'에서는 "은유와 유추는 구조를 근원에서 목표로 투사하거나 공유 구조를 찾음으로써 기여한다"라고 설명한다. 그러나 The bulls pull in their horns(황소가 뿔을 당긴다)(주식시장에서 갑자기 활동을 중단한 공격적인 투자자를 지칭)와 같은 은유는 "뿔의 본질을 근원에서 목표에 투사하거나 공유 구조를 찾지 않는다. 대신, 혼성을 생성하여 작동한다"라고 말한다. 이 혼성에서는 "혼성에서 황소가 뿔을 뽑을 수 있기 때문에"(ibid.) 혼성에만 관련된 의미, 즉 창발적 의미가 존재한다. 유사하게, 도살자로서의 외과의사의 잔인함과 무능함은 입력공간과의 잠재적인 유사성에서 비롯된 것이 아니라, 입력공간이 **상호작용할** 때 나타나는 의미에서 비롯된다. 이런 의미에서 혼성 이론은 Black(1962)과 개념적 은유 이론보다 더 많은 친화력을 가지고 있지만, 이 친화력은 혼성 이론에서 명시적으로 언급되지는 않았다(Forceville 2004: 86 참조).

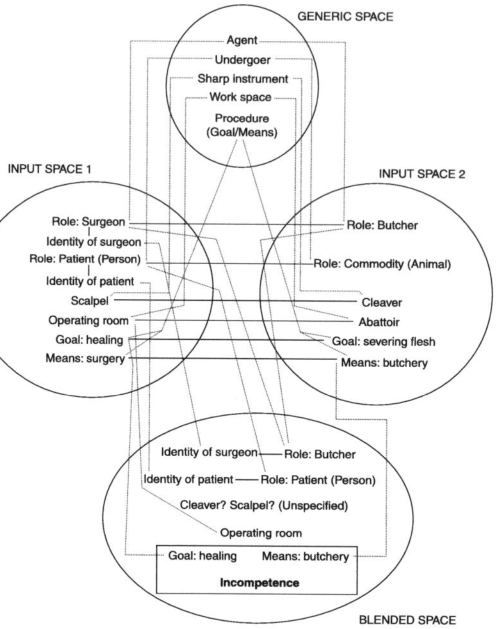

〈그림 27.2〉 개념적 통합망: 도살자로서의 외과의사

출처: Grady *et al*.(1999: 105)에서 John Benjamins Publishing의 허가를 받아 재인용

창발성은 확실히 시적 맥락에서 중요한 역할을 한다. 예를 들어, 보들레르의 시에서 하늘-덮개(sky-cover) 은유인 The Sky! black cover of the great cauldron/ In which boils vast, imperceptible Humanity(하늘! 거대한 냄비의 검은 덮개/ 광활하고, 지각할 수 없는 인류가 끓는 곳)는 주제나 입력공간 1(땅과 하늘 아래의 인류)이나 매체나 입력공간 2(뚜껑이 달린 커다란 냄비 속의 물질)에서 즉시 도출할 수 없는 창발적 의미를 지니고 있다. 여러 의미와 용도에서 SKY(하늘)의 이상적 인지모형은 The sky is the limit(하늘은 무한하다)와 같이 자유를 제안하고, 개념적 은유인 UP IS GOOD(위는 좋음이다)과도 연결될 수 있다. 보들레르의 독자가 불안, 폐소공포증, 파멸, 갇힌 느낌을 식별할 때, 이는 연결되도록 만들어진 입력공간에서 사용 가능한 내용의 상호작용 또는 혼성 때문이다.

시적 분석과 관련하여 혼성 이론은 개념적 은유 이론과 마찬가지로 창발적 의미의 신체화되고 상상적인 측면을 인정한다(Grady *et al.* 1999). 예를 들어, 혼성 과정을 안내하는 가능한 원칙에 대한 논의에서 Grady *et al.*(1999)은 '시나리오', 잘 통합된 '장면', '공상적 이미지'의 역할을 제시한다. 반면, 적절성 이론은 처음부터 명제적 분석 측면에서 의미를 이해해 왔으며(Sperber & Wilson 1986: 73) 여전히 영상의 중요성을 무시하고 있다. 즉, This surgeon is a butcher(외과의사는 도축자다)가 BUTCHER(도축자)처럼 도축자가 하는 방식으로 고기를 자르는 영상을 떠올릴 수 있지만, Wilson & Carston(2008: 25)은 "화자가 외과의사가 이런 의미에서 도축자를 의미했다는 가정(즉, 정육점 주인이 하는 것처럼 고기를 자른다는 것)은 사실적으로나 화용적으로 모두 타당하지 않으며 그대로 받아들여질 것 같지 않다"라고 썼다. 이는 전혀 확실하지 않다. 우선, 발화자는 발화된 은유의 의미를 결정할 때, 특히 시적 은유의 경우 발화자가 최종 결정권을 갖지 못할 수 있다(Biebuyck & Martens 2011: 66 참조). Montaigne(1988: 127, Melehy 1997: 48에서 번역됨)는 "충분한 독자는 종종 다른 사람의 글에서 저자가 넣거나 인식한 것 이외의 완벽함을 발견하고 더 풍부한 의미와 측면을 부여한다"라고 상기시킨다. 또 다른 예로, 발화자는 낮은 시각화자이고 해석자는 높은 시각화자일 수 있다.[21] 보들레르의 시적 은유에서 가장 중요한 것은 상상력이다. 즉, 밀실 공포증, 갇혀 있다는 느낌, 파멸감은 저자가 읽었을 때 땅 위, 하늘 아래, 요리하는 냄비, 뚜껑 아래라는 불안정한 하이브리드 영상과 매우 밀접하게 관련되어 있다. 지표면은 김이 모락모락 나고, 공기는 축축하며, 하늘은 어둡게 닫혀 있는 뚜껑과 비슷하다.[22]

혼성 이론과 시적 분석 사이의 한 가지 양립할 수 없는 점은 네 공간 도식이 문학적 해석 과정을 포착하기에는 너무 정적인 표현이라는 것이다. Narayan(2009: 74)은 "정신공간은 사람들이 생각하고 말할 때 역동적으로 생성되고 혼성된다"라고 관찰하는 반면, "정신공간 도식은 [···] 본질적으로 정적이며, Semino(2009: 59)가 지적한 바와 같이 '몇 문장보다 긴 텍스트에 적용하면 불가능할 정도로 복잡해진다'"라고 말한다. 이러한 복잡성에 직면했을 때 Narayan(2009: 74)은 '산문 전용의 혼성 분석'을 조언한다. 더욱이 포코니에와 터너는 혼성 과정을 안내하는 세 가지 원칙인 구성, 완성, 정교화에 관한 질문에 대해 "부분적인 답변만 제공"한다고 한다(Tendahl & Gibbs 2008: 1844-1845). 혼성공간 도식은 혼성 과정을 시각적으로 표현한 것이지만, 지나치게 복잡해

21 예를 들어, 시각 장애가 없는 모든 사람은 시각적 정신 영상을 가지고 있지만, 시각 영상의 선명도 질문지(Vividness of Visual Imagery Questionnaire, VVIQ)로 측정할 수 있는 '높음' 및 '낮음'의 시각화자가 존재한다(Marks 1973 참조).

22 Carston(2018: 198)은 여전히 "정신적 영상은 언어 이해에 필수적인 요소는 아니지만 [···] 종종 부산물로 청자나 독자의 마음속에서 자동으로 활성화된다"라고 주장하며, 소위 창조적 은유에서도 '영상적 효과'는 "명제적 인지 효과만큼 중요할 수 있지만, 필수적인 것은 아니다"라고 말한다.

지면 산문으로 표현할 수 있으며, 다이어그램과 산문 버전 모두 설명이라기보다는 재설명에 가깝다. 창발성에 초점을 맞춘다는 이점 외에, 다른 유형의 시적 은유 분석에 비해 혼성 이론 분석의 장점은 무엇인가?

혼성 이론에 대한 보다 급진적인 비판은 Goodblatt & Glicksohn(2017: 7)에 의해 제기되었다.

> 창발구조와 더불어 양방향성을 강조하는 혼성 이론은 개념적 은유 이론과 대조적일 수 있지만, 상호작용 이론과 비교할 때 은유 이해에 대한 다른 이론적 입장을 여전히 제시한다. 혼성 이론이 두 영역의 완전한 융합을 예측하는 반면, 우리는 오히려 가능한 독해에 대한 지속적인 잠재력과 그 사이의 긴장을 예측한다.[23]

Goodblatt & Glicksohn(2017)이 편집한 특별호에서 다양한 분야의 저자들은 시의 양방향 읽기를 촉진할 수 있는 요소로 주제와 매체 사이의 큰 의미적 거리(Katz & Al-Azari, Goodblatt & Glicksohn), 시각적 은유에서의 계사의 부족(Indurkhya & Ojha), 또는 은유적 구문의 특정 구조(Porat & Shen) 등을 제시한다. 차니타 굿블랫(Chanita Goodblatt)과 조지프 글릭존(Joseph Glicksohn)의 연구는 복잡한 문학적 이해와 경험적 방법의 결합, 전문가와 비전문가 독자에 대한 관심, 시적 은유 이해를 조사하기 위한 평가 척도와 인터뷰의 결합이라는 점에서 특히 유리하다. 이들은 복잡성, 다양성, 역동적 불안정성을 투명한 방식으로 다루고 있다.

3.6 형식(form)은 형식성(formality)이 아니다

은유의 인지적 본질에 대한 개념적 은유 이론의 강조는 특히 시적 분석에서 언어 형식을 면밀히 조사할 가치가 있음에도 불구하고, "은유가 언어에서 표면화되는 방식에 대한 질문을 무색하게 했다"(Sullivan 2007: 1)라는 지적이 있다. 형식의 시적 영향을 고려할 때, 많은 인지주의자들처럼 글럭스버그가 A surgeon is a butcher(외과의사는 도축자다), A lawyer is a shark(변호사는 상어다), An accountant is a spreadsheet(회계사는 스프레드시트다)와 같은 a noun is a noun(명사는

---

23 Gleason(2009: 439, 458)은 혼성 이론을 비판하지는 않지만, 영상 은유에 대해 마음이 "단절된 시각적 영상의 일부를 혼성"하고(2009: 458) 서로 다른 시각적 영상 사이에서 "상상 속에서 앞뒤로 이동할" 수 있지만, "영상을 융합"하여 "두 영상의 모든 기능을 갖춘 새로운 영상을 형성"하지는 못한다고 주장한다.

명사이다) 구문에 거의 전적으로 초점을 맞춘 것은 아쉬운 일이다.

그럼에도 불구하고 글럭스버그의 실험 연구는 은유의 형태와 관련하여 시학에 대한 통찰력을 제공한다. 첫째, 그는 은유와 직유가 동일한 현상이 아니라는 가설을 세웠다. 이는 사람들이 Cigarettes are like timebombs(담배는 시한폭탄과 같다)와 같은 직유를 Cigarettes are timebombs(담배는 시한폭탄이다)라는 은유보다 덜 은유적인 것으로 인식하기 때문이다(Glucksberg 2001: 46-47). Gibbs(2002b: 111)에 따르면, "실제로 어떤 진술을 은유로 인식하는 것은 (언어적 유형으로서의) 독자들에게 풍부한 영역 간 사상의 가능성을 알려주고, 독자들은 즉시 이러한 풍부한 은유적 의미 중 일부를 찾도록 유도한다"라고 한다. 또한 직유에서 like와 같은 특정 언어 형식이 은유적 의미를 찾는 경향을 억제할 수 있다. 비교 진술에서 어떤 울타리표현, 즉 언어적으로 진술의 힘을 약화시키는 약화는 인식된 은유성을 감소시키는 것으로 보인다. 따라서 직설적으로 진술된 은유인 Cigarettes are timebombs(담배는 시한폭탄이다)는 울타리표현의 은유 진술인 Cigarettes are virtual timebombs(담배는 가상의 시한폭탄이다)보다 더 은유적으로 느껴진다. 이는 직유 Cigarettes are like timebombs(담배는 시한폭탄과 같다)와 한정된 직유 In certain respects, cigarettes are like timebombs(어떤 면에서, 담배는 시한폭탄과 같다)보다도 더 은유적으로 느껴지며, 이는 차례로 Cigarettes are deadly, like timebombs(담배는 시한폭탄처럼, 치명적이다)보다도 더 은유적으로 인식된다. 후자의 경우, 주제와 적절성이 높은 기능만 설명하는 직유로 인해 담배로 발생할 수 있는 timebombs(시한폭탄)의 다른 기능(예를 들어, deadliness **after some time**(일정시간 이후 사망))은 제외된다(Glucksberg 2001: 46-47 참조).

둘째, Glucksberg(2008: 75)는 직유가 은유보다 덜 '창발적' 속성을 불러일으키는 경향이 있기 때문에 은유와 직유가 동일하지 않다고 제안한다. 예를 들어, 은유 Some ideas are diamonds(어떤 아이디어는 다이아몬드이다)와 직유 Some ideas are like diamonds(어떤 아이디어는 다이아몬드와 같다)를 비교했을 때, '통찰력 있는', '창의적으로 매우 독특한'과 같은 창발적 속성은 직유보다 은유에서 더 자주 유발된다는 것이다. 글럭스버그에 따르면, 직유는 기본층위의 '문자적 다이아몬드' 개념을 활성화하는 반면, 은유는 임시로 상위층위의 '은유적 다이아몬드' 개념을 활성화하는 경향이 있음을 시사한다. 이 가설은 지나치게 이분법적으로 보일 수 있지만, 흥미로운 질문을 던진다(Gleason 2009 참조). 즉, 특정 언어 구문이 다른 언어 구문보다 정신적 영상을 유발하는 경향이 더 있는가?

은유 언어에 대한 고전적인 참고문헌은 Brooke-Rose(1958)이며, Sullivan(2007)은 은유 언어에 사용되는 구문에 대한 보다 완전하고 최신의 인지언어학 처리를 제공한다. Sullivan(ibid.: 67)

의 말뭉치 설명에 따르면, "은유를 의사소통하는 데 사용되는 대부분의 구문은 몇 가지 부류로 분류될 수 있다"라고 한다. 가장 빈번한 두 부류는 '서술어-논항 구문'과 소유격 또는 속격 연결이 있는 '전치사 구문'이다. 예를 들어, stocks soared(주가 급등)(ibid.: 71)이나 알프레드 테니슨경(Alfred, Lord Tennyson)의 Now sleeps the crimson petal(이제 진홍색 꽃잎이 잠들다; Steen 2009에서 인용) 또는 호르헤 루이스 보르헤스(Jorge Luis Borges)의 Late in the afternoon/ the two or three colors of the patio got tired(오후 늦은 시간/ 안뜰의 두세 가지 색이 지쳤다; 1923/1989: 23)와 같은 구문이 이에 해당한다(예: the mind's eye(마음의 눈), an explosion of geraniums(제라늄의 폭발), the empty house of my memory(내 기억의 빈집)). 또한 빈도는 낮지만 '서술적 수식어 구문'도 중요한데, 이 구문은 머리 명사/형용사/동사가 목표영역을 불러일으키고 수식어가 근원영역을 불러일으키는 구조이다. 예를 들어, a bright student(똑똑한 학생)와 같은 구문이 있다. '영역 구문'(Haesaert 2015: 283)에서는 목표영역을 불러일으키는 형용사, 부사 또는 명사가 근원영역을 불러일으키는 머리어를 수식한다. 예를 들어, a mental exercise(정신운동)나 water boulders like petrified fish(석화된 물고기 같은 물 바위)가 있다. 마지막으로 '계사 구문'도 있다. 예를 들어, This surgeon is a butcher(외과의사는 도축자다), Caroline is a princess(캐롤라인은 공주이다), Memory is a knife(기억은 칼이다), All bodies will be burns(모든 신체는 화상을 입을 것이다)와 같은 구문이 이에 해당한다. 분명히 어떤 유형의 구문은 특정 동작이나 시적 목소리에서 '주요 기술'이거나 다른 맥락에서 혐오감을 불러일으킬 수 있다(Martens & Biebuyck 2013: 253, 255). 더욱이 밀도가 높은 시에서는 이러한 구문이 쌓여 있는 경우가 많다.

일반적으로 시에서 나타나는 은유, 즉 시적 은유에 대해 Sullivan(2007: 405)은 Lakoff & Turner(1989)에 동의하면서도 "시적 은유의 독특한 효과는 […] 단어, 구문 및 기타 장치의 선택을 통해 달성된다"라고 언급한다. 구문과 관련하여 Sullivan(2007: 417-418)은 "은유적으로 사용되는 기본 구문 중 가장 드물게 사용되는 Time is money(시간은 돈이다)와 같은 방식이 내 말뭉치에서 은유적 구조의 1.5%를 차지하지만, 이는 대부분의 언어 사용 유형보다 시에서 더 많이 나타난다"라고 말한다. 이는 아마도 "이러한 방식이 사상을 정확하게 상세화하기 때문"이며, 따라서 The patio is the slope/ down which the sky flows into the house(안뜰은 경사면이다/ 하늘이 집 안으로 흘러 들어간다)와 같은 풍부한 정신적 영상을 쉽게 생성하기 때문이라고 관찰한다(Borges 1923/1989: 23). 시에서 더 자주 나타나는 다른 드문 구문으로는 "동격을 포함하는 방식"(예: The Sky! black cover(하늘! 검은 덮개))과 다른 형태의 방식, 관계절 및 조건절이 있다(자세한 내용은 Sullivan 2007: 422-426 참조). 또한 그녀의 시적 하위 말뭉치에는 두 가지 독특한 구문이 있다. 하나는 셰익스피어의 『안토니우스와 클레오파트라Antony and Cleopatra』에서 안토니우스의 죽음을 언급한 The crown o' the earth doth melt. … O, wither'd is the garland of the war, The soldier's pole is fall'n(땅의 면류관이 녹아내리네 … 오, 전쟁의 화환이 시들었도다, 군인의 장대가 쓰러졌네)와 같은 '평행주의'이고, 다른 하나는 에밀리 디킨슨(Emily Dickinson)의 I taste a liquor never brewed(한 번도 양조되지 않은 술을 맛본다)와 같은 "문자 그대로의 부정"이다(Sullivan 2007: 429, 432).

마지막으로, 당연히 "시인이나 다른 작가들은 때때로 영역을 의도적으로 명시하지 않고 제목이나 시의 끝에만 표시하거나 완전히 암시적으로 남겨 두기도 한다". 영역을 지정하지 않은 상태로 두면, 로버트 프로스트(Robert Frost)의 The Road Not Taken(가보지 않은 길)에서처럼 관습적으로 검색이 상대적으로 쉬울 수도 있고, 전혀 쉽지 않을 수도 있다. 이로 인해 특정 독자들은 언급된 영역을 비-은유적으로 해석할 수 있다(Sullivan 2007: 436, 437). 예를 들어, 알베르 카뮈(Albert Camus)의 『역병La peste』(1947)을 알레고리가 아닌 흑사병으로 공포에 휩싸인 도시의 이야기로만 읽거나, 허만 멜빌(Herman Melville)의 『모비딕Moby-Dick』(1851)을 고래에 대한 복수 이야기로만 읽고 '건국'된 "국가의 함선"에 대한 정치적 알레고리로만 읽는 것은 힘들지만 가능한 일이다(Delbanco 2003: xx). 알레고리는 은유의 확장된 사례로, Stockwell(2002: 107)이 '비가시적 은유'라고 부르는 것이다. 본격적인 알레고리는 "단순히 문자적 의미를 넘어서는 것을 암시하는 것이 아니라 다른 의미로 해석되어야 한다고 주장하는 것"이라는 Lodge(1992/2011: 143)의 생각을 따른다면 『역병La peste』과 『모비딕Moby-Dick』은 이에 해당하지 않는다. 본격적인 알레고리 내러티브에서는 진술된 의미와 함축된 의미 사이의 확장된 대응이 "『동물 농장Animal Farm』과 같은 풍자적 걸작을 제외하고는 헨리 제임스(Henry James)가 '느껴진 삶의 감각'이라고 불렀던 것과 **반대되는** 경향이 있다"라고 데이비드 로지(David Lodge)는 말한다(ibid., 필자 강조). 이와 관련하여 흥미로운 점은 저자가 함축적으로 확장된 은유를 알레고리로 의도하는 반면, 청중은 주로 문자 그대로 진술된 의미에서 시성을 발견하는 경우가 많다는 것이다.

복잡한 담론적 구상화는 "대부분의 일상 언어에서는 장점이 아니지만 시적 텍스트에서는 유익한", "복잡한 사상의 세트"를 초대한다고 Sullivan(2007: 441)은 말한다. 데이비드 번(David Byrne)이 Talking Heads의 노래 "Heaven"에서 다음과 같이 노래할 때, 이러한 점이 분명히 드러난다.

> Everyone is trying / To get to the bar / The name of the bar / The bar is called Heaven, […]
> Heaven is a place / A place where nothing / Nothing ever happens, […]

It's hard to imagine that / Nothing at all / Could be so exciting / Could be this much fun.
(모두들 / 술집에 가려고 / 술집 이름/ 술집은 천국이라고, […]
천국은 / 아무 일도 일어나지 않은 곳 / 아무 것도 일어나지 않은 곳, […]
아무 일도 일어나지 않는 곳이 / 이렇게 재미있을 줄은 / 상상도 못했다)

이 가사는 Heaven이라는 술집(bar)을 함축적인 대상으로 간주할 때 시적인 의미를 갖게 된다. 이 노래는 청자가 주제나 목표(사람, 욕구 등)를 가정하고 구성하여 언급된 근원 또는 매체의 관점에서 이해하도록 안내한다. 이는 실제로 복잡한 사상이 필요한 작업이다. 동시에 청자는 문자 그대로 술집 장면을 상상하고, 그곳의 손님들이 행복을 찾는 사람들, 즉 지상 천국으로 생각할 수 있다.

이와 관련하여 은유가 나타나는 언어 형식의 방향성과 서술적 힘에 대해 두 가지를 더 강조할 필요가 있다. 첫째, 미시적 수준에서 각 구문은 발화자가 어느 정도 약속하거나 철회하는 경향이 있다. 따라서 발화된 은유적 구문은 독자가 근원과 목표 간의 개념적 상호작용을 수행하도록 초대할 때 어느 정도 힘을 발휘한다. 예를 들어, Todorov(1977: 105)는 어떤 것을 명명함으로써 전제 없이(즉, 주어-서술어 구조 없이) 주장이 존재할 수 있다는 윌리엄 엠프선(William Empson)의 생각을 언급한다. waves of immigrants(이민자들의 물결)와 같은 속격 은유를 사용하는 것은 엠프선이 말한 '존재의 주장(Existence Assertion)'을 전형적인 주장 형식 없이도 가능하게 하는 틀 장치이다. 엠프선의 주장은 이름을 붙임으로써 어떤 것의 존재를 전제하는 것이기 때문에 평범한 주장보다 훨씬 더 강력하다. 예를 들어, 스노크의 It's a pity/ There is no secret language/[…]/ A language, as I said,/ that I can write with/ About love/ in the <u>empty house of my memory</u>(아쉽다/ 내 기억의 빈집에/ 사랑에 대해/ 쓸 수 있는/ 비밀 언어가 없다/[…]/ 내가 말했듯이/ 사랑에 대해/ 쓸 수 있는 언어가 없다)에서 독자는 존재의 주장을 통해 페르소나의 기억이 빈집(empty house)이라는 사실을 가정하도록 지시받는다(번역은 제임스 홈즈(James Holmes)의 것이다).

동시에, About love/ in the empty house of my memory(사랑에 대해/ 내 기억의 빈집에서)라는 구문은 독자에게 the empty house of my memory(내 기억의 빈집)에 대해 생각하도록 허용하고 심지어 초대한다. 이는 두 번째 층위의 형식으로 이어지며, 텍스트 구상화는 구문을 전경화할 수 있다(Stockwell 2002: 13-14 참조). 시는 직접적인 비유를 통해 은유를 직설적으로 주장하지 않고 다양한 구문을 통해 복잡한 은유를 구성할 수 있다. 적절성 이론 학자인 Pilkington(2000: 103, 필자 강조)이 지적한 것처럼 '좋은 시'는 "은유적 발화 자체의 해석에 **앞서** 광범위한 문맥적 가정의 네트워크”를 활성화함으로써 그 은유를 풍부한 방식으로 해석할 수 있게 해 준다. 예를 들어, Gil de Biedma(1968)에서 삶은 연극이며 죽음은 보이지 않는 배경이라는 일상적 가정을 은유적으로 불러내어 관련 은유를 통해 그 가정을 뒤집는다. Martens & Biebuyck(2011: 62-63)에 따르면, 문학적 은유는 주변 텍스트의 주요 부분을 포함하는 ‘텍스트 내적으로’ 동원되는 정보를 주로 다룬다는 점에서 일상적 은유와도 차이가 있다.[24]

특정 시적 텍스트 구상화에서 독자의 활동은 글럭스버그가 이론화한 은유의 비가역성에 의문을 제기할 수 있다. 예를 들어, My surgeon is a butcher(외과의사는 도축자다)라는 단언은 My butcher is a surgeon(도축자는 외과의사이다)이라는 단언으로 되돌릴 수 없다는 것이다. 데이비드 번(David Byrne)의 “Heaven” 시에서 양방향성의 가능성을 제안한 바 있다. 오래전에 프랑스 시 수업(1991년)의 2학년 논문에서 보들레르의 시 “The Cat”에 대해 비슷한 주장을 한 적이 있다. 이는 윌리엄 아글러(William Aggeler)가 번역했다.

Come, superb cat, to my amorous heart,
Hold back the talons of your paws,
Let me gaze into your beautiful eyes
Of metal and agate.
When my fingers leisurely caress you,
Your head and your elastic back,
And when my hand tingles with the pleasure
Of feeling your electric body,
In spirit I see my woman. Her gaze
Like your own, amiable beast,
Profound and cold, cuts and cleaves like a dart,
And, from the head down to the feet,

24 은유는 실제로 다양한 의미를 동원할 수 있고 정반대의 의미(즉, 텍스트나 관습적으로 의미를 고정시킬 수도 있음)를 내포할 수 있기 때문에, 은유의 텍스트적 또는 담론적 주변 환경을 항상 고려해야 한다. 예를 들어, waves of immigrants(이민자의 물결)에서 wave(물결)에 대한 지배적인 외국인 혐오적 해석은 주변의 외국인 혐오 담론에 크게 좌우된다. 이는 파도가 문자 그대로(더운 여름날 바닷물이 우리를 덮칠 때처럼) 또는 은유적으로(특정 록 음악을 좋아할 때처럼) 매우 긍정적인 것이 될 수 있기 때문이다.

A subtle air, a dangerous perfume
Floats about her dusky body.
(멋진 고양이여, 나의 사랑스러운 마음으로 오너라,
네 발의 발톱을 멈춰라,
네 아름다운 눈을 바라보게 해 줘
금속과 마노의.
내 손가락이 느긋하게 너를 애무할 때,
네 머리의 탄력 있는 등,
그리고 내 손이 즐거움으로 따끔거릴 때
네 전기가 흐르는 몸을 느낄 때,
정신적으로 나는 내 여자를 본다, 그녀의 시선
자신의 상냥한 짐승처럼,
심오하고, 차갑고, 다트처럼 자르고 쪼개지네,
그리고, 머리부터 발끝까지,
미묘한 공기, 위험한 향수
그녀의 어스름한 몸 주위를 떠다니네)

2학년 논문에서 내 주장은 시인 페르소나가 자신의 여자(아들의 시선)의 모습을 자신이 말하는 고양이의 모습(comme le tieen, '당신처럼')에 비유했을 뿐만 아니라, 고양이의 모습도 자신의 여자 모습에 비유했다는 것이었다. 그러나 교수님의 짧은 서면 평가는 '안됨'이었다. 당시 나는 교수님이 직접 설명하신 (대칭적) **3자적 비교** 관점에 영감을 받아 내가 옳다고 확신했지만, 교수님의 직설적인 거부를 직관적으로 이해했고, 나중에 서술성과 비가역성의 개념으로 더 명확하게 이론화된 거절을 보았다. 하지만 지금 시를 다시 읽으면서 나는 내 2학년 논문의 가역성 주장을 기꺼이 지지한다. 확실히 **고양이**의 외모와 태도는 시의 주제(즉, **여성**의 외모와 태도)를 전제하고 있지만, 보들레르는 구문을 결합하고 장면을 묘사하여 시의 주제 역시 어느 정도는 시인 페르소나 앞에 앉아 있는 **고양이**가 여성의 이미지와 혼성되도록 했다.

이것이 사실이라면, 시인은 양방향성을 구문(또는 문장) 층위에서 텍스트 층위로 가져가면서 급진적으로 표현한다. 구문적 층위에서 근원과 목표가 아무리 상호작용하더라도 주제가 매체에 적용되는 것이 아니라 매체가 주제에 적용된다고 주장되기 때문에 단방향적 주장은 피할 수 없다. 그러나 텍스트 층위에서는 이러한 단방향적 단언의 경향이 중화될 수 있다. 이 시는 대부분 (고양이로 비유되는) 그의 여자에 관한 것이지만, 어느 정도는 (여자로 비유되는) 이 고양이에 관한 것이기도 하다.

3.7 추가 실무를 위한 권장 사항

인지시학 은유의 실무는 시, 문학 전반 그리고 기타 시적 문맥의 은유의 의미를 조명하기 위해 다양한 통찰력을 텍스트와 문맥에서 테스트해야 한다. 이를 위해 여러 이론의 중요한 명제를 요약한 분석적 형판을 제안한다.

i. 언어적 은유는 '표면적' 실현이 아니다. 구체적인 은유적 구문과 텍스트성은 시적 분석에서 매우 중요하다.

ii. 시적 은유는 종종 목표영역을 함축적으로 남긴다. 특히 복잡하거나 지속적인 은유와 알레고리에서는 목표가 완전히 언급되지 않은 채로 남아있을 수 있다. 이는 **부재의(in absentia)** 은유이다. Stockwell(2002: 107)이 시사하듯이 "은유가 가시적이든 아니든 문학적 해석에 상당히 중요한데" 이는 비가시성이 독자의 창의적 입력이 많이 필요로 하기 때문이다.

iii. 목표(또는 주제)의 함축성은 독자가 발견할 수 있는 시적으로 중요하지만, 함축을 추론하기에는 약한 함축성의 배열을 암시한다. 이러한 발견 과정은 의사소통이 보장하는 적절성에 대한 기대를 충족시키려는 독자의 창의적인 시도이다. 함축적 목표를 달성하려면 독자의 창의성이 필요하며 다양한 해석이 필요할 수 있다.

iv. 문학, 특히 시는 최대성 접근법을 요구하는 장르적 맥락이다.

v. 목표를 알리는 적어도 하나의 언어 항목을 찾는 데 있어 **현재성의** 은유 분석에서 **주제(topic)**라는 용어는 한 가지 중요한 의미에서 **목표(target)**보다 더 다행스러운데, **주제**는 시적 은유가 시적 의사소통의 한 형태라는 것을 나타낸다. Steen(2009: 215)은 "주제 해석은 […] 문맥상 담화에서 발화의 특정 요구로 제한되며 국부적 및 전역적 지시체와 담화 주제에 의존한다"라고 말한다. 현재(또는 가시적) 존재하고 식별되는 주제는 해석자가 주장하는 매체에 의미를 부여할 수 있게 해 주는 첫 번째 명시적 맥락이다. 저자가 무언가를 knives(칼)(또는 daggers(단검))에 비유할 때 그 대상이 bodies(몸, 세르누다) 또는 memories(기억, 허스트베트)로 좁혀진다는 것은 분명히 중요한 의미를 갖는다.

vi. 글럭스버그, 적절성 이론 등이 은유 사용의 의사소통적 측면을 강조한 반면, 개념적 은유 이론은 근원(매체)에서 목표(주제)로 사상하는 특정 개념적 내용을 분석하는 데 더 적합하다. 예를 들어, 세르누다의 Otros[cuerpos son] como puñales가 Other bodies are like knives(다른 몸은 칼과 같다) 또는 Other bodies are like daggers(다른 몸은 단검과 같다)로 번역되었다고 가정해 보자. 일부 스페인 독자들은 세르누다가 일부 신체는 위협하고 상처를 입히고 죽일 뿐만 아니라 **뒷통수치는 방식으로(in a backstabbing way)** 그렇게 한다는 의미로 해석할 수 있다. 이는 아마도 knife(칼 또는 스페인어 cuchillo)보다 dagger(단검 및 puñal)의 이상화된 인지모형과 더 쉽게 연관되는 개념일 것이다.

vii. Eco(1983: 229, 저자 강조, 또한 243, 247, 254)는 은유 해석이 개념을 정의하는 데 "필요한 속성만 제시"하는 '사전적' 의미가 아니라 "주어진 어휘소가 발생하는 문맥과 관련된 모든 지식 단위를 포함하는" 따라서 '잠재적으로 **무한한**' '백과사전적' 의미를 가진다고 주장한다. 반대로 Eco(ibid.: 256)는 "은유는 우리가 백과사전을 더 잘 이해할 수 있게 해 주는 도구이다. 은유가 우리에게 시사하는 지식의 유형은 다음과 같다"라고 말한다. 예를 들어, DAGGER(단검)가 KNIFE(칼)보다 더 배후를 찌를 수 있다는 것이다.

viii. 최대성 원리, 기호작용의 잠재적 무한성, 함축성의 메커니즘(적절성 이론의 약한 함축의 배열)을 결합하면 독자들이 혼성 이론이라는 용어를 사용하여 시적 은유를 '실행'할 수 있는 이유를 설명하는 데 필요한 세 가지 요소를 갖추게 된다.

ix. 전문 독자는 시에 포함되지 않은 정보를 기반으로 은유를 실행할 수 있는 전문 지식에 접근할 수 있다. 이러한 전문 지식에는 문학적 전문성뿐만 아니라 전기적, 역사적, 사회적 정보도 포함된다. 예를 들어, 어떤 독자들은 세르누다가 동성애자였으며 그 시에서 자신의 성적 취향을 언급했다는 사실을 알 수 있을 것이고, 어떤 독자는 1931년, 그의 시집인 『금지된 즐거움Forbidden Pleasures』의 일부로 Some bodies are like flowers(어떤 몸은 꽃과 같다)를 발표할 무렵에는 그가 동성애를 부끄러워하지 않았다는 사실도 알고 있을 것이다. 이 시는 전문 독자에 의해 변태 성욕자(S&M) 은유를 포함하여 동성애로 해석되었다(Ulacia 1986: 70, Barón Palma 2002: 120).

x. 시적 은유는 일반적으로 고립되어 있지 않다. 한편으로 텍스트는 독자가 어휘 항목을 은유적으로 '조정'할 수 있는 가정, 즉 가장 적절성이 높은 기능으로 축소할 수 있는 가정에 접근할 수 있게 해 준다. 다른 한편으로 텍스트는 언어적 은유에 대한 더 **풍부한** 이해를 준비하기 위해 은유가 제시될 때 또는 후속 조치로 사후에 은유를 강화하기 위해 의미 영역을 동

원할 수 있다.

xi. 시인들이 특정 시적 은유가 개념적 은유를 활용하는지를 묻는 것은 흥미롭지만, 시적 은유가 일상적인 은유적 사고와 어떻게 다른지 조사하는 것은 적어도 똑같이 흥미롭다. 개념적 은유 이론은 또한 시적 은유가 시적인 '사용된 부분의 확장' 시적인 '사용되지 않은 부분의 실례', '새로운 은유', '복합 은유', 개념적 은유의 한계에 대한 '명시적 설명', 대안의 제공과 같은 일탈에 관한 것임을 어느 정도 제안한다. Turner(1990)가 지적했듯이 독자가 어떻게든 위반에 의미를 부여할 수 있다면 원칙을 위반하는 데서 시감이 발생할 수 있다.

xii. 시적 은유는 종종 상상력을 자극한다. 도살자로서의 외과의사가 살을 절단하는 이미지를 전달하기 위해 타당하게 받아들여질 수 있다는 것을 부인한 적절성 이론과 달리, 개념적 은유 이론은 정신적 영상을 더 이상 명제적 인지의 단순한 부수 현상으로 취급하지 않는 **신체화된** 인지과학을 확립했다(Rohrer 2007: 341 참조). (정신적) 영상은 뇌의 감정 회로를 활성화하기 때문에 은유로 촉발된 신체화된 의미(영상, 몸짓)는 시적으로 관련이 있다. 또한 은유적인 정신적 영상은 전경-배경 반전이나 재구상화를 확립할 때 감정적 힘을 증가시킨다.

xiii. 혼성 이론은 은유 이해가 단순히 **3자적 비교**를 통해 파악하는 것이 아니며 (개념적 은유 이론과 같이) 단지 근원영역을 목표영역에 사상하는 것이 아님을 보여준다. (적절성 이론 및 글럭스버그에서와 같이) 단순히 주제와의 적절성에 도달하기 위한 매체의 임시 조정뿐만 아니라 소위 '창발적' 의미를 생산하는 것임을 보여준다. 이 창발적 의미는 근원영역이나 목표영역 또는 어느 쪽에도 속하지 않고 근원으로서 목표라는 혼성된 개념에 속한다.

xiv. 인지주의는 시학이 은유성의 인지적 정도와 관련하여 시감을 숙고하고 텍스트 및 문맥 내재성, 특히 장르와 관련하여 은유성의 인지 정도를 숙고하도록 초대한다. 문맥을 벗어나서 spill the beans(비밀을 폭로하다)와 같은 전통적인 은유의 가장 현저한 의미는 문자적 의미("무언가, 즉 콩을 흘리다")가 아닌 은유적 의미("사람들에게 비밀 정보를 말하다")이므로 일반적인 은유적 의미는 평범하고 주목할 만한 시적이지 않은 것이 될 것이다. 반면에 새로운 은유는 인식된 은유성의 정도가 높고 특정 장르는 은유성에 주목하며 시적 텍스트에서 은유에 대한 인식이 높아지면 은유 감상과 은유에 대한 정서적 반응이 강화되는 경향이 있다.

xv. 은유의 잠재적 풍부함은 은유를 실행하기 쉽거나 상대적으로 실현 가능하게 만드는 개념적 적합성의 산물이다. Eco(1983: 236, 243)는 사소하지 않은 적절한 은유는 백과사전적 지식의 '다차원적' 네트워크와 '개념의 명명 방식'에서 지금까지 숨겨져 있던 유추를 밝혀내는 은유라고 제안하는 반면, 다른 이들은 적절한 은유가 실제 존재론적 유사성을 드러낸다고 주장한다. 첫 번째 (구성주의적) 관점에서는 시적 천재성이 지식의 범주와 영역 사이에 예상치 못한 유추를 드러내고, 두 번째 (현실주의적) 관점에서는 사물 사이에 객관적으로 존재하는 깊은 존재론적 유추를 드러낸다. 어쨌든 두 관점 모두 유추를 계속 언급하고 있다. Glucksberg(2008: 79)조차도 결국 인정하듯이 비교나 유추의 일부 개념은 은유 분석에서 금지되어 있다.

4. 향후 방향

'시적'이라는 술어는 인지적 문학 은유 분석에서 패러다임적으로 다양한 방식으로 접근할 수 있는 복잡성을 지닌다(Caracciolo 2016 참조). 시인들과 문체학자들은 시적 은유, 특히 은유적 시감(poeticality)을 이해하기 위해 이를 탐구한다. 인지학자들은 종종 시감을 당연하게 여기며, 구체적이든 덜 구체적이든 시적 특성을 미리 정의하고, 시적 특성이 특정 은유의 인지적 측면과 관련이 있는지를 조사한다. 해석학자들은 시적 은유가 문학 텍스트에서 어떤 의미를 지니는지, 즉 그것을 어떻게 설명할 수 있는지를 연구한다. 시적 은유와 인지에 관심이 있는 학자들은 이러한 그룹에 속할 수 있다. 이러한 그룹의 주요 학제 간 과제는 서로 다른 관심사, 방법, 그리고 설명의 수준이 관련되거나 수용 가능한 것으로 간주되는 패러다임이다.

어떤 접근 방식을 선택하든, 우리는 은유의 시감이 다양한 메커니즘 또는 속성과 연관되어 있음을 알 수 있다. 시적 은유는 다음과 같은 기능을 수행한다.

- 눈앞에 장면이나 생각을 설정한다.
- 감정과 관련된 영상을 불러일으킨다.
- 감정적 구조(게슈탈트)의 전환을 촉구한다.
- 창발적 의미를 생성한다.
- 질료와 유사한 표현을 촉발한다.
- 환상이나 유사의 생명체를 창조한다.
- 일상적 은유를 확장하거나 도전한다.
- 비정상적인 유추가 주장되고 이해될 때 서술적 습관을 깨도록 초대한다.

- 익숙한 개념을 틀 부여하여 통찰력, 감정 및 강한 인상을 남긴다.
- 은유의 풍부한 실행을 허용한다.
- 근원을 함축적으로 남겨 독자의 해석을 유도한다.
- 변동 및 수정 가능성이 있다.
- 텍스트 내적으로 준비, 정교화 또는 수정한다.
- 엄격한 권위의 통제를 받지 않는다.
- 질적으로 다른 의미를 동시에 활성화한다.
- 양방향적이다.

흥미롭게도 이러한 설명은 주로 시적 은유의 특수성을 강조하는데, 이는 내가 차별적 이슈라고 부르는 개념과 관련된다. 즉, 예외적인 이미지, 평범함의 반전, 상황에 대한 새로운 통찰력, 특정 개념의 구조에 대한 새로운 통찰력, 백과사전의 개념적 관계에 대한 새로운 통찰력, 일반적인 것에 대한 도전, 의미의 창발성, 매우 풍부한 개념적 상호작용, 명시된 것과 추론 가능한 것 사이의 큰 간극, 권위적 통제력의 상실, 해석자의 자기 인식 증가 등을 통해 감정을 만들어낸다는 것을 언급한다. 시적 은유의 적절성은 단순한 설명이 아니라 출발점이자 입구이며, 마음, 즉 다심(多心)을 이해하는 도구이기도 하다. 해석학적 접근이 중요한 역할을 하는 이유는 다양한 전문성을 가진 사람들이 은유를 해석하는 이질성을 보여주기 때문이다.

인지시학적 은유 분석은 단어, 구문, 함축적 요소, 주제-매체 상호작용, 텍스트 구상화, 장르 내포화, 가정 가능한 상황, 문화적 지식 및 관련 참가자의 다양한 개별 관점과 같은 모든 수준의 의사소통, 지식, 평가에 주의를 기울여야 한다. 서사적 소설에서 시적 은유를 분석할 때, 중요한 질문 중 하나는 특정 서술자가 어떤 내러티브 상황에서 은유를 사용했는가이다. 서술자는 목소리의 일부로 은유를 사용할 수 있다. 저자는 서술자를 특징짓기 위해 1인칭 서술자의 입에 은유를 넣을 수 있고, 서술자는 등장인물이 질적으로 경험한 것처럼 이야기세계를 나타내려는 의도로 은유를 사용할 수 있다(Caracciolo 2016). 서술자는 등장인물을 특성화하기 위해 은유를 인용하거나, 등장인물이 특정 은유를 자신이 관여하는 행동 논리의 일부로 사용하는 것으로 이해될 수 있다. 이러한 구상화 중 일부의 예는 Martens & Biebuyck(2013), Caracciolo(2016)에서 찾아볼 수 있다. Martens & Biebuyck(2011)는 다른 중요한 질문들을 제시한다. 은유가 내러티브 역동성에 기여하는가? 내러티브에 유기론이 있는가? 은유는 저자, 내러티브, 행동 수준에서 경쟁하는가? 특정 비유가 읽기 과정에서 양면성을 띠는가? 어느 시점에서 은유가 도입되면 이전의 평범한 내러티브에 새로운 회고적 조명을 던지는가? 인지주의자이든 아니든 내러티브 소설에서 은유를 분석하는 것은 서사학에 대한 심오한 지식을 필요로 하는 특정 장르, 즉 시학의 또 다른 거대한 분과로 우리를 안내한다.

감사의 말

이 장의 초안을 작성하는 데 도움을 준 크리스티 셀볼드(Kirsti Sellevold, University of Oslo)에게 감사의 말씀을 전한다. 친절한 질문이 자극이 되었다.

더 읽을거리

Cave, T., & Wilson, D. (Eds.). (2018). *Reading beyond the code: Literature and relevance theory*. Oxford: Oxford University Press. (이 논문집은 최근 적절성 이론과 문학계의 관계를 잘 보여준다.)

Fludernik, M. (Ed.). (2011). *Beyond cognitive metaphor theory: Perspectives on literary metaphor*. New York: Routledge. (이 논문집은 문학 연구에서 개념적 은유 이론의 적용 가능성과 활용에 대해 비판적으로 고찰한다.)

Gibbs, R. W. (2008). *The Cambridge handbook of metaphor and thought*. New York: Cambridge University Press. (이 논문집은 개념적 은유 이론, 혼성 이론, 적절성 이론 등 은유에 대한 비문학적 인지 이론뿐만 아니라, 이 장에 제시되지 않은 다양한 견해를 요약한다.)

Goodblatt, C., & Glicksohn, J. (2010). Conversations with I. A. Richards: The Renaissance in Cognitive Literary Studies. *Poetics Today*, 31(3), 387-432. (이 논문은 오늘날 양방향성 이론을 지지하는 주요 문인들을 이해하는 데 좋은 출발점이 될 것이다.)

Hogan, P. C. (2003). *Cognitive science, literature, and the arts: A guide for humanists*. New York: Routledge. (이 책은 인지적 문학 학문에 대한 훌륭한 초기 입문서이다.)

Lakoff, G., & M. Turner (1989). *More than cool reason: A field guide to poetic metaphor*. Chicago: University of Chicago Press. (이 책은 시적 은유에 대한 개념적 은유 이론의 주요 논문이다.)

Stockwell, P. (1999). The inflexibility of invariance. *Language and Literature*, 8(2), 125-142. (이 짧은 글은 레이코프와 터너의 1989년 책에 대한 비판을 잘 표현하고 있다.)

제28장
인지언어학과 담화 연구

1. 도입

인지문법의 고전적인 연구에서 Langacker(2008: 457)는 담화가 언어 구조의 기초라고 주장한다. 그는 "언어의 대화적 사용"을 '일차적'으로 인식해야 한다고 강조하며, 구어 담화에 대해 명시적으로 언급한다(Langacker 2008: 460). 또한, 그는 상호작용에서 언어 구조가 화자가 수신자를 위해 발행한 지침으로 나타난다고 주장하면서 의사소통적 관점을 강조한다(Langacker 2008: 460). 이러한 언어에 대한 기본 개념은 화용적-인지적 관점의 토대를 마련한 19세기 말 학계 외부인인 Phillip Wegener(1991 [1885])의 거의 잊혀진 저술을 떠올리게 한다. 그는 대화의 주된 목표가 특정 행동, 특정 의지 또는 특정 의식 상태를 촉발하기 위해 대화 상대를 설득하는 것이라고 가정했다. 인지언어학 분야에서 담화에 대한 실증적 연구가 증가하고 있는 것은 이러한 비-의사소통적 관점에서 의사소통적 관점[1]으로의 전환을 보여준다.

최근 인지언어학에서 담화 연구의 증가와 다양화는 새천년 초에 인지언어학이 단순한 보편적 문제에서 벗어나 언어 내적, 사회언어학적, 문화적, 개인적 변이에 초점을 맞추기 시작하면서 나타난 '사회적 전환'(Geeraerts 2016: 527-528)의 일환으로 볼 수 있다. 또한, 로널드 래내커(Ronald W. Langacker)의 서론에서도 서면 담화에서 구어 담화로의 전환이라는 또 다른 중요한 방향 전환을 확인할 수 있다. 인지언어학에서 '담론'은 오랫동안 은유에 중점을 둔 인지언어학과 비

1 음운론자 Gerold Ungeheuer(1979: 97)는 모든 인간이 의사소통을 두 번 경험한다고 가정하며, 두 가지 용어를 소개한다. (a) 상호 이해를 달성하기 위해 의사소통 행위를 수행하는 의사소통자와, (b) 외부 관점에서 의사소통 수단을 분류하고 분석하려는 (자기)성찰적 관찰자이다.

판적 담화 분석(Dirven, Polzenhagen & Wolf 2007, Hart 2015)의 융합으로 이해되어 왔다. 그러나 지난 10년 동안 상황은 빠르게 변화했다. 인지언어학은 수십 년 동안 독백이나 문어체 데이터에만 의존해왔던 대화 데이터와 다중양상적 상호작용 개념화에 대한 연구를 시작하고 강화했다(Zima & Brône 2015: 485-487). 따라서 다음 개요에서는 인지언어학과 관련된 서면 및 음성 담화에 대한 다양한 연구 영역에 초점을 맞출 것이다. 앞으로 살펴보겠지만, 은유는 여전히 가장 높은 비율을 차지하며, 특히 지난 20년 동안 환유, 혼성, 구문, 관점 및 담화 모형과 같은 주제를 중심으로 중요한 연구가 발전해 왔다.

2. 은유

개념적 은유 이론의 가장 기본적인 통찰력 중 하나는 '부각화 및 숨기기 효과'이다. Lakoff & Johnson(2003[1980]: 10-13, 67)은 개념적 은유인 TIME IS MONEY(시간은 돈이다), TIME IS A VALUABLE COMMODITY(시간은 귀중한 재화이다), TIME IS A LIMITED RESOURCE(시간은 한정된 자원이다)를 통해 이 점을 설명한다. 이들은 은유가 행동을 승인하거나 추론을 정당화하며 목표를 설정하는 도구로 작용하는 반면, 이러한 은유가 특정 세계관을 포함할 때 시간에 대해 생각할 수 있는 다른 가능한 방법은 동시에 퇴색된다는 것을 의미한다. 따라서 개념적 은유는 "의미성의 창조, 세계의 해석, 행위 지향"에 필수적인 역할을 한다(Debatin 1995: 225).[2]

그 결과 얼마 지나지 않아, 비판적 담화 분석(Critical Discourse Analysis, CDA)에도 개념적 은유 이론이 채택되었다. 조지 레이코프(George Lakoff) 자신도 미국의 보수주의자와 진보주의자의 정치적 세계관을 조사하여 그들의 근본적인 '엄격한 아버지' 또는 '양육하는 부모' 모형을 발견했다(Lakoff 1996). 1990년대 이후에는 서면 매체를 기반으로 한 많은 연구가 진행되었다. Baranov & Zinken(2003)은 독일과 러시아 신문에서 공산주의 종식 이후의 변화에 대한 은유적 정교화를 비교하면서, 각 담화가 하나의 핵심 은유로 지배된다는 사실을 밝혀냈다. 즉, 러시아어 말뭉치에서는 TRANSFORMATION IS REBUILDING(혁신은 재건이다)(perestrojka)라는 은유가, 독일어 말뭉치에서는 TRANSFORMATION IS A TURN(혁신은 전환이다)(Wende)라는 은유가 사용

2 즉, 의미의 창조(Sinnstiftung), 세계에 대한 해석(Weltdeutung), 행동의 방향성(Handlungsorientierung)과 같은 측면에서 중요한 역할을 한다고 할 수 있다.

된다. 그러나 이러한 은유는 사회적 상호작용에서 나타나는 개념적 지식 구조, 문화적 스크립트 및 고정관념과 관련이 있기 때문에, 개념적 은유가 아닌 '담화 은유'로 이해해야 한다고 Zinken & Musolff(2009)는 주장한다. 유사한 맥락에서 Musolff(2003)는 EU의 발전에 관한 정치적 담론을 검토하면서 '은유적 시나리오'라는 용어를 사용했다. 그는 속도, 시간성, 지연, 전진 및 후진 이동, 장애물 및 탈선과 같은 고유한 개념을 가진 JOURNEY(여행)가 영국과 독일의 인쇄 매체에서 사용된다고 지적했다. 그러나 영국 언론에서는 기차가 너무 빨리 달려서 비참한 결말로 이어질 수 있다고 경고하는 경향이 높은 반면, 독일 언론에서는 기차 브레이크의 감속 효과를 강조하는 경향이 있다. 정치적 담론에서 NATION (STATE) IS A BODY(국가(상태)는 몸이다)에 대한 또 다른 연구에서 Musolff(2017)는 영어, 독일어, 프랑스어에서 이 일반적인 은유가 생애 주기(LIFE CYCLE), 해부학-생리학(ANATOMY-PHYSIOLOGY), 건강 상태(STATE OF HEALTH), 부상(INJURY), 치료(THERAPY)와 같은 측면을 포함한다는 것을 보여주었다. 현재 영어 담화에서는 저명한 정치인의 신체가 body politic(신체 정치)이라는 표현의 과시적 목표가 될 수 있으며, 독일에서는 나치 이념의 준-기술적 용어인 Volkskörper(인민의 몸)가 나치를 연상시키는 어휘에 대한 비판적 관심으로 인해 자주 사용된다. 반면, 프랑스어에서는 corps politique(신체 정치), corps électorale(신체 선거), corps social(사회 단체)와 같은 표현이 혁명과 공화주의 사상에 대한 장 자크 루소(Jean-Jacques Rousseau)의 영향으로 거슬러 올라갈 수 있다.

경제는 개념적 은유와 관련하여 또 다른 악용된 목표영역으로, 기업에서 행동 지침을 형성하고 비즈니스 및 협상 전반의 틀을 잡기 위한 형판을 구성하는 역할을 한다. Koller(2004)는 WAR(전쟁), SPORTS(스포츠), 마케팅 및 판매를 위한 GAME(게임), 인수합병을 위한 FIGHTING(전투), MATING(짝짓기), FEEDING(먹이주기)과 같은 행동 분야에 대한 보다 구체적인 근원영역을 정교화하기 위해 고착화된 관습적 은유인 BUSINESS IS WAR(비즈니스는 전쟁이다)를 출발점으로 삼았다. 그녀는 WAR(전쟁) 은유가 MATING(짝짓기) 은유보다 3배 더 빈번하게 사용된다고 지적한다. 그녀는 이러한 영역에 대한 관습적인 표현이 가장 일반적이지만, 전체 은유적 시나리오와 함께 Dell's efficiency jihad(델의 효율성 투쟁)와 같은 참신한 표현도 자주 사용된다고 밝혔다. 베로니카 콜러(Veronika Koller)는 자신의 연구 결과를 자본주의적이고 남성적인 비즈니스 관점의 표현으로 해석한다. Boers & Demecheleer(1997)는 영어, 프랑스어, 네덜란드어 말뭉치를 기반으로 경제 담론의 근원영역을 분석한 결과, 프랑스어와 네덜란드어에서는 HEALTH(건강)와 WAR(전쟁) 비유가 더 빈번하게 사용되는 반면, 영어에서는 PATH(경로) 은유가 널리 퍼져 있으며, 이는 영국의 과거 항해와 관련이 있다고 밝혔다. 저자들은 FOOD(음식) 은유가 5배 더 많이 사용되는 프랑스어 말뭉치에 비해, 영국 말뭉치에서 GARDENING(원예) 은유가 더 많이 사용되는 이유도 문화적 모형에 기인한다고 설명한다.

은유적 관점으로 인해 우리의 학문적 담론이 어느 정도 편향되어 있는지에 대한 근본적인 질문은 조지 레이코프와 마크 존슨(George Lakoff & Mark Johnson)보다 훨씬 이전인 17세기부터 철학자, 인류학자, 심지어 신학자들에 의해 논의되어 왔다. 이 장에서 이를 모두 제시하는 것은 범위를 넘어서는 일이지만(Schröder 2012), Hans Blumenberg(1998[1960])는 철학적 담화에서 각 시대의 총체적인 패러다임을 밝히기 위해 노력한 '인식론적 은유학'으로 은유에 접근한 가장 저명한 인물 중 하나이다. 은유는 우리의 주의를 세계의 특정 측면으로 향하게 하며, LIGHT(빛)나 ACTOR(행위자)로서의 TRUTH(진실), LIVING BEING(삶), CLOCK(시계), SHIP(배), THEATER(극장), BOOK(책)으로서의 WORLD(세계)(Blumenberg 1998[1960]), NARRATION(서술)으로서의 REAL HISTORY(실제 역사), SEAFARING(항해)으로서의 LIFE(삶), SPACE(공간)로서의 TIME(시간), SOURCE(근원)로서의 DOCUMENT(기록)(Blumenberg 1971)와 같은 '안내 모형'을 형성한다. 유사한 맥락에서 텍스트 언어학자이자 문학자인 Harald Weinrich(1976)는 궁중 연애 서사시(Minnelyrik)의 FEUDAL SYSTEM(봉건제도)으로서의 LOVE(사랑)나 PLANT(식물)로서의 LANGUAGE(언어), COIN(동전)이나 BUILDING BLOCK(건축용 블록)으로서의 WORD(단어), 언어학에서의 WEB(웹)으로서의 TEXT(텍스트)와 같은 문학 연구에서 지배적인 합성어를 지적한다. Lüdemann(2004)의 연구는 SPACE(공간)로서의 NATION(국가) 개념과 관련된 SYSTEM(체계)으로서의 SOCIETY(사회)의 현재 개념, ORGANISM(유기체)으로서의 19세기 SOCIETY(사회) 개념, CONTRACT(계약)로서의 17세기 SOCIETY(사회) 개념 등 사회학적 이론 및 담화의 다양한 패러다임을 다룬다.

21세기의 첫 10년 동안 Forceville & Urios-Aparisi(2009: 5)가 '인지 기호학' 또는 '다중양상적 담화'라고 부르는 새로운 담화 연구 분야는 만화, 카툰, 광고, 비디오 게임, 음악, 영화 등을 데이터베이스로 삼아 분석하는 방식으로 확립되었다. 이는 "A is B 공식이 은유의 역동적인 본질을 위장하기 때문에"(Forceville & Urios-Aparisi 2009: 12) 정적이고 고착화된 은유의 배경을 떠날 수 없음을 의미한다. Forceville(2008: 469-475)은 광고에서 은유를 세 가지 유형으로 구분한다. (i) '회화적 은유(pictorial metaphor)'는 목표와 근원이 전적으로 시각적 용어로 표현되는 대표적인 예로, COFFEE MACHINE IS A SERVANT(커피 머신은 하인이다)라는 통합적 은유가 있다. 이 경우 커피 머신은 물통의 곡선 형태와 컵을 올려놓아야 하는 받침대를 통해 하인이나 집사가 정중하게 커피를 나르는 모습을 암시한다. (ii) '다중양상적 은유(multimodal metaphor)'는 예를 들어, 스위스 군용 칼과 아반테(Avante) 로고와 함께 리모컨 패드를 동시에 표상하는 하이브리드 대상을 보여주는 네덜란드 TV 채널의 광고가 있다. 이 광고는 Avante. A TV channel to explore. Space travel · military forces · submarines · motors · aerospace · expeditions · cars · boats · inventions(아반떼. 탐험하는 TV 채널, 우주여행, 군대, 잠수함, 자동차, 항공우주, 탐험, 자동차, 보트, 발명품)라는 텍스트와 함께 나타난다. 여기서 은유 REMOTE CONTROL PAD IS SWISS ARMY KNIFE(리모컨의 패드는 스위스 군용 칼이다)의 근원과 목표가 하이브리드 이미지에 이미 존재하지만, 이 텍스트는 리모컨 패드가 은유의 일부임을 식별하는 데 도움이 된다. (iii) '내포된 다중양상적 은유'는 아기가 노인이 되어 많은 사람들을 만나고 이 만남에서 얻은 새로운 통찰력과 경험을 픽토그램의 형태로 머리 위에 풍선에 담아 보여주는 단편 애니메이션 영화의 예로, 다양한 내포된 은유를 비언어적으로 제시한다. 이 영화는 EXPERIENCES ARE BURDEN(경험은 무거운 짐이다), LIFE IS A JOURNEY(삶은 여행이다), KNOWLEDGE IS UP(지식은 위이다), DEVELOPMENT IS UP(발전은 위이다)이라는 다양한 은유를 연결한다. Schröder & Carneiro Mendes(2018)는 산업화 이후 도시 볼티모어에서 하위 우주를 구성하는 불법 마약 거래 문제를 다루는 TV 시리즈 "The Wire"(2002-2008)에 주목한다. 저자들은 샤를 포스빌(Charles Forceville)의 '다중양상적 은유'가 이 시리즈에서 가장 중요한 핵심 GAME(게임) 은유를 통해 어떻게 시각적, 언어적으로 풍부해지는지를 설명하며, Kövecses(2010)의 은유적 창의성에 대한 상황에 민감한 배경화 모형이 여러 특정 상황에 어떻게 적용될 수 있는지를 설명한다. 시리즈의 한 장면에서 바크스데일(Barksdale) 마약 조직의 젊은 마약상 두 명이 체스 게임을 하며 마약 사업과 관련된 사람들의 입장을 언급하고 체스 규칙을 설명하는 장면이 등장한다. 이 미니 내러티브(Forceville & Urios-Aparisi 2009: 12)는 근원과 목표를 다중양상적으로 반전시키고 담화 공간에서 '문맥 유도적 은유'인(Kövecses 2010) CHESS IS THE BARKSDALE DRUG BUSINESS ORGANIZATION(체스는 바크데일 마약 사업 조직이다)이 등장하게 된다.

다중양상성이 담화 장르의 초점을 넓히기 시작하면서, 말뭉치 언어학은 1세대 개념적 은유 이론의 성찰 방식과는 달리 자연적으로 발생하는 대량의 데이터를 체계적으로 분석함으로써 은유에 관한 담화 연구의 새로운 시대를 열었다.

일치성 도구는 말뭉치에서 검색어의 각 실례를 바로 앞뒤의 공동 텍스트와 함께 별도의 줄에 제공하며, USAS와 같은 도구는 단어의 의미 영역에 따라 주석을 달기도 한다. Semino(2017)가 암에 대한 WAR(전쟁) 관련 은유 사례에서 보여주듯이, 이는 훨씬 더 광범위한 은유 집합을 식별하는 것으로 이어질 수 있다. 이 결과에는 어휘소 war(전쟁)뿐만 아니라 암세포에 대한 chemo veteran(항암 베테랑) 및 invader(침입자)와 같은 표현도 포함된다. 영국 국립 말뭉치(BNC)를 기반으로 한 Stefanowitsch(2005)의 연구는 city in the (center/heart) of NP의 분포를 조사한 결과, city가 은유적 패턴에서 예상보다 약 2배 더 자주 발생한다는 사실을 밝혔다. heart의 은유적 사용은 THE CENTER IS THE HEART(중심은 심장이다)라는 은유적 사상이 보다 일반적인 OBJECT-AS-ORGANISM(유기체로서의 대상) 은유의 일부라는 점에 기인한다. 아나톨 스테파노비츠(Anatol Stefanowitsch)는 이러한 경향을 보여주는 일련의 패턴을 통해 작은 개체, 단순 형태, 명확한 경계, 구체적인 대상 또는 행위와 같은 게슈탈트 원리에 따라 이러한 은유 선호도가 발생한다고 결론지었다. Stefanowitsch(2005)의 연구와 유사하게, Deignan(2005, 2008)은 언어적 은유가 공동 텍스트에 의해 어떻게 제약을 받는지를 보여준다. 예를 들어, 말뭉치 분석에서 at any price(어떤 가격에도)의 은유적 의미가 문자적 의미보다 더 일반적이며, 이는 항상 구매 및 판매라는 의미 영역의 어휘소가 존재할 때 동시에 발생한다는 사실이 밝혀졌다. 그녀는 또한 은유적 평가가 실제 담화에서 어휘소의 다양한 형태적 굴절에 따라 달라질 수 있다는 영어 은행(Bank of English) 말뭉치의 증거를 제공한다. 단수 명사 rock은 긍정적인 은유적 의미(a rock of stability(안정성의 반석))를 갖는 반면, 복수 명사 rocks는 부정적인 의미(ending up on the rocks(바위 위에서 끝나는 것))를 갖는 경향이 있다.

담화 연구와 적절성이 높은 실제 사용에서 은유를 찾기 위한 방법론을 구체화하는 또 다른 방법은 프라글레자즈(Pragglejaz) 절차(Steen *et al*. 2010), MIP 또는 MIPVU(Metaphor Identification Procedure VU University Amsterdam)로 대표된다. 이는 어휘소나 구가 신체적 행동, 구체성 또는 정확성과 관련된 보다 기본적인 현대적 의미를 가지고 있고, 일반적으로 더 오래된 문맥에서 은유를 식별하는 데 사용된다. 린 카메론(Lynne Cameron)은 은유소(metaphoremes)가 표상적 문제를 넘어 언어적, 정서적, 인지적, 화용적 자질의 패턴으로 인식되어야 한다는 통찰을 바탕으로 은유소를 찾기 위해 더 역동적인 은유 중심 담화 접근 방식을 개발했다(Cameron 2008). 폭력 가해자와 피해자 중 한 명의 '화해 대화'에 관한 연구에서 카메론은 JOURNEY(여행)와 SEEING(보기) 은유가 어떻게 혼합되어 '엿보기(glimpsing)'와 같은 매체 표현에서 lock out(폐쇄하다)과 같은 새로운 반의어로 전환되는 일관된 은유적 시나리오로 발전하는지를 보여준다. 이를 통해 서로 다른 영역(SEEING(보기) 대 MACHINE(기계) 은유)에서 비롯된 대조되는 측면을 강조한다(Cameron 2016). 저자는 다음과 같이 주장한다.

대화에서 은유는 다양한 생각과 다른 화자 간에 확산되고, 연결되며, 때로는 단절되기도 하고 시작과 재시작을 반복하면서 대화가 발전하고 변화하는 역동적인 현상이다. 이러한 은유는 진행 중인 대화를 형성하기도 하고, 그 자체로도 형성된다.

Cameron 2008: 197

Charteris-Black(2016)은 만성 통증을 경험한 사람들과의 인터뷰를 통해 은유를 조사하며, 이들이 사용하는 복잡한 은유가 반복, 확장, 정교화, 혼합 은유에 이르기까지 다양하다고 언급한다. 그는 혼합 은유가 주로 만성 통증을 경험한 사람들의 언어에서 발생하며, 신체화된 경험의 강도를 '통제 불능(out of control)'으로 강조한다고 말한다. 이러한 근원영역의 충돌은 혼란스럽고 파괴적인 경험을 상징적으로 재연하는 반면, 은유를 반복하거나 확장하는 것은 치료나 약물 치료가 성공적일 때 더 자주 사용될 가능성이 높다(Semino 2017 참조).

최근의 연구는 음성언어 분석과 다중양상적 접근 방식을 통합하여 온라인에서 생성되는 은유를 세밀하게 분석하는 데 집중하고 있다. Cienki & Müller(2008)는 화자의 초점 주의의 역동적 흐름에 따라 은유성에 초점을 맞춘 상호작용적 담화에서 언어적 몸짓 은유에 주목하며, 은유성이 은유를 잠자기(sleeping)와 깨어나기(wakening)의 문제로 바꾼다고 주장한다. 단일서법적 은유는 언어적으로 또는 제스처로 한 가지 수준에서만 발생하지만, 다중양상적 은유는 주로 두 가지 양상에서 함께 표현된다. 예를 들어, 한 여성이 손바닥을 벌렸다가 닫으면서 점점 더 집착하는 10대 연인을 묘사하는 경우, 누군가 Either you're right you're wrong y'r black y'r white y'know(흑인이든 백인이든 당신이 맞든 틀리든 상관없다)라고 말하면서 동시에 오른손을 왼쪽에서 오른쪽으로 쓸어내리는 상황을 생각해 볼 수 있다. 이 경우 언어적 은유는 BLACK(흑)/WHITE(백)과 관련되지만, 제스처 은유는 LEFT(왼쪽)/RIGHT(오른쪽) 방향을 선택하여 둘 다 RIGHT(옳음)/WRONG(그름)으로 사상된다. 단일양상적 은유는 최소한으로 활성화되는 반면, 다중양상적 은유는 전경화된 운율, 말의 멈춤, 어휘 조정 장치, 제스처 공간의 광범위한 사용, 시선 방향 또는 시각적 공간에 은유적 표현을 배치하는 메타 커뮤니케이션 제스처와 같은 추가 수단에 의해 고도로 부각되고 추가로 전경화된다(Cienki 2008, Müller & Tag 2010: 94-100). Müller(2008)는 은유적 제스처가 지시적 기능뿐만 아니라 수행적 기능, 메타 내러티브 기능도 수행한다고 강조하며, 은유적 제스처의 화용적 영향에 초점을 맞추고 있다. 예를 들어, 손바닥을 위로 치켜들고 손을 벌리는 제스처는 청자에게 명백한 주장을 제시할 수 있고, 옆으로 털어내는 제스처는 불쾌한 주장을 사라지게 할 수 있으며, 종종 anyway(어쨌든)와 같은 담화 표지와 함께 사용되기도 한다.

3. 환유

환유는 "하나의 개념적 실체, 즉 수단이 동일한 이상화된 인지모형 내에서 다른 개념적 실체, 즉 목표에 대한 정신적 접근을 제공하는 인지 과정"으로 이해되어 왔다(Kövecses & Radden 1998: 39). 즉, 은유가 두 영역 사이에 대칭적 대응을 설정하는 반면, 환유는 "개념적으로 근원을 **전경화(foregrounding)**하고 목표를 **배경화(backgrounding)**함으로써" 비대칭적인 방식으로 대응을 설정한다(Barcelona 2002: 226). Littlemore(2015: 22-41)는 환유의 분류를 Radden & Kövecses(1999)가 제안한 것으로, 담화에서 환유의 기능을 설명하기 위해 실제 데이터에서 WHOLE AND PART(전체와 부분), PART AND PART(부분과 부분) 환유를 구별하는 출발점 역할을 한다. 그녀는 지배적인 PHYSICAL PART FOR WHOLE(물리적 부분이 전체를 대표한다) 환유가 대부분 신체 부위를 포함한다고 밝힌다. 예를 들어, The **hired hands** are here(고용된 손이 여기 있다; BofE)와 같은 표현은 개인을 가장 적절한 속성으로 축소하기 때문에 비인격화 효과가 강하며, 이는 환유가 불러일으키는 이미지로 인해 성차별적인 맥락에서도 널리 퍼져 있다. 예를 들어, I couldn't bear the way men regarded me as just a **pair of legs**(남자들이 나를 그저 다리 한 쌍으로 여기는 것을 견딜 수 없었다; BofE)라는 표현이 있다. 실제 담화에서 또 다른 현저한 유형의 환유는 He presented a **paper** to the Cambridge Philosophical Society(그는 케임브리지 철학 학회에 종이를 발표했다; BofE)와 같이 '헌법 ICM'과 관련된 환유이다. 여기서 대상의 구성요소는 그 자체를 지칭하는 데 사용되며, 환유는 언어 이해의 중요한 전제조건으로 다양한 담화 공동체가 언어에 부여하는 특정 의미에 대한 필요한 지식을 반영한다. 문법적 사용 형태는 환유의 담화 기능을 가리킬 수도 있다. 예를 들어, Yoko had a separate closet just for her **furs**(요코는 모피만을 위한 별도의 옷장을 가졌다; BofE)와 Politically-correct women can no longer wear **fur**(정치적으로 올바른 여성은 더 이상 모피를 입을 수 없다; BofE)를 비교해 보라. 첫 번째 문장에서 복수형을 사용한 것은 모피 착용이 부를 상징한다는 사실을 강조하는 반면, 두 번째 문장에서 단수형을 사용한 것은 모피가 부정적으로 평가되는 맥락을 불러일으킨다. 지넷 리틀모어(Jeannette Littlemore)는 범주 PART FOR PART(부분은 부분을 대표한다) 환유에서, He decided to buy himself a **Rolex**(그는 자신에게 롤렉스를 사기로 결심했다)"와 같은 표현의 PRODUCER FOR PRODUCT(생산자는 생산품을 대표한다) 환유가 고가의 고품질 제품에 자주 사용된다는 것을 보여준다. 주민들을 위한 장소 환유는 종종 강력한 쌍곡선 효과를 내며, The **entire village** is expected to give samples at a local blood unit(마을 전체가 지역 혈액원에서 검체를 채취할 것으로 예상된다; BofE)과 같은 예로 '기분 좋은 이야기'를 만들 수 있다.

환유와 은유의 관계에 대한 연구는 Goossens(1990)의 선구적인 연구에 의해 시작되었다. 그는 '은유 내 환유'(예: bite one's tongue off(실언을 후회하다))와 '환유로부터 은유'(예: close-lipped(입을 닫다))라는 두 가지 빈번한 현상을 언급하기 위해 '은환유(metaphtonymy)'라는 개념을 제안했다. 루이스 구센(Louis Goossens)은 여전히 자신의 개념을 특정 표현의 작은 규모와 연결짓고 있지만, Denroche(2018)는 2012년 런던 올림픽 자원봉사자를 모집하기 위한 런던 지하철의 광고에서 볼 수 있듯이 담화를 언급하기 위해 '텍스트 은환유'라는 용어를 도입했다.

> 엄마가 집에 오실 때 집 안을 간단히 정리해 드리는 거 아시죠? 그게 바로 우리가 하는 일이죠. 우리의 flat은 런던이고 우리의 mum은 다가오는 전 세계라는 점만 빼면요. 그래서 우리는 2012년 런던 올림픽에 맞춰 런던을 청소하고 있어요. 하지만 큰일이라서 여러분 같은 분들에게 도움을 요청하고 있어요. **쓰레기를 줍고, 낙서를 지우고, 꽃을 심어야 해요(We have litter to pick, graffiti to scrub, and flowers to plant)**. [···]
>
> Denroche 2018: 7

이 광고는 확장된 은유인 LONDON IS A FLAT(런던은 평평하다)으로 구성되며, 게임을 시작하기 전에 수행해야 하는 작업 목록이 포함된 '환유 다발'이 추가로 포함되어 있다.

Deignan(2005), Charteris-Black(2003), Deignan(2008)의 말뭉치 자료에 따르면, 환유와 은유 사이의 상호작용에 의해 생성되는 언어 표현이 순수 은유나 순수 환유보다 더 많다고 한다. 또한 1세대 인지언어학에서 제안한 내성적 예시처럼 그 경계가 항상 명확한 것은 아니다. Deignan(2008: 192)은 to keep an eye on(주시하다)이라는 표현과 관련된 실제 데이터에서 발견된 사례를 통해 이 점을 설명한다. 예를 들어, (i) "이것은 줄리아가 요리를 하는 동안에도 두 어린 자녀를 **계속 주시할(keep an eye on)** 수 있다는 것을 의미한다"(환유), (ii) "종종 어떤 계획은 몇 년 동안 지원이 필요하다. 이 기간 동안 감독은 진행 상황을 **주시할(keep an eye on)** 것이다"(환유로부터 은유), (iii) "[이 일]은 임대료를 징수하고 일부 주택 조합 아파트를 **주시하는(keeping an eye on)** 것을 수반한다"(불분명). 영어와 이탈리아어의 주요 언어 본문 항목 간의 비교 말뭉치 연구에서 Deignan & Potter(2004)는 어휘소 nose(코), mouth(입), eye(눈), heart(심장)뿐만 아니라 이탈리아어의 naso, bocca, occhio, cuore를 조사했다. 가장 눈에 띄는 발견은 은유와 환유의 상호작용이 가장 많이 사용된다는 점이다. 예를 들어, 은유적 표현인 mouth of the river(강의 어귀)와 같이 환유적으로 배경화되고 후-수식되는 경우가 많다. 두 언어의 대부분의 표현은 관습적인 표현인 Put words in someone's mouth, mouth-watering(누군가의 입에 군침이 도는 단어를 넣는다), live hand to mouth(손에서 입으로 전해지는)처럼 말하거나 먹는 것을 나타내는 mouth/bocca와 같은 환유적 용법에서 파생된다.

Forceville & Urios-Aparisi(2009)의 이론적 뼈대에 따라 진행된 거의 모든 다중양상적 담화 연구는 은유와 환유의 상호작용에 대한 새로운 시각을 제시했다. Hidalgo-Downing & Kraljevic(2013: 164-168)의 연구는 21세기 초에 발표된 52개의 정보통신 기술 광고를 대상으로 하여 이러한 점을 잘 보여준다. 한 광고에서는 빨간색 배경에 녹색 신호등을 클로즈업하여, 텍스트가 있는 큰 녹색 사각형 아래에 있는 정사각형 형태로 표시하고 있다.

꿈이 현실이 되었다.

더 많은 고속도로, 더 적은 노상 분노. 데이터 잼. 인터넷 중단. 낙하. 충돌. 항상 러시아워인 것 같다. 그러나 애질런트(Agilent) 시스템과 기술을 통해 전 세계 주요 통신 네트워크는 더 빠르게 이동하고 더 많은 것을 처리하며, 문제를 방지하고, 손쉽게 통합할 수 있다. 즐거운 운전이 되길 바랍니다.

애질런트 테크놀로지스

HP 방식을 혁신하다.

Hidalgo-Downing & Kraljevic 2013: 166

이 광고에서 기본 환유적 연쇄는 두 가지로 나눌 수 있다. (i) 부분-전체 관계에서 전체 신호등을 나타내는 녹색 신호등과 (ii) 도구-행위의 환유적 관계에서 움직이기 시작하는 허가를 나타내는 전체 신호등이다. 이러한 환유는 이미지와 텍스트의 상호작용과 관련된 두 가지 은유, 즉 INTERNET IS A HIGHWAY(인터넷은 고속도로이다)와 THE ADVERTISED ICT COMPANY IS A GREEN LIGHT(광고하는 ICT 기업은 청신호이다)에 대한 접근을 제공한다.

제스처 연구 분야에서 Mittelberg & Waugh(2009, 2014)의 연구에 따르면, 제스처에 대한 대부분의 은유적 해석은 본질적으로 환유 해석을 첫 번째 단계로 포함한다. 제스처 기호 형성은 "이전에 여러 번 경험했거나 처음으로 상상했든 실체, 아이디어, 행위 또는 사건의 현저한 특징이나 결정적인 순간을 골라내는 것"으로 추상화를 포함한다(Mittelberg & Waugh 2014: 1747). 따라서 이야기의 틀을 그리는 손동작의 경우, 문자적 이해에서 은유적 이해로의 전이는 첫 번째 단계로 전체 틀에 대한 힌트를 주는 각도의 흔적을 그리는 것으로 진행된다. 그런 다음 두 번째 은유적 단계에서 이 틀은 전달되는 이야기의 틀로 해석될 수 있다(Mittelberg & Waugh 2009: 337).

4. 혼성

질 포코니에(Gilles Fauconnier)와 마크 터너(Mark Turner)의 연구는 담화의 혼성을 다루는 데 있어 중요한 출발점으로 여겨진다. Fauconnier(1997: 192)는 신문 사설을 예로 들어, 일상적인 행위와 발화에서 창조적인 온라인 혼성을 수행할 수 있는 우리의 능력을 설명한다. 예를 들어, "미국은 우리가 스스로 파놓은 얄팍한 무덤에서 스스로를 파헤칠 수 있는 위치에 있다"라는 표현은 기존의 무덤 파기 은유를 바탕으로 하여 무덤의 깊이를 어려움의 심각성으로 사상하고, 무덤 파는 사람을 발굴을 통해 부활하는 죽은 개인으로 표상하는 새로운 혼성을 정교화한다. Fauconnier & Turner(2002: 65-67)는 다중양상적 담화에 주목하며, 2001년 교육 우수성 파트너십 웹사이트의 광고를 예로 들고 있다. 이 광고는 미국 학교의 수준 저하를 막기 위한 싸움을 지지하도록 독자들을 설득하는 내용을 담고 있다. 광고에는 겨우 7세인 세 명의 어린이가 수술실에서 등장하며, Joey, Katie, Todd will be performing your bypass(조이, 케이티, 토드가 우회술을 시행할 것이다)라는 문구가 적혀 있다. 이 광고는 첫 번째 입력공간에서 교육을 받지 않은 어린이를, 두 번째 입력공간에서는 정식 교육을 받은 의사를 보여줌으로써 분석된다. 여기서 생성된 개념적 통합망은 원인, 공간, 정체성, 변화 및 시간 수준의 관계를 혼성 내부에 압축한다. Turner(2015: 225-228)는 광고와 포스터가 일반적으로 "한 주제에 대해 사고할 때 활성화되고 연결되는 일련의 정신적 공간"(Turner 2015: 212)으로서 방대한 정신적 웹을 압축하는 직시적 및 지표적 의사소통 요소의 투사를 포함한다고 주장한다. 예를 들어, 모병 포스터에서 Uncle Sam이 I want you for U.S. Army(미군으로 오시오)라고 말하는 장면은 단일 Uncle Sam도 특정 I도 특정 you도 특정한 한 사람만을 향한 담화가 아니기 때문에 **탁월한** 압축을 표상한다.

혼성 이론은 온라인 생산과 관련이 있지만, 모든 의사소통 맥락에서 분석하고자 하는 표현을 추출하고 분리함으로써 상호작용적 현상을 배제한 채 인지에 국한되어 있다는 비판을 받아왔다(Brandt & Brandt 2005).

Schröder(2015)의 연구는 2005~2008년 브라질과 독일에서 서면 및 구어 담화에 대한 보다 비교 연구를 통해 독일 데이터에서 개념적 혼성으로 기술될 수 있는 '복합 영상도식'이 활성화되는 경향이 더 크다는 것을 밝혀냈다. 이는 VERTICALITY+PATH(수직성+경로), CONTAINER+PATH(용기+경로), VERTICALITY+CONTAINER+PATH(수직성+용기+경로) 등 당시 독일 사회가 겪은 변화와 일치한다. 그러나 담화별 시나리오를 면밀히 살펴보면 기호학적 혼성이 온라인 구성을 통해 문맥 특정적, 의미-화용적 적절성을 달성하는지를 알 수 있다. 브라질 데이터에는 의인화와 같은 영상성이 높은 혼성이 많았고, 영상도식의 혼성은 적었다. 울리케 슈뢰더(Ulrike Schröder)는 의사소통자가 특정한 의도를 가지고 의미를 협상하는 전체 환경을 통합하는 '적절성 공간'(Brandt & Brandt 2005)과 같은 기호학적 요소로 혼성 이론을 확장하는 것이 그러한 통합망의 맥락적, 문화적 특성을 이해하는 데 필수적이라고 강조한다.

의미구성의 담화적 발전에 대한 연구로는 전 백악관 대테러 특별보좌관인 리차드 클라크(Richard A. Clarke)와 라디오 인터뷰를 바탕으로 '점 연결하기(connecting the dots)'라는 관습화된 표현을 창의적으로 정교화한 Oakley & Coulson(2008)의 연구가 있다. 면접관은 이 표현을 소개하면서 FBI, CIA 및 NASA와 같은 서로 다른 기관이 "점을 연결(connect the dots)"하지 못했는지 묻고, 9/11 사태와 관련하여 이 표현이 이미 관습적으로 사용되었다고 언급한다. 이 표현은 "Connect the Dots"라는 게임으로 인해 문자적 의미가 확고해졌으며, 개념적 은유 KNOWING IS SEEING(아는 것은 보는 것이다)에도 고착화되어 있다. 클라크는 "하지만 **당신에게 비명을 지르는 점들**이 있다"라고 주장하며 다른 정치인의 입장을 부정한다. 이 혼성에서 점들은 더 큰 그림의 일부가 아니라 "담화 일관성과 논증적 목표의 상호연결된 요구에 부응하기 위해 문화적, 언어적, 상황적 지식의 교차점에서 나타나는"(Oakley & Coulson 2008: 47), '가상적 상호작용'에 참여하는 지각 있는 존재들이다. Pascual(2008)은 제도적 상호작용에서 '가상적 상호작용 혼성'이 법정 상호작용에서 발생하는 대면 대화의 틀과 정신적 공간의 개념적 통합으로 인해 단순한 혼성으로 나타나는 방식을 밝힌다. 에스더 파스쿠알(Esther Pascual)은 공식적인 법원 기록과 방송 자료, 그리고 미국에서 세 차례에 걸친 유명 살인 재판의 민족지학적 기록에 근거하여 최후 변론 반박이 원고측 변호사가 마치 검찰측이 출석한 것처럼, 그리고 그 연설이 배심원들을 향한 것이 아니라 실제로는 하루나 이틀 전에 이야기할 수 있었던 판사나 변호인을 향한 것처럼 직접 '응답'하는 시나리오를 구성한다는 것을 보여준다(Pascual 2008: 84).

5. 구문

구문문법은 문법 지식이 구성적으로 파생될 수 없고, 어휘적으로 특정한 것부터 완전히 도식적인 것까지 다양한 정도의 도식성을 나타내는 형태-의미 쌍을 포함하므로 구문과 어휘 사이의 고전적인 대립이 더 이상 성립되지 않는다고 주장한다(Goldberg 2006: 5). 지난 30년 동안 구문에 대한 연구는 단순히 '미리 포장된 전체'로 실례화되지 않는 담화에서 구문의 상호작용적 의미와 기능에 대한 관심이 높아지기 전까지 내성적으로 생성된 사례에 엄격하게 제한되어 있었다. 구문문법과 인지언어학의 두 연구 분야는 통사적, 운율적, 어휘적, 화용적, 순차적, 제스처 정보를 차례로 구문적 단위 또는 구문에 통합하여 전체론적으로 접근하는 비-환원주의적이고 최대주의적인 접근 방식을 유지한다(Auer 2006: 291-294, Fried & Östman 2005). 예를 들어, Fried & Östman(2005: 1763-1773)은 체코 국립 말뭉치(Czech National Corpus, PMK)를 연구하고, 종속 접속사 jestli가 자연스러운 담화에서 '인용 질문', '정중한 질문', '수사적 질문'을 어떻게 도입하는지를 기술한다. 저자들은 모든 용법이 간접성을 표현하는 개념적 아이디어와 관련이 있다는 결론을 내리고, jestli 패턴의 기능적 사상을 설정한다. Auer(2006: 304-311)는 독일의 **빅 브라더(Big Brother)** 첫 시즌의 사례와 면접 및 그룹 토론을 기반으로 독일어로 '투사하는 so의 이분적 구문'를 관찰한다. 연구 결과는 so의 용법이 (i) 교체된 발화에서 인용 입자로 und ich **so**(그리고 나는), (ii) '큰 패키지'의 사전으로: es IST so(다음과 같다) 또는 (iii) 정도-연속 구문: ich bin: — **so** weit Untn, ich KANN einfach gar nimmer weiter runter(너무 우울해서 더 깊이 들어갈 수 없다)로 사용되는 것을 보여준다. s=is mir **SO** WURSCHT(전혀 상관없다)와 같이 한 부분만 있으면 구문이 더 평가적으로 바뀌므로 so가 강조 입자로 기능한다. 세 가지 독일어 말뭉치의 100개 토큰을 기반으로 Deppermann(2006)은 다음을 표현하는 타원형 서법 구조의 문법화에 해당하는 '의무적 부정 구문'을 분석한다. 즉, (i) 아버지가 아들에게 말한 erst hausaufgaben dAnn fernsehen(숙제 먼저, 그다음 TV 시청)에서와 같이 '허락' 행위 (ii) 아버지의 요청에 대한 아들의 대답으로 jetz machste-(-) hh erst mA: l dein zImmer"—"Immer Aufräumen(지금 우선 네 방을 치워—항상 정리 정돈해)과 같은 '불평' 행위 (iii) 또는 의사가 형식화한 '요청' 행위로, jetzt den kopf zu mIr drehen(이제 머리를 내 쪽으로 움직이다)이라고 표현한다. '의무적 부정 구문'의 한 가지 효과는 서법 구문이나 명령법과 달리 수사학적 이점을 지닌 행위자의 불확정성이다(Deppermann 2006: 242-249).

구문문법은 최근에야 더 큰 문장 패턴에 대한 분석을 확장하기 시작했다. 따라서 '구문적 담화'

를 구성하는 더 큰 단위, 예를 들어, **It all comes back to me now**, said the captain, as he faced into the wind(이제 모든 것이 내게 되돌아온다고 선장이 바람을 마주하며 말했다)와 같은 명언의 희화화(Wellerisms)도 존재한다. 이는 유지해야 하는 특정 상황을 요구한다. 스웨덴어에서 (i) 반응적 행위(상호작용)로서 같은 공동체의 다른 사람이 한 말을 순차적으로 따라 하며 동지애를 증진하고, (ii) 화자들을 공동의 문화사에 고정시키는 데 사용되며(일관성), (iii) 추가로 영향(적절성)을 포함한다. 이러한 요소는 (iv) 담화 패턴(레시피, 동화 등), (v) 특정 활동(논증, 설명, 서술 등), (vi) 배경화(전경, 배경), (vii) 비언어적 측면(제스처, 위치, 시선), (viii) 사회언어학적 변이(연령, 성별, 교육 등)와 같은 다른 요소들과 함께 설명되어야 한다(Östman & Trousdale 2013). Antonopoulou & Nikoforidou(2011)는 대화 분석가들이 보여준 것처럼 담화 패턴이 전화 통화에서 쉽게 찾을 수 있는 기대의 맥락으로 볼 수 있다고 주장한다. 이 경우의 구문은 (i) 의미 틀: 친구들 간의 전화 통화, (ii) 담화의 역할과 행위: 소환-응답, 신원 확인 인식, (iii) 타원형 고정 수식, 선언문과 의문문, (iv) 발화 단위인 hello, This is X 등이다. 상호작용 구문 연구에서 담화의 상황적 맥락을 통합하는 방법은 Fischer(2006)가 제기한 질문이다. 안정적이고 고정된 패턴으로 저장되고 특정 틀에 의해 의미가 즉시 활성화되는 get well과 같은 관습적 공식과는 달리 다른 표현들은 상황적으로 내포되어 있다. 그녀는 상호작용적 담화에서 입자 okay를 분석하여 okay-check, okay-agree, okay-feedback, okay-framing, okay-comply, okay-repair와 관련된 토큰을 대략적으로 드러냄으로써 자신의 요점을 예증한다(Fischer 2006: 349-354). 추가 연구에서 Fischer(2015)는 oh(Heritage 1984)라는 구문을 네 단계로 도식화할 수 있는 상호행위적 교환의 구문으로서 인지적 의미를 분석한다.

A: repairable (수리 가능)
B: repair initiation/understanding check (수리 시작/이해 확인)
A: repair/confirmation/disconfirmation (수리/확인/미확인)
B: **oh**-receipt (오-영수증)

oh는 화자가 일종의 '상태 변화'를 겪었고 상호작용 작업을 수행했음을 나타내며, 정규적으로 평가가 뒤따르기 때문에 형태-의미 쌍으로 정보를 제공한 후 **oh**-PLUS-ASSESSMENT(오-더하기-평가) 도식이 된다(Heritage 2005, Fischer 2015: 569).

6. 관점

분신(alter ego)의 행동에 대한 경험은 다른 사람을 자신과 같은 의식적인 사회적 행위자로 대하는 능력의 근본적인 기반을 형성한다. 결과적으로 언어는 우리 뇌에서 필연적으로 관점이 필요한 시뮬레이션을 '실행'하도록 자극하고, 의사소통은 신체화된 신경계의 관점 표현을 활성화한다. Sweetser(2012)에 따르면, 언어적 관점을 구성하는 요소는 다음과 같다. (i) 화자와 수신자의 국부적 참조(예: here(여기), there(거기) 등), (ii) 화자와 수신자의 시간적 참조(예: now(지금), tomorrow(내일) 등), (iii) 화자와 수신자가 know(알다), think(생각하다), presuppose(전제하다) 등으로 가정하는 것, (iv) 참조점 식별(한정사 a, the), (v) 사회적 상호작용에 대한 화자의 해석(발화 형태, 경어 표지), (vi) 인식론적 태도(접속사 및 증거성 표지 if, when 등), (vii) 화자의 가정(전제적 어휘 항목), (viii) 화자와 수신자가 느끼는 것, (ix) 틀 부여(예: stingy(인색한)의 반대인 thrifty(검소한)), (x) 화자의 감정적 평가(정서적 표지)이다. 예를 들어, 소르본 대학교의 한 남자 교수는 그의 친구인 초청 연사를 소개할 때 사회적 관점이 어떻게 바뀌는지를 생각해 볼 수 있다. 강연 전에는 서로의 이름을 부르며 비공식의 프랑스어 2인칭 대명사 tu를 사용하지만, 마이크를 통해 공식적인 환영사가 시작되면 '다른 사람'의 관점을 암시하는 공식적인 발화 대명사인 vous를 사용하여 Professor X(교수자 X)로 바뀐다(Sweetser 2012: 8-12).

담화 연구에서 '관점'은 사건이나 장면에 대한 개념화자의 관점을 언어 사용자가 보고하는 사건을 정신적으로 시뮬레이션하는 방식으로 이해할 수 있기 때문에 매우 중요하다. 예를 들어, 직접 화법에서 인용문 The man said, I ate a lobster(그 남자는 랍스터를 먹었다고 말했다)는 청자가 '기저 공간', 즉 화자의 현실에서 '이야기 공간'인 지시체의 현실로 관점을 전환하도록 유도한다(Parrill 2012: 98-102). Nikiforidou(2012)는 19세기 소설의 원형적 구문인 Past + now 구문에 반영된 과거시제 동사와 근접 시간적 직시어의 동시 발생을 연구하며, 서술자로부터 서술된 사건(들)에 가깝거나 내부에 있는 지점으로의 원근화법의 전이를 드러내는 내러티브 독백적 텍스트 유형을 분석했다. 또한 Vandelanotte(2012)는 관점을 직접적, 간접적, 자유 간접 발화 또는 사고와 관련지어 행위자의 발화와 사고에 대한 서술자의 영향력이 다른 정도에 따라 달라진다고 설명한다. 직접 발화 또는 사고(DST)는 표상된 화자의 직시적 중심으로의 완전한 직시적 전이를 나타내는 반면, 자유 간접 발화 또는 사고(FIST)는 일반적으로 Past + now 구문이 반영하는 것과 같은 부분적인 직시적 전이가 특징이다. 간접 발화와 사고(Indirect Speech and Think, IST)도 최소한의 전이를 허용한다. 리벤 반델라노테(Lieven Vandelanotte)는 이 연속 변이의 추가 단계로 '간접 발화 또는 사고 거리두기(DIST)'를 소개하는데, 전형적으로 보고된 자료는 현재 화자의 단일 직시적 관점에서 통사적으로 더 자유로운 종류의 통사론으로 제공된다. 예를 들어, John will be late, he said(존은 늦을 것이라고 말했다)는 현재 화자의 관점이지만 타인의 관점이기도 하며(DIST), He would be late, John said(그는 늦을 것이라고 존은 말했다)는 표상된 화자의 관점(FIST)이다. Vandelanotte(2012: 210-211)에 따르면, '간접 발화 또는 사고 거리두기(DIST)'에 내재된 '담화 거리'는 현재 화자가 증거를 제시하거나 아이러니를 표현하는 것과 같은 현재 담화의 목적을 위해 수몰된 표상적 화자의 사고나 발화를 사용할 수 있게 해 준다.

McNeill(1992: 118-119)은 제스처의 관점에 주목한 최초의 학자 중 한 명이다. 그는 제스처에 대한 심리적-인지적 접근뿐만 아니라 상호작용-화용적 접근을 통해 제스처가 묘사되는 행동의 관점을 전달할 수 있는 두 가지 방식을 구별한다. 어떤 담화의 서술자가 이야기 내부의 관점을 채택하여 마치 사다리를 오르는 것처럼 팔을 위아래로 움직이는 캐릭터 관점(Character's Viewpoint, C-VPT)을 예로 들 수 있다. 이와는 반대로, 그는 손이 장면의 일부가 아닌 캐릭터 전체를 형성하고 위로 올라가게 하여 이야기 자체와 거리를 두는 관찰자 관점(Observer Viewpoint, O-VPT)을 통합할 수도 있다. 즉, 관찰자 관점(O-VPT) 제스처는 제스처 공간에서 화자의 몸을 배제하는 반면, 캐릭터 관점(C-VPT)은 참여형이다. 서술자는 때때로 관찰자 관점(O-VPT) 제스처와 캐릭터 관점(C-VPT) 제스처를 동시에 결합하여 이중 관점 제스처(Dual Viewpoint gestures)를 생성하기도 한다(McNeill 1992, Parrill 2012) 언어, 인지 및 상호작용에 대한 신체화되고 다중양상적 이해를 옹호하기 위해 담화에서 제스처에 관점을 적용하는 것은 현재 점점 더 많은 관심을 받고 있는 연구 분야이다. Mittelberg(2017)는 이중 관점에 대한 맥닐(David McNeill)과 패럴(Fey Parrill)의 통찰력을 따르며, 사람들이 생활공간에 대한 어린 시절의 기억과 같은 공간 경험을 묘사할 때 경험적 몰입에서 다중 관점 구문이 어떻게 실현되는지를 설명한다. 독일의 한 건축학과 학생은 매일 유치원에 가기 위해 계단을 내려가는 모습을 '혼합된 관점'으로 묘사하는데, 화자의 몸과 머리, 시선은 위에서 어떤 장면을 관찰하는 사람의 모습을 보여주지만 동시에 집게손가락은 관찰자의 관점에서 자신의 행동을 묘사하며 1인칭 단수형을 사용하여 구두로 자세히 설명하고 있다. Sweetser & Stec(2016)는 제스처 외에도 손, 몸통 자세, 머리 방향, 특히 얼굴 표정과 시선 등 다중양상적 조음자가 구두 서술에서 관점의 이동을 나타내는 데 중요하다는 것을 보여준다. 여기에는 위나 아래를 쳐다보며 '사고하기'를 표시하거나 대담자의 승인을 위해 '확인하기'를 하는 등의 기억 접근을 표시하는 시선의 담화적 사용과 제정된 인물의 시선 교대와 같은 내용적 사용이 포함된다. 예를 들어, 이야기 공간(Story Space)에서는 공무원이 문서를 들고 있는 동작을 표상하기 위해 손이 움직일 수 있지만, 서술자의 얼굴과 시선은 이야기 공간에서 현실 공간(Real Space)의 대담자에게로 향하여 삽입된 질문에 답할 수 있다. 이를 '관점 내포화(viewpoint embedding)'라고 한다. 즉, "내러티브의 신체와 캐릭터 신체가 동시에 구현되며 그 결과 하나의 신체화된 관점이 다른 관점에 생생하게 내포된다"(Sweetser & Stec 2016: 240).

7. 담화 모형

서론에서 간략히 살펴보았듯이, 담화 분석 전반에 대한 인지적 뼈대를 제시하려는 시도가 여러 차례 있었다. Langacker(2008)의 담화에 대한 획기적인 연구는 기본 개념에 대한 의제를 설정했다. 결론적으로 중요한 것은 Langacker(2008: 466-468)의 '현재 담화 공간(current discourse space, CDS)'이 담화의 흐름에서 특정 순간에 화자와 청자가 의사소통의 기초로 해석하고 공유하는 요소와 관계로 구성된 정신적 공간으로서 매우 중요한 의미를 지닌다는 점이다. 이는 개념화자와 개념화 대상 사이의 관계를 구성하는 '보기 배열(viewing arrangement)'로 이루어진다. 기술된 상황은 관찰, 회상 또는 상상할 수 있으며, 전경화된 관계에 참여하는 대담자는 개념의 주체이자 객체로서 이중적 역할을 수행한다. Langacker(2008: 493)의 또 다른 중요한 두 가지 원칙은 일관성과 응집력이다. 그는 담화를 접근 가능한 출발점으로 삼아 주어진 것에서 새로운 것으로 나아가는 정신적 경로를 구축하는 것으로 이해한다. 예를 들어, I looked in the kitchen. Several dead rats were on the counter라는 문장은 이상하게 들리는 반면, I looked in the kitchen. On the counter were several dead rats(나는 부엌을 들여다봤다. 조리대 위에 죽은 쥐들이 여러 마리 있었다)는 잘 이해된다. 이는 조리대가 명시적으로 언급되지는 않았지만 이미 담화 공간(CDS)에서 접근할 수 있기 때문이다. 주방이 소개되었으므로 주방에 조리대가 있을 것으로 예상할 수 있고, 따라서 주방에 주의를 집중하면 조리대는 접근 가능한 위치가 된다.

Langlotz(2015)는 래내커의 현재 담화 공간(CDS) 모형을 인지문법과 로렌스 바살로우(Lawrence W. Barsalou)의 상황화된 개념화의 동적 모형과 연결하여, 맥락에서 의미구성에 대한 근거 있는 사회인지적 모형을 제시한다. 그의 목표는 의미의 상황적 상호작용 협상과 장르 시뮬레이터 형태의 음성 장르의 기초가 되는 담화적 지식 사이의 간극을 메우는 것이다. 그는 자신의 주장을 설명하기 위해 스위스 관광청의 두 가지 순서에 대해 논의한다. 하나는 원형적 스크립트를 따르고, 다른 하나는 그 스크립트에서 벗어나는데, 이를 통해 제도화된 대화 내 상호작용이 어떻게 국부적이고 기회주의적으로 관리되는지를 드러낸다. 래내커의 현재 담화 공간에 따르면, 대화 차례의 국부적 관리는 언어 표현의 '전향적'과 '회고적' 방향성을 따른다. 화자와 청자는 '보기 틀'이라고 하는 상호 관심의 초점에 있는 참조 개체를 향해 공동의 방향을 잡는다. 의사소통 파트너는 상호작용하고 대화식으로 협상하며, 상호 지침을 조정하여 현재 담화 공간(CDS)을 수정함으로써 복잡한 의미 구조를 동적으로 해석할 수 있다. Barsalou(2005)의 상황화된 개념화 모형은 특정 상황에서 개념을 활성화할 때 인식자가 '시뮬레이션'을 통해 상황화된 개념화의 형태로 지각 경험을 재구성한다는 사실을 이해하는 데 도움이 된다.

Hart(2015: 327-329)는 Croft & Cruse(2004)의 네 가지 일반적 인지 원리에 대한 실례화로 분류된 해석 작업을 기반으로 한다. 즉, (i) 게슈탈트, (ii) 비교, (iii) 주의, (iv) 관점 그리고 네 가지 '담론 전략'이 이에 해당한다. (i) 구조적 구성화 전략은 특정 영상도식적 표상을 부과하는 것과 관련되고, (ii) 틀 부여 전략은 개체, 행위자, 행동, 관계 및 과정에 대한 특정 특성을 부여하는 것과 관련되며, (iii) 식별화 전략은 개념화에서 사회적 행위자가 표상되는 현저성과 관련되고, (iv) 위치 지정 전략은 공간, 시간 또는 서법적일 수 있으며 관점과 관련되어 있다. 크리스토퍼 하트(Christopher Hart)에 따르면, 모든 인지 원리와 담화 전략은 이념적 잠재력을 지니고 있다. 예를 들어, (iii) 주의(Attention): 윤곽화는 ACTION(행위) 도식을 호출한다. 그러나 행위자가 없는 수동 구문은 머리기사에서 볼 수 있듯이 도식 PATIENT(피동작주)만 윤곽화한다. Seven killed in Afghanistan Koran burning protests(아프가니스탄 코란 소각 시위에서 7명 사망)와 같이 '살해'의 행위자가 명시되지 않은 제목에서 그 예를 볼 수 있다.

8. 결론

이 장은 인지언어학 연구 분야에서 담화 연구의 발전을 소개하는 것을 목표로 한다. 구체적으로 세 가지 목표를 제시한다. (i) 지난 20년 동안 담화 연구에서 활용된 개념이 어떻게 다양해졌는지를 보여준다. 이제 은유는 담화 분석에서 전반적으로 지배적인 인지 도구로 간주될 수 없는 상황이다. (ii) 담화 연구가 단순한 비판적 담화 분석 관점을 넘어서 발전하는 과정을 보여준다. (iii) 상호작용적 구어 및 다중양상적 담화 접근 방식이 현재 연구뿐만 아니라 미래의 새로운 연구 의제와 과제를 어떻게 설정하는지를 설명한다.

더 읽을거리

Dancygier, B., & Sweetser, E. (Eds.). (2012). *Viewpoint in language: A multimodal perspective*. Cambridge: Cambridge University Press. (이 책은 내러티브, 문학, 언어, 제스처 현상에 대한 인지적 관점에서 다양한 양식과 담화 맥락에서 의사소통적 선택을 조사하여, 관점의 역할과 구조를 밝히는 데 기여한다.)

Forceville, C., & Urios-Aparisi, E. (Eds.). (2009). *Multimodal metaphor*. Berlin and New York: Mouton de Gruyter. (이 책은 문어, 구어, 정적 및 동적 이미지, 음악, 비언어적 소리, 제스처를 고려하여 은유를 단순히 언어의 한 방식으로 이해하던 것에서 다중양상적으로 전환하는 과정을 묘사한다.)

Hart, C. (2015). Discourse. In E. Dabrowska & D. Divjak (Eds.), *Handbook of cognitive linguistics* (pp. 322-346). Berlin and Boston: De Gruyter. (이 핸드북에서는 언어가 이념적으로 기능하는 방식을 보여주기 위해 사회적 실천에서의 언어, 특히 미디어와 정치 담론으로 이해되는 인지언어학의 담론에 초점을 맞춘다. 이를 통해 인지언어학과 비판적 담화 분석 사이의 교차점에서 가장 최근의 발전을 보여준다.)

Oakley, T., & Hougaard, A. (Eds.) (2012). *Mental spaces in discourse and interaction*. Amsterdam and Philadelphia: John Benjamins. (이 책은 정신공간과 개념적 통합 내의 연구 영역으로서 담화 영역의 연구를 한데 모아 두 가지 주요 발전을 반영한다. 첫째는 혼성 작업과 의미 구성의 맥락적 및 상황적 요인과 관련된 것이고, 둘째는 화용론, 텍스트 언어학, 담화 연구 및 상호작용 연구의 새로운 다양성과 관련된 것이다.)

Zima, E., & Brône, G. (2015). Special issue on cognitive linguistics and interactional discourse. *Language and Cognition*, 7. (이 특집호에서는 인지적 관점에서 음성언어 영역의 연구를 수행하는 방법을 보여주는 논문들을 모았다. 인지언어학의 기본 가정 중 하나는 언어의 용법 기반 언어 모형이 다자간 언어 사용에 기반을 두고 있다는 것이므로, 이 글에서는 상호작용 담화와 관련된 인지언어학의 최신 기술에 대해 논의한다.)

제29장
수어와 인지언어학

1. 도입

'수어(Sign language)'는 전 세계의 청각 장애인들이 모국어 또는 기본 언어로 사용하는 자연스러운 인간 언어이다. 수어는 여러 대륙에 걸쳐 널리 사용되는 미국 수어(ASL), 브라질 수어(Libras), 카탈루냐 수어(LSC)와 같은 언어뿐만 아니라, 고립된 원주민 공동체에서 청각 장애 아동이 태어날 때 자연스럽게 발생하는 마을 수어를 포함하는 광범위한 범주이다.

수어는 보편적인 언어가 아니며, 각 수어는 고유한 언어로서의 특성을 가지고 있다. 수어는 어족에 따라 서로 관련이 있으며, 예를 들어 프랑스 수어 어족에는 프랑스 수어, 미국 수어, 브라질 수어, 튀니지 수어, 러시아 수어 등이 포함된다. 영국 수어 어족에는 호주 수어(Auslan), 뉴질랜드 수어, 스리랑카 수어 등이 포함된다. 언어학자들은 140개 이상의 수어를 문서화했으며, 매년 새로운 수어가 발견되고 있어 이 숫자는 실제보다 적게 나타날 가능성이 있다.

2. 역사적 관점

수어에 대한 우리의 이해에는 많은 통념과 오해가 존재한다. 수 세기 동안 수어는 언어로 간주되지 않았고, 오히려 음운론, 형태론, 단어 형성, 통사론 등 언어의 특징이 결여된 단순한 묘사적 제스처로 여겨졌다.

수어가 젊은 언어라는 주장도 자주 들리지만, 수어가 발생하고 사용되는 역사적, 사회적 상황은 매우 복잡하다. 예를 들어, 청각 장애 아동의 90% 이상이 난청 부모에게서 태어나기 때문에, 이들은 가정 외의 환경에서 수어를 배워야 한다. 그럼에도 불구하고 청각 장애인들은 항상 수어를 사용하는 다양한 규모의 언어공동체를 형성해 왔다. 18세기 파리의 피에르 데슬로그(Pierre Desloges)는 이러한 언어공동체를 묘사하며, 자신이 7세에 천연두로 청각 장애인이 된 후, 성인이 되어 파리의 청각 장애인 공동체에 대한 논문을 썼다. 그는 "파리, 프랑스 그리고 세계 곳곳에서 우리 대화의 주제가 되지 않은 사건은 없다"라고 언급했다(1779년, Lane & Grosjean 1980: 123-124에서 인용). 청각 장애인 수어 사용자에 대한 보고는 훨씬 이전에도 있었다. 로마의 수사학자 마커스 파비우스 퀸틸리안(Marcus Fabius Quintilian)은 그의 저서인 **『웅변학Institutes of Oratory』**에서 청각 장애인이 제스처를 사용하는 것에 대해 언급했다.

1880년 밀라노 회의에서는 청각 장애 아동 교육에서 말과 수어 중 어느 것을 사용해야 하는지에 대한 논쟁이 있었고, 수어가 단지 모방적인 제스처에 불과하다는 견해가 절정에 달했다. 발화를 지지하는 사람들은 수어에는 언어적 특징이 전혀 없기 때문에 청각 장애 아동의 정신 발달에 적합하지 않다고 주장했다. 발화의 지지자 중 한 명인 줄리오 타라(Giulio Tarra)는 수어를 배운 아이들은 반항적이고 부패하기 쉽다고 주장하며, 수어가 숫자, 성별, 인칭, 시간, 명사, 동사, 부사, 형용사를 전달할 수 없다고 언급했다(Lane 1984). 이로 인해 교육자들은 수어가 추론, 성찰, 일반화, 추상화를 이끌어낼 수 없다고 주장했다. 이러한 견해는 20세기까지 지속되었고, 심리학자, 교육자, 언어학자들은 수어가 지적, 교육적, 언어 발달에 해롭다고 주장하며 수어의 언어적 지위를 계속 부정했다.

또 다른 일반적인 오해는 수어가 음성언어의 단순한 표상이라는 것이다. 예를 들어, 미국 수어(ASL)가 음성의 영어를 수어로 표상한 것이라는 생각이다. 수어도 음성언어와 마찬가지로 인간의 언어가 자연스럽게 발전해 온 것이다. 다만, 구어/문어를 나타내기 위해 만들어진 수어 체계도 존재한다. '체계적 수어'라고 불리는 이 체계는 초기 프랑스 청각 장애인 교육에서 사용되었으며, 미국 수어의 역사적 발전에 영향을 미쳤다. 프랑스에서는 체계적 수어의 사용이 거부되었고, 1817년 코네티컷주 하트퍼드(Hartford, Connecticut)에 설립된 미국 최초의 청각 장애인 학교는 토마스 홉킨스 갈로데(Thomas Hopkins Gallaudet)와 파리 학교의 청각 장애인 교사인 로랑 클레르(Laurent Clerc)가 처음 문어체 영어를 표현하기 위해 개조한 체계적 수어를 사용했다. 그러나 이 체계는 몇 년 후 하트퍼드 학교와 다른 미국 농아 학교에서 부담스럽고 청각 장애 학생들의 학습에 방해가 된다는 이유로 폐기되었다.

수어가 언어적으로 구조화되지 않은 묘사적인 제스처에 불과하다는 견해는 수어의 의미 있는 요소가 무의미한 요소의 유한한 집합으로 구성되지 않는다는 주장으로 더욱 강조된다. 윌리엄 스토키(William C. Stokoe Jr.)는 1960년에 미국 수어의 음운론에 대한 선구적인 설명을 통해 이러한 견해를 불식시켰다. 그는 수어가 분석 가능한 하위 어휘 구조의 단위로 구성되어 있음을 보여주었고, 이러한 단위에 대해 '수어소(chereme)'라는 용어를 만들었다. 이는 음성언어의 음소와 구조적으로 동일하다. 스토키는 수어의 음운론을 손 모양(수어를 생성할 때 손이 만드는 형태), 위치(수어가 생성되는 위치), 움직임(수어를 생성할 때 수어 사용자가 하는 동작)의 세 가지 주요 분류로 분석했다. 이후 Battison(1978)은 네 번째 분류인 방향(수어를 생성할 때 손이 향하는 방향)을 추가했다.

3. 중요 이슈 및 주제

3.1 도상성과 수어

수어에서 도상성의 만연성은 초기 수어 학자들 사이에서 널리 인정되었다. 예를 들어, Klima & Bellugi(1979)는 수어의 형태 요소가 표시된 대상의 시각적 측면과 직접적으로 관련될 때 수어가 도상적이라고 설명했다. Wilbur(1987: 162) 역시 도상성을 "현실 세계의 실제 상황을 언어로 반영한 것"으로 정의했다. Valli & Lucas(1995: 6)는 "상징의 형태가 상징화되는 사물이나 활동의 어떤 측면을 상징 또는 아이콘으로 표현하는 관계"를 도상적 관계로 간주했다.

수어의 도상성은 처음부터 인식되었지만, 문제로 여겨지기도 했다. 따라서 수어의 상징적 본질에 대한 이러한 초기 인식은 수어 문법에서 수어의 역할을 축소해야 하는 이유와 관련이 있었다. 예를 들어, Frishberg(1975)는 수어의 도상적 측면이 시간이 지남에 따라 약화되어 수어가 더욱 불투명해지고 자의적으로 변한다고 주장했다. Klima & Bellugi(1979)는 미국 수어와 같은 수어 문법이 도상성을 잠식한다고 주장했다.

이러한 접근법이 채택된 주된 이유는 초기 연구에서 수어가 자연스러운 인간의 언어라는 것을 입증하려는 암묵적인 목표가 있었기 때문이다. 당시 수어가 언어의 기본 속성을 나타낸다는 것을 증명하는 가장 효과적인 방법은 페르디낭 드 소쉬르(Ferdinand de Saussure)의 자의성 원칙과 다른 구조주의 원칙을 참조하는 것이었다. 수어의 광범위한 도상성에 대한 관찰은 언어 기호의 정의적 특성이 **기표(sinifiant)**와 **기의(signifié)**의 자의적 관계라는 소쉬르의 주장과 상충되는 것처럼 보였다. 초기 수어 학자들은 도상성을 언어 형식과 현실 간의 비-해석적 관계로 간주했다. 이러한 정의는 투명성과 밀접한 관련이 있었다. Klima & Bellugi(1979)에 따르면, 가장 도상적인 수어는 비-수어 사용자가 그 형태만으로 수어의 의미를 이해할 수 있을 정도로 투명성이 높은 수어라고 한다.

수어의 언어적 위상이 확립되자, 수어 언어학자들은 다양한 이론적 가정에 비추어 도상성의 개념을 재검토하기 시작했다. 인지언어학이 도상성 연구에 가장 큰 기여를 한 분야 중 하나이다. 보다 광범위한 기능적 패러다임 내에서 다양한 수준의 구어에서 도상성의 만연함이 문서화되기 시작했다(Bolinger 1949, Haiman 1980). 도상성은 곧 기능적 수어 언어학 내에서 연구 주제가 되었다.

래내커의 인지문법 이론을 기반으로 한 Wilcox(2006)는 인지언어학적 관점에서 도상성을 재조명했다. 셔먼 윌콕스(Sherman Wilcox)는 의미 구조와 음운 구조가 모두 언어 사용자의 개념 공간에 존재한다고 주장했다. 언어의 경우, 상징 구조의 의미극과 음운극이 개념 공간의 먼 영역에 존재하는 것이 전형적이다. 이 개념 공간의 먼 거리는 소쉬르가 주장한 **언어기호의 자의성(l'arbitraire du signe)**의 근거가 된다. 반대로, 기호의 음운극과 의미극이 개념 공간의 동일한 영역에 존재할 때 자의성이 감소한다. 이 인지적 도상성 모형에 따르면, 인지적 도상성은 기호의 형태와 현실 세계의 참조 대상 사이의 관계가 아니라 다차원적 개념 공간에서 구조들 사이의 거리 관계로 정의된다. 도상성에 대한 인지적 관점에서는 문화와 개념화를 고려한다. 이 견해에 따르면, 도상성은 기호의 형태와 비-해석적인 객관적 현실 사이의 직접적인 관계가 아니라, 모든 인간에게 공통적으로 나타나는 신체화된 경험과 특정 문화, 공동체 및 사회의 구성원으로서 우리의 경험으로 동기 부여되는 상징적 관계로 간주된다.

인지적 관점에서 도상성과 투명성은 근본적으로 다르다. 도상성은 수어 사용자의 형태에 대한 주관적인 해석으로 매개되기 때문이다. Occhino *et al.*(2017)은 서로 다른 두 가지 수어(미국식 수어와 독일식 수어)를 사용하는 미국인과 독일인의 두 청각 장애인 공동체 구성원들이 모국어와 외국어 수어의 상징성을 인지하는 경험적 연구를 수행했다. 수어 사용자는 도상성 판단 작업을 수행하여 모국어 수어와 일치하는 도상적 해석에 대해 우선적인 민감성을 보이는지 여부를 확인했다. 그 결과, 수어 사용자들이 일관되게 모국어 수어가 외국어 수어보다 더 상징적이라고 생각하는 것으로 나타났다. 이러한 결과는 도상성에 대한 인식이 언어별 경험과 밀접한 관련이 있으며, 투명성과는 관련이 없음을 시사한다.

현재 수어의 도상성은 많은 연구자들의 관심을 받고 있다. 언어학자와 심리언어학자들은 언어 습득, 언어 처리, 언어 발달, 수어와 구어 서법성, 언어의 진화에서 도상성의 역할에 주목하고 있다(Vinson, Cormier, Denmark, Schembri & Vigliocco 2008, Thompson, Vinson & Vigliocco 2008, Vigliocco 2009, Perniss, Thompson & Vigliocco 2010, Perniss & Vigliocco 2014, Armstrong, Stokoe & Wilcox 1995).

3.2 수어에서 은유와 환유

은유적 표현은 조지 레이코프(George Lakoff)와 그의 동료들이 개념적 은유 이론(Lakoff & Johnson 1980, Lakoff 1987)을 제안하기 전에도 수어 연구에서 중요한 주제로 다루어졌다. 최초의 미국 수어 사전인 Stokoe, Casterline & Cronenberg(1965)에서는 은유에 대한 내용을 따로 다루었고, Wilbur(1987)는 미국 수어의 다양한 어휘적 은유를 설명했다. 예를 들어, 은유 HAPPY IS UP(행복은 위이다)은 LAUGH(웃음), CHEERFUL(응원), HAPPY(행복)와 같은 수어에서 관찰된다. 반면, 은유 NEGATIVE IS DOWN(부정은 아랫니다)은 IGNORE(무시), LOUSY(낙제), FAIL(실패)과 같은 수어에서 나타난다. Wilcox(2000)는 인지적 틀 내에서 미국 수어 담화에서 은유를 연구하며, 어휘적 수어뿐만 아니라 더 복잡하고 창의적인 은유 표현에도 접근했다.

개념적 은유는 이탈리아 수어의 시(Russo 2005, Russo, Giurana & Pizzuto 2001), 개인 경험의 미국 수어 내러티브(Wilcox 2004a), 아르헨티나 수어의 정치적 담론(Massone & Martínez 2013) 등 다양한 담화 장르에서 연구되어 왔다.

수어는 동일한 영역 내에서 두 개념적 요소를 환유적으로 연결하여 표현을 생성하는 데 매우 생산적이다. 미국 수어와 카탈루냐 수어에는 여러 가지 유형의 어휘적 환유가 존재한다(Wilcox, Wilcox & Jarque 2003). 예를 들어, bird, horse, cow의 수어는 각각 부리, 귀, 뿔 등 동물의 원형적인 물리적 특성을 묘사하는 환유인 PROTOTYPICAL CHARACTERISTIC FOR WHOLE ENTITY(원형적 성격은 전체 개체를 대표한다)를 보여준다. ACTION FOR INSTRUMENT(행위는 도구를 대표한다) 환유는 도구를 표상하기 위해 어떤 물체와 상호작용하는 손의 동작을 사용한다. 환유 PROTOTYPICAL ACTION FOR ACTIVITY(원형적 행위는 활동을 대표한다)는 손과 손의 움직임이 대상과 함께 사용되는 원형적 행위를 나타내며, 카탈루냐 수어 DRINK-BEER(마시다-맥주), DRINK-BRANDY(마시다-브랜디), DRINK-RUM-AND-COKE(마시다-럼주-그리고-콜라)와 같은 표현에서 볼 수 있다.

몇몇 카탈루냐 수어는 잘 알려진 인물의 현저한 특징을 보다 일반적인 특성을 나타내는 데 사용하는 환유를 포함한다. 이러한 환유는 전형적으로 환유적 연쇄를 포함하며, 예를 들어 카탈루냐 수어 CHARLIE-CHAPLIN(찰리-채플린)은 채플린의 특징적인 콧수염과 지팡이를 원을 그리며 움직이는 그의 특별한 스타일을 도상적이고 환유적으로 묘사한 합성어이다. 이 수어는 '빠르게 움직이는 사람(person moving fast)'이라는 의미로 환유적으로 확장되었다.

Martínez & Morón Usandivaras(2013)는 아르헨티나 수어에서 구체적인 수어를 만들 때 매우 생산적인 두 가지 개념적 환유를 문서화했다. 즉, PROTOTYPICAL CHARACTERISTIC OF THE ENTITY FOR THE WHOLE ENTITY(개체의 원형적 특성은 전체 개체를 대표한다), PROTOTYPICAL ACTION OF THE ENTITY FOR THE WHOLE ENTITY(개체의 원형적 행위는 전체 개체이다)이다. 아르헨티나 수어에서 HOUSE(집), TREE(나무), BALL(공)은 각각 개체의 원형적인 물리적 특성을 환유적으로 묘사한다. 예를 들어, 집은 박공지붕, 나무는 윤곽, 공은 둥근 모양을 나타낸다. BOAT(배), SWIMMING-POOL(수영-장), CHESS(체스)와 같은 수어는 보트의 위아래 움직임, 수영하는 동작, 체스 게임에서 말의 움직임 등 개체와 관련된 전형적인 동작을 나타낸다.

개념적 환유는 여러 언어의 구체적인 수어뿐만 아니라 지각과 관련된 수어(Wilcox & Wilcox 2013), 명명 수어(Wilcox *et al.* 2003), 어휘화 과정을 통해 생성된 다의어 단위(Jarque *et al.* 2012) 등 다양한 표현에서도 연구되어 왔다.

개념적 은유, 개념적 환유 및 인지적 도상성은 별개의 현상이지만, 수어 연구자들은 많은 수어 표현이 이러한 인지 과정을 복잡하게 통합하고 있다는 사실을 발견했다. Taub(2001)는 두 가지 개념적 사상으로 생성된 많은 미국 수어의 어휘적 수어를 설명했다. 구체적인 개념적 영역에서 추상적인 개념적 영역으로의 은유적 사상과 구체적인 근원영역과 이를 표상하는 언어 형태 사이의 도상적 사상이 그것이다. 목표영역은 근원영역의 도상적 묘사를 사용하여 표시된다. 은유적 사상과 도상적 사상을 통합한 예로, 미국 수어의 THINK-BOUNCE(생각하다-튀다)가 있다. 이 수어는 벽에서 튕겨져 나오는 발사체의 상징적 묘사로 구성되어 있으며, 의사소통의 실패를 은유적으로 표현한다.

Wilcox(2000)는 환유, 도상성, 은유가 상호작용하는 복잡한 방식을 설명했다. 미국 수어인 THINK-HEARING(생각하다-듣기)은 입에서 집게손가락을 둥글게 움직여 표현하는 SAY(말하다)라는 수어에서 유래했다. SAY(말하다)는 화자의 입에서 나오는 숨소리를 나타내는 도상적인 동작이다. 내쉬는 공기는 그 사람이 내뱉는 말을 환유적으로 나타낸다. SAY(말하다)는 의미적으로 확장되어 '난청인(hearing person)'이라는 의미를 가진다. 따라서 여기서 발화는 말하기를 하는 난청인을 대표하는 발화행위의 제유이다. 이 의미는 환유적으로 확장되어 말하는 난청인의 생각과 문화를 표상한다.

수어 HEARING-PERSON(듣기-사람)을 이마에 배치하여 더 많은 환유와 은유를 생성할 수 있다. 이마는 사고 과정을 담는 그릇에 대한 존재론적 은유 역할을 하는 뇌의 환유이다. 이러한 사고 과정을 난청인의 사고 과정으로 간주할 때, 확장된 의미는 청각 장애인의 사고를 난청인의 사고하는 방식과 비교한다. 환유적 표현 THINK-HEARING(생각하다-듣기)은 은유적 사상을 취한다. 이 수어는 더 이상 음성 생산, 난청인 또는 난청인의 문화와 가치에 대한 확장된 환유를 지칭하지 않는다. THINK-HEARING(생각하다-듣기)은 어느 정도 난청이 있지만 난청인처럼 생각하는 것, 난청인의 이념을 무비판적으로 수용하는 청각 장애인을 일컫는다. 청각 장애인을 THINK-HEARING(생각하다-듣기)이라고 부르는 것은 감정이 섞인 비난으로 해석될 수 있다.

3.3 수어의 정신공간과 혼성

정신공간과 개념적 혼성 이론(Fauconnier & Turner 1996)은 수어의 설명과 분석에서도 활용되고 있다. 이 주제에 대한 초기 접근 방식에서 Liddell(1995, 2000)은 미국 수어 담화에서 사용되는 세 가지 정신공간, 즉 실제 공간, 대리 공간 그리고 토큰 공간을 식별했다. 그러나 이후 연구(Liddell 2003)에서는 이러한 삼중 정신구조가 더 이상 사용되지 않고, 대신 실제 공간과 혼성 공간에 의존하는 방식으로 발전했다. 정신공간 이론을 연구한 Dudis(2004)는 '신체 분할(body partitioning)'이라고 구문을 설명한다. 신체 분할에서는 수어 사용자의 신체 일부가 이야기 속 한 인물을 나타내는 데 사용되고, 다른 부분은 두 번째 인물을 묘사하는 데 사용된다. 예를 들어, 한 사람이 얼굴에 주먹을 맞은 사건을 서술할 때, 수어 사용자는 피해자와 가해자라는 두 명의 참여자와 그들 사이의 관계(주먹)를 포함하는 개념적 통합을 생성한다. 이때 수어 사용자의 몸은 두 참가자를 표상하는 두 개의 영역으로 나뉘게 된다. 사건이 피해자의 관점에서 서술되는 경우, 피해자는 수어 사용자에 사상되고, 가해자는 수어 사용자의 팔뚝에 사상된다. 두 사람 사이의 관계는 피해자의 턱을 향한 팔뚝의 움직임으로 표현된다.

3.4 증거성과 서법성

가상적 담화와 가상적 질문은 카탈루냐 수어에서 증거 기능을 언어적으로 실현하는 데 중요한 역할을 하는 것으로 나타났다(Jarque & Pascual 2015, 2016). 구성된 대화는 정보 출처를 표현하기 위한 증거적 전략으로 활용될 수 있으며, 때로는 실제로 발생하지 않은 대화에 대한 보고로 기능하기도 한다. 연구자들은 또한 진정한 정보-탐색 질문에 사용되는 의문사 구문의 눈썹 올리기와 같은 언어적 요소가 제한적 및 비제한적 관계절을 표현하는 수단에 불과할 수 있음을 보여주었다.

Wilcox & Shaffer(2017)는 미국 수어(ASL), 브라질 수어(Libras) 그리고 카탈루냐 수어(LSC) 세 가지 수어의 증거성에 대해 연구했다. 이들은 증거성이 시뮬레이션과 주관화라는 인지 과정에 의존한다고 제안한다. 이들의 인지적 접근 방식에 따르면, 증거성, 인식론적 서법성, 그리고 의외성은 주로 수어에서 수동적 기호가 아닌 문법화된 얼굴 표지를 통해 표현된다.

Siyavoshi(2019)는 이란 수어(ZEI)의 서법성에 대한 인지문법적 분석을 통해 얼굴 수어와 손 수어의 두 가지 언어 채널을 분석했다. 그녀의 분석은 인지문법의 두 가지 모형인 통제 주기와 현실 모형을 사용하여 서법을 효과적(즉, 근원 또는 의무) 및 인식적 두 가지로 분류한다. 그녀는 효과적인 서법성이 주로 손으로 표현되는 경향이 있는 반면, 얼굴 표지가 인식적 서법성을 표시하는 데 중요한 역할을 한다고 제안한다.

많은 수어와 마찬가지로 이란 수어(ZEI)에서도 얼굴은 효과적인 서법성을 표현하는 데 중요한 역할을 하며, 일반적으로 인식적 서법성을 표현하는 유일한 수단이기도 하다. 사라 시야보시(Sara Siyavoshi)는 효과적인 서법성에 인식론적 핵심을 제시함으로써 인지문법이 이러한 발견에 대한 이론적 기반을 제공한다고 주장한다. 서법성에 대한 추가 연구는 3.6절에서 수어 및 제스처로 설명되고 있다.

3.5 수어의 가리키기

가리키기(pointing)는 수어의 보편적인 특징 중 하나이다. Wilcox & Occhino(2016)는 수어의 가리키기를 인지문법(Langacker 1987, 2008)을 통해 분석했다. 이들은 가리키기가 상징적으로 복잡하다고 주장하는데, 가리키기는 가리키는 장치와 장소라는 두 가지 구성요소로 이루어진 구문으로 구성된다. 여기서 Place(장소)는 상징적 구조를 명명하기 위해 대문자로 표시되며, Location(위치)은 Place의 음운극을 나타내는 용어이다. 가리키기 구문의 두 구성요소는 형태인 음운극과 의미인 의미극으로 이루어진 상징적 구조를 형성한다. 가리키기 장치의 도식적 의미는 주의를 유도하며, 이 도식적 의미극은 의존적이고 주의의 초점인 자율적 요소를 참조한다. 이 주의의 초점은 Place의 상징적 구조의 기능이다. Place의 음운극은 현재 배경의 공간적 위치를 의미하며, Place의 도식적 의미극은 '사물(thing)'로 정의되는 개념적 공간의 일부 영역을 나타낸다.

미국 수어에서 Place(장소)를 사용하는 한 가지 구문은 임시 선행사(Proxy-Antecedent) 구문이다. 이 구문에서 수어 사용자는 명사 선행사를 생성한 후, 위치를 가리킴으로써 Place를 생성하고, 명사와 장소의 도식적 의미극 사이의 대응 관계를 설정한다. 임시 선행사 구문은 이 장소와 관련된 명사가 담화 후반부에 동일한 Place를 가리키는 비유로 언급될 것이라는 기대를 담고 있다. 따라서 동일한 음운론적 위치인 Place에 주의를 기울임으로써 수어 사용자는 두 장소인 도상적 구조의 의미극이 개념적으로 동일한 실체에 투영되어 개념적으로 **상호 참조하는** 것을 나타낸다. 가리키기의 또 다른 기능은 명사적 배경화(nominal grounding)이다(Martínez & Wilcox 2019). 예를 들어, 임시 선행사 구문은 가리키기 장치의 지시적 의미를 통해 명사 선행사를 기반으로 명사를 생성하고, 대담자가 진행 중인 담화에서 상호작용을 통해 생성한 공유된 상호주관적인 개념 공간에서 명사를 식별한다.

Martínez & Wilcox(2019)도 배치하기(placing)라는 개념도 소개했다. 배치하기는 주의를 기울이기보다는 수어 사용자가 수신자의 주의를 집중시킬 수 있는 위치에 수어를 표시하는 것이다. 배치하기에는 두 가지 유형이 있다. 즉, **생성을 위한 배치하기(Placing-for-Creating)**와 **모집에 의한 배치하기(Placing-by-Recruiting)**이다. 가리키기와 생성 배치하기 모두 새로운 장소의 상징적 구조를 생성하며, 이는 나중에 모집 배치하기 구문에서 모집될 수 있다. 가리키기와 배치하기는 무엇보다도 담화에서 참조 대상을 추적하는 데 사용된다.

3.6 수어와 제스처

언어학자들은 수어가 단순히 분석할 수 없는 묘사적인 제스처가 아니라는 점을 입증해 왔다. 최근에는 수어와 제스처의 관계를 탐구하는 연구가 시작되었으며, 이 연구는 크게 두 가지 주제로 나눌 수 있다. (1) 난청인 공동체에서 사용되는 제스처가 수어에 통합되어 수어 체계의 완전한 일부가 된 역사적 발전을 다루고, (2) 일부 수어와 수어 구문이 언어와 제스처의 융합, 즉 '수어 제스처 융합'이라는 주장이다.

첫 번째 접근법은 문법화 이론(Bybee 2006, Hopper & Traugott 2003)에 기반하고 있다. 문법화는 어휘 자료가 문법 자료로 변하는 과정을 의미한다. 언어학자들은 이 틀 안에서 주변 언어공동체에서 사용되는 제스처가 어휘적 수어로 통합된다는 사실을 입증했다. 이러한 어휘 기호가 문법화되어 새로운 문법 기호를 형성하는 과정을 보여준다. 예를 들어, 지중해 지역에서 흔히 볼 수 있는 to leave 혹은 depart(떠나다)를 의미하는 제스처는 고대 프랑스어 수어(LSF)에서 to leave(떠나다)라는 수어 PARTIR(떠나다)로 통합되었다(Morris, Collett, Marsh & O'Shaughnessy 1979). 이 수어는 1913년에 오래된 수어 사용자들의 영화에 기록된 것처럼, 미국 수어에서도 나타난다. 고대 프랑스어 수어와 미국 수어 모두 future(미래)를 의미하는 수어를 가지고 있으며, 이는 depart(떠나다) 수어와 형식적으로 밀접한 관련이 있어 제스처가 어휘적 수어가 된 후 미래를 표시하는 문법적 의미를 획득하는 문법화 경로를 보여준다(Janzen & Shaffer 2002).

또한, Armstrong, Stokoe & Wilcox(1995)는 미국 수어의 서법 기호 CAN(할 수 있다)이 어휘적 형태인 STRONG(강하다)에서 파생되었음을 보여주었다. Long(1918)은 수어 strong(강하다)이 CAN(할 수 있다)과 매우 유사하다는 점을 지적하며, 그 차이점은 손의 움직이는 방식에 있다고 설명했다. strength(힘)의 경우, 주먹을 약간 옆으로 움직이며 원을 그리듯이 움직인다. 어휘적 수어 STRONG(강하다)의 어원은 힘을 나타내는 제스처로, 일반적으로 상체의 힘을 나타내기 위해 주먹을 바깥쪽 또는 아래쪽으로 움직여 표현한다. 여러 수어에 대한 문법화가 설명되어 있다(Xavier & Wilcox 2014, Shaffer, Jarque & Wilcox 2011, Pfau & Steinbach 2011, Wilcox, Rossini & Antinoro Pizzuto 2010).

Wilcox(2004b, 2009)는 제스처가 수어로 통합되는 두 가지 경로를 제안했다. 첫 번째 경로는 수동 제스처가 어휘적 수어로 수어에 입력되고 문법화를 통해 문법 형태소로 발전하는 과정이다. 두 번째 경로는 수동 제스처 그 자체가 아니라, 수동 제스처가 생성되는 **방식**, 수어의 **이동 방식**, 그리고 수어에 수반되는 다양한 얼굴, 입, 눈동자 제스처가 그 근원이 된다. 이러한 움직임 방식과 얼굴 제스처는 언어 체계에 들어가면 반언어(운율 또는 억양)에서 문법 표지에 이르는 발달 경로를 따른다.

움직임 방식의 문법화 예로는, 많은 수어에서 서법적 수어가 생성되는 방식이 서법의 강도를 나타내는 경우가 있다. Jarque(2006)는 카탈루냐 수어에서 움직임 방식이 서법적 강도의 차이를 나타내고 인식적 기능과 의무적 기능을 표시하는 데 사용된다고 말한다. 이탈리아어 수어에서도 서법적 강도는 기본 움직임의 약하거나 강한 조음으로 표시된다.

또한, 움직임 방식은 또한 동사의 양상을 나타내기 위해 문법화된다. Pizzuto(1987)는 이탈리아어 수어에서 동사의 움직임 패턴을 체계적으로 변경하여 시간적 양상을 표현할 수 있으며, 예를 들어 시제에 따라 빠르고 짧은 움직임(예: to meet(만나다)과 to suddenly/unexpectedly meet someone(갑자기/예기치 않게 누군가를 만나다)의 구분)을 통해 행위의 '갑작스러움'을 명시할 수 있음을 관찰했다. 반대로, 길쭉한 타원형의 크고 느린 동작을 사용하여 생성된 동사는 어떤 행위가 '시간에 따라 계속 반복' 또는 '시간에 따라 반복적 발생'하는 것을 나타낸다(예: to constantly telephone(끊임없이 전화하다) 혹은 to always be on the telephone(항상 통화 중이다)).

두 번째 경로는 얼굴 표지의 문법화를 특징으로 한다. 얼굴 표지는 수어에서 교차 언어적으로 중요한 역할을 하며, 감정을 표현하는 것 외에도 의문사, 주제, 부사, 조건문, 명령문 등 다양한 문법 기능을 나타낸다. 이러한 얼굴 표지는 종종 제스처 표현으로 시작된다. 예를 들어, 미간 주름은 육체적 또는 정신적 노력을 나타내는 표지로 잘 알려져 있다. Darwin(1872: 221)은 미간 주름이 "생각이나 행위에서 어렵거나 불쾌한 것을 인식하는 것"을 나타낸다고 언급했다. 미간 주름은 여러 수어에서 wh- 질문, 명령문, 어근 또는 의무적 양식을 비롯한 여러 문법적 의미를 나타낸다.

최근 일부 수어 학자들은 특정 수어가 순전히 언어적인 것이 아니라, 이러한 수어와 수어 구문이 '언어 제스처의 융합'이라고 주장하고 있다(Fenlon, Cooperrider, Keane, Brentari & Goldin-Meadow 2019, Hodge & Johnston 2014). 이러한 주장 중 하나는 가리키기 수어에 관한 것이다. 가리키기 수어는 수어에서 매우 일반적이며, 직시 대명사, 비유 대명사, 소유격 및 재귀 대명사, 지시어, 위치격, 신체 부위 기호, 동사 일치 표시 등의 기능을 한다. 제스처 언어 융합의 주장은 인칭대명사의 경우 가장 뚜렷하게 나타난다. Meier & Lillo-Martin(2013)은 미국 수어의 1인칭 대명사가 음운론적으로 완전히 지정되어 있으며, 수어 사용자의 가슴 중앙을 가리킨다는 것을 관찰했다. 그러나 그들은 1인칭이 아닌 수어가 가리키는 위치는 하위어휘적 음운 단위 목록에서 열거할 수 없으며, 수어가 개방형 위치 집합을 가리킨다고 주장한다. 그들은 다음과 같이 결론을 내린다(Meier & Lillo-Martin 2013: 163).

> 비-1인칭 가리키기와 달리 1인칭 가리키기는 어휘적 수어를 형성하는 음운론적 단위로 전적으로 지정할 수 있다 … 대조적으로 비-1인칭 가리키기의 공간 내 위치는 가리키는 방향만큼이나 제스처로 보이며, 이는 수어 사용자가 대화에 참여한 개인을 지칭할 때 환경 내 지시 대상의 물리적 위치에 따라 결정된다.

이와 유사한 논거가 동사 일치에도 적용되며, 여기서 일치 여부는 공간의 위치에 따라 표시된다.

제스처 융합 주장은 언어학자들이 제스처를 언어와 신뢰할 수 있고 객관적으로 구분할 수 있는 기준을 식별해야 한다고 주장한다. 제스처는 전체적이고 종합적이며 위계적이고 결합적인 속성이 부족하고, 화자가 다르거나 같은 화자라도 같은 이미지를 표상하기 위해 다른 제스처를 사용할 수 있는 특성을 지니며, 언어적 맥락에 따라 해석이 달라지는 문맥에 민감하다는 제안이 있다(Sandler 2009). 반면에 언어 구조는 구성적이고 결합적이며 계층적으로 조직화되어 있다. 단어와 같은 언어 기호는 형태, 의미 및 분포가 고도로 관습화되어 있다. 그러나 이러한 기준에는 분명한 문제가 있다. 언어는 관습적이기도 하고 비관습적이기도 하며, 혁신은 정의상 새롭고 틀에 얽매이지 않는 표현을 확립한다. 이는 제스처에도 마찬가지이다. 엠블럼이나 반복되는 제스처는 관습적이지만, 특이하거나 혁신적인 제스처는 정의상 비관습적이다. 언어는 등급적이다. Bybee(2010: 2)는 "언어학자들이 제안하는 모든 유형의 단위는 (다양한 유형의 단어, 형태소, 음절의) 단위의 영역 내에 많은 변화가 있고 단위의 경계를 설정하는 데 어려움이 있다는 점에서 등급성을 보인다"라고 말한다.

또 다른 옵션은 관습화의 정도(어떤 것이 언어적이라고 간주되려면 얼마나 관습화되어야 하는가?), 관습화의 위치(즉, 어떤 종류의 관습이 언어적 관습인가?), 결합에 대한 제한(기호학적 부호의 결합에 어떤 종류의 조건이 언어적 조건인가?)에 따라 제스처의 서법성을 자유롭게 정의하는 제안이 있다(Okrent 2002). 이러한 질문에 대한 답은 제공되지 않으며, 실제로 이러한 질문에 어떻게 답할 수 있는지도 명확하지 않다.

이러한 이유와 다른 이유로 모든 수어학자가 언어 제스처 융합의 주장을 받아들이는 것은 아니다. 수어 문법의 필수 영역에서 제스처의 구성요소가 언어 요소와 결합된다는 주장에 대한 강력한 거부는 Dotter(2018)에 의해 제시되었다. 최근 윌콕스와 동료들(Wilcox & Occhino 2016, Occhino & Wilcox 2017, Martínez & Wilcox 2019)은 제스처를 불러일으킬 필요가 없는 가리키기에 대한 인지문법적 설명을 제안했다.

Kendon(2017: 30)은 이러한 어려운 문제를 지적하며 "'제스처'는 모호함과 이론적, 이념적 짐으로 뒤덮여 있어 과학적 담론에서 사용되는 것이 발화 생산에서 운동감각적 근원이 어떻게 사용되는지 명확하게 생각하는 능력을 방해하고, 수어 사용자와 화자를 비교할 때 명확성을 방해한다"라고 관찰했다. 아담 켄든(Adam Kendon)은 '제스처'와 '수어'라는 범주를 완전히 포기하고 대신 화자와 수어 사용자가 발화에서 사용하는 가시적 신체 행동에 대한 비교 기호학에 초점을 맞출 것을 제안하기도 했다.

유사한 맥락에서 Wilcox(2019)는 '언어'와 '제스처'가 관찰자와 무관하게 객관적으로 정의할 수 있는 범주라기보다는 역사적, 문화적 구성물, 즉 민속적 분류라고 제안한다. 인지언어학자가 용법 사건이라고 부르는 가시적인 신체 행동이 '언어'인지 '제스처'인지를 결정하는 것은 문화적, 사회적으로 내재된 언어 사용자의 범주화 문제이며, 언어와 제스처 중 "무엇이 중요한가"의 문제이다. 청각 장애인과 난청인이 “무엇이 중요한가”에 대한 민속 분류를 동일하게 공유하는지 여부는 열린 질문이지만, 연구에 따르면 그 답은 사회문화적 배경, 판단이 이루어지는 언어 및 사회적 맥락, 판단을 내리는 사람의 청력 상태 등과 같은 요소를 포함하여 매우 복잡할 수 있다(Kusters & Sahasrabudhe 2018).

4. 미래 방향

인지언어학 분야는 전 세계 수어의 본질에 대한 이해를 심화하는 데 큰 기여를 해 왔다. 구조주의와 형식주의적 접근법에서는 충분히 다루어지지 않았던 도상성, 환유, 은유와 같은 수어의 핵심적인 측면이 인지언어학자들의 많은 관심을 받고 있다. 그럼에도 불구하고, 인지언어학 이론에 대한 추가적인 연구가 필요하다. 혼성 이론과 정신공간 이론은 최근에서야 수어의 담화적 측면을 이해하는 데 적용되고 있다. 증거성, 서법, 양태(Shaffer & Janzen 2016), 인지적 또는 용법 기반 형태론(Lepic & Occhino 2018), 주의 창문화(Leeson & Saaed 2004), 참조체 추적(Perniss & Özyürek 2015), 명사절 및 구절 배경화와 같은 문법의 핵심 영역은 여전히 추가 연구가 필요한 분야이다. 언어란 무엇이고 제스처란 무엇인가라는 질문은 수어 연구에서 중요한 논쟁점으로 부각되고 있다. 인지언어학은 언어에 대한 모듈식 관점을 가정하지 않기 때문에, 이 질문을 탐구하는 데 있어 독특한 입지를 갖는다. 일반적인 인지 능력이 언어능력의 기초가 된다고 가정하는 인지언어학적 이론은, 향후 연구에서 언어 사용자가 용법 사건을 분류하는 방식을 탐구하는 데 있어, 언어학적 접근과 민족지학적 접근을 통합하는 역할을 할 수 있다.

더 읽을거리

Brentari, D. (2010). *Sign languages*. Cambridge: Cambridge University Press. (이 책은 40개 이상의 수어에 대한 문법적 설명을 제공한다.)

Klima, E., & Bellugi, U. (1979). *The signs of language*. Cambridge, MA: Harvard University Press. (수어학에 대한 선구적인 연구로, 수어의 본질을 깊이 있게 탐구한다.)

Lane, H. (1984). *When the mind hears: A history of the deaf*. New York: Random House. (이 책은 언어와 청각 장애인 억압의 역사를 다룬다.)

Padden, C., & Humphries, T. (1988). *Deaf in America: Voices from a culture*. Cambridge, MA:

Harvard University Press. (청각 장애인의 삶과 문화에 대한 매력적인 설명을 제공한다.)
Pfau, R., Steinbach, M., & Woll, B. (2012). *Sign language: An international handbook*. Berlin: Walter de Gruyter. (수어학에 대한 광범위한 검토를 담고 있는 핸드북이다.)

제30장
인지언어학과 제스처

1. 도입

현대 제스처 연구는 인지언어학적 혁신에 크게 뿌리를 두고 있으며(Evans, Bergen & Zinken 2007), 특히 제스처의 '인지적 언명'(Lakoff 1990: 40)과 관련하여 인지적 연구 내에서 제스처 연구를 조정하고 있다. 제스처는 언어능력의 일부로 간주될 수 있으며, 언어의 진화와 발달에 중요한 역할을 할 수 있다는 점이 점점 강조되고 있다(아래 참조). 제스처의 이중적인 인지적 및 사회적 기능은 제스처 연구의 주요 초점 중 하나이다. 제스처 현상은 "마음을 들여다보는 창"으로 여겨지며, 사회적 상호작용에서 중요한 역할을 한다.

이 장에서는 제스처 연구의 역사적인 관점과 몇 가지 기본 사항에 대한 간략한 개요를 제공한 후, 인지언어학과의 관계를 강조하면서 제스처 연구에서 발견되는 기능적 및 형식적 측면에 초점을 맞출 것이다. 또한 제스처 의미 만들기, 즉 '제스처 음운론'과 제스처 분류에 대한 연구의 필요성에 대해 논의하고, 인간과 컴퓨터의 상호작용 분야에서 앞으로 나아갈 방향을 강조할 것이다.

2. 역사적 관점과 현대 제스처 연구의 출현

20세기 후반에 이르러서야 제스처는 의사소통의 넓은 의미를 넘어 언어와 직접적으로 관련된 연구의 대상이 되었다. 고대 로마의 수사학자들인 키케로(Marcus Tullius Cicero, B.C. 106~ B.C. 43)와 퀸틸리아누스(Marcus Fabius Quintilianus, 35~100?)은 제스처가 웅변에서 어떻게 사용되는지를 중심으로 제스처에 대한 고전적인 관심을 보였다(Kendon 2004). 이후 17세기에는 정치가이자 철학자인 프랜시스 베이컨(Francis Bacon, 1591~1626)이 '눈의 언어'로서 제스처에 대한 연구를 지지했다. 그 뒤를 이어 의사인 존 불워(John Bulwer, 1606~1656)는 제스처를 보편적인 언어로 보고, 제스처와 초기 수어의 관계를 탐구했다. 19세기에는 고고학자 안드레아 드 조리오(Andrea de Jorio, 1769~1851)가 제스처를 일상적인 상호작용의 일부로 보고, 특정 문화(그의 경우, 나폴리 문화)를 이해하는 수단으로 주목했다. 같은 시기에 의사이자 심리학자인 빌헬름 분트(Wilhelm Wundt, 1832~1920)는 제스처에 대한 최초의 기호학적 범주화를 제시했다.

그럼에도 불구하고 20세기에는 제스처에 대한 관심이 감소했다. 이는 제스처가 의도적인 '고차원적' 인지를 연구하는 언어학자들의 관심을 덜 받는 '저차원적' 인지 과정으로 간주되었기 때문이었다. 비언어적 의사소통의 범주에서 심리학자와 정신과 의사들은 제스처를 "상대적으로 무의식적이며 자발적으로 불완전하게 통제되는 기술"로 보았다(Bateson 1968: 615, Ekman 1969, Friesen 1969 참조). 1960년대에 노엄 촘스키(Noam Chomsky)의 연구는 "언어학의 주요 혁신이 언어를 기술하는 것에서 언어를 가능하게 하는 정신적 장치를 기술하는 것으로 바뀌었다"고 주장하며, 이는 제스처 연구가 새로운 적절성을 갖는 데 기여했다(Kendon 2004: 83).

이 시기에 심리언어학적 연구보다는 인류학적인 측면에 더 초점을 맞춘 연구가 발전하고 있었다. 프란츠 보아스(Franz Boas)의 제자인 인류학자 데이비드 에프론(David Efron)은 1941년 논문에서 뉴욕에 거주하는 유대인과 이탈리아 이민자의 제스처 스타일을 비교하여 제스처가 언어가 아니라 생물학적 혈통에 의해 결정된다는 나치의 '과학적' 인종 이론에 도전했다.

수십 년 후, 옥스포드 인류학자 아담 켄든(Adam Kendon)의 초기 연구는 심리언어학자 데이비드 맥닐(David McNeill)과의 협력을 통해 에프론의 연구를 이어받아 새로운 세대의 제스처 학문에 영감을 주었다. Kendon(2018)은 McNeill(1985)의 주요 논문인 『비언어적인 것으로서의 사고 So you thinks are nonverbal』가 오늘날 많은 제스처 연구의 토대가 되었다고 언급한다. 이 논문에서 맥닐은 말과 제스처의 긴밀한 관계가 언어 생산 과정에서 심리언어학적 '계산'이 공유된다는 것을 의미하며, 따라서 제스처를 '비언어적'으로 취급해서는 안 된다고 주장했다. 켄든과 맥닐은 제스처 연구의 아버지로 널리 알려져 있다.

제스처에 대한 관심이 높아진 다른 요인으로는 언어학자와 심리학자들의 수어에 대한 인식 증가, 인지언어학 연구의 성장, 그리고 제스처를 통해 언어 기원에 대한 통찰력을 얻으려는 연구의 부활이 있다. 2001년에는 『제스처Gesture』 저널이 창간되었고, 2002년에는 국제 제스처 연구학회(International Society for Gesture Studies, ISGS)가 설립되어 다양한 분야의 제스처 연구자들이 공론의 장을 마련했다. 이는 오늘날 제스처 연구를 통합하는 데 큰 도움이 되고 있다.

3. 제스처 연구: 주제 및 연구

모든 언어의 화자와 수어 사용자는 담화적 상호작용을 할 때 제스처를 사용한다. Sweetser(2007)가 지적한 바와 같이, 언어 습득 과정에서 아이들은 특정 언어 체계의 제스처 음성 복합체를 조정하고 통합하는 방법을 자연스럽게 배우게 된다. 이 통합은 매우 긴밀하여, 사람들이 손으로 제스처를 하지 못하도록 강요받을 경우, 머리와 같은 신체의 다른 부분으로 제스처를 하게 되면 말의 불일치를 초래하는 경향이 있다(Krauss *et al*. 2000, Alibali, Kita & Young 2000). 흥미롭게도, 사람들은 상대방이 볼 수 없음에도 불구하고 전화 통화를 하면서 제스처를 하며, 시각장애인도 제스처를 사용한다. 따라서 제스처는 화자에게는 생산적인 기능을, 청자에게는 의사소통 기능을 모두 가지고 있는 것으로 보인다. 이 절에서는 제스처 연구에서 설명하는 제스처와 발화, 언어, 인지 및 사회적 상호작용 간의 밀접한 관계에 대한 기초적인 내용을 다룰 것이다.

제스처는 3차원 공간에서 수행되며, 공간 관계, 모양, 형태를 표상할 뿐만 아니라 음성으로 부호화할 수 없는 추상적인 생각을 공간에 부호화할 수 있게 해 준다. 예를 들어, 빵집에서 원하는 빵의 모양을 가리키고 제스처를 취하는 것이 말을 사용하는 것보다 더 효율적일 수 있다. 게다가 제스처는 시끄러운 환경에 있는 공장 근로자(Harrison 2015)나 수도원과 같은 조용한 상황(Umiker-Sebeok & Sebeok 2011)에서도 의사소통을 가능하게 해 준다.

제스처는 시간적으로도 수행되며, 일련의 뚜렷한 단계로 분석할 수 있다(Kita, van Gijn & van der Hulst 1998). 전형적으로 제스처는 손을 **정지(rest)** 위치에서 멀어지게 하는 **준비(preparation)** 단계로 시작되며, 정지 위치 또는 다른 제스처 단계로 **후퇴(retraction)**하기 전에 **표현 단계(expressive phase)**(의미 있는 움직임(stroke) 또는 의미 있는 정적 구상화(hold)가 될 수 있는)에 들어간다. 표현 단계를 제외한 모든 단계는 선택사항이다.

제스처는 인간의 현상학적 개념화의 산물이며, 제스처와 관련된 언어에 따라 상호 의존적이다. 제스처 연구의 기본 중 하나는 McNeill(2000)이 제스처가 시간적으로 동시적이고 의미론적으로 동음어 계열과 동시에 표현된다고 주장한 것이다. 제스처는 90%의 관련 발화와 동기화되며, "준비 단계에서 발화를 예상하고 최고 음절이 끝나기 전이나 그 전에 끝나도록 정해지는 스트로크(stroke) 단계에서 발화와 동기화한다"(McNeill 2000: 42). 말을 더듬는 동안 생성되는 제스처도 '말더듬'이 되고, 발화 유창성이 회복되면 다시 시작된다(Mayberry & Jaques 2000). 또한 제스처에 표현된 의미는 상황에 민감하며, 의미론적, 화용론적으로 공동 발화와 관련이 있다. 예를 들어, 화자가 I bought a new vase(나는 새 꽃병을 샀다)라고 말할 때 생성되는 제스처 스트로크는

vase(화병)라는 단어와 타이밍이 일치하며, 꽃병 자체에 대한 발화 트랙에 부호화되지 않은 통합 정보(예: 높이, 너비, 모양)를 제공할 수 있다.

McNeill(1992, 2006)은 '제스처 유형'(특히 수동 제스처)을 '켄든의 연속체'라는 기준에 따라 구분하여 설명한다. 이 연속체는 다양한 수준의 관습화와 언어에 대한 다양한 의존도를 포괄한다(〈그림 30.1〉 참조).

한쪽 극단에는 **수어**가 있는데, 이는 극도로 관습화되어 있고 음성언어와 동일한 속성을 가지고 있어 결국 대체하게 된다.

엠블럼(emblems) 또는 '인용 가능한 제스처'는 특정 문화권에 적합한 제스처로, 다른 문화권에서도 공유하거나 인식할 수 있지만 보편적으로 이해할 수 있는 것은 아니다. 예를 들어, 엄지손가락을 치켜들고 good이라고 말하는 제스처나 반지를 끼고 OK라고 하는 제스처는 종종 말없이 생성되며(Kendon 1995 참조), 그 의미와 형식 모두에서 매우 관습화되어 있다.

팬터마임(pantomime)은 '말없이 만들어지는 이야기와 함께 내러티브를 전달하는 제스처 또는 일련의 제스처'이다(McNeill 2014: 2). 얼굴 표정과 시선뿐만 아니라 상상 속 장면과의 복잡한 상호작용을 의도적으로 포함하여 온몸으로 수행할 수 있다.

발화 틀 부여 제스처(speech-framed gesture)는 제스처가 행위를 표상하는 발화에서 언어적 슬롯을 대신하는 제스처이다(예: And the two cars just went [두 손으로 자동차를 신체화하고 충돌하는 동작을 취함]).

몸짓(gesticulation)은 일반적으로 공동 발화 제스처라고도 하며, 담화에 수반되는 보다 자연스러운 신체 움직임으로 구어체 발화와 관련된 즉흥적인 의미를 신체화한다. 몸짓들은 제스처 연구의 주요 초점이 되어 왔으며, 문헌에서 종종 '제스처'라는 용어로 불릴 정도이다.

연구자들은 제스처의 기능에 따라 다양한 범주의 제스처를 주장해 왔다(지시적 제스처와 화용적 제스처, Kendon 2004, 표상적 제스처와 담론적 제스처, McNeill 1992, Cienki 2013, Mittelberg & Evola 2014 참조). 지시적 또는 표상적 제스처는 제스처와 형태, 참조 대상 간에 기호학적 유사성의 관계가 형성되는 경우(예: vase(꽃병)) **도상(iconics)**으로 설명된다. 즉, **은유성(metaphorics)**은 제스처와 대상 간에 은유적 관계가 있는 경우(예: 누군가에게 볼륨을 높이라고 말하기 위해 위를 가리키기), 제스처 공간에서 구체적인 대상이나 사람뿐만 아니라 추상적인 대상이나 사람을 공간적으로 위치시키는 **직시(deictics)** 또는 가리키는 제스처(예, Ella was here and Farin over there(엘라는 여기, 파린은 저기 있었다)라고 말하며 공간에서 서로 다른 두 위치를 가리키는 경우) 또는 물리적 공간에 존재했던 대상이나 사람을 가리키기('유령 가리키기(phantom pointing)’ 예를 들어, 방을 나간 사람의 의자를 가리키면서 그에 대해 계속 이야기하는 것) 위한 제스처이다. 발화와 함께 수반되는 다른 제스처는 표상적 기능이 없고 담화적이거나 화용적인 기능만 있을 수 있다. 예를 들어, 담론적 내용을 증명하는 제스처인 **비트(beats)**는 관련 발화와 매우 일치하는 경우이다(예: Thomas went on and on and on about photography(토마스는 사진에 대해 계속해서 이야기를 이어갔다)라고 말하며 손을 반복적으로 위아래로 움직이는 경우). 최근 신경 데이터에 따르면 제스처 유형에 따라 서로 다른 뇌 영역이 활성화되는 것으로 나타났다(Bernard, Millman & Mittal 2015, Joue *et al*. 2018, 2020).

몸짓 → 발화 틀 부여 제스처 → 팬터마임 → 엠블럼 → 수어

- 관습성	+ 관습성
- 형식적 정밀도	+ 형식적 정밀도
- 언어적 속성	+ 언어적 속성
+ 발화 의존성	- 발화 의존성

〈그림 30.1〉 켄든의 연속체

출처: McNeill(2006)에 따름

제스처 및 언어 연구에서 공생적으로 다루는 또 다른 구성은 은유성과 관련된 환유이다. 제스처는 컵을 들고 있는 시늉을 할 때 손 바깥에 있는 물체를 상상하는 것과 같이 구체적인 대상과 관련하여 환유적일 수 있다(Bouvet 2001, Mittelberg 2006, Cienki 2007). 이러한 ‘외적 환유’와는 대조적으로, ‘내적 환유’(Mittelberg & Waugh 2009)의 예로는 검지와 중지를 번갈아 움직여 아래를 가리키며 걷기(walking)를 나타내는 경우가 있다. 여기서 지시 대상의 특징적인 부분을 즉시 나타내는 것이 전체 지시 대상(걷고 있는 사람)을 나타내는 것이다.

Kendon(2000)이 주장했듯이, 제스처를 언어의 일부로 명확히 간주할지 여부는 우리가 언어를 어떻게 정의하느냐에 따라 달라진다. 그러나 시공간적 측면과 교차 양식적으로 의사소통되는 정보 내용의 측면에서 볼 때, 대화 중에 제스처가 사용되는 방식 사이에 긴밀한 관계가 있다는 사실은 부인할 수 없다. ‘단어’(및 수어의 ‘기호’)와 ‘제스처’의 잠재적인 주요 차이점 중 하나는 담화에서 서로 다르지만, 관련된 기능을 수행한다는 점이다. 즉, 제스처는 발화보다 시공간 정보를 더 즉각적으로 부호화하고(가리키기의 지표적 사용에서 입증되듯이), 박자와 자세의 변화를 통해 담화를 조절하는 데 기여하는 특수한 행위유발성(affordance)을 제공한다.

제스처 연구에서 흔히 설명하는 제스처의 유형 외에도, 인간은 외적 표현을 나타내거나 참조하는 제스처 외에도 더 내적인 상태를 표현할 수 있는 다른 신체 움직임, 즉 '적응기(adaptors)'(Ekman & Friesen 1969)를 포함하는 자기중심적 신체 움직임(Evola & Skubisz 2019)을 생성한다. 여기에는 안절부절못하는 행동이나 기타 순수하게 비언어적이고 생리적 기반에 근거한 행위가 포함된다.

제스처와 언어가 밀접한 연관성을 가지기 때문에, 언어에 따라 제스처 체계가 다르다는 것은 자연스러운 결과이다. 언어와 문화권에 따른 제스처의 다양성에 대한 예시는 다음에서 자세히 설명된다.

4. 제스처 기능: 교차 언어 및 교차 문화 연구

발화와 관련 제스처 사이의 긴밀한 정보 및 의사소통적 통합은 단순히 발화와 제스처의 언어 사용 수준에만 국한되지 않는다. 인지가 사람의 처한 환경뿐만 아니라 신체와 관련하여 뇌를 배치하는 '확장된 마음'의 관점에서 이루어진다는 이해(Clark & Chalmers 1998)로 인해, (우리의 관점에서 제스처를 포함하는) 언어는 화자 제스처의 외부 세계와 그 표상에 영향을 미치고 동기를 부여한다. 인지언어학자들에게 개인이 생산하는 언어와 제스처는 신체화된 인지의 문화적 모형의 공유된 사용 패턴을 기반으로 하며, 여기서 의미는 개인이 공유하고 사용하는 백과사전적 지식에 의해 형성되고 그로부터 출현한다.

제스처 생산에 대한 연구는 언어유형론적 관점에서 정보를 다르게 부호화하는 언어 간 제스처 패턴의 체계적 변이를 입증했다. Talmy(1985)의 연구에서 비롯된 잘 문서화된 한 가지 유형론은 다양한 언어가 이동사건을 표상하는 방식을 분류한다. 이동사건, 즉 (문자적 또는 은유적) 대상이 어떤 경로와 방식으로 이동하는지에 대한 표현은 이를 부호화하는 언어 유형에 따라 다른 구문 구조를 가지며, 이는 발화와 제스처 모두에서 표시된다. 예를 들어, (게르만어, 핀란드어 및 슬라브어와 함께) 영어는 동사구에 접사를 사용하여 이동 경로를 나타내므로 위성어 틀 부여 언어로 분류되는 반면, (셈어, 투르크어, 바스크어, 그리스어, 일본어, 한국어, 영어, 네덜란드어 및 대부분의 다른 수어와 함께) 로망스어에서는 이동 동사가 전형적으로 경로를 부호화하여 이동 방식을 보완적인 방식으로 표현되는 동사 틀 부여 언어로 분류된다(Slobin 1997, 2004, Slobin & Hoiting 1994, Talmy 1985, 2000). 예를 들어, 영어에서 The ball roll down the hill(공이 언덕을 굴러 내려간다)과 같은 표현은 방식(rolled)과 경로(down)를 하나의 절과 하나의 동시 발화 제스처(예를 들어, 원을 그리며 아래로 내려가는 제스처)로 부호화하는 반면, 스페인어는 전형적으로 방식과 경로를 두 개의 개별 정보 덩어리로 부호화한다(Kita & Özyürek 2003 참조). 이 두 언어 유형의 화자는 언어와 제스처 모두에서 이동에 대해 서로 다른 말하기로서 생각하기(thinking for speaking) 패턴을 따른다는 주장이 있다(Slobin 1996). L1과 L2가 유형적으로 다른 제2언어 사용자를 대상으로 한 연구에 따르면, 화자들이 L2 언어 형태를 올바르게 사용하더라도 L1의 제스처를 사용하는 경향이 있었다(Stam 2006, Tellier 2008). 언어와 제스처가 긴밀하게 인지적으로 통합되어 있기 때문에, 언어(특히 L1)가 정보를 덩어리짓기 위해 사용하는 패턴은 제스처 표현에 영향을 미친다.

제스처 연구는 언어학에서 어순의 체계적인 교차 언어적 변이에 관한 논의에 기여해 왔다. 대부분의 언어군(56.6%)은 일반적으로 주어-목적어-동사(SOV) 순서를 따르는 단순 타동사를 나타내며, 13%는 주어-동사-목적어(SVO) 순서를 사용하고, 동사 또는 목적어-초기 어순은 약 11%의 언어군에서 선호된다(Hammarström 2016). Goldin-Meadow *et al.*(2008)의 연구에서는 어순이 다른 언어의 화자들에게 말없이 제스처를 사용하여 사건을 비언어적으로 묘사하도록 요청했다. 참가자들이 사용하는 언어의 어순은 제스처 표상에 영향을 미치지 않았으며, 참가자들은 지속적으로 SOV의 제스처 유사성을 선호했다. 또 다른 연구인 Özçalışkan, Lucero & Goldin-Meadow(2016)에서는 영어와 터키어 사용자들에게 이동사건을 언어(각자의 언어로)와 비언어(조용한 제스처 사용)로 설명하도록 요청했다. 두 그룹은 언어적 조건에서는 예상한 대로 달랐지만, 비언어적(침묵) 조건에서는 언어적 효과가 나타나지 않았으며 두 그룹 모두 경로와 방식을 융합된 방식으로 포장하고 SOV 어순의 제스처 유사성을 따랐다. 이 연구는 구어와 수어의 초기 단계에서 SOV 어순이 우세하다는 가설에 기여하며, 역사적으로 다양한 변형이 도입되고 있다(Futrell *et al.* 2015).

제스처에 대한 교차 언어 연구는 종종 언어공동체의 더 많은 문화적 측면, 즉 화자와 제스처의 사용자 공동체가 공유된 개념적 구조를 제스처와 언어적으로 나타내는 방식을 다루어 왔다(다른 언어의 문법 구조를 다루는 것과 대조적으로, **특히** Cienki 2013 참조). 제스처 직시는 여러 문화권에서 형태와 참조에 있어 높은 제스처 가변성을 나타내는 다른 많은 개념적 표현 현상 중 하나이다.

제스처를 통해 대상을 가리키거나 공간적으로 위치를 파악하고 의사소통적으로 지시하는 것은 인간만이 할 수 있는 일이지만, 일부 동물은 인간이 생산한 가리키기 제스처에 적절하게 반응할 수 있다(Kita 2003). 이는 아마도 가장 근본적인 의사소통 형태이자 계통발생과 개체발생 모두에서 '언어의 선구자'로 간주된다(Enfield, Kita & De Ruiter 2007). 아이들은 생후 1세 미만에 가리키기를 시작하며(Butterworth & Morissette 1996, Cochet & Vauclair 2010), 처음에는 선언적 가리키기를 하다가 명령적 가리키기를 하게 된다(Camaioni *et al*. 2004). 발달적으로 가리키기 제스처의 시작은 언어 발달에 중요할 뿐만 아니라 정신 이론에 중요한 공동 주의를 나타내는 지표이다. 제스처 직시의 문화 간 차이는 많은 학자들에 의해 보고되었다(Kita 2003 참조). Kendon & Versante(2003: 109)는 나폴리어에서 손바닥 가리키기의 6가지 대조적인 변이를 설명하며, 예를 들어 손바닥을 아래로 향하게 하는 가리키기는 어떤 대상을 수집하는 것과 구별하여 담화의 주제로 전경화하는 반면, 손바닥을 옆으로 향하게 하는 가리키기 제스처는 담화의 초점이 아닌 참조 대상임을 나타낸다. 이 저자들은 "화자가 채택하는 가리키기의 형태는 화자의 담화에서 언급되는 대상이 제시되는 방식과 체계적으로 관련되어 있다"라고 결론지었다. Wilkins(2003)는 검지를 펴서 가리키기가 문화적으로 표준적 가리키기 방식이 아닐 수 있으며, 고개 돌리기, 입술 가리키기(Enfield 2001), 코 가리키기(Cooperrider & Núñez 2012)와 같이 덜 분명한 방식으로 가리키기가 수행된다고 주장한다. 시간(시간적 사건과 관련된 아이마라어의 제스처 직시 체계에 대한 논의는 Núñez & Sweetser 2006 참조), 참조 틀(Levinson 1996), 종교 담론의 인식론적 입장(Evola 2010) 등과 관련하여 직시 체계의 문화적 다양성도 주목받고 있다.

5. 제스처 형태: 구어와의 '음운적' 차이

이 장에서는 제스처 연구와 인지언어학 분야의 공생 관계를 설명했다. 이 두 분야는 모두 의사소통 방식에 관한 것으로, 내적 구조(인지)나 외적 구조(문화 및 사회적 관행) 등 인간 존재의 중요한 측면을 들여다보는 창으로 활용될 수 있다. 더욱이 현대 제스처 연구는 언어학의 이론적 발전에 어느 정도 의존하여 등장하고 발전했다. 서론에서 언급했듯이, 제스처를 그 자체로 살펴보고 그 구조를 인지언어학의 접근 방식 및 통찰과 비교할 것이다. 현상 그 자체의 구조를 분석하는 데 중요성을 과소평가하는 것은 일반적으로 행동 연구의 문제이다. 즉, "상호작용 관행은 다른 것들을 밝히기 위해 사용되어 왔지만, 그 자체는 정의할 필요가 없거나 정의할 가치가 없는 것처럼 취급되어 왔다"(Goffman 1971: xi). 제스처 연구와 같은 신생의 학제 간 분야에서는 제스처의 구조적 요소를 자체적으로 정의하기보다는 인접 학문의 방법과 분석을 활용하려는 유혹이 더욱 강하다.

도상성, 은유적 및 환유적 사상, 지표적 구조를 포함하여 의미 형성의 중요한 전략이 제스처와 언어에서 동일하게 발생한다는 것은 사실이다. 더 나아가 제스처 연구는 수 세기에 걸쳐 축적된 방대한 지식을 가진 언어학으로부터 많은 도움을 받을 수 있다. 그러나 이 모든 것은 과도한 언어적 편견으로 이어지거나, 언어와 제스처의 구조가 동일하거나 적어도 매우 유사해야 한다는 인상을 줄 수도 있다. 언어 이론 또는 언어학에서 파생된 이론이 제스처의 모든 의미 생성을 설명한다고 가정하는 것은 자연스러운 현상이다.

제스처와 언어는 형식적으로 두 가지 양식이다. 이들은 생성되고 인식되는 방식이 거의 겹치지 않을 정도로 다르다. 발화는 횡격막에서 혀에 이르기까지 대부분 잘 보이지 않는 신체 부위를 조작하여 구두로 생성되고 전자기적으로 (빛에 의해) 전달되며, 시각적으로 인식된다. 즉, 제스처와 발화는 표현과 의사소통을 위한 특수한 행동을 수행한다는 의미의 기초가 크게 다르다는 것이다. 말하기와 제스처의 물리적 표명이 매우 다양하고 서로 다른 종류의 정보를 제공하기 때문에, 의미 구별하기 단위(발화에서 음운론)와 의미 있는 단위(발화에서 형태론)를 생산하는 과정은 동일할 수 없다. '제스처 음운론' 또는 '제스처 형태론'이라고 부를 수 있는 연구가 거의 이루어지지 않은 채 지식이 매우 일방적이므로, 이러한 차이를 평가하는 것은 현재 제스처 연구에서 어려운 일이다.[1] 지금까지 인간이 제스처 동작을 인식하는 것에서 제스처 형태와 기능을 해석하는 것으로 어떻게 기호학적 도약을 하는지는 여전히 불명확하다.

언어는 본질적으로 디지털적이고 분석적이며, 제스처는 아날로그적이고 합성적이라는 점은 기본적인 통찰이다. 시간적 전개에서도 언어와 제스처는 "모든 면에서 다르다"는 McNeill(1992: 19)의 주장처럼, 의미 형성의 기본 구조도 다르다. 제스처에는 언어와 같은 문법, 단어, 접두사 또는 접미사, 명사 및 동사가 존재하지 않는다(물론 젊은 수어에 대한 연구는 Haviland 2013, Abner *et al.* 2019 참조). 제스처는 다양한 표현 자원을 사용하며, 여러 전략으로 다양한 종류의 정보를 전달한다. 그렇다면 제스처에 동사와 명사가 없다면, 제스처는 어떤 범주에 속하는가?

McNeill(1992)은 제스처를 도상, 은유, 박자, 응집력, 직시로 구분했다. McNeill(2005)에서는

1 이 장에서는 제스처 의미 생성을 위해 음운과 음소라는 용어를 사용한다. "음운론"이라는 용어는 소리가 의미를 생성하는 방법을 다루기 때문에 제스처에는 부적절하다. Butterworth(1970)의 kinesics(동작학) 및 kines(운동경)와 같이 모든 움직임과 적절히 관련된 여러 조음자를 포괄하는 시각적 양식을 위한 적절한 용어를 만들려는 시도는 실패했다. 고대 그리스어 '손'(Stokoe 1960)에서 유래한 수어학 용어인 cherology(수어 음운론)와 chereme(음운소)도 인기를 끌지 못했다.

이러한 범주가 배타적이지 않다고 명확히 했지만, 여전히 (문제가 있는) 경험적 조사에서 범주적으로 널리 사용되고 있다. 예를 들어, Wundt(1904)나 Ekman & Friesen(1969)의 제스처 범주, 그리고 Müller(1998, 2014), Poggi(2008), Streeck(2008), Talmy(2018)의 최근 제안들 사이에는 모호한 중복이 존재한다. 범주에는 종종 직시적 제스처, 관습화된 제스처 또는 앰블렘, 그리고 다양한 종류의 (묘사 또는 참조 제스처라고도 하는) 표상적 제스처가 포함된다. 특정 의사소통 행위 사이에 분명한 대립이 있음에도 불구하고, 하나의 범주화가 널리 사용되고 표준으로 받아들여지는 것은 없다. 또한 일부 범주화는 "상호 배타적이고 완전한 부호"가 필요한 경험적 데이터에 대한 비교 가능한 부호화 체계로 기능하지 않는다. 즉, 특정 사건에는 (상호 배타적인) 하나의 부호만 연관될 수 있지만, 모든 사건에는 (포괄적) 일부 부호가 존재한다(Bakeman & Gottmann 1997: 26)는 것이다. Hassemer & McCleary(2018, 아래 참조)와 신체 동작과 관련된 심리적 상태를 위한 NEUROGES(신경학) 부호화 체계(Lausberg & Sloetjes 2009)는 예외이다. 이러한 제스처 분류의 문제는 제스처의 의미 형성에 대한 새로운 관점이 부족하다는 의심을 불러일으킨다. 이 절의 나머지 부분에서는 이 협업의 한계가 무엇인지 강조할 것이다. 또한 제스처 음운론의 존재와 적절성에 대해 논증하고, 기본 신조가 어떻게 형성되었는지 살펴볼 것이다.

음운론적 층위에서 제스처의 의미 생성에 많은 통찰이 있다. 예를 들어, Mandel(1977)의 『미국 수어의 도상적 장치Iconic devices in American Sign Language』에서는 시각적 서법성에서 의미 생성의 다양한 디자인적 특징을 설명한다. 마크 만델(Mark Mandel)은 손 모양과 동작을 체계적으로 사용하여 공간의 위치, 면적, 부피에 주의를 끌기 위한 다양한 도상적 전략을 기민하게 설명한다. 그는 제스처 동작이 지시 대상을 닮지 않아도 되는 기호학적 사상 전략인 관습성과 시각적 구상화, 그리고 움직임의 잠재력을 모두 활용하여 표현하는 전략인 도상성을 명확히 구분했다. 이 분석에서 관습성을 제외하면 도상성이 무엇인지 드러나고, 서법성의 의존성이 드러난다. 또한 언어와 달리 다양한 도상적 전략을 의미의 중심적 근원으로 사용하는 제스처의 음운론에 '도상'이라는 범주가 너무 조잡하다는 점도 보여준다.

도상적 전략의 다양성을 살펴보기 위해, 일상적인 제스처의 하나로 의미를 전달하는 과정을 살펴볼 것이다. 어떤 사람이 자신이 말하는 내용을 강조하거나 결론을 제시하고 싶을 때, 손바닥을 위로 향하게 하여 느슨하게 깍지 낀 손을 내미는 손바닥 위로 벌린 손 제스처를 취할 수 있다. 특정 신체 부위의 다소 느슨한 동작이 어떻게 의사소통에 도움이 될 수 있는지 의문을 가질 수 있다. 제스처를 취하는 사람이 걷거나 고개를 돌려 다른 사람을 바라보는 동안, 관찰자는 다른 신체 부위의 동작이 아니라 특히 손을 앞으로 움직였다가 잡는 동작을 제스처로 인식해야 한다. Langacker(2008)는 개념의 한 부분을 전경화하는 의사소통 개념을 윤곽화(profiling)로 설명한다. 관찰자가 이러한 윤곽화 작용을 수행하지 않으면, '손바닥을 위로 든 손'은 이 제스처의 의미가 아니며, 조음자의 윤곽화된 형태를 더 해석해야 하기 때문에 이 제스처의 의미를 파악할 수 없다. 앞의 작업 중 어느 하나를 생략해도 의사소통이 불가능하다.

인간은 물체와 상호작용할 때 무언가를 밀거나, 꽉 쥐거나, 신체 부위 사이에 무언가를 고정하는 등 물체와 접촉한다. 제스처를 취하는 사람의 손바닥을 위로 올리는 제스처는 물리적 실체의 상호작용에 대한 우리의 기존 지식을 활용한다. 따라서 이 제스처를 관찰하는 사람은 단순히 손바닥을 마주잡은 손만 보는 것이 아니라, 손바닥 표면이 이 제스처의 일부인 상상적 대상과 접촉하는 영역을 구분하기 때문에 손바닥 표면을 의미 있는 것으로 구체적으로 식별한다. 이로 인해 손 위에 손바닥 표면이 전경화된다. 다음 두 가지 과정은 중추적 인지언어학적 사상 과정이라고도 할 수 있다. Mittelberg & Waugh(2009)는 『환유가 먼저, 은유가 그다음Metonymy first, metaphor second』이라는 제목의 논문에서 이 두 가지의 편안한 공존과 순서를 설명한다. '외부' 환유는 손바닥의 표면에 인접하여 상상적 대상의 모양과 위치를 인식하는 과정이다(Mittelberg & Waugh 2009: 340). 관찰자가 이 단계를 수행한 경우에만 은유 HOLDING AN IMAGINARY OBJECT IS PRESENTING AN IDEA(상상의 대상을 드는 것은 아이디어를 제시하는 것이다)가 적용될 수 있다. 이 예에서처럼 제스처의 조음부터 의미까지 음운을 분석하는 것을 제스처 형태 분석이라고 한다(Hassemer & McCleary 2018, Hassemer 2016).

이 예는 인지언어학적 유추를 성공적으로 활용했지만, 제스처의 의미 생성 분석이 언어학과는 매우 다르다는 점을 보여준다. 제스처에서 의미는 일련의 공간적(즉, 기하학적) 연산에 의존한다. 환유적 사상과 은유적 사상도 제스처에서 매우 **공간적으로** 구현된다. 이를 언어적 은유, 예를 들어 I lay down my life for the sheep(나는 양을 위해 내 목숨을 버린다)(요한복음 10:15, King James 버전)와 같은 공간적, 운동적 근원 영역에 기반한 은유와 비교해 보면, 언어적 은유가 훨씬 덜 '공간적으로 특정적'임을 알 수 있다. 대조적으로, 제스처 서법성의 공간적 특성은 위의 분석 전반에 걸쳐 특히 조음 기저에 가까울 때 두드러지게 나타난다(〈그림 30.2〉). 위의 제스처 예시는 인지언어학 이론을 수용하기 때문에 특별히 선택되었다. 크기, 형태, 경로를 가리키거나 표시하는 것과 같은 음성 독립적인 제스처는 훨씬 더 기하학적이고 음성 독립적인 구조를 보여준다(Hassemer & McCleary 2018). 제스처의 명백한 공간적 특성 외에도, 실험 연구에 따르면 언어적 유창성이 낮은 사람들이 공간 시각화에 능숙할 때 제스처 서법성을 더 자주 사용하는 것으로 나타났다(Hostetter & Alibali 2007).

이 절에서는 제스처 음운론의 기본 질문과 비교 경험적 분석을 가능하게 하는 기본 범주와 관련하여 이 신생 분야가 제기하는 도전 과제를 간략하게 소개했다. 제스처는 은유나 환유와 같은 높은 수준의 사상에 대해서는 인지언어학에 기여하고 인지언어학 이론을 수용하는 것으로 나타났지만, 음운론적 또는 형태적 수준과 도상성의 이질성을 설명하는 데에는 여전히 연구 공백이 존재한다. 신체적 의사소통의 기능을 체계화하는 연구에 대한 수요는 제스처에서 의미를 생성하는 다양한 전략의 기하학적(즉, 알고리즘적으로 설명 가능한) 모형을 포착함으로써 이익을 얻을 수 있는 산업계에서도 나타나고 있다.

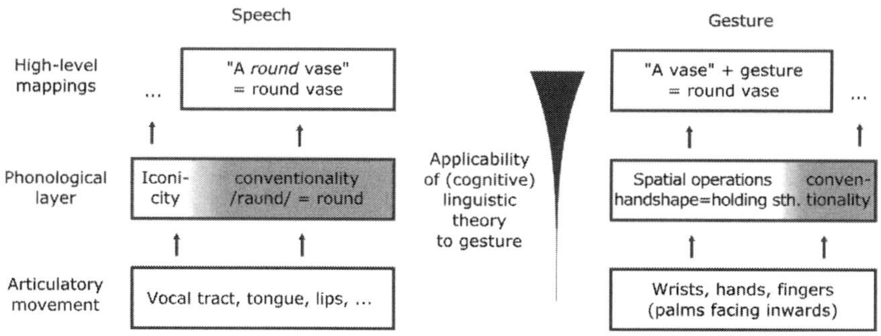

〈그림 30.2〉 인지언어학 이론의 적용 가능성과 관련하여, **둥근(round)** 꽃병에 대한 말하기와 제스처를 저수준(하단 2행)과 고수준(상단 행)으로 분석한 결과이다. 제스처의 음운론적 층위에서 더 큰 영역을 차지하는 도상성을 지정하는 공간 연산에 주목하시오.

6. 향후 방향: 인간-컴퓨터 상호작용(HCI)에서의 언어와 제스처

제스처 음운론의 필요성뿐만 아니라, 제스처 연구와 인지언어학에서도 언어 진화에서 제스처와 발화의 관계(Fay *et al.* 2014), 아동 발달에서의 제스처(Goldin-Meadow & Alibali 2013), 수어에서 제스처와 기호의 관계(Goldin-Meadow & Brentari 2017) 등 다양한 주제가 연구될 필요가 있다. 이 장에서는 인지언어학적 관점에서 제스처 연구의 잠재력이 특히 높은 영역, 즉 인간-컴퓨터 상호작용(HCI)에 초점을 맞춘다.

1980년, Richard Bolt(1980: 262)는 선구적인 발화 제스처 기계에서 "음성과 제스처 입력이 … 수렴되어 조화롭고 자연스러운 사용자 서법성을 제공한다"라고 주장했다. 이는 오늘날 사용자 경험 디자이너가 최첨단 다중양상적 인터페이스를 도입하는 방식과 유사하다. 그럼에도 불구하고, 40년이 지난 지금도 인간-컴퓨터 상호작용 분야는 여전히 인지언어학 및 제스처 연구에서 틈새 관심 분야로 남아 있으며, 이 두 분야의 연구는 인간-컴퓨터 상호작용에서 드물게 이루어지고 있다. 이 책에서 논의하는 현상과 인간-컴퓨터 상호작용 사이의 간극이 크고, 제스처 연구에 대한 인간-컴퓨터 상호작용의 관심이 모호하게 느껴지기 때문에, 질적 연구에 대한 인간-컴퓨터 상호작용의 일반적인 회의론을 비판하기는 어렵다. 발화 인식의 비약적인 발전과 제스처 인식의 상당한 발전에도 불구하고, "언어학자가 그룹을 떠날 때마다 인식률이 올라간다"라는 음성 인식의 선구자인 프레드 젤리넥(Fred Jelinek)의 말처럼, 인지언어학과 제스처의 접근 방식은 자주 참조되지 않았다(Jurafsky & Martin 2009에서 인용). 이러한 냉정한 평가에도 불구하고, 이 절에서는 현재 인간-컴퓨터 상호작용 체계의 기반 기술이 인간 의사소통의 범주화 체계에 어떻게 의존하는지를 보여주며, 인간-컴퓨터 상호작용에서 제스처 연구의 잠재적 기여에 대한 낙관적인 관점을 제공하고자 한다. 직관적인 제스처 레퍼토리와 이론적으로 기반을 둔 다중양상적 상호작용 개념을 통해, 제스처가 인간-컴퓨터 상호작용에서 어떻게 이점을 얻을 수 있는지, 그리고 이러한 개념이 인지언어학과 제스처 연구 간의 관계에 어떻게 기여할 수 있는지를 자세히 다룰 것이다.

발화 및 제스처 인식 시스템의 성능은 머신러닝, 특히 딥 러닝(심층 신경망)과 같은 알고리즘 및 통계 모형 없이는 불가능하다. 이는 종종 '인공지능'이라는 장기적인 목표와 연결된다. 오늘날 소프트웨어에서 가장 널리 사용되는 머신러닝의 형태는 '지도' 학습으로, 제스처를 수행하는 사람들의 동영상과 같은 시스템의 학습 데이터에 레이블을 지정하는 방식이다. 이는 머신러닝이 명확한 제스처 범주를 필수적으로 요구하기 때문에, 제스처 구조 분석 및 분류 작업에 의존한다(Hassemer & McCleary 2018).

발화 인식에 사용되는 소프트웨어도 머신러닝 기술을 기반으로 하지만, 하드웨어는 일반적으로 단순한 마이크이다. 이와 대조적으로, 지난 10년간의 제스처 인식 하드웨어 시스템은 완전히 다른 감각 장치가 발명되었다. 어떤 제스처가 주어진 시스템에 가장 적합한지에 대한 질문은 여전히 열려 있다. 제스처 연구에 사용되는 광학 모션캡처 시스템(오픈액세스 모션캡처 데이터를 포함한 Hassemer 2016, Baytaş, Yantaç & Fjeld 2017)뿐만 아니라, 관성, 기계 및 자기 시스템(Troje 2002, Brodie, Walmsley & Page 2008)도 많이 사용되고 있다. 그러나 영화 속 캐릭터 애니메이션, 의료 진단, 과학적 조사에 사용되는 이러한 모션캡처 기술은 제스처 연구에 광범위하게 사용되기에는 매우 고가이다.

제스처 인식은 2010년에 대중화되었다. Microsoft의 적외선 시스템인 키넥트(Kinect)는 과학 연구를 포함하여 많은 사람들에게 전신 제스처 추적의 가능성을 열어주었다(Rümelin, Marouane & Butz 2013, Tscharn *et al*. 2017, Trujillo *et al*. 2018). 2012년에는 성냥갑 크기의 적외선 컨트

롤러인 동작 인식 장치(Leap Motion)가 등장하여, 탁자 위에 놓거나 가상현실 헤드셋의 전면에 부착하여 손동작을 추적할 수 있게 되었다. 이러한 적외선 솔루션은 자동차, 드론, PC, 모바일 기기, 게임, 가상 및 증강 현실에서 제스처 제어를 가능하게 한다. 적외선 시스템은 비교적 저렴하고 빛에 구애받지 않는 캡처가 가능하다. 제품 애플리케이션에서 제스처 컨트롤을 사용하는 경향이 있지만, 아직 모든 제품에 제스처 컨트롤이 필수적인 요소로 자리 잡지는 못했다. 이는 성능 문제 외에도 잘못된 설계와 제스처에 대한 제한된 지식 때문일 수 있다.

게다가, 아직 주류 제품에 포함되지 않은 다양한 센서 전략이 시장에 진입하기 시작했다. 한 가지 전략은 일반 카메라로 촬영할 수 있는 형태의 단순한 비디오 데이터로 돌아가는 것이다. 예를 들어, Güler, Neverova & Kokkinos(2018, 오픈액세스 코드와 이동 추적 데이터 포함)가 따르는 이 인식 전략은 대규모 얼굴 인식 분야에서 사용되는 정적인 사진과 달리, 움직이는 이미지에 특화된 머신러닝 알고리즘을 포함한 소프트웨어에만 의존한다. 또한 2015년에는 이반 포우피레브(Ivan Poupyrev)가 이끄는 Google의 연구 그룹에서 솔리(Soli)라는 새로운 하드웨어 **및** 소프트웨어 시스템을 발표했다(Lien *et al.* 2016). 솔리는 작은 레이더 칩으로 손가락 제스처를 포착하며, 이러한 시스템을 위한 인간-컴퓨터 상호작용 개념은 자연스러운 제스처에서는 거의 찾아볼 수 없는 조작적인 미세 동작을 제스처 명령으로 사용하여, 의사소통적 동작과 도구적 동작 사이의 간극을 메운다(Cadoz 1994).

적외선, 비디오, 레이더 등 다양한 센서 시스템은 신체의 여러 부위에서 수행되는 제스처와 미세 제스처를 포함한 광범위한 제스처에 대한 정성적, 정량적 연구를 필요로 한다. 제스처 연구는 제스처 목록을 정의하고 사용자 경험을 최적화할 뿐만 아니라, 더 나은 머신러닝 결과를 통해 기술 개발을 개선하는 데에도 기여할 수 있다. 지도 머신러닝은 주어진 데이터 범주에서 미묘한 차이를 자동으로 찾아내는 도구이다. 제스처 유형에 따라 매우 유사해 보이는 제스처라도 의미 생성이 체계적으로 다르다는 점을 고려할 때(Hassemer & Winter 2016, 2018), 제스처 연구는 머신러닝이 예측 정확도를 높이기 위해 이러한 차이를 활용할 수 있도록 최대한 다양한 제스처 유형을 찾는 데 도움이 될 수 있다.

감사의 말

이 장의 초안 버전에 대해 유용한 피드백과 토론을 제공해 준 릴랜드 맥클리어리(Leland McCleary)에게 특별히 감사드린다. 모든 오류는 저자의 책임이다. 이 연구는 Fundação para a Ciência e a Tecnologia(연구 지원금 번호: PTDC/FER-FIL/28278/2017)의 지원을 받았다.

더 읽을거리

Hassemer, J., & McCleary, L. (2018). The multidimensionality of pointing. *Gesture*, 17(3), 417-463.

Kendon, A. (2004). *Gesture: Visible action as utterance*. Cambridge: Cambridge University Press.

Kita, S. (Ed.). (2003). *Pointing: Where language, culture, and cognition meet*. London: Lawrence Erlbaum.

McNeill, D. (2000). *Language and gesture*. Cambridge: Cambridge University Press.

Talmy, L. (2018). *The targeting system of language*. Cambridge, MA: MIT Press.

제31장
인지언어학과 번역 연구

1. 소개 및 정의

1.1 언어학과 번역 연구

번역학은 언어학과 깊은 연관이 있으며, Baker(2000)가 언급한 바와 같이 번역에 대한 모든 논의는 언어가 특정 목적이나 문화적 가치를 위해 어떻게 구조화되고 조작되는지를 이해하는 데 기반을 두고 있다. 언어학은 이론적 및 경험적 연구 결과를 통해 번역과 해석을 포함한 모든 형태의 언어 활동에 영감을 줄 뿐만 아니라, 번역을 이론의 적용 가능성을 시험하는 장으로도 여겨진다. Baker(2005)는 언어학과 번역학의 관계를 두 가지 패턴으로 요약한다. 첫째, 번역을 대조 사례의 완벽한 근원으로 간주하는 것이고, 둘째, 언어학자들이 자신이 선호하는 언어 이론을 번역에 적용하려는 관심과 번역학자들이 번역 연구에 적용할 수 있는 이론적 개념이나 분석 도구를 찾는 관심이다. 이러한 두 가지 관심은 현대 언어학과 번역 연구의 역사에서 애증 관계의 기복을 나타낸다(Fawcett 1997, Rojo & Ibarretxe-Antuñano 2013).

번역학의 역사에서 언어학은 번역학자의 이론적 모델링 및 데이터 분석을 위한 중요한 영감의 원천으로 작용해 왔다. 구조주의(Nida 1964, Vinay & Darbelnet 1958/1995), 체계 기능적 접근(Catford 1965), 적절성 이론(Gutt 1991) 등 여러 세대에 걸쳐 언어적 접근이 번역에 적용되었다. 시간이 지나면서 번역 연구는 문장 이하의 언어 단위 분석에서 텍스트 분석으로, 규범적 연구에서 기술적 연구로, 언어 작용이나 번역에 대한 초점에서 기능, 의사소통적 효과 및 담화의 이념적 문제로 초점이 이동하며 다양한 발전 단계를 거쳤다(Nida 1964, Delisle 1980, House 1997, Wilss

1982, Hatim & Mason 1990, Baker 1992, Neubert & Shreve 1992 등).

특히 1940년대와 1950년대에 현대 번역학이 시작되면서, 번역학자들은 언어가 번역의 재료라는 점을 강조하며 언어학에서 번역 모델링에 적용할 수 있는 이론이나 개념을 언어학에서 찾기 시작했다. 따라서 번역학은 언어학 또는 비교언어학의 한 분야로 출발하여(Holmes 1972/2000) 의미, 구조, 기능, 문맥 등의 언어 이론에서 영감을 받아 큰 발전을 이루었으며, 풍부한 개념과 아이디어, 이론을 발전시켜 왔다. 이러한 초기 언어학적 접근 방식에서 가정한 핵심 개념과 아이디어는 번역학의 발전에 중요한 기초가 되었다.

1.1.1 등가성으로서 번역

번역은 원본 텍스트(ST)와 대상 텍스트(TT) 사이에 일정한 정도의 등가성 또는 동등한 효과를 달성하는 과정이다. 즉, 대상 텍스트(TT)가 원본 텍스트(ST)의 번역으로 인정받을 수 있도록 하는 것이다. 이러한 이유로 학자들은 번역에서 등가성의 유형을 파악하기 위해 특정 수준의 언어 구조를 분석하려고 노력해 왔다(Nida & Taber 1969, Toury 1980, Pym 1992, 1995, Baker 1992).

1.1.2 언어 작용으로서 번역

존 커니슨 캣포드(John Cunnison Catford)는 "번역은 언어에 대한 작용"이라는 개념을 강력하게 지지한다(Catford 1965: 1). 그의 주장에 따르면, 번역은 텍스트 자료를 대체하는 과정이다. 많은 언어학자들은 번역 이론이 특정 언어 이론을 바탕으로 원어의 구조적 분석이나 두 언어의 대조 분석에 기반한 번역 전략을 개발하는 것이라고 보고 있다. 이와 관련하여 Nida(1975)의 성분 분석이나 Catford(1965)의 번역 전이 이론이 대표적인 예로 꼽힌다.

1.1.3 개체로서의 의미

1990년대까지 번역학 분야의 많은 학자들은 의미에 대해 객관적이고 정적인 개념을 가지고 있었다. 이들은 의미가 언어에 내재되어 있으며, 언어 사용자의 마음 밖에 존재한다고 가정했다. 따라서 언어 사용자는 이러한 의미를 파악하고 언어화하여 다른 언어로 그대로 옮길 수 있다고 믿었다. Seleskovitch & Lederer(1984)의 번역 해석 이론이 그 한 예이다. Oettinger(1960: 104)는 "의미 불변성을 유지하는 것이 자연어 간의 번역의 핵심 문제"라고 주장했으며, Ross(1981: 8) 또한 "번역은 원어와 동일한 의미를 가져야 한다"라고 말하며 비슷한 견해를 나타냈다.

1.1.4 원본 텍스트 또는 원본 텍스트 작성자에 종속된 번역 또는 번역가

20세기 대부분의 번역학 전통에서 번역은 종속적인 지위를 부여받았고, 번역의 질은 원본 텍스트에 대한 충실성이나 유사성의 정도에 따라 판단되었다. 이로 인해 번역가는 종종 은유적으로 하인으로 개념화되거나, 의미 생성에서 덜 적극적인 역할을 하는 존재로 여겨졌다.

언어학에서 출발한 이러한 번역에 대한 관점은 여러 차례 비판을 받아왔고, 그 결과 언어학과 번역학은 곤란한 관계에 놓이게 되었다(Fawcett 1997: 1). 특히, 번역에 대한 언어학적 접근은 번역이 무엇인지에 대한 협소한 시각과 개별 언어 단위에서 번역 규칙을 도출하는 데 한계를 지니고 있다는 비판을 받았다(Snell-Hornby 1988/1995: 3). 또한 언어 분석이 문맥적, 문화적, 인지적 제약을 무시하고 언어 형식에만 지나치게 집중한다는 점에서도 비판을 받았다(Malmkjær 2018). 특히 1980년대와 1990년대에는 번역을 문화적, 정치적 조작으로 보는 시각이 대두되면서 언어적 틀 밖의 학자들로부터 더 많은 비판이 제기되었다. 이러한 비판은 분석 단위가 너무 좁고 언어 형태에 지나치게 집중하며, 의미에 대한 정적인 개념과 번역가의 역할이 덜 적극적이라는 (부적절한) 관점 등을 중심으로 이루어졌다. 이러한 문제를 해결하기 위해서는 지난 30여 년 동안 발전해 온 인지언어학과 같은 학제적 분야에서 최선의 해답을 찾을 수 있을 것이다.

1.2 인지언어학 및 번역 연구

언어와 마음의 관계에 초점을 맞춘 인지언어학은 단일 언어 데이터뿐만 아니라 번역과 같은 이중 언어 또는 다국어 실행에도 적용할 수 있는 다양한 이론적 도구를 개발했다. 인지적 몰입, 신체화된 인지 이론, 의미에 대한 백과사전적 관점, 개념화로서의 의미, 용법 사건으로서의 담론, 상징적 단위로서의 어휘와 문법 가정 등은 인지언어학자들이 가진 기본 가정으로, 이들은 인지적 번역 연구(Cognitive Translation Study)에 필요한 이론적 토대를 제공한다(Shreve & Angelone 2010, Halverson 2010, Muñoz 2017 등). 흥미롭게도, 개념적 은유와 환유(Tabakowska 1993, Mandelbit 1996, Tirkkonen-Condit 2002), 범주화 및 원형의미론(Halverson 1999a, 2002), 틀의미론(Vanneren & Snell-Hornby 1986, Vermeer & Witte 1990, Rojo 2002b, Boas 2013, Xiao & Wen 2013, Xiao 2017), 해석 및 인지문법(Tabakowska 1993, Halverson 2013)과 같은 일부 이론적 도구는 번역 연구에 대한 인지적 접근에서 효과적으로 적용되고 있다. 또한, 잠재적으로 적용할 수 있는 다른 이론으로는 영상도식, 정신공간, 개념적 혼성, 도상성, 텍스트 및 담론적 인지 이론이 있으며, 이러한 이론들은 대부분 Rojo & Ibarretxe-Antuñano(2013)와 Wenand &

Xiao(2019)에서 다루어졌다.

2. 역사적 관점

1990년대부터 21세기 초반까지의 20년 동안 번역 연구에서는 비인간화 모형에서 인간 중심성, 즉 인간 요소 초점으로의 현저한 전환이 이루어졌다(Tabakowska 1993, Halverson 2013). 번역의 인지적 측면에 인지언어학적 틀을 적용하기 위한 다양한 연구(논문, 단행본, 모음집, 핸드북 및 논문집 등)가 진행되었다. 이 절에서는 1990년대와 2000년대 초반의 역사적 관점을 검토하고, 보다 최신의 연구는 3절(중요 이슈 및 주제)과 4절(최근 기여 및 연구)에서 소개할 것이다.

2.1 적절성 및 번역

Sperber & Wilson(1986/1995)이 제시한 적절성 이론은 완전한 의미의 인지언어학 이론은 아니지만, 1세대 인지과학의 범위에서 언어와 언어적 의사소통에 대한 중요한 연구로 볼 수 있다. 이들은 인간의 언어적 의사소통이 '외현적-추론적 의사소통'이며, 인간의 인지가 적절성의 극대화를 지향하는 적절성의 인지적 원리를 따른다고 주장한다. 이는 모든 발화가 최적의 적절성에 대한 추정을 전달한다는 의미의 의사소통적 원리이다. 또한 인간의 인지는 외부 세계와 정신적 표상 사이의 유사성을 확립함으로써 해석적이라고 믿는다. Gutt(1991)는 번역을 "두 발화 또는 두 개의 외현적 자극이 설명 및/또는 함축을 공유하는 정도까지 해석적으로 유사한 경우(Gutt 1991: 44)"로 정의하며, 최적의 해석적 유사성을 갖는다고 제안했다. 그러나 원본 텍스트(ST) 내용의 모든 측면이 얼마나 적절한지를 판단하고, 적절한 모든 측면을 대상 독자에게 전달하는 것은 번역가의 중요한 임무이다. 번역을 일반 의사소통 이론의 관점에서 설명하고 번역가의 정신적 능력을 탐구하려는 에른스트 아우거스트 구트(Ernst-August Gutt)의 시도는 광범위한 의미를 지니며, Tirrkonen-Condit(1992), Malmkjær(1992), Thomas(1994) 등의 후속 연구와 비판적 논의를 불러일으켰다.

2.2 번역의 인지언어학과 시학

Tabakowska(1993)는 로널드 래내커(Ronald W. Langacker)의 영상으로서의 문법관(Langacker 1987)과 로만 야콥슨(Roman Jakobson)의 『차이의 등가성equivalence in difference』(Jakobson 1959)을 바탕으로 등가성에 대한 인지적 재해석을 시도한 학자 중 한 명이다. 그녀는 래내커의 인지문법 이론이 문법을 영상으로 보고, 번역학에 이전의 노엄 촘스키(Noam Chomsky) 언어학에서 부족했던 '인간화된' 분석을 위한 이론적 틀을 제공한다고 주장한다(Tabakowska 1993: 4). 따라서 그녀는 인지언어학을 이론적 기초로 삼아 영상 번역의 경우 '인간적 요소'에 초점을 맞춘 번역에 대한 인지적 시학 분석을 제시한다(Tabakowska 1993: 78-100). 엘즈비에타 타바코프스카(Elżbieta Tabakowska)는 번역 연구에 인지언어학을 적용한 최초의 학자 중 한 명일 뿐만 아니라, 번역 연구에서 인적 요소, 개념화 및 해석 작용에 대한 연구를 강력히 요구했다. 이는 나중에 인지언어학적 번역 틀의 핵심 개념이자 기초가 되었다.

2.3 개념적 은유와 번역

Lakoff & Johnson(1980)이 제안한 개념적 은유 이론은 은유를 특별한 언어적 장치가 아닌 사고의 한 방식으로 보는 근본적인 관점을 바탕으로 하여 번역 연구에 널리 적용되고 있다. 은유의 '번역 가능성' 문제를 해결하기 위해 번역의 해석 작용을 영역 간의 개념적 사상으로 추적할 수 있으며, 예를 들어 Tabakowska(1993)의 영상 등가성이나 Tirkkonen-Condit(2002)의 영역 충돌 등 다양한 이론적 분석이 존재한다. 은유는 원본 텍스트와 대상 텍스트 사이의 사상이라는 관계를 개념화하는 데에도 사용되며, D'Hulst(1992)는 개념적 은유가 번역학적 모형을 구축하는 데 도움이 된다고 제안한다(Muñoz 2013: 81).

2.4 틀의미론 및 번역

Fillmore(1968, 1977, 1985)가 개발한 틀의미론은 언어를 경험과 관련시키고, 의미를 화자의 마음속에 있는 개념적 표상으로 설명한다. 초기 버전에서 장면과 틀의미론은 일부 독일 학자들에 의해 번역 연구에 대한 다양한 해석에 적용되었다. Vannerem & Snell-Hornby(1986)는 틀이 텍스트 뒤에 있는 장면을 연상시키는 언어적 형식이며, 텍스트는 그 안에 있는 틀과 관련된 장면을 포착하여 이해될 수 있다고 제안했다. Vermeer & Witte(1990)의 틀 해석은 장면의 부호화로서의 틀이 채널 작용을 통해 그대로 전달되거나 변형된다는 점에서 Seleskovitch(1968)의 탈언어화 모형에 더 가깝다고 할 수 있다. Kussmaul(2005, 2007)은 번역가의 의미구성과 일관성 생성에서 정신적 영상(예: 시각화)의 역할을 연구했다. Rojo(2002a, 2002b)는 유머 번역 사례를 통해 문화적 차이에서 사회적 맥락을 고려한 틀 분석 모형을 정립하였다. Xiao(2017)는 문학 번역의 지식 관리를 설명하기 위해 번역의 재개념화 유형으로 틀 작용 모형을 제안했다. 틀의미론은 Boas(2005, 2009, 2013)가 연구한 것처럼 인간과 기계 번역을 위한 도구로 사용할 이중 언어 또는 다국어 프레임넷을 구축하기 위해 전산 사전학에 적용될 때 더욱 활력을 얻었다.

2.5 다른 시도

앞서 언급한 저명한 분야 외에도 학자들은 번역 또는 번역 과정에 대한 논의를 위해 인지언어학의 특정 개념이나 이론에 중점을 두었다. '원형' 또는 '원형 효과'라는 개념은 '번역'의 정의와 동일한 원본 텍스트에 대한 대안 번역에 적용되었다(Snell-Hornby 1998/1995, Halverson 1999a, 1999b, 2002). 인지언어학의 일부 이론은 이중 언어 개념 표현과 번역에 대한 함의를 논의하기 위해 이중 언어 또는 다중 언어의 개념 또는 이론과 결합되었다(Pavlenko 2009, Ruiz *et al.* 2008, Halverson 2013). 최근에는 말뭉치 방법에서 파생된 번역 언어의 특징(즉, 번역 보편성)을 해석하는 데 인지언어학 이론을 적용하려는 시도가 이루어지고 있다. 예를 들어, Halverson(2003, 2010)이 제안한 '중력적 당김 가설(Gravitationa Pull Hypothesis)'은 정규화 또는 관습화(Baker 1993)와 같은 번역 언어의 특징이 도식적 네트워크 내에서 상위 수준의 도식 및/또는 원형이 인지적 현저성의 결과일 수 있다고 제안하며 이를 '중력적 당김(gravitational pull)'이라고 부른다. 즉, 고도로 현저한 인지 구조와 관련된 언어 형태는 과대 표현될 가능성이 높다는 것이다(Halverson 2003: 218). 일부 다른 연구자들은 인지언어학 이론을 적용하여 등가성(Tabakowska 1993, Halverson 2013, Rojo & Ibarretxe-Antuñano 2013), 번역 전이(Chesterman 2000, Halverson 2007) 등과 같은 전통적인 번역 개념을 재정의하기도 했다.

3. 중요 이슈 및 주제

3.1 인지언어학의 핵심 기조 및 원리

인지언어학은 1970년대에 언어에 대한 형식적 접근에서 언어와 정신의 관계로 관심을 돌린 여러 학자들의 연구를 통해 등장한 이후, 다양한 방향과 다양한 분야에서 빠르게 성장하고 있는 현대 언어학의 한 학파이자 지적 운동이다(Langacker 1991, Evans, Bergen & Zinken 2007). 인지언어학은 언어에 대한 다양한 이론을 포괄하는 공통된 약속과 원칙을 가진 연구 접근 방식으로 간주된다. 인지언어학의 주요 관심사는 "인간의 언어, 마음, 사회-물리적 경험 간의 관계"를 조사하는 것이다(Evans, Bergen & Zinken 2007: 2). 이러한 이유로 인지언어학은 번역 연구에 있어 언어의 개념적 기초, 원본 텍스트의 이해, 대상 텍스트의 의미 형성 등에 대한 잠재적 영감을 제공한다. 다음 절에서는 번역과 관련된 인지언어학의 핵심 기조와 번역 연구에 대한 시사점을 소개할 것이다(인지언어학에 대한 자세한 개요는 Evans & Green 2006, Geeraerts & Cuyckens 2007 등 참조).

3.1.1 인지언어학의 두 가지 언명

인지언어학은 인지의미론과 문법에 대한 인지적 접근이라는 두 가지 주요 분야로 구성되어 있으며, 기본적으로 두 가지 핵심 언명과 여러 가지 지침 원리를 가지고 있다. 두 가지 핵심 언명은 '일반화 언명'과 '인지적 언명'이다(Lakoff 1990, Evans & Green 2006). '일반화 언명'은 언어의 모든 측면에 적용되는 일반 원리의 특성을 설명한다. 이는 언어에 대한 형식주의적 '모듈' 또는 '하위 체계' 관점을 거부하고, 언어의 다양한 측면(음운론, 의미론, 통사론)이 인간의 인지 능력에 기반한 근본적인 조직적 특징을 공유한다는 점을 강조한다. 이 언명은 모든 언어 현상에 적용될 수 있는 공통의 원리(예: 범주화, 원형 효과, 은유, 환유 등)와 언어 연구에 대한 수직적 접근뿐만 아니라 전체적 접근을 보장한다(Evans, Bergen & Zinken 2007: 4). 번역학의 경우, 언어 분석에 대한 일반화 접근법은 특히 1990년대의 문화적 접근법에 의해 분석 단위가 지나치게 협소하다는 비판을 받아온 번역학의 언어학적 접근법을 보완할 수 있다는 점에서 중요한 의의를 가진다.

'인지적 언명'은 언어가 일반적인 인간 인지의 일부이자 반영이라고 가정한다. 즉, 언어에만 국한된 인지나 언어 처리를 담당하는 독립적인 모듈은 존재하지 않는다는 것이다. 이는 모든 언어 모형이 인간의 인지 체계에 대해 알려진 바에 따라 수립되어야 한다는 것을 의미한다. 이러한 논리적 귀결은 모든 언어활동이 본질적으로 인지적 활동이며, 인지적 제약에 영향을 받는다는 점이다. 이는 가장 복잡한 인지 활동인 번역이 인지언어학을 포함한 인지과학의 개념과 이론적 뼈대에서 연구될 수 있고 또 연구되어야 한다는 점에서 번역 연구에 중요한 의미를 갖는다(Hurtado Albir & Alves 2009: 54).

3.1.2 인지언어학의 기본 원리

이 두 가지 언명은 인지언어학의 '대저택(mansion)'을 뒷받침하는 두 기둥으로, 언어 연구와 번역 연구를 위한 분석 도구로 사용될 수 있는 구체적인 기본 원리와 신조를 담고 있다. 첫 번째 원리는 개념적 구조와 의미구성(개념화)에서의 개념 구조와 그 역할에 관한 것이다. 여기에는 신체화된 인지 이론, 의미에 대한 백과사전적 관점, 의미의 개념화 가정 등이 포함된다. 신체화된 인지 이론은 인간의 신체적 경험을 고려하지 않고는 언어적 의미를 연구할 수 없을 정도로 개념적 구조가 신체화되어 있다고 주장한다. 의미에 대한 백과사전적 관점은 의미 구조가 개념적이고, 의미 표현이 백과사전적이라는 생각을 수반한다. 이는 소위 '객관주의적 의미론'과는 달리, 인지의미론자들이 언어적 의미가 외부 세계의 실체가 아니라 화자의 마음속에 있는 개념과 연관되어 있다고 주장하는 점에서 차별화된다. 즉, 어휘적 의미는 사전적 정의로만 구성되는 것이 아니라, 관련 지식의 저장소에 대한 '접근 지점'으로서 어휘 개념과 함께 역동적으로 출현한다는 가정과 관련이 있다(Langacker 1987). 의미의 개념화 가정에 따르면, 의미는 언어에 포함되어 있지 않으며, 언어는 의미구성을 위한 촉진제로만 기능한다. 따라서 의미는 개념적으로 구성되며, 개념화는 의미구성으로 이해된다.

일반적인 기본 원리에 따라 번역 연구와 매우 관련이 있는 몇 가지 구체적인 이론적 견해가 있다. Evans, Bergen & Zinken(2007: 13)이 요약한 견해는 다음과 같다.

(i) 의미론과 화용론 사이에 원칙적인 구분이 없다.
(ii) 백과사전 지식은 구조화되어 있다.
(iii) 백과사전적 의미는 문맥에서 드러난다.
(iv) 어휘 항목은 백과사전 지식에 대한 접근 지점이다.
(v) 백과사전 지식은 역동적이다.

문법에 대한 인지적 접근법에는 상징적 논증과 용례 기반 논증을 포함하여 몇 가지 중요한 기본 원리가 있다. 상징적 논증은 문법 구조가 본질적으로 상징적이며, 그 기본 단위가 형태-의미 쌍의 상징적 단위라고 가정한다. 용법 기반 논증은 화자의 언어 지식(따라서 언어의 의미와 속성)이 언어의 상황적 사용에서 파생된다고 주장한다. 이는 언어에 대한 지식과 언어 사용, 의미론적 의미와 화용론적 의미, 언어능력과 언어수행 등을 구분하는 것을 거부하는 결과를 낳는다.

3.2 번역 연구에 대한 인지언어학의 함축

위에서 언급한 인지언어학자들의 신조와 원리는 언어 연구에 광범위한 의미를 가질 뿐만 아니라, 번역에 대한 몇 가지 혁신적인 아이디어의 출현에도 기여했다. 이는 인지적 번역 연구라는 새로운 분야의 핵심 개념으로 작용하고 있다(Halverson 2010, 2013, 2017).

3.2.1 번역에 대한 인지적 접근의 시작

번역 연구에 대한 인지적 접근의 출현은 번역 연구에서 가장 놀라운 발전 중 하나로 평가된다. 이 접근은 두 가지 과학적이고 실용적인 추세의 결과로 나타났다. 첫 번째 경향은 인지과학의 비약적인 발전과 정신활동에 대한 관심 증가, 그리고 인공지능의 필요성 증가이다. 두 번째 경향은 하드웨어 및 소프트웨어 기술을 포함한 연구시설의 고도화로, 이는 언어와 번역의 인지를 포함한 인지에 대한 더 많은 연구 가능성을 제공했다(Wen & Xiao 2012).

인지적 번역 연구의 출현은 번역학에서 몇 가지 중요한 전환과 변화를 의미하며, 기존 번역학 분야를 보완하는 새로운 하위 분야의 발전을 나타낸다. 첫째, 인지과학의 모형, 개념, 도구 등을 활용한 인지적 이론이나 심리학이나 신경과학 분야의 방법론이 번역 연구에 도입되면서 인지 패러다임이 출현하고 있다. 둘째, 번역 연구에서는 언어의 개념적 기반, 의미에 대한 개념화 접근, 번역의 정신적 또는 물리적 과정, 번역가의 역량과 습득, 그리고 사회 현상으로서의 번역 등 다양한 인지적 측면에 대한 관심이 증가하고 있다. 인지 번역학이 등장하기 전에는 결과 및 기능 중심의 연구가 주를 이루었으나, 1990년대 이후 말뭉치 기반 연구가 급속히 확대되었다. 20세기 대부분 동안 과정 중심 연구는 James Holmes(1972/2000)가 묘사한 세 가지 서술적 번역 연구 분야 중 가장 덜 개발된 분야였지만, 1990년대와 2000년대 이후에는 번역 과정과 번역가의 행위에 대한 연구가 폭발적으로 증가했다. 셋째, 이제 번역가가 연구의 초점이 되고 있다. Tabakowska(1993)와 Halverson(2013)이 언급했듯이, 20세기 대부분의 번역 연구는 문학적 접근과 언어학적 접근 모두에서 인간과 그 행위보다는 '텍스트'와 '시스템'에 초점을 맞추었다(Pym 2010: 84 참조). 그러나 인지적 패러다임에서는 번역가와 그 행위에 더 많은 주목을 하거나(Halverson 2013: 35), 보다 '인간화된' 번역 연구를 해야 한다는 공통된 요구가 있다(Tabakowska 1993: 5). 이러한 맥락에서 인지언어학적 관점이 필요한 이유는, 인지적 관점에서는 언어 행위(번역과 같은 교차 언어 활동 포함)를 언어 사용자가 인지적 해석 작업을 통해 개념화하는 동적 과정으로 보기 때문이다. 즉, 번역에 대한 인지언어학적 관점에서는 번역에 참여하는 참여자와 행위자에 대한 관찰이 이루어져야 한다.

3.2.2 인지 및 (재)개념화로서의 번역

번역은 언어에 대한 작용을 포함하는 이중 언어 또는 다중 언어활동으로 간주된다(Catford 1965). 그러나 인지언어학적 관점에서 번역을 설명할 때, 전통적인 개념인 등가성, 번역 전이, 원본 텍스트(ST)와 대상 텍스트(TT)의 대응은 더 이상 유효하지 않다. 이는 번역이 한 언어에서 다른 언어로 정적으로 전달되는 것이 아니라, 의미 생성 행위의 동적 해석으로 이해되기 때문이다. 원문 텍스트는 의미 생성에 필요한 지식을 촉발하는 장치로 작용할 뿐, 그 자체에 의미가 포함되어 있지 않다. 즉, 의미는 번역가의 머릿속에서 관련 지식이 활성화되면서 생성되며, 대상 독자가 대상 텍스트를 읽을 때 형성될 수 있는 의미의 잠재력을 만들어낸다. 따라서 원본 텍스트와 대상 텍스트 사이에는 동일성이나 대조적인 관계가 존재하지 않고, 오히려 개념적으로 의미 생성의 잠재력으로 연결될 뿐이다. 이러한 맥락에서 Halverson(2013: 37-48)은 '근원-목표 등가성' 개념을 해체하고, '원본 텍스트(ST)'를 '선행 텍스트', '번역 전이'를 '해석 작용'으로 재정의한다.

번역은 본질적으로 개념화 또는 재개념화 과정으로 이해되며, Halverson(2007), Rojo & Ibarretxe-Antuñano(2013)와 같은 학자들은 번역의 개념화를 단일 언어 행위와 동일한 방식으로 해석 작용으로 정의한다. Halverson(2013: 48)에 따르면, 해석 작용으로서의 번역은 번역가의 선행 텍스트에 대한 문맥화된 해석, 번역가의 관습화된 제약에 대한 지식, 그리고 번역의 온라인 창조적 생성을 포함한다. 즉, 번역은 둘 이상의 언어가 활성화되어 개념화되는 과정이다.

또한, 번역은 Lewandowska-Tomaszczyk(2010)에서 재개념화 과정으로, Xiao(2017)에서는 틀 작용으로 설명되기도 했다. Lewandowska-Tomaszczyk(2010)에 따르면, 번역은 원본 언어 텍스트가 전달하는 메시지를 다시 개념화하는 일련의 주기를 포함한다. 원본 텍스트 작성자가 의도한 메시지는 먼저 원본 텍스트 수신자에게 재개념화되고, 그다음 번역가를 거쳐 최종적으로 대상 텍스트 수신자에게 재개념화된다. 그녀의 관점에서 원본 텍스트와 대상 텍스트의 각 이해 행위는 재개념화 과정이며, 모든 이해 주기에서 의미는 (재)구성된다. 즉, 텍스트 간에 온전한 의미 전달이 이루어지는 것이 아니라, 각 번역 행위에서 담론이 담론으로 흐른다는 것이다. Lewandowska-Tomaszczyk(2010)는 재개념화를 통한 의미 생성에 입도성, 초점화, 현저성 및 관점과 같은 해석적 차원을 사용한다.

Xiao(2017)는 의미론적 틀을 분석 도구로 사용하여 재개념화의 틀 작용 모형을 제안한다. 이 모형에 따르면, 번역의 인지적 처리에는 번역가가 원본 텍스트를 읽으면서 근원 언어(SL) 지식을 활성화하고, 이를 다시 대상 언어(TL)로 개념화하여 대상 텍스트 수신자가 이해할 수 있는 잠재적 의미를 부여하는 과정이 포함된다. 지식의 정신적 표상으로서의 틀은 재개념화를 위한 훌륭한 분석 도구를 제공한다. 번역의 틀 작용 모형은 틀 대응 사례와 번역자의 틀 작용으로 구성된다. 틀 대응은 근원 언어 및 대상 언어 문화권에서 해당하는 틀 또는 유사한 틀이 활성화될 수 있을 때 발생한다. 만약 근원 언어와 대상 언어의 문화 차이로 인해 직접적인 대응이 어려운 경우, 번역가는 틀 요소를 줄이거나 추가하고, 틀 수준을 조정하거나 근원 언어 틀을 이식하는 등의 작업을 수행해야 할 수 있다.

이처럼 다양한 이론적 모형을 통해 번역의 재개념화 설명은 관찰 가능한 언어 변화의 기저에 실제로 번역가의 머릿속에서 이루어지는 개념적 작용이 존재한다는 점에서 번역이 인지적이라는 견해를 공유한다.

3.2.3 번역에 대한 역동적 및 용법 기반 관점

번역에 대한 역동적이고 용법 기반 관점에서는 번역을 언어 사용자(저자, 근원어 독자, 대상어 독자, 번역가)가 자신의 모든 지식을 활용하여 역동적으로 의미를 개념화하거나 재개념화하는 담론적 행위로 이해한다. 인지언어학의 용법 모형에 따르면, 각 언어 행위는 의미론과 화용론의 구분 없이 담론적이기 때문에, 언어 사용자의 담론적 행위에서 의미가 도출된다. 이를 번역 연구에 적용하면, 번역은 단순한 용법 사건이 아니라 역동적인 의미 해석으로 볼 수 있으며, 번역가는 상황의 핵심 인식자로서 언어의 개념적 기반과 담화 사건의 중요한 중심에 놓이게 된다(Halverson 2013). 인지언어학의 관점에서 담화의 의미는 개념화되고, 객관화되거나 주관화되며, 구체성, 탄도체/지표 정렬, 현저성, 관점 등과 같은 다양한 해석 작업의 영향을 받는다. Croft & Cruse(2004: 98)는 각 담화 행위에서 의미가 어떻게 생성되는지를 설명하기 위해 네 가지 개념, 즉 맥락화된 해석, 목적, 제약 및 해석 작용을 제안하며, 이를 통해 의미의 역동적 해석을 강조한다. Halverson(2013: 36-37)은 이 네 가지 개념을 번역 행위에 적용하여 번역가의 백과사전적 지식 처리의 역할을 강조하는 중요한 모형인 번역의 역동적 용법 기반 모형을 설명한다. 이는 일부

문화 또는 문학 이론가들이 이전에 비판했던 번역에 대한 언어학적 접근의 약점을 보완하는 데 적합한 역할을 한다.

4. 현재 기여 및 연구

4.1 인지 번역 연구를 위한 이론적 모형의 근원으로서 인지언어학

인지 번역학은 지난 30년 동안 심리학, 신경과학, 인지언어학 등 다양한 인접 학문들의 발전과 연구에서 영감을 받아 빠르게 성장해 왔다(이 분야에 대한 전체적인 전망은 Shreve & Angelone 2010, Schwieter & Ferreira 2017, Sun & Xiao 2019 참조).

그러나 이 분야가 직면한 가장 큰 도전 중 하나는 이론적 구성과 모형 구축이다. Shreve & Angelone(2010: 12)는 강력한 이론적 장치가 없으면 "방대한 양의 경험적 데이터를 일관된 이해로 통합하고 합치는 것"이 어렵다고 경고했다. Muñoz(2017: 559) 또한 많은 인지 번역 연구가 견고한 이론적 토대 없이 진행되었으며, 데이터가 "자기 설명적"인 것처럼 "단순히 결과를 모아두는 데 만족해 왔다"라고 지적했다.

이런 상황에서 인지언어학은 이론적 행위유발성(affordance)의 이상적인 원천을 제공한다. 인지언어학에 관심이 있는 번역학자들은 인지 번역 이론과 모형 구문에 관한 논문과 저서를 집필해 왔다. 그중에서도 인지 번역 연구의 이론적 모형 구축에 인지언어학을 적용한 세 권의 중요한 책이 있다. 첫 번째는 Tabakowska(1993)의 논문으로, 래내커의 인지문법에 기반한 시학 이론에 대한 최초의 체계적인 시도이다. 두 번째는 Rojo & Ibarretxe-Antuñano(2013)가 편집한 『인지언어학과 번역: 일부 이론 모델 및 응용 분야의 발전Cognitive Linguistics and Translation: Advances in Some Theoretical Models and Applications』이다. 이 책은 인지언어학의 다양한 주제를 바탕으로 번역의 인지모형을 구축하는 것을 목표로 하고 있으며, 인지언어학을 번역에 적용하는 데 있어 다섯 가지 중요한 측면을 강조한다(Rojo & Ibarretxe-Antuñano 2013: 14).

(1) 인지언어학과 번역의 이론적 측면

이 부분은 무뇨스 할버슨과 마르틴 데 레온(Muñoz Halverson & Martín De León)의 생각을 자극하는 세 편의 논문으로 구성되어 있으며, 인지언어학과 번역학의 융합에 대한 이론적 근거와 방법론적 쟁점, 인식론적 논의를 다루고 있다. 이 논문들은 인지언어학적 접근에 관심 있는 연구자들에게 좋은 출발점이 될 것이다.

(2) 인지언어학과 번역에서의 의미
틀, 개념적 은유, 환유와 같은 인지적 의미 이론이 번역 연구에 어떻게 도입되었는지를 보여준다.

(3) 인지언어학의 구문과 번역
문법의 상징적 특성과 의미 유사성을 바탕으로 전통적인 번역 연구에서 형식과 의미 사이의 어려운 선택 문제를 탐구한다.

(4) 인지언어학과 번역에서의 문화
문화는 번역 연구에서 전통적인 주제였지만, 인지언어학은 문화 개념화와 상황적 의미구성에 대한 혁신적인 관점을 제시한다. 이 부분에서는 『번역에서 문화의 역할에 대한 인지적 관점A cognitive view on the role of culture in translation』, 『문화적 개념화와 정치 담론 번역Cultural conceptualization and translating political discourse』이라는 제목으로, 인지적 문화 개념화와 번역에 대한 새로운 방향을 탐구한다.

(5) 인지언어학과 번역을 넘어선 한 걸음
이 마지막 부분에서는 Feist(2013)의 실험적 어휘의미론, Hatzidaki(2013)의 일반 심리언어학적 관점을 포함하여, 심리언어학적 이론과 방법론을 번역 연구에 적용할 가능성을 모색하며, 인지언어학과 심리언어학의 학제 간 접근 방식을 다룬다.

또한, Wen & Xiao(2019)가 공동 집필한 최신 저서에서는 12개의 장을 통해 특정 인지언어학 이론 모형과 번역에 대한 함의를 다루고 있다. 이 책은 범주화, 개념적 은유, 개념적 환유, 다의어, 도상성, 주관성, 틀, 해석, 개념적 통합, 적절성, 텍스트 인지 등 다양한 주제를 포괄하고 있다.

4.2 번역에 대한 인지언어학적 접근의 새로운 주제

최근 인지언어학의 발전과 함께 번역 연구에서도 새로운 모형과 주제가 부상하고 있다. 특히, 다음과 같은 주요 분야와 주제가 주목받고 있다.

4.2.1 번역 보편성에 대한 인지적 설명

번역 연구의 중요한 분야 중 하나인 말뭉치 기반 연구는 번역 언어의 여러 특징을 도출해 내며, 이를 번역 보편성이라고 한다. Baker(1993)는 "번역된 텍스트에서 일반적으로 발생하는 특징"으로 단순화, 명시화, 정규화, 평준화 등을 정의했다. 이러한 특징들은 대규모 말뭉치 분석을 통해 요약된 것으로, 번역 텍스트의 언어적 특징을 나타낸다. 그러나 이러한 특징들이 제대로 설명되지 않으면 이론적 가치가 떨어질 수 있다. Halverson(2003)은 인지문법이 번역 보편성에 대한 적절한 설명적 뼈대를 제공한다고 제안하며, 이후 Halverson(2003, 2010, 2013, 2017)에서 '중력적 당김 가설'을 개발하여 번역 보편성을 생성하는 인지적 현저성의 역할을 설명하고 있다. Muñoz(2013: 86-87)도 Langacker(1987)의 해석 차원을 도입하여 번역 보편성에 대한 인지적 해석을 요구하고 있다.

4.2.2 인지언어학과 인접 학문과의 통합

번역에 인지언어학을 적용하는 것 외에도, 번역가의 머릿속에 있는 근원 언어 개념 표상과 목표 언어 개념 표상 간의 관계를 연구하는 이중 언어 또는 다국어와 인지언어학의 통합이 더욱 두드러지고 있다. 예를 들어, 번역에 관련된 두 언어의 개념 표상 간에 우세한 순서가 있는지, 번역가의 언어 활성화가 이중 언어 활성화와 유사한지에 대한 질문이 제기되고 있다. Schwieter & Ferreira(2017)는 작업 기억, 다국어 어휘, 언어 통제, 어휘 선택 등 이중 언어와 다중 언어의 개념이 통번역학과 어떻게 관련되는지를 검토하고 있다.

또한, 최근에는 번역에서의 정신적 메커니즘을 연구하는 신경언어학적 모형과 방법이 사용되고 있으며, Scott(2018)는 기계 번역 모형의 설계에서 대뇌 메커니즘을 시뮬레이션하여 복잡성과 모호성 문제를 해결하는 데 기여하고 있다. 이는 신경언어학이 기계 번역의 발전에 기여할 수 있음을 시사한다.

4.2.3 번역에 대한 사회인지적 접근

사회인지적 접근은 번역을 특정 문화권에서 발생하며, 그러한 환경적 조건에 따라 달라지는 것으로 보는 인지적 접근과 사회학적 접근을 결합한 것이다. 이 접근법은 번역에 대한 신체화된 인지적 관점을 채택하고 있다(Risku 2002, Risku & Windhager 2013 참조). 한나 리스크(Hanna Risku)와 그의 동료들은 상황화된 인지, 행위자-네트워크 이론, 활동 이론의 개념을 적용하여 번역 활동과 그 변화에 대한 민족지학적 연구를 수행해 왔다(Risku 2014, 2017). 이는 인지언어학의 신체화된 인지적 관점과 일치하며, Lakoff & Johnson(1980)은 의미가 신체적 경험에 근거한다고 주장한 반면, Glenberg(1997)는 의미가 행위에 근거한다고 제안했다. 이러한 아이디어는 번역에 대한 상황화된 인지적 관점에 통합되어, "번역에서 의미구성 과정이 역동적인 방식으로 내적 표상의 지원을 고려하여 모형화되는 상황화된 상상력의 이론"을 개발하는 데 기여하고 있다(Martín de León 2013: 113).

5. 연구 방법

앞서 언급했듯이, 방법론적 혁신은 지난 30년 동안 번역 연구에서 가장 두드러진 발전 중 하나로, 특히 연구 도구의 발전 덕분에 이론적 또는 개념적 방법론보다 경험적 및 실험적 연구 방법론의 사용이 증가하면서 혁신이 이루어졌다(Xiao & Wen 2012). 이러한 새로운 방법들은 다양한 연구 설계에 활용할 수 있는 가능성을 크게 확장했을 뿐만 아니라, 연구 결과가 경험적 및 실험적 증거에 기반하도록 보장했다. Saldanha & O'Brien(2013)은 번역 연구 방법론을 관찰의 초점에 따라 결과물 중심, 과정 중심, 참가자 중심, 문맥 중심의 네 가지 주요 유형으로 분류했다. 이 분류는 번역 연구에 대한 인지언어학적 접근 방식에서도 적용된다. 중요한 점은 생산물, 과정, 참가자 또는 문맥을 관찰하는 데 사용되는 방법이 단순한 관찰 방법이 아니라, 인지언어학적 이론이 적절하게 작동할 수 있는 특정 이론적 가설에 따른 연구 설계의 목적을 위한 것이라는 점이다. 또한, 특정 방법이 모든 경우에 단독으로 사용되지는 않으며, 번역 연구는 점점 더 여러 가지 방법을 통합하여 하나의 연구에서 두 가지 이상의 방법을 사용하는 방향으로 나아가고 있다.

5.1 결과물 중심 연구 방법

결과물 중심 연구는 주로 번역 또는 해석 과정의 결과물인 텍스트에 초점을 맞춘다. 일반적으로 특정 텍스트를 생산과 수용의 맥락에서 분석하여 번역가의 의사 결정과 인지 과정을 추론하는 데 사용된다. Saldanha & O'Brien(2013: 50)에 따르면, 결과물 중심 연구에서 사용되는 주요 방법에는 비판적 담론 분석(CDA)과 말뭉치 기반 연구가 포함된다. 인지언어학적 연구에서 비판적 담론 분석은 언어, 의미, 문화적 개념화에 대한 인지언어학적 뼈대와 최근의 비판적 인지언어학 뼈대를 통해 다양한 장르의 번역에서 이념 문제를 탐색하는 데 활용된다(Dirven, Polzenhagen &

Wolf 2007, O'halloran 2003, Stockwell 1999). 말뭉치 기반 방법은 일반적으로 번역 언어의 특징이나 규칙성을 비교하거나 병렬 말뭉치를 통해 번역 텍스트의 특징적인 패턴을 찾는 데 사용된다. 인지적 번역 연구에서 말뭉치 기반 방법론은 특정 이론적 가설에 대한 언어적 증거를 얻거나, 말뭉치와 실험의 통합을 위해 각 방법의 한계를 보완하고 "다양한 관점에서 현상에 접근하기" 위해 적용된다(Gilquin & Gries 2009: 9). 말뭉치 기반 번역 연구는 번역 연구의 하위 분야로 발전했으며, 번역 보편성과 같은 많은 연구 결과가 이론적 설명을 기다리고 있다. 따라서 말뭉치 기반 방법은 Halverson(2003)이 제안한 중력적 당김 가설과 같은 이론적 모형과 결합될 것이다. 인지적 번역 연구에서 결과물 중심 방법론을 적용하는 또 다른 영역은 인간 번역과 비교하여 기계 번역의 품질을 평가하기 위한 연구로, 예를 들어 Yamada(2019)와 Jia, Carl & Wang(2019)의 연구가 있다.

5.2 과정 중심 연구 방법

과정 중심 연구는 번역가의 행동, 역량, 전문성, 인지 과정, 그리고 인지와 번역된 결과물 간의 관계를 이해하는 것을 목표로 한다(Saldanha & O'Brien 2013: 109). Muñoz(2010)는 번역 과정의 개념을 (1) 번역가의 정신 상태 또는 번역 작업, (2) 읽기, 문서화, 조사 등과 같은 번역의 하위 작업, (3) 번역 프로젝트 의뢰부터 최종 번역물이 수취인에게 전달되기까지의 전체 번역 과정이라는 세 가지 수준에서 이해해야 한다고 제안했다. 과정 연구는 번역가의 온라인 처리 과정에 대한 데이터를 수집하기 때문에 관찰 증거에 기반한 것으로 간주되지만, 생태학적 타당성이 부족하다는 비판을 받기도 한다. 따라서 과정 중심 연구는 종종 결과물 중심 방법과 함께 사용된다. 과정 데이터를 수집하기 위해 일반적으로 사용되는 경험적 방법과 도구에는 소리내어 생각하기 프로토콜(TAP), 대화 프로토콜, 단서 회고, 키 입력 로깅(예: Translog 사용), 화면 녹화, 시선 추적, 신경 영상(예: 기능적 자기 공명 영상 및 양전자 방출 단층 촬영), 전기 피부 반응(GSR) 등이 있다.

5.3 참여자 중심 연구 방법

참여자 중심 연구는 번역 과정의 인간 행위자, 특히 번역가에 초점을 맞추며, 번역가와 다른 참여자 간의 상호작용이나 관계도 포함한다. Saldanha & O'Brien(2013: 150)은 참여자를 번역 과정에 참여하는 번역가, 트레이너, 학생, 위원 등과 연구 과정에 참여하는 참여자로 이해한다. 즉,

참여자 중심 연구는 연구 참여자들 사이에서 지식이 구성된다는 점에서 사회구성주의 인식론을 따른다. 따라서 이 연구는 인간 중심적이고 사회학적인 성격을 띤다. 주로 사용되는 방법은 설문지와 인터뷰이다. 인지적 번역 연구에서 설문지와 인터뷰는 일반적으로 결과물 중심 또는 과정 중심의 데이터를 보완하기 위해 사용되거나, 환경, 기술 지원, 번역가 행동 간의 상호작용에 대한 사회인지적 접근 방식에서 더 자주 활용된다.

모든 방법에는 장단점이 있으며, 다양한 방법을 결합하여 사용하는 삼각측량(triangulation) 방식이 점점 더 많이 활용되고 있다. 예를 들어, 화면 녹화와 TAP의 통합(Angelone 2010), 키 입력 로깅과 시선 추적(Dragsted 2010), 말뭉치 분석, 키 입력 로깅, 시선 추적 및 회고(Alves *et al.* 2010) 등이 그 예이다.

6. 향후 방향

인지언어학은 40년 이상 발전해 왔으나, 번역을 위한 인지언어학적 이론적 틀을 개발하려는 시도는 비교적 최근에 이루어졌다. 인지언어학은 언어, 의미, 번역에 대한 우리의 관점을 새롭게 하고, 번역 연구의 초점을 확대하며, 보다 인간적이고 번역자 중심적인 연구로의 전환을 가져왔다. 이 과정에서 몇 가지 이론적 틀과 분석 도구를 제공했다. 그러나 인지적 번역 연구의 발전을 위해서는 인접 학문, 특히 인지언어학의 이론적 구성이 더 많은 기여를 해야 한다. 이는 이론적 모형이 인지적 번역 연구에서 '가장 중요한 관심사'이기 때문이다(Shreve & Angelone 2010).

첫째, 인지적 번역 연구의 기반으로 사용되어 온 일부 인지언어학 이론은 더 광범위한 주제를 다루기 위해 탐구, 정교화, 수정 또는 확장이 필요할 수 있다. 예를 들어, 틀의미론은 여러 언어 간의 틀 대조 연구를 위해 다국어 모형으로 발전할 수 있다.

둘째, 인지언어학에 기반한 번역의 이론적 모형과 틀은 경험적 연구와 긴밀하게 연계되며 상호작용 속에서 구축되어야 한다. 이론적 구성은 실험 설계에 대한 기여도와 경험적 연구에 의한 검증 가능성 또는 반증 가능성을 고려해야 한다. 또한, 이론적 구성은 실증적 연구 결과에 따라 수정되고 조정될 수 있도록 해야 한다. 특히, 지금까지 많은 이론적 모형이 제안되어 왔으며, 이들이 경험적 연구에 다시 적용될 필요가 있다. 예를 들어, 개념적 은유의 번역 가능성은 점점 더 많은 학자들이 실험적 연구에서 다루는 주제 중 하나이다.

셋째, 인지언어학은 심리언어학, 이중언어학, 신경언어학, 인지시학, 인지인류학 등 다른 인지

과학 분야와 융합되어 번역 인지모형의 이론적 기반을 제공할 수 있다. 번역은 본질적으로 언어적, 이중언어적, 교차 문화적, 맥락 의존적, 인지적 특성을 지니고 있으며, 번역의 인지적 측면에 대한 연구는 인지언어학뿐만 아니라 더 많은 학문 분야에서 이론적, 방법론적 영감을 필요로 한다. 앞으로 인지 번역학과 인지언어학 등 인접 분야가 다방향적 영감을 주고받으며, 상호 협력적인 관계를 형성할 것으로 기대된다.

더 읽을거리

Tabakowska, E. (1993). *Cognitive linguistics and poetics of translation*. Tübingen: Gunter Narr. (이 책은 인지언어학적 관점에서 번역에 대한 초기 탐구 중 하나로, 번역의 모형화에 인지언어학 이론을 채택하는 데 영감을 주는 아이디어를 제공한다.)

Rojo, A., & Ibarretxe-Antuñano, I. (Eds.). (2013). *Cognitive Linguistics and translation: Advances in some theoretical models and applications*. Berlin and Boston: Mouton de Gruyter. (이 포괄적인 책은 인지언어학 이론을 번역 연구에 적용하는 이론적 문제와 특정 주제를 다루고 있다.)

Schwieter, J. W., & Ferreira, A. (Eds.). (2017). *The handbook of translation and cognition*. Hoboken, NJ: Wiley Blackwell. (이 핸드북은 인지언어학 및 번역에 관한 문제를 포함하여, 인지적 번역 연구의 이론적 및 방법론적 문제를 광범위하게 다루고 있다.)

Saldanha, G., & O'Brien, S. (2013). *Research methodologies in translation research*. London and New York: Routledge. (이 책은 번역 연구의 방법론에 대한 연구자 친화적인 안내서로, 번역 연구를 수행하는 방법에 대한 자세한 설명과 함께 대부분의 인지적 번역 연구 방법을 포함하고 있다.)

제32장
인지언어학과 언어 교수법

1. 도입

이 장에서는 인지언어학이 언어 교수법에 어떻게 기여하고 영감을 주며 향상시키는지를 탐구한다. 언어 교수법은 일반적으로 언어 교수의 방법론과 실제를 의미하지만, 이 장에서는 외국어 및 제2언어 교수법에 초점을 맞추고 있다는 점이 중요하다. 그 이유는 두 가지이다. (1) 세계화가 진행됨에 따라 외국어 및 제2언어 학습의 필요성이 증가하고 있다. (2) 외국어 및 제2언어 학습과 교육은 매우 도전적인 과정이기 때문이다. 하지만 편의상, 이 장에서는 외국어 및 제2언어 교수법이 아닌 언어 교수법이라는 용어를 사용할 것이다. 이 장에서는 다음과 같은 내용을 다룰 것이다. (i) 인지언어학이 제공하는 새로운 관점을 포함한 언어 교수법의 역사적 배경, (ii) 교육학에 인지언어학을 적용하는 것과 관련된 중요한 문제와 주제, (iii) 현재의 기여와 연구, (iv) 권장 사항, (v) 이 분야의 미래 방향이다.

2. 역사적 관점

역사적으로 주요 언어 이론, 예를 들어 구조주의, 행동주의, 생성주의, 기능주의 언어학은 언어 교육학에 상당한 영향을 미쳤다. 각 이론은 청각언어(Audiolingual) 교수법이나 의사소통적 언어 교수법(Communicative Language Teaching, CLT)과 같은 지난 세기 동안 지배적인 언어 교수법의 이론적 토대를 제공했다. 이 절에서는 이러한 이론들과 각 이론이 언어 교수법에 미친 영향에 대해 간략하게 살펴본다.

2.1 구조주의와 행동주의

구조주의(Saussure 1916, Bloomfield 1933)는 언어에 대한 과학적 설명을 제공하려는 시도와 언어를 개별적인 구문 및 어휘 단위로 구성된 계층적 체계로 다루는 것으로 잘 알려져 있다. 행동주의(Skinner 1957)는 언어 사용과 학습을 본질적으로 자극에 따른 행동으로 보고, 아동이 언어 자극을 통해 언어와 의미를 연결하며, 올바른 반응에 대해서는 긍정적 강화를, 잘못된 반응에 대해서는 부정적 강화를 받는다는 원칙에 따라 언어를 학습된다고 주장한다. 구조주의와 행동주의는 1940년대와 1950년대의 언어 교육학, 특히 학습자가 학습 중인 언어 규칙에 대해 반복적인 패턴 훈련을 수행하게 함으로써 언어 형태를 정확하게 학습하는 데 중점을 둔 청각언어법에 큰 영향을 미쳤다.

2.2 생성주의

구조주의와 마찬가지로 생성주의는 언어를 형식적 규칙의 체계로 간주하지만, 주로 구문, 즉 언어에서 가능한 모든 문법적 문장을 생성하는 구문 규칙에 초점을 맞춘다는 점에서 차별화된다(Chomsky 1957). 또한, 언어 입력에 의해 쉽게 활성화되어 성공적인 언어 습득을 가능하게 하는 인간 뇌의 무의식적인 선천적 체계인 보편문법의 존재를 가정한다. 이러한 선천적 언어 습득 이론은 주로 언어 입력의 부족과 어린이가 언어를 쉽게 습득한다는 가정에 의존하지만, 지난 20년 동안의 경험적 연구로 인해 이 두 가지 가정은 심각한 도전을 받고 있다(Tomsello 2003 참조). 그러나 이 선천적 이론은 언어 습득이 무의식적인 자연적 과정이라는 점을 강조하며, 언어 학습은 명시적 학습을 포함하는 의식적 과정이지만, 학습이 습득으로 이어지지는 않는다는 Krashen(1981)의 '습득 대 학습' 가설의 발전에 간접적으로 기여했다. 이러한 관점은 언어 교육에서 문법 규칙의 명시적 학습을 강조하지 않는 언어 교수법으로 이어졌다. 예를 들어, Krashen & Tracy(1983)가 개발한 자연적 접근법이나 1970년대에 등장한 의사소통적 언어 교수법(CLT)은 문법 규칙의 명시적 학습을 강조하지 않는 방향으로 발전했다. 하지만 생성주의가 의사소통적 언어 교수법에 큰 영향을 미치는 이론은 아니라는 점에 유의해야 한다. 의사소통적 언어 교수법의 발전에 기여한 주요 이론은 Hymes(1971)의 의사소통 능력 개념과 기능적 언어학, 특히

Halliday(1973)의 체계적 기능언어학이다.

2.3 체계적 기능언어학

체계적 기능언어학은 전통적인 언어학의 초점이었던 언어의 형태보다는 언어 기능에 중점을 둔다. 언어의 형태에서 기능으로의 전환은 언어 교육학에 큰 영향을 미쳤다. 이는 다양한 의사소통 기능을 위해 언어를 사용하는 능력에 초점을 맞추는 의사소통적 언어 교수법에서 잘 드러난다. 1970년대 이후, 언어의 형태보다는 언어 사용(즉, 의사소통적 능력)에 중점을 둔 의사소통적 언어 교수법은 가장 지배적인 교수법이 되었으며, 1990년대 이후로는 교수법에서 성공적인 교수 원칙과 전략으로의 근본적으로 전환이 이루어졌다(Kumaravadivelu 2006 참조). 체계적 기능언어학이 가져온 또 하나의 중요한 관점은 어휘와 문법을 엄격히 분리된 두 영역으로 취급하는 대신, 어휘와 문법을 하나의 연속체 양 끝으로 간주하는 것이다. 이러한 접근 방식은 어휘와 문법을 완전히 분리된 두 가지 기술로 가르치는 전통적인 언어 교육학에 도전했다.

2.4 인지언어학

새로운 주요 이론인 인지언어학은 의미를 언어 연구의 핵심으로 간주한다. 더 중요한 것은 인지언어학이 언어와 언어 습득에 대한 몇 가지 새로운 관점을 제공한다는 점인데, 이는 20여 년 전 Taylor(1993)가 지적한 바와 같이 교육학에 중요한 시사점을 줄 수 있다. 다음은 인지언어학의 몇 가지 핵심적인 새로운 관점이다.

- 언어는 인간의 개념화를 나타내는 상징 체계로, 해석과 은유와 같은 인지 과정이 중요한 역할을 한다. 서로 다른 문화적 경험으로 인해 개념화는 언어마다 다를 수 있으며, 이는 언어 형식의 차이로 이어진다(Robinson & Ellis 2008, Taylor 1993, Tyler 2012).
- 언어는 상징 단위 또는 구문(즉, 형태와 의미의 쌍)으로 구성된 체계로, 여기에는 부분적으로 고정된 표현과 도식적 구문이 포함된다(Langacker 1991: 46). 도식적 구문은 화자가 "도식적 상세화에 따라" 새로운 발화를 신속하게 생성할 수 있도록 한다(Taylor 2002: 233). 언어가 도식적 구문으로 구성된다는 인지언어학적 관점은 어휘와 문법 사이의 엄격한 분리를 무너뜨린다.

- 언어 형식은 일반적으로 자의적이지 않으며, 우리의 신체화된 개념화에 따라 동기가 부여된다. 따라서 신체화된 (감각운동적) 경험은 언어 사용과 학습에 중요한 역할을 한다(Holme 2009, 2012, Lakoff & Johnson 1999). 언어 사용의 동기화를 탐구하는 것은 언어를 자의적 체계로 가르치는 것보다 언어 학습을 더 효과적이고 흥미롭게 만들 것이다(Boers 2000, Langacker 2008, Taylor 1993).
- 언어 지식은 선천적이라기보다는 용법 기반이다. 즉, "언어는 입력으로부터 학습되며, 유형과 토큰 빈도에 민감한 일반적인 인지 메커니즘을 사용하여 항목별 지식과 보다 추상적인 형태-의미 관계 범주(즉, 도식적 구문)를 생성한다"라는 것이다(Robinson & Ellis 2008: 494). 이러한 용법 기반의 언어 지식 이론은 언어 지식이 매우 추상적인 규칙으로 구성된다는 생성 이론과 뚜렷한 대조를 이룬다. 이 용법 기반 이론에서 언어 습득은 본질적으로 도식화 수준이 다른 세 가지 유형의 구성을 습득하는 것이다(Goldberg 2006, Holme 2009). (i) 채워진(filled) 구문: 가장 덜 도식적이고 따라서 가장 생산성이 낮은 예로, 과거 형태소 -ed와 관용구 cut corners(절차를 무시하다)가 있다. (ii) 부분적으로 채워진 구문: 예를 들어, The more you practice, the better you become(연습을 많이 할수록, 더 잘할 수 있다)에 나타난 put someone/something down과 the Xer the Yer 구문이다. (iii) 덜 채워진 구문: 가장 도식적이고 생산적인 구문으로, give/send/cook/knit someone something에 사용된 Cause to Receive의 타동 구문이 있다.

3. 핵심 이슈 및 주제

비교적 새로운 관점으로서 인지언어학 이론은 언어와 언어 습득에 관한 기존의 전통적인 언어 이론에 자연스럽게 도전한다. 전통적인 언어 이론에서는 언어 사용이 대체로 자의적인 것으로 간주되기 때문에, 이러한 관점은 언어 학습자와 교사가 언어 사용의 동기를 탐구하는 데 방해가 될 수 있다. 이는 결국 암기에 과도하게 의존하게 되어 언어 학습의 흥미와 효과를 떨어뜨릴 가능성이 있다. 인지언어학에서 영감을 받은 많은 언어 연구자와 교육자들은 언어 사용의 동기를 탐구하여 긍정적인 결과를 도출해 냈다(Boers 2000, Cho 2010, Hill 2015, Liu 2010, Tsai 2020, Tyler 2012, White 2012 참조). 그러나 인지언어학은 이 분야에서 비교적 최근에 등장한 분야이기 때문에, 교육학에 미칠 수 있는 유망한 잠재적 영향을 고려할 때 다양한 새로운 이론이 언어 교육학에 어떻게 정보를 제공하고 영감을 줄 수 있는지에 대한 연구는 제한적이다(Boers 2011, 2013, Littlemore & Juchem-Grundmann 2010). 따라서 더 많은 연구가 필요하다. 다음 질문은 효과적인 인지언어학적 교수법(CL-informed/inspired pedagogy, 〈CL-IIP〉)을 개발하기 위한 노력의 일환으로 지금까지 탐구되어 왔고 지금도 탐구되고 있는 몇 가지 주요 핵심 이슈이다. 이러한 주요 이슈에는 각각 몇 가지 하위 이슈/주제가 포함되어 있다.

3.1 언어의 개념적 본질을 어떻게 언어 교육에 활용할 수 있는가?

언어 간의 구조와 용법상의 차이는 종종 서로 다른 개념화에서 비롯된다. 따라서 제2언어를 학습하려면 새로운 개념화와 범주화를 배워야 한다(Robinson & Ellis 2008, Taylor 2012, Tyler 2012). 사실, 제2언어의 개념화와 범주는 종종 "학습자의 제1 언어 개념화와 직접적으로 경쟁"하며 "동일한 현실을 해석하는 대안적인 방법"을 나타낸다(Ellis & Cadierno 2009: 111-12). 이런 의미에서 "언어를 배운다는 것은 그 언어로 세계를 해석하는 방법을 배우는 것"(Tyler 2012: 86)을 포함하며, 의사소통에서 "다시 생각하기"를 필요로 한다(Robinson & Ellis 2008: 499). 결과적으로 L2 학습은 L1 학습보다 훨씬 더 복잡하고 어려운 과정이다. 따라서 L2 학습자의 성공적인 학습을 돕는 것은 인지언어학적 교수법을 비롯한 언어 교육자들에게 큰 도전 과제가 된다. 지금까지 관용구나 구문 동사와 같은 다양한 어휘 항목을 가르치기 위해 개념적 은유를 사용하는 것을 제외하고는, 개념화를 언어 교육에 적용하는 대부분의 연구는 대체로 이론적인 수준에 머물러 있다. 주로 L2 교육에서 개념적 이해를 가르쳐야 하는 이유와 방법에 대한 이론 기반 논의 또는 학습자의 L1 및 L2 개념화 간의 차이에 따른 인지언어학 이론 기반 조사로 구성되어 있다(De Knop & De Rycker 2008, Holme 2012). 후자의 연구는 대조 분석이지만, 행동주의의 대조 분석과는 달리 '명백한' 것이 아니라 '은밀한' 것이며, "형식적 요소의 분포 자체가 아니라 단위가 상징화된 의미에 초점을 맞춘다"라는 점에서 차이가 있다(Taylor 1993: 213). 전반적으로, 언어 학습을 위한 개념화 교육에서 특정 인지언어학적 교수법을 실제로 구현하고 테스트한 경험적 연구는 제한적이다. 따라서 언어 학습자가 기본 개념화를 이해하여 L2 구조와 사용법을 성공적으로 습득하도록 돕는 방법은 인지언어학적 교수법을 연구하는 연구자와 교사에게 중요한 문제로 남아 있다.

3.2 언어 학습자가 어떻게 인지언어학적 개념과 분석에 쉽게 접근하고 언어 교육에 자연스럽게 통합할 수 있는가?

개념화 기반의 언어 교육과 관련된 도전 과제는 언어 학습자가 인지언어학적 개념과 분석에 어떻게 접근할 수 있게 할 것인가 하는 문제이다. 인지언어학에는 언어 학습자들에게 생소한 (실제로 인지언어학을 공부하지 않은 많은 언어학자들에게도 생소한) 중요한 개념이 많이 포함되어 있다. 언어 교육에서 이러한 개념을 설명하고 적용하려면 학습자가 개념뿐만 아니라 가르치는 언어 구조와 용법의 이유와 방법을 이해하도록 돕기 위한 인지언어학적 분석과 설명이 필요하다. 그러나 이러한 설명과 분석은 시간이 오래 걸리고 때로는 학습자의 인지 능력에 부담을 줄 수 있다. 실제로 Broccias(2008)와 Tyler(2012)가 인정한 것처럼, 이러한 설명과 분석의 필요성 및 소요 시간은 종종 인지언어학적 교수법에 대한 주요 비판이었다. 불필요한 인지언어학 용어를 사용하지 않고 최적의 수준에서 인지언어학 기반 설명과 분석을 제공하는 방법은 가장 중요한 이슈이다. 이 이슈에는 인지언어학적 개념 관련 설명과 분석이 모든 학생에게 효과가 있는지, 특정 인지/학습 스타일과 교육/L1 배경을 가진 학습자를 위해 인지언어학적 교수법을 조정해야 하는지에 대한 질문도 포함된다.

3.3 구문, 특히 도식적 구문은 어떻게 효과적으로 가르칠 수 있는가?

언어 학습이 본질적으로 구문 학습이라는 점을 감안할 때, 구문을 효과적으로 가르치는 방법은 매우 중요한 문제이다. 지금까지 L2 습득에서 구문의 중요성과 관용구 및 구문 동사와 같은 채워진 구문과 부분적으로 채워진 구문의 학습에 대한 연구가 꽤 많이 있었지만, 가장 생산적인 유형인 도식적 구문의 교수법에 대한 연구는 많지 않았다. 도식적 구문을 가르칠 때 또 다른 어려움은 학습자가 주어진 구문의 확장에 대한 제약을 이해하도록 돕는 것이다. 예를 들어, L2 학습자는 V+N+N Cause to Receive 구문에서 어떤 동사를 사용할 수 있고 어떤 동사를 사용할 수 없는지 알기 어려운 경우가 많다. show/tell me the reason(이유를 표시하다/설명하다)은 맞지만, 구문적으로 동일한 발화인 *communicate/explain me the reason은 그렇지 않기 때문이다. 이러한 의미에서 인지언어학적 교수법을 사용하여 구문이나 언어 일반을 가르치는 방법에 대한 도전적인 문제는 학습자에게 가르치는 어휘-문법적 구문의 의미와 용법에 대해 "기술적으로 적절하고 직관적으로 수용 가능하며 쉽게 접근할 수 있는" 설명을 찾아서 제공하는 것으로 요약될 수 있다

(Taylor 1993: 220). 이와 관련된 또 하나의 문제는 인지언어학적 교수법이 모든 종류의 언어 구조와 사용에 적합하다고 가정할 수 없기 때문에, 어떤 유형의 구문(또는 언어 측면)이 인지언어학적 교수법에 가장 적합한지 식별하는 것이다.

3.4 주어진 구문을 가르치기 위해 제공해야 할 입력의 양과 제공 시점 및 방법

언어 습득은 용법 기반적이며, 대상 언어 항목에 대한 높은 노출과 빈번한 의미 있는 사용에서 비롯된다는 점을 고려할 때, 최적의 입력량과 적절한 문맥, 그리고 효과적인 입력 제공 방식을 찾는 것이 매우 중요하다. 성공적인 언어 습득을 위해서는 많은 양의 입력이 필요하지만, 특히 EFL(English as a Foreign Language) 맥락에서는 L2 학습자가 주로 교실에서 제공되는 제한된 양의 입력만 받는다는 사실이 문제이다. 이러한 제한된 입력 환경에서는 입력을 제공하는 방법과 시점을 잘 파악하는 것이 매우 중요하다.

4. 현재 기여 및 연구

1990년대 후반부터 인지언어학적 교수법의 개발과 사용에 관한 연구가 활발히 진행되고 있다. 이와 관련된 기사 및 저서, 편집 서적에는 Achard & Niemeier(2004), Holme(2012), Jacobson(2018), Littlemore(2009), Masuda, Arnett & Labarca(2015), Pütz, Niemeier & Dirven(2001), Tsai(2020), Tyler(2012) 등이 포함된다. 또한, 인지언어학적 교수법의 효과에 대한 경험적 연구를 체계적으로 다룬 Boers(2011, 2013)와 같은 연구도 점점 더 많이 출판되고 있다. 이 연구들 중 일부는 다양한 언어 구조와 용법을 가르치는 데 있어 인지언어학적 교수법의 효과를 직접적으로 조사한 실험적 연구이다(예: Arnett & Deifel 2015, Boers 2000, Buescher & Strauss 2015, 2018, Jacobsen 2018, Masuda & Labarca 2015, 2018, Tsai 2020, Tyler 2012, White 2012). 나머지 대부분의 논문은 이론에 기반하여 인지언어학적 교수법에 대한 논증과 제안을 제공하거나 (Broccias 2008, Holme 2012, Littlemore 2010) L1/L2 언어 사용을 조사하여 인지언어학적 교수법에 중요한 시사점을 도출한 연구들이다(Ellis, Römer & O'Donnell 2016, Gries & Wulff 2005, Liu 2010, Liu & Zhong 2016, Martínez Vázquez 2008). 여기서는 인지언어학적 교수법의 사용과 효과를 직접 조사한 연구에 초점을 맞추되, 후자의 몇 가지 유형에 대해서도 간략히 언급할

것이다. 이 논의는 인지언어학적 교수법에서 가장 많은 관심을 끌었던 두 가지 언어 영역인 다중 단어 단위(MWU)[1]와 전치사로 시작하는 구조를 중심으로 진행된다. 이후에는 인지언어학적 교수법이 가르치는 데 사용된 언어 구조와 용법을 살펴본 뒤, 상대적으로 덜 주목 받은 구조로 이동한다.

4.1 다중 단어 단위 교육

인지언어학적 교수법에 관한 기존의 많은 연구들은 다중 단어 단위(Multi-Word Unit, MWU)를 가르치는 데 초점을 맞추었다(Boers 2000, Kővecses & Szabó 1996, Liu 2010, Tsai 2020, White 2012, Yasuda 2010). 인지언어학적 교수법에 대한 최초의 경험적 연구 중 하나인 Boers(2000)는 비유적 표현(다중 단어 단위뿐만 아니라 일부 단일 단어 포함)을 가르칠 때 이 교수법의 효과를 조사하기 위해 세 가지 실험을 수행했다. 첫 번째 실험은 분노를 표현하는 데 사용되는 표현(예: blow up(폭파하다), erupt(폭발하다))에 대한 것이었고, 두 번째는 경제 동향을 나타내는 표현(예: creep up(서서히 오르다), push down(꽉 누르다))에 대한 것이었고, 세 번째는 구문 동사만을 대상으로 한 실험(예: cheer up(힘내다), look up(나아지다))이었다. 각 실험에서 인지언어학적 교수법 그룹은 기본 개념적 은유인 THE BODY IS A CONTAINER FOR EMOTIONS(몸은 감정을 담는 그릇이다), UP IS MORE/GOOD(위는 더하다/좋다), DOWN IS LESS/BAD(아래는 덜하다/나쁘다)와 같은 표현에 대한 교육을 받았다. 대조군은 이러한 기본 은유에 대한 논의 없이 전통적인 교육을 받았고, 각 실험이 끝난 후 인지언어학적 교수법 그룹은 배운 표현의 사용에 대한 테스트에서 대조 그룹보다 유의미한 성과를 보였다.

Kővecses & Szabó(1996), White(2012), Yasuda(2010)도 각각 구문 동사 접사의 기본이 되는 방향 은유에 초점을 맞춰 구문 동사 교육에 대한 인지언어학적 교수법의 효과를 조사했다. 세 연구 모두 구체적인 인지언어학적 교수법 절차와 연구 설계는 다소 달랐지만, 벤자민 와이트(Benjamin J. White)의 연구에서는 학생들이 접사의 움직임이나 방향에 대해 그림을 그리는 등의 활동을 통해 흥미로운 방식으로 인지언어학적 교수법의 유의미한 긍정적 효과를 보여주었다. Kővecses & Szabó(1996)와 사치코 야수다(Sachiko Yasuda)의 연구에서는 인지언어학적 교수법을 적용한 학

1 이 장에서 다중 단어 단위(MWU)는 용어는 연어, 관용구, 구문 동사, 수식어, 속담 등 두 개 이상의 단어로 구성된 다양한 습관적 표현을 포괄적으로 지칭하는 데 사용된다.

생들이 구문 동사 테스트에서 대조군을 능가하지 못했지만, 새로운 구문 동사(즉, 학습하지 않은 동사)에 대해서는 훨씬 더 나은 성적을 보였다. White(2012)의 연구에서는 학습 측정에 사전/사후 과제와 사전/사후 테스트가 모두 포함되었으며, 학생들은 읽기 구절에서 구문 동사의 의미에 대한 설명을 제공하도록 요청받았다. 학생들은 사전 과제와 사후 테스트에서 모두 향상되었지만, 사전 과제가 아닌 사후 테스트에서만 유의미한 향상을 보였다. 더 중요한 것은 학생들이 사전 과제와 사전 테스트보다 사후 과제와 사후 테스트에서 훨씬 더 많은 설명을 제공했다는 점이다. 이러한 결과는 인지언어학적 교수법을 통해 L2 학생들이 학습한 개념적 은유를 사용하여 새로운 언어 항목을 이해하는 데 도움이 될 수 있음을 시사하며, 이는 인지언어학적 교수법의 더 가치 있는 이점을 입증하는 결과이다.

위의 연구와 달리, Tsai(2020)는 동사-명사 연어 교육에서 인지언어학적 교수법의 효과를 조사했다. Tsai(2020)는 두 개의 실험군과 한 개의 대조군으로 구성된 연구 설계를 통해 '개념 기반 교육'이라는 인지언어학적 교수법의 효과와 '형태 중심 교육'의 효과를 비교했다. 인지언어학적 교수법 그룹에서는 먼저 목표 동사의 기본 의미에 대한 개념 및 영상도식 기반 교육을 통해 학생들이 이러한 기본 의미를 바탕으로 동사-명사 연어 사건을 개념화하는 방법을 이해할 수 있도록 했다. 그런 다음 학생들은 목표 동사-명사 연어에 대한 이해를 강화하기 위해 독해에서 목표 동사-명사 연어에 대해 학습하고 다이어그램을 그렸다. 연구가 끝났을 때 인지언어학적 교수법 그룹은 연어 습득과 유지를 측정하는 즉각적 및 지연된 사후 테스트에서 다른 두 그룹보다 우수한 성적을 보였다.

4.2 전치사 가르치기

전치사 교육에서 인지언어학적 교수법의 효과를 조사한 연구가 여러 차례 진행되었다(Arnett & Deifel 2015, Buescher & Strauss 2015, 2018, Cho 2010, Song, Schnotz & Juchem-Grundmann 2015, Tyler, Mueller & Ho 2010, 2012 참조). 이와 관련된 초기 연구 중 하나인 Cho(2010)는 일본 대학생을 대상으로 영어 전치사 in/on/at을 가르치는 전통적인 접근 방식과 인지언어학적 교수법의 효과를 비교했다. 카나코 조(Kanako Cho)의 인지언어학적 교수법은 학생들이 전치사의 다양한 의미가 "하나의 영상도식 아래에서 서로 어떻게 관련되어 있는지"(Cho 2010: 267) 이해하도록 하는 데 중점을 두었으며, 이는 대부분의 의미가 전치사의 원형적 공간 감각의 확장임을 강조했다. 학생들은 먼저 예문을 살펴본 후, 학습 중인 세 가지 전치사 각각에 대한 중심 영상도식을 그리게 되었다. 연구 결과, 인지언어학적 교수법 그룹은 세 가지 전치사의 원형적 공간 사용과 확장된 추상적 사용을 모두 측정하는 즉각적 및 지연된 사후 테스트에서 기존 접근법 그룹보다 훨씬 더 높은 성과를 거둔 것으로 나타났다.

Song, Schnotz & Juchem-Grundmann(2015)도 유사한 연구 설계와 비교 가능한 인지언어학적 교수법을 사용하여 5~12학년 독일 EFL 학생들을 대상으로 동일한 세 가지 전치사를 가르칠 때 인지언어학적 교수법의 효과를 연구했다. 이들의 인지언어학적 교수법은 조의 연구보다 영상도식 다이어그램을 더 많이 사용했으며, **탄도체(trajectory)**와 **지표(landmark)** 개념에 대한 논의도 포함되었다. 학습 평가는 전치사의 세 가지 감각인 공간적, 시간적, 추상적 감각을 다루었고, 연구 결과 전치사의 시간적 및 추상적 용법을 측정하는 사후 테스트에서 인지언어학적 교수법 그룹이 기존 그룹보다 유의미한 성과를 보였지만, 공간적(문자적) 사용에서는 유의미한 성과를 보이지 못했다. 이 결과는 인지언어학적 교수법이 전치사의 확장된 비유적 의미를 가르치는 데 특히 효과적이라는 것을 보여준다.

전치사 교육에서 인지언어학적 교수법의 효과에 대한 다른 연구들도 모두 유의미한 효과를 나타냈다. 여기에는 영어 전치사 to/for/at의 교육에 관한 안드리아 타일러(Andrea Tyler)와 동료들의 연구(Tyler, Mueller & Ho 2011, Tyler 2012), 독일어 양방향 전치사(예: auf/hinter/neben) 교육에 관한 Arnett & Deifel(2015)의 연구, 프랑스어 전치사 à/dans/en 교육에 대한 Buescher & Strauss(2015, 2018) 연구 등이 포함된다. 타일러와 동료들의 인지언어학적 교수법은 전치사 사용에서 '해석'의 역할도 탐구했다는 점에 주목할 만하다.

4.3 조건절, 서법, 도식적 구문 및 기타 언어 구조와 사용법 가르치기

다중 단어 단위와 전치사를 제외하고, 인지언어학적 교수법에서 주목받은 구조와 용법에 대한 연구는 일반적으로 한두 건에 불과하다. 이 절에서는 인지언어학적 교수법의 사용에 대한 기존 연구의 범위(즉, 다루는 구조와 용법)와 사용된 연구 설계 및 방법론에 대한 추가 정보를 제공하기 위해 몇 가지 연구를 간략히 검토할 것이다.

영어 조건절을 가르칠 때 인지적 설명을 추가하면 ESL 학생들의 학습이 향상되는지를 테스트하기 위해, Jacobsen(2018)은 세 가지 그룹을 대상으로 실험을 진행했다. 대조군은 조건절에 대한 특정 교육을 받지 않았고, 과제 지원 그룹은 전통적인 교육법으로 가르쳤으며, 인지 그룹은 인지적 설명과 학습 과제로 지원을 받았다. 인지언어학적 교수법은 학생들에게 조건절 사용과 관련된 정신적 단계를 설명하고, 이를 시각적 차트로 보여주었다. 또한 담화와 상황적 맥락이 조건절 사용에 미치는 영향을 가르쳤다. 그 결과, 인지 그룹은 조건절의 이해와 산출을 모두 측정하는 즉각적 및 지연 테스트에서 과제 지원 그룹과 대조 그룹보다 유의미하게 더 나은 성과를 보였다.

Tyler, Mueller & Ho(2010)는 ESL 학습자에게 영어 서법을 가르치는 데 인지언어학적 교수법이 효과적인지를 알아보기 위한 실험을 수행했다. 이 연구에서는 전통적 교육법으로 가르치는 대조군을 대상으로 했다. 인지언어학적 교수법은 힘 역학 이론을 기반으로 하여 각 서법의 의무론적 사용과 인식론적 사용의 관계 및 의미 차이를 가르쳤다. 이 교수법은 관련된 힘 역학에 따라 서법의 의미를 보여주는 시각적 다이어그램을 광범위하게 활용했다. 학생들은 짝을 지어 배운 정보를 적용하여 서법 사용을 연습하는 활동에 참여했다. 연구 결과, 인지언어학적 교수법 그룹이 기존 그룹보다 사후 테스트에서 훨씬 더 높은 성적을 거둔 것으로 나타났다.

도식적 구문 교육에서 인지언어학적 교수법의 효과를 평가하기 위해, Tyler, Ho & Mueller(Tyler 2012)는 Cause to Receive(N+V+N+N) 및 Transfer-Cause Move(N+V+N+to+N) 구문 교육에 대한 실험을 수행했다. 이들은 전통적인 교육이 주어, 목적어, 간접 목적어의 형식적 통사 역할에 초점을 두는 것과 달리, 인지언어학적 교수법은 다이어그램을 사용하여 구문의 의미와 주는 사람, 받는 사람, 주는 대상과의 관계를 설명했다. 또한 구문 사용에 대한 제약 조건도 다루었다. 연구 결과, 인지언어학적 교수법 그룹은 즉각적인 테스트와 지연된 사후 테스트 모두에서 전통적인 접근 방식으로 학습한 대조군보다 유의미한 성과를 보였다.

인지언어학적 교수법이 테스트된 다른 언어 기능으로는 환유(Hill 2015), 러시아어 격 체계(Lysinger 2015), 비즈니스 영어 학습을 위한 은유(Juchem-Grundmann & Krennmayr 2010) 등이 있다. 켄트 힐(Kent Hill)의 연구는 일본어 EFL 학생들의 환유 학습에 대한 인지언어학적 교수법과 사회문화적 이론(SCT)에 기반한 대화형 요소를 결합한 교수법의 효과를 조사했다. 인지언어학적 교수법은 학생들이 개념적 환유와 그것이 언어적 환유의 기초를 형성하는 방식을 이해하도록 돕는 데 중점을 두었다. 연구 결과, 두 그룹 모두 언어적 환유에 대한 이해보다는 사용과 생산에 관한 사후 테스트에서 유의미한 향상을 보였다. 또한, 인지언어학적 교수법과 사회문화적 이론 기반의 상호작용을 결합한 그룹이 인지언어학적 교수법만 사용한 그룹보다 전반적으로 더 높은 성적을 기록하여, 인지언어학적 교수법에 사회문화적 이론 기반 상호작용을 추가하는 것이 이점이 있음을 시사했다. 다이아나 라이신저(Diana Lysinger)의 연구는 러시아 격 체계를 가르칠 때 인지언어학적 교수법과 전통적인 접근 방식을 비교했다. 인지언어학적 교수법은 주로 러시아어로 된 다양한 사례의 관계 다이어그램 사용하는 방식으로 구성되었다. 연구 결과, 인지언어학적 교수법 그룹이 사후 테스트에서 대조 그룹보다 우수한 성적을 거두었다. Juchem-Grundmann & Krennmayr(2010)는 비즈니스 영어 교육에서 인지언어학적 교수법과 전통적인 접근 방식을 비교하는 질적 연구를 수행했다. 인지언어학적 교수법 그룹은 비즈니스 영어의 은유를 먼저 공부했고, 전통적인 그룹은 주로 지정된 읽기에서 새로운 비즈니스 어휘를 공부하는 데 중점을 두었다. 이 연구는 본질적으로 질적 연구이기 때문에 사전/사후 테스트를 포함하지 않았지만, 학생들에 대한 관찰과 설문조사 결과 은유 그룹에 속한 학생들이 수업에 더 적극적으로 참여하고 학습 경험에 대해 더 긍정적으로 평가하는 것으로 나타났다. 이 연구에서 사용된 흥미로운 사례 중 하나는 은유 분석을 지원하기 위해 말뭉치 데이터를 사용하는 것으로, 이는 인지언어학적 교수법에서 더 많이 활용될 수 있는 사례로, 아래의 실습을 위한 권장 사항에 대한 절에서 다룰 것이다.

4.4 언어 사용/습득에 대한 연구와 인지언어학적 교수법에 대한 시사점

앞서 언급한 것처럼, 인지언어학적 교수법의 효과를 직접적으로 검토한 연구 외에도, 이론 기반의 실용적인 제안을 제공하는 연구(Broccias 2008, Holme 2012)나 L2 언어 사용을 조사하여 인지언어학적 교수법에 중요한 시사점을 도출한 연구들도 있었다(Ellis, Römer & O Donnell 2016, Gries & Wulff 2005, Liu & Zhong 2016, Martínez Vázquez 2008). 그러나 이론 기반의 실용적인 제안에 대한 연구는 경험적 연구를 포함하지 않기 때문에, 아래에서는 인지언어학적 교수법에 중요한 시사점을 제공하는 경험적 연구만을 다룬다.

구문의 L2 이해와 사용을 조사한 몇 안 되는 연구 중 하나인 Gries & Wulff(2005)는 고급 독일어 EFL 학습자들이 사역(Cause to Receive) 및 결과(Resultative) 구문을 포함한 여러 영어 구문에 대한 이해도를 조사했다. 연구 결과, 영어와 독일어 간 구문에 약간의 차이가 있음에도 불구하고 고급 EFL 학습자들은 점화 후 올바른 구문을 생성할 수 있었고, 동사를 올바른 구문으로 정확히 분류했다. 이 연구는 "구문에 대한 노출 빈도와 사용이 중요한 역할을 한다"라는 용법 기반의 언어 학습 이론을 뒷받침한다(Gries & Wulff 2005: 196). 또한, L2 구문 사용에 초점을 맞춘 Martínez Vázquez(2008)의 연구는 두 가지 언어 유형(위성어 틀 부여 및 동사 틀 부여)에 해당하는 6개의 서로 다른 L1을 사용하는 EFL 학습자들의 영어 사역이동(Caused-Motion) 구문 사용에 대한 말뭉치 분석을 수행했다. 이 연구에 따르면, 영어가 속한 위성어 틀 부여 구문의 L1을 사용하는 학습자가 동사 틀 부여 구문의 L1을 사용하는 학습자보다 이 구문을 훨씬 더 많이 사용하는 것으로 나타났다. 이는 L2에서 구문을 가르칠 때 학습자의 L1을 고려해야 함을 시사한다.

Ellis, Römer & O'Donnell(2016)의 연구는 L2(또한 L1)의 구문 사용과 습득에 대한 가장 대규모의 인지언어학적 기반 연구이다. 이 연구 결과에 따르면, 구문 습득은 입력에 대한 반복적인 노출과 구문의 의미 활용에 대한 다중적 경험을 통해 이루어지며, 언어 학습에서 입력 빈도, 문맥, 의미론적 원형성이 중요하다는 것을 보여준다. Liu & Zhong(2016)의 연구는 도출된 데이터와 말뭉치 데이터를 모두 사용하여 영어 원어민과 EFL/ESL 학습자의 동의어 사용을 조사했다. 이 연구는 화자/작가의 동의어 선택에서 현저성(또는 관습적 용법)과 해석이 두 가지 주요 경쟁 요소이며, 노출 빈도가 동의어의 L2 사용/학습에 중요한 역할을 한다는 것을 보여준다. 이러한 결과는 L2 동의어 사용 교육에서 가장 현저한 동의어 연어에 대한 적절한 정보를 먼저 제공하고, 동의어 사용에서 연어의 역할에 대한 이해를 촉진하는 것이 중요하다는 것을 시사한다.

요컨대, 위에서 보고된 연구 결과는 모두 인지언어학적 교수법의 실현 가능성과 긍정적인 효과를 보여주었다. 그러나 많은 연구에서 연구 설계와 방법론이 충분히 엄격하지 않았고, 일부 연구에서는 참가자가 30명 미만인 표본 규모가 작았으며, 결과의 효과 크기가 작았기 때문에 이러한 전반적인 결과에 주의가 필요하다.

5. 실천을 위한 권장 사항

위의 내용을 바탕으로 인지언어학적 교수법을 실행할 때 고려해야 할 몇 가지 실천 방안을 제안한다. 첫째, 많은 연구에서 시각 자료, 특히 시각적 다이어그램의 효과가 입증되었으므로, 교사는 학생들이 배우는 언어 구조와 용법에 대한 깊은 이해를 돕기 위해 충분한 시각 자료를 제공해야 한다. 일부 연구자들(Holme 2012)은 인지언어학 교수법에서 신체화된 활동의 중요성을 강조했지만, 실제로는 다이어그램 그리기와 같은 제한된 방법만 사용된 경우가 많다(Cho 2010, Tsai, 2020, White 2012). 따라서 교사가 어린/저학년 학습자를 위해 다양한 신체화된 활동을 시도하는 것이 중요하다.

둘째, 인지언어학 교수법은 언어 사용에 대한 인지언어학 설명과 분석을 포함하는데, 학습자의 인지적 스타일과 배경이 다양하므로 교사는 각 학생의 요구에 맞춰 교수법을 조정해야 한다. 또한, 인지언어학 용어의 사용을 최소화하고, 설명의 양을 최적화하는 것이 바람직하다.

셋째, 인지언어학 교수법을 사회문화적 이론 기반의 상호작용 및 말뭉치 데이터 사용과 같은 다른 접근법과 결합하면 더 효과적인 교육이 될 수 있다(Jacobsen 2018, Hill 2015). 교사는 말뭉치를 활용하고, 인지언어학 교수법과 잘 어울리는 다른 접근 방식의 사례를 통합하는 것이 좋다. 최근 기술 발전 덕분에 다양한 언어와 장르의 말뭉치를 쉽게 활용할 수 있게 되었으므로, 말뭉치의 포함은 특히 고려할 가치가 있다(Ellis, Römer & O'Donnell 2016, Liu 2010). 인지언어학 기반의 말뭉치 연구는 Taylor(1993: 220)가 요구한 바와 같이, 다양한 어휘-문법 구조와 용법을 가르치기 위한 "기술적으로 적절하고 직관적으로 수용 가능하며 쉽게 접근할 수 있는" 설명을 제공하는 데 유용하다는 것이 입증되었다(Ellis, Römer & O'Donnell 2016, Juchem-Grundmann & Krennmayr 2010, Liu 2010).

넷째, Boers(2013)가 어휘 교육에서 인지언어학적 교수법의 사용에 대해 올바르게 지적한 것처럼, 인지언어학적 교수법이 더 성공적이기 위해서는 교사와 연구자가 자신의 작업을 '주류' 연구와 연결지어야 한다. 즉, 언어 교육에 대한 주류 연구에서 신중한 "[목표 언어 항목과 필요한 입력의] 선택, 분산 학습의 바람직성, 보완적인 유형의 지식을 수용할 필요성"과 같은 많은 효과적인 실천과 중요한 문제를 확인해야 한다(Boers 2013: 208). 따라서 인지언어학적 교수법을 연구하는 교사와 연구자는 기존의 입증된 관행을 통합하고, 현장에서 이미 확인된 중요한 교육적 문제에 주의를 기울여야 한다. 성공적인 언어 학습을 위해 필요한 모든 지식과 기술(인지언어학 기반, 즉 언어의 동기와 패턴에 대한 명시적 지식 외)을 학생들에게 제공해야 한다. 예를 들어, 전치사를 가르칠 때 전치사의 근본적인 은유적 동기화와 의미망을 탐구하는 것은 매우 도움이 되지만, 주류 연구에 따르면 전치사의 모든 의미를 한꺼번에 가르치는 것은 종종 혼란을 초래할 수 있으므로 주의가 필요하다.

6. 향후 방향

최근 연구 동향과 인지언어학적 교수법 연구에서 부족한 부분을 고려할 때, 향후 연구 방향은 다음과 같다. 첫째, 기존 연구에서 인지언어학적 교수법의 긍정적인 효과가 입증되었기 때문에, 더 많은 교사와 연구자들이 비교적 새롭고 유망한 교육적 접근 방식을 개발하고 활용하는 데 동참할 것으로 기대된다. 관심이 높아짐에 따라 인지언어학적 교수법을 활용하여 가르치는 언어 구조와 사용법의 범위를 넓히려는 노력도 증가할 것이다. 지금까지는 다중 단어 단위(MWU)와 전치사가 인지언어학적 교수법에서 상당한 관심을 받아왔지만, 최근에는 영어 조건문이나 러시아어 격 체계와 같은 다른 언어 구조와 용법을 가르치는 데 인지언어학적 교수법을 사용하는 연구가 진행되고 있다(Jacobsen 2018, Lysinger 2015). 관사 체계 및 시제/양상 사용과 같은 다른 도전적인 언어 구조와 용법을 가르치기 위해서는 더 많은 연구가 필요할 것이다.

둘째, 인지언어학적 교수법이 데이터 및 분석 과부하와 높은 수준의 인지적 부담을 수반한다는 비판을 고려할 때(Broccias 2008, Tyler 2012), 최적의 분석량과 수준을 탐색하고, 학습자가 인지언어학 개념과 분석에 보다 쉽게 접근할 수 있도록 하는 연구가 활발히 이루어질 것으로 예상된다. 셋째, 연구를 통해 입증된 다른 접근법과 인지언어학적 교수법을 결합함으로써 얻을 수 있는 이점을 고려할 때, 다양한 접근법을 통합하는 것이 바람직하며, 향후 관련 연구가 더욱 활발히 이루어질 것으로 보인다. 특히, 말뭉치를 인지언어학적 교수법에 포함시키는 것은 엄청난 잠재력 덕분에 계속해서 연구가 증가하는 분야가 될 것이다.

마지막으로, 인지언어학적 교수법의 활용에 대한 실험적 연구가 증가하고 있으나, 이 유망한 교수법의 효과를 검증하기 위해서는 더욱 체계적이고 엄밀한 연구가 필요하다. Boers(2011, 2013)의 설문조사와 리뷰에서 알 수 있듯이, 기존의 많은 (준)실험 연구들은 규모가 작고 효과 크기가 매우 작은 결과를 보였다. 일부 연구는 엄밀성이 결여된 설계와 방법론을 사용하기도 했다. 따라서 다양한 인지적/학습 방식과 교육/L1 배경을 가진 학습자를 대상으로 인지언어학적 교수법을 테스트하는 데 중점을 둔 보다 잘 설계된 대규모 연구와 일부 종단 연구가 필요하다. 또한, 교실 기반 연구는 실험 연구가 제공하지 못하는 귀중한 정보를 제공할 수 있으며, 지금까지 인지언어학적 교수법에 대한 교실 기반 연구는 거의 없었기 때문에, 더 많은 교실 기반 연구가 이루어져야 한다. 다양한 연구 방법론을 사용하고 다양한 관점을 제시하는 연구가 더 많이 수행됨에 따라, 인지언어학적 교수법에 대한 더 강력하고 설득력 있는 증거가 나올 것으로 기대된다.

더 읽을거리

Boers, F., & Lindstromberg, S. (Eds.). (2008). *Cognitive linguistic approaches to teaching vocabulary and phraseology*. Berlin: De Gruyter. (이 편집본에는 어휘 교육에서 인지언어학적 교수법의 사용에 대한 많은 경험적 연구가 포함되어 있으며, 인지언어학적 교수법이 특정 중요한 언어 측면이나 기술을 가르치는 데 어떻게 활용될 수 있는지를 면밀하고 심층적으로 살펴본다.)

Holme, R. (2009). *Cognitive linguistics and language teaching*. New York: Palgrave. (이 책은 인지언어학적 교수법의 이론적 기초뿐만 아니라 제안된 많은 구체적인 교수 활동에 대해 매우 포괄적으로 다루고 있다. 인지언어학적 교수법에 대한 좋은 입문서 역할을 할 수 있다.)

Littlemore, J., & Juchem-Grundmann, C. (Eds). (2010). *Applied cognitive linguistics in second language learning and teaching*. *AILA Review* (Special Issue), 23. (이 특집호에는 언어 교육에 인지언어학을 적용하는 것과 관련된 주요 이슈에 대한 명확한 소개 기사와 인지언어학적 교수법 사용에 관한 8개의 다른 논문이 포함되어 있다. 각 장에는 인지언어학적 교수법에 대한 경험적 연구, 연구 종합, 이론 기반의 제안이 담겨 있다.)

제33장
인지언어학과 제2언어 습득

1. 도입

인지언어학자들은 처음부터 언어 기술과 언어 학습 사이의 관계에 깊은 관심을 가져왔다(Achard 1997, Taylor 1993). 학자들 사이에서는 인지언어학이 언어 학습과 교수법을 밝히는 데 적합하다는 데에 합의가 이루어졌다(Holme 2012, Langacker 2008, Pütz 2007, Tyler 2017, Yu & Wang 2018). "제2언어 학습 이슈에 대한 인지언어학의 적용은 이론적 인지언어학의 초기 논문이 발표된 지 몇 년 만에 나타났다"라는 Tyler(2017: 73)의 말처럼, 이후 20년 동안 제2언어 학습과 교육에 인지언어학을 적용하는 연구는 크게 성장했다. 이 분야의 연구는 단행본(Holme 2009, Littlemore 2009, Littlemore & Low 2006, Tyler 2012), 저널 특별호(Boers & Littlemore 2003, Ellis & Cadierno 2009, Littlemore & Juchem-Grundmann 2010, Tyler & Ortega 2016), 편집본(Achard & Niemeier 2004, Boers & Lindstromberg 2008, Robinson & Ellis 2008, Tyler, Huang & Jan 2018), 그리고 다수의 저널 논문(Boers 2000a, 2000b, Boers & Demecheller 1998) 등에서 활발히 진행되었다.

많은 학자들이 제2언어 습득(SLA) 연구와 언어 교육에서 인지언어학의 잠재력에 대해 설득력 있게 주장해 왔다. 예를 들어, Langacker(2008)는 인지언어학의 세 가지 기본 개념인 의미의 중심성, 문법의 의미성, 그리고 용법 기반 본질이 언어 교육에 유용한 기초를 제공한다고 보았다. Holme(2012) 또한 인지언어학의 네 가지 언명인 신체화된 학습 원리, 어휘-문법 연속체의 원리, 개념화 원리, 그리고 용법 원리를 바탕으로 제2언어 교실을 위한 교육학적 모형을 제안했다. Taylor(1993: 219)는 '외국어 체계의 지각된 자의성'을 줄이기 위해 교육 문법을 구성하는 데 인지언어학의 통찰력을 활용할 수 있는 가능성을 탐구했다. Archard(1997: 159)는 인지언어학이 "언어 형태와 습득 과정의 형식적 속성에 대한 설명력이 있으며, L2 습득의 구조적 및 사회적 측면을 만족스럽게 통합할 수 있기 때문에" 제2언어 습득 조사에 유효한 뼈대를 제공한다고 주장했다.

용법 기반 원리는 인지언어학과 제2언어 습득 사이에 연결의 핵심에 있다. 용법 기반 모형(Bybee 1995, Croft 2000, Langacker 2000)에서는 언어에 대한 지식이 사용을 통해 습득된다고 설명한다. 이러한 관점은 "입력, 상호작용 및 출력의 역할에 관한 전통적인 이론과 다르지 않으며"(Littlemore & Juchem-Grundmann 2010: 1), 따라서 제2언어 습득의 다양한 기존 접근 방식에 통합된 이론적 뼈대를 제공한다. 또한 인지언어학은 "사람들이 언어 사용에서 언어 지식을 추출할 수 있도록 언어와 사고에서 작용하는 인지 과정에 대한 자세한 설명"(Littlemore & Juchem-Grundmann 2010: 1)을 통해 용법 기반 관점에 기여하며, 제2언어 학습 및 교수에 대한 인지언어학에서 영감을 받은 수많은 연구를 탄생시켰다.

인지언어학이 제2언어 습득 연구와 언어 교수법에 미치는 영향을 설명하기 위해, 이 장의 다음 절에서는 먼저 인지언어학의 핵심 원리와 제2언어 습득에 미치는 영향을 논의한 후, 용법 기반 이론으로 넘어가고, 마지막으로 인지언어학에서 영감을 받은 L2 교육 접근 방식을 검토할 것이다. 그리고 향후 연구를 위한 제안으로 마무리된다.

2. 인지언어학의 핵심 언명

인지언어학은 1970년대에 지배적인 생성문법과 진리조건 의미론에 대한 반작용으로 등장한 비교적 새로운 언어 연구 접근 방식이다. 인지언어학의 관점에서는 통사론과 의미론에 대한 생성적 접근의 주요 가정 중 일부가 언어학, 심리학 및 기타 분야의 실증적 증거와 일치하지 않는다고 주장한다(Lakoff 1987). 이 접근 방식을 안내하는 세 가지 주요 가설이 있다(Croft & Cruse 2004). (1) 언어는 자율적인 인지 능력이 아니다. (2) 언어는 용법 기반이다. (3) 의미는 개념화이다.

첫 번째 가설은 언어가 비언어적 인지 능력과 분리된 자율적 인지 능력이라는 생성적 가설에 반대한다. 인지언어학 관점에서 "언어는 인간 인지의 필수적인 부분"이다(Langacker 1987: 12). 이 가설에 수반되는 두 가지 명제는 다음과 같다. (1) 언어 지식과 다른 유형의 지식은 유사하게 표상된다. (2) 언어 사용을 지배하는 인지 과정은 원칙적으로 다른 인지 능력과 동일하다(Croft &

Cruse 2004).

두 번째 가설의 핵심은 언어에 대한 지식이 언어 사용에서 나온다는 믿음이다. 생성문법과 진리조건 의미론은 문법적 형식과 의미에 대한 최대한 추상적이고 일반적인 표현을 추구하며, 다른 많은 언어 현상은 주변으로 밀려난다. 그러나 인지언어학적 관점에서는 의미론, 통사론, 형태론, 음운론에 대한 언어 지식이 특정 사용례에 대한 인지를 통해 상향식으로 구축된다고 본다. 언어의 문법 규칙은 반복되는 언어 표현으로부터 추상화와 도식화라는 귀납적 과정을 통해 습득된다. 따라서 언어 체계는 언어 사용을 위해 추상적 규칙과 구체적 표현이 함께 저장된 방대하고 매우 중복적인 구조의 목록으로 이해된다(Langacker 1987).

세 번째 가설은 의미를 개념화로 간주한다. 인지언어학적 관점에서 언어는 우리 몸의 정밀한 본질과 독특한 신경 해부학적 구조에 의해 매개되는 개념화를 통해 인간 정신의 산물로 여겨진다(Lakoff & Johnson 1980). 따라서 언어는 경험에 기반하고 신체화되며, 객관적인 세계를 직접적으로 반영하는 것이 아니라 현실에 대한 인간의 개념화를 반영한다. 표현의 의미는 그것이 묘사하는 개체나 상황의 고유한 속성뿐만 아니라 우리가 이 개체나 상황을 정신적으로 묘사하기로 선택한 방식도 포함된다. 따라서 객관주의적 진리조건 의미관은 너무 단순한 것으로 여겨진다. 의미는 또한 세계의 실체와 사건에 대한 주관적인 해석과 관련이 있다고 볼 수 있다.

인지언어학의 세 가지 기본 가설은 상호 연관되어 있으며, 언어 습득 이론에 중요한 영향을 미친다. 생성적 접근법은 언어 사용(언어수행)과 언어 구조에 대한 보다 추상적인 지식(언어능력)을 분리하고, 언어 습득 과정에서 아이들이 듣는 특정 언어에 의해 촉발되는 추상적인 보편문법의 존재를 주장한다. 반면 인지언어학은 언어 지식과 언어 사용 사이에 경계를 두지 않고, 언어에 대한 지식이 용법 사건을 통해 구성된다고 본다. 인지언어학의 용법 기반 본질은 언어의 인지적 표상에 대한 사용의 영향을 인식한다(Bybee 2008).

3. 용법 기반의 언어 습득 이론

3.1 모국어 습득

용법 기반의 언어 습득 이론은 주로 모국어 습득에 대한 연구(Tomasello 2003, 2015)에서 많은 정보를 얻었다. 모국어 습득의 핵심 문제는 "아이들이 배우는 언어로 어떻게 복잡하고 추상적인 언어 구조를 만들어내는가"이다(Tomasello 2007: 1098). 여기서 두 가지 질문이 제기된다. 첫째, 아이들은 생물학적으로 부여된 선천적인 보편문법을 가지고 언어 학습에 임하기 때문에 문법을 배울 필요가 없고, 언어의 특수성을 학습하기 위해 최소한의 노출만으로도 충분한가? 둘째, 아이들은 일반적인 인지 능력만 가지고 언어 학습을 시작하고, 특수성을 학습한 후 점차 구체적인 발화를 보다 추상적인 문법 구조로 확장해야 하는가? 지난 20년 동안의 연구는 두 번째 대안을 지지하고 있다(Ellis & Wulff 2015).

용법 기반 관점을 채택한 연구자들은 "아동은 실제 용법 사건, 즉 특정 맥락에서의 특정 발화에서 언어를 학습하고, 이를 통해 점점 더 복잡하고 추상적인 언어 표현을 구축한다"라고 주장한다(Lieven & Tomasello 2008: 168). 생성론자들이 예측한 것처럼, 아동이 먼저 단어를 학습한 다음 통사론적 지식과 결합하는 방법을 배우는 것이 아니라, 의사소통 목표를 달성하기 위해 처음부터 전체 성인 구문, 즉 형태-기능 쌍을 학습하기 시작한다. 이러한 구문은 나중에 언어적 구성요소로 더 분해되고 분석될 것이다(Tomasello 2007: 1100).

용법 기반 언어 습득 이론의 핵심은 언어 구조가 실제 언어 사용에서 비롯된다는 가정이다(Tomasello 2003). 아이들은 듣는 언어를 통해 언어 지식을 습득하며, 이 지식은 구문의 형태로 학습되고 표상된다(De Ruiter & Theakston 2017). 추상적이고 복잡한 문법 구문의 습득은 최소한의 언어 노출만으로 즉각적으로 이루어지지 않는다. 오히려 특정 맥락에서 특정 구문과 다양한 문맥에서 유사한 유형의 구문에 반복적으로 노출되는 과정을 통해 여러 단계를 거쳐 이루어진다.

아이들은 I dunno(모르겠다)나 What's that?(그게 뭐지?)과 같은 고정 구문, 즉 범위가 좁고 어휘에 한정된 항목 기반 구문을 배우면서 언어를 시작한다. 처음에는 이러한 각 구문을 전체적으로 학습하고 사용하지만, 구문의 내부 구조는 이해하지 못한다. I wanna play(놀고 싶다), I wanna go(가고 싶다), I wanna eat(먹고 싶다)와 같은 항목 기반 구문에 더 많이 노출되면, 아이들은 발화가 형태와 의미를 공유할 수 있다는 것을 깨닫기 시작하고, 슬롯과 틀 구문(예: I wanna X)이 나타나기 시작한다. 어느 시점에서 아이들은 슬롯에 새로운 항목을 삽입할 수 있게 되는데, 이는 형태 기능 추상화가 이루어지고 도식화가 발생했다는 것을 나타낸다. 발달이 진행되면서 아이들은 영어 타동사와 같이 사용 빈도가 높은 일부 구문에 대해 완전한 도식 구문을 추상화하게 된다. 그러나 완전한 통사적 도식화는 아동의 문법 발달의 마지막 단계가 아니며, 아동은 여전히 구조 간의 관계를 추상화해야 한다. 아동이 한 구문의 발화를 다른 관련 구문(예: 선언문에서 wh-의문으로)으로 변환할 수 있다면, 이는 구문 간의 관계 추상화가 발생했다는 증거이다(Lieven & Tomasello 2008: 171).

모국어 습득에 대한 용법 기반 관점을 뒷받침하는 충분한 실증적 증거가 있다(자세한 검토는 De Ruiter & Theakston 2017, Lieven & Tomasello 2008, Tomasello 2003 참조). 예를 들어, 엘레나 리벵(Elena Lieven)과 동료들은 고밀도 말뭉치와 '추적' 방법을 사용하여 성인과 아동의 대화를 분석함으로써 특정 기간에 아동이 생성한 가장 최근의 다중 단어 발화와 해당 기간의 모든 이전 언어 산출물 사이의 관계를 식별하는 데 중점을 두었다. 여러 연구(Lieven, Salomo & Tomasello 2009)에 따르면, 참신해 보이는 발화의 대부분은 녹취록의 이전 발화로 거슬러 올라갈 수 있으며, 이는 아동의 언어적 창의성이 항목 기반의 어휘 특정 구문에서 파생된다는 것을 시사한다. 이 결과는 언어 습득 초기 단계의 단순한 구문에만 적용되는 것이 아니라, I think I can do it(나는 할 수 있다고 생각한다)과 같은 구문적으로 복잡한 구조에 대한 경험적 연구에서도 뒷받침된다(Diessel & Tomasello 2001).

그러나 아동이 어떻게 추상화와 도식화가 일어나고 결국 성인 화자가 복잡하고 추상적인 문법 체계에 도달하는지는 아직 완전히 알려지지 않았다. Tomasello(2003)는 아동이 언어 습득을 가능하게 하는 두 가지 인지 능력, 즉 의도 읽기와 패턴 찾기 능력을 갖추고 있다고 제안한다. 아동은 다양한 용법 사건에서 경험하는 구체적인 발화를 넘어 추상적인 구문이나 도식을 생성하기 위해 패턴 찾기 기술이 필요하다. 패턴 찾기는 범주화, 유추, 추상화, 도식화, 일반화와 같은 인지 과정을 요약하는 용어로 이해할 수 있으며, 이는 "문법 습득에 대한 소위 용법 기반 접근 방식의 중심적 인지 구조"이다(Tomasello 2015: 90).

3.2 제2언어 습득

원어민의 언어 지식이 구문의 형태로 표현되고 학습된다는 것은 이제 잘 알려진 사실이다. 따라서 L2 학습자가 제2언어에서도 구문의 심리적 실체를 보여주는지, 그리고 구문이 L2 습득에 어떤 역할을 하는지에 대한 질문은 자연스럽다.

"구문이 L2 학습자의 언어능력을 뒷받침한다"라는 증거가 점점 더 많아지고 있다(Ellis & Wulff 2015: 411). 예를 들어, Jiang & Nekrasova(2007)는 온라인 문법성 판단 실험을 통해 L2 학습자의 정형화된 구문 표현과 처리 과정을 조사했다. 이들은 L2 영어 학습자와 영어 원어민을 대상으로 단어 길이와 빈도가 일치하는 정형화된 구문과 비정형화된 구문(예: to get a chance(기회를 얻다)와 to get a drink(술을 마시다))으로 테스트를 진행했다. 그 결과, 영어 원어민과 L2 영어 학습자는 비정형화된 대조군보다 정형화된 구문에 더 빠르고 적은 오류로 반응했으며, 이는

L2 학습자가 정형화된 구문에 대한 암시적 지식을 명확하게 보여준다는 것을 발견했다. Gries & Wulff(2005, 2009)는 다양한 구문에 대한 L2 통사적 점화 효과와 L2 학습자의 구문별 문장 정렬 경향 등 여러 심리언어학적 및 말뭉치 증거를 통해 L2 학습자에게도 구문이 존재한다는 것을 입증했다.

L2 습득에서 구문의 역할을 조사하기 위해 제2언어 습득(SLA) 분야에서도 많은 연구가 진행되었다. 예를 들어, Eskildsen & Cadierno(2007)의 연구에서는 do 부정 구문(예: I don't know(모르겠다), You don't think(너는 그렇게 생각하지 않는다), He doesn't want(그는 원하지 않는다))의 L2 습득을 다루었다. 이 연구에 따르면, 처음에는 do-부정의 학습이 특정 형태인 I don't know에서 매우 제한적으로 이루어졌다. 그러나 입력에서 이 구문의 다양한 다른 예에 대한 노출이 증가함에 따라, do-부정의 추상화가 점차 발생하고 이 구문에서 다른 동사와 대명사를 사용하는 경향이 나타나기 시작했다. 또한, Ellis & Ferreira-Junior(2009)는 자연주의 L2 영어 학습자를 대상으로 한 종단적 데이터 분석을 통해 성인 L2 학습자의 빈번한 동사 논항 구문에서의 동사 사용이 입력 경험으로 거슬러 올라갈 수 있다는 것을 발견했다.

더욱이 Ellis(2003)는 제2언어 습득이 모국어 습득과 마찬가지로 어휘 특정 구문에서 슬롯과 틀 패턴, 그리고 완전히 생산적인 도식 패턴에 이르는 일반적인 발달 순서를 따르는지에 대한 의문을 제기했다. 이후 상당한 양의 종단 연구가 L2 습득 과정에서 이러한 순서가 존재한다는 사실을 뒷받침했다. 예를 들어, Myles(2004)는 L2 프랑스어 학습자 그룹에 대한 광범위한 데이터(종단적 및 횡단적 모두)를 수집했다. 이 데이터는 학습자의 문법 능력을 넘어서는 조립식 구문이 초기 L2 생산에서 매우 일반적이라는 것을 보여주었다. 또한, 통사적으로 복잡한 정형화된 덩어리들은 동사가 없거나 시제가 없는 문장과 같은 저범위 구조와 오랜 기간 동안 공존했다. Myles(2004)는 이러한 문법적으로 진보된 덩어리가 학습자에게 복잡한 구문의 자료은행을 제공하고 L2 습득 과정을 앞당겼다고 주장했다.

이제 언어가 용법과 구문의 형태를 통해 습득된다는 것에 대한 공감대가 형성되었으므로, 다음으로 논리적인 질문은 구문이 어떻게 습득되는가, 그리고 L2 습득에 기여하는 요인은 무엇인가이다. 이 질문은 제2언어 습득(SLA) 분야에서 전통적으로 연구되어 온 주제(예: 입력과 학습자 인지의 역할)가 용법 기반 모형과 잘 연결되는 부분이다. 다양한 심리언어학적 요인이 구문 학습 과정에 기여하는 것으로 확인되었다.

빈도 및 현저성과 같은 형태와 관련된 요소, 전체 발화 이해의 중요성, 원형성, 일반성, 중복성,

> 놀라움의 가치와 같은 해석과 관련된 요소, 형태와 기능의 우연성과 관련된 요소, 그리고 자동성, 전이성, 덮기, 차단과 같은 학습자의 주의력과 관련된 요소.
>
> Ellis & Wulff 2015: 418

이 모든 요소 중에서 빈도 효과와 원형 효과는 제2언어 교수 및 학습에 가장 직접적인 영향을 미친다.

최근 연구에 따르면 "사용 빈도는 인지 구조를 결정하는 데 중요한 역할을 한다"라고 한다(Bybee 2008: 218). 빈도는 토큰 빈도와 유형 빈도의 두 가지 유형으로 나눌 수 있다. 토큰 빈도는 특정 구문(예: 형태소 [s], 단어 but, 구 have a look 또는 I don't know와 같은 문장)이 입력에 나타나는 횟수를 계산한다. 반면, 유형 빈도는 언어 패턴에만 적용되며, 해당 언어 패턴을 예시하는 항목의 수를 나타낸다. 예를 들어, 영어의 과거형에서 정규 접미사 -ed는 know(알다), knew(알았다) 및 blow(불다), blew(불었다)와 같은 패턴보다 유형 빈도가 훨씬 높다. 토큰 빈도는 고착화를 촉진하고 보존 효과를 가져온다. 따라서 토큰 빈도가 높으면 특정 구문의 보존이 강화된다. 반대로, 유형 빈도는 구문의 생산성을 나타내는 주요 지표이다. 학습자가 언어 구문의 내부 구조를 이해하고 언어 패턴을 도식화하며, 다양한 수준의 도식화를 기반으로 새로운 형태를 생성하려면 일정 수준의 유형 빈도가 필요하다(Bybee 2006).

연구에 따르면, 범주에는 내부 구조가 있으며(Rosh & Mervis 1975), 이는 일부 구성원이 다른 구성원보다 더 우수하거나 더 대표적인 예가 될 수 있음을 의미한다. 범주의 원형성은 해당 범주에서 가장 좋은 예를 나타낸다. 예를 들어, 주택은 창고보다 BUILDING(건물) 범주에서 더 원형적인 예로 볼 수 있다. 대표적인 예를 분류하는 데 시간이 덜 걸리는 경우가 많으며, 원형적 언어 구문은 일반적으로 더 빨리 학습된다. Tomasello(2003)가 아동 언어 습득에 대해 주장한 것처럼, 원형 동사는 '동사 섬(verb island)'으로 작용하여 점차 확장되어 동사 논항 구문을 생성하는 것으로 보인다. 이와 유사하게, Ellis & Ferreira-Junior(2009)는 제2언어 습득에서 L2 학습자가 처음 습득하는 동사는 주어진 구문의 중심 의미에 해당하는 원형적이고 총칭적인 동사인 경우가 많다는 사실을 발견했다.

특히 "원형성과 토큰 빈도는 상호작용한다. 즉, 실례의 토큰 빈도가 높을수록, 실례의 원형이 될 가능성이 높아진다"(Ellis & Wulff 2015: 420). 언어 습득에서 토큰 빈도가 높은 언어 구문은 또한 구문 도식의 원형적 실례인 경향이 있으며, 이는 종종 습득하기 더 쉽다. 따라서 Jing-Schmidt(2015: 11)는 제2언어 습득의 빈도 기반 및 원형 중심 본질을 몇 가지 교육학적 원칙으로 해석했다. (1) “먼저 원형의미를 가진 고빈도 항목을 가르치고” (2) “그다음 저빈도 항목으로 어휘를 확장하여 패턴을 강화한다”라는 것이다.

4. L2 학습 및 교수에 대한 인지언어학 적용

이전 절에서는 인지언어학과 제2언어 습득(SLA)이 어떻게 수렴되는지, 그리고 그 이유에 대해 설명했다. 즉, 인지언어학에 대한 용법 기반 관점은 전통적인 제2언어 습득 연구와 새로운 제2언어 습득 연구(예: 입력, 출력 및 인지의 역할)를 통합하는 이론적 틀로 작동한다. 이 절에서는 L2 학습 및 교수에 대한 인지언어학에서 영감을 받은 연구, 즉 특정 인지언어학 개념을 언어 학습 및 교수법에 적용할 때의 이점에 초점을 맞추고자 한다. L2 학습 및 교수와 특히 적절성이 높은 것으로 확인된 인지언어학 개념은 해석, 범주화, 백과사전적 지식, 은유, 환유, 신체화, 동기부여, 구문문법 등 다양한 방식으로 서로 연관되어 있다(Yu & Wang 2018). Littlemore & Juchen-Grundmann(2010: 2)에 따르면 이러한 개념은 “언어 사용에서 언어 지식을 추출”하는 데 관련된 핵심 인지 과정에 해당하며, 따라서 제2언어 학습과 교수에 자연스럽게 영향을 미친다.

인지언어학을 적용한 언어 교육학은 언어의 자의성 감소라는 개념을 중심으로 발전한다고 생각한다. 전통적인 관점에서는 형태와 의미, 문법과 어휘를 뚜렷하게 구분한다. 이로 인해 언어의 많은 영역(예: 문법, 관용구, 단일 어휘 항목의 다양한 추상적 의미 등)은 자의적이고 학습하기 어려운 것으로 여겨진다. 그러나 인지언어학 관점에서는 “언어 구조의 넓은 영역은 … 우리의 개념 체계의 일부로서 동기가 부여된 것으로 밝혀졌다”라고 한다(Pütz 2007: 1145). 따라서 전통적으로 무의미하거나 자의적인 것으로 취급되던 문법 규칙이나 관용구와 같은 많은 언어 영역이 “훨씬 더 체계적이고 규칙적인 과정에 의해 지배되는 것으로 재인식되어 교육이 가능해진다”고 할 수 있다(Tyler 2017: 75). 이 절의 나머지 부분에서는 은유, 환유, 다의어, 구문문법 및 해석 등 다섯 가지 인지언어학 개념에 초점을 맞추어, 이러한 개념이 언어의 다양한 측면의 체계성에 대한 설명을 제공하고, 언어 교육에서 자의성을 잠재적으로 제거할 수 있는지를 보여주고자 한다.

4.1 은유

개념적 은유 이론에 대한 Lakoff & Johnson(1980)의 영향력 있는 연구 덕분에, 은유는 응용 인지언어학에서 가장 많이 연구된 개념 중 하나가 되었으며, 제2언어 어휘 습득에 적용하는 데 대한 많은 연구가 진행되었다. Lakoff(1987)에 따르면, 은유는 본질적으로 개념적이며, 이는 인간의 인지와 언어 행동의 기초가 된다. 예를 들어, 개념적 은유 LOVE IS JOURNEY(사랑은 여행이다)에서는 복잡한 인간의 감정인 사랑이 은유적으로 여행으로 비유된다. 여기서 여행은 근원영역을, 사랑은 목표영역을 구성한다. 근원영역은 일반적으로 공통적이고 원형적이며 단순하고 구체적인 반면, 목표영역은 종종 추상적이고 복잡하며 새로운 경우가 많다.

지난 20년 동안 이론적 논의(MacLennan 1994)와 실험적 조사(Boers 2000a, 2000b, Boers & Demecheleer 1998)를 포함하여 어휘 교육에 개념적 은유를 적용할 때의 이점을 탐구한 많은 연구가 진행되었다. 어휘 교육에서 은유 사용에 대한 심층적인 연구 검토는 Littlemore & Low(2006)의 2장에서 확인할 수 있다. 이러한 연구들은 유망한 결과를 보여주었다. 예를 들어, Boers(2000a, 2000b)는 L2 학습자의 은유적 인식 효과를 입증하기 위해 실험을 설계했다. 비유적 표현은 흔히 공통된 은유적 주제나 근원영역으로 거슬러 올라갈 수 있기 때문에, 학습자에게 이러한 은유적 주제나 근원영역을 알려주면 새로운 비유적 표현의 유지를 촉진하여 어휘 습득을 위한 혁신적인 경로를 제공할 수 있다는 연구 결과를 보여주었다.

L2 언어 어휘 습득에서 매우 추상적이거나 불투명하거나 자의적으로 보이는 의미와 관련된 어휘 항목은 L2 언어 학습자에게 특히 어려움을 준다. 개념적 은유는 언어 표현의 추상적이거나 관용적 의미의 확장 과정을 밝힐 수 있는 잠재력을 가지고 있다. 따라서 전치사(Boers & Demecheleer 1998), 관용어(Kövecses & Szabó 1996), 구절 동사(Rudzka-Ostyn 2003)의 교수 학습에 은유를 적용하는 데 특별한 주의를 기울여 왔다.

4.2 환유

은유와 환유는 "우리가 이미 알고 있는 것을 바탕으로 모르는 것에 대한 정보를 추론할 수 있게 해 주기 때문에"(Littlemore 2009: 107), 인지언어학자들은 이 두 가지를 인간 인지의 기본 메커니즘으로 간주한다(Lakoff & Johnson 1980). 인지언어학적 관점에서 환유는 "한 개념이 경험적으로 밀접하게 관련된 다른 개념을 정신적으로 활성화(즉, '생각하게 만들기')하는 인지 과정"으로 정의된다(Barcelona 2010: 134). 예를 들어, 미국과 영국 정부를 지칭할 때 White House(백악관), Number 10(영국 수상의 관저)과 같은 표현을 사용하는 것이 언어적 환유의 사례이다. 은유와 마찬가지로 환유도 개념적일 수 있다. nice set of wheels(멋진 바퀴 세트) 또는 He fell asleep at the wheel(그는 운전대에서 잠이 들었다)과 같은 표현은 PART FOR WHOLE(부분은 전체를 대표한다)의 개념적 환유의 예로, 자동차의 일부인 바퀴가 자동차 전체를 지칭하는 데 사용된다(Littlemore 2009: 109).

지난 20년 동안 인지언어학에서 환유에 대한 연구가 풍부하게 진행되었지만(Kövecses & Radden 1998, Littlemore 2015), 제2언어에서의 환유 습득에 대한 연구는 다소 부족한 상황이다. Littlemore(2009)는 환유가 언어에서 참조체, 담화 공동체에서의 관계 형성, 평가적 태도의 표현, 완곡어법, 유머, 모호함, 간접 화법에서의 화용적 추론 등 다양한 기능을 수행하기 때문에 제2언어 학습자에게 상당한 도전이 될 수 있다고 경고하고 있다. 여러 연구에서 은유에 대한 인식이 향상되면 기억력이 촉진된다는 사실이 밝혀졌기 때문에(Boers 2000a, 2000b), 학자들은 제2언어 수업에서 환유에 명시적으로 초점을 맞추면 비유적 언어의 이해와 유지에 도움이 될 수 있다고 제안하고 있다(Barcelona 2010, Littlemore 2009). 최근에는 환유 습득에 대한 경험적 연구가 등장하기 시작했으며, 환유에 대한 인식 제고의 이점을 뒷받침하고 있다(Slabakova, Cabrelli & Kang 2016).

4.3 다의어

언어 단위가 여러 가지 의미를 갖는 것은 매우 일반적이며, 다의어는 오랜 시간 동안 많은 연구가 이루어진 언어 현상이다. 전통적인 관점에서 다의어가 자의적이라고 보며, L2 학습자와 교사에게 큰 도전을 제기한다. 그러나 인지언어학적 관점에서는 단어의 다양한 의미가 상호 연관되어 의미망을 형성하며, 기본 의미가 중심에 있고 다른 추상적 의미가 방사망으로 확장된다.

지난 수십 년 동안 인지언어학자들은 전치사와 조사에 특별한 주의를 기울여 다수의 언어 단위의 체계적인 다의망을 분석해 왔다(Tyler & Evans 2001, 2003). 이러한 연구에서는 단어의 추상적 의미가 은유, 환유, 윤곽화, 관점, 화용적 강화, 점화와 같은 다양한 인지 과정을 통해 체계적으로 동기 부여된 기본 의미의 의미적 확장이라고 한다(Luo 2019). 많은 학자들(Boers & Lindstromberg 2006, Lakoff 1987, Maclenman 1994)은 의미 확장 과정의 체계성을 학습하면 언어 표현의 덜 투명한 의미를 이해하는 데 도움이 된다고 믿는다.

인지언어학에 기반한 다의어 의미 분석을 제2언어 학습 및 교육에 적용하는 효과를 조사하기 위해 여러 연구가 수행되었으며, 긍정적인 결과를 도출했다(Tyler, Mueller & Ho 2011, Verspoor & Lowie 2003, Wong, Zhao & MacWhinney 2018). 이 연구들은 다의망에서 핵심 의미와 확장

의미 간의 연결을 가르치기 위해 다양한 방법을 채택했다. 예를 들어, 방사망의 관점에서 단어의 여러 의미를 제시하거나(Verspoor & Lowie 2003), 다이어그램과 그래픽을 사용하여 의미 확장을 설명하거나(Tyler, Mueller & Ho 2011), 컴퓨터 기반 튜토리얼 시스템을 통해 다이어그램 기반 설명을 활용했다(Wong, Zhao & MacWhinney 2018). 모두 인지언어학에서 영감을 받은 접근 방식이 L2 학습을 촉진한다는 사실을 발견했다.

4.4 구문문법

Fillmore, Kay, O'Connor(1988)의 let along에 대한 중요한 연구 이후 구문문법(Construction Grammar, CG) 개념은 인지언어학에서 다양한 방식으로 탐구되어 왔으며, 그중에서도 Golberg(1995, 2006)의 모형이 가장 널리 연구되었다. 이러한 모든 모형은 동일한 핵심 신념을 공유한다. 즉, 구문은 언어의 기본 단위라는 것이다. 경험적 연구에서도 제2언어 학습자가 구문을 습득한다는 사실이 증명되었지만(Gries & Wulff 2005, 2009), L2 학습자는 어린이와 비교할 때 상당히 다른 유형의 입력을 받기 때문에 구문을 자연스럽게 습득하지 않을 수 있다. 따라서 L2 학습자의 열악한 입력 환경을 보완하기 위한 교육이 필요하다(Holme 2010a). 그러나 구문문법 접근 방식이 언어 습득과 교수법에 어떤 이점을 줄 수 있는지에 대한 질문은 상대적으로 간과되어 왔다. 이 주제는 최근 출간된 『응용 구문문법Applied Construction Grammar』(De Knop & Gilquin 2016), Littlemore(2009)의 책, 몇 편의 저널 논문(Holme 2010a, 2010b) 등에서 다루어졌다.

학자들은 구문문법의 많은 속성이 제2언어 교육에서 중요한 역할을 한다고 동의한다(Littlemore 2009). 그중 두 가지가 특히 중요하다. 첫째, 문법 구문은 그 안에 포함된 단어와 관계없이 고유한 의미를 갖고 있다. 문법 구문의 의미는 자의적이지 않으며, 인간이 세계를 개념화한 결과이다. 예를 들어, Jake pushed the vase off the table(제이크가 꽃병을 테이블에서 떨어뜨렸다)이라는 문장은 실제 세계에서의 경험과 연결되어 있다(Goldberg 1995). 추상적인 문법 구문의 의미를 명시적으로 가르치면 L2 학습자의 낮은 노출을 보완하여 L2 습득을 촉진할 수 있다. 둘째, 어휘 항목과 마찬가지로 문법 구문의 의미도 방사망 범주에 속한다. 예를 들어, 영어에서 동사-접사 통사론의 원형적 의미는 이동사건에 해당하며, 이는 상태 변화와 서법 사건으로 확장될 수 있다(Luo 2019). 학자들은 L2 학습자가 구문의 원형적 의미를 먼저 사용하기 시작해야 한다고 제안한다(Holme 2010a). 기존의 경험적 연구(Holme 2010b, Sung & Yang 2016)는 제2언어 교육에서 구문문법 기반의 교육 개입이 효과적이라는 제한적이지만 고무적인 증거를 제공했다.

4.5 해석

인지언어학의 핵심 주장은 인간이 같은 상황을 다양한 방식으로 정신적으로 해석할 수 있다는 것이다(Langacker 1987, Fauconnier 1997). 해석(construal)은 "화자가 개념적 표상을 어떻게 '포장'하고 '제시'할지 선택하는 방식이며, 이는 청자의 마음속에 불러일으키는 개념적 표상에 영향을 미친다"라고 설명된다(Evans & Green 2006: 536). 따라서 표현의 의미는 그 표현이 기술하는 개념적 내용뿐만 아니라, 그 내용이 어떻게 해석되는지와도 깊이 관련되어 있다(Langacker 1987).

해석 개념은 인지언어학자들이 다양한 통사 구문(Goldberg 1995, 2006), 영어 접사 체계(Verspoor & Hong 2008), 영어 서법(Talmy 2000)과 같은 여러 언어 현상을 설명하는 데 사용되어 왔다. 예를 들어, 영어 타동사의 접사 배치에 대한 Luo(2017, 2019)의 연구에서는 연속 순서(예: He pick up the pen(그는 펜을 들어올린다))가 행위자 이동사건의 전체적인 해석을 나타내는 반면, 불연속 순서(예: He picked the pen up(그는 펜을 들어올렸다))는 같은 사건의 순차적 해석을 반영한다고 한다.

사건을 표상하는 방법에 대한 화자의 선택 외에도, 해석은 두 번째 층위에서 작동한다. 이는 "언어 자체에는 사건과 현상을 해석하는 관습적인 방식이 내재되어 있다"는 것을 의미한다(Littlemore 2009: 14). 제2언어를 배우는 것은 종종 약간 다른 관점에서 세상과 현상을 보는 법을 배우는 것이 포함되며, 이것이 많은 학자들이 L2 해석 패턴에 대한 명시적 교육이 필요하다고 생각하는 이유이다(Achard 2008, Littlemore 2009). 점점 더 많은 경험적 연구에서 명시적 해석 교육이 제2언어 학습자에게 도움이 되며, 효과적인 교육적 도구로 활용될 수 있음을 보여주고 있다(Achard 2008, Verspoor & Hong 2008).

5. 결론

인지언어학이 제2언어 습득 연구에 미치는 영향은 "점점 더 빠른 속도로 확장되고 있으며"(Tyler 2017: 89), 이 장에서는 그 이유를 탐구하고자 한다. 제2언어 습득 분야에서 인지언어학의 기여는 이론적 측면과 실무적 측면에서 논의될 수 있다.

이론적으로, 인지언어학에 내재된 용법 기반 사고는 기존 연구 결과 및 다양한 제2언어 습득 연구 분야의 새로운 발전과 수렴되어, "이 분야의 미래를 위해 큰 가능성을 지닌 연구 환경을 제공한다"(Ortega 2015: 353). 제2언어 습득의 새로운 이론적 기반인 용법 기반의 언어 습득 이론은 인지언어학을 사회문화 이론, 복합적인 역동적 체계 이론, 대화 분석과 같은 다른 언어 모형과 통합함으로써 흥미롭고 새로운 L2 이론화 추세로 이어진다(Tyler 2017). 실무적 측면에서, 인지언어학의 기본 원리(예: 어휘-문법 연속체의 원리, 의미의 중심성)와 광범위한 개념(예: 해석, 은유, 환유, 범주화, 신체화)은 언어 교육학에 유의미한 시사점을 제공하며, 인지언어학을 기반으로 한 활발한 연구를 촉진하고 있다. 언어 교육학에 대한 인지언어학적 유용성의 핵심은 언어 학습자가 처리해야 하는 자의성을 줄이는 데 있다. 인지언어학은 "언어는 동기가 부여되어 있으므로 이를 설명할 수 있다"라는 점을 보여준다(Littlemore 2009: 187). 또한 형태-형태, 형태-의미, 의미-의미 관계에 이르기까지 다양한 수준에서 언어적 동기화에 대한 설명을 제공한다(Boers & Lindstromberg 2006).

인지언어학에 대한 관심이 증가하고 그 미래가 유망함에도 불구하고, 응용 인지언어학은 여전히 초기 단계에 머물러 있다(Pütz 2007). 인지언어학의 이론적, 실용적 잠재력과 제2언어 습득과의 시너지를 완전히 탐구하려면 많은 연구가 필요하다. 많은 학자들이 인지언어학과 제2언어 습득의 상호작용에서 중요한 연구 의제를 제시했으며(Ellis & Wulff 2015, Littlemore 2009, Robinson & Ellis 2008, Tyler 2012, 2017), 그중에서도 특히 시급한 몇 가지 항목이 있다. 이론적 측면에서는, 제2언어 사용, 특히 자연스러운 담화 내에서의 언어 사용에 대한 철저한 경험적 분석을 종단적 및 횡단적 언어학 연구를 통해 수행함으로써, 제2언어 습득의 용법 기반 본질을 더욱 면밀히 규명해야 한다. 실무적 측면에서는, 제2언어 학습 및 교육에 대한 인지언어학적 접근 방식이 이론적 논의에서 실제 교수 현장으로 적용되어야 한다. 다양한 인지언어학 기반의 교육학적 제안을 인지언어학 배경이 없는 언어 교사도 활용할 수 있는 수업 자료와 활동으로 전환해야 한다. 이러한 전환의 효과를 검증하기 위해, 향후 연구는 "실험군과 대조군을 비교하는 단기적인 연구를 넘어, 질적·양적 접근을 결합하고 종단적 관점을 도입해야 한다"라고 강조한다(Littlemore 2009: 190).

더 읽을거리

Holme, R. (2009). *Cognitive linguistics and language teaching*. Basingstoke: Palgrave Macmillan.
Littlemore, J. (2009). *Applying cognitive linguistics to second language learning and teaching*.

Basingstoke: Palgrave Macmillan.

Robinson, P., & Ellis, N. C. (Eds.). (2008). *Handbook of cognitive linguistics and second language acquisition*. New York: Routledge.

Tomasello, M. (2003). *Constructing a language: A usage-based theory of language acquisition*. Cambridge, MA: Harvard University Press.

Tyler, A. (2012). *Cognitive linguistics and second language learning: Theoretical basics and experimental evidence*. New York: Routledge.

제34장
인지언어학과 디지털 사전학

1. 도입

디지털 사전학은 인쇄된 사전을 디지털로 변환하려는 초기 시도에서 시작하여(Nesi 2012: 371), 자동 조회 및 오디오 발음 옵션을 추가하기 위해 CD를 동봉하는 등 다양한 형태로 발전해 왔다(Fellbaum 2014). 디지털 사전학은 사전 편집자들에게 데이터 편집과 항목 합성을 위한 전자 도구 및 방법을 제공한다(Kilgarriff & Kosem 2012: 54).

이러한 디지털 사전학은 사전학자들에게 키워드의 문맥을 강조하고, 단어의 어휘통사적 행위를 시각화하며(Bogaards 2013: 27), 어휘 자료를 조직하고 설명하는 강력한 도구를 제공한다(Fellbaum 2014: 378). 디지털 사전은 텍스트, 그림, 비디오, 오디오 등을 활용하여 사용자에게 직관적이고 쉽게 접근할 수 있는 정보를 제공한다. 다양한 디지털 디스플레이는 사전 사용자의 인지적 이해를 강화하는 데 도움을 준다(Peters & Fernadez 2018: 118). 또한 디지털 사전은 인쇄 사전의 제한된 공간 문제나 상호 참조의 어려움과 같은 기존 문제들을 극복한다(De Schryver *et al.* 2019: 665).

디지털 도구가 사전학에 기여하는 것과 함께, 인지언어학도 큰 영향을 미쳤다. 인지언어학은 사전학 및 그 실무에 새로운 통찰을 제공했다. Ostermann(2015: 1-2)은 인지언어학 이론이 사전 사용자의 인지적 능력을 향상시키는 데 도움이 된다고 주장하며, 인지 사전학을 "전통적인 사전학에 인지언어학 이론을 적용하는 것"으로 정의했다(Ostermann 2015: 67). 그녀는 인지언어학의 적용이 심리적으로 더 그럴듯한 설명과 문화적 다양성을 더 잘 관찰할 수 있게 한다고 제안했다. 이러한 접근을 통해, 사전학 분야는 더 정교해졌다. 예를 들어, 단일 언어 사전의 불완전한 항목을 수정하고, 새로운 기능을 추가하며(Ostermann 2015: 47), 이중 언어 사전의 불일치를 감지하고(Atkins, Rundell & Sato, 2003), 궁극적으로 새로운 언어 자원을 생성할 수 있게 되었다(Baker, Fillmore & Lowe 1998).

그럼에도 불구하고, 사전학의 이론적 틀로서 인지언어학의 실용적 타당성에 대한 논쟁은 여전히 이어지고 있다. Storjohann(2017: 108)은 인지언어학 이론이 사전학적 관행에 큰 영향을 미치지 않았다고 주장했지만, Halas(2016: 125)는 1998년부터 인지언어학적 측면이 사전 편찬에 채택되었다고 말하며 『뉴 옥스퍼드 사전New Oxford Dictionary』이 전통적인 사전 편찬 방식을 버리고 인지적 접근을 도입한 최초의 사전이라고 강조했다.

Fuertes-Olivera & Tarp(2011: 145, 157, 158)는 교육학 사전에 인지적 접근법을 적용해야 한다고 강조했다. 이는 다양한 사전에서 흩어져 있는 정보를 수집하여 포괄적인 그림을 구축하는 데 필요한 사용자의 인지적 노력을 줄이기 위해 중요하다. 그들은 어휘 단위의 정의에 백과사전적인 인지적 지식을 추가하는 것이 필요하다고 거듭 강조했다. 최소한 한 분야의 기본 개념과 범주화를 사전에 포함시켜야 한다. 이는 하이퍼링크의 사용, 여러 사전의 가용성 및 통합 가능성, 저장 공간의 적합성, 정보 검색의 신속성 때문에 전통적인 사전보다 디지털 사전에서 더 쉽게 달성될 수 있다.

따라서 이 장의 목표는 다음과 같다. (a) 인지언어학과 디지털 사전학 간의 상호작용의 역사 추적, (b) 인지언어학과 사전학 관행에서 중요한 문제와 공통 관심사 논의, (c) 이 학제 간 분야의 현재 연구 조명, (d) 이전 시도에서 채택된 효과적인 방법 설명, (e) 이 분야의 추가 연구를 위한 새로운 방향 제시이다.

2. 역사적 관점

Ostermann(2015)은 인지언어학 이론을 사전학에 체계적으로 적용한 최초의 사람이었지만, 사전학과 인지언어학 이론의 교차점은 1990년대부터 활발히 연구되었다. 말뭉치와 컴퓨터 지원 분석의 가용성은 사전학자들을 디지털 시대로 이끌었다. 1990년대에 유행했던 CD-ROM 기반의 전자사전은 빠르고 유연한 검색 엔진을 통해 사용자가 정보에 빠르게 접근할 수 있도록 했으며, 인쇄 사전에는 없는 시청각 옵션도 제공했다.

1993년에 발행된 『롱맨 언어 활성기Longman Language Activator』는 영어의 핵심 개념에 따라 단어를 개념적으로 분류하는 방식을 채택했다. 이 사전은 컴퓨터 지원 말뭉치 분석에 의존해 단어를 개념적으로 그룹화했고, 단어를 설명하는 데 필요한 '틀'을 명시적으로 언급했다. 그러나 이 사전에서 '틀'은 인지적 도식 지식과 무관한 '문법적 패턴'과 동일하게 여겨졌다(Leech 1993: 10). 의미장 또는 영역은 예를 들어 food(음식), drink(음료), hungry(배고픔)과 같은 관련 개념의 네트워크를 구성하는 기초가 되었다. Nerlich & Clarke(2000: 145)는 의미장 접근 방식과 틀의미론 접근 방식이 개념적 유사성에 따라 단어를 그룹화한다고 했다. 틀 기반 범주화는 의미의 도식적 표상에 근거하고 있으며, 영역 기반 분류는 패러다임과 통합 관계에 뿌리를 두고 있다. 따라서 의미장은 언어적 정보만 포착하지만, 틀은 문화적, 맥락적 배경 정보를 포착한다.

『롱맨 언어 활성기』는 복호화와 부호화 과정 모두에서 언어 학습자를 돕는 것을 목표로 했으며, 동의어를 그룹화하는 전통적인 시소러스 기능도 제공했다. 그러나 사전의 개념적 장 기반 조직과 단어의 문법적 맥락에 대한 설명은 이 사전을 전통적인 시소러스와 차별화했다(Scholfield 1993: 18). 1990년대 초반의 사전적 규범에 따라, 이 책의 인쇄본과 함께 CD가 동봉되었다.

동일한 개념적 범주화가 『롱맨 관용어 사전Longman's Idioms Dictionary』(1998)에도 적용되어, 관용구를 개념 기반으로 분류하는 섹션이 있었다. 이 사전은 ANGER(화), DIFFERENT(다름), DIFFICULT(어려움), EASY(쉬움), NOT UNDERSTAND(이해되지 않음), PROBLEM(문제), SAME(같음), START(시작), STOP(멈춤), UNDERSTAND(이해)의 10가지 개념으로 관용구를 그룹화했다. 두 사전 모두에서 인지언어학의 흔적이 보였고, 편찬자들은 개념적 범주화를 심리학적으로 동기부여된 것으로 설명하기를 선호했다.

1998년 후반, 『새 옥스퍼드 영어사전New Oxford Of English, NODE』은 단어 의의의 원형성에 따라 인지 기반 표상을 제안했다. 많은 사전이 말뭉치 도구를 사용하여 단어의 빈도 기반이나 연대기적 조직을 선택했지만, 그 결과는 만족스럽지 못했다. 가장 오래되거나 가장 빈번한 의의가 항상 원어민에게 가장 직관적인 의미는 아니었기 때문이다. 『새 옥스퍼드 영어사전』은 논리적인 순서로 의의를 분류했다(Lew 2013: 291). 편집자들은 단어의 핵심 또는 주요 의의를 먼저 표시한 다음, 부차적인 의의를 나열했다. 기술적 용법, 구어적 의의, 관용적 의미는 주변적 의의로 처리되었고, 고풍스럽거나 쓸모없는 의의는 항목의 맨 끝으로 미뤄졌다. 이러한 논리적 의의 순서는 교육적 목적에 중요하지만, 이 사전은 영어 원어민을 대상으로 하였기에, 다른 학습자 사전에서 제공하는 정의보다 비원어민에게 덜 유익했다(Grochocka 2008: 477). 마찬가지로, 『옥스포드 아메리칸 칼리지Oxford American College』(2005)도 단어 의의를 원형적 또는 논리적 순서로 따랐다.

Baker, Fillmore & Lowe(1998)는 인지언어학 이론과 컴퓨터 지원 분석에 전적으로 의존하는 사전을 만들기 위해 CD 형식의 사전에 단일 인지 기능을 적용하는 방식을 넘어, 사전 데이터베이스를 구축했다. 그들은 인간과 기계가 모두 읽을 수 있는 프레임넷(FrameNet) 프로젝트를 시작했다. 이 단계는 사전학의 교육적 부호화 및 복호화 목적을 넘어서는 것이었다. 어휘 단위의 전통적인 사전 정의에 더해, 프레임넷은 각 어휘 단위를 프레임(즉, 상황의 도식적 표상)에 할당하고 각 프레임의 프레임 요소(즉, 참가자)를 식별한다. 기존 사전의 예제와 달리, 이 데이터베이스는 어휘 단위가 프레임 요소와 함께 어떻게 사용되는지를 자세히 설명하는 주석이 달린 예제를 제공한다.

프레임넷의 첫 출시 때는 13개의 의미장 프레임만 포함되었지만, 현재 버전에는 1,224개의 프레임과 13,676개의 어휘 단위가 포함되어 있다. 프레임넷은 지금까지 교육적 맥락에서 표준적으로 사용되지 않았지만, 자연어 처리 작업에서 널리 사용되고 있다. 프레임넷은 사전 편찬에 중요한 역할을 한다. Atkins, Rundell & Sato(2003: 332, 338, 345)는 사전 편찬자가 사전 항목의 의의 분리와 정보 포함을 결정할 때 프레임넷이 어떻게 도움을 주는지 몇 가지 방법을 논의했다. 프레임넷의 다의적 의의 분리를 이중 언어 사전과 비교한 결과, 『콜린스-로버트 영어-프랑스어 사전 Collins-Robert English-French Dictionary』의 불일치가 두드러졌다. 또한, 이 프레임 기반 프로젝트는 비핵심 프레임 요소를 통해 동의어에 가까운 단어 간의 차별화에도 기여할 수 있다.

프레임넷은 단어 kill의 두 가지 다른 의의를 정의, 프레임, 프레임 요소 측면에서 구분한다. 첫 번째 의의는 cause to feel unsatisfied or unhappy(불만족스럽거나 불행하게 하다)로, Stimulate_emotion 프레임과 관련이 있다. 이 경우 Stimulus, Degree, Experiencer라는 프레임 요소가 등장한다. 예를 들어, It[stimulus] really[degree] KILLS me[experiencer] because they've been showing a lot of Baghdad on the news(뉴스에서 바그다드를 많이 보여줘서 정말 죽고 싶었다) 같은 주석이 달린 문장은 이 의의를 실례화한다. 반대로, 두 번째 의의는 cause the death of(죽음을 초래하다)로, Killing 프레임에 속한다. 이 의의는 Killer, Victim, Instrument 등의 참여자와 함께 나타난다. 예를 들어, She[killer] sees red and KILLS him[victim] with a very convenient weapon[instrument](그녀는 빨간색을 보고 매우 편리한 무기로 그를 죽였다)이라는 문장이 있다.

프레임넷의 독창성은 Dodge, Hong, Stickles & David(2013)가 메타넷 위키(MetaNet Wiki) 프로젝트를 소개하는 데 영감을 주었다. 메타넷은 인지언어학의 틀의미론과 개념적 은유를 통합한 디지털 프로젝트이다. 메타넷은 단어의 문자적 의의가 속한 프레임과 개념적 은유의 사용이 속한 프레임에 대한 귀중한 정보를 제공한다. 이 프로젝트는 관련 은유를 서로 연결하고 그 세부 사항을 나열하며, 일상 언어로 개념적 은유를 실례화하는 문장을 제공한다.

원형이론에 기반한 다른 사전학 프로젝트로, Cinková & Hanks(2010)는 『영어 동사의 패턴 사전Pattern Dictionary of English Verbs, PDEV』을 제안했다. 이 프로젝트는 단어의 의의와 용법을 연결하는 말뭉치 패턴 분석을 구현하였다. 『영어 동사의 패턴 사전』은 동사 사용의 패턴을 말뭉치에 기록하고, 동사의 관습적 용법(규범)과 혁신적 사용(활용)을 식별한다. 이 사전은 사전학자들이 동사의 패턴을 추출하고 분류하는 데 사용할 수 있는 디지털 방법을 광범위하고 효과적으로 사용한다. 예를 들어, hope의 경우 7,733개의 빈도와 250개의 샘플을 기반으로 네 가지 원형 패턴을 도출했다. 즉, (a) [[Human | Institution]]은 {{that-CLAUSE} = Good}이 발생하거나 완료되기를 기대하고 원한다. (b) [[Human | Institution]]은 상황이 허락한다면, 자신이나 기관이 {[V] = Good}을 하기를 의도한다. (c) [[Human | Institution]]은 {{Eventuality = Good]]이 발생하거나 그렇게 되기를 기대하고 원한다. 그리고 (d) {I | we}는 {QUOTE}를 기대하고 원한다. 비슷한 맥락에서, Litkowski(2014)는 전치사와 관련된 패턴의 기술에 초점을 맞추어 『영어 전치사의 패턴 사전Pattern Dictionary of English Prepositions』을 제안했다. 이 사전은 전치사 사용의 원형적 패턴을 설명하기 위해 옥스퍼드 영어 말뭉치(Oxford English Corpora), 전치사 프로젝트(The Preposition Project) 그리고 프레임넷의 데이터를 사용한다.

이 사전들은 인지언어학적 특징을 사전 항목에 추가하려는 노력을 이어왔다. 2002년에 출판된 『고급 학습자를 위한 맥밀란 영어 사전Macmillan English Dictionary for Advanced Learners, MEDAL』은 디지털 사전학에서 인지언어학을 더욱 두드러지게 적용한 예이다. 이 사전은 전통적인 컴퓨터와 말뭉치 사용 외에도, 단어의 기본이 되는 개념적 은유에 대한 정보를 최초로 포함했다(Yang 2015: 425). 이 사전은 단어의 개념적 은유 의미를 '은유 상자'라는 특수한 섹션에서 공개하며, 일상 언어에서 사용되는 단어의 의미를 학습자들이 더 잘 이해할 수 있도록 돕는다. 또한 은유와 개념적 은유를 논의하는 절을 두어, 학습자의 언어 인식을 높일 수 있게 했다.

3. 중요한 이슈

3.1 다의성과 의의 분리

Lew(2013: 284)는 언어에서 **의의**는 단어가 표상하는 대상과 관련된 지시적 의미와는 달리 개념적 의미라고 설명했다. 사전에서 **의의**는 "표제어 조직의 기본 단위"로 정의된다. 다의어의 의의 표상에 대한 사전학적 접근 방식은 통합(lumping) 또는 분할(splitting)로 나뉜다. 통합은 의의의 수를 줄이고 여러 하위 의의를 포함하도록 복잡성을 증가시키는 반면, 분할은 가능한 많은 의의를 나열하는 방식을 취한다(Lew 2013: 290). 이러한 결정은 "전통, 편집 정책, 주관적 판단"의 영향을 받는다(Toth 2008: 67). 이러한 선형적 표상에 대한 비판은 의의 간의 관계를 포괄적으로 보여주지 못한다는 점이다. 선형적 표상은 단어 의미의 다차원적 구조를 반영할 수 없다(Geeraerts 2001: 14-15).

인지적 관점에서 Lakoff(1987: 5-12)는 범주화의 원리가 다의어에도 적용된다고 보았다. 범주 구성원 간의 원형과 공유 기능은 다의어에 반영된다. 즉, 동일한 단어의 여러 관련 의미가 가족 유사성을 가진 범주를 형성한다. 이 접근법은 범주의 모호한 경계, 원형의 중요성, 일부 구성원의 중심성과 다른 구성원의 주변성을 인정하며 이러한 특징을 포착하는 네트워크 표현을 제안한다. 원형성은 개념적 정보의 부호화와 검색을 이해하는 데 중요한 역할을 한다. 따라서 신경망, 퍼지 집합, 러프 집합, 군집 분석, 잠재 의미 분석, 사전학 등의 전산 연구에 도입되었다(Hahn & Chater 1998).

Geeraerts(1990: 49, 69, 199)는 인지언어학적 관점에서 사전의 다의어와 동음이의어 문제를 해결하기 위해 원형 기반 이론을 제안했다. 이 제안은 동음이의어를 하나의 네트워크에서 결합하는 것을 목표로 했다. 이를 위해 원래 개념 사이의 연결 고리를 설정하는 의미를 중심으로 원형 다발화가 필요했다. 그러나 당시 인쇄 사전의 가용 공간에 대한 우려가 있었다. 또한, 원형성 접근을 적용할 경우, 핵심 의의가 과도하게 일반화되거나 비원형적 의의가 핵심 의의로 제시될 위험이 있다. 더욱이, 다의어의 실제 의미 중 일부를 배제할 위험도 있다(Geeraerts 2001: 4).

의의의 핵심성 또는 원형성을 판단하는 것은 사전학자에게 어려운 과제이다. Van der Meer(1999: 169)는 단어의 여러 의의를 연결하는 핵심 의의는 단순히 의미 빈도에 따라 결정될 수 없으며, 단어의 문자적 의미와 비유적 의미의 구별에 따라 달라져야 한다고 주장했다. 이러한 은유적 접근 방식은 사전 사용자의 의미 확장과 문자적 의미에서 비유적 의미로의 전환에 대한 인식을 풍부하게 한다. 따라서 이상적인 사전 항목은 문자적 의미를 중심으로 다른 가능한 의미의 적절성을 명확히 해야 한다. 이러한 전망은 기존의 사전적 접근 방식을 재정의하게 된다.

다의성 표상에 원형이론을 적용하려는 시도와 병행하여, 틀의미론을 적용하려는 시도도 있었다. Boas(2001: 66, 71-72)는 영어와 독일어의 이동 동사를 연구하는 데 틀 기반 접근법을 적용했다. 틀의미론은 두 언어에서 이동 동사의 술어 구조를 설명하고 대조적 사전 편찬에 필수적인 도식적 유사성과 언어별 차이를 감지할 수 있게 했다. 예를 들어, 영어의 run(달리다)과 walk(걷다)

및 독일어의 rennen(달리다)과 gehen(걷다)이 유사한 패턴 내에서 발생하기 때문에 동일한 Self_motion의 틀을 연상시킬 수 있다. 즉, NP[self_mover] 및 PP[goal]이다. 반면에, run은 Cause_motion 틀을 유발한다. 독일어에서는 rennen이 아닌 abdrängen(밀어내다)이 이 틀을 불러일으킨다. 틀의미론은 다의어 단어의 의미를 서로 연관시킬 수 있으며, 이는 사전을 구축하고 구성할 때 중요한 역할을 한다.

같은 맥락에서 Atkins & Rundell(2008: 131)은 의의 분리에 틀의미론을 사용해야 한다고 주장했다. 그러나 사전에서 다의어를 표상하는 것은 단어 의의를 구분하는 명확한 경계가 없기 때문에 논란의 여지가 있다(Lew 2013: 287). Atkins & Bouillon(2006: 28-32)은 틀의미론이 단어 의의를 감지하고 분리하는 데 효과적이라고 설명했다. 예를 들어, NP argue PP(with) 및 NP argue S.inf(that)은 동사 argue(논증하다)의 두 가지 의의를 반영한다. 후자는 Arguer와 Content가 핵심 틀 요소인 Reasoning 틀에 속하고, 전자는 Arguer1과 Arguer2가 핵심 틀 요소인 Quarrelling 틀에 속한다. 이러한 의의 분리 방법은 어휘통사적으로 동기화되어 있다. 틀의미론적 접근 방식은 말뭉치 연구에서 '매우 유용하고', '적절한' 방법으로 간주된다(Atkins & Rundell 2008: 145).

3.2 관용 표현과 은유적 의미

관용 표현은 다양한 논란의 여지가 있는 정의, 분류법, 그리고 이를 다른 다중 단어 표현(Multiple Word Expressions, MWE)과 구별하는 기준이 있다. 여기서는 Miller(2018: 359)가 제안한 간단한 정의를 채택한다. 그는 문자적 의미와 비유적 의미가 다른 모든 다중 단어 표현을 관용 표현으로 간주했다. 이 정의는 관용어에 대해 사전학자들이 거의 유일하게 동의하는 '비-합성성의 정도'를 반영한다(Moon 2015: 319).

사전학자들은 오래전부터 관용 표현 연구의 중요성을 인식해 왔지만, 특히 1980년대와 1990년대에는 사전학과 인지적 수준에서 관용 표현 연구에 대한 관심이 증가했다. 이는 말뭉치의 영향력 있는 역할과 다중 단어 표현(관용구, 연어, 이항어, 어휘 다발, 구문 동사 및 발화 공식)에 대한 용법 기반 접근 방식이 크게 기여했다. 이러한 발전은 학습자 말뭉치 연구, 인지언어학, 디지털 사전학으로 이어졌다.

디지털 도구는 다양한 항목을 결합하여 단어의 의의, 구, 관용구, 시소러스, 의미 관계 및 예시에 대한 정보를 종합적으로 표시하는 데 용이했다(Rundell 2012: 20, Miller 2018: 354). 또한 전자사전에서는 관용 표현의 단어를 검색하면 그 의미와 관용적 용례를 즉시 찾을 수 있어 사전학자와 사용자가 더 이상 이러한 문제에 직면하지 않게 된다(Miller 2018: 359-362, Jackson 2018: 543).

디지털 도구와 말뭉치 기반 계량학은 관용구 사용의 다양성에 대한 정보를 제공했다(Hargraves 2018: 711, Horak & Rambousek 2018: 181). 관용 표현의 의미적, 통사적, 형태적 변이는 관용 표현의 고착성 척도를 제시했다(Geyken 2015: 299). 또한 다양한 연상 패턴은 기존에 하나의 의미만으로 간주되었던 일부 관용 표현의 다의어를 밝혀냈다(Hümmer & Stathi 2006: 375).

말뭉치와 전자 도구가 관용 표현의 변이와 다의성을 지적한 반면, 인지언어학 이론은 이러한 발견을 해석하는 데 도움을 주었다. 1980년대 이전에는 관용 표현이 의미와 함께 구문으로 정신 어휘집에 저장된다는 가설이 있었지만(Leroyer 2018: 258), LOVE(사랑), ANGER(화), PRIDE(자신감)와 같은 감정을 표현하는 관용어 연구에 개념적 은유 이론을 적용하면서 그 기저에 있는 개념적 은유가 밝혀졌다. Kövecses(1986)는 관용구의 문자적 부분과 개념적 은유의 근원영역 및 목표영역 간의 성공적인 사상이 관용적 의미의 합성성을 어느 정도 제안한다고 추론했다. 예를 들어, blow off steam(울분을 터뜨리다)과 slow burn(서서히 화가 나다)의 관용적 의미는 개념적 은유인 ANGER IS HEAT(화는 열이다)로 설명될 수 있다. HEAT(열)의 원인, 지속 시간, 강도는 ANGER(화)의 원인과 일치한다. 따라서 억눌리고 압박된 열(근원)의 방출을 반영하는 blow off steam은 억압된 감정(목표)의 방출이라는 의미로 성공적으로 사상된다. Lakoff(1987)는 많은 관용구의 의미가 관용구와 관련된 시각적 이미지가 관용구의 합성적 부분과 관용구의 의미 사이의 개념적 사상을 강조하기에 충분하다고 덧붙였다. 따라서 관용구의 의미는 자율적으로 존재하는 인지 구조에 따라 달라질 수 있다.

관용구를 분석하는 이 새로운 개념적 은유 접근 방식은 교육적으로 중요한 의미를 보여주었다. Yasuda(2010: 251)는 일본어 학습자들이 관용 동사 구문을 배우기 어려워하는 이유를 일본어에는 이러한 표현이 없을 뿐만 아니라 관용 동사 구문이 불투명하기 때문이라고 설명했다. 방향성 은유를 가르치는 것이 일본어 ESL 학생들의 관용 동사 구문 학습 능력을 크게 향상시켰다. 마찬가지로, Vasiljevic(2011)은 관용구의 고유한 은유에 따라 관용구를 분류하면 관용구의 의미를 더 오래 기억할 수 있다고 강조했다(Hung 2019).

Keysar & Bly(1999: 1563-1571)는 관용어의 문자적 부분을 기본 개념적 은유의 근원 및 목표 영역에 사상하는 것이 가능하지만, 이는 관용어의 실제 의미와 반대 의미를 모두 발생시킬 수 있다고 반박했다. 인지언어학자들은 관용구의 기저에 있는 개념 구조를 밝혀낼 수 있는 이유가 원어민이 이미 그 의미에 익숙하기 때문이라고 주장한다. Keysar & Bly(1999)는 개념적 구조가 독립적으로 존재한다면, 원어민은 익숙하지 않은 관용구의 의미를 해석할 때 개념적 구조에 의존할 것이라고 주장했다. 이 주장을 뒷받침하는 실증적 증거는 원어민 화자들이 익숙하지 않은 관용구의 두 가지 가능한 의미를 해석할 때 개념적 구조에 의존하지 않는다는 사실에 기초했다. 또한, 원어민 참가자들이 관용구의 긍정적 의미에 대한 정보를 얻었을 때, 동일한 관용구의 다른 부정적 의미를 쉽게 생각하지 못했다는 점도 지적되었다.

개념적 혼성은 관용어의 의미를 정의하고 그 의미를 구성하는 여러 은유적 패턴을 관용구의 복합적인 부분과 연결하는 데 도움을 준다. 이는 개념적 은유로 설명할 수 없는 관용적 예의 합성성을 설명하는 데 유용하다(Grady 2007: 201). Ramonda(2016)는 관용구의 의미에 대한 인지적 해석 기능을 추가하여, 관용구의 문자적 의미에서 비유적 의미로 어떻게 전환되는지 탐구했다. 이 연구는 원어민이 관용구의 문자적 의미에서 비유적 의미로 전환하는 과정을 사전적 지식과 인지적 지식을 통합하여 분석했다. 연구 결과, 원어민들은 관용구의 문자적 부분에서 비유적 의미를 추론할 때 공유된 백과사전적 세상사 지식에 의존하는 것으로 나타났다. 또한, 관용구를 더 투명하다고 판단할수록 사전에서 제공하는 어원적 정보는 적었다.

4. 현재 연구

원형이론(Geeraerts 1989), 틀의미론(Fillmore & Baker 2011), 그리고 개념적 은유 이론(Lakoff & Johnson 1980)은 사전학에서 매우 영향력 있는 인지언어학 이론들이다. 사전학자들은 이 원리들을 개별적 또는 집단적으로 적용하여 사전학적 작업을 인지적으로 지원해 왔다. 이 절에서는 사전학적 과제를 해결하기 위해 인지언어학적 원리를 사용한 모범적인 시도를 살펴볼 것이다. 아래의 〈표 34.1〉에는 사전학 분야에서 인지언어학 이론이나 원리를 적용한 몇 가지 연구가 나와 있다.

〈표 34.1〉 인지적 디지털 사전학 연구

저자	연도	사전학 관행	인지언어학적 접근	사전학에서 인지언어학적 기여
Gorbis	2006	정의에 백과사전식 지식 포함	상 의미론	공유 현실에 기반한 인지 사전
Fuertes-Olivera & Velasco-Sacristan	2012	은유적 용어의 이중 언어 표제어	CMT	개념적, 미적 목적을 고려한 번역
Siqueira et al.	2009	용어 사전의 다의성	CMT	용어의 다의적(문자적 및 비유적) 의의를 드러내기
Yelena & Natal'ya	2015	은유적 구문 정의하기	CMT	러시아어의 비유적 식사 관련 어휘의 기초가 되는 은유를 드러내기
Abdelzaher & Toth	2020	정의 및 의의 분리	FS	'crime'의 새 의의를 드러내기
Abdelzaher	2017	다차원 개념의 정의	FS	'violence'의 틀 기반 정의 및 어휘집
Dalpanagioti	2018	어휘적 의미와 의의 분리	FS, CMT	'stagger'에 대한 새 사전 표제어 만들기
Dalpanagioti	2018	구문론과 다의성	FS, CMT	이동동사의 틀 구조된 이중 언어 데이터베이스
Dalpanagioti	2019	다의성	FS, CMT, PT	다양한 의의를 기록하는 'float'의 사전 표제어 추가
Xu & Lou	2015	전치사의 의의 분리 및 정의	영상도식	공간 의의와 비공간 의의를 분류하는 'to'의 새로운 표제어
Mheta	2017	용어 사전 편집	인지문법의 원형이론	원형은 쇼나어의 용어 사전에서 새로운 어휘 단위의 기반이 됨
Lu & Wei	2019	다의성	PT	원형 기반의 의의 그래프 표상 제안
Strojohann	2017	다의어 및 동의어	PT	동의어 설명에 원형적 문맥 통합하기
Halas	2016	다의어, 의의 분리 및 의의 정의	PT	표제어 'drop'의 원형 기반 수정
Jiang & Chen	2017	의의 차별화 및 순서	PT	원형이론은 의미 확장을 위한 보다 효과적인 접근 방식을 제공함
Molina	2008	역사 사전에서 의의를 표상하기	PT	공시적 및 통시적 측면을 포착하는 새로운 원형 기반 정의
Bagasheva	2011	이중 언어 사전에서 복합 동사 정의하기	도식 이론	사전에 등재되어야 하는 영어와 불가리아어 복합 동사의 근본적인 유사점과 차이점을 밝힘

CMT: 개념적 은유 이론, FS: 프레임 의미론, PT: 원형이론

4.1 사전 편찬에서 원형이론

사전 편찬에서 원형이론(Prototype Theory, PT) 적용에 대한 최근 연구는 의미 정렬을 검토하고 이를 재구성하는 방법을 제안하며, 원형이론을 다른 인지언어학 이론과 통합하려는 노력을 보여준다. Jiang & Chen(2017)은 사전에서 추출한 정의를 분석하여 의의 순서를 탐색하기 위해 원형이론을 사용했다. 그들은 사전이 상위 범주만 정의하고 범주 구성원은 충분히 강조하지 않는다는 점을 지적했다. 단어의 의의가 체계적으로 정리되지 않은 문제를 해결하기 위해, 원형을 사용하여 정의를 만들고 원형 의의를 강조하며 가족 유사성의 특징을 식별하는 것이 학습자에게 가장 접근하기 쉬운 방법이라고 주장했다. 이 방법은 사용자의 인지 능력을 향상시켜 정확한 분류와 어휘 숙달을 가능하게 한다. 이 연구는 원형성에 따라 의의를 분류하기 위해 계층적 의미망을 생성할 것을 제안했다. 또한 사전 편찬에서 원형이론과 영상도식 및 틀의미론의 결합을 권장했다.

마찬가지로, Lu & Wei(2019)는 원형이론과 영상도식 및 개념적 은유의 통합을 주장했다. 그들은 원형이론이 단어의 개념 은유적 의의와 환유를 완전히 설명할 수 있는 능력을 강조하며, 원형적 문자 의의에서 은유적 의의로의 확장을 정교하게 설명한다고 했다. 또한, 원형이론은 정신적 어휘집에서 다의어의 적절한 처리를 위한 심리적 논쟁을 조정하는 데 중요한 역할을 한다고 인정했다. 의의 열거 이론은 각 의의가 개별적으로 표상된다는 가설을 세우는 반면, 단일 표상 이론은 다의적 표현의 단일 의의가 존재한다고 주장한다. 원형이론은 단어의 가능한 모든 의의를 열거하면서 이들 간의 연결 고리를 설정한다. 또한, 다의어와 동음이의어를 구별하기 위해 사전학에서 채택된 통사적 항상성 기준에 반대한다. 원형이론은 서로 다른 품사에 속하는 의의를 서로 다른 표제어에 배치해서는 안 되며, 이들 사이에 연결 고리를 설정해야 한다고 주장한다.

방법론적 측면에서, Storjohann(2017)은 혼란스러운 동의어를 정리하는 데 원형이론과 말뭉치 패턴 분석(corpus pattern analysis, CPA)의 효과적인 통합을 증명했다. 동음어(paronyms)는 원어민과 언어 학습자 모두에게 혼동하기 쉬운 단어로, 예를 들어 독일어의 sensibel(민감함)과 sensitiv가 이에 해당한다. 동음어의 사전 표제어를 구조화하고 기술할 때, 각 단어의 범주, 구체적 원형, 원형적 문맥을 밝혀내는 데 인지언어학의 이점을 활용할 수 있지만, 아직까지 충분히 활용되지 않고 있다. 인지 지향적 동음어 기술은 각 단어의 범주, 구체적 원형 및 원형적 맥락을 밝혀야 하며, 이는 동음어의 문맥에 대한 말뭉치 패턴 분석을 요구한다. 이 기술은 원어민과 학습자에게 차이점을 알려주고, 사전 사용자에게 올바른 동음어 사용 맥락에 대해 교육한다. 그러나 이를 위해서는 사용자가 문맥을 정렬할 매개변수를 선택할 수 있는 디지털 사전 디스플레이가 필요하다.

Molina(2008)는 다의어 표상에 원형이론을 적용하면서 역사적 차원을 추가했다. 그녀는 통시적 사전을 위한 원형 기반 모형을 제안했는데, 이는 『옥스퍼드 영어사전Oxford English Dictionary, OED』에 나열된 단어의 다양한 의의를 유사점과 차이점에 따라 분류했다. 새롭게 정의된 유사성 기반 범주는 시간순으로 정리되어 단어의 의의를 체계적으로 나타낸다. 예를 들어, 개정된 정의에서 『옥스퍼드 영어사전』의 pain(고통)은 모든 suffering(고통) 의의의 하위 개념으로 분류되는 대신, punishment(처벌), emotional experience(감정적 경험), emotional suffering(감정적 고통)의 세 가지 의의로 나뉘게 된다. 각 정의에 인용된 사례의 수는 해당 의미의 중요도를 나타낸다. 이 모형은 단어의 다의성과 의미 변화를 추적하여 더 구체적인 분류를 제공한다. 다만, 이 방법에는 몇 가지 단점도 있다. 우선, 의의의 포섭과 배제 기준이 명확하지 않고, 19세기 이후 인용의 불연속성 때문에 『옥스퍼드 영어사전』 인용에만 의존하는 것은 신뢰할 수 없다는 점이다.

4.2 사전학에서 틀의미론

틀의미론(Frame Semantics)과 디지털 사전학 프로젝트인 프레임넷은 사전학에 널리 사용되고 있다. Ostermann(2015)은 사전에서 틀 지식을 포함하는 것이 중요하다고 주장했으며, 현재의 사전에서는 포괄적이거나 체계적인 적용 없이 일부 틀 요소만을 참조하고 있다고 지적했다. 그녀는 언어 학습자의 단어 습득과 암기를 향상시키기 위해 기존 사전들의 문장을 틀 기반 예문으로 대체할 것을 제안했다. 이 가설을 테스트하기 위해 영어 학습자를 두 그룹으로 나누어 실험한 결과, 의역 과제에서 틀 기반 예문이 긍정적인 영향을 미친 것으로 나타났다.

사전 표제어에 인지적 기능을 추가하는 대신, Abdelzaher(2017)는 프레임넷을 사용하여 영역별 violence(폭력)에 대한 어휘집을 구축했다. 이 연구에서는 폭력에 대한 인지 기반 정의를 제안하고, 폭력과 관련된 틀과 어휘 단위를 기록했다. Kövecses(1991)가 다양한 감정 정의를 비교하려한 초기 시도와 유사하게, Abdelzaher(2017)는 폭력에 대한 인지적 정의를 사회학적, 심리적 정의와 비교했다. 이 연구에서는 프레임넷 외에도 두 가지 사전적 자원을 사용했는데, 바로 워드넷과 온라인 캠브리지 스마트 시소러스(Online Cambridge Smart Thesaurus)이다. 이 세 가지 출처는 각각 다른 분류 접근 방식(예: 프레임넷의 틀 기반 말뭉치, 워드넷의 의의 기반 말뭉치, 캠브리지 스마트 시소러스의 말뭉치 기반)을 채택했지만, 제안된 어휘집은 틀 기반 항목을 통해 결과를 조정했다. 틀은 어휘소의 유용한 구성요소로 작용했으며, 워드넷의 동의어 집합에 따라 어휘 단위를 더 잘 분류할 수 있게 해 도왔다. 프레임넷을 다른 언어 자원과 함께 사용할 수 있는 가능성은 전산언어학에서 포괄적으로 탐구되고 있다.

최근 Abdelzaher & Toth(2020)는 crime(범죄)을 정의하기 위해 틀 기반 사전적 적절성 접근 방식과 말뭉치의 분포 기반 처리를 결합했다. 연구진은 crime과 분포적으로 유사한 단어를 틀 기반으로 분석하고, 이를 프레임넷의 crime 관련 단어들과 비교했다. 이 연구에서는 색인, 단어 스케치, 시소러스와 같은 디지털 사전 편찬 도구를 광범위하게 사용했으며, 프레임넷의 어휘 단위, 틀, 틀 요소 및 틀 간 관계 정의를 활용했다. 프레임넷이나 기존 사전에 없는 새로운 crime 의의를 제안했고, 이를 정교화하기 위해 주석이 달린 예시를 제공했으며, 의의를 구분하기 위해 틀 기반 및 말뭉치 기반의 네 가지 기준을 제안했다. 이 연구는 프레임넷이 다른 언어 자원과 결합할 수 있을 뿐만 아니라 틀의미론 접근 방식이 다른 방법론과도 통합될 수 있음을 보여주었다.

4.3 사전학에서 개념적 은유 이론

Lakoff & Johnson(1980)은 은유가 단순한 수사적 도구가 아니라 일상적인 의사소통에 적용되는 사고방식이라고 말했다. 그들은 일상적인 의사소통에 사용되는 언어 샘플을 분석하여 여러 가지 개념적 은유 구조를 밝혀냈다. 예를 들어, claims are indefensible(주장을 방어할 수 없다), demolish argument(논쟁을 철거하다), won an argument(논쟁에서 이겼다)는 WAR(전쟁)라는 개념을 통해 ARGUMENT(논쟁)를 은유적으로 이해한 것이다. 사전학에서는 추상적인 개념을 더 정확하게 정의하기 위해 개념적 은유 이론(Conceptual Metaphor Theory, CMT)을 먼저 사용했다. Kövecses(1991)는 일상 언어에서 happiness(행복)와 관련된 표현의 기저에 있는 개념적 은유와 환유를 밝혀내어 행복을 정의했다. 그는 행복의 정의가 구조화되어야 하는 원형적 인지모형을 제시했다. 개념적 은유 외에도 환유와 내재적 개념이 행복의 개념적 내용의 일부가 되어야 한다고 주장했다. 예를 들어, joy(기쁨)의 원형성, 그 원인, 징후, 결과, 기쁨을 통제하려는 시도, 통제력 상실, 시나리오, 이와 관련된 행동 등이 행복의 정의에 포함되어야 한다고 설명했다(Kövecses 1991: 29, 40-41).

Ostermann(2015)은 Kövecses(1991)의 연구를 바탕으로, 인지적 기반의 감정 정의를 제시했다. 그녀는 졸탄 쾨벡세스(Zoltán Kövecses)의 원형적 시나리오와 프레임넷의 정의를 사용하여 기본적이고 복잡한 감정을 정의했다. 그녀는 MEDAL(메달)을 제외한 기존 사전의 정의가 감정의 인지적 측면을 충분히 반영하지 않는다고 비판했다. 사전에서는 강하고 불쾌한 감정을 일반적인 상위 개념으로 사용하고 있다. 이를 테스트하기 위해, 두 그룹의 참가자들에게 각기 다른 정의를 제공하여 개념의 이름을 제시하도록 했다. 대조 그룹에는 전통적인 사전 정의를, 목표 그룹에는 인지 기반의 정의를 제공했다. 그 결과, 목표 그룹이 기본 감정과 복합 감정 모두에서 더 높은 정답률을 보였다. 이는 감정의 인지적 측면을 정의에 포함시키는 것이 추상적 개념을 이해하는 데 효과적임을 시사한다.

Dai, Wu & Xu(2019)는 『고급 학습자를 위한 맥밀란 영어-중국어 사전Macmillan English-Chinese Dictionary for Advanced Learners, MECD』에서 개념적 은유 정보를 사용하는 것이 은유적 연어 학습에 미치는 영향을 연구했다. 이 연구는 개념적 은유 정보가 은유적 연어 조합의 유지에 미치는 영향을 인지적 수준에서 조사했다. 사전학적 층위에서, 어휘-문법적 연상에 따라 은유적 배열을 나열하는 『옥스퍼드 고급 학습자를 위한 영어-중국어 사전Oxford Advanced Learner's English-Chinese Dictionary, OALECD』과 비교하여, 맥밀란 영어-중국어 사전에서 은유적 배열을 조회하고 검색하는 데 걸리는 시간을 측정했다. 대조군 참가자들에게는 옥스퍼드 사전에서 검색된 항목을 제공하여 개념적 은유에 대한 정보를 제공하지 않았다. 첫 번째 목표 그룹은 개념적 은유가 표제어 바로 뒤에 나열되고 최소 7개의 문장이 개념적 은유를 설명하는 가장 현저한 방식으로 은유 정보를 제공받았다. 두 번째 목표 그룹은 은유적 의의 뒤에 배치된 한 문장이 은유 정보를 예시하는 덜 현저한 방식으로 정보를 제공받았다. 연구 결과, 인지적 정보의 가용성과 현저성은 연어 조합을 조회하고 검색하는 시간을 단축하고 은유적 연어 조합의 유지를 촉진했다.

개념적 은유 이론은 은유가 일상 언어에 널리 퍼져 있다고 주장하지만, 비유적 사용은 기술 및 과학 언어에는 없다고 가설을 세웠다. Siqueira *et al.*(2009)은 환경법 전문 사전의 항목을 분석하여 은유적 사용과 다의성의 존재를 확인했다. 그들은 사전에서 어휘 단위의 은유적 사용을 감지하고, 그 기저에 있는 개념적 은유를 밝혀냈다. 또한, 문자적 의미에서 은유적 의미로의 확장이 다의성을 유발하는 요인 중 하나라고 제안했다.

4.4 사전학에서 인지 이론의 결합

Dalpanagioti(2018a, 2019)는 디지털 사전학에서 틀의미론과 개념적 은유 이론을 결합한 연구를 수행했다. Dalpanagioti(2018b)는 틀의미론을 사용하여 영어와 그리스어 이동 동사의 연어 패턴을 연구하며, 사전학자를 위한 단어 의의와 사용 패턴의 이중 언어 데이터베이스를 구축하는 것을 목표로 했다. 틀의미론은 의의 차별화와 통사적 행동 기술에 사용되었고, 개념적 은유 이론과 환유는 의의 분리를 정교화하는 데 활용되었다. 구축된 데이터베이스에는 개념적 은유 이론에 따라 조직된 틀 기반 항목이 포함되어 있다. 틀 기반 사전을 구축하는 것은 사전 제작자에게 도움이 되며, 다의어와 구문학을 처리하는 데 유용하다. 은유/환유 절은 기존의 선형적 의의 표상에서 문자적 의의에 은유적 의의로서의 의미 확장을 쉽게 식별할 수 있게 해 준다. 이 연구에서는 채택된 문자적-비유적 다의어 표상이 원칙적이고 응집력이 있다고 밝혔지만, 원칙적 다의어(Principled Polysemy; Evans 2005)는 어휘 단위의 핵심적 '인가 의의'를 결정할 때 개념적 은유를 고려하지 않는다. 유사하게, 등급별 현저성 가설(Graded Salience Hypothesis; Giora 2003)은 모든 맥락에서 문자적 의의가 비유적 의의보다 절대적으로 현저하다는 것을 인정하지 않는다. 오히려 기존의 개념적 은유의 경우, 은유적 의미가 문자적 해석보다 전형적으로 더 현저하다.

Mheta(2017)는 개념적 은유 이론과 원형 기반 모형을 모두 활용하여 쇼나어의 세 가지 용어 사전에서 은유를 연구했다. 사전에서 개념적 은유를 발견한 후, 원형 기반 모형을 사용하여 개념 간의 유사성을 설명하고 각 개념 범주에서 가장 좋은 예를 식별했다. 세 개의 사전에는 구체적 은유와 추상적 은유가 압도적으로 많았다. 구체적 은유의 범주는 근원 실체와 목표 실체 사이의 상징적 인지 관계를 기반으로 한다. 구체적 은유의 하위 범주로 인간을 중심으로 하는 물활론적(Animistic) 은유는 쇼나어에서 동물의 가장 좋은 예이다. 머리의 환유적 사용은 기본 범주에 속하며, 보는 것, 숨 쉬는 것, 말하는 것, 생각하는 것이 그 속성으로 포함된다. 더욱이, importance(중요성)의 모든 은유적 의미에는 head(머리)에 대한 참조가 포함되어 있다.

5. 주요 연구 방법

한편, 사전학 연구는 통일된 방법론을 따르지 않아 같은 주제를 다루더라도 다양한 결과가 나올 수 있다. 사전학에는 연구 작업을 포함하는 포괄적인 이론이나 접근 방식이 존재하지 않는 반면(Bogaard 2013: 28), 인지언어학은 해당 분야의 연구 작업을 지배하는 합의 원칙을 전제로 한다. 그래서 Ostermann(2015)은 새롭게 떠오르는 인지 사전학 분야에서 따라야 할 방법론적 단계를 개괄적으로 설명했다.

사전 분석 단계에서는 전통적인 사전 연구 영역, 예를 들어 의의 정의, 정교한 예시 제공, 어휘 단위 범주화를 식별하는 것이 첫 번째 단계이다. 이를 통해 선택한 사전적 특질을 다루기 위한 가장 효과적인 인지언어학 이론을 결정할 수 있다(Ostermann 2015: 205). 개념적 은유 이론은 추상적 개념을 정의하는 데 유용하다는 것이 입증되었고(Kövecses 1986, 1990), 틀의미론은 다학제적 개념(Abdelzaher 2017)과 의의 분리(Abdelzaher & Toth 2020)를 정의하는 데 유용하다. 원형이론은 다의성을 발견하고 표상하는 데 가장 유용했다(Halas 2016, Jiang & Chen 2017, Lu & Wei 2019). 사전 분석 단계의 마지막 단계는 의미장, 단일 단어, 어휘 단위 또는 문법 부류와 같은 언어 데이터를 선택하는 것이다.

분석 단계에서는 인지언어학 이론을 선택한 데이터에 적용한다(Ostermann 2015: 205). Steen(2002)은 텍스트에서 은유를 체계적으로 탐지하기 위해 은유 식별 절차(Metaphor Identification Procedure, MIP)를 제안했다. 이 절차는 텍스트를 절로 나누고 이를 명제 목록으로 변환한 후, 전처리 단계에서 생략된 항목(예: 줄임표, 대체, 영-실례화된 논항)을 설명하는 것으로 시작한다. 이후 개념의 문자적 의의를 식별하고, 이를 텍스트에서 사용된 의의와 비교하여 명제의 은유적, 비-은유적 범주화를 결정한다. 주요 결정의 근거는 문자적 의미 영역과 문맥적 의미 영역 간의 차이다. 은유 식별 절차에 대한 자세한 논의는 Pragglejaz Group(2007)에서 다루고 있다. 이러한 유형의 분석에는 광범위한 심층적인 정성적 분석이 필요하며, 말뭉치 도구는 큰 도움이 되지 않는다.

Ruppenhofer *et al.*(2016)은 틀의미론 접근 방식을 채택하여 동일한 틀에서 단어를 그룹화하거나 다른 틀을 연상시키는 방식으로 분할하는 방법을 설명했다. 두 어휘 단위의 수와 논항 유형이 동일하면 동일한 틀 내에 배치되어야 하며, 어휘 단위와 그 논항 사이의 관계도 동일해야 한다. 또한 경험적 지식의 정확한 관점을 공유하고, 관련된 지시적 의미를 표현해야 한다. 앞의 기준 중 하나라도 충족하지 못하면 두 단어는 별도의 틀로 분리되어야 한다. 틀 기반 주석이 달린 문장은 이러한 기준의 충족을 증명하는 데 필수적이다. 말뭉치와 디지털 사전 도구는 틀의미론 기반 분석에 필수적이다.

원형이론의 사전적 적용이 어려운 이유는 무엇이 원형적 의의로 판단되어야 하는지에 대해 학자들 간의 의견 차이가 있기 때문이다. Evans(2005)는 역사적 의의를, Geeraerts(2001)는 문자적 의의를, 그리고 가장 빈번하게 사용되는 의의를 원형적 의의로 식별하기 위한 지침으로 제안했지만, 이는 논쟁의 여지가 있다. 따라서 학자들은 원형이론의 단점과 틀의미론 및 개념적 은유 이론과의 효과적인 통합을 고려하여 다른 인지언어학 이론과의 결합을 지지하고 있다.

데이터에 인지언어학 이론을 적용한 후에는 새로운 사전 기능을 추가해야 한다. 평가 단계에서는 이 최종 결과물을 기존 사전 기능과 비교하여 새로운 기능의 유효성을 테스트해야 한다. 특히 Ostermann(2015)은 정성적인 비교를 수행하는 것뿐만 아니라 학습자들을 대상으로 기존 사전 표제어와 새로 추가된 기능에 노출된 후의 성과를 확인하는 실험을 진행했다.

6. 미래 실행에 대한 권장 사항

질 모리스 드 슈리버(Gilles-Maurice De Schryver)는 인공지능을 사전학의 미래로 제안한 반면(De Schryver *et al*. 2019), Ostermann(2015)은 인지언어학 이론을 사전학의 차세대 혁신으로 평가했다. 인지언어학 이론을 디지털 사전학에 적용하는 시도는 1990년대에 시작되었으며, 이를 통해 새로운 사전 자원이 생성되고 사전 기능이 추가되는 등의 발전이 이루어졌다. 그러나 인지적 사전 관행에는 여전히 개선이 필요하다. Dąbrowska(2016: 480-481)는 인지언어학 이론, 특히 Lakoff & Johnson(1980)의 개념적 은유 이론이 내성적 분석에 크게 의존한다고 주장했다. 직관적 판단과 성찰은 편견 없는 언어적 판단과 평가에 적합하지 않다. 틀의미론은 목표 단어의 어휘 구문적 환경에 의존하여 의의를 분리하고 동일한 틀 내에서 어휘 단위를 그룹화함으로써 이 문제를 해결하려고 시도하지만, 프레임넷 사전학자가 주석을 수동으로 달기 때문에 주관성을 완전히 배제할 수는 없다.

같은 맥락에서 Dąbrowska(2016: 482)는 거의 모든 인지언어학 이론과 연구에서 인지적 언명이 부재한다고 지적했다. 인지언어학은 인지과학의 다른 학문 분야에서 도출된 연구 결과와 발견에 주목하지만, 인지언어학 연구 자체가 다른 인지과학 분야의 수렴 증거를 참조하거나 제안하는 경우는 드물다. 따라서 인지언어학 결과는 인지 분야에서 가장 신뢰도가 낮고 경험적 근거가 부족하다.

이러한 단점에도 불구하고, 디지털 사전학이 보다 경험적이고 다학제적인 접근을 채택한다면, 인지언어학 이론을 더욱 효과적으로 활용할 수 있을 것이다. 빅데이터와 인터넷 시대에 디지털 사전학 분야는 효과적인 검색 엔진과 데이터베이스로 인해 큰 도전에 직면하고 있다. 오늘날의 언어 학습자들은 사전보다 검색 엔진을 통해 정보를 찾는 것을 선호한다. 그렇기 때문에 드 슈리버와 같은 저명한 사전학자들이 구글 검색 엔진을 '최고의 사전 자원'으로 간주하는 것이다(De Schryver 2019: 671, 674). 그는 또한 디지털 사전을 넘어 '지능형 사전학'으로 나아가는 새로운 사전 유형을 요구한다. 인공지능은 다양한 사전 근원의 역동성을 활용하고 사용자 맞춤형 결과를 제공할 수 있어야 한다.

7. 결론

결론적으로, 인지언어학 이론과 원리를 사전학에 적용하려는 시도는 1990년대까지 거슬러 올라간다. 그러나 Ostermann(2015)은 사전학의 문제를 해결하기 위해 틀의미론, 개념적 은유 이론, 원형이론을 구현하기 위한 체계적이고 포괄적인 원칙을 제안했다. 사전에서 다의어 식별과 표상에 원형이론과 개념적 은유 이론을 사용하면서 인지적 디지털 사전에 대한 혁신적인 통찰력을 얻었으며, 의의 분리와 정의에서 틀의미론을 채택할 때에도 마찬가지였다. 또한 세 가지 이론은 사전 데이터베이스를 생성하고 구조화할 때 효과적으로 적용될 수 있음이 입증되었다.

그러나 각 이론이 따르는 방법론이 다를 뿐만 아니라, 사전학적 연구가 이론보다 전문 사전학자의 기술에 의존하는 경향이 있다는 점에서, 현재 연구는 상당한 방법론적 도전에 직면해 있다. 더욱이, 대부분의 인지언어학 연구가 인지적 언명을 충족시키지 못한다는 점은 문제를 더욱 복잡하게 만든다. 따라서 향후 연구에서는 실증적 증거를 기반으로 연구를 진행하며, 다양한 인지적 이론 간의 조정을 모색할 필요가 있다.

더 읽을거리

Kövecses, Z. (2020). *Extended conceptual metaphor theory*. Cambridge: Cambridge University Press. (이 책은 개념적 은유 이론을 다시 소개하고 확장된 개념적 은유 이론에 대한 명제를 제시한다. 이 책은 인지에 대한 비유 언어의 중요성을 강조하고 은유의 개념적 및 문맥적 유형을 지정한다.)

Lakoff, G. (2008). The neural theory of metaphor. In R. W. Gibbs (Ed.), *The Cambridge handbook of metaphor and thought* (pp. 17-38). Cambridge: Cambridge University Press. DOI: 10.1017/cbo9780511816802.003 (이 책은 은유의 신경 이론을 다루며, 은유적 추론에 대한 설명 메커니즘을 제공한다. 또한, 신경 계산 모형화를 사용하여 은유적 추론이 기본 개념적 은유를 통해 인간의 기본 경험에 어떻게 기반을 두고 있는지를 보여준다.)

제35장
인지언어학과 식물 어휘집

1. 도입

인간 마음, 지성, 정신 과정, 구조 및 내면세계를 연구하는 과학으로서의 인지학(Cogitology)에는 여러 가지 경향이 있다. Maslova(Маслова 2017: 7)는 인지심리학, 문화 인류학, 인공지능 모형화, 철학, 신경과학, 언어학 등을 언급한다. 언어에 대한 인지적 접근은 이전의 근거를 반박하지 않으며, 여기에서 로망스어, 게르만어 및 슬라브어의 약용식물(medical plants, MP) 명명에 관한 연구 결과를 통해 이를 증명하고자 한다. 내 연구는 구조적-의미적 분석과 인지적 해석을 더한 명의론적 분석 단계를 거쳤다.

동기화된 단어와 비동기화된 단어를 설정하는 식물 어휘집의 계층화를 통해, 현대 과학적 의학의 초석인 의료 인간 활동을 재구성할 수 있었다. 인지 및 범주화 활동의 결과는 직간접적일 수 있는 지정 체계에서 표현을 찾는 것으로 알려져 있다. 대상의 이름을 명명하면, 사람은 개체를 분류하고 특정 부류에 할당한다. 이러한 부류의 양은 주변 세계에 대한 일련의 지식과 아이디어에 의해 결정된다. 즉, 약용식물(또는 식물명)의 명명은 구체적 식물뿐만 아니라 역사적 발전 과정에서 외부 세계에 대한 개인의 지식 총합을 반영하는 인간 활동의 인지적 모형으로 제시될 수 있다. 이 활동은 보편적인 성격을 지니고 있으며 동시에 국가적으로도 구체적이다. 식물명에 대한 명의론적 및 인지적 분석을 통해, 비교 언어에서 이 어휘를 나타내는 언어 형태가 무엇인지 확인할 수 있다. 동기화된 언어 형태가 이 어휘집에서 큰 역할을 하는 만큼, 주요 초점은 언어 형태에 맞춰져 있다.

2. 현재 기여 및 연구

인지과학은 철학자, 심리학자, 생리학자, 수학자, 언어학자들이 정보에 대한 지각, 처리, 저장, 변형, 구조화가 어떤 방식으로 발생하는지 식별하려는 연구로부터 출발했다. 다양한 지식의 영역을 통합하는 인지학의 목적은 "인간 인지 구조(지각, 언어, 사고, 기억, 행동)가 인간 정신의 본질을 정의하는 지식의 동화, 처리 및 변형 과정에 대한 설명이라는 하나의 일반적인 과제 내에서 서로 불가분하게 연결되어 있다는 가정"에 기반한 새로운 언어 이론을 만드는 것이다(Петров 1988: 40-41).

인지언어학은 1950년대에 등장했기 때문에 그 성과를 요약하고 구체화할 수 있다. 포괄적인 용어(Кубрякова 2004: 7), 미래 과학(Маслова 2017: 4), 생물학 중심의 경험적 과학(Кравченко 2004: 52) 등 다양한 정의가 있다. 그러나 여기에서는 인지언어학을 '섬이 아닌 군도'로 은유적으로 표현한 Dirk Geererts(2006: 2)의 의견을 언급하고 싶다. 그는 "인지언어학. 기초 해석Cognitive linguistics. Basic reading"이라는 강연에서, 인지문법, 문법 해석, 방사망, 원형이론, 도식망, 개념적 은유, 영상도식, 환유, 정신공간, 틀의미론, 구문문법, 용법 기반 언어학 등 이론적 혁신의 12가지 기본 요소에 대해 이야기한다. 이 중 대부분의 이론적 측면은 내가 식물 어휘집 작업에 성공적으로 적용할 수 있는 요소들이다. 이 12개 학파의 대표자들이 이 책의 저자들이므로, 다른 학자들에 대해서도 기술하고자 한다.

2002년 Rudakova(Рудакова 2002: 22-23)는 가장 잘 알려진 여러 학파와 언어의 인지적 조사 방향을 제시했다. 나는 2010년에 이 목록을 확장했으며(Панасенко 2010: 134-135 참조), 이제 다시 한번 동일한 작업을 수행하고자 한다. 지난 10년 동안 새롭고 흥미로운 출판물 몇 권이 나왔으며, 일부 연구는 인지언어학의 중요한 발견에 기여했다. 나는 여전히 젊은 학자들에게 영감을 주고 있는 인지과학의 발전에 크게 기여한 뛰어난 과학자들에게 경의를 표하며, 재능 있는 젊은 학자들의 이름을 추가하고 싶다.

1. 모스크바 학파의 모든 개념적 접근: Elena Belyayevskaya, Valery Demyankov, Revekka Frumkina, Yury Karaulov, Elena Kubryakova, Dmitry Likhachyov, Yury Stepanov, *et al*.
2. 심리언어학적 접근: Valery Belyanin, Ilya Gorelov, Alexandr Shakhnarovich, Yury Sorokin, Alexandra Zalevskaya, *et al*.
3. 언어 단위의 인지적 측면을 연구하는 원형적 접근: Nikolay Boldyrev, Tamara Fesenko, Elena

Pozdnyakova, Anatoly Sharandin, *et al*.

4. 언어 단위의 개념적 내용 연구에서의 어휘의미론적 접근: Anatoliy Babushkin, Yuliya Davydyuk, Vera Goldberg, Ludmila Grishayeva, Vladimir Karasik, Zinaida Kharitonchik, Marina Pimenova, Zinaida Popova, Ganna Prihodko, Iosif Sternin, Olga Vorobyova, *et al*.
5. 담화 분석: Yaroslava Gnezdilova, Ekaterina Golubkova, Olena Marina, Olena Morozova, Nataliya Petlyuchenko, Iryna Pinich, Victoria Samokhina, Iryna Shevchenko, L'ubov' Tsurikova, Marina Zheltukhina, *et al*.
6. 지식 표상의 문제(언어 문화적 접근): Valentina Maslova, Yury Stepanov, Veronika Teliya, Svitlana Volkova, Sergey Vorkachyov, Irina Zykova, *et al*.
7. 의식의 개념적 구조 표현에 대한 성별 분석: Olga Byessonova, Olena Goroshko, Alla Kirilina, Alla Martynyuk, Halyna Stashko, *et al*.

이 학자들이 작성한 논문은 1970년대부터 2019년까지를 다루며 주로 슬라브어로 작성되었다.

3. 식물명 어휘의 본질

식물학 용어는 여러 측면에서 다른 전문 용어 체계와 차별화된다. 모든 식물(초본, 관목, 교목)은 학명, 문학적 명칭, 그리고 통속적 명칭을 함께 지닌다. 내가 연구 대상으로 풀의 문학적 명칭과 통속적 명칭을 택한 것은 결코 우연이 아니다. 무엇보다도 일반적인 식물, 특히 약용식물은 인간의 일상생활 속에서 중요한 역할을 담당한다. 더 나아가 이러한 어휘는 민족 문화와 긴밀히 연결되어 있으며, 민족적 의식의 특성을 반영한다. 이러한 민족적 독창성을 드러내고 그 특징을 규명하기 위하여, 나는 서로 다른 구조를 지닌 언어들을 비교 분석하였다. 이를 통해 해당 수준에서 나타나는 몇 가지 특성과 그것이 다양한 어휘 체계 속에서 구현되는 방식을 밝혀낼 수 있었으며, 더불어 언어 자료의 체계화와 분류의 일반 원칙 또한 서술할 수 있었다.

그렇다면 약용식물(MPs)은 어떻게 명명되는가? 왜 어떤 식물은 수많은 이름을 지니는 반면, 다른 식물은 소수의 이름만 갖는가? 약용식물의 명명은 일상적 실천과 의학적 실천 사이에 위치한 특수한 활동으로 간주될 수 있다. 인간의 관심과 활동이 집중되고 실용적 가치가 큰 대상(식물)일수록 더 많은 이름이 부여되기 때문이다. 약용식물에 이름을 부여하는 과정에서, 사람은 우선 그

것을 일반적인 식물 범주에서 분리하고, 이후 이미 알고 있는 다른 식물이나 사물과 동일시한다. 이는 결국 개인의 감각적·경험적 인식에 기반한다. 따라서 약용식물의 이름은 일종의 지침으로 기능한다고 볼 수 있는데, 이는 해당 식물이 어디에서 발견되는지, 어떤 형태를 지니는지, 언제 개화하는지, 어떤 질병에 가장 효과적인지 등을 암시해 준다.

나는 방대한 예시 자료를 가지고 있기 때문에, 그것들을 제시할 때 명확한 원칙을 사용한다. 여러 식물명의 처리를 하면서 나는 학명(라틴어로 제시), 문학적 명칭(대개 사전에 포함되어 있고 많은 사람들에게 알려진 이름), 그리고 통속적(민속적) 명칭을 구분한다. 예를 들어, 독일어 문학적 명칭 Gemeiner Spindelbaum/일반 회잎나무(Common spindle tree)/—유럽산 회잎나무(European Spindle-tree)(Euonymus europaea L.), 프랑스어 Capuce de moine/투구꽃(Monk's hood)/—투구꽃(Aconite monkshood)(Aconitum napellus L.), 폴란드어 문학적 명칭 Kulczyba wronie oko/까마귀의 눈(Crow's eye)/—스트리크닌나무(Strychnine tree)(Strychnos nux-vomica L.) 등이 있다. 이처럼 차이를 보여주기 위해 문학적 명칭은 'lit.'로 표시하고, 이탤릭체로 표기된 나머지는 민속적 명칭으로 구분한다. 각각의 예시는 영어 번역과 함께, 괄호 안에 해당 식물의 학명(라틴어)을 병기한다.

4. 주요 연구 방법, 결과 및 논의

4.1 구조-의미론적 분석

약용식물 명칭에 대한 구조-의미론적 분석 결과에 따르면, 식물명의 주요 구조적 모형 유형에는 단일어, 파생어, 복합어, 복합 합성어, 다-구성 단위, 구(phrase)로 구분된다. 이러한 유형의 분석은 단순히 단어 형성 모형을 분류할 수 있게 할 뿐만 아니라, 생산적인 유형과 드문 유형의 합성어를 식별하고, 식물명 어휘에 전형적인 독창적 모형을 규명할 수 있도록 한다.

약용식물 명칭을 구성하는 가장 생산적인 방식은 파생어와 합성어이다. 이는 슬라브어에서 파생어가 대량으로 존재하고, 게르만어에서는 복합어와 복합 합성어가 풍부하게 나타나는 사실을 설명해 준다(Panasenko 2012a: 218).

이러한 어휘 분석 방식은 20세기에 매우 널리 사용되었으나, 오늘날 언어학자들에게는 더 이상 매력적인 연구 방법으로 여겨지지 않는다. 따라서 이 연구에서 차지하는 비중은 크지 않다. 다만 인간의 지식이 어떠한 구조적 모형 속에 포장되어 있으며, 그 속에 어떠한 정보량이 잠재되어 있는지를 명확히 하기 위한 목적에서 제한적으로 활용되었다.

4.2 어원론적 분석

식물명의 어원론적 구조를 분석함으로써, 파생어, 복합어, 다-성분 단위의 명명 가능성을 구체적으로 밝힐 수 있으며, 동시에 이들의 의미론적, 어원론적 특성도 규정할 수 있다.

어원론적 모형이 곧 어휘 형성의 논리적 모델링의 기초를 이룬다는 견해가 있다. 이는 곧 특정한 기술에 따라 필요한 범주를 선택하기 위해 수행되는 인지 활동의 과정을 반영하는 하나의 도식이라는 것이다(Плотникова 2006: 111). 내 연구는 쿠브랴코바(Кубрякова 1978)가 제안한 파생어 및 합성어의 3항 모형(tertiary model)에 기초한다. 이 모형은 어원론적 기저, 어원론적 자질, 어원론적 술어를 포함하며, 이하에서는 이를 각각 단순히 기저(base), 자질(feature), 술어(predicate)라 칭하고자 한다.

이제 식물명 어휘 속에서 발견될 수 있는 기저와 자질이 무엇인지 구체적으로 밝히고자 한다. 이를 기저부(base zone)와 자질부(feature zone)로 나눌 수 있다. 형식적으로 볼 때 기저부는 접미사와 내용어(notional words), 그리고 외심적 합성어(exocentric composites)와 합성 기저형(compound bases)에 의해 형성된다. 범주적으로 모든 기저부는 두 집단으로 구분된다. 첫째, 식물의 명칭은 속-종(genus-species) 관계와 상·하위어(hypo-/hyperonymic) 관계를 포함하며, 여기에는 식물의 사용 부위(꽃, 잎, 뿌리 등)나 식물학적 부분(가시, 가시털, 잎, 새싹 등)이 반영된다. 둘째, 식물 명명에는 인공물(artifact), 인간(person), 존재(entity), 감정(feeling) 등의 어휘 범주가 포함되기도 한다.

자질부 또한 그 나름의 구조적·의미적 특성을 지닌다. 어휘의 큰 층위는 약용식물(MPs)의 식별과 위치 파악에 필요한 자질을 담고 있다. 여기에는 다음이 포함된다. **외형적 자질**(색, 크기, 식물의 구조, 형태 등), **위치적, 시간적 자질**(개화 시기, 개화 시작과 지속 기간), **평가적 자질**(평가 자체, 물리적 성질, 참여자(addressee), 기능적 목적, 활용 효율성 등), **소유 가능/불가능, 정서-표현적 자질**(식물과의 접촉에서 발생하는 긍정적·부정적 감정), 식물이 지닌 위험한 성질에 대한 경고의 자질이다. 이 모든 특징은 비교적(comparative), 사역적(causative), 시간적(temporal) 및 기타 술어(predicates)를 통하여 기저부에 귀속된다.

몇 가지 예를 들어보자. 다음은 직접적 지칭(direct designation)의 사례들이다. 독일어 Kleine

Gliedkraut/작은 마디풀(small grass which has chains)/—톱풀(Common yarrow)(Achillea millefolium L.)— 이 경우, 명칭의 기저는 약용식물의 사용 부위(예: kraut—풀)이며, 여기에 '-와 같다'라는 술어를 통해 **식물의 크기**와 **구조적 자질**이 덧붙여진다. 슬로바키아어 Biely sliez/흰색(white)/—알테아(Comon marshmallow)(Althaea officinalis L.)—이 경우, 명칭의 기저는 식물 그 자체이며, **외관상의 자질(색깔)**이 부가되어 있다.

이와 같은 사례들은 많지만, 은유적으로 형성된 간접적 지칭(indirect designation)에 비하면 흥미도가 떨어진다. 예컨대, 프랑스어 Sourcil de Vénus/비너스의 눈썹(an eyebrow of Venus)/—톱풀(Common yarrow)/그 어린 싹(its young sprout)/(Achillea millefolium L.)—여기에서 명칭의 기저는 신체의 한 부분이다. 이는 로마 신화에서 미(美)의 여신 비너스 몸의 일부로 이해된다. 이러한 기저에 비교의 술어가 결합함으로써 **고유한 소유의 자질**이 부가된다. 이 어원론적 모형의 심층 구조를 분석해 보면, **외형(형태)**과 **평가적 자질**이 결합되어 있음을 확인할 수 있다. 즉, 식물의 해당 부분은 매우 우아하고 아름답다는 심미적 평가가 반영되어 있다.

그러나 어원론적 접근의 사용만으로는 약용식물(MP)의 이름이 인간이 자신을 둘러싼 세계에 대해 갖는 개념, 그들이 살아가는 사회, 그리고 그들이 작동하는 개념 체계와 어떻게 연결되는지를 설명할 수 없다. 이러한 과제를 해결하기 위해서는 인지적 연구가 요구된다. 이를 통해 약용식물을 식별하기에 충분한 자질뿐만 아니라, 그 식물에 대한 지식 전체, 즉 어휘의미론과 그것의 평가적 요소까지도 설명할 수 있다.

어원론적 분석은 구조-의미론적 분석의 논리적 발전으로서, 어휘에 대한 인지적 분석의 길을 열어준다. 지난 세기의 연구들은 구조-의미론적 혹은 어원론적 분석을 최종 단계로 삼았다. 그러나 인지언어학은 인지적 관점 즉, 세계 인식 과정에서의 역할에 기초하여 기존 자료를 더 깊이 일반화할 수 있는 가능성을 드러냈다. 이러한 의미에서 어원론적 분석은 단어 형성과 마찬가지로, 연구 대상 어휘의 형태적, 의미적 자질을 연구하는 구체적 단계였으며, 인지적 판단 단계에 앞서는 과정이었다.

이때 드러난 기저와 자질의 동기화는 인간의 인지 활동과 연결되며, 세상사에 대한 개념적 영상의 특정한 부분적 단편에 상응한다고 볼 수 있다. 약용식물의 이름은 세상사의 소박한(naïve) 이미지 형성에 필요한 자원으로 기능한다. 식물이 다른 개념을 통해 이름 붙여지는 이유를 설명하기 위하여, 나는 그러한 범주에 대해 인지적 해석을 시도하였으며, 그 예시는 아래에 제시되어 있다.

4.3 인지적 분석

인지적 분석에 대해 논의하려면, 반드시 인지언어학의 12가지 근본 요소와 위에서 언급한 7개 학파로 다시 돌아가야 한다. 이들 각각은 독자적으로 잘 구축된 연구 방법을 지니고 있다. 내가 9개 언어(라틴어 포함)에서 10,000개 이상의 예시를 포괄하는 방대한 식물명 어휘(phytonymic lexicon) 자료를 다루며 사용한 인지적 분석은, 인지언어학의 기본 개념들과 긴밀히 연결되어 있다. 즉, 정신적 어휘집, 언어와 세계의 개념적 영상, 개념화와 범주화의 과정, 틀(frame)과 개념적 모형화, 그리고 필모어(Fillmore)의 의미역(semantic cases)과 결합된 방식으로 연구가 이루어졌다. 이를 통해 원형이론(prototype theory), 개념적 은유(conceptual metaphor), 개념적 환유(conceptual metonymy), 그리고 틀의미론(frame semantics)의 주제를 포괄하였다. 또한 나의 연구는 또한 모스크바 학파(Moscow school)와 탐보프 학파(Tambov school)의 전반적인 개념적 접근법(all-conceptual approach), 언어 단위의 인지적 측면을 탐구하는 원형적 접근법(prototypical approach), 어휘의미론적 접근, 그리고 문화 간 접근법(cross-cultural approach)의 틀 내에서 수행되었다.

내가 얻은 모든 자료를 상세히 기술하는 것은 불가능하므로, 여기서는 가장 흥미로운 측면들만 제시하고자 한다. 다수의 예시를 통해, 나는 인지언어학의 기본 원리 즉, 여러 경로를 통한 정보 수용, 은유와 환유를 통한 정보 처리 방식, 그리고 인간 인지 활동의 단계를 보여줄 것이다. 이러한 복합적 접근은 특정 언어에서 두드러지는 특성들의 동기화(motivation)를 설명할 수 있는 가능성을 제공한다.

4.3.1 식물명 어휘에서의 정보 처리 채널

세계를 인식하는 정보는 감각적 채널과 의사소통 채널을 통해 전달된다. 그러나 인간이 세계를 지각하는 방식은 단지 다섯 가지 지각 양식에 국한되지 않고, 이 지각 양식을 기술하는 언어의 규칙성에 의해서도 규정된다. 기본적인 정보 처리 채널은 시각, 촉각, 후각, 미각, 청각이며, 내가 분석한 언어 자료에서는 이들이 다양한 비율로 나타난다.

이제 지각 채널을 통해 획득된 지식이 어떻게 언어 속에서 명사(대상 명칭, 즉 기저)나 형용사(정서적 특징 어휘, 즉 특성)의 형태로 표현되는지 설명하고자 한다. 앞서 언급했듯이, 범주적으로는 두 가지 기저 집단이 존재한다. 즉, 식물을 명명하는 경우와 그 외의 경우이다. 이제 기저의 어휘적 범주와 지각 양식의 특성 사이에는 어떤 상관관계가 있는지, 그리고 어원론적 분석을 통해 확립된 특성이 시각, 후각, 촉각, 미각, 청각의 각 채널을 통해 어떻게 파악되는지, 또한 약용 식물(MPs)의 명명에서 어떤 채널이 가장 중요한지를 살펴보고자 한다.

분석 대상이 된 모든 언어에서 우선적 위치를 차지하는 것은 **시각**이다. 시각 덕분에 우리는 식물의 **크기**(크다/작다), **형태**(일반적/특이한, 알려진 사물·식물을 닮음, 특정 현상과 연관됨), **색채**(단색/색채 조합; 밝기—밝음/어두움), **서식지**(숲, 들판, 산, 바다), **개화 시기**, **채집 시기** 등과 같은 다양한 속성을 묘사할 수 있다.

시각적 채널을 통해 획득된 동기화(motivation) 자질들은 '기타(other)' 어휘적 기초 집단에서 생생하게 반영된다. 여기에 포함되는 자질들은 다음과 같다. **형태**(인공물, 동물이나 인간의 신체 부위, 물질, 사람, 자연물 등으로 제시됨), **색채**(자연 현상, 금속, 물질 등), **식물 구조**의 자질(상태, 신체 부위, 영역, 감각, 성격적 특성 등); 그리고 **외형 자체**(존재물, 동물의 신체 부위, 동물, 곤충, 인공물 등). 이를 몇 가지 예시로 보여줄 수 있다. 우크라이나 식물명 Вовчі ягоди чорні/까마중(Wolf's berries black)—독말풀(Deadly nightshade)(Atropa belladonna L.)의 경우, 어휘적 기저는 식물의 한 부분, 즉 열매(berries)이다. 여기에 술어 "~은 ~을 지닌다(something has something)"를 통해 외형적 자질(검은색)과 더불어 **소외된 소유(alienate possession)**의 자질(늑대의 열매)이 부여된다. 이 어원론적 모형의 심층 구조에는 또 하나의 자질이 포함되는데, 그것은 **평가(evaluation)**이다. 우크라이나 민속에서 늑대는 부정적인 평가를 받는 존재이며, 독말풀은 극도로 독성이 강한 식물이다. 따라서 이 명칭에 **약용식물의 위험한 속성에 대한 경고 자질**이 담겨 있다고도 말할 수 있다. 이처럼 여러 특징이 결합되는 경우가 있으나, 때로는 식물의 하나의 속성만이 강조되기도 한다. 예컨대 러시아어 식물명 Солнечное золото/밭향유(Sunny gold)—민들레아재비(Dwarf everlast)(Helichrysum arenarium (L.) Moench.)의 경우, 어휘적 기저는 금속(metal)이다. 금속은 특정한 노란색의 표준을 나타내며, 여기에 **외형적 자질**(색채)이 결합되어 식물명이 형성된 것이다.

후각 덕분에 우리는 식물의 향기(존재 여부; 유쾌/불쾌)를 식별할 수 있다. 후각은 매우 주관적인 지각 양식으로, 동일한 냄새가 사람에 따라 쾌적하게도 불쾌하게도 느껴질 수 있다. 예를 들어, 창포(Sweet flag)(Acorus calamus L.)는 언어에 따라 서로 다른 이름으로 불린다. 프랑스어에서 문학적 명칭 Acore odorant/향기창포(fragrant), 통속 명칭 Acore aromatique; 독일어에서 Ingwer/생강(Ginger); 영어에서 Pine root, Sweet cinnamon/솔뿌리(Pine root), 단계피(Sweet cinnamon); 러시아어에서 Вонючка/악취풀(smth. that stinks); 폴란드어에서 Tatarak wonny/향기창포(a plant with a pleasant smell)이다.

심리학자와 언어학자들(Панасенко 2010, Рузин 1994, Lederman 1982, Panasenko 2012b)이 제시한 **촉각적 속성**과, 내가 식물명 어휘에서 구분한 촉각적 특징을 고려하면, 약용식물 명칭의 의미론 속에 반영된 촉각적 감각을 다음과 같이 제시할 수 있다.

표면의 성질로는 거친, 까끌까끌한(양가죽의 질감); 단단한(대표적 기준— 철, 강철, 목재); 매끄러운(비단결 같은 감촉); 가시 돋친, 날카로운, 뿔 같은, 왁스질 표면, **직물 구조**로는 양모, 두꺼운 플란넬, 벨벳, 펠트, 천, **일관성(consistency)**으로는 탄력성, 신축성, 부드러움(보송보송함, 솜털, 이끼), 단단함, 치즈 같은 응고된 질감, **온도 감각**으로는 차가움, 그리고 **습도의 존재/부재에 대한 감각**으로는 건조함, 습함, 그리고 **기름기**, **끈적임** 등이 있으며, "촉각적으로 접촉할 수 없는 것"은 피부 긁힘, 물리적 접촉 이후의 피부 자극, 베임 등의 자질이 포함된다(Panasenko 2012b: 135).

같은 약용식물인 큰지느러미엉겅퀴(Common mullein)(Verbascum thapsus L.)를 예로 들어보자. 이 식물의 잎은 특정한 직물 구조를 지니며, 이러한 성질이 어떻게 서로 다른 언어에서 언어화되고, 또 어원론적 모형 속 어디에 위치하는지 살펴볼 수 있다. **평가적** 자질(즉, 식물의 물리적 속성)은 식물 또는 식물의 부분이라는 어휘적 기저에 귀속된다. 예시는 다음과 같다. 독일어에서 Gemeines Wollkraut/양모풀(Common wool grass)/, 영어에서 플란넬잎(Flannel leaf), 플란넬식물(Flannel plant), 벨벳독(Velvet dock), 러시아어에서 Суконник/천풀(Fabric structure—woolen cloth)/이다. 마지막 예시에서, 평가적 특징은 접미사 -ник으로 제시되는 형식적 기저(formal base)에 귀속된다.

대부분의 언어에서 **미각(taste)**을 지칭하는 방식은 두 가지가 존재함을 주목해야 한다. 하나는 미각 형용사를 통한 방식이고, 다른 하나는 참조 대상(reference object)을 통한 방식이다. 미각을 통해 우리는 어떤 **식물**이나 그 부분이 쓴맛/단맛/신맛/짠맛을 지니는지 알 수 있다. 미각 지각 양식에는 다양한 기원에서 비롯된 여러 표준이 존재한다. 예컨대, 특정한 맛을 지닌 식물들로 쓴맛(고추, 겨자, 흑무(black radish) 등), 신맛(수영(sorrel), 매자나무, 레몬, 크랜베리 등), 단맛을 지닌 식품들로 설탕, 꿀, 독특한 맛을 지닌 식품들로 빵, 고기, 치즈, 음료로 우유, 포도주, 차가 있다. 이러한 지각 양식은 특정한 표준적 맛을 가진 식물을 명명할 때 어휘적 기저 속에 반영되거나, 혹은 식물의 물리적 속성에 대한 **평가적 자질**로 드러날 수 있다. 예를 들어, 러시아어에서 Заячий щавель/토끼수영(Hare's sorrel) —애기괭이밥(Wood sorrel)(Oxalis acetosella L.), 슬로바키아어에서 Horká d'atelina/쓴 클로버(Bitter clover)—붉은토끼풀(Meadow clover)(Trifolium pratense L.)이 있다.

청각(hearing)과 관련된 예시는 언어 자료의 특수성 때문에 소수에 불과하다. 예를 들어, 러시아어에서 Писклец/пищать—삑삑거리다(to squeak)—봄맞이꿩의다리(Pheasant's eye)(Adonis vernalis L.), 러시아어에서 Щелкунец/щелкать—딱딱 소리 내다(to click)—애기똥풀(Greater celandine)(Chelidonium majus L.), 우크라이나어에서 Грім-дерево/천둥+나무(thunder+tree)—팥꽃나무(February daphne)(Daphne mezereum L.), 체코어에서 Piskačky/pískat—삑삑거리다(to squeak)+접미사—창포(Sweet flag)(Acorus calamus L.)이다.

많은 식물명에서는 이러한 지각 경로들이 결합된다. 예를 들어, 프랑스어 문학적 명칭 Petit muguet/작은 은방울꽃(Small Lily-of-the-valley)—갈퀴덩굴(Sweetscented bedstraw)(Asperula odorata L.)은 시각적 특징(작은 크기)과 식물 기원적 표준(은방울꽃)이 결합되어 있다.

4.3.2 정보 처리 방식(은유 및 환유)

은유, 그 유형과 연구 접근법. 은유는 언어학과 논리학, 철학과 심리학, 그리고 궁극적으로는 인지적 관점의 관계 속에서 고찰될 수 있다. 과거에는 은유가 전통적으로 수사적 기교나 발화 기제로 정의되었으나, 현대 학문에서는 그것을 인지적 도구, 즉 언어 범주화·사고·지각의 핵심 요소로 인식한다(Лапшина 1996: 185, Lakoff & Johnson 1980). 또한 은유는 사고의 도구(Ортега-и-Гассет 1990: 71), 사유 과정의 시작(Арутюнова 1990: 15), 새로운 개념을 표현하고 형성하는 인지적 과정, 혹은 뇌·정신·문화를 창조적 언어 속에서 결합시키는 정보적 진화 과정(MacCormac 1985)으로 이해된다.

은유의 본질, 그 유형론 및 기능에 관해서는, Arutyunova, Black, Davidson, Johnson, Kövecses, Lakoff, Simpson, Shakhovsky, Sweetser, Teliya, Turner, Wen 등 수많은 저명한 학자들에 의해 방대한 연구와 조사가 이루어져 왔다.

Selivanova(1999: 16-17)는 은유 이론의 핵심 문제는 곧 형성 메커니즘의 정의에 있다고 주장한다. 그녀는 수많은 이론적 접근 가운데 다음과 같은 유형을 구분한다. (1) 상호작용론적(Interactionist) 접근으로, 심리언어학적(Richards) 및 논리학적(Black, Vianu) 두 가지 버전, (2) 연상적(Associative) 접근(Searle), (3) 삼분법적 기계론(Tripartite mechanistic) 접근(Delamare), (4) 개념적·인간중심적(Conceptual and anthropocentric) 접근(Apter, Turango), (5) 가능세계(Possible worlds) 접근(Jolles), (6) 시너지론적(Synergetic) 접근(Apter), (7) 인간측정적(Anthropometrical) 접근(Teliya)이다.

현대의 연구들에서는 인지적 관점에서 은유를 설명하며, 이를 통해 다음과 같은 유형들을 구체적으로 제시할 수 있다. 연상적 은유(associative metaphor), 인지적 은유(cognitive metaphor), 개념적 은유(conceptual metaphor), 융합적/공감각적 은유(syncretic or synesthetic metaphor) 등이 그것이다.

은유가 발생하는 몇몇 유형의 조건 가운데 하나는 비교되는 두 대상이 지닌 기호(signs)의 유사성이 존재한다는 점이다. 은유적 전이가 요구하는 필수 요소의 수는 두 개에서 네 개까지 변동한다. 예컨대 Richards(1950)는 은유의 두 구성요소를 구분하면서 이를 '내용(contents)'이라 명명하고, 각각을 본체(tenor)와 외피(cover, image-vehicle)라 불렀다. 이에 비해 라주렌코(Лазуренко 1979: 14)는 은유적 전이가 세 가지 필수 요소를 필요로 한다고 보았다. 즉, 최초 대상(initial object, 명명 대상(naming object), 양자의 공통 자질(common features)인데, 이 공통 자질이야말로 두 대상 간 유사성 관계의 기초를 이룬다고 설명한다.

한편, Black(1962)은 우리의 주의가 은유성을 내포하는 단일 어휘(단어)에 집중될 수 있다고 주장하였다. 그는 이 단어를 은유 초점(metaphor focus)이라 부르고, 그것을 둘러싼 환경을 틀(frame)이라 명명하였다. 이와 같은 접근은 내가 다루는 언어 자료에 가장 적절하다. 왜냐하면 은유적으로 형성된 식물명은 주로 다어적 어휘 단위(multi-word lexical units)로 나타나기 때문이다.

4.3.2.1 식물 어휘에서의 은유

앞서 언급했듯이, 식물의 속성은 3차적 모형의 어원론적 자질뿐만 아니라 그 기저에서도 부호화되어 있다. 식물과 직접 관련되지 않은 어휘적 기초의 수는 문학적 명칭에서는 약 10개에서, 통속적 명칭에서는 최대 24개까지 다양하게 나타난다. 그러나 각 언어에서는 이러한 기초가 서로 다르게 제시된다. 여기에서 자주 등장하는 기초로는 인공물(무기, 도구, 가정용기, 의복 및 그 세부 요소 등), 인물(여왕, 병사, 어머니 등), 동물(야생동물, 가축, 조류, 곤충, 신화적 존재 등), 물질(혈액, 소금, 산 등), 그리고 그 외 다양한 요소들이 있다. 이러한 기초들은 지시 대상이 단순히 특정 식물이나 그 일부를 넘어, 다른 사물과도 연관됨을 보여준다. 이는 곧 식물의 명명이 익숙한 개념이나 사물과의 비교를 통해 이루어졌음을 의미하며, 즉 중요한 명명 방식 가운데 하나인 은유화(metaphorization)를 통해 이루어졌다는 사실을 시사한다.

내 언어 자료에서 은유적 명명을 지닌 식물명은 여러 부류로 나뉜다. 예를 들어, **식물의 외형**은 고유한 외관, 식물 구조의 특이성, 식물 자체 또는 그 일부의 독특한 형태, **지리적·시간적 자질**, **평가적 자질**(직접적인 평가, 식물의 물리적 성질, 유용한 성질, 독성 성질, 식물 사용의 결과, 지역 전통과 연결된 식물에 대한 부정적 태도, 수용자, 기능적 목표, 식물 사용의 효율성(자세한 분석은 Панасенко 2019 참조), **소유적 자질**이나 **정서·표현적 자질**(약용식물과의 직접적 접촉 후 발생하는 긍정적·부정적 감정), **경고적 자질**(약용식물의 위험한 속성에 대한 경고)이다. 따라서 은유적으로 사용되는 어휘는 구체화, 평가적, 정서·표현적 성격을 띨 수 있다.

검토 대상이 되는 언어들에는 지나치게 많은 사례가 존재하므로, 나는 가장 흥미로운 몇 가지 경우로 제한하여 다루고자 한다.

식물의 구조. 가을꽃상사(Autumn crocus, Colchicum autumnale L.)는 알뿌리의 일부가 지표위로 노출되어 있으며, 주기적으로 껍질의 일부를 잃는다. 이 식물의 영어 통속명인 '나체 숙녀(Naked ladies)'는 상류 사회 여성들이 깊이 파인 드레스를 입던 귀족적 풍습을 반영한다. 또 다른 동의어인 '아버지보다 먼저 난 아들(Son-before-the-father)'은 독특한 생장 주기에서 비롯되었는데, 가을에는 잎이 없이 꽃만 피고, 봄에는 잎이 나타났다가 여름에는 시들어 사라지기 때문이다(Robertson 2008: 11). 이 식물의 은유적 명명 사례는 여러 언어에서 발견된다. 예컨대 영어의 '나체 소년(Naked boy)', 러시아어 Сын без отца(아버지 없는 아들, Son without father) 등이 있다. 독일어 식물명 Nackte Hure(나체 창녀, Naked whore)는 단순히 식물 구조의 특성을 지시할 뿐 아니라 강한 부정적 의미를 내포한다. 이처럼 언어마다 예시는 다르지만, 그 어휘적 기저는 동일하게 인간 존재(여성, 아들, 소년 등)에 두고 있다.

형태. 가장 많은 예시는 식물 자체 및 그 부분(꽃, 씨앗, 씨주머니, 잎 등)의 독특한 형태를 은유적으로 묘사하는 것과 관련된다. 형태는 주로 소유의 양상(소유/비소유)과 관련되지만, 동시에 다양한 인공물, 그리고 인간 신체 부위와도 연결된다. 예를 들어, 인간 신체 부위는 체코어에서 Židova brada/유대인의 턱수염(Jew's beard)—무늬천남성(Cuckoopint)(Arum maculatum L.), 동물 신체 부위는 폴란드어에서 Jeleni róg/사슴의 뿔(deer's pricket)—매끈붉나무(Smooth sumac)(Rhus glabra L.), 다양한 인공물의 형태와 모양은 프랑스어에서 Madriettes/bar + dim. suff./—투구꽃(Aconite monkshood)(Aconitum napellus L.)에서 나타난다.

시간적 자질. 독일어에서 Wachende Jungfrau/깨어 있는 젊은 여성(a wakeful young woman), 러시아어 Зимовник, 우크라이나어 Зимівник/겨울을 특정 장소(예: 극지 기지)에서 지내는 자/—가을꽃(Colchicum autumnale L.)이다. 이 약용식물은 다른 식물들이 휴면기에 들어갈 때 개화한다.

평가적 자질. 러시아어에서 Мать-королева ядов/독의 어머니-여왕(mother-queen of poisons)—투구꽃(Aconite monkshood)(Aconitum napellus L.)이다. 많은 독성이 강한 약용식물이 의

학에 사용된다. 어떤 사회에서든 어머니-여왕은 크게 존경받고, 높은 사회적 지위를 가진다. 이 예시는 해당 식물의 성질에 대한 극도로 높은 평가를 보여준다.

마지막으로, **식물의 위험한 성질을 경고하는 자질**로는 영어에서 Bad-man's oatmeal/악인의 오트밀—독미나리(Poison hemlock)(Conium maculatum L.), 러시아어에서 Виновник/범인(culprit)—광대버섯풀(Herb Paris)(Paris quadrifolia L.)이 있다.

4.3.2.2 식물 어휘에서의 환유

약용식물(MPs)의 간접적 지칭에서 두 번째로 중요한 방법은 환유(metonymy)이다. 환유는 전형적인 부분을 통해 전체를 묘사할 수 있도록 한다. 은유와 환유의 차이는 일반적으로 문장에서 그들이 수행하는 기능에 기초하여 규정된다. 아루튜노바(Арутюнова 1990: 32)에 따르면, 은유는 문장에서 성격 규정적 기능을 수행하며 주로 술어의 위치에 초점을 둔다. 반면 환유는 문장에서 식별적 기능을 수행하며, 주어 및 다른 행위자(actant)의 위치에 집중한다. 따라서 은유는 본질적으로 의미의 전환이며, 환유는 지시의 전환이다(Panasenko 2016: 70-71).

은유와 환유의 본질에 관한 또 다른 견해는 이들이 수행하는 과정 유형의 설명에 기반한다. 은유는 영상을 생성하는 것이 주요 기능으로 간주될 수 있다. 반면 환유는 무엇보다도 지시적 기능을 가진다. 부분을 전체로 지칭하는 데 사용되며, 이는 "우리가 지칭하는 바의 특정 측면에 더 구체적으로 주목할 수 있게 한다 … 환유적 개념(예: 부분은 전체를 대표한다(THE PART FOR THE WHOLE))은 우리가 생각하고 행동하며 말하는 일상적인 방식의 일부이다"(Lakoff & Johnson 1980: 37).

은유에 관한 방대한 연구에도 불구하고, 환유에 대한 연구는 주로 하나의 언어 자료를 중심으로 이루어져 왔음을 주목할 필요가 있다. 일부 연구는 이미 고전적 저작이 되었으며, 일부는 젊은 학자들의 최신 연구 성과를 보여준다(Bierwiaczonek 2013, Diaz-Vera 2014, Panther 2014, Panther & Radden 1999, Panther & Thornburg 2017).

전통적으로 환유는 두 개념 사이의 인접성(연상)에 의해 작동한다. 예컨대, 개인의 특성과 그 사람 자신, 그 사람이 착용하는 옷이나 물건, 사람과 도구, 그리고 도구와 노동 자체 혹은 그 결과 사이에서 나타난다. 그러나 내가 다루는 언어 자료의 특성은 이와는 다소 이례적이다. 약용식물의 명칭에서는, 제유가 식물과 그 부분, 식물이 자라는 장소, 개화 시기, 그것이 치료하는 질병 등과의 연상 또는 인접성에 근거한다. 즉, 외형적 자질, 공간적 자질, 시간적 자질, 평가적 자질 등에 기반하고 있는 것이다. 이제 몇 가지 사례를 통해 이를 구체적으로 살펴보도록 하자.

약용식물의 외형

외형. 러시아어에서 Бородка/산목련(Mountain arnica)(Arnica montana L.) — 이 식물은 꽃에 뚜렷한 가장자리를 가지고 있다.

식물 구조의 특성. 독일어에서 Ungeduld/물봉선(Touch-me-not balsam) (Impatiens noli-tangere L.)이 있다.

약용식물의 부분. 식물은 그중 가장 두드러진 부분의 이름으로 불릴 수도 있다. 예를 들어, 프랑스어에서 Épine blanche/서양산사(Common hawthorn)(Crataegus oxyacantha L.), 독일어에서 Kirsche/벨라돈나(Belladonna)(Atropa belladonna L.)이 있다.

식물의 위치

식물의 위치는 인접성에 근거한 유사성의 토대로 간주될 수 있다. 예를 들어, 독일어에서 Hede, Haid/황폐한 불모지(contorted barren); 러시아어에서 Бор/소나무 숲(pine forest)—석남풀(Common heather)(Calluna vulgaris L. (Hull.))이 있다.

시간적 자질

식물의 **개화 시기**를 표시하기 위해 환유적 표현이 사용된다. 예를 들어, 프랑스어에서 Mai/5월(May)/—산사나무(Common hawthorn)(Crataegus oxyacantha L.), 러시아어에서 Май/5월(May)/—민들레(Dandelion)(Taraxacum officinale Wigg.), 체코어에서 Sasanka/고드름(icicle)/—바람꽃(Windflower)(Anemone nemorosa L.)—이 꽃은 보통 해빙기의 이른 봄에 나타난다.

평가적 자질

대부분의 환유적 사례들은 약용식물과의 직접적 접촉 혹은 내부적 사용에서 비롯된 평가적 동기 요인과 관련된다. 즉, 이 부류의 식물명은 사람이나 동물이 그것과 접촉한 **결과**를 토대로 명명된다고 할 수 있다. 이러한 결과는 종종 매우 불쾌한 상태를 초래한다. 예를 들어, 독일어에서 Rausch/중독, 취함/—독말풀(Thornapple)(Datura stramonium L.), 러시아어에서 Спячка/혼

수, 나른함/—흑낭독(Black henbane)(Hyoscyamus niger L.), 혹은 심지어 죽음에 대해 영어에서 Death-of-man—독미나리(Water hemlock)(Cicuta virosa L.) 등이 있다.

식물과의 물리적 접촉은 상처를 남길 수도 있다. 예컨대, 러시아어에서 Порез/베임/—서양톱풀(Common yarrow)(Achillea millefolium L.)이 있다. 반대로 긍정적인 감정을 불러일으키는 경우도 있다. 러시아어에서 Улыбушка/미소 + 애칭 접미사/—삼색제비꽃(Wild pansy)(Viola tricolor L.), 우크라이나어에서 Смішки/웃음소리, 낄낄거림/—모래목향(Dwarf everlast)(Helichrysum arenarium (L.) Moench.)이 있다.

약용식물은 그것이 치료하는 **질병**에 따라 명명되기도 한다. 예컨대 러시아어에서 Золотуха/임파선결핵(scrofula)/, Холера/콜레라(cholera)/—가시도꼬마리(Spiny cocklebur)(Xanthium spinosum L.)가 있다. 다른 평가적 특성 가운데 하나로 **기능적 대상(도구)**을 들 수 있다. 예를 들어, 우크라이나어에서 Люльки/파이프(pipes)/—흑종잠두(Black henbane)(Hyoscyamus niger L.)가 있다. 이 경우 잠두의 씨앗을 파이프에 넣어 피워 치통을 완화하는 데 사용한다. 또한 **물리적 속성**에 따른 명명도 존재한다. 러시아어에서 Суконце/모직천 + 지소사—잎의 질감/—털망초(Common mullein)(Verbascum thapsus L.)가 있다. 흥미로운 사례로는 식물의 적용 대상에 따라 이름이 붙는 경우가 있다. 독일어에서 Bubeschenkel/뒤틀린 소년의 무릎(contorted laddie's knees)/—해당 식물의 알코올 팅크는 찰과상이나 긁힌 상처 치료에 사용됨/—매자나무(European barberry)(Berberis vulgaris L.)가 있다.

이제 환유적 전이의 초석을 이루는 구조적 모델들에 대해 몇 마디 덧붙일 필요가 있다. 무엇보다도, 어원론적 관점에서 고려하지 않은 다수의 단순어들이 존재한다(예: dream, cloth, pine forest/러시아어로 бор/, berries 등). 이어서, 접사와 같은 형식적 어근에 장소적 의미나 약용식물의 특정 부분이 결합된 파생어를 언급할 수 있다.

약용식물 명칭에서 은유적 전환의 근거는 **외형적 자질**(주로 형태)과 **평가적 자질**이다. 환유적 전환은 은유적 전환보다 빈도가 낮으며, 주로 통속적·구어적 어휘를 특징짓는다. 약용식물은 가장 두드러진 부분, 개화 시기, 독성 성분, 치료하는 질병, 치료에 사용되는 도구 등에 따라 이름 붙여지기도 하지만, 대부분의 환유적 예시는 해당 식물과 직접 접촉했을 때 나타나는 불쾌한 결과인 두통, 현기증, 무기력, 심지어 죽음을 반영한다.

4.3.3 인간 인지 활동의 단계

주변 현실의 대상을 범주화하는 인지적 경험은 정보 전달을 매개로 하여 언어 속에 구현된다. 본 연구의 결과는 식물명의 의미론에서 정보 처리 경로가 생생하게 반영되며, 이와 더불어 지각 단계의 인지와 관련된 몇 가지 처리 단계가 나타남을 보여준다. 내 견해로는, 인간이 자료에 접근하는 보편적 방식이 존재하며, 이는 일차적 단계로 간주될 수 있다. 이러한 **일차적 정보(Primary information)**는 인간 인지 활동의 참조점(reference point)으로서 특수한 분석 절차를 필요로 하는데, 그중 가장 중요한 것은 일정한 수의 슬롯(위치)을 가진 틀(frame)이라고 생각한다. 이 슬롯들에는 이름이 부여되며, 식물을 온전히 묘사하기 위해서는 그것이 어디에서 자라는지, 개화 시기와 기간은 어떠한지, 어느 부분이 사용되는지, 치료 효능은 어떠한지 등 다양한 요소를 파악해야 한다.

인간은 주로 시각을 통해 일정한 거리에서 일차적 정보를 획득한다. 이를 통해 식물의 형태, 색깔, 크기, 그리고 개화 시기와 기간을 규정할 수 있다. 만일 특정한 강한 냄새를 지닌 식물의 경우, 후각적 경로가 그 명칭을 결정하는 주요한 근거가 되기도 한다.

인지 활동의 두 번째 단계는 **정보 처리(information processing)** 단계로, 이는 식물에 근접하거나 직접 접촉하면서 얻는 정보 및 그 후속적 활용과 관련된다. 이때에는 시각적·후각적 경로가 모두 작용한다. 정보 처리란 본질적으로 식물들 간의 비교를 포함하며, 이를 통해 이미 알려진 대상이나 식물과의 형태적 유사성, 고유한 외형, 구조적 특징 등을 발견하게 된다. 나아가 식물의 향기, 사용 부위, 유용성 및 약리적 속성 전체가 밝혀진다. 식물과의 직접적 접촉은 촉각 수용기를 활성화하며, 이를 통해 표면 질감(거칠기, 매끄러움, 비단결 등)과 같은 물리적 특성을 규정할 수 있다. 또한 약용식물을 내부적으로 섭취하는 경우, 그 맛을 판별할 수 있게 된다.

식물에 관한 정보 처리는 일단 완결될 수 있으나, 새로운 정보가 개입되면 계속 이어질 수 있다. 만약 특정 식물이 보다 복잡한 연상을 불러일으키며, 그 식물 자체가 문화적 가치를 지닌 대상과 비교된다면, 인간의 인지 경험은 감각적 지각의 한계를 넘어, 특정한 문화적 개념 형성에 이르는 판단 요소들을 포함하게 된다. 새로운 약용식물에 관한 정보를 처리하는 과정에서, 사람은 보통 **문화적으로 특수한 가치(culturally specific value)**를 지닌 배경지식을 동원한다. 사실상 이는 인간 인지 활동의 두 번째 단계의 한 측면에 해당하지만, 이 정보는 매우 중요하므로 나는 이를 세 번째 단계로 구분한다. 이 단계는 대상의 생물학적 삶이 아니라, 사회적 삶에 기초한다.

네 번째이자 마지막 단계의 인간 인지 활동은 **최종적 평가**이다(예: 식물의 유용한 특성, 물리적 특징, 활용의 효율성, 의학적 목적뿐 아니라 일상생활에서의 사용 가능성 등). 이 단계는 복잡하면서도 중요한데, 그 이유는 바로 이 과정을 바탕으로 식물이 약용, 독성, 식용, 공업용 등 특정한 범주에 귀속될 수 있기 때문이다.

이제 하나의 식물이 여러 언어에서 지닌 명칭을 살펴보고, 정보 처리의 다양한 경로와 인간 인지 활동의 단계들 간의 연결을 규명해 보자.

서양 톱풀(Common yarrow)(Achillea millefolium L.)

I. 식물로부터 일정한 거리에서 얻어진 정보

1단계: 일차적 정보의 지각

채널: 시각

식물의 형태: 러시아어에서 Девичьи пупки/소녀의 작은 배꼽(Maiden's small navels)/.

생육지: 독일어에서 Feldgarbe/들다발(Field sheaf)/, 러시아어에서 Гречиха полевая/들메밀(Field buckwheat)/.

II. 식물로부터 중간 거리에서 얻어진 정보

1단계: 일차적 정보의 지각

채널: 시각

색상: 영어에서 Green arrow(녹색 화살)/녹색 화살(Green arrow)/, 러시아어에서 Белоголовник/흰 머리를 가진 것(Something with white head)/.

크기: 러시아어에서 Мелкая трава/작은 풀(Small grass)/.

III. 식물과의 근거리 접촉을 통해 얻는 정보

2단계: 일차적 정보의 처리

채널: 시각, 후각

유사성(이미 알려진 식물과의 닮음): 영어에서 데이지(Dog daisy), 러시아어에서 메밀(Buckwheat).

물리적 속성—특정한 냄새의 존재: 프랑스어에서 재채기풀(Grass for sneezing), 러시아어에서 향풀(Strong smelling grass).

사용 부위: 영어에서 혈초(Blood wort), 목수풀(Carpenter's grass).

유용한 속성: 독일어에서 처녀풀(Jungfraukraut)—여성이 이 약초의 달임물로 얼굴을 정기적으로 씻으면 피부가 벨벳처럼 된다고 전해짐. 러시아어에서 코청소풀(Nosochistka)—코를 깨끗이 해주는 것.

약리적 속성: 프랑스어에서 상처풀(Herbe à la coupure)—상처 치유용 풀, 독일어에서 수유풀(Säugkraut)—수유하는 여성을 위한 풀, 영어에서 군인상처풀(Soldier's woundwort).

IV. 식물과의 직접적 접촉을 통해 얻은 정보

채널: 촉각, 미각

식물의 물리적 특성—내구성, 거칢, 매끈함, 가시성, 베임을 일으킬 수 있는 능력, 수분을 유지하는 성질, 독특한 맛 등. 러시아어에서 Серпорезник/큰낫풀(낫처럼 베는 풀)/.

V. 문화적으로 특수한 가치를 지닌 배경지식의 활용

3단계: 배경지식의 활용 포함

독일어에서 Venusaugenbraunnen/비너스눈반점풀(비너스의 눈에 있는 갈색 반점), Weißes Achillenkraut/흰쇠비름(아킬레우스의 흰 풀)/.

VI. 평가(식물의 유용한 성질, 물리적 성질, 사용 효율에 대한 평가)

4단계: 최종 평가

러시아어에서 Всем травам мать/만초(모든 풀의 어머니—최고의 풀)/.

결과를 요약하자면, 인지 활동의 여러 단계는 각각의 언어에서 상이한 방식으로 반영되어 있음을 알 수 있다. 약용식물의 명명에서는 제1단계, 제1·2단계의 결합, 그리고 제2단계가 가장 중요한 위치를 차지한다. 제3단계, 즉 배경지식의 활용은 프랑스어, 독일어, 러시아어, 우크라이나어에서 두드러지게 나타나며, 이는 식물의 약용 및 기타 유용한 특성을 가장 충실하게 묘사하고, 이를 의학적·가정적 목적으로 활용할 수 있는 가능성을 열어준다. 제4단계의 인지 활동은 약용식물의 모든 특성을 종합하여, 특정 지역에 거주하는 사람들에게 제공할 수 있는 기회를 마련해 준다.

또한 문화론적 측면은 식물명의 의미 구조 속에서 서로 다른 방식으로 드러난다. 특정 경우에는 약용식물 명칭의 동기화된 자질(motivational features)을 설명하기 위해 과학, 문화, 역사, 신화 등 여러 학문 영역에서의 특수한 지식이 필요하다.

5. 결론

"약용식물(medicinal plants)" 용어 체계에 대한 인지적 접근은 인간의 인지적·실천적 활동의 단계, 그리고 세계에 대한 지각과 범주화의 원리를 재구성할 수 있게 하였다. 약용식물의 명칭은 화자의 의식 속에 존재하며 개인의 내적 어휘집(internal lexicon)을 형성하는 언어적 세계상을 기술할 수 있는 가능성을 제공한다. 문학적 명칭과 통속적 명칭을 인지언어학의 관점에서 체계화하는 것은 식물에 대한 지식의 어느 부분이 그 이름 속에 반영되어 있으며, 고려된 각 언어에서 어떤 자질이 명칭의 부여 원리로 작동하는지를 규명할 수 있게 한다. 이러한 중요한 특징에는 평가적 자질(evaluative features)과 식물의 외형적 특성(features of appearance)이 포함된다.

인간의 인지 활동의 출발점은 시각, 촉각, 후각, 미각, 청각의 다양한 감각 경로를 통한 1차 정보 획득이다. 어떤 대상에 대해 판단을 내리려면 그것을 관찰하고, 만져보고, 때로는 맛보기도 해야 한다. 본 연구의 어휘 자료가 지니는 특수한 속성 중 하나는 식물 명칭 속에 이러한 감각 경로들의 다양한 조합이 반영되어 있다는 점이며, 이때 시각이 압도적으로 우위를 차지한다.

내가 밝혀낸 단어 형성(word-formation) 모델은 인간의 지식이 어떠한 형식 속에 포장되어 있는지를 보여준다. 비록 본 논문에서는 상세히 다루지 않았지만, 이용 가능한 여러 지식 표현 형식 가운데 본 연구 자료에 가장 적합한 것은 틀(frame)이다. 이를 통해 우리는 인간의 다양한 감각적 지각을 시각화하고, 이를 하나의 위계적 지식 체계 속에 통합할 수 있다.

은유와 환유는 획득된 정보를 처리하는 방식으로, 본 연구의 언어 자료에서는 다양한 사례로 나타난다. 은유적 어휘의 비유성(figurativeness)은 구체성, 정서·평가적, 그리고 화용적 성격을 지닌다. 환유적 전이는 식물과 그 부분, 개화와 채집의 시기, 질병의 명칭, 생육지, 그리고 기타 여러 특성 사이의 연상 또는 근접성을 기반으로 한다.

따라서 어원론적·인지적 분석 기법을 다른 어휘-의미 집단에도 적용하는 것은 충분히 전망 있는 시도로 보인다. 이는 인간의 언어적·지각적 활동의 특성을 규명하는 데 크게 기여할 것임이 분명하다.

더 읽을거리

Boldyrev, N. N. (2019). *Language and system of knowledge. Cognitive language theory* (2nd ed.). Moscow: Izdatelskiy Dom YASK. [Болдырев Н.Н. Язык и система знаний. Когнитивная теория языка. 2-е изд. Москва: Издательский Дом ЯСК.] (이 책은 언어의 세 가지 기능인 인지적, 의사소통적, 해석적 기능을 통합하여 표상, 기호, 해석의 세 가지 측면에 초점을 맞춘 러시아에서 출판된 최신 저서 중 하나이다.)

Evans, V., & Green, M. (2006). *Cognitive linguistics. An introduction*. Edinburgh: Edinburgh University Press. (이 책의 분량(851쪽)에 놀라지 마시오. 인지문법과 인지의미론, 범주화, 인지모형, 은유와 환유, 정신공간 및 개념적 혼성 등 인지언어학의 모든 기본 영역에 대한 자세한 설명과 분석이 포함되어 있다.)

Kövecses, Z. (2010). *Metaphor. A practical introduction* (2nd ed.). Oxford: Oxford University Press. (이 책은 은유와 환유에 관한 최고의 저서 중 하나이다. 저자는 학생부터 학자까지 모든 수준의 독자가 이해할 수 있는 방식으로 복잡한 주제(은유의 유형, 범위, 개념적 은유 및 환유, 문화적 다양성 등)에 대해 설명한다.)

Wen, X., Kun, K., Kuang, F. (2014). Cognitive linguistics: Retrospect and prospect. *Cognitive Linguistic Studies*, 1(2), 155-170. DOI: 10.1075/cogls.1.2.01wen (연구자들은 인지언어학의 현주소를 압축적으로 분석하여 유익한 정보를 제공한다. 연구원 그룹을 소개하고 독자에게 유용할 수 있는 저서, 저널, 시리즈 및 참고 서적을 설명하며 협회 및 학술대회에 대한 정보도 제공한다. 인지언어학에서 널리 사용되는 연구 방법에 대한 분석도 흥미롭고 각자의 연구에 유용할 것이다.)

제36장
인지언어학과 속담

1. 도입

이 장에서는 인지언어학을 조사하고 속담 연구와 관련된 인지언어학적 개념을 탐구한다. 개념적 은유 이론은 초기 버전(Lakoff & Johnson 1980, Lakoff & Turner 1989)에서 시작하여 보다 최신 버전인 문화 인지 이론(Cultural Cognitive Theory)(Kövecses 2005)으로 발전해 왔다. 이 이론에서는 속담이 교차 문화적 관점에서 연구되지 않았기 때문에, 이 연구는 속담에 대한 문화 인지적 접근을 제안함으로써 이러한 부족함을 채우려는 겸손한 시도로 볼 수 있다.

이 장은 인지와 언어의 상호작용을 연구하는 학생, 교사, 학자들에게 관심을 끌 수 있을 것이다. 또한 언어학, 인지언어학, 번역학, 응용언어학 분야에서 속담에 특별한 관심을 갖고 있는 모든 사람을 대상으로 한다. 특히 영어학, 인지언어학, 응용언어학 분야에서 석사 또는 박사 학위를 취득하기 위해 연구를 수행하는 대학 학부생 및 대학원생들에게 유용할 것이다. 이는 인지와 언어의 특정 연구 분야를 교차 문화적 관점에서 연구하는 학자들에게 배경지식을 제공하며, 연구자들의 요구를 충족시키기에 충분히 적절할 것으로 기대된다.

인지언어학은 인지와 관련된 언어 연구에 대한 접근 방식이다(Croft & Cruse 2004, Ungerer & Schmid 2006). '인지'라는 용어는 '마음속에서 지식과 이해가 발전하는 과정'을 의미한다(www.oxfordlearnersdictionaries.com/). 또한 '의식적인 정신 과정의 사용'을 나타내기도 하며(https://dictionary.cambridge.org/), 형용사형인 cognitive는 '사고 또는 의식적 정신 과정과 연결됨'을 의미한다(ibid.). 인지심리학자인 Matlin(2005: 2)은 '인지'를 다양한 인지 과정을 포함한 정신 활동으로 정의했다. 그녀는 인지가 지식의 습득, 저장, 변형 및 사용과 관련이 있으며, 지각, 기억, 이미지, 언어, 문제해결, 추론, 의사 결정 등 광범위한 정신 과정을 포함한다고 설명했다. 그녀는 인지적 접근을 주로 사람들의 지식과 정신 과정에 초점을 맞춘 이론적 입장이라고 정의했다.

인지언어학은 인지문법(Langacker 2013, 2008, 1987), 은유, 환유 및 구문학과 관련된 인지의미론(Kövecses 2015, 2005, 2002, Gibbs 2008, Barcelona 2003, Orthony 1993, Lakoff & Turner 1989, Lakoff & Johnson 1980), 그리고 은유 및 환유와 같은 비유 언어 이해에서 뇌의 기능에 관심을 갖는 신경언어학(Lakoff 2008) 등 다양한 연구 분야를 포함한다. 언어를 개념적 현상으로 간주하는 것은 인지언어학에서 필수 조건이다(Taylor 2012). 인지언어학이 다른 언어 연구 분야에 기여한 바는 충분히 인정받고 있으며, 실제로 인지언어학은 응용언어학(Pütz *et al.* 2001), 제2언어 및 외국어 교육(Belkhir 2020, Verspoor 2017, Holme 2012, 2009, Lantolf 2011, Segalowitz 2010, Littlemore 2009, Cameron & Low 1999, Skehan 1998), 언어 습득(Pütz & Sicola 2010, Robinson & Ellis 2008, Achard & Niemeier 2004, Atkinson 2002), 번역 연구(Schwieter & Ferreira 2017, Ghazala 2011) 등 다양한 분야에 기여하고 있으며, 이러한 학문은 언어학뿐만 아니라 다른 학문 분야에서도 활발히 연구되고 있다.

인지언어학에 관한 문헌은 경험적 말뭉치 기반 특성을 인정한다(Taylor & Littlemore 2014). 초기 연구자들이 은유에 대해 진행한 연구(Lakoff & Turner 1989, Lakoff & Johnson 1980)는 본질적으로 노엄 촘스키(Noam Chomsky)의 패러다임에 따라 조작된 샘플 발화를 기반했지만, 이후 인지언어학은 자연적으로 발생하는 데이터를 우선시하는 방법론적 변화를 보였다. 즉, 용법이 모든 인지언어학 지향적 연구의 전제가 되었다(용법 개념에 대한 추가 설명은 Steen 2007 참조). 속담은 인지언어학적 뼈대 내에서 연구에 활용할 수 있는 실제 데이터의 좋은 예시이다. 속담은 관용구와 대조적으로 정의되며, 종종 은유적이고 어떤 지혜나 받아들여진 진실을 전달하는 데 사용되는 완전한 문장이다(Belkhir 2014).

2. 인지언어학: 출현과 발전

행동주의 패러다임이 거의 20년 동안 관찰 가능한 행동에 집중하며 심리학을 지배해 온 반면, 인지적 혁명은 인간의 사고 과정과 추론에 대한 새로운 관심을 불러일으켰다. 1950년대 후반에는 마음과 언어의 관계에 대한 새로운 관점이 등장하였고, 이 변화의 중심에는 촘스키의 생성언어학이 있었다. 촘스키는 모든 어린이이 언어의 문법을 습득할 수 있는 선천적인 능력을 지니고 있다고 주장하며, 이를 언어 습득 장치(Language Acquisition Device, LAD) 또는 보편문법(Universal Grammar, UG)이라고 불렀다(Chomsky 2000).

1970년대 후반과 1980년대 초반에는 인지언어학이 등장하여 언어와 인지 간의 밀접한 관계를 탐구하게 되었다(Wilson & Keil 1999: 134). 인지언어학은 촘스키의 언어 습득 철학에 도전하며, 기존의 언어 습득 장치나 보편문법 개념을 반박했다. 이 분야에서는 '언어가 인간의 경험 즉, 비교, 범주화, 패턴 인식 및 혼성'과 어떻게 연결되는지를 강조하고, 언어 구조는 개념적 조직과 환경적 영향을 통해 분석된다(Littlemore 2009: 2).

인지언어학적 접근 방식을 대표하는 저명한 인물로는 조지 레이코프(George Lakoff), 로날드 래내커(Ronald W. Langacker), 렌 타미(Len Talmy) 등이 있다. 이들은 언어 정보를 조직하고 처리하며 전달하는 도구로 보고, 언어 구조를 '개념적 조직, 범주화 원리, 처리 메커니즘, 경험적 및 환경적 영향'의 표현으로 분석했다(Geeraerts & Cuyckens 2007: 3). 인지언어학은 경험주의적 접근 방식을 채택하고 있으며, 경험의 개념은 다음과 같이 이해된다.

> 인간 경험의 총체와 그 안에서 작용하는 모든 요소, 즉 우리의 신체적 본질, 유전적으로 물려받은 능력, 세상에서의 신체적 기능, 사회적 조직 등을 종합적으로 이해하면, 객관주의적 설명에서 무의미하게 여겨지는 많은 것들이 본질적인 것으로 간주된다.
>
> Lakoff 1987: 266

Lakoff(1987)는 경험주의를 옹호하며, 의미를 인지적 본질과 무관하게 다루는 객관주의를 거부했다. 그의 관점에서 의미는 단순한 기호로, 실제 또는 가상 세계의 요소를 지칭하는 단어 간의 관계를 통해 형성된다고 주장했다. 이로 인해 그는 경험주의에 기반한 신체화 가설(Embodiment Hypothesis)을 도입했다. 이 가설에 따르면, 개념적 구조는 신체화에서 발생하며, 이는 '선개념적 신체적 경험과 연결되어 있기 때문에' 의미를 갖는다(Lakoff 1987: 267). 신체화는 인지언어학에서 개념적 은유 이론의 핵심 원리를 이루며(Gibbs 2005), 이 이론은 Lakoff & Johnson(1980)의 『삶으로서의 은유Metaphors We Live By』 이후 많은 관심을 받았다. 이 이론은 사고가 주로 문자적이라는 기존의 견해에 반해 은유적 본질을 강조했다. 그 이후로 인지와 언어 간의 연관성에 대한 연구가 활발히 이루어졌다. 하지만 개념적 은유 이론의 신체화에 대한 의존은 비판을 받기도 했다. Deignan(2005: 22)은 '개념적 은유 이론에서 물리적 경험이 사고에 미치는 영향이 지나치게 과장되고 문화적 요인이 과소평가되고 있다'라고 지적했다. 이로 인해 이론은 문화적 차원을 포함하는 방향으로 수정되었고(Kövecses 2005), 현재 인지, 언어, 문화 간의 상호작용은 인지언어학에서 중요한 연구 주제로 자리잡았다.

3. 속담 연구에 대한 개념적 은유 이론의 기여: 이론적 문제

속담 이해는 개념적 은유 이론 내에서 연구되어 왔으며(Lakoff 1993, Lakoff & Turner 1989), 속담 해석을 위한 한 가지 모형으로 대연쇄 은유(Great Chain Metaphor) 모형이 제시되었다. 이 모형의 핵심 구성요소인 GENERIC IS SPECIFIC(총칭성은 구체성이다) 은유는 하나의 속담이 다양한 상황을 가리킬 수 있도록 하는 구체적 은유이다. Lakoff & Turner(1989: 162)는 이 현상을 설명하기 위해 Blind blames the ditch(맹인이 도랑을 탓하다)의 예를 들었다. 이 속담은 '장님뿐만 아니라 더 넓은 부류의 사람들, 즉 약간의 무능력한 사람들'에 대한 것으로 해석될 수 있다.

이들은 속담 이해의 문제를 해결하기 위해 총칭적 층위의 개념적 은유를 도입했으며(Lakoff & Turner 1989: 162), 그 관점에서 GENERIC IS SPECIFIC(총칭성은 구체성이다) 은유는 속담 해석에서 유용하다고 주장했다.

> 하나의 특정 층위 도식은 근원영역 도식과 동일한 총칭적 층위 구조를 가진 무한히 많은 병렬적 특정 층위 도식에 사상하는 GENERIC IS SPECIFIC(총칭성은 구체성이다) 은유로 이해될 수 있다.

즉, GENERIC IS SPECIFIC(총칭성은 구체성이다) 은유는 하나의 특정 층위 도식 또는 구조를 가진 속담을 해석하는 도구로 사용된다. 예를 들어, Barking dogs seldom bite(짖는 개는 물지 않는다)라는 속담에는 barking(짖다), dogs(개), seldom(않는다), bite(물다)라는 특정 층위의 개념이 포함되어 있다. GENERIC IS SPECIFIC(총칭성은 구체성이다) 은유를 통해 이 속담은 특정 층위에서 해석된다. 즉, barking dogs(짖는 개)는 강하게 논쟁하는 사람을, seldom bite(물지 않는다)는 논쟁하는 행동의 무해함을 의미한다. 이렇게 해서 이 속담의 총칭적 의미, 즉 '강하게 논쟁하는 사람은 당신을 해치지 않는다'라는 메시지를 얻을 수 있다. 이 총칭적 구조는 이 속담이 유사한 총칭 구조를 가진 다양한 상황에서 사용될 수 있도록 해 준다. 예를 들어, 상사가 지각에 대해 강하게 불평하지만, 실제로는 불이익을 주지 않을 때 이 속담을 사용할 수 있다. 이 예는 GENERIC

IS SPECIFIC(총칭성은 구체성이다) 은유가 속담의 특정 층위 구조에서 총칭적 의미를 추출한 후, 유사한 총칭적 구조를 가진 다른 많은 경우에 이 의미를 활용할 수 있음을 보여준다.

Lakoff & Turner(1989: 172)는 동물이나 사물과의 유추를 통해 인간의 특성과 행동을 이해하거나 그 반대로 속담을 이해할 수 있는 대연쇄 은유에 대해 설명했다. 그들은 다음과 같이 주장했다.

> 대연쇄(GREAT CHAIN) 은유는 강력하고 범위가 넓은 도구로, GENERIC IS SPECIFIC(총칭성은 구체성이다) 은유와 연결함으로써 일반적인 인간 특성을 잘 이해된 비인간적 속성의 관점에서 바라볼 수 있게 해 주고, 반대로 잘 이해되지 않은 동물과 사물의 특성을 잘 알려진 인간 특성의 관점에서 이해할 수 있게 한다.

대연쇄 은유는 두 가지 버전, 즉 기본 버전과 확장된 대연쇄로 나타난다. 기본 버전에서는 존재와 사물이 물리적, 정신적 속성에 따라 고차원적 존재가 위쪽에, 물리적 속성이 적은 무생물이 아래쪽에 위치하는 척도로 순위가 매겨진다. 이 척도에 따르면, 존재와 사물의 행동은 다음과 같이 설명된다. '고등 동물은 본능이나 조건에 의해, 하등 동물과 식물은 생물학적 법칙에 의해, 물리적 대상은 물리적 법칙에 의해 행동한다'(Lakoff & Turner 1989: 182). 확장된 버전에서는 우주(신과 우주)가 가장 높은 위치에 있고, 그다음에 사회, 그리고 인간이 위치한다. 사회는 낮은 수준의 존재로 은유적으로 이해된다(ibid.: 204).

레이코프와 터너의 관점에서 대연쇄 은유가 속담을 해석하는 데 적합한 이유는 네 가지 구성요소가 동시에 작용하기 때문이다. 첫째, 양의 원리(Maxim of Quantity)는 이해에 필요한 충분한 정보만 제공하고 그 이상은 제공되지 않도록 보장한다. 둘째, 대연쇄는 개체를 수직적 규모로 조직화한다. 셋째, 사물의 본질(Nature of Things)은 순위가 매겨진 개체의 특성과 행동 간의 관계를 보여준다. 넷째, GENERIC IS SPECIFIC(총칭성은 구체성이다) 은유는 특정 층위의 도식에서 총칭 층위의 구조를 취한다. 이러한 방식으로, 앞서 설명한 바와 같이 속담에 기술된 특정 상황만을 참조하여도 무한한 수의 상황을 은유적으로 이해할 수 있게 된다.

앞서 언급한 Lakoff & Turner(1989)가 제안한 모형은 교차 문화적 인지 관점에서 속담을 다루지 않았기 때문에, 언어와 문화의 차이로 인해 발생하는 변이를 설명하는 데 한계가 있었다. 이는 비유적 의미 해석에 문제를 일으킬 수 있었다(Belkhir 2019, 2014). 따라서 문화 간 은유의 변이를 조사할 수 있는 고급 단계의 연구가 절실히 필요했다. 이러한 요구에 부응하기 위해

Kövecses(2005)는 은유의 보편성과 다양성을 모두 설명하는 문화 인지 이론을 도입했다. 그는 은유의 구성요소인 근원 및 목표영역 개념, 그리고 개념적 사상의 다양성에 대한 문제를 강조했다. 예를 들어, 특정 목표영역 개념이 일부 언어에서는 사용되지만, 다른 언어에서는 사용되지 않는 경우가 있다. 또한, 하나의 목표영역 개념이 두 개의 서로 다른 언어에서 각각 다른 근원영역 개념에 대응하는 사례도 발생할 수 있다. 이러한 사례는 Kövecses(2005: 70)에서 설명한 문화 간 대안적 은유를 잘 보여준다. 그는 은유 내의 개념적 사상이 문화적 요인의 영향을 받아 문화 간 변이의 영향을 받는다고 주장했다. 즉, '특정 개념적 은유를 특징짓는 [사상]은 […] 문화마다 그리고 하위문화마다 다를 수 있다'는 것이다(ibid.: 127).

4. 속담의 문화 간 은유적 변이에 대한 인지적 접근

속담은 문화적 모형 내에서 형성되며, 그 의미는 사용되는 사회문화적 맥락과 밀접하게 관련되어 이해된다(Belkhir 2019). 은유는 일상 언어에서 매우 흔하게 나타나며, 속담도 마찬가지이다. 따라서 은유는 교차 문화적인 인지적 관점에서 탐구할 가치가 있는 흥미로운 실제 언어의 일부로 여겨진다. 앞서 언급한 인지언어학자들의 주장에 따르면, 은유적 변이성에서 인지와 언어 간의 상호작용에서 문화적 차원이 중심적인 역할을 한다. 이 점은 카바일어, 아랍어, 프랑스어, 영어의 일부 동물 관련 속담을 통해 근원영역과 목표영역 사상의 예를 비교하고 대조함으로써 설명될 것이다. 다음 단락에서는 내 주장을 뒷받침하기 위해 제공된 속담 예시를 일부 책과 속담 사전에서 발췌한 것이다(Mensur 2010, Nacib 2009, Manser 2007, Fergusson 2000, Ibrahim 1996, Montreynaud *et al.* 1993, Vigerie 1992, Abd-Essalam & Zaghlul 1988, Qatamish 1988b, Rey & Chantreau 1985, Haji & Al-Akhdar 1981, Wilson 1970). 실용적인 이유로, 논의 전반에 걸쳐 아랍어 예시를 나타내기 위해 로마 문자를 사용하였다.

속담에서 개념적 은유 HUMAN BEHAVIOR IS ANIMAL BEHAVIOR(인간 행동은 동물 행동이다)와 관련된 사상을 살펴보면, DOG BEHAVIOR(동물 행동)의 측면에서 HUMAN BEHAVIOR(인간 행동)의 개념화에서 변이성을 발견할 수 있다. 예를 들어, 아래의 (1), (2), (3), (4) 속담에서 영어, 프랑스어, 아랍어, 카바일어의 모두 동일한 근원 개념인 BARKING(짖다)이 서로 다른 대상 개념에 사상되어 있다.

(1) A good dog barks not in vain. (좋은 개는 헛되이 짖지 않는다)

(2) *On ne peut empêcher le chien d'aboyer ni le menteur*

we not can prevent the dog from to-bark neither the liar

de mentir.

from to-lie

We prevent neither the dog from barking nor the liar from lying (우리는 개가 짖거나 거짓말하는 것을 방지한다)

(3) *kullu kalbin biba:bihi nabba:ḥun.*

every dog at-door-his barking

Every dog barks at his own door (모든 개는 자기 집 문 앞에서 짖는다)

(4) *Yesseglaf wqjun tesεa w tesεin tikwal ɣef qarrus, tis miyya*

he-barks the-dog nine and ninety times on head-his the hundredth

i bab-is.

to master-his

The dog barks ninety-nine times to protect himself and a hundredth's time to protect his master (개는 자신을 보호하기 위해 아흔아홉 번 짖고, 주인을 보호하기 위해 백번 짖는다)

이 변이성을 〈그림 36.1〉에 도식화하면, ADVICE(충고), LYING(거짓말), FALSE COURAGE(거짓 용기), SELFISHNESS(이기심) 등이 동일한 근원 개념인 BARKING(짖다)와 관련하여 개념화된다. 이는 '특정 근원영역이 적용될 수 있는 목표영역 집합'을 의미하는 '은유의 범위'라는 측면에서 설명할 수 있다(Kövecses 2005: 72).

검토할 가치가 있는 추가 사례로, 아래의 영어와 프랑스어 개 속담 (5), (6), (7), (8), (9), (10)에서 근원영역 개념인 HUNTING(사냥)의 사용을 살펴볼 수 있다.

(5) The dog that hunts foulest, hits at most faults. (가장 심하게 사냥하는 개는 가장 많은 잘못을 저지른다)

(6) Many dogs may easily worry one hare. (많은 개가 쉽게 토끼 한 마리를 걱정할 수 있다)

(7) The foremost dog catches the hare. (가장 앞선 개가 토끼를 잡는다)

(8) *Bon chien chasse de race.*

good dog hunts of race

A good dog hunts by nature (좋은 개는 천성적으로 사냥을 잘한다)

(9) *Il n'est chasse que de vieux chiens.*

it not is hunting only of old-PL dogs

Only old dogs hunt well (늙은 개만이 사냥을 잘한다)

근원영역 BARKING (짖기)	목표영역
	GIVING ADVICE(충고하기) [영어]
	LYING(거짓말) [프랑스어]
	HAVING FALSE COURAGE(거짓 용기를 주다) [아랍어]
	BEING SELFISH(이기적임) [카바일어]

〈그림 36.1〉 다른 목표 개념에 BARKING(짖기)을 사상하기

(10) *Les chiens ne chassent pas ensembles.*

the dogs not hunt not together

Dogs do not hunt together (개는 함께 사냥하지 않는다)

(5), (6), (7)은 그레이하운드와 같은 개를 사용하여 토끼를 사냥하고, 가장 먼저 토끼를 잡은 개가 우승하는 대회에 참가하는 영국의 전통 문화적 관습에서 유래했다(Belkhir 2012). 이 속담에서 HUNTING(사냥)은 다음과 같은 목표 개념에 사상된다. BEHAVING BADLY(나쁘게 행동하는 것), WORRYING A PERSON(사람을 걱정하는 것), BEING THE FIRST(첫 번째인 것)이다. 반면, (8), (9), (10)은 프랑스어에서 HUNTING(사냥)이 다른 목표 개념인 INHERITING PARENTS' QUALITIES(부모의 자질을 물려받는 것), EXPERIENCE(경험), DISAGREEMENT(의견 불일치)에 사상되는 것을 보여준다. 또한, 아랍어와 카바일어 속담에서는 영어와 프랑스어처럼 HUNTING(사냥)이라는 개념이 포함된 속담이 없는 것으로 나타났다. 이는 문화 간의 차이 때문일 가능성이 높다.

동물 관련 개념적 사상에서 목표 개념인 HUMILIATION(굴욕)의 사용에서도 변이성이 관찰된다. 아래의 (11), (12), (13), (14), (15), (16), (17)에서 볼 수 있듯이, 이 감정 개념은 아랍어 속담에서 특히 현저하게 나타난다.

(11) *Huwa fi: mazjari 'al-kalbi.*

he in niche the-dog

He is in the dog's niche (그는 개 사이에 있다)

(12) *'aṣbaru 'ala: 'al-hawni min kalbin.*

more-patient on the-humiliation than dog

He is more patient in humiliation than a dog (그는 개보다 더 굴욕을 참을 줄 안다)

(13) *Jawi' kalbaka yatba'ka.*

do-not-feed dog-your he-follows-you

If you want your dog to follow you, do not feed him (개가 당신을 따르기를 원한다면, 먹이를 주지 마시오)

(14) *'aḥabba 'ahli 'al-kalbi 'ilayhi xa:niquhu.*

more-loved masters the-dog to-him strangler-him

The dog loves a strangler better than his masters (개는 주인보다 교살자를 더 좋아한다)

(15) *Huwa 'aḏallu min ḥima:rin muqayyadin.*

he more-humiliated than ass tied

He is more humiliated than a tied ass (그는 묶인 당나귀보다 더 굴욕적이다)

(16) *Fulan jamalu 'a-ssiqa:ya.*

he camel water-drawing

He is a camel used for drawing water (그는 물을 끌어오는 데 사용되는 낙타이다)

(17) *Huwa 'aḏallu min ba'i:ri saniya.*

he more-humiliated than camel water-drawing

He is more humiliated than a water-drawing camel (그는 물을 끌어오는 낙타보다 더 굴욕적이다)

네 개의 속담 (11), (12), (13), (14)에서는 HUMILIATION(굴욕)이 DOG(개)에 사상되어 있으며, (15)에서는 ASS(당나귀), (16), (17)에서는 CAMEL(낙타)에 사상되어 있다. 이러한 목표영역 개념의 사용은 문화적인 기원을 가지고 있다. 역사적으로, 일부 아랍 부족은 부와 많은 수의 남성 구성원 덕분에 다른 부족보다 더 강력했다. 반면, 다른 부족들은 힘없고 강력한 집단에 의해 지배당했다. 이 힘없는 사람들은 권력자들이 행하는 과도한 불평등과 불공정으로 인해 고통받았다

(Qatamish 1988a: 318). 이러한 상황은 힘없는 공동체에서 굴욕감을 낳았으며, 권력과 지배력은 전통을 만들어냈다. 예를 들어, 강력한 부족과 힘없는 부족이 물가나 샘에서 만나면, 강력한 그룹의 구성원이 먼저 물을 길어 동물에게 마시게 하는 전통이 생겼다. 힘없는 그룹의 구성원은 나중에 물을 떠서 동물에게 마시게 되는 것이 허용되었다. 이 문화적 현상은 굴욕감을 전달하는 낙타 속담에서 잘 나타난다.

반면, 카바일어 속담에서는 이 감정 개념이 개, 당나귀, 낙타와 관련된 속담에서는 사용되지 않고, (18)과 같이 원숭이에 대한 속담에서 나타난다.

(18) *Ibeddel ṣṣifa am yiddew.*

he-changed face like the-monkey

His face has changed like that of a monkey (그의 얼굴이 원숭이처럼 변했다)

프랑스어와 영어에서 굴욕은 동물과 관련된 속담의 특징이 아니다. 따라서 동물 관련 근원영역 개념이 목표영역 개념인 HUMILIATION(굴욕)에 사상되지 않는다는 점이 주목할 만하다. Kövecses(2005: 70)에 따르면, "언어와 문화에 따라 특정 목표영역의 개념화에 사용할 수 있는 개념적 은유의 범위(또는 더 정확하게는 근원영역의 범위)에 차이가 있을 수 있다. 이는 감정 개념을 목표로 삼을 때 흔히 일어나는 일이다". 이 설명은 영어, 프랑스어, 아랍어, 카바일어 속담에서 HUMILIATION(굴욕)을 목표로 사용할 때 이러한 차이가 발생하는 것을 정당화하는 데 도움이 된다.

특히 아랍어에서는 개와 관련된 개념에 CUPIDITY(자만심)나 MISERLINESS(비참함)와 같은 추가 목표가 사용되지만, 카바일어, 영어 또는 프랑스어에서는 이러한 개념이 나타나지 않는다. 아래의 (19), (20), (21), (22), (23), (24) 아랍어 개 속담은 이러한 목표 개념이 사상되는 방식의 예시로, 각 속담이 어떻게 자만심이나 비참함과 관련된 감정을 표현하는지를 잘 보여준다.

(19) *Huwa 'abxalu min kalbin.*

he more-miserly than dog

He is more miserly than a dog (그는 개보다 더 비참하다)

(20) *Huwa 'aḥraṣu min kalbin.*

he more-eager than dog

He is more eager than a dog (그는 개보다 더 열심이다)

(21) *Huwa 'anhamu min kalbin.*

he more-insatiable than dog

He is more insatiable than a dog (그는 개보다 욕심이 더 많다)

(22) *Huwa 'ajša'u min kalbin.*

he more-greedy than dog

He is more greedy than a dog (그는 개보다 욕심이 더 많다)

(23) *Huwa 'abxalu min kalbin 'ala" ji:fatin*

he more-miserly than dog on carcass-FEM

He is more miserly than a dog on a carcass (그는 시체 위의 개보다 더 비참하다)

(24) *Huwa 'abxalu min kalbin 'ala: 'irqin.*

he more-miserly than dog on meaty-bone

He is more miserly than a dog on a meaty bone (그는 고깃덩어리 위의 개보다 더 비참하다)

이 현상은 문화적 특수성의 측면에서 해석할 수 있다. Qatamish(1988a: 322)는 아랍 사회에서 자만심과 비참함에 대한 비난이 널리 퍼져 있다는 점을 강조한다. 아랍인들은 이러한 행동을 자만심과 비참함으로 여기는 경향이 있으며, 개는 매우 탐욕스러운 동물로 개념화된다. 이러한 이유로 자만심과 비참함과 관련된 목표 개념이 개 속담에서 압도적으로 많이 사용되는 것이다.

당나귀와 관련된 속담을 살펴보면, 문화 간 차이를 더욱 뚜렷하게 알 수 있다. 당나귀의 무리동물이라는 특성은 카바일어, 프랑스어, 영어에서는 사용되지만, 아랍어 속담에서는 나타나지 않는 것으로 보인다. 아래 속담 (25), (26), (27), (28), (29), (30), (31)에서는 근원 개념인 BEING LADEN(짐을 지다) 또는 CARRING A BURDEN(짐을 나르다)이 사상을 특징짓는다.

(25) An ass endures his burden, but not more than his burden (당나귀는 자기 짐을 견디지만, 자기 짐보다 더 많은 짐을 견디지 못한다)

(26) An ass laden with gold climbs to the top of the castle (금을 실은 당나귀가 성 꼭대기에 올라간다)

(27) The ass loaded with gold still eats thistles (금을 실은 당나귀는 여전히 엉겅퀴를 먹는다)

(28) *Un âne chargé ne laisse pas de braire.*

an ass loaded not let not of brays

A loaded ass won't bray (장전된 당나귀는 으르렁거리지 않는다)

(29) *Tous les ânes ne portent pas sac.*

all the asses not carry not bag

Not all asses carry a bag (모든 당나귀가 가방을 들고 다니는 것은 아니다)

(30) *Aɣyul n leḥbas εebbi w rkeb fellas.*

ass of community load and ride on-him

The religious community's ass, you can load and ride it (종교계는 당나귀에 짐을 싣고 타도 된다)

(31) *Aɣyul menwala iεebbi fellas.*

ass anyone he-load on-him

Anyone can use the ass for loading (누구나 짐을 싣기 위해 당나귀를 사용할 수 있다)

영어 속담 (25), (26), (27)에서 나타나는 근원 개념인 ENDURING MORE THAN HIS BURDEN(자신의 짐보다 더 많은 것을 견뎌내다)과 BEING LADEN WITH GOLD(금으로 가득 차 있다)는 사회문화적 맥락에서 중요한 의미를 지니고 있다. 프랑스 속담 (28)과 (29)에서도 BEING LADEN(짐을 지다)라는 개념이 사용되며, 카바일어 속담 (30)과 (31)에서는 BEING LADEN AND BEING RIDDEN(짐을 싣고 타다)이라는 특징이 있다. 이러한 현상은 영어, 프랑스어, 카바일어 화자들이 당나귀를 무리 동물로 활용하는 사회문화적 환경에서 비롯된다. 당나귀를 짐을 나르는 중요한 역할을 하므로, 이와 관련된 개념들이 속담에 자주 등장하는 것이다(Summers 2005, Montreynaud *et al*. 1993, Camps *et al*. 1988). 반면, 아랍어 속담에서는 BEING LADEN(짐을 지다) 또는 CARRYING A BURDEN(짐을 나르다)라는 근원개념이 나타나지 않는다. 이는 아랍인들이 낙타를 주로 사용하기 때문이다. 낙타는 장거리 여행이나 짐을 나르는 다양한 용도로 더 많이 활용되므로, 당나귀와 관련된 속담이 상대적으로 적은 것이다(Qatamish 1988a: 406). 이러한 이유로 아랍어 속담에는 BEING LADEN(짐을 지다)라는 개념이 포함되지 않는 것이다.

당나귀와 관련된 속담에서 문화별 사상의 다양한 사례가 드러난다. 영어, 프랑스어, 아랍어, 카바일어 속담에는 이 동물과 관련된 여러 고유한 근원영역 개념이 존재하며, 이는 아래 속담 (32), (33), (34), (35)에서 확인할 수 있다.

(32) Every ass thinks himself worthy to stand with the king's horses (모든 당나귀는 왕의 말과 함께 서 있을 자격이 있다고 생각한다)

(33) *Les ânes parlent Latin*

the asses speak Latin

Asses speak Latin (당나귀는 라틴어를 말한다)

(34) *La: ya'ba: 'al-kara:mata illa: ḥima:run*

not refuse hospitality-FEM only ass

Only an ass refuses hospitality (오직 당나귀만이 환대를 거절한다)

(35) *I yezra Rebbi deg wɣyul yeksas acciwen.*

that he-knows Allah in the-ass he-removed-him horns

The ass has been deprived of horns because of his nature (당나귀는 그의 본성 때문에 뿔을 박탈당했다)

영어 속담 (32)에서는 근원 개념인 WORTHY TO STAND WITH THE KING'S HORSES(왕의 말과 함께 서기에 합당)가 목표 개념인 EQUALITY OF THE GREAT AND THE LOWLY(위인과 비천한 자의 평등)에 사상되어 있다. 이 사상은 영국의 군주제 시스템과 관련이 있어 문화적으로 깊이 뿌리내린 사상이다. 유사하게, 프랑스어 속담 (33)은 고대 프랑스의 사회문화적 유산에서 비롯된 것으로, 라틴어가 프랑스의 귀족, 지식인, 그리고 교양 있는 사람들의 언어였기 때문에 근원 개념인 ASSES SPEAKING LATIN(당나귀가 라틴어를 말하기)이 목표 개념인 IGNORANCE(무지)에 사상된다. 속담 (34)에서는 목표 개념인 REFUSING HOSPITALITY(환대를 거절하기)가 아랍 사회에서 환대를 중시하는 문화적 맥락과 연결되어 있으며, 이는 ASS(당나귀)라는 개념에 대한 은유로 사상된다(Qatamish 1988a). 카바일어 속담 (35)에서 근원영역 개념인 DEPRIVED OF HORNS(뿔을 박탈당하기)는 당나귀가 스스로 강력하다고 믿어 뿔을 가졌다고 생각했던 이야기에서 유래한다. 결론적으로, 이 네 가지 속담에 담긴 사상을 특징짓는 문화적 특수성은 특정 영어, 프랑스어, 아랍어, 카바일어의 '사회사'에 의해 형성된 차별적 경험을 반영하며, 이는 은유의 변형을 초래하는 중요한 용인이다. 이러한 요인은 '사회/문화, 집단 또는 개인의 과거에 발생한 크고 작은 사건'을 포함하며, 이를 '역사 기억'(Kövecses 2005: 241)이라고 부른다. 이는 사회 집단 구성원들이 공유하는 무의식적으로 기억된 구조로 간주되며, 이러한 집단적 역사는 언어로 부호화되기도 한다. 사회 역사를 비교하면, 위에서 설명한 것처럼 언어 및 문화에 따른 개념적 은유와 그 구성요소의 변화를 명확히 이해할 수 있다.

소와 관련된 속담은 개념적 사상 내에서 문화 간 변이에 대한 유사한 영향을 보여주는 추가적인 증거를 제공한다. 아래의 예시 (36), (37), (38)에서처럼, 영어 속담에서 소는 노인의 WISDOM(지혜)과 EXPERIENCE(경험)으로 사상되는 상징적인 대상이다.

(36) The ox when weariest treads surest. (가장 피곤할 때 소는 가장 확실하게 밟는다)
(37) An old ox makes a straight furrow. (늙은 소는 곧은 고랑을 만든다)
(38) An old ox will find a shelter for himself. (늙은 소는 스스로 은신처를 찾는다)

특히 (37)은 (39)에서 설명된 것처럼, 프랑스어에서도 유사한 사상을 담고 있다.

(39) *Vieux boeuf fait sillons droit.*
old ox make furrows straight
An old ox makes straight furrows (늙은 소는 곧은 고랑을 만든다)

이러한 소와 관련된 속담의 발생은 영국과 프랑스의 사회사, 특히 산업혁명 이전 시대에 소가 경제에서 중요한 역할을 했던 사실과 관련이 있다. 카바일어에서도 소는 중요한 경제적 자원으로, 번영의 수단으로 여겨졌다(Nacib 2009: 93). 카바일어의 경제생활은 주로 농업에 의존했으며, 이로 인해 WORK(일), PRODUCTION(생산), ACHIEVEMENT(성취)와 같은 추상적 개념이 소의 특징으로 개념화되었다. 그러나 영국의 소 속담이 노인의 WISDOM(지혜)과 EXPERIENCE(경험)을 강조하는 반면, 카바일어 속담은 BROTHERHOOD(형제애)라는 목표 개념을 부각한다. 이는 아래의 (40), (41), (42)에서 확인할 수 있다.

(40) *Tagmatt hatt ɣer yezgaren, ɣer yiwen uzaglu a yeqqnen.*
Brothehood-FEM is to the-oxen to one yoke that yoked-they
Brotherhood characterizes oxen, they are yoked in one yoke (형제애는 소의 특징이며, 그들은 하나의 멍에를 메고 있다)
(41) *A yazger anwi i d gmak? Yenna yas d win* Hey the-ox who that PART brother-your he-said to-him PART the-one

wid. *kerzaɣ.*

with-PART plow-I

Hey you ox, who is your brother? He said: the one whom I plough with (이봐, 너 황소야, 네 형제가 누구니? 그가 말했다. 내가 함께 쟁기질하는 그 녀석)

(42) *Azger yaɛqel* *gmas.*

ox he-recognizes brother-his

The ox knows his brother (소는 그의 형제를 안다)

형제애와 연대는 카바일어의 사회적 역사를 특징짓는 규범과 가치로, 이는 카바일어 사람들의 집단적인 사회 기억의 일부로 지속적으로 장려되고 있다(Nacib 2009: 60-64). 이러한 가치관은 위에서 언급한 속담 (40), (41), (42)에서 사상의 개념적 구조화에 영향을 미쳤다. 여기서 BROTHERS YOKED TOGETHER(함께 멍에를 멘 형제)은 SOLIDARITY(연대), ALLIANCE(동맹)를 의미하고, BROTHERS PLOWING TOGETHER(함께 쟁기질하는 형제)은 FRIENDS WORKING TOGETHER(함께 일하는 친구)에 사상된다. 마지막으로 RECOGNIZING A BROTHER(형제를 알아보다)는 KEEPING COMPANY(회사를 유지하다), 또는 SOMEONE HAVING SIMILAR INTERESTS(비슷한 관심사를 가진 사람)과 관련된다. 아랍 사회의 역사 역시 이러한 맥락에서 이해될 수 있으며, 아래 속담 (43)의 존재로 이어진다.

(43) *ṯawru kila:bin fi: 'ariha:ni 'aq'adu.*

ox Kilab in the-race sitting-down

Kila:b's ox is slow in the race (킬라브의 소는 경주에서 느리다)

(43)은 자신의 소가 경주에 능하다고 믿었던 Kila:b 'ibn Rabi:'a 'ibn 'amer라는 인물에 대한 이야기이다(Ibrahim 1996: 141). 이러한 아랍 사회의 상황은 속담에서 BEING SLOW(느림)이 INABILITY TO ACT(행동하지 못하다)라는 개념적 구조를 형성하는 데 기여했다.

5. 미래 방향

인지언어학과 속담에 대한 설명을 바탕으로, 이 장에서는 인지언어학적 관점에서 속담 연구를 위한 몇 가지 권장 사항을 제시하고자 한다. 속담은 인간의 인지, 자연스러운 언어 사용, 그리고 문화 간의 긴밀한 연관성을 탐구하기 위해 추가적인 연구가 필요하다. 이러한 연구가 대규모 교차 문화적 맥락에서 이루어진다면, 보다 유의미한 결과를 도출할 수 있을 것이다. 즉, 조사에 포함되는 언어의 수가 많아질수록 결과의 정확성과 신뢰성이 높아질 것이다. 특히, 속담에서 문화적으로 연관된 항목 중 하나는 감정 개념이다. 예를 들어, 굴욕감, 자존심, 분노 등의 감정이 어떻게 동물과 관련된 근원영역 개념에 사상되는지를 연구하는 것이 중요하다.

6. 결론

이 장에서는 인지언어학을 조사하고, 특히 개념적 은유 이론에 초점을 맞춰 속담 연구와 관련된 인지언어학의 연관성을 탐구했다. 초기 형태의 개념적 은유 이론이 지닌 몇 가지 한계를 언급한 후, 은유 연구에서 문화적 차원을 설명하는 보다 최신 접근법인 문화 인지 이론을 논의했다. 속담은 이 이론 내에서 문화 간 관점에서 충분히 연구되지 않은 실제 데이터를 대표하므로, 이 장에서는 이러한 한계를 보완하기 위해 속담 처리에 대한 문화 인지적 접근을 제안할 기회를 가졌다.

인간 행동을 개념적으로 사상하는 방식에 대한 문화 간 비교 연구를 통해, 동물 행동의 개념적 은유를 분석한 결과 영어, 프랑스어, 아랍어, 카바일어 속담에서 근원영역과 목표영역 개념의 사용에 차이가 있음을 확인했다. 이러한 차이는 동물의 개념화에 대한 문화적 영향이 네 개 언어 속담의 문화별 개념적 사상으로 이어지는 것과 관련하여 설명되었다. 이는 동물에 대한 문화적 인식 모형과 해당 사회의 문화적 맥락 사이의 상호작용을 반영한다.

전반적으로 이 연구는 인지언어학적 관점에서 속담을 연구하는 데 관심이 있는 연구자들에게 유용한 데이터를 제공하며, 인지언어학에서 속담을 분석할 때 인지적 교차 문화적 접근의 중요성을 강조하는 데 기여했을 것으로 기대된다. 그럼에도 불구하고 인지언어학과 속담에 대한 포괄적인 시각을 제공하기 위해서는 더 많은 대규모 연구가 필요하다는 점은 분명하다.

더 읽을거리

Belkhir, S. (2012). Variation in source and target domain mappings in English and Kabyle dog proverbs. In S. Kleinke, Z. Kövecses, A. Musolff, & V. Szelid (Eds.), *Cognition and culture: The role of metaphor and metonymy* (pp. 213-227). Budapest: Eötvös University Press. (이 장에서는 영어와 카바일어 속담에서 인간 행동을 은유로 표현하는 다양성을 살펴보며, 언어 간의 유사성보다 문화적 특수성이 더 큰 차이를 초래한다는 점을 강조한다. 또한, 속담의 주된 의미 초점이 긍정적 또는 부정적 의미와 어떻게 연결되는지를 탐구한다.)

Belkhir, S. (2014). Cultural influence on the use of DOG concepts in English and Kabyle proverbs. In A. Musolff, F. MacArthur, & G. Pagani (Eds.), *Metaphor and intercultural communication* (pp. 131-145). London: Bloomsbury. (이 연구에서 개와 관련된 문화적 영향을 분석하여, dog과 *aqjun*의 사용 방식 및 그들이 표현하는 사건과 상황의 종류를 조사한다. 이를 통해 문화적 배경이 어떻게 개념화를 형성하는지를 드러낸다.)

Belkhir, S. (2019). Animal-related concepts across languages and cultures from a cognitive linguistic perspective. Cognitive Linguistic Studies, 6(2), 295-324. https://doi.org/10.1075/cogls.00042.bel (이 연구는 영어, 프랑스어, 아랍어, 카바일어 속담 샘플에서 사용된 일부 동물 관련 개념에 대한 교차문화적 인지 연구를 제공한다. DOG(개), LION(사자), ASS(당나귀), HORSE(말), CAMEL(낙타), OX(소)와 같은 개념이 특정 문화적 맥락과 문화적 모형에 따라 어떻게 의미화되는지를 탐구한다. 이를 통해 각 동물 개념의 주요 의미 초점이 어떤 문화적 배경에서 형성되는지를 보여주며, 동물의 다양한 위계적 분류 방식을 제시한다.)

Belkhir, S. (Ed.). (2020). *Cognition and language learning*. Newcastle upon Tyne: Cambridge Scholars Publishing. (이 책은 은유의 생성, 지각, 사용에 있어 문맥의 영향에 대한 문제를 다룬다. 특히 언어와 문화의 상호작용을 설명하는 문화적 인지 이론의 원리를 구체화하며, 은유적 의미 형성이 물리적, 사회적, 정신적 환경에 따라 어떻게 달라지는지를 보여준다.)

Kövecses, Z. (2015). *Where metaphors come from. Reconsidering context in metaphor*. Oxford: Oxford University Press. (이 책은 은유의 생성, 지각, 사용에 있어 문맥의 영향을 다루고 있다. 또한, 언어와 문화의 상호작용에 관한 문화적 인지 이론의 원리를 구체화하며, 은유적 의미 형성이 물리적, 사회적, 정신적 환경에 따라 어떻게 달라지는지를 보여준다.)

Kövecses, Z. (2020). *Extended Conceptual Metaphor Theory*. Cambridge: Cambridge University Press.

Sharifian, F. (2011). *Cultural conceptualizations and language*. Amsterdam and Philadelphia: John Benjamins. (이 책은 문화적 개념화, 문화적 인지, 언어에 대해 심도 있게 조사한다. 인지심리학, 인지언어학, 인지인류학, 분산 인지, 복잡성 과학, 인류학적 언어학 등 다양한 과학 분야를 바탕으로 언어와 개념화, 문화 간의 상호작용을 강조한다.)

Sharifian, F. (Ed.). (2015). *The Routledge handbook of language and culture*. Abingdon: Routledge. (이 책은 언어와 문화 간의 연관성에 대한 다양한 분야의 연구를 다룬다. 각 장은 인지심리학, 인지언어학, 인지인류학 등 여러 이론적 배경을 기반으로 하여, 언어적 현상과 문화적 맥락의 상호작용을 심층적으로 탐구한다.)

제4부
인지언어학의 새로운 방향

제37장
언어의 인지신경과학

약어

IFG(Inferior Frontal Gyrus)-하전두이랑, SFG(Superior Frontal Gyrus)-상전두이랑, MFG(Middle Frontal Gyrus)-중전두이랑, PMC(Prefrontal Cortex)-운동앞피질, STG(Superior Temporal Gyrus)-상측두이랑, prCG(Precentral Gyrus)-전중심이랑, poCG(Postcentral Gyrus)-후중심이랑, MTG(Middle Temporal Gyrus)-중측두이랑, ITG(Inferior Temporal Gyrus)-하측두이랑, AG(Angular Gyrus)-각이랑, FG(Fusiform Gyrus)-방추이랑, MOG(Middle Occipital Gyrus)-중후두이랑, PHG(Parahippocampal Gyrus)-해마상이랑, SMG(Supramarginal Gyrus)-상두정회, CiG(Cingulate Gyrus)-대상회, RSC(Retrosplenial Cortex)-후대상피질, STS(Superior Temporal Sulcus)-상측두고랑, SFS(Superior Frontal Sulcus)-상전두고랑, ATL(Anterior Temporal Lobe)-전측두엽, IPS(Intraparietal Sulcus)-두정내고랑, IPL(Inferior Parietal Lobule)-하두정소엽, PFC(Prefrontal Cortex)-전전두피질, DM(Dorsal Medial)-배내측, VM(Ventral Medial)-복내측, LIFC(Left Inferior Frontal Cortex)-좌측 하측전두피질, OTS(Occipitotemporal Sulcus)-후두측두고랑, OTC(Occipitotemporal Cortex)-후두측두피질, ILF(Inferior Longitudinal Fasciculus)-하세로다발, IFOF(Inferior Fronto-Occipital Fasciculus)-섬유다발, AF(Arcuate Fasciculus)-궁상다발, p(Posterior)-후방, a(Anterior)-전방, v(Ventral)-복측, BA(Brodmann Area)-브로드만 영역.

1. 도입

언어의 신경학적 기초에 대한 연구는 신경심리학과 인지신경과학 분야의 발전과 깊은 연관이 있으며, 실제로 이들 분야 발전의 원동력이 되었다. 19세기 말과 20세기 초의 신경학자들은 뇌에서의 언어 처리에 대한 최초의 통찰을 제공하였다. 그들은 뇌 영역에서 일정 수준의 기능적 특수화가 존재할 가능성을 보여주었다. 특히, 언어 관련 손상을 겪은 환자들의 연구는 폴 브로카(Paul Broca), 칼 베르니케(Carl Wernicke), 루드비히 리히트하임(Ludwig Lichtheim)이 대표적이며(Levelt 2013), 이후 1960년대와 1970년대에 노만 게슈빈트(Norman Geschwind) 등이 이 연구를 확장하여 언어 처리의 고전적 모형을 확립했다.

1860년대에 브로카는 심각한 언어 산출 결함을 가진 두 명의 환자를 보고했다. 한 환자는 단음절 tan만을 발화할 수 있었고, 다른 환자는 5음절을 발화할 수 있었다. 그럼에도 불구하고 브로카는 이들이 언어 이해력은 양호하다고 추정했다. 환자들이 사망한 후, 브로카는 이들의 뇌를 검사하여 좌측 하전두이랑(pIFG)에 병변이 있음을 발견했는데, 이 부위는 주로 피개부(pars opecularis)와 삼각부(pars triangularis), 즉 브로드만 영역 44와 45에 해당하지만, 백질과 주변 영역까지 확장되어 있었다. 이 부위는 이후 '브로카 영역(Broca's area)'으로 알려지게 되었다. 1874년, 베르니케는 새로운 유형의 언어 손상을 보고했다. 이 장애는 언어 이해의 손상, 유창하지만 비일관적인 발화, 잦은 음운 왜곡, 그리고 반복 능력의 결함으로 특징지어졌다. 베르니케가 처음 보고한 병변은 매우 광범위한 영역을 포함했는데, 상측두이랑(STG)과 중측두이랑(MTG)의 대부분, 그리고 상두정회(SMG)와 각이랑(AG)의 일부까지 포함되었다. 그럼에도 불구하고 시간이 지나면서, '베르니케 영역(Wernicke's area)'이라는 용어는 후방 상측두이랑(pSTG)과 그 주변 피질을 가리키는 것으로 사용되었다(Binder 2017). 이 두 영역의 범위는 항상 불명확했으며, 특히 베르니케 영역은 그러하다(Tremblay & Dick 2016). 〈그림 37.1a〉는 이 영역의 위치에 대한 주요 견해들을 보여준다.

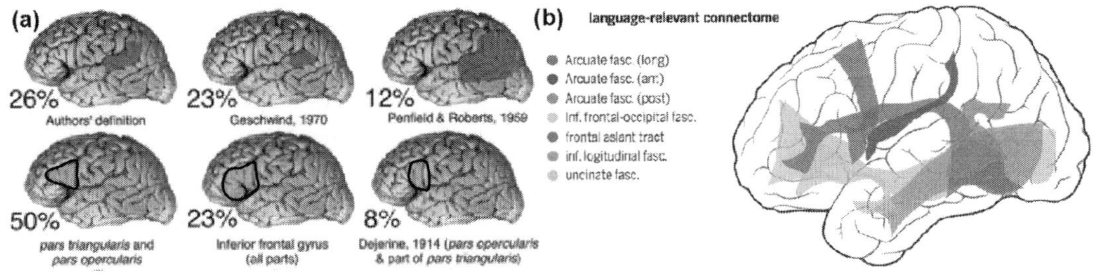

〈그림 37.1〉 (a) '베르니케 영역'(상단)과 '브로카 영역'(하단)에 대한 정의를 지지하는 응답자의 백분율로, 가장 많이 지지된 세 가지 정의가 제시되어 있다. (b) 주요 언어 관련 백질 경로. 표시되지 않은 중요한 경로로는 중세로다발(middle longitudinal fasciculus, MLF)이 있는데, 이는 전측두엽(ATL)과 각이랑(AG)을 연결한다.

출처: (a) Tremblay & Dick(2016)에서 수정, (b) Hagoort(2019)에서 수정

이러한 발견에 기초하여, 고전적 모형은 언어 기능을 두 가지 주요 영역으로 제한하였다. 브로카 영역은 '발화 산출(speech production)'을 담당하고, 베르니케 영역은 '발화 이해(speech comprehension)'를 담당하는 것으로 간주되었다. 전두엽과 측두엽 영역은 궁상다발(arcuate fasciculus)에 의해 연결되며, 발화 산출과 이해를 위한 엄격한 분업 구조를 가진다고 여겨졌다. 그러나 지난 30년 동안 신경 영상, 병변 연구, 뇌 자극 기법을 활용한 연구들은 훨씬 더 복잡한 양상을 보여주었으며, 이로 인해 이러한 고전적 모형은 대체로 더 이상 유효하지 않다고 간주된다. 이 모형의 한계점은 다음과 같다. 연구에 따르면 언어 관련 피질은 훨씬 더 광범위하며, 하두정소엽(Inferior Parietal Lobule), 상두정엽의 일부, 측두엽의 넓은 영역, 그리고 피개부와 삼각부를 넘어서는 전두엽 구조를 포함한다. 또한, 피질하 영역과 소뇌(cerebellum)도 많은 언어 기능에서 중요한 역할을 한다. 언어에 관여하는 연결망은 궁상다발보다 훨씬 광범위하며, 다수의 백질 경로들을 포함한다(〈그림 37.1b〉). 또한 언어 처리는 고전적 모형이 언어를 좌뇌에만 국한시킨 것과 달리 양반구적(bilateral) 특성을 가진다. 마지막으로, 전통적인 브로카 영역과 베르니케 영역은 해부학적·기능적으로 모두 불분명하다. 단순히 경계가 합의되지 않아 용어가 모호한 수준이 아니라(Tremblay & Dick, 2016), 이 영역들이 일관된 기능적 단위를 이루지 않는다는 점이 문제이다. 브로카 영역과 베르니케 영역을 각각 발화 산출과 이해의 '중심지'로 보는 개념 자체가 실제로는 유용하지 않으며, 여러 독립된 기능들을 뒤섞어 혼란을 초래한다. 따라서 현재 많은 연구자들은 이러한 개념과 용어 사용을 시대에 뒤떨어진 것으로 간주한다. 그보다는 좌측 하전두피질, 브로드만 영역 44, 후방 상측두이랑과 같은 구체적 해부학적 명칭을 사용하고, 이를 음운 저장, 어휘 선택 등과 같은 기능적 측면에서 논의하는 것이 훨씬 더 생산적이다.

여기에서는 언어의 신경학적 기초의 몇 가지 주요 측면을 간략히 개관하며, 특히 뇌영상 연구

와 병변 연구에서 얻어진 관점을 중심으로 살펴본다. 그러나 이 개관에서 생략된 중요한 내용들도 있다. 예를 들어, 처리 과정의 시간적 양상을 밝히는 데 기여한 뇌전도(EEG) 연구, 그리고 형태론, 수어, 담화 처리, 다언어성(multilingualism), 언어 발달 등에 관한 논의는 여기서는 다루지 않는다.

2. 실어증

실어증(Aphasia)은 뇌 손상으로 인해 후천적으로 나타나는 언어 결손이다. 전체 뇌졸중 생존자의 약 20~40%가 실어증을 겪는다. 외상성 뇌손상이나 종양과 같은 다른 뇌 질환도 이 증후군을 유발할 수 있다. 실어증의 또 다른 주요 원인은 진행성 신경퇴행성 질환이다.

2.1 고전적 실어증

언어 결손은 매우 다양한 양상과 복잡한 방식으로 나타날 수 있다. 이러한 복잡성을 단순화하기 위해 여러 분류 체계, 즉 증상군(syndrome)이 제안되어 왔다. 가장 널리 사용되는 실어증 분류는 유창하게 말하기, 발화 이해하기, 단어나 구 반복하기의 세 가지 핵심 능력에 기반한다. 〈그림 37.2〉는 이 방법을 통해 구분된 8가지 고전적 실어증을 보여준다. 여기에는 비유창성 실어증(nonfluent aphasia, 브로카 실어증이라고도 불림), 유창성 실어증(fluent aphasia, 베르니케 실어증이라고도 불림), 전도성 실어증(conduction aphasia), 이름실어증(anomic aphasia), 초피질운동실어증(transcortical motor aphasia), 초피질감각실어증(transcortical sensory aphasia), 혼합성 초피질실어증(mixed transcortical aphasia), 전반성 실어증(global aphasia)이 포함된다. 발화 산출 과정에서 환자들에게 흔히 나타나는 결손 현상은 언어착어(paraphasia)와 이름실어(anomia)이다. 언어착어는 올바른 단어 대신 잘못된 단어를 대체하는 것으로, 오류 유형에 따라 환자가 가진 손상의 성격을 알 수 있다. 예를 들어, 음소착어(phonemic paraphasia)는 잘못된 음소를 대체하기도 하고(예: telephone 대신 tephelone), 의미착어(semantic paraphasia)는 음운적으로는 무관하지만, 의미적으로 연관된 단어를 말한다(예: apple 대신 orange). 신어착어(neologistic)는 전혀 무관한 비단어를 사용한다(예: shirt 대신 japker). 이름실어는 실어증에서 가장 흔한 증상으로, 지속적인 단어 찾기(word-finding) 어려움으로 특징지어진다. 환자들은 표현하려는 개념에 대한 이해는 가지고 있으나(예: 칫솔을 어떻게 사용하는지 몸짓이나 설명으로는 보여줄 수 있음), 해당 단어(toothbrush) 자체를 떠올릴 수 없는 경우가 많다. 또한, 읽기 장애(alexia)와 쓰기 장애(agraphia)는 이러한 언어 관련 결손과 항상은 아니지만, 자주 동반된다.

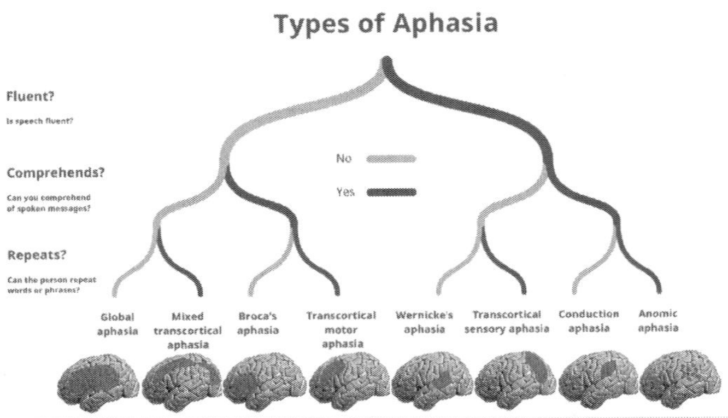

〈그림 37.2〉 실어증의 분류와 관련된 병변 부위. 이 분류는 유창하게 발화를 산출할 수 있는 능력, 발화를 이해할 수 있는 능력, 단어나 구를 반복할 수 있는 능력의 세 가지 기준에 기반한다. 여기서 Yes는 결손이 거의 없거나 전혀 없음을 의미하고, No는 결손이 있음을 의미한다. 병변 부위는 집단 평균에서 '전형적' 혹은 흔히 관찰되는 위치를 제시한 것이지만, 특정 유형의 실어증을 일으키는 데 있어 필요조건도 충분조건도 아님을 유의해야 한다.

출처: 이미지 제공(www.aphasia.org.)

이러한 증후군을 유발하는 병변이 흔히 발견되는 영역들은 〈그림 37.2〉에 제시되어 있다. 그러나 이러한 영역들은 '일차적 근사치(first approximations)'로 이해되어야 하며, 해당 실어증을 일으키는 데 있어 필수적이거나 충분한 영역으로 간주해서는 안 된다. 이는 각 실어증과 관련된 병변 위치가 크게 달라질 수 있기 때문이다. 예를 들어, 좌측 하전두이랑(pIFG)은 비유창성 실어증과 자주 관련되는 부위이지만, 그것이 필수적이거나 충분한 조건은 아니다. 즉, 좌측 하전두이랑에 손상이 없음에도 불구하고 증상에 근거하여 비유창성 실어증 환자로 분류되는 사례가 존재한다. 반대로 해당 부위에 손상이 있음에도 비유창성 실어증을 보이지 않는 환자들도 보고된 바 있다. 또 하나의 중요한 점은, 환자들이 반드시 특정 증후군의 범주에 정확히 부합하지는 않는다는 것이다. 실제로 많은 환자들은 언어 산출, 이해, 반복의 세 가지 능력에서 서로 다른 수준의 결함이 혼재된 증상을 보이며, 이는 분류 과정에서 요구되는 이분법적 Yes/No의 판정과는 차이가 있다. 또한 장애의 정도는 시간에 따라 변할 수도 있다. 이러한 한계점들을 감안하더라도, 이 분류 체계는 임상적으로나 뇌에서 언어의 기능적 조직을 연구하는 데 있어 유용하게 사용되어 왔다.

2.2. 일차진행성 실어증

신경퇴행성 질환의 결과로 점진적으로 실어증이 나타날 때 이를 일차진행성 실어증(Primary Progressive Aphasia, PPA)이라고 부른다. 일차진행성 실어증은 일반적으로 세 가지 주요 변이가 알려져 있다. 즉, 비유창성 또는 실문법형(PPA-G), 의미형(PPA-S), 그리고 실어형(PPA-L)이다(Mesulam *et al*. 2014). 실문법형(PPA-G)은 형태론, 통사론, 음운론에 결함이 동반된 비유창한 발화를 특징으로 한다. 단어와 단순 구의 이해는 비교적 보존되지만, 반복 능력은 손상된다. 의미형(PPA-S), 즉 의미치매는 단어 및 구 수준의 의미 이해가 손상되며, 발화는 유창하나 의미적 오류가 나타나고, 반복 능력은 보존된다. 실어형(PPA-L)은 발화 시 심각한 단어 찾기 어려움을 특징으로 한다. 단어 및 단순 문장의 이해는 대부분 보존되지만, 복잡한 문장에서는 손상이 나타날 수 있다. 반복 수행은 일관되지 않지만, 단어와 짧은 문장은 정상에 가깝게 수행되는 반면, 긴 문장이나 비현실적인 단어 조합에서는 손상되는 경우가 많다.

세 가지 변이형 각각과 관련된 피질 위축 부위는 다소 다르다. 그러나 특정 뇌 영역을 일차진행성 실어증과 직접 연결 지을 때는 주의가 필요하다. 앞 절에서 언급했듯, 뇌졸중에 의한 손상은 일반적으로 여러 영역에 걸쳐 나타나며 작은 영역에 국한되는 경우는 드물다. 신경퇴행성 질환에 의한 위축은 오히려 훨씬 더 광범위하게 분포하는 경향이 있다. 따라서 비교적 국소적인 영역(예: 좌측 하전두이랑, pIFG)과 증상을 직접적으로 연관 짓는 것은 어렵거나 불가능하다. 연구자들은 보통 위축이 가장 심한 영역을 언급하지만, 실제 위축은 훨씬 넓게 분포하며 그 부위에만 국한되지 않는다. 이 점을 고려할 때, 후방 하전두이랑(posterior IFG), 중전두이랑(MFG), 상전두이랑(SFG), 운동앞피질(PMC), 상두정회(SMG)의 위축은 실문법형과 관련이 있다. 양측 측두엽, 특히 전측두엽과 중측두엽의 위축(측방 및 내측으로 후방까지 확장됨)은 의미형에서 흔히 관찰된다. 실어형에서는 후두측두피질(OTC)과 측두두정 영역의 위축이 나타나며, 이는 중측두엽 및 전측두엽 측방 영역, 그리고 상전두 영역까지 확장되는 경우가 많다(Mesulam *et al*. 2009, Wilson *et al*. 2010).

3. 의미 기억

의사소통의 목표는 의미를 전달하는 데 있다. 통사론(syntax), 음운론(phonology), 철자법(orthography)과 같은 언어의 다양한 측면은 의미 전달에 기여하는 한에서만 유용하다. 의미 기억(semantic memory, 또는 개념적 지식(conceptual knowledge))은 인간을 규정하는 가장 특징적인 속성 중 하나이며, 일상생활에 필수적이다. 의미 기억은 세상에 대해 우리가 습득한 지식을 가리키며, 여기에는 사물, 사람, 행위, 관계, 신념, 사실, 문화, 사회, 그리고 단어와 구의 의미에 대한 지식이 포함된다. 이러한 지식은 구체적 경험이나 특정 사건을 넘어 추상화된 것으로 여겨진다. 예를 들어, 생일 파티에서 일반적으로 어떤 일이 일어나는지, **케이크**와 **촛불**이 무엇인지, 촛불을 **끄는** 행위가 무엇인지를 아는 것은 의미 기억의 일부이다. 반면, 당신이 실제로 참석했던 특정 생일 파티에서 무슨 일이 있었는지를 떠올리는 것은 삽화 기억(episodic memory)의 일부이다. 삽화 기억은 필연적으로 의미 기억에 의존한다. 예컨대 지난달에 참석한 특정 파티에서 친구가 촛불을 끄는 데 실패했던 일을 떠올리려면, 촛불, 불기, 친구 등의 개념에 대한 이해를 기반으로 해야 한다. 본 개요는 언어적 개념, 즉 단어와 문장의 의미 표상의 신경학적 기초에 초점을 맞춘다. 지난 25년 동안 뇌영상 기술은 병변 및 자극 기법과 결합되어, 의미 기억에 관여하는 뇌 영역과 네트워크에 관한 방대한 자료를 제공해 왔다.

3.1 일반 의미론

3.1.1 신경영상

Binder, Desai, Graves & Conant(2009)는 언어적 자극(단어, 문장, 이야기)을 사용한 120편의 신경영상 연구를 메타분석하였으며, 기능적 자기공명영상(fMRI)이나 양전자방출단층촬영(PET) 기법을 사용하였다. 이들은 두 가지 광범위한 유형의 대비 조건에서 활성화되는 영역을 포함하였다. (1) 의미적 수준이 높은 조건과 낮은 조건, (2) 한 의미 범주와 다른 의미 범주. 첫 번째 유형의 예로는 실제 단어 cake와 가짜 단어 feip를 비교하는 것이 있다. 또 다른 예로는 피험자가 horse(말)와 sparrow(참새)가 모두 살아 있는 것인지 판단하는 과제(생물-비생물 판단)와 horse(말)와 force(힘)가 운율을 이루는지 판단하는 과제를 비교하는 것이다. 전자는 개념의 의미적 속성을 강조하는 과제(의미적 수준이 높은 조건)인 반면, 후자는 단어의 음운적 속성에 주의를 집중시키는 과제이므로 의미적 활성 수준이 더 낮을 것으로 예상된다. 반대로, 두 번째 유형의 대비는 의미 내용의 유형이나 범주에 따라 뇌 영역이 어떻게 조절되는지를 살펴본다. 예를 들어, 동물 단어 집합(horse, zebra)과 도구 단어 집합(hammer, wrench)을 비교하는 것이 그 예이다. 그 결과는 〈그림 37.3〉에 제시되어 있다(부호화는 현재 무시). 구체적 의미 범주와 추상적 의미 범주, 문법 범주, 단위(단어, 문장, 이야기)를 모두 합산한 결과, 의미 처리와 저장에 관여하는 분산된 영역 집합이 활성화되었다. 일관되게 활성화를 보인 주요 영역은 각이랑(AG), 상두정회(SMG), 중후두이랑(MOG), 상측두고랑(STS), 중측두이랑(MTG), 하측두이랑(ITG), 전측두엽(ATL), 중간 방추이랑(mid-FG), 해마상이랑(PHG), 배내측 전전두피질(DMPFC)과 복내측 전전두피질(VMPFC), 좌측 상전두이랑(SFG), 상전두고랑(SFS), 전방 하전두이랑(anterior IFG), 후대상회(pCiG), 후대상피질(RSC), 그리고 설정회(precuneus)였다. 하두정 영역과 내측 영역은 양측성으로 나타났으며, 전두엽과 측두엽 영역은 주로 좌측 편재성을 보였다. 이는 일반적인 의미 내용에 대해 매우 분산된 양측성 체계가 존재함을 보여주며, 좌측 우세성을 띤다. 이러한 영역들은 서로 다른 감각 양식과 관련된 개념적 내용을 넘어서서 활성화되므로, 초양식적(transmodal) 혹은 다중양식적(multimodal) 영역으로 간주되며, 통합적 기능을 가질 가능성이 있다.

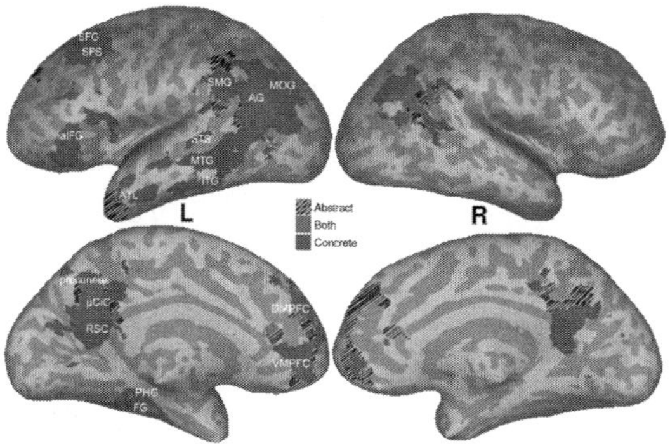

〈그림 37.3〉 일반적 의미 처리에 관여하는 영역들

출처: Binder*et al.*(2009)의 메타분석에 근거. Desai *et al.*(2018)에서 재인용

3.1.2 병변 연구

의미(semantics)는 매우 분산된 방식으로 뇌에 분포하기 때문에, 병변 연구를 통해 의미 관련 영역을 식별하는 것은 불분명하다. 초피질 감각 실어증(transcortical sensory aphasia)은 의미 처리와 관련된 증후군으로, 말소리 반복은 보존되지만 언어 이해가 손상되는 특징을 보인다. 이 증후군은 후두측두피질(OTC)과 하두정피질(inferior parietal cortex)과 관련이 있으며, 구체적으로 후방 중측두이랑(pMTG), 후방 하측두이랑(pITG), 각이랑(AG)을 포함한다. 이는 전도성 실어증(conduction aphasia)과 대조된다. 전도성 실어증은 비교적 언어 이해가 보존되지만, 반복이 손상되는 것이 특징이며, 이는 상두정회(SMG)와 후방 상측두이랑(pSTG)의 손상으로 인해 발생한다.

이러한 전도성 실어증과 초피질 감각 실어증의 분리는 상두정회/후방 상측두이랑(SMG/pSTG)이 음운적 처리에, 그리고 후방 중측두이랑/후방 하측두이랑/각이랑(pMTG/pITG/AG)이 의미 처리에 관여함을 시사한다. 반면, 일부 원발성 진행성 실어증(PPA, Primary Progressive Aphasia) 연구들은 의미 처리와 관련하여 또 다른 영역인 전측두엽(ATL)을 지목한다. 전측두엽의 역할은 뒤에서 '추정적 의미 허브(Putative Semantic Hubs)'에서 논의될 것이다. 종합하면, 병변 연구 문헌은 전측두엽과 후측두엽, 후두측두피질, 그리고 하두정엽이 의미 처리에 관여함을 보여준다. 그러나 이들 영역이 구체적으로 의미적 특징을 표상하는지, 특징을 통합하는지, 아니면 특징에 접근하는 역할을 하는지에 대해서는 아직 불분명하며, 여전히 활발히 연구되고 있는 주제이다.

3.2 개념의 신체화

앞에서 논의한 뇌 영역들은 다양한 유형의 언어적 개념에서 일관되게 활성화되는 부위로, 의미 체계의 중요한 부분을 이룬다. 그러나 개념의 표상이 이들 영역으로만 국한되는 것은 아니다. 광범위한 연구들은 양식 특이적(modality-specific) 영역들 또한 개념의 특성을 표상한다는 사실을 보여주었다. 여기서 '양식(modality)'은 시각, 청각, 촉각, 미각, 후각의 오감뿐 아니라, 행동(action)까지를 포함한다. 추가적으로, 시각 양식에는 색채 지각(color perception)이나 시각적 이동(visual motion)과 같은 세부 양식이 포함될 수 있다. 이러한 양식 가운데 하나의 입력 처리를 주로 담당하는 뇌 영역들을 양식 특이적 영역(modality-specific areas)이라고 하며, 이를 통틀어 '감각-운동(sensory-motor)' 혹은 더 넓게는 '행동-지각(action-perception)' 체계라고 부른다. 이 체계의 핵심 구성요소들은 잘 알려져 있다. 예를 들어, 조롱박고랑(calcarine sulcus)과 그 주변 후두엽은 시각 처리에 필수적이다. 상측두엽의 중간 부위, 즉 상측두이랑의 중간 부분(mid-STG)과 상측두고랑(STS)은 청각피질을 형성한다. 그리고 중심고랑(central sulcus)과 그 주변 영역은 운동피질과 체감각피질을 포함한다.

전통적인 개념 이론은 개념적 표상이 추상적이라고 보았다. 즉, 뇌 속의 개념 표상은 어떠한 양식 특이적 정보도 포함하지 않는다고 가정하였다. 예를 들어, banana(바나나)라는 개념에는 형태, 색깔, 맛과 같은 감각-운동 정보가 양식 특이적 형식으로 포함되어 있지 않다. 대신, 우리가 바나나에 대해 아는 모든 지식은 상징적 방식으로 부호화된다고 본다. 상징은 추상적인데, 그 형식은 전적으로 자의적(arbitrary)이며 그것이 지시하는 대상과 아무런 관계가 없다. 예컨대, 상징 j34ps8이 banana(바나나)라는 개념을, c1q5v가 apple(사과)라는 개념을 대표할 수도 있다는 것이다. 이러한 관점에 따르면 개념 체계와 행위-지각 체계 사이에는 명확한 분리가 존재한다고 예측된다. 그러나 최근에는 영상 기법, 신경심리학적·병변 연구, 뇌 자극 기법 등을 활용한 많은 연구들이 행위와 지각 체계가 개념의 표상과 처리 과정에 관여한다는 증거를 제시하였다. 이러한 관점은 기반 인지(grounded cognition) 혹은 신체화된 인지(embodied cognition)의 틀 안에 속한다(Barsalou 2008, Kiefer & Pulvermüller 2012). 〈그림 37.4a〉는 특정 양식의 특성이 중요한 개념들을 탐구한 뇌 영상 연구에서 관찰된 활성화 정점을 보여준다. 모든 연구는 단어나 문장을 자극으로 사용하였다. 연구들 전반에서 공통된 패턴이 관찰되었는데, 행위 개념(예: throw(던지다)와 같은 행위 동사나 hammer(망치)와 같은 조작 가능한 대상)은 일차 및 고차 운동피질(primary and higher-order motor cortex)을 활성화시켰다. 청각적으로 현저한 특징을 가진 개념들(예: 경보음, 구급차)은 두정-측두 피질의 음향 처리 영역을 활성화시켰다. 마찬가지로, 운동 관련 개념은 후두-측두 접합부에 위치한 운동 처리 복합체 MT+ 및 그 주변 영역을 활성화시켰으며, 색채 관련 개념(예: 바나나는 전형적으로 노란색이라는 사실을 확인하는 과제)은 복측 측두엽의 색채 처리 영역을 활성화시켰다. 이러한 양상은 미각 및 후각 개념에도 일반화되는 것으로 보이지만, 이 두 감각 양식에 대한 연구는 아직 매우 제한적이라는 점을 주목할 필요가 있다. 또 다른 예로 Fernandino *et al.*(2016)는 청각, 색채, 운동, 조작, 형태라는 다섯 가지 감각-운동 양식에서 감각-운동적 특성이 다양하게 분포된 900개의 명사를 조사하였다. 〈그림 37.4b〉에 제시된 결과는 다시 한번 어휘적 개념 처리에서 감각-운동 체계의 양식 특이적 관여를 보여주었다. 이러한 신경영상 연구들은 뇌손상(예: 뇌졸중, 파킨슨병) 환자 연구 및 뇌자극 연구(예: 경두개 자기자극, TMS)들에 의해 보완되었다. 이 연구들은 감각-운동 체계가 손상되거나 자극될 경우, 해당 체계와 관련된 개념 처리가 선택적으로 손상된다는 것을 보여준다. 이러한 연구 축적은 개념 체계가 추상적이고 행동-지각 체계와 분리되어 있는 것이 아니라, 최소한 부분적으로는 그 위에 기초하고 있음을 시사한다. 다시 말해, 개념의 표상은 뇌의 지각 및 운동 체계에 의존함으로써 신체화되어 있다. 물론 이러한 관점은 도전받아 왔다(Mahon 2015). 특정 감각-운동 결손을 가진 환자들이 반드시 해당 양식의 개념에서 특정한 손상을 보이지 않는 경우도 보고되었다. 병변 연구, 자극 연구, 영상 연구에서 누적되는 증거가 점점 부정하기 어려워지고 있음에도 불구하고, 개념 표상에서 행동-지각 체계가 정확히 어떤 방식으로 관여하는지는 여전히 논쟁이 이어지고 있다(Kemmerer 2015).

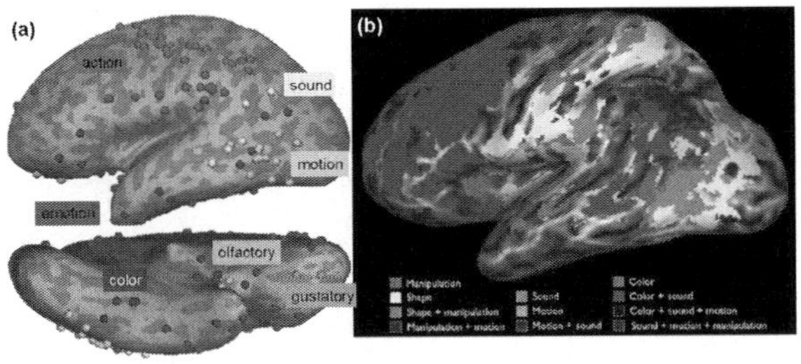

〈그림 37.4〉 (a) 특정 감각-운동 양식과 강하게 관련된 개념을 사용한 신경영상 연구에서의 활성화 정점. 모든 연구는 언어 자극(단어 또는 문장)을 사용하였으며, 추상어와 같은 다른 유형의 언어 자극과 대비되었다. (b) 의미적 판단을 수행하는 동안 단어의 감각-운동적 속성과 양의 상관을 보인 BOLD 활성화 영역.

출처: (a) Binder & Desai(2011)에서 발췌·수정, (b) Fernandino *et al.*(2016)에서 발췌·수정

한편, 추상적 상징 이론(abstract symbolic theory)은 오직 다른 상징과 연결된 상징만으로 구성된 순환적 체계가 행동이나 지각에 대한 어떤 '기반(grounding)'도 없이 어떻게 개념적 내용을 표상할 수 있는지를 설명하는 데 어려움을 겪는다. 신체화(embodiment)에 대한 여러 증거와 더불어, 추상적 상징이 실제로 존재한다는 긍정적 증거가 부족하다는 점 역시 상징 이론의 타당성에 의문을 제기한다.

3.3 개념의 범주

3.3.1 구체적 개념 vs. 추상적 개념

일반적인 의미 체계 내에서도, 특정 범주의 개념들이 특정 뇌 영역과 친화성을 보이는 것으로 나타났다. 크게 구체적 개념과 추상적 개념이라는 두 가지 범주로 구분할 수 있다. 구체적 개념은 오감을 통해 경험되는 개념으로 정의될 수 있는 반면(예: hammer(망치), lake(호수)), 추상적 개념은 이러한 감각과 직접적으로 관련되지 않는다(예: democracy(민주주의), freedom(자유)). 구체적 개념은 추상적 개념과 비교했을 때 특히 양측 각이랑(AG), 해마상이랑(PHG), 설정계(precuneus), 후대상피질(RSC), 후대상회(pCiG), 그리고 좌측 하측두이랑(pITG) 및 방추이랑(pFG)에서 강한 활성화를 보인다. 반대로 추상적 개념은 구체적 개념과 직접 비교했을 때 좌측 등측 전측두엽(dorsal ATL)과 하전두이랑(IFG)에서 민감하게 반응한다(Wang, Conder, Blitzer & Shinkareva 2010). 예를 들어, 〈그림 37.3〉에서는 하전두이랑이 구체적 개념에 의해 활성화되지만, 이는 무의미어(nonwords)나 가짜 글꼴(false fonts) 같은 통제 조건과의 비교 결과이다. 직접 비교에서는 하전두이랑이 일관되게 추상적 개념이 구체적 개념보다 더 강한 활성화 패턴을 보인다. 이는 '이

중 부호화(Dual Coding)' 이론(Paivio 2010)과 일치하는 해석이다. 이 관점에 따르면, 추상적 개념은 언어적 연합을 통해 표상되며(따라서 좌반구 편측성이 더 강함), 구체적 개념은 지각이나 이미지 기반 표상과의 직접적 연합뿐 아니라 언어적 연합을 통해서도 표상된다. 대안적인 관점인 '문맥 가용성(Context Availability)'(Schwanenflugel & Stowe 1989)은 추상적 개념이 발생하는 맥락에 훨씬 더 크게 의존하며, 그 맥락이 더 다양하다고 본다. 추상적 개념에서 좌측 하전두이랑의 활성화는 개념 선택과 통합에서의 하전두이랑의 역할을 고려할 때 이 이론과도 일치한다. 추상적 개념에서 등측 전측두엽의 관여는 여전히 수수께끼로 남아 있다. 한 가지 설명은 추상적 개념이 일반적으로 더 정서적 정향(emotional valence)을 지니며(Kousta *et al*. 2011), 전측두엽이 정서·사회적 처리에 특별한 역할을 담당한다는 점이다. 그러나 정서적 정향이나 각성 수준을 통제한 경우에도 전측두엽의 일부는 여전히 추상적 개념이 구체적 개념보다 더 강하게 활성화된다. 따라서 이것만으로는 충분한 설명이 되지 않는다. 전측두엽은 음운 처리에 관여하는 후상측두이랑(pSTG) 및 상두정회(SMG)와 강하게 연결되어 있기 때문에, 이중 부호화 이론과 일치하는 또 다른 설명은 추상적 개념이 음운 기반의 표상을 가진다는 것이다.

3.3.2 생물과 무생물

구체적 개념 영역 내의 특정 범주들, 예컨대 생물(living things), 무생물(nonliving things), 도구(tools), 인공물(artifacts), 동물(animals) 등은 신경영상 연구와 병변 연구를 통해 광범위하게 연구되어 왔다. 뇌 손상 환자들에서 생물과 무생물 사이의 행동적 분리가 보고된 바 있지만, 이들 범주의 해부학적 국소화에 대해서는 아직 결정적인 결론이 내려지지 않았다(Gerlach 2007, Giussani *et al*. 2011). 그러나 더 구체적인 범주들에 대해서는 어느 정도의 국소화가 발견되었다. 도구 개념은 앞서 논의된 증거와 일치하게, 좌측 하두정소엽과 상두정소엽의 고차원적 행동 관련 영역을 활성화한다. 측두엽에서는 도구가 양측 내측 방추이랑(pFG), 좌측 중측두이랑(pMTG), 그리고 복측 운동앞피질(vPMC)을 활성화한다. 반면에 동물 개념은 양측 외측 후두피질(LOC)과 외측 방추이랑(pFG)을 활성화한다(Chen, Lambon Ralph & Rogers 2017). 전측두엽(ATL)은 두 종류의 개념 모두에 의해 활성화된다. 병변 연구에서도 대체로 유사한 양상이 나타나는데, 동물 개념에 특이적인 손상은 복측 측두피질(ventral temporal cortex)의 손상으로 인해 나타나며, 도구 개념에 특이적인 손상은 중측두이랑(pMTG), 하두정소엽(IPL), 또는 복측 운동앞피질(vPMC) 손상으로 인해 나타난다.

여기서 강조할 점은 생물, 동물, 혹은 도구와 같은 범주의 표상이 단일 영역에 국한되지 않고 여러 영역에 분산되어 있다는 것이다. 반대로, 이러한 표상에 크게 기여하는 영역들도 오직 해당 범주에만 전적으로 담당하는 것은 아니며, 다른 기능에도 관여한다. 동물과 도구의 차이는 부분적으로는 행동, 운동, 형태, 색과 같은 감각-운동적 특징에 대한 의존도의 차이에서 비롯되지만, 이 외에도 다른 요인들이 개입하는 것으로 보인다. 특히 공유된 특징과 고유한 특징의 수가 적어도 복측 측두엽(ventral temporal lobe)에서는 중요한 조직 원리라는 주장이 제기되었다(Wright, Randall, Clarke & Tyler 2015). 측외측 방추이랑(lateral pFG)은 동물에 더 강하게 반응하는 것으로 보고되었는데, 이는 동물이 네 발, 꼬리, 눈, 이빨 등과 같이 많은 공유된 특징을 가지며, 그 결과 상호 연관성이 높은 네트워크를 형성하기 때문일 수 있다. 반면, 도구는 고유한 특징이 더 많고 공유된 특징은 적기 때문에 내측 방추이랑(medial pFG)을 더 강하게 활성화하는 것으로 보고되었다.

3.3.3 추상적 개념의 범주

전통적으로 추상적 개념은 단일하고 획일적인 범주로 간주되었으며, 주로 부정적으로, 즉 구체적**이지 않은** 개념으로 정의되었다. 추상적 개념은 행위와 지각과 직접적으로 연결되지 않는다는 점에서 신체화(embodiment) 관점에 특별한 도전을 제기한다. 일부 이론가들은 추상어(그리고 어느 정도는 구체어까지도)가 통계적으로 학습된 언어적 연합을 통해 표상될 수 있다고 제안하며(Andrews, Vigliocco & Vinson 2009, Dove 2014), 이 범주 내에서 내용의 다양성이 갖는 중요성을 최소화한다. 이러한 생각은 앞에서 언급한 이중 부호화 이론(Dual Coding view)과 유사하다. 최근 들어 추상적 개념의 하위 범주와 그 내용적 차이에 대한 관심이 증가하고 있다. 일부 이론은 추상적 개념도 구체적 개념처럼 뇌 속에 기초 지어져 있지만, 그 기초가 되는 체계는 행위-지각 체계가 아니라 다른 뇌 체계라고 주장한다. 예컨대 감정 체계, 수량 처리 체계, 내수용감각(interoception, 신체 내부 상태의 감각 지각), 메타인지(metacognition, 자신의 정신적 과정에 대한 성찰), 그리고 사건 및 상황 도식 등이 개념 내용에 따라 기초가 될 수 있다(Desai, Reilly & Van Dam 2018, Borghi *et al*. 2019). 추상적 개념의 네 가지 유형(정서, 수, 도덕성, 마음 이론)에 대한 메타 분석에서 Desai *et al*.(2018)은 이들 하위 범주 간의 유의한 차이와 공통 영역을 모두 발견하였으며, 이는 추상적 개념의 이질성을 부각시켰다. 더욱이, 정서 관련 단어는 뇌의 정서 체계를 활성화하였다. 수 개념은 수량 처리 및 손가락 표상과 연관된 두정내고랑(IPS)의 영역을 활성화하였다. 도덕성 및 마음 이론 처리는 삽화 기억 및 사건 도식과 관련된 영역을 활성화하였다. 이러한 결과는 다양한 유형의 추상적 개념이 어떻게 표상되고 배경화되는지에 대한 단서를 제공한다.

마지막으로, 추상적 개념이 어떻게 이해되는가에 대한 영향력 있는 관점 가운데 하나는 개념적 은유 이론(Conceptual Metaphor Theory)과 그 신경학적 구현이다(Lakoff 2009). 이 관점에 따르면, 은유는 단순한 언어적 장치가 아니라 개념적 체계에 구조를 부여한다. 추상적 개념은 감각-운동 체계와의 은유적 사상(mapping)을 통해 신체화된 방식으로 이해된다. 개념적 은유란 구체적 경험 영역(예: 행동, 공간적 방향성, 움직임)의 기본적 경험 구조가 추상적 영역(예: 정신적 과정, 도덕성, 수학)으로 투영되는 것이다. 예를 들어, 어떤 것을 '이해한다(understanding)'는 추상적 개념은 대상을 잡기(grasping) 행위에 기반할 수 있다. 즉, 아이디어를 잡다(grasp an idea)와 같은 은유가 가능하다. 다수의 신경영상 및 뇌 자극 연구들은 이러한 행동 은유(action metaphors), 예컨대 "아이디어를 붙잡는다"가 상위 수준의 행동 계획 및 실행 영역(예: aIPL, 전방 하두정소엽)을 활성화하며, 실제로 행동-지각 체계(action-perception systems)에 기반함을 보여주었다(Desai *et al.* 2013). 이러한 발견은 촉감, 신체 부위, 시간, 공간, 움직임과 관련된 은유적 표현의 영역으로 확장되었다. 그러나 개념 체계가 은유가 명시적으로 사용되지 않을 때에도 은유를 활용하는지, 또 그 경우 추상적 개념이 어떻게 이해될 수 있는지는 여전히 논쟁의 여지가 있다. 다양한 추상적 개념들의 신경학적 기초를 이해하고 정교화하는 일은 가까운 미래에 활발히 탐구될 연구 분야로 남아 있을 것이다.

3.4 추정적 의미 허브

뇌의 일부 영역은 매우 다양한 개념의 의미 처리에서 일관되게 활성화를 보이며, 이는 의미 허브(semantic hubs)의 존재를 제안하게 했다. 이러한 제안은 개념적 특징들이 분산되어 있고 항상 동시에 경험되지 않는다는 사실에서 비롯된다. 같은 범주에 속하더라도 감각적 특징은 크게 다를 수 있다(예: 세발자전거와 기차는 모두 탈것이지만 많은 차이가 있다). 따라서 이러한 특징들이 하나의 해부학적 위치에서 통합되어 일관된 개념을 형성한다는 생각이 제기된다. 물론 '모든 것이 모여드는 단일한 해부학적 위치'라는 개념은 직관적으로는 매력적이지만, 논리적으로 반드시 필요하다고 볼 수는 없다. 특징의 통합과 재결합은 서로 다른 영역 간의 동기화를 통해 분산적으로 일어날 수도 있다. 그럼에도 불구하고 몇몇 영역은 잠재적 의미 허브로 제시되어 왔다. 앞서 언급한 Fernandino *et al.*(2016)의 연구에서는 다섯 가지 특징 가운데 어느 하나라도 활용될 때 점차적으로 활성화가 증가하는 다섯 영역이 확인되었는데, 이들은 통합적 허브의 유력한 후보군이라 할 수 있다. 즉, 각이랑(AG), 후대상피질(pCiG), 해마상이랑(PHG), 후대상피질(RSC), 그리고 내측 전전두피질(medial PFC)이다. 이 영역들이 〈그림 37.3〉에서 제시된 결과와 유사하다는 점에 주목할 필요가 있다. 해당 그림은 다양한 어휘 개념을 다룬 다수 연구의 메타분석에 기초한 것이다.

3.4.1 각이랑

각이랑(AG)은 매우 다양한 개념 처리에서 활성화된다. Bonner, Peelle, Cook & Grossman(2013)은 Fernandino *et al.*(2016)의 연구와 유사하게, 각이랑의 활성화가 어휘판단 과제(lexical decision task)에서 네 가지 감각-운동적 특성(시각, 청각, 조작, 추상)과 무관하게 증가한다는 사실을 발견했다. 각이랑은 추상적 개념보다 구체적 개념에서 더 강하게 활성화되며, 무의미어(non-word)보다는 추상적 개념에서 더 강하게 활성화되고, 낮은 빈도의 단어보다 높은 빈도의 단어에서 더 강하게 활성화된다. 또한, 문장과 같은 결합적 의미 자극(Humphries, Binder, Medler & Liebenthal 2006, Lyu *et al.* 2019)이나 사건 개념(Matchin *et al.* 2019)에 의해서도 더 크게 활성화된다. 여러 연구에서 각이랑이 개념들 사이의 주제적 연합(thematic association), 예를 들어 dog–leash(개-목줄), justice–law(정의-법)에 중요하다는 사실이 밝혀졌다(Mirman, Landrigan & Britt 2017). 각이랑은 배측(행동 및 주의 관련 영역), 전방(청각 영역), 후방(시각 영역) 사이에 자리하고 있어, 다중양식적(multimodal) 통합 영역으로 기능하기에 이상적이다(Binder & Desai 2011). 각이랑은 두 가지 형태의 통합에 중요한 역할을 하는 것으로 보인다. 첫째는 문장, 구, 사건과 같이 시간적 연속성을 필요로 하는 통합이다. 둘째는 형태, 색, 소리, 움직임 등 다양한 감각 양식의 특성을 아우르는 통합이다. 또한, 각이랑은 여러 하위 구역으로 나뉘며, 이들은 서로 다른 요인에 대한 민감성과 다른 영역과의 연결성 측면에서 차이를 보인다(Seghier 2013).

3.4.2 전측두엽

앞서 논의된 연구들에는 포함되지 않았으나, 의미 처리의 허브(semantic hub) 역할과 관련된 영역이 전측두엽(ATL)이다. 이 영역은 '허브-스포크(hub-and-spokes)' 모형의 일부로, 특정 속성들은 각 양식 특이적 피질(modality-specific cortices, 즉 '스포크')에 분산되어 있으며, 전측두엽 허브에서 추상화된 표상으로 통합된다(Ralph, Jefferies, Patterson & Rogers 2017). 이 허브는 양측성으로 존재하는 것으로 생각되지만, 약간 좌측 편향을 보인다. 최근 견해에 따르면, 복측 전측두엽(ventral ATL)만이 '진정한(true)' 또는 가장 전형적인 초양식적(transmodal) 허브 역할을 하며, 다른 전측두엽 영역들은 허브와 유사한(hub-like) 특성을 지닌 것으로 보인다(Hoffman & Lambon Ralph 2018). PPA-S(진행성 실어증의 의미 변이형, 과거에는 의미치매라고 불림) 환자들 가운데 전측두엽 손상을 가진 경우, 다양한 의미적 과제 수행에서 결함을 보인다. 또한 여러 뇌영상 연구에서는 단어와 문장을 비언어적 통제 조건과 비교할 때 전측두엽이 활성화되는 것으로 나타났다. 전측두엽은 또한 고유한 개체(예: 유명인의 이름과 얼굴, 혹은 잘 알려진 장소)를 처리하는 데에도 관여하는 것으로 보고된다(Tranel 2009).

그러나 전측두엽(ATL)이 의미 처리의 허브 역할을 한다는 주장에는 다음과 같은 이유로 논란이 있다. 일부 환자들은 한쪽 전측두엽 절제술을 받은 뒤에도 의미적 결손이 경미하거나 거의 나타나지 않는다. 이러한 일측성 손상 후 결손이 나타나지 않는 현상은 의미 허브가 일측성이 아니라 양측성이라는 가설로 설명될 수 있다. 또한 많은 fMRI 연구들은 의미 과제, 특히 고유 명사와 관련되지 않은 비언어적 의미 과제에서 전측두엽의 활성화를 보여주지 않는다. 이러한 활성화 부재는 보통 전측두엽의 복측 및 내측 부위가 fMRI에서 신호 손실(signal loss)을 겪기 때문이라고 설명된다. 그러나 전측두엽의 대부분 영역은 이러한 신호 손실의 영향을 받지 않는다는 점에 유의해야 한다. 또한 전측두엽의 활성화는 특정 상황(예: 추상적 개념 처리)에서는 흔히 관찰되지만, 모든 유형의 개념에서 나타나지는 않으며, 어휘적 요소가 결여된 의미 과제(예: 그림 연상 과제)에서는 나타나지 않는다. 반면, 전측두엽에서 손상이 기원하는 진행성 원발성 실어증 의미형(PPA-S) 환자들은 언어적·비언어적 의미 결손 모두를 보인다. 그러나 이러한 환자들의 병변은 상당히 광범위하며, 전측두엽(ATL)에만 국한되지 않는다. 중등도 및 중증 환자에서는 위축이 중측두엽과 후측두엽까지 확장되며, 측두엽의 측면·복측·내측뿐 아니라 하전두엽과 피질하(suB.C.ortical) 영역에도 영향을 미친다. 따라서 어떤 손상이 전측두엽 위축에 특이적으로 기인하는지는 명확하지 않다. 좌측 전측두엽에 국한된 위축을 보이는 환자들을 선별하면, 이들은 비언어적 의미 결손은 나타내지 않고 주로 언어적 의미 결손만을 보이는 경향이 있다(Hurley, Paller, Rogalski & Mesulam 2012, Mesulam *et al*. 2013). 하나의 가설은 이른바 '이중 경로(dual route)' 관점으로, 좌측 전측두엽은 언어적 의미 처리를, 우측 전측두엽은 비언어적 의미 처리를 담당한다는 것이다. 그러나 이 관점 또한 논란의 여지가 있다. 왜냐하면 언어적/비언어적 의미 처리가 좌/우 전측두엽으로 명확하게 분리된다는 근거는 많은 신경영상 연구와 병변 연구에서 발견되지 않기 때문이다. 일반적으로, 진행성 질환 환자나 광범위한 병변을 가진 환자들처럼 공간 해상도가 낮은 방법을 사용하여 상대적으로 작은 영역의 기능을 추론하는 것은 문제를 일으키며, 문헌에서 보고되는 많은 논란과 불일치의 원인이 된다.

그럼에도 불구하고, 현재 더 널리 받아들여지는 견해는 전측두엽이 통합된 의미 지식을 저장하는 의미 허브(semantic hub)이며, 아마도 여러 하위 영역을 포함한다는 것이다. 그러나 우리의 관점은 다소 다르다. 우리는 좌측 측면 및 전극전측두엽(polar ATL)이 일반적인 의미적 역할보다는 어휘적 역할을 수행한다고 제안한다. 이 영역은 개념 자체를 저장하거나 통합하는 것이 아니라, 양측에 걸쳐 단어 형태와 의미를 연결함으로써 다른 곳에 저장된 의미적 특징에 접근할 수 있도록 한다. 따라서 의미적 결손으로 해석되는 장애는 사실상 어휘적 성격 즉, 개념 내용 자체의 손상이라기보다 개념에 대한 **접근**의 손상을 가진다는 것이 우리의 견해이다. 이와 유사하게, 이 영역은 특정하거나 고유한 개체에 대한 이름과 지식에 접근할 수 있도록 해 주는데, 이는 지각적 특징(예: 얼굴)과 해당 개체에 관한 지식을 사상(mapping)하는 과정을 통해 이루어지며, 그 지식을 직접 저장하는 것은 아니다. 해마상이랑(PHG)과 내후각피질(entorhinal cortex)을 포함하는 내측 측두엽은 비언어적 의미 처리에서 더 두드러진 역할을 할 수 있다. 이러한 관점에서는 언어적/비언어적 의미의 구분이 '이중 경로(dual route)' 모형에서 제안된 좌/우 전측두엽의 구분에 해당하지 않고, 오히려 측면/내측 구분에 해당한다. 내측 및 후측두 영역은 양측에서 비언어적 의미 처리에 관여한다. 반면, 전측두엽의 앞쪽 3분의 1은 양측에서 언어적으로 매개된 지식에 대한 접근만 가능하게 한다. 위축이 중측두엽 및 후측두엽으로 확장될 경우, 특히 중간 방추이랑(mid-FG)과 해마상이랑(PHG)처럼 고차원적 시각 처리에 관여하는 것으로 알려진 부위에 영향을 미치면, 시각적 의미 결손이 나타난다.

정서적 가치(emotional valence)와 사회적 인지는 또한 전측두엽과 관련되어 있지만, 이러한 영역에 민감한 구체적인 하위 구획은 아직 잘 밝혀져 있지 않다. 전측두엽은 안와전두피질(orbitofrontal cortex)과 복내측 전전두피질(VMPFC, ventromedial prefrontal cortex)과 갈고리다발(uncinate fasciculus)을 통해 연결되어 있으며, 이 경로는 정서적 가치 평가와 보상 처리에서 중심적 역할을 한다. 그러나 정서적 가치 처리가 실제로 전측두엽 자체에서 일어나는지, 아니면 전측두엽이 단지 안와전두피질로부터 이러한 정보를 전달받는 것인지는 명확하지 않다. 요약하자면, 전측두엽은 의미 인지에서 잠재적인 허브로서 중요한 역할을 차지하지만, 그 정확한 기능과 잠재적 하위 구획은 여전히 논란의 대상이며 활발한 연구가 진행되고 있다.

3.4.3 후중측두이랑/후하측두고랑

이 두 영역에 더하여, 좌측 후중측두이랑(pMTG)/후하측두고랑(pITS)/후하측두이랑(pITG) 복합체는 구체적 개념, 동사, 문장 처리 시 자주 활성화되며, 이 영역의 손상이나 자극은 이해 과제를 저해한다(Dronkers, Wilkins, Van Valin Jr., Redfern & Jaeger 2004). 이 광범위한 영역(종종 각이랑(AG)을 포함함)에 손상이 발생하면 초피질 감각실어증(transcortical sensory aphasia)이 유발된다. 이러한 경우 어휘적 이해 능력은 손상되지만, 음운 처리 및 말 산출 능력(예: 단어나 문장을 반복하는 능력)은 온전히 유지된다. 이러한 발견과 여러 신경영상 연구에서의 활성화 결과를 종합하면, 이 영역은 허브 또는 '어휘적 접점(lexical interface)'으로 제안되어 왔다. 그러나 이 해석은 주로 구체적 개념에 국한된다. 왜냐하면 임상에서 표준적으로 사용하는 과제들(그림 이름 대기, 단어-그림 짝짓기, 문장-그림 짝짓기)은 모두 구체적 항목들만 포함하기 때문이다. 신경영상 연구에 따르면, 추상적 개념은 이 복합체를 뚜렷하게 활성화하지 않는다. 문장 처리에 관한 자기뇌파검사(MEG) 연구에서, Lyu *et al*.(2019)은 좌측 후중측두이랑의 활동이 동사의 의미를 반영하며, 후중측두이랑에서 각이랑(AG)과 상두정회(SMG)로의 방향성 연결성이 나타남을 확인하였다. 그들은 동사 의미적 내용에 관한 정보가 발화 입력이 축적됨에 따라 후중측두이랑에서 지속적으로 생성되고, 이는 추가적 통합을 위해 각이랑과 상두정회로 지속적으로 전달된다고 제안하였다.

병변 연구 문헌에서는 종종 후중측두이랑(pMTG)과 후하측두이랑(pITG)이 하나로 묶여 다루어지지만, 이 둘을 구분하는 것이 중요하다. 후중측두이랑이나 후하측두이랑에 국한된 선택적 손상은 드물기 때문에, 이들의 기능을 세분화하는 데에는 영상기법이 더 유용하다. 후중측두이랑은 여러 다른 백질 경로가 교차하는 지점(〈그림 37.1b〉)에 위치하며, 특히 문장 수준 처리(아래 문장 이해 절 참조)에 중요하다. 일부 연구자들은 후중측두이랑이 '의미 통제(semantic control)'에 관여한다고 제안했는데, 이는 의미적 특징의 저장과 통합보다는 개념을 인출·비교·선택하는 집행 기능적 역할을 한다는 것이다(Lambon Ralph *et al*. 2017). 반면, 후하측두이랑은 방추이랑(FG)으로 확장되며, 운동 및 동작 관련 처리, 그리고 형태(shape)와 색(color)과 같은 시각적 특징 처리에 중요한 역할을 한다. 이는 구체적 개념의 표상에 있어서 후하측두이랑의 역할과 일치한다.

3.4.4 후대상 복합체

이 영역은 후대상회(pCiG), 후대상피질(RSC), 그리고 설정(precuneus)으로 구성되며, 의미 처리 과정에서 일관되게 활성화된다(〈그림 37.3〉). 그러나 이 영역이 언어와 의미 처리에서 맡는 정확한 역할은 아직 잘 이해되지 않았다. 가능한 기능으로는 개념에 의해 환기되는 삽화적(episdodic)·공간적 기억과의 연관이 제시된다. 이 복합체에는 두 가지 기능적 하위 구획이 제안된 바 있다. 하나는 정신적 심상(mental imagery)에 관여하는 전방 영역이고, 다른 하나는 삽화 기억 인출에 중요한 후방 영역이다. 특히 후대상피질(RSC)은 공간 기억에서 두드러진 역할을 하며, 자기 중심적(egocentric) 대 타자중심적(allocentric) 공간 처리에도 관여한다. 구체적 개념에서는 후대상피질과 전방 후대상회에서 더 큰 활성화가 관찰되며, 이는 구체적 개념과 연관된 정신적 심상과 사건의 공간적 성격과 관련될 수 있다. 반면, 추상적 개념은 더 후방·배측의 영역을 활성화하는데, 이는 공간적 요소가 덜하고 오히려 사회적·정서적 성격이 더 강한 삽화 기억 인출과 관련이 있다. 이 설명은 '상황화된 개념화(situated conceptualization)'라는 관점을 지지한다. 즉, 개념은 그것이 발생하는 상황이나 맥락 속에서 이해되고 처리된다는 것이다. 범주는 사물이나 행동이 발생하는 모든 맥락을 추상화하여 형성되는 것이 아니라, 상황화된 시뮬레이션의 집합을 통해 형성된다(Barsalou 2016). 이는 후대상 복합체가 의미 처리에서 수행하는 역할을 설명한다.

3.4.5 표상의 내용

여전히 풀리지 않은 질문 중 하나는 이른바 통합적 영역에서 표상의 본질이 무엇인지에 관한 것이다. 많은 경우, 원초적(raw) 감각 정보는 일관된 범주를 형성하기 위해 추상화될 필요가 있음이 분명하다(예: 기차와 세발자전거의 특징을 아우르는 '탈것' 범주). 그렇다면 감각-운동(sensory-motor)적 특징들이 하나의 전체로 통합될 때, 이 양식 특이적 정보는 유지되는 것일까, 아니면 완전히 버려지는 것일까? 이에 대한 의견은 크게 두 가지 입장으로 나뉜다. 첫 번째 견해는 양식 특이적 정보가 어떤 방식으로든 유지된다는 것이다(예: 대상의 형태와 색을 반영하는 이미지와 같은 표상). 지각 정보는 재조합되거나 가중되거나 변형될 수 있지만, 개념은 여전히 원래 양식의 '각인(stamp)' 혹은 형식을 지닌다는 것이다. 따라서 통합된 개념은 **다중양식(multimodal)** 또는 **이종양식(heteromodal)**이라 할 수 있는데, 이는 양식 특이적 정보가 어떤 방식으로든 '여전히 남아 있기 때문'이다. 반대되는 견해는 추상을 위해 감각-운동 형식의 정보가 버려진다는 것이다. 개념은 어떠한 감각-운동적 흔적이나 행동-지각 흔적 위에 있지 않으며, 따라서 **비양식적(amodal)** 혹은 **초양식적(supramodal)**이라 불린다. 일부 연구자들은 이 두 가지 형태의 표상이 동시에 존재하며, 과제에 따라 선택적으로 사용된다고 주장한다.

여기서 하나의 용어적 구분이 필요하다. 위에서 사용된 '비양식(amodal)' 또는 '다중양식(multimodal)'과 같은 용어들은 개념의 **내용**(content of concepts)을 가리킨다. 그런데 동일한 용어들이 문헌에서는 자주 개념이 접근되는 **입력** 양식을 지칭하는 데에도 사용된다. 예를 들어, 하나의 단어는 글로 쓰이거나 말소리로 제시될 수 있다. 이러한 두 형태 모두에 의해 활성화되는 영역은 입력 채널의 시각적·청각적 양식에 영향을 받지 않는다는 의미에서 비양식적 영역(amodal area)이라 불린다. 마찬가지로, 인쇄된 단어와 그림 모두에 의해 활성화되는 영역은 흔히 비양식적이라 불리는데, 이 경우에는 언어적 입력과 비언어적 입력을 각각 하나의 양식으로 취급하는 것이다. 그러나 서로 다른 입력 채널에 의해 공통적으로 활성화된다고 해서, 그 개념의 내용 자체 즉, 이 입력들에 의해 활성화되는 정보의 성질이 비양식적이거나 추상적이라는 것을 의미하지는 않는다. 예를 들어, '바나나'라는 단어가 청각적으로 제시되었을 때, 신체화 이론에서 제안하는 바와 같이 형태와 색깔과 같은 양식 특수적 시각 정보가 활성화된다면, 이는 바나나 그림을 보았을 때도 활성화될 것이다. 이 두 제시 방식 간의 공통 활성화는 개념적 내용에 관해서는 (형태와 색에 민감한 고차 시각피질인) 양식 특수적인 반면, 입력 채널에 관해서는 (청각 및 시각 입력, 언어적 및 비언어적 입력 모두에서 활성화되므로) 비양식적이다. 따라서 문헌을 읽거나 양식에 관한 논증을 평가할 때에는 '비양식(amodal)'과 같은 용어가 입력 채널의 양식을 뜻하는 것인지, 아니면 개념 내용의 양식을 뜻하는 것인지를 반드시 구분하는 것이 중요하다.

4. 음성 지각 및 생산

음성은 우리가 언어에 접근하는 데 있어 핵심적인 양식이다. 아동은 일반적으로 읽기나 쓰기를 배우기 훨씬 전에 말을 통해 언어를 습득한다. 우리의 청각계는 음성을 빠르게 처리하도록 정교하게 조율되어 있어서, 우리는 초당 여러 단어를 이해할 수 있으며, 각 단어는 물리적 신호가 매우 다양한 많은 음소를 포함한다. 상측두엽(superior temporal lobe)의 헤슐이랑(Heschl's gyrus)에는 일차 청각 피질이 양측성으로 위치하며, 여기서 모든 언어 및 비언어적 소리가 처리된다. 헤슐이랑과 그 바로 뒤에 위치한 평면측두(planum temporale)는 소리의 스펙트로-시간적 분석(즉, 소리 파동의 진폭과 주파수 성분을 시간에 따라 분석하는 것)을 수행한다. 측면 상측두이랑(lateral STG)은 하위음소적 특징과 그 결합을 표상한다(Chang *et al*. 2010). 복측으로 이동하면, 중간 및 후방 상측두고랑(mid- and posterior STS)이 음소적 소리를 처리한다(Desai, Liebenthal, Waldron & Binder 2008, Yi, Leonard & Chang 2019). 연구자들은 상측두이랑(STG)에 '음소 지도(phoneme map)'가 존재하는지 즉, 특정 음소에 대한 선호도에 따라 뉴런이 배열되어 있는지를 탐구해 왔다. 그러나 그러한 지도의 명확한 증거는 없다. 오히려, 말의 시작부에 반응하는 뉴런(후상측두이랑, pSTG)과 지속 부분에 반응하는 뉴런(중상측두이랑, mid-STG)이 발견되었다(Hamilton *et al*. 2018). 또한, 후상측두이랑(pSTG), 후상측두고랑(pSTS), 상두정회(SMG)의 일부는 특히 단어 전체의 음운 구조를 표상하는 것과 관련이 있다(Okada & Hickok 2006, Stefanatos 2008). 이들 영역은 양측성으로 말소리를 처리하지만, 두 반구가 시간적 특성에 민감한 정도에는 차이가 있을 수 있다. '비대칭적 시간 샘플링(Asymmetric Sampling in Time)' 가설에 따르면, 좌반구(LH)는 빠른 청각적 변동(20-80ms 범위) 처리에 더 우세하며, 우반구(RH)는 더 긴 시간 범위(150-300ms)의 청각 패턴에 더 민감하게 반응한다(Arnal, Poeppel & Giraud 2016).

4.1 이중 경로 모형

음성의 최초 분광-시간적(spectrotemporal) 분석 이후, 이중 경로 모형(Dual Stream Model)(Hickok & Poeppel 2007)에 따르면, 음성의 추가 처리는 두 가지 경로를 따라 진행된다. 즉, 복측 경로(ventral stream)와 배측 경로(dorsal stream)이다(〈그림 37.5〉). 복측 경로는 의미와 연결되며, 이해(즉, '무엇(what)' 경로)에 사용된다. 이 경로에는 후중측두이랑(pMTG)/후상측두고랑(pITS)의 어휘적 접점이 포함된다고 제안되는데, 이는 단어의 음성적 구조를 의미와 연결한다. 이 어휘적 접점은 개념적 네트워크와 연결되어 단어의 의미를 인출하며, 이 네트워크는 광범위하게 분포되어 있다고 여겨진다. 또한 전측두엽(ATL)의 측면부에 위치한 조합 네트워크는 어휘 단위를 결합하여 구나 문장과 같은 더 큰 단위를 생성한다. 반면, 배측 경로는 발화 산출(speech production)에 사용되며, 단어의 청각적 표상을 조음 코드로 변환한다(즉, '어떻게(how)' 경로). 이 경로에는 단어의 음성 구조를 운동 표상에 대응시키는 감각운동 접점(sensorimotor interface)이 있다고 제안되며, 이는 두정엽과 측두엽이 만나는 실비우스 열구(Sylvian fissure)의 후방 끝, Spt 영역(Sylvian parietotemporal area, 실비우스 두정-측두 영역)에 국한된다. 배측 경로는 결국 전두엽의 조음 네트워크로 이어지며, 여기에는 좌측 후하전두이랑(pIFG), 운동앞피질(PMC), 전섬엽(anterior insula)이 포함되고, 발화를 산출하는 역할을 한다. 따라서, 형태(form) → 조음(articulation)으로의 변환(예측, 오류 탐지, 수정에 필요한 피드백 포함)은 배측 경로가 담당하며, 형태(form) → 의미(meaning)로의 변환은 복측 경로가 담당한다고 제안된다.

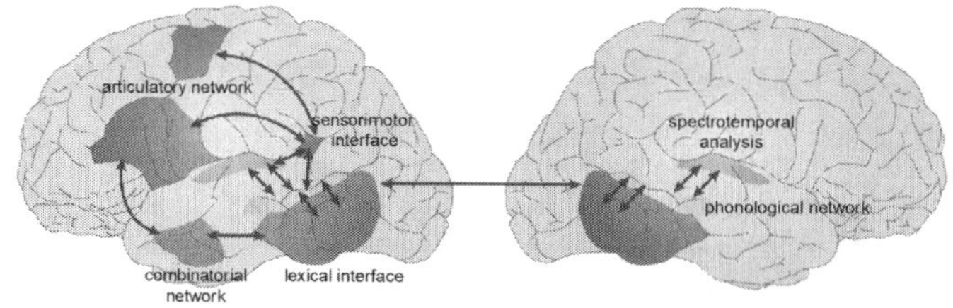

〈그림 37.5〉 이중 경로 모형. 어휘적 접합부(lexical interface; 후중측두이랑(pMTG)/후하측두고랑(pITS)), 음운 네트워크(밝은 음영; 중·후방 상측두고랑(mid-post STS)), 그리고 분광-시간적 분석(spectrotemporal analysis; 짙은 음영, 배측 상측두이랑(dorsal STG))은 양측성으로 나타난다. 그 외의 구성요소들은 좌측에 편재한다.

출처: Hickok & Poeppel 2007에서 수정·인용

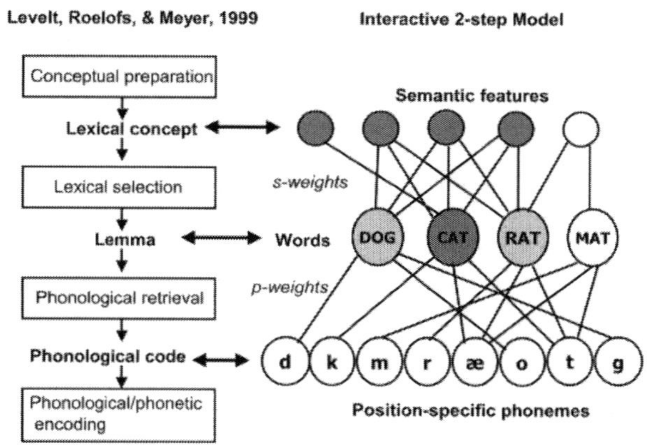

〈그림 37.6〉 레마 모형(Lemma Model, 왼쪽)과 상호작용적 2단계 모형(interactive two-step model, 오른쪽)

출처: Schwartz *et al.* 2009에서 발췌·수정

4.2 레마 모형

발화 산출(speech production)의 대표적인 모형 중 하나는 빌헬름 레벨트(Willem JM. Levelt)의 레마 모형(Lemma Model)(Levelt 2001)이다(〈그림 37.6〉, 왼쪽). 이 모형은 순차적으로 작동하는 두 개의 주요 하위 체계로 구성되며, 각각은 어휘 선택(lexical selection)과 형태 부호화(form encoding)에 해당한다. 각 하위 체계는 다시 순차적으로 작동하는 구분된 단계로 이루어진다. 어휘 선택은 어휘 개념 인출(lexical concept retrieval)에서 시작되는데, 이는 발화자가 표현하고자 하는 의미에 대응하는 의미 구조를 선택하는 과정이다. 다음 단계는 레마 인출 및 선택(lemma retrieval and selection)이다. 레마는 의미와 음운을 연결하는 추상적 어휘 단위로, 개념의 문법적

범주(예: 품사)와 같은 형태통사적(morphosyntactic) 특징을 가리킨다. 이 단계에서는 해당 어휘 개념에 대응하는 레마가 선택되고, 그에 연관된 형태통사적 특징들이 활성화된다. 이 두 단계의 신경학적 상관관계는 명확하지 않지만 몇 가지 가설이 제시되어 있다. 어휘 개념 인출은 전측두엽(ATLs)에 의해 뒷받침된다는 주장이 있으며, 레마 인출은 (특히 구체 명사의 경우) 후중측두이랑(pMTG)과 후하측두이랑(pITG)과 연관된다고 알려져 있다. 그러나 개념과 레마가 각각 후하·후중측두이랑(pITG/pMTG)과 전측두엽(ATLs)에 연결된다는 반대 시나리오를 지지하는 증거도 있다. 문제는 신경영상 연구나 일반적인 신경심리학 과제에서 레마 활성화와 개념 활성화를 명확히 구분하기 어렵다는 점이다. 병변 연구에서는 공간 해상도가 낮아(여러 영역이 동시에 손상됨), 한 영역의 손상이 원거리 영역의 기능(diaschisis, 이현상)에도 영향을 미칠 수 있다. 비교적 논란이 적은 부분은 좌측 하전두이랑(Left IFG)의 역할이다. 동시에 활성화된 여러 개념·레마 사이에서 선택하거나 갈등을 해결하는 과정은 좌측 하전두이랑에 의존하는 것으로 보인다.

레마는 이후 형태 부호화 하위체계로 전달되며, 이 과정은 세 개의 분리된 단계로 구성된다. 첫 번째 단계는 음운 부호 인출(phonological code retrieval) 단계로, 산출될 단어의 음운적 표상을 순차적으로 구성한다. 이 과정은 좌측 후상측두이랑(pSTG)과 상두정회(SMG)에서 일어날 가능성이 크다. 다음 단계는 음절화(syllabification)로, 맥락에 따라 목표 단어의 음절 구조를 결정한다. 음절화와 가장 관련 있는 영역은 브로드만 영역 44(BA 44)이다. 마지막 단계는 음운 산출 부호화(phonetic encoding)로, 예컨대 입술 닫기와 같은 발화 운동 과제를 구체화하는 과정이다. 이는 좌측 전두 영역과 관련이 있으며, 특히 전측섬(anterior insula), 브로드만 영역 44, 그리고 복측 전중심이랑(ventral prCG)이 포함된다. 이러한 구성요소들의 잠재적 신경 상관은 〈그림 37.7〉에 제시되어 있다.

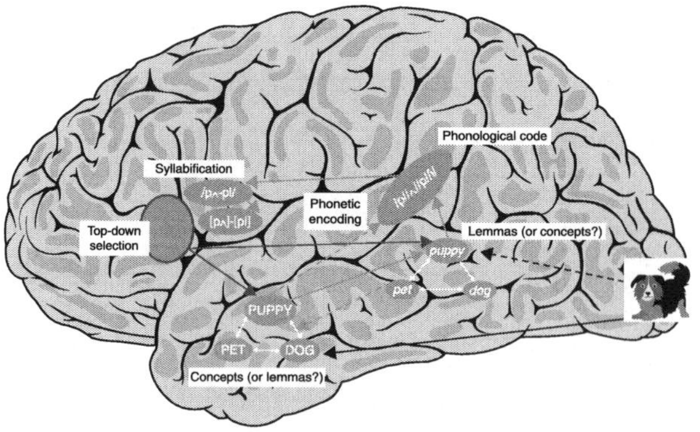

〈그림 37.7〉 레마 모형의 구성요소와 관련된 잠재적 신경 상관관계. 그림 명명 과제에서 'puppy(강아지)' 그림으로부터 시작하여 음운 부호화 단계에 이르기까지의 활성화 흐름이 제시되어 있으며, 이는 최종적인 운동 산출(motor output)로 이어진다(운동 산출은 표시되지 않음). 레마와 어휘 개념의 개념과 구분은 논란이 있다. 실선은 보다 일반적으로 수용되는 경로를, 점선은 저자들이 제안하는 대안적 경로를 가리킨다. (이 그림의 일부 구성요소는 데이비드 켐머러(David Kemmerer)가 제공한 그림을 수정한 것이다.)

4.3 상호작용적 2단계 모형

레마 모형의 핵심적 특징은 단방향적(unidirectional)이고 불연속적(discrete)인 단계라는 점이다. 즉, 처리 과정은 모듈화되어 있으며 한 방향으로만 흐른다. 따라서 음운 부호 인출(phonological code retrieval)과 같은 후속 단계는 레마 인출과 같은 이전 단계에 영향을 주지 않는다. 그러나 이러한 모형으로는 몇 가지 경험적 발견을 설명하기 어렵다. 예컨대, '혼합 오류(mixed errors)'가 예상보다 훨씬 흔하게 발생한다는 사실이다. 혼합 오류의 예로는 cat(고양이)을 의도했는데 rat(쥐)이라고 말하는 경우가 있다. 이 오류는 의미적으로 연관되고, 음운적으로도 유사하다. 이러한 오류가 높은 비율로 발생하는 것은 음운과 의미가 상호 영향을 주는 모형에서 훨씬 쉽게 설명할 수 있다. 델과 동료들(Dell, Schwartz, Martin, Saffran & Gagnon 1997, Dell, Martin & Schwartz 2007)이 제안한 상호작용적 2단계 모형이 바로 그러한 모형이다(〈그림 37.6〉, 오른쪽).

이 모형의 핵심은 세 개의 층으로 구성된다. 분산된 '의미' 층은 개념의 특징(예: 네 발을 가짐, '야옹(meow)' 소리를 냄 등)을 나타내는 단위들로 이루어져 있다. 이 층은 전체 단어(예: dog, cat)를 나타내는 단위들이 포함된 '단어' 층과 연결되어 있다. 단어 단위들은 다시 '음운' 층과 연결되는데, 이 층은 음소(/k/, /oe/, /t/)에 해당하는 단위들로 이루어져 있다. 활성화는 층들 사이에서 양방향으로 흐른다. 예를 들어, 고양이 그림이 주어지면 의미 단위들이 활성화되고, 이는 'cat'이라는 단어 단위(노드)를 활성화시키며, 동시에 'dog', 'rat'처럼 의미적으로 겹치는 개념들도 활성화시킨다. 단어 단위들은 음운 층에 활성화를 전달한다. 음운 층은 다시 단어 층으로 활성화를 되돌려, 목표 단어('cat')뿐 아니라 'rat', 'mat'처럼 음운적으로 겹치는 단어들도 활성화한다. 시스템에 잡음이 존재할 때, 목표 단어와 의미적으로도, 음운적으로도 유사한 단어가 더 자주 산출되며, 이것이 혼합 오류가 빈번하게 발생하는 이유를 설명한다.

레마 모형에서는 '어휘 개념(lexical concepts)'과 '레마(lemmas)'라고 불리는 두 개의 별도의 표상 수준이 존재한다고 가정한다. 그러나 이러한 구분된 수준이 실제로 어느 정도 존재하는지는 명확하지 않다. 실험적으로 이 둘을 구분하기는 어렵다. 왜냐하면 어휘 과제는 만약 실제로 존재한다면, 두 수준을 모두 요구하거나 활성화시키기 때문이다. 반면, 델 모형에서는 '단어(words)' 층만 존재한다. 이 층은 의미적 특징(lexical concepts에 해당하는 것들)의 결합에 의해 활성화되며, 구문 정보(lemmas에 해당하는 것들)와 연결된다. 의미 지식은 여러 특징 단위에 분산되어 있다고 가정되므로, 독립된 '어휘 개념' 단위는 존재하지 않는다. 〈그림 37.6〉에 제시된 어휘 개념 층과 의미적 특징 간의 등가성은 이런 점에서 다소 혼동을 줄 수 있다. 왜냐하면 레마 모형에는 의미적 특징에 해당하는 층이 존재하지 않으며, 어휘 개념과 레마가 델 모형에서는 '단어(words)' 층으로 통합되기 때문이다.

이 모형의 구성요소를 해부학적으로 국소화하려는 시도도 있었다(Dell, Schwartz, Nozari, Faseyitan & Branch Coslett 2013). 모형의 두 가지 핵심 요소는 (1) 의미 단위를 단어 단위와 연결하는 **s-가중치**와 (2) 단어 단위를 음소 단위와 연결하는 **p-가중치**이다. p-가중치는 주로 상두정회(SMG), 전중심이랑(prCG), 후중심이랑(poCG), 그리고 섬엽(insula)에 국소화되었으며, 이들은 이중 경로 모형(Dual Stream Model)에서 배측 경로의 일부를 이룬다. 이는 이러한 영역들이 산출 음운과 관련된 표상을 생성하고, 이어서 발화 산출을 계획하고 실행하는 데 관여한다는 점과 일치한다. s-가중치는 전측두엽(ATL), 하전두이랑(IFG), 중전두이랑(MFG), 그리고 각이랑(AG)과 연관되었다. 이러한 영역들은 의미 정보의 표상과 인출, 그리고 레마 접근에 관여하는 것으로 해석될 수 있다.

발화 산출이 모듈적·순차적 처리에 의존하는지, 아니면 상호작용적·연속적 활성화에 기반하는지는 여전히 논쟁 중이다. 그러나 전반적으로, 음운 처리와 발화 산출을 담당하는 전두-두정 영역, 주로 어휘 접근 및 의미에 관여하는 측두-두정 피질, 그리고 선택·통제 과정을 담당하는 전두 영역 사이의 넓은 구분은 지지를 받고 있다. 실제 발화를 산출하는 데 필요한 발화 운동 제어(speech motor control) 문제는 여기서 다루지 않는다(보다 발전된 신경계산 모형은 Kearney & Guenther 2019 참조).

5. 문장이해와 산출

언어의 표현적 힘은 단어들을 새로운 방식으로 결합할 수 있는 능력에 결정적으로 의존한다. 문장을 이해하는 과정은 단어의 어휘적 속성에 접근하는 것을 넘어서는 여러 과정을 포함한다. 여기에는 단어들을 구(phrase)와 절(clause)로 묶고, 명사구에 참여자 역할을 부여하는 과정이 포함된다. 단일 단어 처리보다도 이러한 과정은 단기 기억(STM)에 더 많이 의존하는데, 이는 새로운 단어들이 통합되는 동안 언어적 자료를 활성화 상태로 유지해 준다. 또한 인지 통제(cognitive control) 역시 문장 처리에서 더 두드러진 역할을 하며, 문장 내 서로 다른 단위 간의 관계를 추출하고, 필요할 때 발화의 해석을 모니터링하고 조정하는 데 필수적이다.

다양한 신경영상 연구와 병변-증상 사상 연구들은 문장 처리 네트워크(sentence processing network)의 중요한 신경해부학적 구성요소들을 밝혀냈다. 신경영상 메타분석에 따르면, 좌반구의 측두엽 외측 영역, 후방 전두피질, 그리고 하두정피질의 넓은 구역이 문장이해에 관여하며, 또한 일부 전두피질과 측두피질은 양측성으로 관여하는 것으로 나타났다(〈그림 37.8a〉, Vigneau *et al.* 2006, Hagoort & Indefrey 2014, Walenski, Europa, Caplan & Thompson 2019). 병변-증상 사상 연구들 역시 대부분 겹치지만, 다소 더 제한적인 영역 집합이 문장이해에 중요하다는 것을 시사하였다. 예를 들어, 뇌졸중 환자들을 대상으로 한 연구에서 Dronkers *et al.*(2004)은 문장이해 결손과 관련된 다음 영역들을 확인하였다. 후중측두이랑(pMTG)/후하측두이랑(pITG), 전측두엽(ATL), 후상측두고랑(pSTS)과 후상두정회(pSMG)가 각이랑(AG)으로 확장된 영역, 전하전두이랑(aIFG, BA47), 전중전두이랑(aMFG), 그리고 좌측 하전두피질(LIFC)(〈그림 37.8c〉). 또한 Den Ouden *et al.*(2019)은 특정 영역 자체의 병변과 영역 간 연결 손상이 문장이해에 미치는 영향을 조사한 결과, 주로 실비우스열(peri-sylvian) 주변 영역으로 이루어진 네트워크를 확인하였다(〈그림 37.8d〉). 이러한 영역들은 문장 처리에서 각기 다른 역할을 담당하지만, 그 구체적인 기능적 역할에 대해서는 여전히 논란이 많다. 아래에서는 이들의 역할에 관한 대표적인 이론들을 요약한다.

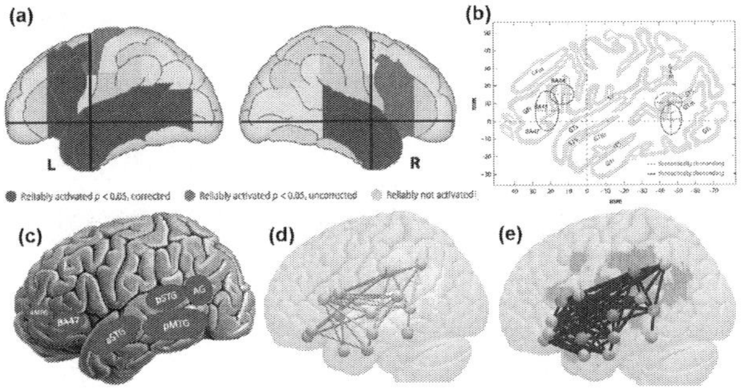

〈그림 37.8〉 (a) 신경영상 연구들의 메타분석을 통해 확인된 문장이해에 관여하는 영역들. (b) 의미적 요구나 통사적 요구를 조작한 연구에서, 덜 요구되는 문장과 비교했을 때 나타난 피크 위치의 평균과 표준편차. (c) 병변-증상 사상 연구에서 Dronkers *et al*.(2004)가 확인한 문장이해의 주요 영역(단, 한 가지 수정 포함). 이 연구에서는 후상측두이랑(pSTG)에서 시작해 각이랑(AG)까지 확장되는 단일 영역을 확인했으나, 여기서는 두 영역의 기능이 다르다고 여겨지므로 서로 다른 영역으로 제시됨(후상측두이랑은 음운 처리, 각이랑은 의미 처리). (d) Den Ouden *et al*.(2019)의 병변-증상 및 뇌 연결체(connectome)-증상 사상 연구에서 청각적 문장이해 검사와 관련해 확인된 영역(연한 음영)과 백질 연결. (e) 같은 연구에서 문장 산출 프라이밍 검사를 사용해 확인된 문장 산출에 중요한 영역과 연결.

출처: (a), (b) Hagoort & Indefrey 2014에서 발췌, (d), (e)는 Den Ouden *et al*. 2019에서 발췌.

후중측두이랑(pMTG)은 문장에서 문법적 범주가 명확하지 않은 명사와 동사(명확한 경우와 비교했을 때; Snijders *et al*. 2009), 모호한 구의 비선호적 해석(Tyler *et al*. 2011), 동사의 의미(Lyu *et al*. 2019), 그리고 어휘-통사 처리(Matchin *et al*. 2019a)에서 더 강하게 활성화된다. 후중측두이랑의 손상은 단순 평서문을 포함한 다양한 문장 유형에서 수행 저하와 관련이 있다(Dronkers *et al*. 2004). 또한 Pillay, Binder, Humphries, Gross & Book(2017)은 후중측두이랑/후상측두고랑의 손상이 그림 명명하기 과제를 통제한 이후에도(이는 발화 산출과 어휘의미를 통제함) 청각적 문장이해에 장애를 일으킨다는 사실을 발견하였는데, 이는 후중측두이랑이 문장 수준 처리에 특별한 중요성을 지님을 시사한다. 따라서 후중측두이랑은 청각적으로 제시된 문장이 처리되는 동안 단어와 구의 통사적 속성을 활성화 상태로 유지하는 데 핵심적인 역할을 할 수 있다. 후중측두이랑과 더 하방의 영역들(후하측두고랑/후하측두이랑) 역시 위에서 언급한 바와 같이, 의미 정보 처리, 특히 행동 및 동작 관련 개념 처리에 중요하다. 후중측두이랑은 문장 처리 네트워크의 다른 영역들과 광범위한 구조적·기능적 연결성을 지니며(Turken & Dronkers, 2011), 따라서 문장 처리에 중심적으로 중요한 일종의 '허브(hub)'로 간주될 수 있다. 이는 후중측두이랑을 '어휘적 접점'으로 규정하는 이중 경로 모형(Dual Stream Model) 같은 초기 견해와 부분적으로 일치한다. 즉, 단어의 음운적 형태를 입력으로 받아 통사적·의미적 부호를 산출하는 역할이다. 그러나 최근 결과들은 그 역할이 문장 수준의 연산(좌측 하전두피질, 좌측 하전두피질과의 협력 하에) 및 의미 처리, 특히 행동 관련 개념까지 확장됨을 보여준다. 이는 또한 전통적으로 엄격히 구분되어 온 어휘와 통사(즉, 단어와 규칙) 간의 구분을 약화시키며, 이 둘이 얽혀 있음을 시사한다. 이 확장된 관점을 반영하여, Matchin & Hickok(2020)의 틀에서는 후중측두이랑이 후상측두이랑의 연속적 음운 구조로부터 위계적 구조(hierarchical structures)를 생성하고, 이를 의미와 연결하여 이해와 산출 모두에서 작동한다고 본다.

전측두엽(ATL)은 특히 복잡한 문장에 민감하며, 구문 분석과 구조 구축에 중요한 역할을 할 수 있다. 배측 전측두엽(dorsal ATL; 전상측두이랑/전중측두이랑)은 문장이 의미적으로 타당하지 않더라도 복잡한 문장 구조에 반응한다(Humphries *et al.* 2006). 또한 구문적 복잡성이 증가할수록 더 큰 활성화를 보인다(Obleser, Meyer & Friederici 2011). 두 연구는 전측두엽이 일반적인 통사 처리 전반에 관여하기보다는 단기 기억(STM) 부하와 관련된 역할을 한다고 제안하고 있다. 한 fMRI 연구에서는 문장 구조(tree structure)에서 단어의 '구문적 깊이(syntactic depth)'가 증가할수록 전측두엽의 활성도가 증가함을 보여주었다(Brennan *et al.* 2012). 또한 Nelson *et al.*(2017)의 두개내 기록 연구에서는 전측두엽과 중측두엽 신경세포의 활동이 문장 처리 중 '열린 노드(open nodes)'의 수와 상관관계가 있음을 발견하였다. 예를 들어 "Ten sad students should often sleep(열 명의 슬픈 학생들은 자주 잠을 자야 한다)"라는 문장에서 'should'를 처리할 때 세 개의 열린 노드가 존재하며, 이 노드들은 이후 하나의 노드(닫힌 구성체)로 통합되는데, 이는 "자주 잠을 자야 하는 하나의 집합/대상"을 나타낸다. 전측두엽의 활동은 또한 닫힌 구성체의 수와도 상관관계를 보였다. 이러한 결과는 전상측두이랑과 전중측두이랑이 복잡한 문장을 구문 분석하는 동안 요소들을 일시적으로 유지하는 단기 기억(STM)의 역할을 담당한다는 해석과 일치한다.

후상측두고랑(pSTS)/후상두정회(pSMG)는 청각-언어 단기 기억(auditory-verbal STM)과 관련된다. 이 영역은 언어적 재료의 음성 기반 표상을 짧은 시간 동안 활성화 상태로 저장하는데, 이는 구어 문장을 효과적으로 이해하는 데 필수적이다(Binder 2017, Leff *et al.* 2009).

인접한 각이랑(AG)은 때때로 후상측두고랑과 함께 단기 기억과 관련지어 논의되지만, 기능적으로는 다를 가능성이 크다. 앞서 논의했듯이, 각이랑은 일반적으로 단어 목록에 비해 문장을 처리할 때 활성화되지만, 특히 의미적으로 가역적이고 비정형적인 문장(예: "신부가 신랑에 의해 들려졌다"와 같은 수동문, 또는 "신부가 신랑이 들었던 사람이다"와 같은 목적어 강조문)에서 중요한 역할을 한다(Thothathiri, Kimberg & Schwartz 2012). 따라서 각이랑은 시간이 흐름에 따라 의미적·통사적 구조를 통합하여, '누가 누구에게 무엇을 하는지'를 판별하는 데 관여하는 것으로 보인다.

가장 논란이 되는 것은 아마도 좌측 하전두피질(LIFC), 보다 구체적으로는 대략 브로드만 영역 44/45에 해당하는 브로카 영역(Broca's area)의 역할일 것이다. 이 부위는 통사 처리의 중심적 역할을 하며 모든 유형의 문장 처리를 담당한다고 여겨져 왔다. 그러나 다소 놀랍게도, 여러 fMRI 연구에서는 단어 목록 처리에 비해 문장이해에서 좌측 하전두피질의 활성화가 나타나지 않는다는 결과가 보고되었다(Humphries *et al*. 2006). 이는 좌측 하전두피질 손상과 문장이해 사이의 관련성을 발견하지 못한 다수의 병변-증상 연구 결과(Dronkers *et al*. 2004, Pillay *et al*. 2017, Rogalsky *et al*. 2018)와도 일치한다. 반면, 일부 영상 및 환자 연구에서는 좌측 하전두피질과 특정 유형의 복잡한 문장 이해 간의 연관성이 보고되었다(Den Ouden *et al*. 2019). 여기에는 가역 수동문(reversible passives), 통사적으로 모호한 문장, 그리고 통사적 위반 등이 포함된다. 이러한 발견은 좌측 하전두피질의 역할에 대해 다양한 가설을 낳았다. 대표적으로는 다음과 같다. (1) 선형적 배열로부터 위계적 구조를 추출, (2) 통사적 이동(syntactic movement)을 구현, (3) 인지 통제(cognitive control)와 일반적 인지 과제 요구를 반영(Rogalsky *et al*. 2018), (4) 청각-언어 단기 기억의 리허설 구성요소에 관여(Rogalsky & Hickok 2011), (5) '통합(unification)' 과정을 구현. 여기서 통합(unification)이란 음운적, 형태적, 의미적, 통사적 구성요소들로부터 더 높은 수준의 의미를 도출하는 과정을 의미한다(Hagoort, 2016). 이러한 여러 가설들을 부분적으로 조율하는 관점은 좌측 하전두피질이 문구의 위계적 구조 분석이 특히 요구될 때만 동원되고, 상대적으로 단순한 상향식(bottom-up) 처리는 그렇지 않으며, 언어 산출 시 필수적인 형태소 배열 생성 과정에서는 항상 관여한다는 것이다.

좌측 하전두피질(LIFC)의 특정 영역 역시 서로 다른 기능을 가진 것으로 제안되어 왔다. 예를 들어, Friederici(2012)의 제안에 따르면, 전두 피개부(frontal operculum, LIFC의 복내측 부분에 위치)는 전상측두이랑(aSTG)과 협력하여 국소적 구(phrase) 구조를 형성한다. 브로드만 영역 44(BA 44)는 전상측두이랑, 후상측두이랑(pSTG), 각이랑(AG)과 연결되어 복잡하고 위계적으로 구조화된 연쇄를 구축한다. 브로드만 영역 45와 브로드만 영역 47은 측두엽 구조와 협력하여 문장이해의 의미적 측면을 처리한다. Rogalsky & Hickok(2011)의 제안에서는 브로드만 영역 44가 주로 청각-언어 단기 기억(auditory-verbal STM)의 조음적 리허설(articulatory rehearsal) 구성요소를 담당하며, 브로드만 영역 45는 범영역적 메커니즘을 구현한다고 보았다. Matchin & Hickok(2020)은 브로드만 영역 45가 오직 산출에만 중요하다고 주장했는데, 그 이유는 브로드만 영역 45의 역할이 후중측두이랑(pMTG)에서 형성된 위계적 구조를 입력으로 받아 그것을 형태소들의 연쇄로 변환하는 것이기 때문이다. 이러한 관점은 구문과 의미가 본질적으로 얽혀 있음을 강조하며, 구문을 어휘화된 통사적 관점에서 바라본다. 즉, 어휘-구문 기능이 후중측두이랑(pMTG)과 브로드만 영역 45에 의해 공동으로 수행된다는 것이다. 이처럼 어휘적 처리와 통사적 처리가 명확히 분리되지 않는다는 사실은 좌측 하전두피질, 후중측두이랑, 전상측두이랑과 같은 영역에서도 관찰되며, 이는 전통적 언어학 이론의 핵심에 있는 어휘/통사(lexicon/syntax) 또는 단어/규칙(words/rules)의 이분법에 반대되는 근거를 제공한다.

신경영상 연구의 메타분석들(Hagoort & Indefrey 2014, 〈그림 37.8a〉 참조; Walenski *et al*. 2019, Vigneau *et al*. 2006)은 좌측 하전두피질(LIFC) 및 기타 전두 영역에서 신뢰할 만한 활성화를 보여준다. 이를 두고 '문장이해를 위한 활성화'라고 말할 수도 있겠지만, 중요한 질문은 "무엇과 비교했을 때인가?"이다. 이러한 메타분석에는 비이해 가능한 문장이나 가짜 글자(false fonts)와 같은 저수준 기준 조건, 그리고 단어 목록과 같은 어휘적 조건을 문장 조건과 비교한 연구들이 포함되어 있다. 저수준 기준 조건과의 비교에서는 이러한 활성화가 문장 수준 처리에 특이적인 과정을 반영하는 것인지, 아니면 음소·형태소·단어와 같은 언어적 재료 전반의 처리와 관련된 것인지, 혹은 문장에 특이적이지 않은 일반적 과제 요구를 반영하는 것인지 명확하지 않다. 비언어적 기준 조건과 비교했을 때 문장은 거의 항상 좌측 하전두피질을 활성화하지만, 언어적 기준 조건(예: 단어 목록)과의 비교에서는 그렇지 않은 경우가 빈번하다. 저수준 혹은 비특이적 과정으로 인한 활성화를 제거하기 위해, Hagoort & Indefrey(2014)는 통사적 요구 수준이 높은 문장과 낮은 문장, 의미적 요구 수준이 높은 문장과 낮은 문장을 비교했다(〈그림 37.8b〉). 높은 통사적 요구는 후방 좌측 하전두피질(브로드만 영역 44/46)을 활성화한 반면, 높은 의미적 요구는 전방 좌측 하전두피질(브로드만 영역 45/47)을 더 활성화하는 경향을 보였다. 후측두엽에서는 높은 통사적 요구에 따른 활성화 정점은 후상측두고랑(pSTS)과 배측 후중측두이랑(dorsal pMTG) 주위에 분포했고, 의미적 요구에 따른 활성화는 복측 후중측두이랑(ventral pMTG), 후하측두고랑(pITS), 후하측두이랑(pITG) 주위에 분포했다. 후방 좌측 하전두피질과 후상측두고랑의 활성화는 통사적 조작에 특이적으로 관련되거나, 통사적으로 복잡한 문장 처리에 필요한 보다 큰 일반적 인지 요구에 기인한다고 해석할 수 있다. 이 결과는 또한, 좌측 하전두피질과 마찬가지로 후중측두이랑 역시 이질적인 영역임을 보여준다. 즉, 이 영역의 손상이나 활성화는 통상적으로 '후중측두이랑(pMTG)'이라는 단일 명칭으로 묶이면서 일종의 '허브(hub)' 개념을 낳지만, 실제로는 후상측두고랑, 배측 및 복측 후중측두이랑, 후하측두고랑, 후하측두이랑 등 세부 영역마다 서로 다른 기능이 존재할 가능성이 크다.

문장이해는 좌반구가 우세한 복수의 뇌 영역 네트워크에 의해 뒷받침되는 복잡한 과정이다. 이러한 영역들의 역할은 다양하며, 구 구조를 구축하는 것처럼 언어에 특이적인 기능에서부터, 위계 추출이나 인지 통제처럼 덜 특이적인 기능에 이르기까지 폭넓게 제안되었다.

5.1 문장 산출

문장 산출(Sentence Production)은 단어들을 어떻게 조합하여 완전한 문장을 만들어 내는가라는 중요한 질문을 다룬다. 개념은 문장의 표층 구조(surface structure)를 형성하는 통사적 부호화(syntactic encoding) 과정을 거친다고 여겨진다. 이 표층 구조는 이후 음운 및 조음 과정으로 전달된다. 상대적으로 적은 수의 신경영상 연구만이 문장 산출 맥락에서의 통사 부호화 과정을 살펴보았는데, 이는 주로 스캐너 안에서 문장을 발화할 때 발생할 수 있는 두부 움직임(head movement)이라는 방법론적 문제 때문이다.

문장 산출에 대한 초기 영상 연구들(Indefrey *et al.* 2001, Indefrey 2011)은 The red square launches the blue ellipse(빨간 사각형이 파란 타원을 발사한다)와 같은 문장을 말하는 것과 square red, ellipse blue, launch(사각형 빨강, 타원 파랑, 발사)처럼 단어 나열을 말하는 것을 비교했을 때, 좌측 하전두이랑(pIFG, BA 44)의 활성화를 보여주었다. Haller, Radue, Erb, Grodd & Kircher(2005)는 문장 산출 과제를 문장 읽기 및 단어 산출 과제와 비교했을 때 좌측 브로드만 영역 44와 45에서 활성화를 발견했으며, 또한 좌측 보완운동영역(SMA)과 상두정소엽(SPL)에서도 활성화를 관찰했다.

통사적 부호화를 조사한 여러 신경심리학적 연구들도 있으며, 여기에는 뇌졸중 환자뿐 아니라 일차 진행성 실어증(PPA) 환자에 대한 연구도 포함된다. Faroqi-Shah *et al.*(2014)는 뇌졸중 환자들을 대상으로 그림 묘사, 그림 명명, 문장 과제, 무의미어 반복 과제를 실시하였다. 그들은 문장 산출의 손상이 하전두이랑(pIFG), 상두정회(SMG), 전상측두이랑(aSTG), 뇌섬(insula), 피각(putamen)과 독특하게 관련됨을 발견하였다. Den Ouden *et al.*(2019)은 뇌졸중 환자에게 세 가지 문장 산출 과제를 사용하였고, 유사한 뇌 영역 네트워크를 확인하였다. 백질 손상을 조사했을 때, 문장 산출 결손은 하전두이랑(IFG)과 하두정영역, 그리고 전측두엽(aSTG)과 중측두영역(MTG) 간의 연결성과 관련이 있음을 발견하였다(〈그림 37.8e〉).

여러 연구는 또한 문장 산출 결손을 보이는 비유창형 PPA(PPA-G) 환자를 조사하였다. 예를 들어, Sapolsky *et al.*(2010)은 하전두이랑(IFG), 중전두이랑(MFG), 상전두이랑(SFG), 전중심이랑

(prCG), 보완운동영역(SMA)의 위축이 문장 산출 결손과 특히 관련이 있음을 발견하였다. Wilson *et al.*(2010) 역시 하전두이랑(IFG), 전중심이랑(prCG), 중전두이랑(MFG)의 위축이 비유창적 문장 산출과 연관되어 있으며, 그림 묘사 과제에서 유도된 통사적 복잡성(syntactic complexity)에 영향을 예측함을 확인하였다.

따라서 좌측 하전두피질(LIFC)과 기타 전두엽 구조들(SFG, MFG, prCG)은 단어 산출에 비해 문장 산출과 구체적으로 연관된다. 추가적으로, 하전두이랑(IFG)과 전상측두이랑(aSTG), 후중측두이랑(pMTG), 상두정회(SMG) 간의 연결성도 문장 산출에 결정적으로 중요할 가능성이 있다. 앞서 언급했듯이, 문장 처리에서 좌측 하전두피질의 구체적인 역할은 논란이 있다. 이는 문장 산출을 하는 동안 위계적 순서와 구 구조를 구축하고, 레마와 단어를 선택하는 과정과 관련될 수 있다. 또한 이해에 비해, 문장 산출은 의사 결정, 선택, 반응 억제와 같은 일부 집행 및 인지 통제 과정에 더 큰 부담을 준다. 전두엽의 다른 구조들의 역할은 이러한 과정들과 연결될 수 있다.

6. 읽기와 쓰기

의사소통에서 음성적 방식이 가장 일반적이지만, 시각적으로 표현된 기호(orthography, 철자 체계)의 사용 역시 중요한 의사소통 방식이며, 특히 현대 생활에서 매우 중요하다. 읽기와 쓰기는 인류 역사상 가장 중요한 발명 가운데 하나로, 세대를 넘어 지식과 문화를 암기에 의존하지 않고도 보존하고 정확하게 전달할 수 있도록 한다.

6.1 읽기

우리가 단어에 대해 알고 있는 것은 삼각형으로 표현할 수 있으며, 이 삼각형의 세 꼭짓점은 철자(orthography), 음운(phonology), 의미(semantics)를 나타낸다. 읽기에서 입력은 철자 노드로 들어오며, 해당되는 의미와 음운의 활성화로 이어진다. 읽기와 쓰기는 비교적 최근에 발명된 것으로, 약 5,000~5,500년 전에 등장했기 때문에, 철자를 처리하고 그것을 의미와 음운에 연결하는 데 특화된 진화적 경로는 없다. 읽기의 목적은 의미를 정확히 파악하는 데 있다. 의미에 도달하는 두 가지 가능한 경로가 제안되었는데, 하나는 '직접 경로(direct route)'로서 철자 → 의미, 다른 하나는 '간접 경로(indirect route)'로서 철자 → 음운 → 의미이다. 두 경로 모두 단어의 특성에 따라 기여 정도는 다르지만, 읽기에 관여한다. 읽기 체계의 주요 신경학적 구성 요소들은 〈그림 37.9a〉에 제시되어 있다.

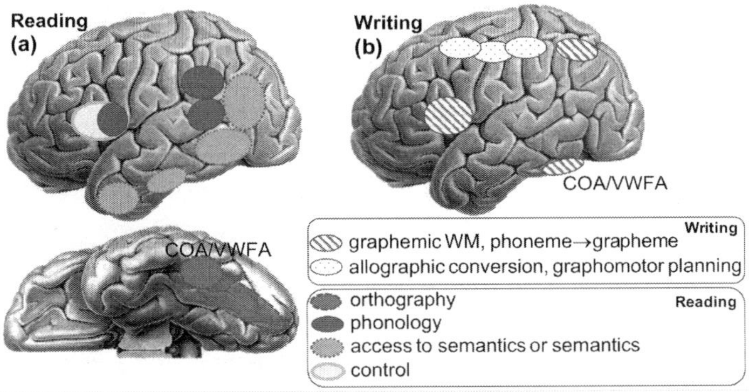

〈그림 37.9〉 (a) 읽기에 관여하는 주요 뇌 영역들. 의미 처리와 관련된 영역들은 특히 분산되어 있으며, 여기서는 그 일부만 제시되어 있다. (b) 쓰기에 관여하는 주요 뇌 영역들.

출처: Purcell *et al.*(2011)의 메타분석에 근거함.

복측 후두측두피질(vOTC)은 읽기에 중요한 역할을 한다. 복측 후두측두피질의 읽기 경로는 후두엽에서 시작되며, 여기서 글자의 저차 시각적 특징이 분석된다(〈그림 37.9a〉 음영 영역). 대표적인 모형 중 하나인 국소 결합 탐지 모형(Local Combination Detector, LCD; Dehaene, Cohen, Sigman & Vinckier 2005)은 이 경로가 여러 단계의 특징 탐지기로 구성되어 있으며, 위계적으로 조직되어 있다고 제안한다. 복측 후두측두피질 표면을 전방으로 이동할수록 점점 더 복잡한 특징들이 처리된다. 즉, 글자의 부분에서 시작하여, 전체 글자, 그리고 이음절(bigram)이나 삼음절(trigram)과 같은 글자 결합까지 처리된다. 이 경로의 처리 과정은 중간 방추이랑(mid-FG)에 집약되며, 이 부위는 흔히 시각적 단어 형태 영역(visual word form area, VWFA)이라 불리며 후방 후두측두고랑(pOTS)을 중심으로 한다(McCandliss 2003). 국소 결합 탐지 모형에 따르면 이 과정은 점점 더 추상적이 되어, 글자의 위치, 글꼴(font), 대소문자(case)와 같은 저차적 특징에 대한 민감성은 이 경로를 따라 전방으로 갈수록 줄어든다(Vinckier *et al.* 2007). 시각적 단어 형태 영역에 대한 연구는 매우 활발하게 진행되어 왔다(Dehaene & Cohen 2011). 일반적으로 시각적 단어 형태 영역은 구어 단어보다 인쇄된 단어에 더 민감하며, 글자의 위치, 글꼴, 대소문자에는 민감하지 않은 것으로 받아들여진다. 또한 과제 요구나 의식적 인식 여부와 관계없이 단어에 반응하며, 이음절 빈도(bigram frequency)와 같은 하위어휘적 속성이나 유사단어(pseudoword)에도 민감하게 반응한다. 시각적 단어 형태 영역이 오직 인쇄된 단어 형태를 처리하는 데만 특화되어 있는지, 아니면 다른 유형의 대상에도 민감한지에 대해서는 오랫동안 논란이 있어 왔다. 개별 피험자를 대상으로 높은 공간 해상도의 fMRI를 활용하고, 인접 영역 간의 평활화(smoothing) 문제를 피하고자, Mano *et al*.(2013)은 각 피험자의 후두측두고랑(pOTS)에서 철자적 자극(단어 + 준단어)에 대해 사물 그림보다 더 민감하게 반응하는 국소 영역을 발견하였다. 또한 그들은 후두측두고랑 내외의 인접한 국소 영역에서 대조적 반응 양상을 확인하였다. 이는 후두측두고랑이 단순히 일반적 시각 대상 처리기가 아니라, 철자 정보(orthographic material)에 비교적 특화된 하위 영역을 포함하고 있음을 시사한다. 시각적 단어 형태 영역은 '철자 어휘집(orthographic lexicon)', 즉 이미 알려진 모든 단어의 철자 형태 목록을 포함한다는 제안이 있어 왔다. Glezer, Jiang & Riesenhuber(2009)는 단어와 비단어를 대상으로, 동일하거나 한 글자만 다른 항목을 사용한 반복 점화(repetition priming) 연구를 통해, 좌측 후두측두고랑이 전체 단어 표상을 포함한다는 증거를 제시하여 이러한 제안을 지지하였다. 그러나 시각적 단어 형태 영역이 비단어 내에서 이음절(bigram) 및 삼음절(trigram) 빈도와 같은 하위어휘적 특성에도 민감하며, 종종 준단어가 실제 단어보다 더 큰 활성화를 유발한다는 사실을 고려하면, 이 영역이 전체 단어 표상만을 포함한다고 보기는 어렵다(Binder, Medler, Westbury, Liebenthal & Buchanan 2006). 오히려 이 영역은 다양한 길이의 친숙한 철자 조합(전체 단어 포함)에 정교하게 조율된 단위 혹은 하위 네트워크들을 포함하고 있다고 보는 편이 타당하다. 그런 의미에서 '시각적 단어 형태 영역(visual word form area)'이라는 명칭은 부분적으로 오해의 소지가 있으며, 더 적절한 용어는 '결합적 철자 영역(combinatorial orthographic area, COA)'일 것이다. 그럼에도 불구하고 이 영역은 철자 전문성(orthographic expertise) 체계의 핵심 부분으로, 단어의 철자 표상을 의미와 음운에 연결하는 역할을 한다.

복측 후두측두피질(vOTC)의 손상은 실독증(alexia)을 일으킬 수 있지만, 항상 그런 것은 아니다. 심하게 손상된 환자는 단일 글자조차 인식할 수 없다. 손상이 덜한 환자들은 단어 전체를 빠르게 한눈에 읽을 수 없고, 대신 한 글자씩 더듬으며 조합하는 방식으로 어렵게 읽는다. 또 다른 유형의 읽기 장애는 획득성 난독증(acquired dyslexia)인데, 이 역시 읽기 능력이 손상되는 장애이다. 획득성 난독증의 주요 유형은 음운성(phonological), 표면성(surface), 심층성(deep) 난독증의 세 가지다(이들은 선천적 이상으로 인해 아동에게 나타나는 난독증과는 다르다). 음운성 난독증(phonological dyslexia)에서는 환자가 유사단어(pseudoword)를 읽는 데 특히 취약하지만, 대부분의 실제 단어는 읽을 수 있다. 〈그림 37.9a〉의 음영 영역, 즉 후하전두이랑(pIFG)/브로드만 영역 44, 후상측두이랑(pSTG), 상두정회(SMG)의 손상과 관련이 있다(Rapcsak *et al*. 2009). 표면성 난독증(surface dyslexia)은 철자-음운 대응이 불규칙한 단어(예: yacht, pint)를 특히 저빈도 단어를 읽는 데 어려움을 겪는 것이 특징이다. 이들은 'pint'를 'mint'와 운을 맞추듯 발음하는 과잉 규칙화(overregularization) 오류를 보이기도 한다. 그러나 유사단어나 규칙적인 단어는 비교적 잘 읽는다. 표면성 난독증은 종종 PPA-S(semantic dementia, 의미치매) 환자에게서 나타나며(Patterson *et al*. 2006, Wilson *et al*. 2009), 〈그림 37.9a〉의 측두엽 외측 음영 영역 손상과 관련이 있다. 의미치매 환자에서 의미 결손과 표면성 난독증이 함께 나타나는 현상은 불규칙 철자-음운 대응을 가지는 저빈도 단어를 읽을 때 의미적 인출(semantic retrieval)이 필요하다는 제안을 낳았다. 즉, 직접 경로(철자 → 음운)만으로는 충분하지 않으며(철자 자체로는 단어의 소리를 투명하게 알 수 없기 때문), 간접 경로(철자 → 의미 → 음운)가 사용된다는 것이다(단어의 의미를 통해 발음을 추론). 그러나 이 생각은 다소 논란이 있는데, 의미 결손이 있음에도 불구하고 표면성 난독증은 보이지 않는 환자 사례가 일부 보고되었기 때문이다. 마지막으로, 심층성 난독증(deep dyslexia) 환자는 규칙 단어와 불규칙 단어뿐 아니라 유사단어도 읽는 데 손상이 나타난다. 오류는 주로 의미적 성격을 띠며, 추상적 단어에서 더 심하다. 이들 환자의 병변은 흔히 더 광범위하여, 측두엽과 하두정 영역까지 포함한다.

이제 우리는 철자-음운-의미 삼각형(orthography/phonology/semantics triangle)에서 각각의 노드(node)가 위치할 가능성이 높은 영역을 구분할 수 있는 단계에 와 있다. 시각적 단어 형태 영역(VWFA)/결합적 철자 영역(COA)은 철자 처리에서 결합적 역할을 하는 주요 노드이다. 음운의 결합적 처리를 위해서는 상두정회(SMG)와 후상측두이랑(pSTG)이 중심적으로 중요한 역할을 할 가능성이 크다. 앞에서 논의했듯이, 의미를 '담고 있는' 특정한 단일 뇌 영역은 없다. 그러나 중측두 영역과 전측두 영역은 분산된 의미 지식에 접근할 수 있는 잠재적 경로를 제공한다. 따라서 음운과 철자가 분산된 의미 체계에 연결되는 경로는 측두엽의 전반부를 통과하는 것으로 보인다. 하세로다발(ILF)과 하전두후두다발(IFOF)은 철자 ↔ 의미, 음운 ↔ 의미 경로에서 중요한 역할을 하는 백질 다발일 가능성이 높다. 반면, 후두측두고랑(pOTS)과 후상측두이랑(pSTG)/상두정회(SMG)를 직접 연결하는 백질 경로는 존재하지 않는다. 따라서 철자 ↔ 음운 연결은 여러 다발을 통해 진행되는 것으로 보이며, 이 과정에는 하세로다발과 궁상다발(AF)의 후방 구간이 관여할 수 있다.

6.2 쓰기

쓰기(writing)는 먼저 단어의 의미적·음운적 구조를 활성화하는 것에서 시작된다. 이러한 형태들은 종이에 펜이나 키보드 같은 도구를 사용해 문자 연쇄로 전환된다. 따라쓰기(dictation) 상황에서는 일부 모형에서 음소 분석이 음운 어휘집의 활성화를 유도한다. 철자형의 활성화는 음운 → 의미 → 철자 경로나, 음운 → 철자 경로를 통해 진행될 수 있다. 철자 어휘집에서 목표 형태가 활성화되면, 이는 철자 과정을 수행하는 동안 활성화 상태를 유지하고 모니터링 및 업데이트하는 **자소 작업기억(graphemic working memory, WM)**에 일시적으로 저장된다고 가정된다(〈그림 37.9b〉). **자소 변환(allographic conversion)** 과정에서는 자소 작업기억에 저장된 추상적 표상이 구체적 글자 모양으로 변환된다. **필기운동 계획(graphomotor planning)**은 이러한 글자 모양을 그리기 위해 필요한 구체적 움직임을 계획하는 과정을 가리키며, 실제 실행은 운동계에 의해 수행된다. 음소 체계의 활성화는 또한 음운 또는 철자 어휘집, 의미적 기여 없이도 직접적으로 철자 활성화를 일으킬 수 있다. 이는 음소 → 자소 변환 경로(direct phoneme → grapheme conversion route)로, 무의미 단어(nonword) 쓰기에 사용될 수 있다.

읽기와 마찬가지로, 시각적 단어 형태 영역(VWFA)/결합적 철자 영역(COA)의 철자 단위(전체 단어 및 하위어휘 수준)는 쓰기 과정에도 사용된다. 자소 작업기억과 관련된 후보 영역 중 하나는 좌측 하전두이랑(pIFG)이다(Purcell, Turkeltaub, Eden & Rapp 2011). 좌측 두정내고랑(pIPS)과 시각적 단어 형태 영역 자체도 역할을 할 수 있으며, 이들 영역이 함께 자소 작업기억 관련 과정을 수행할 것으로 보인다. 음소 → 자소 변환 경로 또한 시각적 단어 형태 영역, 하전두이랑, 두정내고랑의 세 영역이 공동으로 구현할 가능성이 있다. 자소 변환과 필기운동 계획은 주로 세 개의 전두인 두정 영역, 즉 후상전두고랑(pSFS)/중전두이랑(MFG), 일차운동피질(M1)/일차체감각피질(S1), 그리고 전두정소엽(aIPS)/상두정소엽(SPL)에 의해 담당되는 것으로 보인다. 전두정소엽/상두정소엽 영역은 글자 형태 선택과 표상에 중요하며, 운동적 과정과 언어적 과정을 매개하는 인터페이스 역할을 한다. 이는 필기운동 계획과 연관된 것으로 보인다. 후상전두고랑/중전두이랑은 자소 변환과 관련이 있다고 보고되었지만, 계획 단계에서도 역할을 하는지는 명확하지 않다.

획득성 난서증(acquired dysgraphia), 즉 쓰기 손상은 세 가지 유형으로 구분되며, 이는 획득성 난독증의 세 가지 유형(음운성, 표면성, 심층성 난독증)에 대응한다. 난서증은 일반적으로 해당 유형의 난독증과 함께 나타나는 경우가 많으며(Patterson *et al.* 2006), 따라서 두 장애의 신경 기제는 큰 틀에서 유사하다. 그러나 드물게 이중 해리(double dissociation) 사례가 보고된 바 있다.

예를 들어, 한 환자는 음운성 난독증을 보였지만 음운성 난서증은 없었으며, 다른 환자는 그 반대였다. 이러한 사례의 존재는 읽기와 쓰기에서 음운-철자-의미를 연결하는 경로가 서로 다를 수 있음을 시사한다.

7. 맺음말

19세기와 20세기 신경학자들이 마련한 토대 위에서, 언어의 신경학적 기초에 대한 연구는 큰 진전을 이루어 왔다. 앞서 살펴본 바와 같이, 측두엽 대부분과 하두정소엽, 그리고 전두엽 일부를 포함한 주요 뇌 영역들이 이른바 '언어 영역'에 속한다. 역사적으로는 연구의 상당 부분이 두 가지 고전적 영역을 이해하는 데 집중되었으나, 이제 언어 네트워크의 다른 부분들이 전면에 부상하고 있다. 특히 후중측두이랑(pMTG), 전측두엽(ATL), 그리고 각이랑(AG)은 새로운 '언어의 핵심 영역'으로 주목받고 있다. 이들의 기능은 언어 처리의 핵심 구성요소로서 계속 정교하게 밝혀지고 있다. 또한 네트워크와 연결체(connectomics)의 중요성이 인식되면서, 기능적·구조적 경로에 대한 이해 역시 심화되고 있다.

여전히 방법론적 장애물이 존재한다. 병변 연구법은 특정 기능에 중요한 뇌 영역을 인과적으로 확인할 수 있다는 점에서 강력한 도구이다. 그러나 낮은 공간 해상도(여러 기능적 영역이 동시에 손상되는 경우), 원거리 효과, 병변 뇌에서의 기능 재조직화, 병변의 편향적 분포(어떤 영역은 훨씬 더 자주 손상되며, 여러 영역의 손상이 서로 상관되는 경우)가 혼란과 모순을 야기하기 때문에, 모든 연구 결과를 무비판적으로 수용하는 것은 위험하다. 이러한 한계는 대규모 환자 집단을 엄밀하게 검사함으로써 부분적으로 극복될 수 있으나, 실제로는 매우 어렵다. 신경영상 기법의 상관적 특성 또한 하나의 제약이다. 그럼에도 두 방법은 앞으로도 언어 연구 발전의 기둥 역할을 하겠지만, 여기에 뇌 자극 연구가 중요한 보완적 역할을 할 것이다. 개별 피험자를 밀리미터 단위의 공간적 수준에서 조사하고, 영역 간 정보 흐름을 구체화하는 것(예: 자기뇌파검사(MEG), 경두개 자기자극(TMS)과 같은 높은 시간 해상도의 방법 활용)은 향후 중요한 연구 방향이 될 가능성이 크다. 또한 언어 기능에 대한 기제적 이해를 위한 계산 모델링과 자연스러운 담화 수준 자극을 다루는 연구 역시 많은 기여를 할 수 있으며, 가까운 미래에 중요한 성과를 낼 것으로 기대된다.

감사의 말

이 연구는 NIH/NIDCD 보조금 R01DC010783 및 R56DC010783의 지원을 받았다.

우리는 데이비드 켐머러(David Kemmerer)에게 그의 훌륭한 교재 『언어의 인지 신경과학Cognitive Neuroscience of Language』에서 제공된 자료를 공유해 준 것에 대해 감사의 뜻을 전한다. 본 장의 일부 내용은 해당 저서의 리뷰를 바탕으로 하였으나, 모든 누락과 오류에 대한 책임은 우리에게 있다.

더 읽을거리

Kemmerer, D. (2020). *Cognitive neuroscience of language* (2nd ed.). New York: Psychology Press.

Binder J. R., & Desai, R. H. (2011). The neurobiology of semantic memory. *Trends in Cognitive Science*, 15(11), 527-536.

Hickok, G., & Poeppel, D. (2007). The cortical organization of speech processing. *Nature Reviews Neuroscience*, 8(5), 393-402.

Hagoort, P., & Indefrey, P. (2014). The neurobiology of language beyond single words. *Annual Reviews Neuroscience*, 37, 347-362.

Dehaene, S., Cohen, L., Sigman, M., & Vinckier, F. (2005). The neural code for written words: A proposal. *Trends in Cognitive Sciences*, 9(7), 335-341.

제38장
인지언어학과 언어 진화

1. 도입

이 장에서는 언어학과 진화생물학이라는 서로 다른 분야를 연결하는 내용을 다룬다. 언어학은 고대 그리스 시대부터 오랜 역사를 지닌 인문학의 한 부분으로, 전통적으로 언어 체계의 구조적 측면을 탐구해 왔다(Campbell 2001). 반면, 생물학은 살아있는 유기체와 그들의 해부학, 생리학, 행동을 형성하는 기본 생화학 과정을 연구하는 학문이다. 또한 생물학은 개체발생과 계통발생, 그리고 다양한 특성과 행동에 대해서도 연구한다. 따라서 행동에 대한 생물학적 연구는 해당 행동의 기능과 통제 메커니즘, 개체의 발달 및 진화 역사에 대한 연구를 포함한다(Bateson & Laland 2013: 712, Hogan 2015: 108). 인간의 언어는 기호 체계의 사용, 즉 언어 사용에서 나타나는 행동의 한 유형으로 볼 수 있으며, 이는 언어의 작동 방식과 진화적 기원에 대한 통찰력을 제공한다(Croft 2013: 96, Hogan 2001: 254). 이 장에서는 인지언어학의 관점에서 언어 연구가 인간 종의 진화에서 언어의 출현 문제와 어떻게 관련되는지를 집중적으로 살펴보겠다.

행동학(Ethology)은 유기체의 특정 행동을 체계적으로 관찰하는 방법에 의존한다. 이러한 관찰을 통해 행동의 조직과 규칙성을 설명하고, 유기체와 환경의 상호작용에서 그 기능을 추론할 수 있다. 또한 이러한 관찰을 통해 행동의 기반이 되는 능력도 탐구하고, 행동을 수행하는 방법이 유전적으로 프로그래밍된 것인지, 학습된 것인지에 대해서도 설명할 수 있다(Shettleworth 2010: 13). 인지 행동학은 관찰된 행동의 기반이 되는 인지 능력과 과정이 무엇인지 규명하려고 시도한다(Ristau 2013, Shettleworth 2010: 552).

우리가 언어라고 부르는 기호 체계는 특정 인간 행동의 체계적인 규칙성을 추상화한 형태이다.

언어공동체 구성원의 언어 행동을 체계적으로 관찰하고 그들이 실제로 언어를 사용하는 방식을 조사하여 특정 언어의 체계를 추론하고 그 조직과 규칙성을 설명하는 것이 언어 연구의 핵심이다(Bybee 2006: 712). 이 방법은 모든 언어 연구의 기초를 형성하며, 언어의 구체적인 표현, 즉 화자가 일상적인 의사소통에서 발화 형태로 특정 기호 체계를 실제로 사용하는 데이터를 확보하는 것을 포함한다. 인간 언어의 기호 체계에 대한 일반적인 개념은 개별 언어에서 나타나는 공통성을 분석하고 비교하는 데 의존한다. 언어학의 임무는 다양한 언어에서 발견되는 구조적 속성과 규칙성의 일반적인 측면을 연구하는 것이며, 이는 이론적인 방향성을 위한 기초 정보를 제공한다. 이러한 관점에서 언어를 탐구하는 목적은 언어 이론을 세울 수 있는 기본 원리를 확립하는 것이다. 이러한 이론은 언어 자체가 무엇인지에 대한 질문에 답하고 언어의 작동 방식에 대한 일반적인 설명을 제공하는 것을 목표로 하며, 이는 언어 연구 전반의 기초가 될 것이다(Langendoen 1998: 235, Schmid 2012: 371).

하지만 언어학은 언어 행동의 분석과 그 체계적 특성 설명에만 국한되지 않는다. 현대 언어 이론은 기호 체계로서의 언어 처리와 그 기반이 되는 인지 능력 간의 관계에도 관심을 기울이고 있다. 이러한 지식과 능력은 언어 사용 즉, 언어의 체계적 특성에 반영된 행동의 규칙성에서 유추할 수 있다. 다른 행동의 경우와 마찬가지로 질문이 제기된다. 이러한 지식과 능력은 유전적으로 얼마나 결정되며, 사회적 학습을 통해 얼마나 습득되는가? 후자와 관련하여 관련된 학습 메커니즘이 얼마나 구체적이며 유전적으로 어느 정도 결정되는지를 질문해야 한다(Goldin-Meadow 2015). 이러한 이슈와 관련하여 언어 이론은 언어 지식이 무엇으로 구성되는지, 언어와 사고의 관계는 무엇인지, 언어가 인간의 마음 및 이성과 어떤 관련이 있는지, 일반적으로 언어의 본질은 무엇인지에 대한 아이디어를 표현할 수 있다. 이러한 문제들은 언어능력이 인간 진화에서 어디에서 유래했는지에 대한 질문과도 직접적으로 연결된다.

인류의 진화 역사에서 언어가 어떻게 등장했는지를 이해하기 위해서는 언어를 생물학적 현상으로 살펴볼 필요가 있다. 여기에는 인간의 성대와 청각 체계의 해부학 및 생리학, 그리고 특정 행동 유형인 기호 체계의 사용과 관련된 인지 능력, 그리고 언어와 관련된 인간 뇌의 해부학적 및 생리학적 구조에 대한 연구가 포함된다(Givón 1998). 이 장의 주된 과제는 언어 진화에 대한 폭넓은 관점을 취하기보다는, 인간의 인지 능력과 언어 지식의 본질이라는 시각에서 인지언어학 이론이 언어 진화 연구와 어떻게 연결되는지를 살펴보는 것이다. 특히 언어가 어떻게 출현했는지에 대한 연구에서 인지언어학이 제공하는 통찰과, 반대로 언어의 기원에 대한 진화론적 접근이 인지언어학의 기본 원리에 어떻게 기여하고 상호 연결되는지를 탐구할 것이다.

2. 언어학과 언어 진화 연구를 연결하기

2.1 언어 이론과 언어의 기원 연구와의 관계

전통적으로 언어의 기원에 대한 질문은 언어와 인간의 마음, 지식, 그리고 합리성의 관계와 밀접하게 연결되어 있었기 때문에 철학의 주제로 여겨져 왔다. 20세기에는 이 주제에 대한 연구가 더욱 집중되면서 언어 철학이라는 별도의 철학 분야가 생겨났다(Cameron & Stainton 2015, Lamarque 1997). 그러나 오늘날 이러한 문제는 인지과학 분야에서도 큰 관심을 받고 있으며, 특히 인지심리학과 인지신경과학의 주요 주제를 형성하고 있다(Kemmerer 2015, Krill *et al.* 2007, Poeppel & Embick 2005). 이로 인해 이러한 연구자들의 견해와 결과는 언어에 대한 인간의 능력, 언어 지식 및 그 기원에 관한 언어 이론과 연결될 수 있다.

언어학의 다양한 패러다임은 여러 언어학 학파의 틀 내에서 두드러지게 나타난다. 현대 언어학은 20세기 초 페르디낭 드 소쉬르(Ferdinand de Saussure)의 구조주의적 접근 방식에서 시작된 것으로 여겨진다(Joseph 2016: 432, Matthews 2001: 151). 소쉬르는 언어를 정신적이고 사회적인 현상으로 다루는 데에도 관심을 가졌지만, 이러한 측면은 나중에 구조주의적 접근에서 배제되었다(Allan 2007: 260-261, Seuren 2016: 4, 8). 간단히 말해, 구조주의 이론은 언어를 명시적인 관계를 가진 구성요소의 체계로 보고, 이러한 구성요소 간의 상호 관계가 언어의 구조를 형성한다고 설명한다(Matthews 2001: 74). 언어의 다른 측면을 조사하기 위한 정보는 주로 이 구조를 분석하고 설명하는 데 집중되지만, 구조주의는 언어의 인지적, 생물학적 토대와 관련된 측면을 포함하지 않기 때문에 언어 진화 연구에 직접적인 영향을 미치지 않는다.

언어 구조 자체에 대한 연구도 중요하지만, 언어의 사회적 측면은 구조가 대화 참여자의 의사소통적 목적에 의해 동기 부여된 의도적 행동의 기능을 가져야 한다는 것을 의미한다. 이러한 고려는 기능주의 언어학의 근간을 이루며, 대부분 1920년대 프라하 학파의 아이디어에서 유래된 것으로 간주된다(Mackenzie 2016: 471, Sampson 1980: 103, Van Valin 2001: 328). 기능주의는 언어 연구에 대한 비교적 폭넓은 접근 방식을 수용하므로 정확한 원칙을 파악하기는 쉽지 않다(Allan 2007: 263). 그러나 일반적으로 기능주의 언어 이론은 언어 체계에서 요소의 기능성에 기반하여, 사회문화적 환경에서 화자의 의사소통적 상호작용에서 의미 생산을 위한 도구로서 언어를 설명한다(Allan 2007: 254, Mackenzie 2016: 471, Van Valin 2001: 321). 언어의 기능적 측면이 의사소통적 상호작용을 포함하고, 이러한 행동이 기본적으로 생물학적 기능이라는 점을 고려할 때,

기능언어학은 간접적이지만 인간 진화에서 언어의 출현을 연구하는 데 기초를 제공할 수 있는 잠재력을 가지고 있다(Givón 1998, 2013).

포괄적인 언어 이론은 언어 행동에서 나타나는 구조적 및 기능적 속성의 기초가 되는 지식의 본질에 대한 설명도 필요하다. 구조주의 전통의 선행 연구, 특히 아서 블룸필드(Arthur L. Bloomfield)의 행동주의적 접근 방식에 만족하지 못한 노엄 촘스키(Noam Chomsky)는 1950년대 후반에 생성문법(Generative Grammar)이라는 언어 이론을 개발하기 시작했다(Allan 2007: 295, Campbell 2001: 100). 생성언어학은 언어를 단순히 구조화된 체계로 접근하는 것이 아니라, 언어 체계의 기저에 깔린 지식, 특히 규칙에 의해 지배되는 특성을 탐구함으로써 인지주의적 관점을 취했다. 이 명칭은 언어가 특정 언어에서 문법적 문장을 생성하는 무한한 조합을 만들어내는 규칙 체계를 포함한다는 이론의 신조에서 유래했다(Wasow 2001: 296). 순수 구조주의적인 접근 방식이 체계의 요소들 사이의 구조적 관계에 관심을 두는 반면, 생성주의 접근법에서 구조는 체계가 작동하는 방식, 즉 작동 규칙을 정의한다(McMahon 1994: 34). 생성문법은 언어 두뇌의 특수 기관을 구성하는 언어능력의 지식 구성요소인 보편문법에서 파생된 것으로, 모든 언어에 대해 이 메커니즘의 보편적 타당성을 전제한다(Campbell 2001: 101). 이러한 생성 이론의 가정은 자연스럽게 언어 진화에 대한 질문을 제기하지만, 동시에 Chomsky(2010: 51)의 주장에서 알 수 있듯이 "언어 진화에 대한 연구는 특히 보편문법과 그 기원에 관한 것"이라는 점에서 언어 진화 이론에 제약을 부과한다. 이는 언어의 구조적 속성과 규칙에 의해 지배되는 특성에 대한 설명을 미리 정의하는 것으로(Chomsky 1988: 170), 이는 진화론과 모순된다(Corballis 2017).

생성주의 이론의 인지주의는 언어를 독립적인 모듈로 간주하며, 이 체계에 대한 자율적 지식(주로 보편적 통사 규칙)이 존재한다고 가정한다. 이 지식은 완전히 독립적이며, 나머지 인식과 분리되어 있다고 주장한다. 반면, 인지언어학은 언어 구조가 일반적인 인지 능력에 의해 동기화된 것으로 보고, 개념적 조직과 의미가 언어의 중심이며 주로 백과사전적 지식에 기반한다고 주장한다(Geeraerts & Cuyckens 2007, Taylor 2014). 이는 언어에 대한 인지 기능적 접근 방식을 취하는데, 의미가 언어의 기능이며 인간의 신체적 경험과 일반적인 인지 메커니즘을 통해 현실을 이해하는 데서 비롯된다는 것을 의미한다(Johnson 1987: 174, Lakoff 1987: xi). 이 접근 방식에서 언어 구조는 "인지와 사회적 상호작용의 산물"이기 때문에 의미 있고 기능적이며(Langacker 2013: v, 또한 Givón 2009: 28 참조), 문법은 "**관습적 언어 단위의 구조화된 목록**"으로 특징지을 수 있다(Langacker 1987: 57, 원문 강조). 인지언어학 접근법은 인간 종에서 언어의 출현이 일반적인 인지 능력의 진화에 따른 결과로 설명될 수 있다고 지적한 Johansson(2005: 10)의 설명처럼,

언어 진화 연구에 대해 생성 이론이 시사하는 것과는 완전히 다른 관점을 제공한다. 이러한 진화는 환경에 대한 정보를 획득하고 구성하며, 환경과의 상호작용을 통해 보다 복잡한 방향으로 수정되는 과정과 관련이 있으며, 이는 Neisser(1976: 1)의 고전적 인지 정의와 일치한다(또한 Shettleworth 2010: 13 참조).

2.2 언어 진화 연구에서 언어학의 역할

모든 행위가 그 행위를 수행하는 방법, 즉 무엇을 어떻게 해야 하는지에 대한 지식에 의존하는 것처럼, 언어 행위도 언어에 대한 지식에 의존한다. 따라서 언어의 기원에 대한 질문은 이 지식이 어디에서 비롯되었는지에 대한 질문과 밀접하게 연결되어 있다. 인지언어학의 관점에서 언어 지식은 언어 사용 방법에 대한 구조화된 지식으로, 이는 언어 행위의 지침 역할을 한다. 이러한 관점에서 기원에 대한 질문은 주로 이 지식이 제공하는 행위의 기능에 관한 것이며, 어떻게 작동하는지에 대한 질문과는 구별되어야 한다. 그러나 동시에 두 가지 이슈는 서로 보완되어야 한다(Scott-Phillips *et al*. 2011). 반면, 생성언어학은 언어 지식에 대한 이러한 기능적 설명을 거부하고, 이 지식의 본질이 인간 마음의 선천적 구성요소인 언어능력의 원리에 입각한 보편문법의 형태로 나타난다고 주장한다. 이러한 원리는 마음의 구조에서 파생되며, "논리적으로 필요하지 않기 때문에"(Chomsky 1988: 26) 더 이상의 설명이 필요하지 않다고 한다.

언어능력은 언어 사용 방법에 대한 지식에 달려 있으며, 이는 실제 언어 행위, 즉 특정 언어의 사용에서 명백하게 드러난다. Chomsky(1988: 48-49)는 가상의 "화성인 과학자"가 언어에 대한 지식을 가설적으로 세울 수 있는 유일한 방법이 해당 언어의 화자들이 그 언어를 어떻게 사용하는지를 관찰하는 것이라고 주장한다. 이 추상적 체계인 언어는 사용 그 자체의 규칙성에서 드러나며, 동시에 그 사용은 체계에 대한 특정 지식에 의존하고, 그 지식은 기본적으로 체계를 사용하는 방법에 대한 지식이다. 이처럼 체계에 대한 지식과 언어 사용 간의 상호 의존성은 언어가 고정된 체계가 아니라 사용 변화의 결과로 시간에 따라 지속적으로 변화한다는 사실에서 분명히 드러난다(Croft 2013: 102, 113). 따라서 체계의 변화는 언어 사용 방법에 대한 지식의 변화로 설명되어야 하며, 즉 언어 사용과 언어에 대한 지식 간의 상호작용이 필요하다. 이 지식은 용법의 변화를 수용할 만큼 유연하고, 이러한 변화를 통합하여 수정될 수 있어야 한다. 인지언어학에서는 이러한 지식과 사용이 역동적으로 상호 연관되어 있다고 보며, "'내적' 문법은 […] 언어 사용에 의해 형성, 유지, 수정되는 끊임없이 진화하는 인지적 일상의 집합"으로 간주한다(Langacker 1987:

57). 이 과정의 기능적 타당성은 언어 사용의 변화와 그에 따른 언어 체계의 구조적 변화가 궁극적으로 환경을 표현적으로, 효율적으로 나타내어 의사소통 및 인지적 목표를 달성하려는 화자의 노력에서 비롯된다는 사실에 있다(Geeraerts 1997: 105, Langacker 2013: 222-223).

언어가 사용되는 방식과 언어 체계에 대한 지식 사이의 상호작용은 언어의 인지적 기능에서 비롯된다. 이는 언어의 구성요소와 모든 조합적 특성과 관련하여, 언어가 상호작용하는 자연 및 사회문화적 환경에 대한 공동체의 공유 지식을 상징적으로 나타낸다(Croft 2013: 104, Győri 2001a, Tomasello 1999: 95-96, 126-127). 이 환경은 그 조건과 구성요소가 지속적으로 변동하고 변화하는 역동적 체계이다. 언어는 이러한 환경과의 기능적이고 적응적인 상호작용을 촉진하기 위해, 사회적으로 공유되는 지식을 생성, 저장, 처리할 수 있는 인지 의사소통 체계로 기능해야 하며, 이는 상징적 표현의 측면에서 이러한 변화를 따라잡아야 한다는 것을 의미한다(Győri 2002: 133-134, 156-157, Tomasello 1999: 8-9). 인간 언어능력의 출현에 대한 탐구는 필연적으로 기호 체계로서의 언어의 이러한 기능을 고려해야 하며, 이는 평행 진화에서 상호 보완적인 제약의 형태로 이해되어야 한다(Győri 1997).

언어 이론과 언어 출현에 대한 연구 사이의 연관성은 두 가지 측면에서 나타난다. 첫째, 언어학이 개별 자연어를 기반으로 언어의 실제적이고 유형적인 표현을 연구함으로써, 기호 체계 차원에서 언어의 속성과 작동에 대한 관련 정보를 제공하는 정당한 권위자라는 점이다(Dixon 2010: 1). 이러한 점에서 언어학의 주장은 인간 진화에서 언어의 출현을 연구할 때, 언어의 지식과 사용이 의존하는 인지 능력과 신경생물학적 토대가 무엇인지 추론하는 데 중요한 역할을 해야 한다(Schuhmann 2007). 둘째, 언어학적으로 검증된 언어의 특성과 본질은 언어의 출현에 대한 설명에서 우리가 가정하고 사용해야 하는 진화적 메커니즘과 경로를 기술할 수 있다(Bybee 1998). 나아가, 인간 언어의 특성과 기본적인 능력을 파악하기 위해, 인간과 가장 가까운 조상을 중심으로 다른 동물의 행동 특성 및 능력과 비교하여 가능한 선구자를 찾고, 궁극적으로 그 출현과 진화를 설명하려는 언어 연구가 필요하다(Fedurek & Slocombe 2011, Győri 1995, Scott-Phillips 2008, Seyfarth & Cheney 2017, Sinha 2004, Smit 2016 참조).

한편, 언어학은 언어 이론을 구성할 때 관련 학문 분야의 연구 결과를 반드시 고려해야 한다. 인지언어학은 "인간의 언어에 대한 설명이 자신의 학문뿐만 아니라 다른 학문에서 마음과 뇌에 대해 알려진 것과 일치하도록" 노력함으로써 이 요건을 충족한다(Lakoff 1990: 40, Lakoff 1991: 54 참조). 또한 언어 진화와 관련하여 언어 이론은 진화가 현실적으로 만들어 낼 수 있는 언어의 구조와 작동 방식에 관한 특성만을 언어에 귀속시켜야 한다. 즉, 언어 이론은 생물학적 특성의 출현에 대한 표준 진화론적 설명과 모순되거나, 진화론으로는 설명할 수 없는 언어의 특성을 제시해서는 안 된다(Lieberman 2016). 언어의 다면적 본질에 반영된 생물학적 정의로 인해, 언어 진화에 대한 유효한 설명은 모든 생명체의 진화와 그 특성, 즉 해부학과 생리학, 그리고 이에 의존하는 인지 능력과 행동을 설명하는 표준 진화 메커니즘에 기초해야만 가능하다(Catania 2001, Corballis 2017, Győri 1999). 결국 언어 진화에 대한 연구는 언어학이 밝혀낸 모든 속성에 대한 생물학적 근거를 설명하는 이론을 생산해야 하며, 언어 이론은 진화생물학 및 관련 분야의 관점을 고려하지 않고서는 언어 진화에 대해 어떠한 주장도 해서는 안 된다.

따라서 언어 진화를 연구하는 데 있어 언어학의 역할은 언어 체계의 작동에 대한 적절한 정보를 제공하여 언어의 본질에 대한 추론을 이끌어내고, 이를 바탕으로 인류 진화 과정에서 언어가 어떻게 출현했는지를 탐구하는 데 기초가 되는 것이다. 그러나 언어 이론의 경우, 언어 작용에 대한 설명은 상당 부분 전제의 문제이며, 이는 언어의 일반 이론이 구축되는 데 필요한 데이터를 해석하고 획득하는 다양한 접근 방식을 전제할 수 있다. 예를 들어, 생성언어학은 보편적 특징을 찾기 위해 가능한 한 많은 언어에서 데이터를 수집할 필요가 없다고 생각하며(이론 구성의 논리적 요건), 일부 언어에 대한 체계적인 분석만으로도 충분하다고 주장한다(Evans & Levinson 2009: 430, Langendoen 1998: 235). 심지어 Evans & Levinson(2009: 429)은 세계 언어가 "직접적인 의미에서 언어의 보편성"이라는 주장을 거의 지지할 수 없을 정도로 모든 설명 수준에서 결정적인 차이를 보인다고 주장한다. 따라서 언어 연구는 종종 철학적, 이념적으로 결정된 다양한 전제에 기반한 여러 언어 이론을 만들어낸다(Evans & Levinson 2009: 430, Lakoff 1991: 62). 이러한 다양한 패러다임에서 비롯된 언어의 본질에 대한 서로 다른 견해는 언어 진화의 문제에 대한 이론적 관점에도 결정적인 영향을 미친다(Jackendoff 2010).

3. 언어 진화 연구

3.1 언어의 기원을 연구하는 최근의 역사에 대한 간략한 개관

인간의 말하기 능력은 다른 종의 의사소통 방식과 비교할 때 매우 독특하고 매혹적인 특성으로, 고대부터 인류의 호기심을 자극해 왔다. 언어의 기원에 대한 질문은 인간의 이성, 합리성 그리고 사고 능력이 언어 체계에 기반한 독특한 능력에 기인한다는 점에서 비롯된다(Hewes 1992: 7, 9,

Mufwene 2013: 18). 그러나 이 주제에 대한 철학적 논의가 많아지면서, 파리 언어학 협회는 이를 비과학적이라고 간주하여 회의에서 다루는 것을 금지했다(Hewes 1992: 12, Mufwene 2013: 30).

이로 인해, 언어의 기원에 대한 논의는 한 세기 이상 불쾌하고 비과학적인 것으로 여겨졌다(Mufwene 2013: 30). 그러나 1975년 9월, 뉴욕 과학 아카데미에서 **'언어와 말의 기원과 진화'**(Origins and Evolution of Language and Speech)라는 주제로 열린 회의는 이러한 태도를 종식시켰다(Harnad *et al*. 1976). 이후, 이 주제는 다양한 분야에서 다시금 관심을 받기 시작했고, 1981년에는 UNESCO의 후원으로 파리에서 **'광택유전학에 관한 국제 학제 간 심포지엄'**(International Transdisciplinary Symposium on Glossogenetics)이 열렸다(de Grolier 1983). 이 회의에서 첫 번째 언어 기원 협회(Language Origins Society)가 설립되었고, 이는 네덜란드 학자 얀 윈드(Jan Wind)와 버나드 비차크지엔(Bernard H. Bichakjian)에 의해 1983년에 암스테르담 자유대학에서 이루어졌다. 이 협회는 다양한 분야의 전 세계 회원들과 함께 연례 회의를 개최했다(Wind *et al*. 1989, von Raffler-Engel *et al*. 1991, Wind *et al*. 1994, Győri 2001b). 1985년부터는 자체 저널인 **LOS 포럼**(ISSN 0929-0192)도 발행하게 되었다. 동유럽에서도 언어의 기원에 대한 관심이 높아져, 1988년 12월 폴란드 포즈난 근처에서 **'언어의 생물학'**(The Biology of Language)이라는 주제로 국제 심포지엄이 열렸다. 이 심포지엄은 아담 미키에비츠 대학(Adam Mickiewicz University)의 후원으로 진행되었으며, 언어의 본질에 대한 본질주의(Essentialism)와 진화론(Evolutionism) 간의 논쟁에 초점을 맞추었다(Puppel 1995).

1996년 에딘버러에서 열린 첫 번째 **'언어 진화의 국제회의'**(The Evolution of Language International Conferences)를 시작으로, 현재 에볼랑(Evolang) 회의로 알려진 회의가 격년으로 열리고 있다. 이 회의는 언어 진화에 대한 연구를 논의하는 주요 행사로 자리 잡았으며, 2006년에는 그동안의 논문집이 처음으로 출판되었다(Cangelosi *et al*. 2006). 첫 번째 에볼랑 회의 직후인 1997년 7월 파리에서 열린 제16회 국제 언어학자 회의에서는 **'언어 기원 연구, 1997년 현재 상태'**(Language Origins Research, State of the Art as of 1997)라는 주제로 원탁회의가 열렸다. 이 세션에서 대다수의 참가자들은 언어의 기원에 대한 연구가 과학적 탐구에 적합하다는 데 동의했다(Foolen 2002: 37-38). 오늘날 언어의 기원과 진화에 대한 관심은 2016년에 창간된 『언어의 진화Journal of Language Evolution』(Oxford University Press)에서도 확인할 수 있다.

3.2 언어의 기원을 연구하는 접근 방식

언어는 여러 가지 측면을 가지고 있으며, 그 본질을 이해하기 위해서는 이 모든 측면을 개별적으로 연구하는 것뿐만 아니라 이들 간의 복잡한 상호 관계를 함께 살펴보아야 한다. 특히 "인간 언어의 진화는 여러 요인에 의해 주도된 상호작용 과정이었을 것"이라는 점에서, 언어의 기원을 탐구할 때 이는 매우 중요한 요소이다(Givón 1998: 45). 이러한 요인들은 언어의 다양한 측면을 형성하고, 특정한 인간 행동에 영향을 미쳤을 것이다. 언어의 출현에 있어 다양한 요인들이 어떻게 개별적으로 또는 서로 조화롭게 작용하는지를 연구할 때, 가장 근본적인 이슈는 특정 행동이 진화한 이유, 즉 그 행동의 진화적 기능이다(Scott-Phillips *et al.* 2011: 38-39). 이 기능은 언어의 다양한 측면 간의 복잡한 상호 의존성을 결정짓는 중요한 요소이다.

언어 행위는 분명히 사회적 행동이며 관찰 가능한 의사소통의 형태로 나타난다. 그러나 언어의 기호학적 기능은 단순한 의사소통을 넘어 인지적 기능도 포함하고 있다. 이 기호 체계는 본질적으로 상징적이기 때문에, 의사소통과 정신적 표상을 동시에 수행할 수 있다(Deacon 1997: 22, Givón 2009: 21, Győri 2001a). 이러한 두 가지 기능이 결합하여 언어는 현실의 '사회적 상위 모형'의 복잡성을 더욱 잘 반영할 수 있게 되었다(Csányi 1992: 31, 2001: 47). 언어는 '상징적 인지'를 통해 직접적인 경험 없이도 현실에 대한 지식을 효율적으로 전달하며(Győri 1997: 47, 2001a: 117, Harnad 2005: 37), 이를 통해 개인의 관점을 교환하고, 더 복잡한 집합적 관점을 생성하며, 변화하는 환경에 대한 새로운 시각을 통합할 수 있었다(Tomasello 1999: 8-9, 2014: 76). Sinha(2004: 224)는 상징화의 출현에서 중요한 기준 중 하나로 특정 상황에 대해 특정한 관점을 취하는 해석적(construal) 접근을 제안한다. 또한 Gärdenfors(2004)는 상징적 의사소통의 중요한 기능 중 하나가 미래 목표에 대한 협력을 가능하게 한다고 강조한다(Gärdenfors & Osvath 2010 참조). 이러한 관점들은 언어 진화에 대한 기능적 접근의 기초가 되며, 다윈의 진화론과 조화를 이룰 수 있는 설명을 제공한다(Scott-Phillips *et al.* 2011: 38-39).

Quiatt & Reynolds(1993: 141)는 사회적 인지를 "사회적 정보를 검토하고 장단기 목표 달성을 위한 사회적 관계의 활용과 관리에 지능을 적용하는 것"이라고 정의한다. 언어는 사회적 인지의 복잡성이 증가함에 따라 함께 진화하여 더욱 정교하고 효율적인 사회적 상호작용을 가능하게 한다(Croft 2017, Dunbar 2003: 174, Schoenemann 2017: 67). 이러한 상호작용은 주로 기호 체계의 사용에 의존하므로, 기호 체계의 기원에 대한 질문은 언어 진화를 연구하는 데 중요한 요소가 된다. 대부분의 기능적 접근 방식은 언어의 음성적 기원을 당연시하며, 영장류 조상의 음성적 의사소통에서 유래된 것으로 간주한다(Fedurek & Slocombe 2011, Lieberman 2006, Sinha 2004, Újhelyi & Buk 2001 참조). 그러나 언어의 상징적 측면이 몸짓 기호 체계에서 시작되었고, 상대적으로 높은 도상성으로 인해 학습이 촉진되었다는 주장도 여러 번 제기되고 있다(Armstrong & Wilcox 2007, Corballis 2003, Hewes 1973, Tomasello 2008, 2014 참조). 물론 서법성의 전환이 어떻게 발생했는지에 대한 질문에도 답해야 하므로, Kendon(2017)은 이 문제를 해결하기 위해 운동 및 구두-청각 양식에서 언어의 병행적 진화를 주장한다(또한 de Boer 2017, Levinson & Holler 2014, McNeill 2012, Slocombe *et al*. 2011 참조).

어떤 서법성의 언어가 시작되었든, 상징성의 기원은 기호의 관습화 과정에서 비롯된 것으로 여겨져 왔다(Burling 2000, Sterelny 2012, Tomasello 2014: 93 참조). 그러나 인간 진화에서 상징성의 출현은 인지적 관점에서도 설명되어야 한다. Donald(1991: 168)는 인간 진화에서 상징화의 첫 단계가 '의식적이고 자기 주도적인 표상 행위를 생성하는 능력에 기반한 모방 기술 또는 미메시스'의 출현이라고 주장한다. 모방적 표상은 특정 사건을 모방하는 운동 행위의 자발적 수행을 통해 발생하며, 이는 지식 공유로 이어지는 '참조 변위의 장점'도 제공한다(Sadowski 2009: 167, 또한 Morford & Goldin-Meadow 2001 참조). Zlatev, Person & Gärdenfors(2005)는 인간의 상징 능력이 영장류 조상의 기술에서 비롯되어 인지적 적응으로 이어지는 모방, 상호주관성, 몸짓의 네 단계 영역으로 미메시스 계층을 제안한다(Zlatev 2008도 참조). 따라서 "모방 도식은 인간의 인지적 고유성의 근원을 설명하는 데 도움이 될 수 있으며, 언어의 진화를 위한 '근거'를 제공한다"(Zlatev 2005: 335)는 주장을 할 수 있다.

진화 기능적 관점에서 언어의 생물학적, 정신적 능력과 기호 체계로서의 언어 출현은 아마도 모방 표상에서 비롯된 것으로 보이며, 이는 병행적이고 상호 보완적인 공동 진화 과정으로 이해될 수 있다(de Boer 2017). Bichakjian(2017: 123)이 말했듯이, "언어와 언어 자체에 대한 잠재력은 병행적이고 상호 수정 과정을 통해 발전"했을 것이다. 이 관점에서 중요한 질문은 진화하는 인류 조상(hominids)에게 기호 체계를 사용하는 능력을 촉진한 선택 압력이 무엇이었는지, 그리고 언어 행위의 어떤 측면이 이러한 압력에 의해 적응적 이점을 제공했는지를 살펴보는 것이다. 따라서 언어 행위는 사용과 학습 측면에서 복잡한 사회적 특성을 지니고 있기 때문에, 단순히 다윈의 자연 선택에 의한 생물학적 적응으로 설명할 수는 없다(Sinha 2009). 언어의 출현은 문화적 기호 체계의 학습과 사용을 위한 상호 강화된 선택 압력과 그러한 체계를 학습하고 사용할 수 있는 생물학적 인지 능력 간의 상호작용으로 이루어진 생물학적 진화와 문화적 진화의 공동 진화 과정이었을 것이다(McMahon & McMahon 2013: 236, Schoenemann 2017: 67, Smith 2018: 9). 이와 관련하여 Johansson(2001)은 언어의 학습 가능성을 언어와 관련된 적응이 아닌 이전의 생물학적 기질에 의해 뒷받침되는 문화적 창발을 바탕으로 설명한다. 그는 "언어를 유지하고 재생산할 수 있는 가능성이 존재할 때, 언어의 구조는 그러한 가능성에 적응하며, 따라서 인간의 생물학적 구조는 사회적 상호작용에서 재생산되는 언어 구조의 선택 환경이 된다"(Johansson 2001: 155)라고 주장한다. Chater & Christiansen(2010: 624)은 언어의 출현을 "가장 강력한 선택 압력 중 일부는 특정 언어 형태가 배우기 쉽고 사용하기 쉬우며 의사소통적으로 유용한 정도와 관련된" 문화적 진화의 과정으로 설명하기도 한다. 그 결과, 언어의 구조는 문화적 전승을 통해 뇌의 작용에 맞게 형성되었으며(Chater & Christiansen 2012), 여기에 고도의 인지 능력과 뇌 성장을 위한 유전자 선택 과정이 수반되었을 것이다(Lotem *et al*. 2017).

일반적으로 기능 이론은 언어가 사회적 상호작용과 사회적 인지를 목적으로 정신적 표상을 형성하고 사용하며 의사소통하는 능력으로 진화했다는 데 동의한다. 그러나 언어의 사회적 및 인지적 기능의 다양한 측면에 초점을 맞추는 방식이 다르기 때문에, 언어 진화에 대한 여러 시나리오가 제안되고 있다. 이러한 시나리오는 일반적으로 효율적인 의사소통을 위한 사회적 상호작용, 상징적 표상, 사회적 인지, 공유된 정신적 표상 등이 언어의 출현에 중요한 역할을 했다고 강조한다(Burling 2005, Deacon 1997, Donald 1991, Dunbar 1996, Lieberman 2006, MacNeilage 2008, Tomasello 2008, 2014).

4. 인지언어학과 언어 진화 연구

4.1 언어 이론과 언어의 기원에 대한 질문

기능주의 관점에서 언어 진화 이론은 언어의 다양한 측면을 강조하며, 언어의 출현 방식에 대한 여러 시나리오를 제시한다. 그러나 이러한 설명이 특정 언어 이론에서 출발하거나 특정 이론과 직접 연결된다는 의미는 아니다. 기능적 접근 방식은 언어가 용법 기반 본질과 기능적 지향성을 지니고 있다는 점에서 인지언어학의 신조와 일치하는 지점을 보여준다(Geeraerts & Cuyckens 2010). 이러한 공통점은 여러 저자들에 의해 지적되고 설명되었다(Johansson 2005, MacNeilage 2008, Tomasello 2008).

언어의 기원에 대한 탐구가 특정 언어 이론에 근거할 경우, 이는 생성문법(Generative Grammar)의 신조와 관련이 있다(Bickerton 1990, 2014, Fitch 2010, Friederici 2017, Kinsella 2009). 이 이론은 타고난 보편문법을 가진 언어 기관(언어 기능)의 존재를 주장하며, 이로 인해 언어의 진화에 대한 질문이 자연스럽게 제기된다. 그러나 생성적 관점에서 언어의 출현을 설명하는 것은 일반적으로 촘스키의 '데카르트적 과학' 접근 방식에 기반하고 있으며(Berwick & Chomsky 2016: 88), 이는 생성 언어 이론에 뚜렷이 뿌리를 두고 있다(Loritz 1999: 9, MacNeilage 2008: 24-25). 데카르트적 개념에 따르면 언어는 인간 마음의 특정 속성을 반영하며(Chomsky 2009), 표상 체계로서의 언어 구조는 외부 세계의 사물을 직접적으로 반영하지 않는다고 주장한다(Chomsky 1981: 3). 이 때문에 Chomsky(2000: 73-74)는 언어능력에 대한 기능적, 진화론적 설명에 대해 여러 차례 반론을 제기해 왔다(Hurford 2014: 1 참조).

반면, 인지언어학은 언어의 구조가 우리가 세상을 이해하는 방식을 반영한다고 보며(Langacker 1987: 1, 2013: 4), 이는 환경과의 상호작용및 언어 행위에 반영된 인지적으로 신체화된 결과로 기능적으로 진화론적 용어로 설명될 수 있다. 결과적으로 인지언어학 이론은 언어의 기원에 대한 설명을 제공하기 위해 언어 진화 문제에 접근할 필요가 없으며, 그 신조와 일치하는 설명을 제공할 수 있다. 인지언어학의 이론적 틀은 인간 인지와 언어의 기원에 대한 다윈의 진화론적 설명 및 문화 진화론적 설명과 일치하며(Johansson 2005: 10, MacNeilage 2008: 54), 이는 다양한 학문의 결과를 고려한 것이다. Lakoff(1990: 40)는 이를 '인지적 언명(Cognitive Commitment)'(2.2절에서 인용)이라는 요구 사항으로 공식화했다.

생성언어학에서 수용된 데카르트적 개념은 또한 '플라톤의 문제'에 대한 해답을 제시하는 것으로 여겨진다. 즉, 우리는 경험 없이 어떻게 많은 것을 알 수 있는가에 대한 질문이다(Chomsky 1988: 3-4). 이 맥락에서 인간의 지식이 어디에서 오는지에 대한 질문은 언어의 데카르트적 본질과 분리될 수 없다(Loritz 1999: 13). 이러한 철학적 토대를 가진 언어 이론은 언어가 특별한 인간 지식에 대한 데카르트적 사고를 지지하고, 설명 없이도 우리의 마음에 내재하는 요소를 가지고 있어야 한다(MacNeilage 2008: 5)고 주장한다. 결과적으로 언어의 본질은 "의미와 기능의 문제와 완전히 분리된 자율적 체계"인 통사론이라고 주장되며(Johansson 2005: 9), Chomsky(1988: 46-47)에 따르면, 이는 재귀적 특성을 통해 플라톤의 문제를 해결한다고 설명한다. 이러한 통사적 규칙의 특성은 언어능력에 인간 고유의 정신적 능력이 필요하다는 점에서, 촘스키의 입장에 대해 Hurford(2014: 27-28)는 "사고의 원자를 더 복잡한 것으로 결합하는 정신적 계산 체계는 순전히 내적 목적을 위해 대중 의사소통과 연결될 필요가 없다"라고 지적한다. Johansson(2014)은 이러한 설명의 오류를 설득력 있게 보여주었다. 생성주의적 입장과는 달리, 인지언어학은 기능주의적 틀에 따라 언어의 구조가 "의사소통, 조작, 표현, 사회적 교감"과 같은 언어가 제공하는 기능에서 파생된다고 주장한다(Langacker 2008: 7).

언어능력과 보편문법의 선천성에 대해 논할 때, 핵심 문제는 선천성 **그 자체가** 아니다. 많은 행위와 근본적인 인지 능력은 선천적인 요소와 학습된 요소를 모두 포함하고 있으며, 문제는 유전적 결정에 따라 행위의 어떤 부분이 얼마나 발달하고, 학습을 통해 어떤 비율로 어떤 측면이 습득되는가이다(Breed & Moore 2016: 2). 이 문제는 특정 형질이 선천적이라면 다윈의 자연 선택과 적응의 결과가 아닐 수 있다는 견해를 고수하면서, 데카르트의 선천성 개념에 생물학적 해석을 부여하려 할 때 발생하는 역설이다. Chomsky(2000: 73-74)는 "진화와 그 적응적 기적에 대한 환상에 굴복하지 않도록 주의해야 한다. 진화론에는 우리가 제기할 수 있는 질문에 답할 수 있어야 한다고 제안하는 내용이 없다"라고 설명한다. 그러나 생물학적 선천성, 즉 유전적으로 고정된 특성은 진화론적 설명과 절대적으로 일치하며, 결코 모순되지 않는다(Griffiths 2002: 71-72, Kirby *et al*. 2007: 5241, Mameli 2007: 32-33).

데카르트적 입장에서 선택론자와 적응론자의 진화론적 설명을 거부해야 하는 이유는, 그것이 인간의 언어를 동물의 의사소통과 연결시킬 가능성을 제기하기 때문이다(Chomsky 2009: 63-64). 그렇게 되면 "물리적 세계의 다른 어떤 것과도 근본적으로 다른 [인간] 유기체는 기계"(Chomsky 1988: 5, 또한 2000: 3 참조)라는 특별한 지위에 의문을 제기하게 된다. 생물학적 근거에 기반한 선천적 언어능력의 주장은 다윈의 자연 선택과 적응의 측면에서 어떤 설명도 거부하는 것으로, 데카르트적 입장을 더욱 뒷받침하는 것으로 간주된다. 따라서 생성적 입장은 언어가 표준 메커니즘을 통해 진화 과정에서 출현했다는 견해를 받아들이지 않고, 단일 돌연변이의 결과로 갑작스럽게 언어가 출현했다고 설명하려고 한다(Chomsky 1988: 170, Berwick & Chomsky 2016, Bickerton 1998, Kinsella 2009 참조). 반면, Maynard Smith & Szathmáry(1997: 290-291)는 언어의 기원에 대해 비선택주의적 설명이 통할 수 없다고 설득력 있게 주장한다(또한 Cartwright 2016: 104, Győri 1999, Hurford 2011: 476, Lieberman 2016: 127, McMahon & McMahon 2013: 196 참조). Plotkin(2007: 11)이 비판적으로 언급했듯이, "우리 종의 다른 모든 특징을 설명하는 진화가 우리 마음에는 적용되지 않는다"라는 데카르트적 입장은 결코 수용될 수 없다.

선천적 특성과 발생 메커니즘, 그리고 언어의 진화적 기원과 관련하여 인지언어학은 생성론자의 입장과 정반대의 견해를 가지고 있다.

물론 진화론적 관점에서 볼 때, 인간의 이성이 하등 동물에 존재하는 공간적 관계를 나타내는 메커니즘을 사용하고 이를 기반으로 구축하는 것은 놀라운 일이 아니다. 사실, 추상적 이성이 하등 동물에게 존재하는 공간 지각 메커니즘을 사용한다는 생각은, 추론이 인간에게 별개의 새로운 인지 능력으로 한꺼번에 등장했다는 생각보다 훨씬 더 합리적이다. 추상적 이성도 진화했다는 개념은 생물학적으로 더 설득력이 있다.

Lakoff 1990: 73

따라서 인지언어학은 언어능력이 다른 동물과 공유하는 인지 능력, 주로 시각 및 운동 감각과 관련된 공간 감각에서 진화했으며 이를 기반으로 한다고 생각한다. Givón(1998: 46)은 "오늘날 인간의 언어를 뒷받침하는 신경학의 큰 부분은 시각 정보 처리 체계의 진화적 산물에 불과하다"라고 주장한다(Givón 2002 참조).

생성언어학은 언어에 대한 진화론적 접근과도 상충하는데, 이는 언어의 출현을 진화론적 관점에서 설명하기 어렵게 만드는 보편문법과 언어능력의 자의성과 자율성 때문이다(Chater & Christiansen 2010: 625). 따라서 Pinker(2003)는 문법 구조의 기능성과 의사소통을 위한 언어의 자의적 기능의 유용성을 주장한다. 그는 언어능력이 "단일 돌연변이, 유전적 표류 또는 자의적인 물리적 제약"에 의해 발생할 수 없기 때문에 자연 선택을 통한 적응으로 진화했다고 주장한다(Pinker 2003: 26, Pinker & Jackendoff 2005 참조). 그러나 Christiansen & Chater(2015)는 선천적 언어능력이 진화론적 관점에서 다소 믿기 어렵다고 보고, 생성론자들이 인간의 고유성을 뒷받침한다고 주장하는 재귀적 구조의 처리(Chomsky 1988: 46)가 '영역 일반적 서열 학습 능력'에서 나온다고 주장한다(Christiansen & Chater 2015: 24, McMahon & McMahon 2013: 200, Tallerman 2014, Vicari & Adenzato 2014 참조).

4.2 언어 진화 연구에 비추어 본 인지언어학의 신조

언어 이론이 언어의 기원에 대한 질문과 어떻게 관련되는지를 살펴보면, 인지언어학의 신조가 특히 주목할 만하다. Lakoff(1991: 62)는 "인지 및 일반화 언명은 과학적 연구에 참여하겠다는 언명인 반면, 촘스키적 언명(Chomskyan Commitment)은 사변적 철학 프로그램에 대한 언명이다"라고 말했다. 이는 인지언어학이 언어의 출현 방식에 대한 설명을 조정하려는 철학적 개념을 가지고 있지 않다는 것을 의미한다. 반면, 생성적 접근은 언어에 대한 철학적으로 편향된 개념을 검증하기 위해 언어의 출현에 대한 설명을 추구한다. Chomsky(2010: 51)는 언어의 존재에 대해 심각한 의문이 제기되고 있음에도 불구하고, 언어의 출현 방식을 연구하는 작업이 본질적으로 보편문법과 그 출처를 탐구하는 것이라고 주장했다(Christiansen & Chater 2015, Dąbrowska 2015, Evans & Levinson 2009). 인지언어학은 "철학적 언명 및 이성과 언어의 본질에 대한 다른 가정"이 마음과 뇌에 관한 다른 학문 결과와 충돌할 경우 부차적인 것으로 간주하며(Lakoff 1991: 41), 이는 진화론에 추가될 수 있다(Plotkin 2007: 11 참조). 이러한 점은 언어 연구가 진화에 대한 기존 지식과 일치하도록 철학적 제약 없이 진행된다는 것을 의미한다. 따라서 인지언어학의 신조가 철학적 관점이 배제된 진화론적 틀에서 언어 문제를 검토하는 연구와 일치하는 것은 놀라운 일이 아니다.

인지언어학의 신조는 언어 진화에 대한 비계 이론(scaffolding theory)이 필요하지 않은 이유이기도 하다. 이는 생성언어학의 기본 신조를 뒷받침하려는 생물언어학의 원래 목표와는 다르다(Pleyer & Hartmann 2019: 3 참조). 인지언어학에서는 오히려 언어가 어떻게 구조화되고 기능하는지에 대한 여러 견해가 언어 이론에서 직접 파생된 것이 아니라, 언어에 대한 현실적인 기능적 관점을 취하는 언어 진화 이론과 설명에서 고려되고 논의된다(Dunbar 1998, Johansson 2014). 위에서 분명히 알 수 있듯이, 인지언어학의 신조는 다윈주의적 틀 내에서 언어 진화에 대한 기능적이고 사용 기반 접근 방식과 잘 어울린다. 결과적으로 인지언어학적 접근 방식은 플레이어(Michael Pleyer)와 동료들의 연구를 통해 언어 진화에 대한 연구를 보완할 수 있음을 입증했다(Pleyer 2012, 2017, Pleyer & Hartmann 2014, Pleyer & Lindner 2014, Pleyer & Winters 2014). 이들은 인지언어학의 신조를 통합하려는 노력이 이 분야의 연구에 기여하고 발전시킬 수 있는 큰 잠재력을 가지고 있다고 주장한다. Pleyer & Hartmann(2019)은 생물언어학적 접근과 용법 기반 접근 사이의 수렴적 관점을 확립할 수 있는 가능성도 검토했다.

인지언어학의 가장 기본적인 신조 중 하나는 인지와 언어의 신체화이다(Johnson 1987, 2018, Lakoff 1987). 이는 '고전적인 정신/신체 이중성의 거부'를 의미하며, 따라서 "이 점에서 인지언어학은 데카르트적이지 않다"(Langacker 2010: 165)는 것이다. 신체화 개념과 밀접하게 관련된 것은 인지가 환경의 물리적 측면에 대한 인식을 기반으로 하며, 이 정보는 환경과의 물리적 상호작용을 위해 처리된다는 사실이다(Johnson 1987, Lakoff 1987). 인지언어학의 관점에서 인간의 지식이 어디에서 오는지에 대한 대답은 "인간의 범주화는 본질적으로 인간의 경험과 상상력, 즉 한편으로는 지각, 운동 활동 및 문화, 다른 한편에는 은유, 환유 및 심상의 문제"에서 얻어진다고 할 수 있다(Lakoff 1987: 8, 또한 Johnson 1987: xv-xvi, Tomasello 1999: 89 참조). Langacker(1987)는 문법 구조가 일반적인 인지 처리에서 어떻게 파생될 수 있는지를 보여주었다(Schoenemann 2017: 93, Tomasello 2014: 99 참조). 이러한 주장은 언어의 진화적 출현에 관련된 인지 능력이 중요한 역할을 했으며, "언어의 복잡한 구조의 대부분은 의사소통의 제약과 결합된 일반적인 인지 원리에 의해 형성되어야 한다"라는 연구에서도 반영된다(Chater & Christiansen 2010: 625).

이는 언어 표현의 주요 기능 중 하나가 대화자 간의 상황에 대한 관점을 전달하는 것이라는 인지언어학의 관점과 완전히 일치한다(Langacker 1987: 120, 2013: 73). 즉, 언어는 공동의 주의와 관점의 공유를 바탕으로 지식을 전달하는 사회인지적 기능을 가지고 있다(Tomasello 2014: 69 참조). Pleyer & Hartmann(2014: 103)도 인지언어학을 근거로 "언어와 인지에서 원근화법과 관점 현상의 출현은 [···] 진화적, 인지적 관점에서 언어의 가장 중요한 측면과 기능"이라고 주장한다. 이 견해에 따르면, 언어와 문법은 단순히 개인 마음의 일부가 아니라, 언어 구조의 선택을 위한 환경을 형성하는 인간 정신의 집단에 존재한다(Johansson 2001: 158, 또한 Harris 2001 참조). 이를 바탕으로 언어는 인간의 사회적 상호작용에서 인지적 기능과 의사소통적 기능을 동시에 수행하도록 진화했을 것이다(Tomasello 1999: 94-95). Tomasello(2008: 332)는 문법의 진화적 형성이 "일반적인 인지 및 사회 인지적 과정의 제약 속에서 일어났다"라고 말한다.

Geeraerts(2010: 84)는 인지언어학에서 언어 구조가 사회적, 문화적으로 위치한 인지와 유기적으로 관련되어 있다고 강조하며, 이는 언어의 출현 연구에 적절한 함의를 가지고 있다. 언어의 사회적 특성이 언어 구조에서도 표명되는 것은 이러한 공동의 의사소통적, 인지적 기능 덕분에 문화 공동체 전체가 공유하는 환경에 대한 관습화된 관점이 드러나기 때문이다(Tomasello 2014: 71, 107 참조). 언어의 원근화법적 본질은 "우리가 세상을 이해하고 관여하는 개념적 장치의 본질적인 측면"인 문법에도 반영되어 있다(Langacker 2013: 4). 문법의 출현은 언어 진화에서 결코 지엽적인 문제가 아니다. 생성언어학적 설명에서 돌연변이로 인해 유전적으로 결정된 비-적응적인 자의적으로 구조화된 보편문법이 발생한다고 주장하는 것과는 달리, Christiansen & Chater(2015: 2)는 이것이 '진화론적 불합리성'이라고 설명한다(또한 Dąbrowska 2015 참조). 인지언어학은 언어 사용에 기반한 형태와 의미의 고도로 관습화되고 도식적이며 추상적인 쌍으로 구문에 대한 현실적인 관점을 통해 이 연구 분야에 기여할 수 있다(Diessel 2019, Johansson 2016, Pleyer 2017, Pleyer & Lindner 2014). 문법에 대한 이러한 인지언어학의 접근 방식에 따라, Sinha(2009: 307)는 문법이 인간의 기호학적 능력에서 비롯되며 "문법은 언어적 실천을 규범적으로 규제하는 사회적 제도이며, 언어 학습자가 습득하는 것은 그 제약과 지원을 준수하는 실제적 능력"이라고 주장한다.

5. 결론

이 장은 언어 이론으로서의 인지언어학과 인간 언어능력의 진화에 대한 연구 간의 연결점에 초점을 맞추고 있다. 후자는 진화 유전학, 신경과학, 철학, 언어학 등 다양한 연구 분야를 아우르는 폭넓은 주제이다. 따라서 여기에서는 언어학 및 언어 이론과 직접적으로 관련된 언어 진화의 문제만을 다룬다.

언어 이론의 주요 쟁점은 언어 체계가 어떻게 조직되며, 왜 그러한 방식으로 조직되는지, 그리고 화자가 체계에 대해 어떠한 지식을 보유하는지, 나아가 이 지식과 체계의 조직 사이에 어떠한 연결이 존재하는지를 탐구하는 것이다. 이러한 관점에서 인간의 언어능력의 출현 문제는 언어 지식의 기원에 대한 질문과 밀접한 관련이 있다.

그러나 언어 이론에 따라 언어 지식의 문제를 바라보는 관점과 근거가 다르기 때문에, 그 본질에 대한 상이한 견해가 존재한다. 이는 언어 지식의 기원에 대한 다양한 설명을 전제로 하며, 언어 출현에 대한 서로 다른 해석을 유발한다. 언어 지식의 문제는 데카르트의 철학적 입장에 기초하여, 생성언어학 이론에서 처음 논의되었으며, 이에 따르면 언어 지식은 자율적이고 독립적이며, 보편적 문법이 내재된 선천적 언어능력 속에 존재한다고 주장된다. 이러한 견해는 언어 지식이 비기능적이고 비사회적이라는 점을 함축하며, 동시에 언어 출현에 대한 다윈주의적 및 문화진화론적 설명에 대한 반박을 포함한다.

반면, 인지언어학은 특정 철학적 개념을 고수하지 않으며, 언어 지식을 사회적 학습을 통해 사회적 의사소통 상호작용에서 언어 사용으로부터 파생된다고 설명한다. 이러한 관점에서는 언어 사용과 언어 지식이 역동적으로 상호 연결되어 있으며, 이 관계는 우리의 일반적인 지능의 기초가 되는 인지적 메커니즘에 기반한다. 언어 지식은 기능적이며, 사회문화적 맥락에서 관점의 교환과 지식의 공유를 촉진하는 역할을 한다. 이러한 관점은 인간 언어능력의 출현이 다윈주의적 근거에 따른 일반적인 인지적 진화와 문화적 진화의 결과라는 설명과 일치한다.

더 읽을거리

Hurford, J. R. (2014). *Origins of language: A slim guide*. Oxford: Oxford University Press. (이 책은 언어능력의 진화를 연구하는 최신 기술에 대한 명확하고 정확한 개요를 제공한다. 또한 이 분야의 연구가 의존하는 관련 분야를 그리면서, 다양한 가설과 접근 방식의 장점과 오류를 비판적으로 평가한다.)

Johansson, S. (2005). *Origins of language: Constraints on hypotheses*. Amsterdam and Philadelphia: John Benjamins. (이 책은 언어 진화 연구와 관련된 광범위한 분야의 경험적 데이터를 쉽게 접근할 수 있는 방식으로 정확하게 검토한다. 또한 이러한 데이터가 언어 기원에 대한 가능한 가설을 어떻게 현실적으로 제약하는지를 보여준다.)

McMahon, A., & McMahon, R. (2013). *Evolutionary linguistics*. Cambridge: Cambridge University Press. (이 책은 명확하고 읽기 쉬운 스타일로 작성되어, 학제적 관점에서 언어 진화 연구에 대한 포괄적인 소개를 제공한다. 서로 다른 영역 간의 연관성을 쉽게 이해할 수 있도록 설명한다.)

Tomasello, M. (2014). *A natural history of human thinking*. Cambridge, MA and London: Harvard University Press. (이 책은 인간과 유인원에 대한 비교 연구를 바탕으로, 인간의 사회성과 인지 사이의 연관성에 대한 흥미롭고 자극적인 분석을 제공한다. 이 책에서는 언어가 협력적인 사회적 상호작용에서 문화와 함께 진화해 왔다는 주장을 펼치며, 행위와 생각을 조정하는 기능에 대해 설명한다.)

제39장
통시적 구문문법

1. 도입/정의

'통시적 구문문법' 분야는 여러 연구에서 다음과 같이 정의되어 왔다. 일부는 이를 "구문에 대한 역사적 연구"(Barðdal & Gildea 2015: 42)로, 다른 연구에서는 "구문문법의 모형 중 하나의 관점에서 역사적 언어 변화를 다루는 연구"(Traugott & Trousdale 2013: 39)로 설명하고 있다. 나무와 숲의 은유적 차이 측면에서, 전자의 정의는 나무, 즉 특정 형태-의미 쌍의 역사에 초점을 맞추는 반면, 후자의 정의는 숲에서 시작하여 언어가 어떻게 변화하는지를 설명하는 일반적인 원칙, 즉 구문적 자원의 발전에 대한 이론적 관심을 암시한다. 이 분야에서도 다른 연구 분야와 마찬가지로 설명이나 이론 중 어느 쪽에 강조점을 두느냐에 따라 기여도가 달라질 수 있다.

통시적 구문문법에서 다루는 구문은 완전히 어휘적으로 명시된 것부터 완전히 도식적인 것까지 다양하며, 그 의미는 '문법적', '절차적', '어휘적' 또는 '내용적'일 수도 있다. 이러한 개념적, 용어적 구별은 다르지만, 통시적 구문문법은 구문과 그 구성이 역사적으로 어떻게 발전하는지를 중점적으로 다루기 때문에 공시적 분야에 비해 과정적 용어에 더 많이 의존한다. 원래 인지 과정을 지칭하기 위해 사용된 용어가 통시적 발달로 확장되는 경우도 있다. 이 분야의 일반적인 개념적 장치는 Traugott & Trousdale(2013)에서 시작되며, 이는 현재까지 이 분야와 관련된 **사실상의(de facto)** 유일한 교과서로 간주된다. 그들은 "특정 유형의 구문문법을 고수하지 않고"(Traugott & Trousdale 2013: 3) 언어에 대한 구문적 설명에서 '기회주의적'으로 통찰력을 묘사하며, 이는 통시적 구문문법에서 이전과 이후의 많은 작업을 전형화한다.

가장 먼저 주목해야 할 현상은 새로운 구문의 개발, 즉 '구문화(constructionalization)'(Bergs

& Diewald 2008 및 Traugott 2008에서 이러한 의미로 처음 사용된 용어)이다. 이는 구문의 새로운 노드 발달을 의미하며, 결과 구문의 의미 특성에 따라 '문법적 구문화'와 '어휘적 구문화'로 구분된다. 문법적이거나 어휘적일 수 있는 도식적 구문의 발달을 언급할 때, 로널드 래내커(Ronald W. Langacker)의 '도식화(schematization)'는 통시적 구문문법에서 계통발생학적 해석을 받는다. 역사적으로 개발된 '도식'(이전의 '거시 구조', Traugott 2008)은 동일한 도식을 실례화하는 유사한 '미시 구조'를 그룹화하는 '하위 도식'(이전의 '중간 구문(meso-constructions)')을 포함할 수 있다. 후자의 경우, 도식의 실례임에도 불구하고, 구문학에 별도로 통합되는 어휘별 구문으로 이해된다. Traugott & Trousdale(2013: 14)이 제시한 예로는 영어 조동사 may가 있다. 이 경우, may는 도식 보조사의 하위 도식인 서법의 미시 구조로 볼 수 있다.

구문화는 구문적 네트워크에서 새로운 노드를 생성하는 일종의 구문적 변화이지만, 모든 변화가 새로운 구문으로 이어지는 것은 아니다. 구문화는 '선-구문화 구문 변화'와 '후-구문화 구문 변화'로 구분할 수 있다. 이러한 '구문 변화'는 구문의 한 차원이나 의미에만 영향을 미치거나, 형태에는 영향을 미치지 않는 경우도 있다. Traugott & Trousdale(2013: 23-25)의 예로, 수량사 a lot of(많은)의 발달을 들 수 있다. 초기에는 영어 사용자들이 a lot of land (for sale)((판매용) 많은 토지)과 같이 특정 맥락에서만 사용되던 구문이, 이후에는 a lot of love(많은 사랑)와 같은 문장에서 much로 의역될 수 있게 되었다고 추론할 수 있다. 19세기 후반의 자료에서는 lot이 구의 머리어로, PP가 수식어로, 그리고 두 번째 명사가 머리어로 나타나는 경우가 관찰되며, a lot of goods가 복수 대명사 them과 일치하는 사례가 나타나기 시작한다. 이때 새로운 의미와 형태가 결합되었기 때문에 수량사 a lot of의 구문화가 완료되었다고 볼 수 있다. 하지만 이러한 구문화와 구문 변화 간의 구분은 간단하지 않다. 후-구문화에서의 구문 변화 예로는 문법화 연구에서 잘 알려진 형태소 감소나 음성 침식 효과와 같은 형태적 변화, 그리고 새로 확립된 의미쌍의 도식성이나 생산성의 변화가 포함된다. Colleman & De Clerck(2011)는 이를 '상세화(specialization)'라고 부르며, Traugott & Trousdale(2013)은 '노후화(obsolescence)'로, Colleman & Noël(2012)은 '구문적 소모(constructional attrition)'로 설명한다. 따라서 이러한 용어들은 다양한 형태적, 의미적 변화를 포괄한다. 새로운 구문의 생성, 형태나 의미의 변화, 구문이나 하위 도식의 소멸은 필연적으로 구문에 영향을 미치며, Traugott & Trousdale(2013: 62-73)은 구문적 네트워크의 성장, 축소, 재구상화에 대해 논의한다. 여기에서 제시된 개념과 다른 관련 주제들은 3절에서 더 자세히 설명하겠다.

통시적 구문문법은 일반적으로 인지언어학과 유사하게, 대다수의 구문문법과 함께 암시적으로 또는 가끔씩 명시적으로 '용법 기반' 언어 모형과 연관되어 있다. 이 분야의 많은 연구자에게는 구문의 사용 빈도에 초점을 맞추는 것이 가장 중요하지만, 일부는 개별 화자의 언어 지식과 그에 따른 사용, 즉 특정 텍스트에서의 '구조', '용례' 또는 '용법 사건'에 대한 관심이 결정적으로 중요하다고 생각한다. 후자의 접근 방식은 '급진적으로 용법 기반의 통시적 구문문법'이라고 불린다(Noël 2016). 이 두 가지 접근 방식은 이 분야의 주요 연구 방법에 대해 5절에서 더 자세히 비교할 예정이다.

대표적인 연구(3절 및 4절)와 전형적인 방법론(5절)을 소개하기에 앞서, 다음 절에서는 통시적 구문문법의 초기 역사를 간략히 살펴보겠다.

2. 역사적 관점

전반적인 인지언어학과 마찬가지로 '인지적 역사언어학'도 처음에는 주로 (어휘) 의미론적 질문에 주목했다(Winters 2010 참조). 그러나 20세기 말 구문문법이 등장하면서 어휘-구문 연속체의 더 추상적인 끝에 위치한 도식적 패턴에 대한 관심이 증가했다. 이와 함께 이러한 도식적 패턴의 형태와 의미 변화에 대한 연구가 활발히 진행되었고, 아델 골드버그(Adele E. Goldberg)의 논항구조 구문 연구에 통시적 차원이 추가되기 시작했다(Israel 1996, Barðdal 2007). 한편 '문법화 이론' 전통에서도 구문주의적 연구로의 전환이 일어났다. 이는 문법화 변화에서 구문의 중심성(DeLancey 1994, Bisang 1998, Bybee 2003a, Traugott 2003)과 문법화 연구에 구문문법이 갖는 적절성을 인식하는 데 중점을 두었다(Croft 2001, Ziegeler 2004, Traugott 2008, Fried 2009, Trousdale 2012a, 2012b). 문법화 현상을 연구하는 학자들은 화자의 혁신적인 언어 사용에서 빈도와 유추적 추론의 역할에 주목하며 용법 기반 접근 방식을 지지하기 시작했다(Bybee 2003b, 2010 및 Fischer 2007). 이러한 '역사적 구문문법'과 '구문주의적 문법화 이론'의 융합에 크게 기여한 것은 도식적 구문에 대한 중복된 관심과 도식화와 문법화가 동일한 현상인지에 대한 논의였다(Noël 2007, Trousdale 2008a, 2010). 문법화 이론에서 오랫동안 논의되어 온 '문법화'와 '어휘화'의 차이는 구문주의적 관점에서 다루어지기 시작했고(Trousdale 2008b) Traugott & Trousdale(2013)에서는 '문법적 구문화'와 '어휘적 구문화'를 구분하게 되었다. 사실, '구문화'라는 개념 자체는 다소 안정적이고 관습화된 형태-의미 쌍으로 이어지는 변화로, 문법화 이론적 전통의 이념적 연속성을 반영한다. 흥미롭게도 엘리자베스 클로스 트라우고트(Elizabeth Closs Traugott)

와 그레임 트러스데일(Graeme Trousdale)의 저서와 거의 같은 시기에 발표된 구문 변화에 관한 논문에서, Hilpert(2013)는 오랜 전통에서 통시적 구문문법으로 나아가지 않으며 문법화 및 어휘화 유형의 변화에 대한 원시적 위치를 부여하지 않고 있다(자세한 논의는 아래 참조).

현 세기의 두 번째 10년 동안 통시적 구문문법에 대한 최초의 편집본이 출판되었다. 당시 편집자들은 서문에서 "통시적 구문문법 내에서 계속 성장하는 연구"에 대해 언급했다(Barðdal & Gildea 2015: 11). 이 책의 모든 기고자들이 따르지 않는 관습인 학문 명칭의 대문자화를 주목할 필요가 있으며, '통시적 구문문법(diachronic Construction Grammar)'(Trousdale 2012a, Jing-Schmidt & Peng 2016) 또는 '통시적 구문문법(diachronic construction grammar)'(Ziegeler 2004, Noël 2007, Trousdale 2012b, Traugott & Trousdale 2013, Peng 2013, David 2015)이라는 표현이 더 자주 사용된다. 우리는 '통시적 구문 문법(diachronic construction grammar)'을 특정 구문주의 모형의 엄격한 역사적 구현으로 보지 않고, 역사언어학에 대한 모든 구문주의적 접근을 포괄하는 용어로 사용하기 때문에 대문자가 없는 버전을 선호한다. 여기에는 '계산적 구문문법(computational construction grammar)'(Beuls & van Trijp 2016) 내의 언어 진화 연구와 '통시적 구문 형태론(diachronic construction morphology)'의 하위 분야 내 연구도 포함된다(Booij 2018의 절 제목과 준비 중인 뮤리엘 노르데(Muriel Norde) 참조).

3. 중요 이슈 및 주제

3.1 구문화 및/또는 구문 변화

통시적 구문문법에서 지금까지 이루어진 많은 연구는 새로운 구문이 어떻게 발생하는지에 대해 다루고 있으며, 현재 일반적으로 이를 '구문화'라고 부른다. 구문화는 이전에 구문적 지위를 갖지 않았던 형태통사적 실체의 기능적 변화와 형태적 변화를 포함한다. 예를 들어, 앞서 언급한 부분적인 표현에서 양적인 a lot of로 변화하거나, 기존 구문에 대한 직시적 서법 조동사가 인식적 서법으로 변화하는 경우가 이에 해당한다. Traugott & Trousdale(2013: 91-92)은 구문화가 어떻게 발생하는지에 대한 명시적인 용법 기반 설명을 제시하며, 화자와 청자를 언급하면서 '혁신'과 '관습화'의 구별을 강조한다. 이 두 과정은 모두 필요조건이며, 특히 문법적 구문화의 경우 변화는 '점진성', 즉 일련의 '미시 단계'에서 비롯된다고 강조한다. 혁신은 청자가 특정 언어적 실체, 예를 들어 be going to의 의미를 화자가 의도한 방식과 다르게 해석할 때 시작된다. 예를 들어, He was going to be hanged(그는 교수형에 처해질 예정이었다)에서 be going to가 특정 목적을 위해 어떤 장소로 이동하는 주체가 아닌, 나중에 일어날 일에 대한 것으로 해석될 때, '미약한 연결 고리'가 형성된다. 이후 청자는 She took off her stockings and was going to make a noose with them when […](그녀는 스타킹을 벗고 그 스타킹으로 올가미를 만들려고 했다)와 같이 새로운 의미를 가진 자료를 화자로서 사용하게 된다. 이 단계에서는 아직 구문화가 일어나지 않았는데, 그 이유는 (a) 형태적 변화가 없고, (b) 관습화가 이루어지지 않았기 때문이다. 관습화의 전제조건은 다른 청자가 비슷한 과정을 거쳐 새로운 의미에 '암묵적으로 동의'하는 것이다. 새로운 의미는 언어 자료가 다른 형태적 맥락에서 사용될 가능성을 높이며, 예를 들어 be going to가 무생물 주어와 결합되기 시작할 때처럼 새로 관습화된 의미와 원래의 형태통사적 형태 사이에 '불일치'가 발생한다. 이러한 불일치가 새로운 의미와 새로운 형태 분석의 관습화된 쌍을 통해 해결될 때에만 새로운 상징적 단위, 즉 새로운 형태-의미 쌍 또는 구문의 새로운 노드가 발생하게 되며, 이때 구문화가 일어난 것으로 간주할 수 있다. 그러면 그 이전의 변화는 '선-구문화의 구문 변화'로 볼 수 있다.

이러한 구문화와 구문 변화 사이의 구분은 트라우고트의 문법화 이론의 발전에서 쉽게 확인할 수 있다. 반면, 2절에서 이미 언급한 Hilpert(2013)의 논문은 문법화 접근법의 대안으로 보다 명확하게 제시되며, 문법화, 어휘화, 구문화를 구문 변화의 유형으로 간주하고 Traugott & Trousdale(2013)보다 더 폭넓은 구문 변화의 관점을 취하고 있다. Hilpert(2013: 16)는 "구문 변화는 한 언어의 관습화된 형태-의미 쌍을 선택적으로 포착하여 그 형태, 기능, 빈도, 언어공동체에서의 분포 또는 이들의 조합 측면을 변경하는 것"이라고 정의한다. 여기서 관습화된 형태-의미 쌍, 즉 구문이 구문 변화의 출발점이지만, 마르틴 힐페르트(Martin Hilpert)가 후-구문화의 구문 변화만을 다룬다고 오해해서는 안 된다. 구문화 역시 기존의 형태-의미 쌍에 의해 승인되는 특정 통사적 문맥의 어휘 항목을 '포착'하는 출발점이기 때문이다. 이후 연구에서 Hilpert(2018: 22)는 트라우고트와 트러스데일의 구문화와 구문 변화 간의 구분을 명시적으로 불신하는데, 그 이유는 "새로운 노드로 간주되는 구문이 정확히 몇 번의 구문 변화를 거치는지 의문을 제기"하기 때문이다. 형식통사적 관점에서 유사한 비판은 Börjars, Vincent & Walkden(2015)에서도 다루어졌다. 이 질문은 통시적 구문 형태론의 하위 분야인 Norde & Van Goethem(2018)의 연구에서도 이미 다루어졌으며, 그들은 트라우고트와 트러스데일의 뼈대가 어떤 변화가 형태적이고 어떤 변화가 의미적인지를 명시하지 않고(예를 들어, 위에서 사용한 be going to의 경우, 이 패턴을 무생물과 결합하는 참신함이 왜 형태적 변화이어야 하는가?) 미시 단계를 양적으로 조작하기 어렵기 때문에 말뭉치 연구에 적용하기 어려운 점을 발견했다. 이처럼 구문화와 (다른 유형의) 구문 변화의 구분은 통시적 구문문법 안팎에서 비판을 받아왔으며, 이 차이의 정확한 본질과 운영 방식은 앞으로도 상당 기간 동안 중요한 논의 주제로 남을 것으로 예상된다.

3.2 도식성과 생산성의 변화

Traugott & Trousdale(2013: 22)은 구문화를 "도식성, 생산성 및 합성성의 정도의 변화를 수반하는 것"으로 정의한다. 이 두 개념은 이 연구가 트라우고트와 트러스데일 모형을 정의하는 구문화와 다른 유형의 구문 변화 사이의 구별을 명시적으로 채택하는지 여부와 관계없이 통시적 구문문법의 많은 연구에서 특히 중요한 위치를 차지한다. 실제로 생산성과 이 개념을 확장하여 단어형성 영역을 넘어 형태-의미 쌍에 적용할 수 있는 다양한 방식은 (부분적으로) 통시적 관점을 가진 구문문법 분야의 초기 논문 중 하나인 Barðdal(2008)의 중심 주제였다.

Barðdal(2008)과 함께 이 분야의 대부분의 연구자들은 '확장성으로서의 생산성' 개념을 채택하고 있다. 즉, 도식적 구문이 (부분적으로 또는 전체적으로) '새로운' 어휘 항목을 끌어들일 수 있는 정도까지 생산적인 것으로 간주하며, 이는 슬롯이 크고 원칙적으로 개방형이지만 일반적으로 의미 및/또는 형태적으로 제약된 세트의 어휘 항목으로 채워질 수 있는 정도를 포함한다(도식적 구문의 전형적인 **부분적** 생산성에 대해서는 Goldberg(1995), 그리고 훨씬 더 최근에는 Goldberg(2019)를 참조. 하지만 구문적 생산성에 대한 다른 견해는 Kay(2013)을 참조). 통시적으로 한 구문의 생산성은 증가하거나 감소할 수 있으며, 이는 열린 슬롯의 어휘 채우기에 대한 제약이 약해져서 이전에 사용하지 않았던 종류의 어휘 항목을 구문에 사용할 수 있게 되거나, 반대로 어휘 제약이 강해져서 구문의 생산성 영역이 이전의 하위영역으로 축소될 수 있음을 의미한다. 이러한 생산성 변화는 '유형 빈도'의 변화와 밀접한 관련이 있다. 말뭉치 기반 작업에서 생산성의 대용물로 자주 사용되는 '유형 빈도'는 특정 구문으로 증명된 어휘 유형의 수가 증가하는 것을 구문적 생산성의 증가로 간주한다. 그러나 Barðdal(2008)은 생산성이 유형 빈도와 '의미적 일관성'의 함수라고 강조한다. 즉, 유형 빈도가 상대적으로 낮은 구문이라도 의미적 공간에서 유형이 밀집되어 있다면 어느 정도의 생산성을 표시할 수 있으며, 반대로 유형이 상대적으로 많은 구문은 낮은 일관성을 보일 경우 쉽게 확장되지 않는다(Barðdal & Gildea 2015: 34-41 참조). 유형 빈도와 의미적 일관성을 모두 고려한 역사적 생산성에 대한 다른 사례 연구로는 미국 영어의 into-사역절 연구에 대한 Davies & Kim(2019), 19세기 및 20세기 네덜란드어에서 거짓 재귀적 결과 구문의 생산성 증가에 대한 Gyselinck(2020) 등이 있다.

구문의 도식성 정도는 통시적 변화로, 즉 정신 표상에 저장된 형태적 및/또는 의미적 세부 수준이 변경을 의미하며, 이는 다소 추상적일 수 있다. Traugott & Trousdale(2013)은 도식성이 증가하는 구문의 몇 가지 예를 논의하는데, 이는 종종 동일한 형태가 이전에는 의미 범위 밖에 있던 (절차적) 의미를 표현하기 위해 화자에 의해 모집됨에 따라 더 일반적인 의미와 연관되는 과정을 설명한다. 이러한 변화는 구문적 네트워크의 기존 노드가 어휘성-도식성 계층구조에서 더 높은 수준에 위치한 보다 추상적인 의미를 가진 새로 생성된 노드에 포함된다는 점에서 (문법적) 구문화의 실례에 해당한다.

이 간략한 논의에서 알 수 있듯이, 생산성과 도식성은 밀접하게 관련된 개념으로, 실제로 구분하기 어려울 수 있다. 그럼에도 불구하고 영어 way-구문의 최근 의미론적 역사에 대한 사례 연구에서 Perek(2020)는 이론적 구분의 중요성을 강조하며, 구문의 생산성이 수반되는 도식성의 변화 없이도 즉, 구문의 의미가 반드시 더 일반화되지 않고도 생산성이 증가할 수 있다고 주장한다(또한 Perek 2018 참조).

3.3 통시적 구문 기호학

앞 절의 마지막에 언급한 플로렌트 페렉(Florent Perek)의 연구는 구문 의미의 변화를 구문화에 대한 논의 **밖에서** 조사한 사례로, 영어 way 구문의 의미 변화가 새로운 구문 노드의 설립으로 인한 구문화의 여파가 아니라 순전히 연대기적인 의미에서 구문화 이후의 변화에 대한 실례로 볼 수 있다. 이와 유사한 맥락의 다른 사례 연구로는 Barðdal(2007), Hoffmann & Mukherjee(2007), Colleman & De Clerck(2011), Peng(2013), David(2015), Fanego(2019), D'hoedt, De Smet & Cuyckens(2019) 등이 있다. Colleman & De Clerck(2011)는 이러한 접근 방식을 '통시적 구문 기호학'이라고 명명하고, 언어 변화에 대한 구문 기반 이론의 발전을 위해 이러한 기호학에 초점을 맞춘 연구의 중요성을 강조한다. 구문문법의 기본 원칙 중 하나는 '문법적 구문'과 단어, 형태소 사이에 근본적인 구분이 없다는 것이다. 두 개념 모두 각각의 복잡성과 도식성의 정도가 다르더라도 저장된 형태-의미 쌍으로 간주되어야 한다(예를 들어, 자주 인용되는 골드버그의 It's constructions all the way down(밑바닥까지 전부 구문이다)이라는 문구를 참조, Goldberg 2003: 223 및 2006: 18). 통시적 어휘학의 기존 연구에 따르면 단어의 의미 구조(구문주의적 용어로 원자적 실체 구문)는 다양한 의미 변화 메커니즘의 영향을 받는 것으로 나타났다. 예를 들어, Geeraerts(1997)는 몇 가지 예에 대해 광범위한 논의를 제공한다. 어휘의미적 변화는 새로운 단어의 출현(및 다른 단어의 소멸)에만 국한되지 않으며, 기존 어휘 항목의 의미 배열이나 이러한 다른 의미의 상대적인 구문적 비중 또는 조직의 변화도 포함된다. 위에서 언급한 사례 연구들은 복잡성과 도식성이 더 큰 구문에서 적절성이 높은 기호학적 변화의 예를 제공하며, 이를 논의함으로써 문법과 어휘의 차이가 종류가 아니라 정도의 문제라는 기본적인 구문주의 가정을 뒷받침한다. 예를 들어, Colleman & De Clerck(2011)는 지난 3~4세기 동안의 영어 이중 목적어 구문의 의미사를 의미론적 '상세화(specification)'의 지속적인 과정으로 논의한다. 논항구조 구문 및 기타 (부분적으로) 도식적 구문의 의미 구조에 영향을 미칠 수 있는 다양한 종류의 기호학적 변화를 문서화하고, 어휘의미론의 증명된 메커니즘 및 변화 경로와의 평행성을 탐구하기 위해서는 이러한 노선을 따라 추가 연구가 필요하다.

3.4 구문의 소멸: 구문적 마모/구문적 손실

새로운 형태-의미 쌍(또는 기존 형태-의미 쌍 사이의 새로운 연결, 3.5절 참조)을 통해 구문이 확장될 수 있는 것처럼, 기존 구문이 점차 쓸모 없어져 문법에서 사라지는 것도 가능하다. 생산성의 지속적인 감소는 궁극적으로 구문의 완전한 노후화, 즉 구문 도식이 점차 약화되고, 결국 소멸될 수 있음을 의미한다. 이 과정에서 고대 및 중세 영어의 생산적인 비인격 구문처럼 소수의 어휘적으로 실체적 유물로 **생각되는** 실체적 유물이 살아남을 가능성도 있다(Trousdale 2008a 참조). Colleman & Noël(2012)은 이러한 유형의 변화를 '구문적 소멸'이라고 명명했으며, 이는 '구문적 손실'이나 '구문적 죽음'(Sommerer 2018)과 같은 대안보다 점진적인 과정의 본질을 잘 드러내는 용어이다. 통시적 구문문법에서 기존의 많은 연구는 '문법화 유형' 변화, 즉 **새로운** 구문이나 구문적 의미가 문법에 들어오는 것에 대한 이론적, 경험적 집착이 특징적이다. 그러나 이러한 구문적 소멸 사례에 대한 광범위한 조사는 드물다.[1] 이 외에도 Petré(2010)와 Noël(2019) 등의 사례 연구가 있다.

---

1 구문적 네트워크의 특정 하위영역에서 '새로운' 구문의 출현과 '오래된' 구문의 소멸은 종종 상호 연관된 과정이다. 전형적으로 구문적 소멸은 적어도 부분적으로 새로운 구문의 출현 또는 기존 구성의 확장에 의해 동기가 부여되며, 이는 오래된 구문의 기능적 의미 영역을 점진적으로 잠식한다. 예를 들어, Trousdale(2008a)은 (더 많은) 도식적 전이 구문의 출현과 관련하여 영어의 비인칭 구문의 종말에 대해 논의한다.

3.5 구문적 네트워크의 연결 변경 및 연결 유형

최근에 대두된 중요한 이슈는 이전에 개별 구문, 즉 구문적 네트워크의 '노드'에 영향을 미친다고 설명되었던 많은 변화들이 실제로는 네트워크 '연결'의 변화로 더 잘 이해될 수 있는지에 대한 의문이다. Hilpert(2018)는 특히 Torrent(2015)의 연구에서 영감을 받아, 노드 변화와 (노드 외부의) 연결 변경 사이의 구분이 구문화와 구문 변화 간의 구분을 보완하거나 심지어 대안이 될 수 있다고 제안한다. 그는 구문적 네트워크에서 두 가지 다른 차원에 따른 변화의 예를 제공하는 새로운 변화 유형의 초기 유형학을 제시했다. 이 두 가지 차원은 (i) 네트워크 일부의 출현, 강화, 약화 또는 소멸을 포함하는지 여부와 (ii) 네트워크의 영향을 받는 부분이 노드인지 연결인지 여부이다. Sommerer & Smirnova(2020)의 편집본에는 이러한 구분을 더 깊이 고찰하고 다양한 종류의 연결 변화 사례를 논의하는 여러 장이 포함되어 있다.

이러한 '노드 대 연결' 논의에서 가장 중요한 것은 구문적 네트워크에 어떤 종류의 연결이 존재할 수 있는지에 대한 질문이다. 전통적으로 구문주의 모형은 '수직적' 연결, 즉 분류학적 계층구조에서 서로 다른 수준의 도식에 위치한 구문 간의 상속 관계에 많은 관심을 기울여 왔다. Traugott & Trousdale(2013) 모형에서는 도식, 하위 도식 및 미시구문에 대해 다루고 있다. 또한 최근의 많은 연구는 구문 변화에서 '수평적', 즉 비-분류학적 연결의 역할을 탐구했다. 흥미로운 예로는 중세 영어에서 이중 목적어 구문과 확장의 to 여격 사이의 패러다임적 연결의 확립을 다룬 Zehentner(2017, 2019)의 연구가 있다. 에바 제헨트너(Eva Zehentner)는 이전에 Colleman & De Clerck(2011)에서 논의한 이중 목적어 구문의 의미론적 상세화가 다른 전치사의 패턴을 희생시키면서 to 여격의 유형과 토큰 빈도가 모두 증가하는 것과 거의 동시에 발생했다고 관찰하여 이들 사이의 연관성을 시사한다. 이 두 가지 경향은 서로를 강화하여 두 구문 사이의 의미적 중첩이 점점 더 커지고, 동시에 두 구문 사이의 연관성이 점점 더 강해지면서, 즉 언어 사용자의 머릿속에서 to 여격과 이중 목적어 구문이 매우 유사한 범위의 '전이' 의미를 부호화할 수 있는 두 가지 패턴으로 밀접하게 연관되게 된다. 이러한 방식으로, 이전에는 전혀 관련이 없던 구문 간에 노드 외부 연결이 나타날 수 있다. 형태적 및/또는 의미적 유사성에 근거한 비-분류학적 구문 간의 관계에 대한 다른 논의는 Van de Velde(2014) 및 Sommerer(2018)를 참조할 수 있다. Pijpops & Van de Velde(2016)는 서로 관련이 없는 구문 사이의 피상적인 형태적 유사성조차도 그 사용에 영향을 미칠 수 있으며, 이 때문에 '구문 오염'이라는 용어를 만들어 냈다. 마지막으로 Hilpert(2018)는 (부분적으로) 도식화된 구문과 그 슬롯을 자주 채우는 어휘 항목 간의 관계도 구문적 네트워크에서 서로 다른 종류의 노드 간의 연결 측면에서 생각할 수 있다고 제안한다. 그는 네트워크의 새로운 변화 유형에 대한 제안에서 연결 변화의 하위 유형으로 도식 패턴의 배치 선호도 변화나 어휘 항목의 보완 선호도 변화도 포함한다고 설명한다.

4. 기타 초기 연구 분야

이전 절에서 설명한 중요한 쟁점을 중심으로 상당한 양의 연구가 이루어졌으며, 통시적 구문문법에 대한 두 가지 새로운 연구 분야를 추가로 구분할 수 있다. 두 분야 모두 최근의 더 넓은 인지언어학적 동향과 관련이 있다.

첫째, 많은 학자들이 **접촉 유도된(contact-induced)** 구문 변화에 대한 연구에 관심을 기울이며, 인지언어학과 언어 접촉 연구의 교차점에서 새로운 하위 학문인 '인지적 접촉 언어학'이 출현하고 있다(Zenner, Backus & Winter-Froemel 2019 참조). 관련된 연구로는 Mithun(2008), Noël(2008), Doğruöz & Backus(2009), Pietsch(2010), Backus, Doğruöz & Heine(2011), Höder(2012, 2014), Fischer(2013), Ziegeler(2015), Colleman & Noël(2014), Colleman(2016, 2018), Noël & Colleman(2018), 그리고 Ingham(accepted)[2] 등이 있다. 이와 관련하여, 최근 언어에 대한 구문적 접근 시리즈인 Boas & Höder(2018)의 『구문에서 접촉Constructions in contact』 편집본이 출간된 것은 이 연구 분야가 주목받고 있음을 상징적으로 보여준다. 이 연구들은 접촉과 관련된 광범위한 분야를 다루며, 이는 원어의 영향을 받아 목표어 구문에 새로운 구문이 출현하는 것을 훨씬 넘어, 언어 접촉이 기존 구문의 형태, 의미 및/또는 사용 빈도에 잠재적으로 영향을 미칠 수 있다는 점을 의미한다. 예를 들어, Noël & Colleman(2018)은 접촉에 의한 '구문적 혁신'의 사례를 제시하며, 19세기 초 네덜란드어에서 형태의미적으로 동등한 프랑스어 구문이 특정 종류의 프랑스어 담화에서 자주 사용되었던 결과로, 이전에 언어에서 사라지는 과정에 있던 생산적인 구문이 되살아난 사례를 논의했다. 향후 연구에서는 접촉에 의한 구문 변화의 다른 하위 유형을 발견할 수 있을 것이며, 예를 들어, 이전 절에서 논의한 노드 변화와 연결 변화의 구분이 접촉으로 발생하는 변화에도 어느 정도 적용될 수 있는지를 조사해야 할 것이다.

---

2 '구문적 차용(constructional borrowing)' 현상은 이미 Goldberg(1990)의 미발표된 초기 논문에서 논의된 바 있다.

두 번째로 유망한 새로운 연구 분야는 지속적인 구문 변화 과정과 수명 변이에서 개별 화자의 역할에 대한 관심이다. 이는 피터 페트레(Peter Petré)와 공동 연구자들의 최근 연구에서 가장 두드러지게 나타나며(Petré 2016, Petré & Van de Velde 2018, Petré & Anthonissen 2019 참조), 다음 절에서 연구 방법에 대해 자세히 논의할 것이다.

5. 주요 연구 방법

통시적 구문문법에 대한 연구는 종종 언어에 대한 용법 기반 접근 방식과 일치하는 경우가 많다. 공시적 인지언어학과 마찬가지로, 일부 연구자들은 사용 빈도가 인지적 적절성과 관련이 있다는 암묵적 또는 명시적 가정에 기반하여 말뭉치 기반 접근법을 빈도에 대한 선입견과 거의 동일시하기도 한다. 예를 들어, Hilpert(2013: 207)는 "예시 덩어리는 구문의 새로운 형태적 또는 기능적 변형이 추가될 때뿐만 아니라, 특정 구문 변화가 화자의 이전 경험에서 인식되는 빈도가 증가하거나 감소할 때에도 변화할 수 있기 때문에, 통시적 구문 관점에서 빈도는 특히 중요하다"라고 주장한다. 그의 저서에서 주요 목표 중 하나는 단순한 토큰 빈도 추출을 넘어 구문 변화의 상대적 빈도 변화와 구문 도식으로 생성되는 유형의 빈도 변화를 계산하는 현대 통계적 말뭉치 언어 기법을 보여주는 것이다. 그러나 Schmid(2015: 14)는 "말뭉치 빈도는 고착화보다는 관습화를 유도하는 매개체"라고 주장하며, 언어의 역사에서 여러 단계를 대표하는 말뭉치는 언어가 화자-외부 체계로 어떻게 변화했는지를 보여줄 수 있지만, 이러한 변화가 발생하는 과정에 대한 인지적 설명을 제공하는 데는 부적절한 기반이 된다고 가설을 세웠다. 그의 용법 기반 사회인지적 '고착화 및 관습화 모형(Entrenchment-and-Conventionalization Model)'의 두 가지 공리, 즉 "언어공동체의 구성원은 언어 지식을 공유하지만"과 "언어공동체의 두 구성원 모두 동일한 언어 지식을 가지고 있지 않다"(Schmid 2015: 4)에서 이 이유를 찾을 수 있다. 다시 말해, 인지는 본질적으로 개별적이므로, 개별 화자의 추상화를 생성하는 데이터에 인지적 의미를 부여할 때 신중해야 한다.

Traugott & Trousdale(2013)의 명시적 사용 기반 구문 변화에 대한 설명도 힐페르트보다 양적 지향성이 덜하고, 질적 증거 즉, 텍스트 문맥에서 특정 사용 사례에 대한 논의에 더 의존한다. 겉으로 보기에 용법 기반 접근 방식은 무엇보다도 화자와 청자에 대한 방향성을 수반한다. 힐페르트와 달리, 이들은 개별 지식(관념의 표상, 개인의 정신적 반영)과 '공동체 지식'(주어진 시점의

[언어] 구조의 표상)을 구별한다(Traugott & Trousdale 2013: 46). 언어학자로서 이들의 관점은 후자의 변화를 설명하는 데 중점을 두고 있지만, Noël(2016)은 구문화에 대한 설명(위 3.1절 참조)이 내부와 외부 체계를 분리하지 못한다고 주장했다. 그의 견해에 따르면, 핵심적인 불일치 해결 과정은 화자의 행동과 지식 간의 갈등을 수반하며, 개인의 구문 내에는 불일치가 존재하지 않고, 개별 혁신가의 구문과 다른 화자의 보수적인 구문 **내에서만** 발생할 수 있기 때문에 인지적 작용으로 볼 수 없다고 주장한다.

언어 변화에 대한 통시적 구문문법 모형화에서 개별 체계를 관습화된 체계와 분리해야 하는지 여부는 통시적 구문문법 연구자가 인지언어학의 심리적 현실에 대한 '인지적 언명'에 완전히 동의해야 하는지에 대한 Hilpert(2018)의 '열린' 질문과 깊이 관련된다. Hilpert(2018: 25)는 구문문법이 제공하는 설명적 도구를 높이 평가하지만, 인지가 아닌 언어 구문 자체를 연구하는 학자들이 많기 때문에, 인지언어학적 접근을 강요하는 것은 이 분야에 해로울 수 있다고 경고한다. 또한, 이러한 연구가 제공하는 통찰력을 무시하는 것은 심각한 실수가 될 수 있다고 지적한다. 그는 인지 연구에 전념하는 연구자들이 연구 목표를 명확히 밝힘으로써, 통시적 구문문법 연구의 반증 가능성을 높이고 연구의 투명성을 강화할 것을 촉구한다.

최근 몇 년 동안 구문적 혁신에서 개별 인지의 역할에 초점을 맞춘 연구가 축적되기 시작했다. Noël(2016)은 이 연구를 '급진적 용법 기반(radically usage-based)' 접근이라고 명명하며, 이는 기존의 대부분의 용법 기반 연구과 달리 개인의 내부 체계와 사회적으로 관습화된 외부 체계를 구분한다는 점을 강조한다. 이 연구를 통합하는 공통점은 역사적 축을 따라 개별 화자의 사용을 체계적으로 비교할 수 있는 역사적 '관념적(idiolectal)' 말뭉치를 사용한다는 것이다. 이러한 연구의 대표적인 예로는 Schmid & Mantlik(2015), Petré(2016), De Smet(2016), Fonteyn(2017) 등이 있다. Schmid & Mantlik(2015)은 100명 이상의 역사적 저자를 대상으로 데이터를 수집하여, [N BE that] 구문의 개별적 고착화와 관습화 과정을 분석한다. Petré(2016)는 17세기와 18세기 초 작가들의 작품에서 [GO to INF]와 [BE going to INF] 사이의 경쟁을 조사하여 후자의 패턴이 '사치스러운(extravagant)' 혁신이었다는 증거를 찾았다(또한 Petré & Van de Velde 2018 참조). De Smet(2016)은 1970년대, 1980년대 및 1990년대를 아우르는 한사드 말뭉치(Hansard Corpus)에서 수집한 100여 명의 화자에 대한 데이터 분석을 통해 명사 key가 형용사로 발전하는 과정을 연구하며, 개별 화자들의 혁신적인 구문 사용과 '유추적 지원(analogical support)'을 제공하는 보다 전통적인 구문의 사용을 연결한다. 마지막으로 Fonteyn(2017)은 지속적인 언어 변화의 경우 비-교체자의 중요성, 즉 다양한 문법을 가지고 있지 **않지만** 새로운 문법적 교체의 경우 구문만 또는 새로운 구문만 일관되게 사용하는 사람들이 문제의 교체 기저에 있다고 가정되는 인지적 원리에 대해 무엇을 드러내는지를 고찰한다. 이러한 연구는 보다 전통적인 말뭉치 연구에서 분명히 출발하고 있으며, 통시적 구문문법에서 구문화, 더 넓게는 새로운 형태 및/또는 의미의 출현에 대한 조사뿐만 아니라, Noël(2019)이 주장한 것처럼 구문적 마모에 대한 연구를 위한 방법이 될 수 있다. 근본적으로 용법 기반 관점에서 보면, 이는 일반적으로 '혁신적 마모(innovative attrition)'로 정의될 수 있는 과정에서 시작해야 한다. 왜냐하면 어떤 사람들이 항상 참신한 방법으로 특정 의미를 표현하는 데 앞장서 왔듯이, 모든 사람들이 특정 의미를 표현하거나 특정 방식으로 표현하는 것을 멈추지 않았을 것이기 때문이다. 그러나 이러한 세대 내 대인 관계의 차이는 인간의 일생 동안 확산된 구문적 마모가 개인 내 수준에서도 관찰될 수 있는지에 대한 더 흥미로운 질문을 다루기 전에 경험적으로 정립되어야 한다.

더 읽을거리

Traugott, E. C., & Trousdale, G. (2013). *Constructionalization and constructional changes*. Oxford: Oxford University Press. (구문화와 구문 변화의 구분을 소개하는 통시적 구문문법에 관한 최초이자 현재까지 유일한 교과서이다.)

Hilpert, M. (2013). *Constructional change in English: Developments in allomorphy, word formation, and syntax*. Cambridge: Cambridge University Press. (구문 변화에 대한 다른 관점을 제시하는 논문으로, 구문 빈도 변화의 인지적 적절성에 결정적으로 초점을 맞추고 있다.)

Barðdal, J., & Gildea, G. (2015). Diachronic Construction Grammar: Epistemological context, basic assumptions and historical implications. In J. Barðdal, E. Smirnova, L. Sommerer, & S. Gildea (Eds.), *Diachronic Construction Grammar* (pp. 1-49). Amsterdam: John Benjamins. (통시적 구문문법에 대한 최초의 편집본을 소개하며, 인식론적 뿌리를 설명한다.)

Hilpert, M. (2018). Three open questions in Diachronic Construction Grammar. In E. Coussé, P. Andersson, & J. Olofsson (Eds.), *Grammaticalization meets Construction Grammar* (pp. 21-39). Amsterdam: John Benjamins. (통시적 구문문법에서 향후 연구를 위한 여러 중점 분야를 제시한다.)

제40장
다중양상성

1. 도입

다중양상성(multimodality)에 대한 연구가 증가하고 있지만, 다중양상성이 정확히 무엇인지, 어떤 요소가 양상으로 간주되어야 하는지, 그리고 양상의 전체 목록을 정리하는 것이 바람직한지 또는 가능한지에 대한 논의는 여전히 뜨거운 논쟁거리이다. 따라서 이 장에서는 매우 잠정적인 성격을 띠고 있으며, 핸드북 같은 지위를 가질 수밖에 없다.

논란의 여지가 없는 것은, 다중양상성이 어떻게 정의되든 간에 학문적 통용을 얻게 되었다는 점이다. 이는 언어학에서 전통적으로 연구되어 온 언어에 대한 강조가 의사소통이 발화로만 이루어지지 않거나 발화만이 아니라는 인식이 커졌기 때문이다. 단일 양상으로 여겨지는 구어와 문어조차도 결국 오랫동안 무시되거나 경시되어 온 의미 있는 차원을 나타낸다. 서면 텍스트는 대문자 제목, **볼드체**, 이탤릭체, 들여쓰기 및 공백과 같은 시각적으로 강화된 표지가 특징이다. 오늘날의 학자들은 텍스트의 글꼴과 크기를 선택할 때, 주로 또는 독점적으로 단일양상적인 언어 담화의 시각적 차원을 고려해야 한다는 사실을 깨닫고 있다(Van Leeuwen 2006, Stöckl 2005, 2014a 참조). 그러나 일부 유형의 텍스트에서는 이러한 시각적 기능이 훨씬 더 큰 비중을 차지한다. 다다 사조(Dada art)와 구체시(Concrete Poetry)는 문자의 시각적 특성을 가지고 놀았고, 때로는 문자를 "사물"로 바꾸기도 했다. 또한 레이아웃은 문자 텍스트 양상에 시각적 차원을 부여하며(Bateman 2008, Hiippala 2015), 조지 허버트(George Herbert)의 시 "The Altar"와 "Easter-Wings"(모두 1633년작)에서도 창의적으로 활용되었다. 구어는 목소리의 음색, 음정, 음량, 표정과 자세 그리고 그에 수반되는 몸짓에 주의를 기울이게 한다. 따라서 일부 학자들은 **모든** 의사소통이 다중양상적-단일양상적 공동 작업이라고 주장하기도 한다. 이에 따라 정보를 전달하는 비언어적 방법을 체계적으로 연구하고, 두 가지 이상의 의미구성의 기호학적 자원이 앙상블을 이루는 정보를 조사할 필요성이 제기되고 있다.

그러나 이러한 논의는 합의가 끝나는 지점이다. 현재 다중양상성의 기치 아래 제시된 연구 중 일부는 이전 시대에는 '기호학'으로 분류되었을 것이며, 이 연구의 대부분은 여전히 적절하다(Chandler 2017, Stöckl 2014b 참조). 기호학적 접근법은 다중양상성 연구에서 중요한 위치를 차지하며, 비예술적인 정적 시각에 대한 연구를 시작했다는 점에서 그 공로를 인정받을 만하다. 실제로 Barthes(1986 [1964])는 정적 단어 및 이미지 담론에서 텍스트가 수반되는 이미지에 잠재적으로 이미 존재하는 의미의 측면에 주의하거나(즉, 언어가 이미지를 **고정한다**), 이미지의 의미 차원을 보완하는 정보를 제시한다(즉, 언어가 이미지를 **전달한다**)고 주장하면서 다중양상적 연구를 예견했다. 이후 개선과 대안이 제안되었다(Unsworth & Clérigh 2009, Bateman 2014 참조). Forceville(1996: 73)은 이미지가 서면 텍스트를 고정할 수도 있고 그 반대의 경우도 가능하며, 고정함(anchoring)과 전달함(relaying) 사이의 경계가 모호하다고 제안했다. 또한 두 가지 이상의 양상이 의미 형성에서 상호작용할 수 있으므로, 고정함과 전달함의 개념은 단어와 이미지의 관계를 넘어 확장될 필요가 있다.

최근 다중양상성에 대한 연구는 마이클 알렉산더 커크우드 홀리데이(Michael Alexander Kirkwood Halliday)의 체계적 기능언어학(Hallidayan Systemic Functional Linguistics/Grammar(SFL/SFG))에서 영감을 받았으며, 다중양상성은 인지주의 패러다임, 특히 개념적 은유 이론 내에서 연구하는 학자들에 의해 발견되기 시작했다. 따라서 먼저 SFL/SFG 관련 접근법에 대한 간략한 개요를 제시한 다음(2절), 개념적 은유 이론 관점(3절)에 대해 논의하는 것이 좋다. 마지막으로 4절에서는 향후 다중양상성 연구를 위한 몇 가지 추가 생각과 과제를 제시할 것이다.

2. 다중양상성에 대한 비인지주의적 접근

군터 크레스와 테오 반 리우웬(Gunther Kress & Theo Van Leeuwen)의 '사회적 기호학' 접근법은 다중양상적 연구에서 가장 잘 알려진 패러다임이다. 이들이 제안한 가장 널리 인용되는 구분은 의사소통의 세 가지 '메타 기능'으로, 이는 관념적(표상과 지시 대상 사이의 관계에 관한 것), 대인 관계적(발신자와 수신자 사이에서 기호가 의사소통적으로 사용되는 방법에 관한 것), 그리고 텍스트적(다양한 텍스트 요소 사이의 일관성을 보장하는 규칙에 관한 것)이다(2006: 42-43). Jewitt(2014a)은 자신의 저서에서 다중양상성에 대한 두 가지 주요 패러다임에 대해 논의한다. 첫 번째는 담화 분석에 대한 '체계적 기능 문법(SFG)의 다중양상적 접근 방식'(Jewitt 2014b: 32)이고, 두 번째는 시그리드 노리스(Sigrid Norris)의 연구에서 나타나는 상호작용(Norris 2012)과 "**기호가 세계에서 어디에 위치하기 때문에 의미를 갖는다**"라는 관점으로 본질을 포착할 수 있는 '지리 기호학'(Scollon & Wong-Scollon 2003: 29, 원본 강조, Scollon & Wong-Scollon 2014 참조)이다. 케리 쥬잇(Carey Jewitt)의 핸드북은 비디오와 영화의 색 효과, IKEA 테이블의 형태, 다중양상성의 교육적 활용, 제스처, (온라인) 신문과 웹사이트의 배치, 음악과 음경(soundscapes), 박물관의 공간적 디자인 등 광범위한 주제를 다루고 있다.

다중양상성의 인기에도 불구하고, 어떤 종류의 개체나 현상에 '양상' 지위를 부여해야 하는지에 대한 논란은 여전히 진행 중이다. 여러 다중양상성 관련 서적이 출판되었지만(Kress & Van Leeuwen 2001, 2006, Baldry & Thibault 2006, Royce & Bowcher 2007, Ventola & Moya Guijarro 2009, Djonov & Zhao 2013, Jewitt 2014a, Jewitt *et al*. 2016, Machin 2014, Archer & Breuer 2015), 그중 어느 것도 운영 가능한 정의를 제시하지 않으며, 일반적으로 그 필요성에 대해 경시하고 있다. 예를 들어, 크레스와 반 리우웬은 다중양상성을 "기호학적 제품이나 사건의 설계에 여러 기호학적 양상을 사용하는 것"이라고 정의한다(2001: 20). Kress(2010)는 "일반적으로 사용되는 **양상**의 실례로는 **발화, 정지 이미지, 동영상, 글쓰기, 제스처, 음악, 3D 모형, 행동, 색채가 있다**"라고 강조한다(2010: 28, 원문에서 강조). 쥬잇은 이러한 논의를 이어간다.

> 사회 기호학에서 양상, 그 구성 원리 및 자원은 자료의 문화적 형성의 결과로 이해된다. 자원은 사람들이 그것을 사용하는 방식을 통해 규칙성을 드러내게 된다. 다시 말해, 특정 맥락(시간과 장소)에서 양상은 사람들의 일상적인 사회적 상호작용에 의해 형성된다. 다중양상적 분석가들은 이를 **양상(mode)**이라고 부른다. […] 양상으로 간주되는 것과 양상 간의 상호작용은 사회적, 문화적, 역사적 요인에 의해 불가분하게 형성되고 해석된다.
>
> 2014c: 22-23, 원본 강조

'양상의 지위' 문제는 양상이 어떤 이론적 작업을 할 수 있어야 하는지에 대한 상충된 생각에 뿌리를 두고 있다. 사회 기호학적 접근 방식은 의미 생성 담론의 **모든** 측면이 양상으로 분류되거나 양상에 속해야 한다고 당연하게 여기는 경향이 있다. 그러나 예를 들어 색채, 크기, 각도, 조명과 같은 시각적 요소를 양상으로 받아들이면 다루기 힘든 긴 목록으로 끝날 위험이 있으며, 더 나아가 개방형으로 끝날 수 있다. 양상 목록에 시선도 추가해야 할까? 사실감의 정도는 어떻게 고려해야 할까? 매체의 중요성은 어떤가? 또 구어 텍스트 양상의 음색, 음높이, 음량에 양상 상태를 부여하는 것은 어떤 의미가 있는가? 아니면 구어 텍스트 양상의 '하위 양상'을 고려해야 하는가? 페이지 배치는 어떤가? 상호작용성은 어떻게 평가해야 하는가?

사회 기호학적 접근법의 또 다른 특징은 현실 세계의 정치적, 이념적 문제해결을 강력히 촉구한다는 점이다. "사회 기호학은 텍스트에 표현된 이념, 사회적 가치, 권력 역할, 정체성을 밝히는 것과 함께, 개인이 기호 선택을 통해 이를 적극적으로 유지하고 강화하며, 경쟁하고 도전하는 방식에 관심이 있다"(Adami 2017: 455). 사회 과학자 못지않게 인문학자들에게도 사회 전체가 자신의 통찰력을 통해 최적의 혜택을 받도록 보장하는 것이 중요하지만, 방법론적 정확성을 희생하면서까지 사회적 타당성을 달성할 위험에 대해 경계해야 한다(Forceville 1999, Bateman *et al.* 2004).

위에서 설명한 접근 방식과 몇 가지 가정 및 아이디어를 공유하면서, 최근에는 기호학과 인지주의의 통찰력을 통합하려는 연구가 주목받고 있다. 이러한 발전의 대표적 연구로는 Bateman *et al.*(2017), Wildfeuer *et al.*(2019), Klug & Stöckl(2016)이 있다. Bateman *et al.*(2017)의 사례 연구는 저자들이 미디어가 아닌 '캔버스'라고 부르는 개념에 따라 구조화되어 있으며, 이러한 캔버스의 행위유발성(affordance) 및 제약에 따라 그룹화되어 있다. 이들은 (1) 시간적, 비-스크립트, (2) 시간적, 스크립트, (3) 공간적, 정적, (4) 공간적, 동적, (5) 시공간적, 상호작용적이라는 다섯 가지 범주로 나누었다. 니나 마리아 클러그(Nina-Maria Klug)와 하트무트 스토클(Hartmut Stöckl)의 책은 다양한 장르의 다중양상적 담론에서 언어의 역할에 초점을 맞추고 있다. Wildfeuer *et al.*(2019)은 "다중양상성"이 그 자체로 하나의 학문이 될 수 있는지, 그리고 그렇다면 어떻게 발전해야 하는지에 대한 질문을 바탕으로 광범위한 데이터를 분석하는 기고문을 발표했다.

3. 다중양상성에 대한 개념적 은유 이론의 접근

다중양상성에 대한 개념적 은유 이론의 연구가 양상 문제에 대한 많은 논의를 일으키지 않은 주된 이유는 지금까지 주로 정적인 시각적 담화와 문자 언어가 결합된 담화, 그리고 제스처를 동반한 음성언어의 두 가지 유형만 조사되었기 때문이다. 시각, 문자 언어, 음성언어, 제스처의 양상에 대한 논의는 비교적 적지만, 이 문제에 대한 이론적 조사는 거의 이루어지지 않았다. 그러나 분명한 것은, 2절에서 간략히 논의한 접근 방식과 달리 개념적 은유 이론에서 영감을 받은 연구는 양상을 감각 지각과 최대한 밀접하게 연결한다는 점이다. 이론적 관점에서 양상과 감각 기관 사이의 일대일 관계를 가정하는 것이 편리할 수 있지만, 불행히도 우리는 이미지뿐만 아니라 문자 언어, 수어, 제스처와 점자 언어도 촉각을 통해 볼 수 있다. 또한 음성언어뿐만 아니라 음악과 소리도 듣는다. 따라서 양상과 감각 지각 사이의 깔끔한 대응은 유지될 수 없다. 그럼에도 불구하고 양상에 대한 만족스러운 정의를 내리지 못한 Forceville(2006)은 양상과 감각 지각 사이의 연결을 최적으로 유지하려고 하면서 (1) 음성언어, (2) 문자 언어, (3) 시각, (4) 음악, (5) 청각, (6) 미각, (7) 후각, (8) 촉각, (9) 제스처 등의 양상을 제안하고 있다. 물론 이 제안에도 단점이 있다. 우선 이 목록은 다소 이상하게 보일 수 있다. 예를 들어, 제스처에 양상 지위를 부여한 이유는 개념적 은유 이론에서 공동 발화 제스처 연구가 개념적 은유의 언어적 표현에 거의 배타적으로 초점을 맞추던 학문을 확장하는 데 선구적인 역할을 했기 때문이다. 하지만 제스처에 양상 지위가 부여한다면, 감정적 언어를 수반하고 강화하는 얼굴 표정은 왜 양상으로 간주되지 않는지 정당한 질문이 제기될 수 있다(McCloud 1993: 2장, Stamenković *et al.* 2018). 몸의 자세도 마찬가지이다. 또한 (애니메이션) 영화와 같은 시간 기반 표상에서는 '움직임 방식'이 인물이나 가상 주인공의 성격이나 분위기에 대한 중요한 정보를 전달할 수 있다. 따라서 Forceville(2006)의 제스처 양상을 '신체 행위'로 분류하고, 제스처, 자세, 표정 및 움직임 방식을 포함하는 보다 포괄적인 양상으로 대체할 것을 잠정적으로 제안할 수 있다. 후자는 '하위 양상'의 지위를 가질 수 있다. 이러한 수정과는 별개로, 여전히 양상 목록은 제한적으로 유지되기를 권장한다. 학계에서 양상을 항상 다른 것으로 보완해야 하는 **하나의** 의미 생성 측면으로 간주하는 데 만족한다면, 이는 문제가 되지 않을 것이다. 즉, 상대적으로 짧은 목록조차도 논쟁의 대상이 될 수 있다. 예를 들어, Kress(2010: 79)가 옹호하는 것처럼 정적 이미지와 동영상이 하나의 양상을 구성하는 것으로 간주해야 하는지, 아니면 두 가지 양상을 구성하는 것으로 간주해야 하는지는 아직 결정되지 않았다.

다소 한정된 양상 목록의 장점은 단일양상과 다중양상을 대조하는 데 도움이 된다는 점이다. 글이나 음성언어 또는 시각 자료로만 구성된 담론은 단일양상적일 수 있다. 문자 언어 양상에도 항상 시각적 자질이 있다는 점을 인정하더라도, 언어학자에게는 그래픽 디자이너보다 덜 중요할 것이다. 유사하게 제작자가 언어적 텍스트를 거의 완전히 배제하는 그래픽 소설도 존재한다. 예를 들어, 숀 탄(Shaun Tan)의 그래픽 소설 『도착The Arrival』은 사실상 단일양상적인 시각 작품으로 볼 수 있다. Cohn(2013, 2016)은 전체 **시각 언어**가 존재한다고 주장함으로써 시각 자료의 의사소통적 행위유발성(affordance)을 최대한 확장했다. 가사가 없는 음악도 위에서 설명한 양상에 대한 인지주의적 관점의 기준에 따르면 단일양상적인 자격을 가질 수 있다.

언어학에서 다중양상성에 대한 관심은 "은유는 일차적으로 사고와 행위의 문제이며, 파생적으로 언어의 문제일 뿐"이라는 조지 레이코프와 마크 존슨(George Lakoff & Mark Johnson)의 선구적인 견해로 크게 설명할 수 있다(Lakoff & Johnson 1980: 153). 이들은 언어적 은유가 실제로는 근본 개념적 은유의 표현이라는 점을 강조하며, 개념적 은유 이론을 개척하여 비언어적 및 부분 언어적 표현에 초점을 맞춘 연구 프로젝트의 길을 열었다. 이는 처음에는 개념적 은유 이론 연구에서 두 가지 종류의 다중양상성 즉, 공동 발화 제스처(Müller 2008, Cienki 2017, McNeill 1992 참조)와 정적 시각 자료와 문자 언어의 조합(Forceville 1996, Forceville & Urios-Aparisi 2009에서 대부분의 기여, 참조: www.vismet.org/VisMet/에서 Bolognesi의 VISMET 프로젝트)으로 이어졌다.

그러나 최근 개념적 은유 이론의 혁신은 다중양상성 분석을 다양한 방향으로 확장하고 있다. 우선 환유와 은유와의 상호작용에 더 많은 관심이 기울여지고 있다(Mittelberg & Waugh 2009, Pérez Sobrino 2017, Kashanizadeh & Forceville 2020). 둘째, 문자-언어-정적-시각적 영역에서 광고 이외의 장르(Forceville 1996, Indurkhya & Ojha 2013)가 연구되기 시작했다. 정치 만화(El Refaie 2003, Teng 2009, Schilperoord & Maes 2009, Bounegru & Forceville 2011, Negro Alousque 2014, Domínguez 2015, Lin & Chiang 2015, Abdel-Raheem 2019, Forceville & Van de Laar 2019), 만화 및 그래픽 소설(Forceville 2005a, Szawerna 2017, El Refaie 2019) 등이 포함된다. 건축 디자인에 명시적 또는 암시적으로 사용된 은유는 Caballero(2006)와 Plowright(2017)에 의해 조사되었다. Van Rompay(2005)와 Cila(2013)는 제품 디자인에서 은유를 이론화했다. Hidalgo-Downing & Kraljevic-Mujic(2020)은 다중양상적 은유와 기타 비유가 어떻게 창의적으로 활용되는지를 탐구했다.

또한 개념적 은유 이론에 뿌리를 둔 일부 연구는 음악적 양상과 관련된 담화에 초점을 맞추었다(Johnson & Larson 2003, Zbikowski 2009, Górska 2010). 보다 빠르게 성장하는 연구 분야는 개념적 은유 이론과 인지적 영화 연구에 걸쳐 있으며(Forceville 1999, Fahlenbrach 2016, Hidalgo-Downing & Kraljevic-Mujic 2013, Rewiś-Łętkowska 2015, Lankjær 2016, Coëgnarts & Kravanja 2012, 2015, Ortiz 2011, 2015, Müller & Kappelhoff 2018, Greifenstein *et al.* 2018, Forceville 2018 참조), 영화에서는 애니메이션의 매체별 행위유발성 연구가 시작되고 있다

(Forceville & Jeulink 2011, Fahlenbrach 2017, Forceville & Paling 2018).

4. 다중양상성에 대한 기타 생각과 추가 연구 방향

"다중양상성"은 여전히 발전 중이며, 이를 더욱 심화하기 위한 연구 아이디어를 공유하고자 한다.

양상, 매체, 장르, 수사학을 고려할 때, 미각과 후각 또한 의미 생성에 중요한 요소임에도 불구하고, 그동안 크게 주목받지 못했다. Caballero(2009)와 Hommerberg(2011)의 와인 시음 노트 연구, 그리고 Plümacher & Holz(2007)의 후각 연구가 예외적인 사례로 볼 수 있다. 그러나 담론이 형성되는 **매체**를 고려하지 않고 양상을 논의하는 것은 사실상 불가능하다. 매체는 양상 못지않게 복잡한 개념으로, 담론의 물리적이고 물질적인 차원뿐만 아니라, 사회문화적이고 제도적이며 실질적인 **사용** 방식도 반영한다. Elleström(2010)은 분석가들에게 미디어의 두 가지 측면을 제시한다. 즉 "특정한 역사적, 문화적, 사회적 상황에서 미디어의 기원, 한계 및 사용"을 '**문맥적 자격**'(2010: 24)이라고 하며, "미학적 및 의사소통적 특성" … '**운용적 특성**'(2010: 25, 원문 강조)으로 설명한다. 마지막으로, 의미 형성은 **장르**에 의해 크게 영향을 받는다. 장르는 대중 의사소통에서 의미 형성을 지배하는 가장 중요한 요소로 자리 잡고 있다(Frow 2015 참조). 실험 문학(Gibbons 2012), 아동 문학(Moya Guijarro 2014), 벽화(Poppi & Kravanja 2019, Asenjo 2018), 마야 비문(Hamann 2018) 등 일부 장르는 다층적인 관점에서 연구되었으나, 여전히 많은 장르가 미지의 영역으로 남아 있다. 삼중 매체 장르는 모든 다중양상적 담론이 추구하는 수사학적 **목표**를 분석하는 데 더 넓은 시각이 필요하다(Stöckl 2019: 82).

다중양상적 비유. 수사학에 관심이 있는 인지적 다중양상 연구자는 은유 연구를 다른 비유 유형으로 확장하는 것이 유익할 것이다. 좋은 연구 프로젝트는 Lakoff & Johnson(1980)이 은유에 대해 했던 것처럼, 아리스토텔레스(Aristotle, B.C. 384~B.C. 322), 마르쿠스 툴리우스 키케로(Marcus Tullius Cicero, B.C. 106~B.C. 43), 그리고 마르쿠스 파비우스 퀸틸리아누스(Marcus Fabius Quintilianus, 35~100?)의 고전적인 비유 목록을 재검토하여 개념적으로 비유를 정의하는 것이다. 환유에 대한 연구는 이미 활발히 진행 중이며(Barcelona 2000, Dirven & Pörings 2002, Ruiz de Mendoza Ibáñez 2000, Littlemore 2015, Kövecses & Radden 1998), Gibbs(1993)는 다른 비유에 대한 제안을 했고, Burgers *et al.*(2016)은 비유가 어떻게 공존할 수 있는지를 보여준다. 수사학 및 논증학 분야의 전문가들이 이러한 연구에 필요한 통찰을 제공할 것이다. 이러한 개념적 비유의 언어적 다양성에 대한 깊이 있는 설명과 정의는 다른 양상과 다중양상을 이론화하고 분석하는 데 중요한 출발점이 될 수 있다. 시각 및 다중양상 영역에서는 은유와 환유 외의 다양한 비유도 이미 검토되고 있다(Abed 1994, Teng & Sun 2002, Pérez Sobrino 2017, Cornevin & Forceville 2017, Tseronis & Forceville 2017, Poppi & Kravanja 2019).

다중양상성 및 학제 간 융합. 다중양상성을 이론적으로 접근하든 실질적으로 분석하든, 다중양상적 담론을 이해하려면 특정 매체와 장르에 속하는 두 가지 이상의 다른 양상에 대한 전문 지식이 필요하다. 이는 많은 학자들에게 새로운 학문 분야를 배우거나 전문 지식을 습득해야 함을 의미한다. 자신의 분야에서 익힌 담론이나 데이터 분석 방법(예: 언어학에서는 언어 분석)을 다른 방식으로 적용하는 것은 허용되며 권장되는 전략이다. 그러나 다른 양상의 데이터가 자신의 분야에서 어떻게 연구되어 왔는지 파악하는 것도 중요하다. 요컨대, 다중양상성을 신뢰성 있게 연구하기 위해서는 진정한 학제 간 융합이 필요하며, 이를 위해서는 많은 노력과 헌신이 요구된다.

다중양상적 매체로서 영화의 중요성. 대부분의 무성 영화가 시각, 문자 언어, 비언어적 소리, 음악, 신체적 행동 등 최소 6가지 양상을 사용한다는 점에서 영화가 다중양상성 연구의 중심에 있을 것으로 예상할 수 있다. 그러나 현실은 다르다. 그 이유는 여러 가지가 있다. 첫째, 은유 중심의 연구를 제외하면, 영화와 다중양상성의 교차점을 다룬 연구가 거의 없다(Tseng 2013, Bateman & Schmidt 2014 참조). 둘째, 영화 관련 학자들은 주로 매체의 시각적 양상에 초점을 맞추어 왔다. 예를 들어, 영화에서 언어 연구는 드물고(Kozloff 1998, 2000 참조), 영화와 사운드를 다룬 논문도 마찬가지이다(Cook 1998, Van Leeuwen 1999, Chion 2009, Mildorf & Kinzel 2016 참조). 셋째, 양상이 일반적으로 함께 작동하기 때문에 6개의 서로 다른 양상이 만들어내는 의미를 설명하는 것은 간단한 일이 아니다. 이 문제를 해결하려면 다중양상성과 영화학에 대한 전문 지식이 모두 필요하다.

번역 연구의 기회. 다중양상적 이슈를 다루는 분야가 점점 늘어나고 있으며, 특히 번역 연구에서는 시각장애인을 위한 그림과 영화의 자막 및 오디오 설명(Audio Description, AD)처럼 하나 이상의 양상을 다른 양상으로 전달해야 하는 담론에 초점을 맞추고 있다(Tuominen *et al*. 2018, Taylor 2019). 구어 원본 텍스트와 비교하여 자막의 특정 요소를 확대하거나 축소하는 결정은 다른 양상(시각, 소리, 음악)의 문맥적 정보에 따라 영향을 받을 수 있다. 또한, 자막 및 오디오 설명에서는 촉각과 같은 다른 양상(예: 느낌 조각 또는 그림의 부조 버전)도 적용할 수 있다. **더빙**은 엄격히 말하면 한 가지 양상인 음성언어에 속하지만, 더빙 전문가는 (시각적으로 접근 가능한) '립

싱크(lip sync)'를 시뮬레이션해야 하므로 복합적인 의미를 지니고 있다.

질적 및 양적 다중양상적 연구를 위한 도구. 다중양상적 담론을 어떻게 모형화하고, 어떤 양상이 의미 형성에 기여하는지를 이해하는 것은 매우 중요하다. 혼성 이론/개념적 통합 이론(Fauconnier & Turner 2002)은 (롤랑 바르트(Roland Barthes)의 용어를 사용하자면) 서로 다른 양상의 정보가 어떻게 전달되는지를 시각화하는 데 도움이 될 수 있다. 각 관련 양상은 '입력공간'을 형성하며, 이러한 입력공간의 관련 의미는 '혼성공간'으로 통합된다(응용 사례는 Forceville 2013 참조). 더 큰 과제는 단일 담화 내에서뿐만 아니라 담화 간에도 서로 다른 양상의 정보를 체계적으로 주석 달아 호환성을 확보할 수 있는 도구를 개발하는 것이다. 언어 이외의 양상이 포함된 담론의 경우, 주석 달기가 서면적 양상을 선호하는 경향이 있어 분석가는 인위적이고 때로는 반직관적인 형식(예: 시각, 제스처, 음악을 서면 언어로 '번역')으로 결과를 제시해야 하므로 더 큰 어려움을 겪는다. 또한, 각 양상에서 무엇이 좋은 분석 단위를 구성하는지에 대한 결정을 내려야 한다. 비언어적 양상을 포함하는 말뭉치 연구에서도 강력한 주석 체계가 매우 중요하다. 이를 위해 여러 소프트웨어 도구가 개발되었다. 그중 하나인 Kaleidographic(Caple *et al.* 2018, www.kaleidographic.org/ 참조)은 영화용으로 특별히 개발된 도구이며, 유리 치비안(Yuri Tsivian)의 Cinemetrics(www.cinemetrics.lv/)도 유용하다. 'Red Hen' 프로젝트의 주창자들은 학자들이 ELAN을 사용하고 Red Hen 웹사이트에서 주석을 공유하도록 권장한다(Steen *et al.* 2018, www.redhenlab.org/ 참조). 최근에는 시각적 또는 다중양상적 표상을 볼 때 사람들의 안구 운동을 테스트하는 연구도 등장하고 있다(Holšánová 2008, 2014).

다중양상성 연구를 위한 출판 방안. 다중양상성에 대한 출판 기회가 점점 더 많아지고 있다. 오늘날 대부분의 주요 출판사는 다중양상적 콘텐츠가 포함된 책을 수락하는 경향이 있지만, 라우틀리지 출판사는 이를 위한 특정 시리즈를 운영하고 있다. 2012년에 창간된 『다중양상적 의사소통Multimodal Communication』 저널과 2002년에 창간된 『가시적 의사소통Visual Communication』 저널에서는 이 분야의 논문이 정기적으로 실리고 있다. 시각적 정보가 다른 양상의 정보와 상호작용하는 담론은 흔하지만, 단일양상적으로 이루어진 담론은 훨씬 드물다. 『은유와 상징Metaphor and Symbol』(1986년 창간)과 『은유와 사회적 세계Metaphor and the Social World』(2011년 이후)에서는 정기적으로 다중양상적 논문을 게재하고 있으며, 전통적으로 언어 중심의 저널인 『화용론Journal of Pragmatics』(1977년 창간)에서도 최근에는 다중양상적 연구를 다루고 있다. 예술 중심의 『글과 이미지Word & Image』(1985년 창간)도 주목할 만한 저널이다. 모든 형태의 출판에서의 추가적인 어려움은 인쇄 형식이 우세한 상황에서 서면 언어 및 정적 시각적 양상만 어느 정도 문제 없이 재현할 수 있다는 점이다. 향후 학술 출판은 저널의 URL 및/또는 저자의 웹사이트 링크를 통해 원본 다중양상적 자료(특히 시청각 자료)의 포함을 더욱 용이하게 할 것으로 기대된다.

포용적 의사소통 모형의 필요성. 이 장에서 설명한 다중양상성의 다양한 차원은 (하위) 문화적 정체성이 다중양상적 담론의 해석에 미치는 영향이 아직 다루어지지 않았기 때문에 아쉬운 부분이 있다(Ibarretxe-Antuñano 2013, Adami 2015 참조). 물론 잘 구성된 연구 질문은 고려해야 할 차원을 유용하게 제한할 수 있다는 점도 염두에 두어야 한다. 또한 다중양상 연구자는 둘 이상의 모형을 이해하고 각 모형의 장단점을 파악하며, 데이터 지향적인 유사성을 숨길 수 있는 모형별 용어와 범주를 인지하는 것이 중요하다. 서로 다른 모형에서 나오는 통찰력의 융합 가능성은 포괄적인 의사소통 이론의 존재로 인해 크게 향상될 것이다. 이러한 이론의 윤곽은 적절성 이론의 형태로 존재할 수 있다(Sperber & Wilson 1995, Wilson & Sperber 2012, Clark 2013). 적절성 이론은 폴 그라이스(Paul Grice)의 대화 격률(Grice 1975)에서 발전하였으며, 궁극적으로 찰스 다윈(Charles Darwin)의 생존과 번식 원리에 뿌리를 두고 있다. 이 이론의 핵심은 모든 의사소통 행위가 예상되는 수신자와의 최적의 적절성을 전제로 한다는 것이다(Sperber & Wilson 1995: 155-163). '고전적' 적절성 이론은 주로 **생생한(live)** 상황에서 대화하는 두 사람 간의 대화와 관련이 있다. 다중양상적 학문에 유용하게 사용되기 위해서는 비언어적이고 다중양상적이며 많은 대중을 대상으로 하는 의사소통을 수용할 수 있도록 적절성 이론을 확장하고 개선해야 한다. 이 프로젝트의 시작은 바로 여기에 있다(Forceville 1996: 5장, 2005b, 2014, 2020, Forceville & Clark 2014, Wharton 2009, Wharton & Strey 2019, Origgi 2013, Yus 2011, 2014, 2016).

더 읽을거리

Bateman, J., Wildfeuer J., & Hiippala T. (2017). *Multimodality: Foundations, research and analysis—A problem-oriented introduction*. Berlin: De Gruyter Mouton. (이 책은 다중양상성에 관한 가장 균형 잡힌 교과서이다.)

Forceville, C., & Urios-Aparisi E., (Eds.). (2009). *Multimodal metaphor*. Berlin: Mouton de Gruyter. (개념적 은유 이론을 바탕으로 다중양상성에 대한 첫 번째 탐구를 제시한다.)

Jewitt, C. (Ed.). (2014). *The Routledge handbook of multimodal analysis* (2nd ed.). London: Routledge. (다중양상성에 대한 폭넓은 사회 기호학 및 체계적 기능언어학적 연구를 소개한다.)

Klug, N. M., & Stöckl H. (Eds.). (2016). *Handbuch sprache im multimodalen Kontext/The language in multimodal contexts handbook*. Berlin: De Gruyter Mouton. (언어와 다른 양상을 결합한 담론에 대한 기호학-인지적 분석의 최신 기술을 다룬다.)

Kress, G., & Van Leeuwen, T. V. (2006). *Reading images: The grammar of visual design* (2nd ed.). London: Routledge. (이 분야에서 가장 영향력 있는 논문으로 아이디어가 풍부하지만, 방법론적으로는 문제가 있다.)

제41장
생물언어학의 기본 이슈

1. 도입

생물언어학(biolinguistics)이 실제로 무엇인지, 그리고 이론이나 이념, 틀과는 어떤 차이가 있는지에 대해 논의한다. 물론 생물언어학은 이러한 것들 중 어느 하나도 아니지만, 종종 고의적으로 또는 의도적으로 오용되고 오해받는 경우가 많다. '생물언어학'이라는 용어의 기원과 본질에 대해 많은 글이 쓰여왔지만, 일부는 이를 지지하고, 또 다른 일부는 강력히 반대하기도 한다. 이 장에서는 언어, 인지, 마음/뇌에 관심이 있는 많은 학자들이 생물언어학을 더 쉽게 이해할 수 있도록 연구자들 간의 합의점이나 상호 이해의 지점을 파악하고자 한다. 우리 중 한 명이 널리 사용하는 최소주의 통사론에 관한 교과서(Hornstein *et al.* 2005)의 공저자라는 사실 때문에 이 작업에 생성주의적 편향이 일부 있을 수 있지만, 그 과정에서 발생하는 결함이나 오해는 전적으로 악의가 아닌 무지에 기반한 것임을 명확히 할 것이다.

노엄 촘스키(Noam Chomsky)는 인간 언어에 대한 과학적 연구가 본질적으로 인간 생물학의 일부라는 점을 항상 강조해 왔다. 그는 언어학이 '언어의 생물학적 기초'를 탐구한다고 말했다(Lenneberg 1967). 언어능력의 생물학적 기초에 대해서는 Chomsky(1976)를 참고할 수 있다. 또한, 언어는 강력한 인지적 기반을 가지고 있으며, 이는 Fodor(1983)의 『마음의 모듈성modularity of mind』에서 가장 분명하게 드러난다. 따라서 "언어학은 […] 말하기와 이해에 사용되는 인지 구조와 관련된 심리학의 일부일 뿐"이라고 한 Chomsky(1975: 160)의 발언은 인지과학의 관계를 잘 보여준다. 생성문법은 종종 '두 번째 인지 혁명'(Pinker 1994: 21, Jenkins 2000: 2, Boeckx & Piattelli-Palmarini 2005: 448, Hinzen *et al.* 2011: 274, Roberts & Watumull 2015: 211)으로 불리며, 이는 17, 18세기 철학, 궁극적으로 데카르트적 접근까지 거슬러 올라간다(Chomsky 1966). 인지과학을 "철학, 심리학, 인공지능, 신경과학, 언어학, 인류학을 포괄하는 마음과 지능에 대한 학제 간 연구"로 정의할 수 있는 것처럼(Thagard 2005: ix), "언어에 대한 연구는 많은 탐구 분야와 관련이 있다"는 점은 자명하다(Lenneberg 1967: 1).

Chomsky(1955 [1975])부터 시작된 70년 이상의 생성문법을 배경으로, 이 장에서는 생물언어학이 어떻게 발전해 왔는지를 소개하고 옹호할 것이다. (생성적) 생물언어학은 오랜 역사를 가지고 있으며, Chomsky(2009)의 개인적 성찰과 Boeckx & Grohmann(2007)의 간략한 선언문 외에도, Di Sciullo & Boeckx(2011), Boeckx *et al.*(2012), Boeckx & Grohmann(2013), Roberts(2017), Trettenbrein(2017) 등의 여러 연구들이 있다. Jenkins(2000), Hornstein(2009), Fitch(2010b), Samuels(2011), Balari & Lorenzo(2013), Berwick & Chomsky(2016) 등의 단행본과 Boeckx(2010), Isac & Reiss(2013)와 같은 교과서에서도 다루어지고 있다. 이 장의 목적은 인지언어학에 관한 핸드북의 맥락에서 완전하고 철저한 제시가 아니다.

대신, 다섯 가지 '근본적인 질문'을 통해 생물언어학적 연구 의제를 설정하고 기존의 통념을 넘어서고자 하는 것이다. 예를 들어, 생성적 접근과 인지적 접근 사이에는 많은 근본적인 차이가 있지만, Taylor(2007)의 주장처럼 이로 인해 협업이 분열되고 방해받는 경우도 많다(Haspelmath(2020)은 이러한 간극을 메우기 위해 더 많은 노력을 기울이고 있다). 우리는 에드문트 후설(Edmund Husserl)의 "모든 편견을 없애고 그 뒤에 있는 것이 아니라 사물 자체에 맞서야 한다"라는 제안을 따를 것이다(Wen *et al.* 2014: 159).

이어지는 개요에서는 많은 출처를 인용하며, 이 문제에 대한 (공동) 저술(Boeckx & Grohmann 2007, 2013, Tsimpli *et al.* 2017, Grohmann 2019a, 2019b, Grohmann & Kambanaros 2019)도 자유롭게 인용할 것이다. 생물언어학적 탐구의 핵심을 **다섯 가지 기본 질문**으로 정리한 후(2절) 가장 잘 알려진 세 가지 항목(3절)과 연결하기 어려운 두 가지 항목(4절)을 살펴볼 것이다. 또한 최근의 두 가지 항목(5절)을 통해 협력을 더욱 용이하게 할 수 있는 방법을 모색하고, 생성문법과 인지언어학이 공동으로 더 나은 이해에 기여할 수 있는 사례로 언어 병리학 연구를 강조하며(5절), 간략한 전망으로 결론을 내릴 것이다(6절).

2. 역사적 배경과 다섯 가지 기본 질문

생물언어학은 가장 직관적인 의미에서 Lenneberg(1967)가 '언어의 생물학적 기초'라고 부른 내용을 탐구하는 학문이다. 에릭 렌네버그(Eric H. Lenneberg)의 책은 생성문법이 언어 연구에서 확고한 입지를 다질 무렵에 출간되었기 때문에, 변형문법(Chomsky 1965)과 그 철학적 토대를 이루는 중요한 동반자로 볼 수 있다(Chomsky 1966). 간단히 말해, 처음 세 가지 질문은 명시적으로 다루어지지는 않았지만(역사적 및 철학적 회고에 대해서는 Jenkins 2013, McGilvray 2013 참조), 언어의 본질, 언어 습득의 기본 메커니즘, 그리고 언어의 관련 속성에 대한 질문이었다. 인지언어학에서는 이러한 질문들에 대한 친숙한 답변의 핵심으로 마음과 뇌의 기능, 언어 습득 장치(Language Acquisition Device), 통사론의 자율성을 설명하는 영역별 계산 체계를 전면적으로 부정한다.

그러나 이러한 질문들을 종의 고유한 능력으로서의 언어 연구를 위한 안내 질문으로 좀 더 깊이 생각해볼 가치가 있다. Taylor(2007)가 해부한 논쟁에서 제기된 수사를 배제하고 약간 재구성하면, 다른 관점이나 최소한 새로운 감상을 가질 수 있을 것이다. 이 과정에서 우리는 생물언어학 연구의 역사와 관련된 가정들을 다룰 것이다. 여기에는 언어의 과학적 연구에 대한 생성적 접근과 비생성적 접근이 자주 언급될 것이다. 다만, 특정 모형이나 접근 방식, 또는 이론적 틀을 언급하기보다는, 연구 대상인 자연어라는 종 특유의 정신 현상이라는 공동의 관점에서 접근할 것이다. 이는 보다 제한된 **미시적 인지언어학**과 달리, 다양한 접근 방식을 포괄하는 **거시적 인지언어학**이라는 일반적인 용어를 사용할 수 있게 한다(Wen *et al*. 2014).

Boeckx & Grohmann(2007: 2-3)에 따르면, '생물언어학'이라는 용어는 생성문법이 출현하기 훨씬 전, 한 책 제목의 일부로 처음 등장했다. 이 책에서는 "언어 연구를 [···] 자연과학으로 간주하고, 따라서 언어를 통합된 생물학적 과정의 그룹으로 바라보며, [···] 이 그룹은 조직과 환경의 기능적 통합에서 모든 언어 현상에 대한 설명을 추구한다"라고 설명하고 있다(Meader & Muyskens 1950: 9). 약 25년 후, 미생물학자인 살바도르 루리아(Salvador Luria)와 촘스키가 참석한 언어와 생물학에 관한 학제 간 회의(Piattelli-Palmarini 1974)에서 이 용어가 다시 등장한다. 이 회의는 로야몽 인간과학센터(Royaumont Center for a Science of Man)의 후원으로 마시모 피아텔리-팔마리니(Massimo Piattelli-Palmarini)가 조직했다(Chomsky 2009 참조).

같은 시기에 라일 젠킨스(Lyle Jenkins)는 『생물언어학Biolinguistics』이라는 제목의 저널을 창간하려고 시도했으며, 저명한 생물학자들로부터 지원을 받았다. 이 지원은 부록에 실린 세 통의 편지로 문서화되어 있으며, Boeckx & Grohmann(2007)의 부록에도 재현되어 있다. 저널은 구체화되지 않았지만(Jenkins(2000)에 잘 기록된 기간임), 당시 논의된 우려와 문제들은 여전히 남아 있다. 사실 이러한 문제들 중 상당수는 Lenneberg(1967)에서 예상된 것이며, 언어학자와 기타 인지과학자들의 의제로 다시 떠올랐다.

결국 구체화된 오픈 액세스 저널인 『생물언어학Biolinguistics』은 위에서 언급한 1960년대 중반의 핵심 연구로부터 약 40년 후에 창간되었다. 이 저널은 현대 언어 이론이 여전히 다섯 가지 '기본 질문'에 대해 만족스러운 답을 제공한다는 전제하에 시작된 것이다. 이러한 질문들은 다음과 같이 축약된 형태로 공식화될 수 있으며(Boeckx & Grohmann 2007: 1에서), 각 질문은 지적 기원이나 연관성을 나타내기 위해 특정 '문제'라고 불린다(Boeckx 2009: 44-45, Leivada 2012: 35-36 참조).

(1) **생물언어학의 다섯 가지 기본 질문**

1. 언어에 대한 지식은 무엇인가? ('훔볼트의 문제')
2. 그 지식은 어떻게 습득되는가? ('플라톤의 문제')
3. 그 지식은 어떻게 사용되는가? ('데카르트의 문제')
4. 그 지식은 뇌에서 어떻게 구현되는가? ('브로카의 문제')
5. 그 지식은 어떻게 종에서 출현했는가? ('다윈/월리스의 문제')

처음 세 가지 문제, 즉 더 잘 알려져 있고 독창적인 문제들은 촘스키가 처음 제기한 것으로, **훔볼트의 문제**(Chomsky 1965), **플라톤의 문제**(Chomsky 1986), **데카르트의 문제**(Chomsky 1997)가 있다. 아래 3절에서는 이들 각각에 대해 개별적으로 논의할 것이다. **브로카의 문제**는 (생물)언어학의 맥락에서 Fujita(2002)가 이미 소개했지만, "언어 출현의 문제를 제외하고도 이 용어는 자주 사용되어 왔으며", "이 문구의 최초 발생은 [틀림없이] Jewett(1914)에서 발견된다"라는 Leivada(2012: 36, 각주 24)의 주장을 인용하면, 이는 **다윈의 문제**를 명명한 Boeckx(2009)가 그렇게 언급한 것이다. 다른 표현으로는 **월리스의 문제**(Chomsky 2010)도 있다. 이 두 가지 문제는 4절에서 다룰 것이다.

(1)의 기본 질문에 대한 대답의 가장 중요한 요소는 인간의 언어가 **호모 사피엔스** 고유의 영역별 언어능력에 의해 가능하다는 가정이다. 이를 통해 타고난 정신 능력('언어 지식')을 식별하고 조사할 수 있으며, 때로는 보편문법(Universal Grammar, UG)이라고도 불린다(다시 살펴볼

Leivada 2020 참조). 따라서 보편문법의 생성적 연구는 "개별(성장)과 인간 종(진화)의 언어 발달에 대한 생물학적 기반의 자연과학을 구축하는 것"을 목표로 한다(McGilvray 2017: 77). 우리가 아는 한, 이러한 대답은 모든 미시적 인지언어학자들(즉, **인지언어학** 및 **구문문법**을 포함한 관련 파생 학문의 틀 내에서)에 의해 단호하게 거부될 것이다. 이어지는 내용의 한 가지 목표는 기본 질문과 이를 해결할 수 있는 가능한 방법을 보다 넓은 관점에서 살펴보는 것이다.

우선, 다섯 가지 기본 질문은 특정 이름의 본격적인 보편문법보다 더 큰 언어 설계의 틀 내에 포함되어 있다(특히 아래 3.1 및 4.1절 참조). 최소주의 프로그램이 부상하면서 언어 고유의 개념을 줄이기 위해 많은 노력이 기울여졌다. 언어 습득에서 자연과 양육의 상호작용 및 인지 전반의 역할은 소위 '세 가지 요소'(Chomsky 2005: 6)로 포착할 수 있다.

(2) **언어 설계의 세 가지 요소**

1. 환경의 일부를 언어적 경험으로 해석하고, […] 언어능력의 일반적인 발달 과정을 결정하는 거의 균일한 유전적 기초
2. 경험은 인간 능력과 유기체의 다른 하위 체계의 경우와 마찬가지로, 일반적으로 상당히 좁은 범위 내에서 변이를 유발한다.
3. 언어능력에만 국한되지 않는 원리: (a) 언어 습득 및 기타 영역에서 사용될 수 있는 데이터 분석의 원리, (b) 효율적인 계산의 원리를 포함하여, 광범위한 범위에서 수로화(canalization), 유기적 형태 및 행위에 들어가는 구조적 구조 및 발달 제약의 원리

첫 번째 요소는 인간 게놈의 언어 전용 부분(예: 보편문법)과 관련이 있으며, 두 번째 요소는 후성 유전적 환경(Chomsky 1965)에서 '1차 언어 자료'로 소개됨)을 반영한다. 세 번째 요소는 (언어에 국한되지 않는) 계산과 인지의 일반적인 원리를 포함한다.

언어학의 생성적 연구는 적절한 추상화 수준에서 언어능력에 대한 연구를 생물학의 한 분야로 볼 수 있다고 주장해 왔다. 이는 '생물언어학'이라는 용어가 대중화되기 이전부터 제기된 점이다(Chomsky 1976 참조). 결국, 다섯 가지 기본 질문은 동물 행동의 생물학에 대한 Tinbergen(1963)의 중요한 공헌에서 제시된 네 가지 기본 질문의 변형으로 볼 수 있다(Boeckx & Grohmann 2007: 2, 광범위한 논의 Boeckx 2010, Fitch 2010b, Reboul 2017 등을 참조).

(3) **행동학의 네 가지 기본 질문**

1. 동물이 보이는 행위에 반응하도록 자극하는 것은 무엇이며, 그 반응 메커니즘은 무엇인가?
2. 개체가 성숙함에 따라 유기체는 어떻게 발달하는가?
3. 그 행동이 동물의 성공에 필요한 이유는 무엇이며, 진화가 그 행동에 어떻게 작용하는가?
4. 특정 행동은 시간이 지남에 따라 어떻게 진화해 왔는가? 두 종의 공통된 행동을 공통 조상으로 거슬러 올라갈 수 있는가?

생물언어학은 언어학에 비해 언어의 생물학적 토대에 대한 생성적 혁신의 노력을 강조하는 과학적 탐구로 특징지어질 수 있다. 이러한 혁신의 필연적인 학제 간 특성을 강조함으로써 보다 포괄적인 이해가 가능해진다. Boeckx & Grohmann(2007)은 생물언어학을 '약한' 감각과 '강한' 감각으로 나눈다. **약한 감각(weak sense)**에서는 생물언어학이 언어학자들이 문법의 속성을 발견하는 데 진지하게 참여하는 정도까지의 '평소와 같은 업무'를 의미한다. 즉, Chomsky(1957)가 『통사구조Syntactic Structures』에서 시작한 연구 프로그램을 이어간다는 것이다. 반면, **강한 감각(strong sense)**은 진화생물학, 유전학, 신경학과 같은 전통적으로 다른 분야의 통찰과 언어적 통찰을 결합하여 질문에 대한 명확한 답을 제공하려는 시도를 의미한다.

그러나 『생물언어학Biolinguistics』 저널 편집자들이 처음부터 품었던 희망 중 하나는 '생성문법'과 '생물언어학'이라는 용어가 동의어로 간주되거나, '촘스키적' 생성문법에서 주장하는 이론적 관점이 생물언어학적 연구의 유일한 유효한 토대가 되지 **않기를** 바라는 것이었다(Grohmann 2015 참조). 최근 '생물언어학'에 대한 관심이 다시 높아진 것은 상당 부분 생성언어학 이론에서 최소주의 프로그램이 출현했기 때문이라고 볼 수 있다(Chomsky 1993 및 후속 작업, 예를 들어 Hornstein *et al.* 2005, Boeckx 2011b, Grohmann & Leivada 출간 예정 등 참조).

최소주의 프로그램의 핵심은 언어능력의 구조를 얼마나 원칙적으로 설명할 수 있는지에 대한 질문이다. 구체적으로 최소주의는 언어 엔진이 지원하는 인지 체계에 의해 부과된 설계 요구 사항을 얼마나 잘 충족하는지를 묻는다. 최소주의 프로그램의 맥락에서 연구하는 언어학자들은 언어능력에 부과된 설계 조건, 즉 기본적으로 위의 (1)-(3)을 이해하기 위해 인지적 구체성, 개체발생(ontogeny), 계통론(phylogeny) 등에 대한 질문을 다루고 날카롭게 다듬어야 할 것이다. 이전 세대의 언어학자들이 이러한 문제에 관심이 없었던 것은 아니지만, 실제로 생물언어학적 이슈는 기술적 및 설명적 적절성의 문제에 대한 경험적 탐구에 거의 영향을 미치지 않았다.

마찬가지로 생물언어학은 최소주의 프로그램과도 독립적이라는 점을 강조하는 것이 중요하다. 고전적인 예로, 렌네버그의 연구를 통해 생물언어학적 질문은 최소주의 맥락 밖에서도 효과적으로 다뤄질 수 있다는 점을 분명히 알 수 있다. 그러나 이러한 맥락은 언어의 생물학적 토대에 대한 탐구를 필수는 아니더라도 확실히 촉진할 수 있다. 이러한 관점에서 언어적 최소주의는 이론적 설득과는 크게 무관한 언어에 대한 접근 방식이다. 따라서 언어 이론의 거의 모든 기존 틀에서 공유할 수 있는 인지언어학 연구의 한 측면이라고 할 수 있다.

다시 말하자면, 생물언어학은 전체적으로 생성문법과 동일시될 수 없으며 최소주의 프로그램에 반드시 가입해야 하는 것은 아니다(Boeckx 2013b, Jackendoff 2011에 대한 응답). 본질적으로 생물언어학적 이슈에 별로 관심이 없는 최소주의 통사론자도 있으며, 최소주의 외부와 내부에서 언어능력을 가정하더라도 명시적으로 그렇게 하지 않는 생성 언어학자들도 있다(Hoji 2016). 또한, 본질적으로 생물학적 이슈에 관심을 갖고 '생물언어학'이라는 용어를 자신의 연구에서 사용하지만, 기능적 접근에서부터 다른 (미시적) 인지적 접근법에 이르기까지 이론적 설득에서 생성적이지 않은 많은 언어학자들도 존재한다(Givón 1999 또는 Pennisi & Falzone 2016). 뿐만 아니라, '모든 생명체와 관련된 기호 및 기호 체계를 연구'할 뿐만 아니라(Kull & Velmezova 2015: 3), 최근에는 생물언어학적 문제와 직접적으로 연결되는 **생물기호학(biosemiotics)** 분야(Barbieri 2003, Hoffmeyer 2008)가 성장하고 있다(Augustyn 2013, Nöth 2015). 보다 비판적이고 건설적인 성찰에 대해서는 Fitch(2009), Barbieri(2010), Stamenov(2014), Truswell(2014)을 참조할 수 있다.

Wen *et al.*(2014)의 '미시적' 의미에서 인지언어학은 단일 또는 특정 이론을 의미하는 것이 아니라 "자연어를 정신적 현상으로 연구하는 […] 광범위하게 호환되는 접근 방식의 집합"으로, 여기서 인지는 우리가 세계와의 만남에서 중간 정보 구조의 중요한 역할을 의미한다"(Geeraerts & Cuyckens 2007: 3-5). 이 뼈대는 적어도 Langacker(1987)에서 시작되었지만, 1960년대 말과 1970년대 초의 생성 의미론의 여파에서 비롯된 이후 다각적인 연구 분야로 성장했다(McCawley 1968 [1973], Lakoff 1971, Lakoff & Ross 1976 참조). 인지언어학(즉, '미시적-인지언어학')은 존 테일러(John Taylor)의 첫 번째 교과서(2003, 최초 출판 1989년) 이후 입문서와 전집이 엄청나게 유입되었다(자세한 소개와 출처는 이 핸드북의 서문을 참조할 수 있다).

언어 연구에 대한 미시적 인지 접근의 기본 가설은 다음과 같이 요약될 수 있다(Wen *et al.* 2014: 156).

(4) **(미시적) 인지언어학의 기본 가설**

1. 언어는 자율적인 인지 능력이 아니라 인지의 주요 부분이다.
2. 인간 언어는 형태가 관습적으로 의미와 쌍을 이루는 상징적 단위의 목록이다.
3. 의미는 언어의 모든 것이다.
4. 의미는 개념화이다.
5. 언어에 대한 지식은 언어 사용에서 나온다.

이러한 가설은 생성적 입장과 정반대되는 것으로, 아래 3절과 4절에서 다룰 다섯 가지 기본 질문 (1)에 대한 논의에서 다시 언급될 것이다. (미시적) 인지언어학에서는 언어능력이 없고(4.1), 통사론의 자율성이 거부되며(4.2), 인간 언어의 계산 체계의 근본적인 역할이 부정되고(4.3), 개념적 의도 체계가 작용하지 않으며(4.4), 선천적 능력은 자극의 빈곤 문제를 다루는 것으로 가정되지 않는다(4.5). 여기에서는 생성적 전문 용어를 사용한다.

그러나 거시적 접근과 미시적 접근은 궁극적으로 **인지적** 접근이지만, 한 접근에서는 언어가 인간의 마음/뇌의 특정 영역과 다른 요인들이 결합된 결과물이라는 결정적인 차이점이 있다(예: (2) 참조). 반면 다른 접근에서는 "언어와 인지 사이의 관계, 인간이 주변 세계를 개념화하는 방법, 의미를 생성하고 표현하는 방법, 그리고 이것이 언어에 어떻게 반영되는지"가 특징이다(Siewierska 2013: 485). Geeraerts & Cuyckens(2007: 5)는 "자연어의 인식론적 역할과 관련하여 두 접근 방식은 서로 다르다"라고 말한다. 둘 다 "주체와 객체 사이의 인식론적 관계에서 구성적이고 매개적인 역할을 하는 정신적 표상이 존재하지 않으면 지식이 존재할 수 없다"라는 데 동의한다(Geeraerts & Cuyckens 2007: 5-6). 미시적 인지언어학에서는 "자연어가 외부 세계에 대한 이러한 범주적 관점을 정확히 신체화"하는 반면, 생성론자들은 "자연어를 주체와 객체 사이의 중간 연결 고리가 아니라 인식론적 관계의 대상으로 본다"라고 주장한다(Geeraerts & Cuyckens 2007: 6).

이러한 관점에서, 언어에 대한 미시적 인지언어학적 접근은 **생물언어학**이라는 용어에 익숙해지기 위해 다섯 가지 기본 질문 (1)과 세 가지 요소 (2)를 재평가할 필요가 있다. 거시적 인지언어학적 관점은 위에서 생성언어학자, 아마도 미시적 최소주의 언어학자를 위해 스케치한 것이다. 다음 두 절에서는 (1)에 나열된 각 '문제'를 다룰 것이다. 그러나 '의사소통 수단으로서의 언어와 의사소통 기능이 문법을 공시적, 통시적으로 어떻게 구조화했는지'에 초점을 맞추는 다른 기능적 접근을 포함한 (미시적) 인지언어학의 관점에 대해서도 언급할 필요가 있다(Siewierska 2013: 485).

언어는 자율적인 인지 능력이 아니라 인지의 주요 부분이다. (거시적) 인지언어학적 연구 대상이 자연어를 종 특유의 정신 현상으로 이해한다면, (1)의 생물언어학의 다섯 가지 기본 질문과 (3)의 행동학의 기본 질문은 (정신적) 인지 능력에 대한 조사를 포착하기 위해 보다 일반적인 용어로 표현될 수 있다(Boeckx 2010: 187).

(5) **주어진 인지 능력 X에 대해**:

- 우리가 X에 대해 암묵적으로 알고 있는 것을 설명하는 데 필요한 X와 관련된 규칙과 구조는 무엇인가?
- 그 능력은 개인에게서 어떻게 발달하는가?
- X는 어떻게 사용되는가?
- X는 뇌에서 어떻게 구현되는가?
- X는 어떻게 진화했는가?

그러나 미시적 인지언어학적 관점에서는 언어에 언어능력과 같은 (영역별) 특정 인지 능력을 부여하는 것에 반대할 수 있다. 다시 말해, 생성적 관점에서 (5)는 Fodor(1983)의 『마음의 모듈성 modularity of mind』(회고적 개요는 Fodor 2000 참조)에 잘 포착되어 있으며, 여기서 'X'는 인지 체계 내의 능력, 즉 언어능력에 해당한다. 이 능력은 첫 번째 요소(2.1)에서 발생하고, 두 번째 요소(2.2)를 통해 언어 환경과 상호작용하며, 세 번째 요소(2.3)를 통해 인간의 계산 및 인지의 일반 원리와 연결된다.

그러나 니코 틴버겐(Nico Tinbergen)의 통찰을 보다 포괄적인 생물언어학 패러다임을 위한 연구 의제로 통합하는 다른 방법, 즉 '강력한' 의미의 생물언어학에 대한 Boeckx & Grohmann(2007)의 의도를 반영한 "Biolinguistics 2.0"(Boeckx & Benítez-Burraco 2014a)도 있을 수 있다. 행동학의 기본 질문은 본질적으로 **메커니즘**(근위적 원인), **기능**(궁극적 원인), **개체발생**(발달), 그리고 **계통발생**(진화)에 관한 것이라고 할 수 있다. 이에 따라 Reboul(2017: 2, 223)은 이를 언어 연구에 보다 직접적으로 적용하기 위해 재구성한다.

(6) **틴버겐의 언어학에 대한 네 가지 질문**

1. 언어의 메커니즘은 무엇인가?
2. 언어의 기능은 무엇인가?

3. 언어의 개체발생이란 무엇인가?
4. 언어의 계통발생이란 무엇인가?

앤 르불(Anne Reboul)은 (1)의 기본 질문, 즉 문제와의 유추를 더 이상 추구하지 않고, 대신 이 네 가지 질문을 다른 방향으로 활용하고 있다. 이는 어떤 의미에서 이미 거시적 및 미시적 인지언어학적 접근과 양립할 수 있는 것이다. 그러나 (6)에서 **플라톤의 문제**(개체발생)와 **다윈/월리스의 문제**(계통발생)는 쉽게 구분할 수 있다. **데카르트의 문제**는 두 번째 질문(기능)과 관련이 있는 반면, **훔볼트의 문제**는 암묵적인 영역, 모듈 또는 기관에 대한 명시적인 언급이 없다는 점을 제외하면, 첫 번째 질문(메커니즘)의 상당 부분을 형성한다. 마지막으로, **브로카의 문제**는 이 모든 것을 연결하는 고리로 볼 수 있다. 즉, 뇌 구현에 필요한 구조와 처리 과정을 의미한다.

3. 인지적 트위스트가 가미된 생성적 빵과 버터

'약한' 의미의 생물언어학은 '전통적인' 생성적 연구 의제의 연속으로 볼 수 있다. 제목에 '생물언어학'이 들어간 최초의 현대 서적에서 이 새로운 분야의 출현을 촉발한 다음, 각주에서 우리는 원래의 세 가지 기본 질문을 촘스키가 영감을 얻은 '두 번째 인지 혁명'과 명확하게 연관짓는 내용을 읽을 수 있다.

> 촘스키는 종종 첫 번째 질문인 "언어에 대한 지식은 무엇인가?"를 **훔볼트의 문제**로, 두 번째 질문인 "언어에 대한 지식은 어떻게 습득되는가?"를 **플라톤의 문제**의 특수한 경우로, 세 번째 질문인 "언어에 대한 지식은 어떻게 사용되는가?"를 **데카르트의 문제**로 언급하여, 이러한 문제에 대한 현대의 연구가 길고 풍부한 역사적 전통을 가지고 있다는 사실을 강조한다. 다음에서는 주로 "제2의 인지혁명"의 일부인 현대 생물언어학 연구, 즉 1950년대 초로 거슬러 올라가는 연구에 초점을 맞출 것이다.
>
> Jenkins 2000: 2, 각주 3

이 절에서는 이러한 세 가지 문제를 좀 더 자세히 설명할 것이다. 생성적 패러다임 내에서 각각에 대해 간략하게 설명할 예정이며, 3.1절에서는 나중에 관련된 여러 용어를 소개하므로 범위가 다소 편향될 수 있다. 그 과정에서 이러한 기본 질문이 언어에 대한 다른 인지적 접근 방식과 왜 또는 어떻게 관련될 수 있는지에 대한 제안을 제공하려고 노력할 것이다.

3.1 훔볼트의 문제

빌헬름 폰 훔볼트(Wilhelm von Humboldt)는 인류학, 교육, 문학, 철학, 정치사상, 정치학, 언어학 등 다양한 학문 분야에 막대한 공헌을 한 뛰어난 학자였다. 언어의 본질과 언어의 (내재적/외재적) 철학적 토대에 대한 그의 견해와 관계없이, 언어학에 대한 그의 영향과 통찰력은 엄청났다. Chomsky(1965)는 훔볼트의 문제를 "언어가 어떻게 (훔볼트의 말로) '유한한 수단을 무한히 사용할 수 있는지'에 대한 진정한 이해"로 처음 설명했다(Chomsky 1965: 8, von Humboldt 1836 [1988]: 70).

Chomsky(1986: 3)에서 훔볼트의 문제는 다음과 같은 질문으로 더욱 정교하게 표현되었다. 기본적으로, "언어에 대한 지식을 구성하는 것은 무엇인가?" 이 질문은 우리가 먼저 이야기할 수 있는 언어에 대한 **지식**이 어느 정도 있다는 것을 전제로 한다. 촘스키가 생성문법이라는 용어를 도입한 것은 언어를 다루는 선천적 능력, 즉 가르침 없이 자연스럽게 습득하고(플라톤의 문제), 사용하는(데카르트의 문제) 능력이 우리의 뇌 회로와 연결되고(브로카 문제), 인간 진화의 일부를 형성한다(다윈/월리스 문제)는 점을 지적한 것이다.

몇 가지 핵심 문제를 다루기 전에 생성적 의미에서의 **언어**에 대한 이해를 제공하겠다. Berwick & Chomsky(2016)에서는 '언어의 기본 속성'을 "언어는 무한한 표현을 산출하는 유한한 계산 체계이며, 각 표현은 의미론-화용론적 및 감각운동적 체계(비공식적으로 사고와 소리)에서 명확한 해석을 갖는다"라고 간주한다(Berwick & Chomsky 2016: 1). 계산 체계로서의 이러한 언어 개념은 생성문법을 인간 언어에 대한 다른 접근 방식과 가장 결정적으로 구분짓는 요소이며, 이 '기본 속성'은 다음에서도 중요한 역할을 할 것이다.

우리는 훔볼트의 문제가 (i) "언어학자이자 인지과학자인 우리가 언어를 경험적으로 구성하는 것으로 알고 있는 것"과 (ii) "이러한 사실을 설명하는 데 필요한 이론적 도구, 체계 및 구조"라는 두 가지 방식으로 접근할 수 있다는 de Vos(2015)의 의견에 동의한다(Wacewicz *et al.* 2020 참조). **거시적 인지** 관점과 **미시적 인지** 관점과 관련하여, "이러한 체계가 내재적 또는 외재적 의미에서 '언어에 대한 지식'으로 간주할지 여부는 그것을 실제라고 생각하는지 여부에 따라 달라진다"라고 말한다(de Vos 2015: 3). 그는 다음과 같이 정확하게 덧붙인다.

> '생성적' 또는 '기능주의'로 특징지어지는 이론적 접근 간의 차이는 단순히 형식주의 대 기능주의에 국한되지 않으며, 모듈성, 표상, 경험주의/선천주의와 같은 다양한 문제에 대한 헌신에 달려 있다. 이는 차례로 훔볼트와 플라톤의 문제에 의해 촉발된 선택으로 볼 수 있다.
>
> de Vos 2015: 34

선천주의적 견해에서는 언어에 대한 유전적 자질인 이 선천적 능력이 바로 보편문법(UG)이라고 주장한다. 이는 (2)의 세 가지 요소 중 첫 번째 요소로, 인간 언어능력의 초기 상태를 구성하며, 성장과 발전은 다른 두 가지 요소에 따라 달라진다. 보편문법은 언어도 아니고 문법적 속성의 집합도 아니며, "유전적으로 기반한 언어능력의 이론"이다(Chomsky 2017: 3). 물론 언어학자와 비-언어학자, 심지어 생성언어학자들 사이에서도 이러한 용어, 즉 보편문법의 보편성(universal), 보편문법과 생성문법의 문법(grammar), 언어능력의 본질 등에 대해 상당한 혼란이 있었다. 유용한 설명은 Trettenbrein 2015, Leivada 2020을 참조할 수 있다. 훔볼트의 문제를 해결하기 위한 보다 친근한 접근은 '언어가 준비된 뇌'라는 표현일 수 있으며(Boeckx & Benítez-Burraco 2014b), 이는 용어적, 이론적 부담이 적다.

생성적 패러다임에서는 인간의 언어능력이 중심을 차지한다. 원래 이 용어 자체는 인간에게 고유하지 않은 '광의'의 언어능력(Faculty of Language in the Broad Sense, FLB)과 인간에게 고유한 '협의'의 언어능력(Faculty of Language in the Narrow Sense, FLN)으로 구분된 Hauser *et al.*(2002)의 구분을 통해 덜 명확해지긴 했지만, 이 용어는 여전히 종에 고유한 영역별 개체라는 점을 분명히 하고 있다. 초기 논의에 대해서는 Pinker & Jackendoff(2005), Fitch *et al.*(2005), Jackendoff & Pinker(2005) 등을 참조할 수 있으며, 보다 최근의 논의에 대해서는 Fitch(2009), Miyagawa *et al.*(2013), Berwick & Chomsky(2016), Miyagawa(2017), 또한 Tallerman *et al.*(2009), Christiansen & Chater(2015), Wacewicz *et al.*(2020) 등을 참고할 수 있다.

이후, 인간 언어의 어떤 측면이 '협의'의 언어능력(FLN)의 일부가 되어야 하는지를 포함하여, 이러한 각 기능에 실체를 부여하기 위해 많은 노력이 기울여졌다. (생성언어학 내부와 보다 비판적인 관점에서) 양쪽에 문헌은 풍부하다. 원래의 제안은 인간 언어가 다른 모든 의사소통 체계와 다른 점은 "유한한 수단을 무한히 활용"하기 위한 재귀라는 것이었다(자세한 설명은 Fitch 2010a 참조). 그러나 재귀의 계산적 속성('병합'이라는 구조 구축 연산을 통해 언어에서 구현됨)뿐만 아니라, 결정적으로 이러한 연결 또는 병합된 언어의 구성요소에 '레이블 알고리즘'을 통해 레이블이 붙는다는 사실도 재귀의 핵심이다. 이 이슈에 대한 매우 명확한 설명과 문헌에 대한 개요는 다른 기본 질문과도 연결되는 특정 생성적 생물언어학적 뼈대를 개발한 Hornstein(2009)을 참고할 수 있다(Blümel 출간 예정도 참조).

이는 인간 언어의 (어휘 항목, 개념 및 형식적 기능을 연결하거나 병합하는) 계산 체계와 해석 및 외부화 인터페이스 구성요소인 (표현의 논리적 형태, 줄여서 LF) 개념적 의도 체계와 (표현의 음운 형태, 줄여서 PF) 감각운동 체계를 각각 연결하는 '기본 속성'의 (최소주의적) 구조에 해당한다. 이는 (생성) 언어학자가 '빵과 버터'라고 부르는 것으로, 이 체계의 속성은 생물학적 고려 없이 연구할 수도 있고(생물학적 고려가 없는 생성문법), 언어의 생물학적 토대에 대한 인식을 가지고 계속 연구할 수도 있다(약한 의미의 생물언어학).

이러한 접근 방식은 Evans & Green(2006: 5)이 말했듯이, "언어의 체계성, 구조, 언어가 제공하는 기능 및 이러한 기능이 언어 체계에 의해 어떻게 실현되는지를 설명하고 설명하려는 시도"(강조 삭제)에서 언어를 '그 자체를 위해' 조사하는 (미시적) 인지언어학과는 극명한 대조를 이룬다. 인지언어학자들은 "언어는 사고의 패턴을 반영"한다고 가정하며, 따라서 "사고와 아이디어의 본질, 구조 및 조직에 대한 통찰력을 제공하는 인지 기능에 대한 창을 제공한다"라고 주장한다(ibid.). 언어와 사고의 관계에 대한 최소주의 개념은 여기에서 실제로 다룰 수 있다. 예를 들어, "언어의 계산 체계는 […] '사고의 언어'를 갖는 것과 동일하며, 외현화는 파생적인 문제"(Chomsky 2007: 499)라고 주장한 Hinzen(2011)과 같은 Chomsky(2007)를 참조할 수 있다. 그러나 궁극적으로 "인지적 혁신, 인지언어학 및 생성문법은 지식을 구성하는 정신 구조에 유사하게 관심이 있다"는 점에서 공통점을 가지고 있다(Geeraerts & Cuyckens 2007: 6). 주요 차이점은 이러한 정신 구조가 '자연어 그 자체' 또는 '언어를 배울 수 있는 인간의 유전적 자질'에 있는지, 그리고 우리가 말하는 지식의 종류(세계에 대한 지식 대 언어에 대한 지식)가 무엇인지에 따라 나뉜다. 이를 다음과 같이 요약할 수 있다(Geeraerts & Cuyckens 2007: 6). "생성문법은 언어에 대한 지식에 관심이 있는 반면, 인지언어학은 언어를 통한 지식에 관심이 있다." 또는 Sperlich(2006: 59)의 말을 인용하면 다음과 같다.

> 기능적 언어학과 화용적 언어학 같은 다양한 학파에서는 언어의 원동력으로서 의사소통에 훨씬 더 큰 비중을 두고 있다. 인지언어학은 촘스키 언어학에 더 가깝지만, 언어능력이 일반적인 인지 기능에서 더 직접적으로 파생된다고 주장하므로, 촘스키의 보편문법과 같은 별도의 인터페이스를 규정하지 않는다.

이렇게 함으로써 인간 언어의 전용 계산 체계의 기본 속성을 반영하는 것과는 반대로, "언어는 인간 마음의 어떤 기본 속성과 디자인 자질을 반영한다고 가정한다"는 것이다(Evans & Green 2006: 5). 촘스키는 "언어의 메커니즘이 '일반화된 학습 전략'의 특수한 경우이거나 일종의 일반적인 인지적 메커니즘이어야 한다고 주장하는 일반적인 경향을 개탄해야 한다"고 주장해 왔다(Chomsky 1976: 23). 당시 그의 분노는 대부분 심리학자들을 겨냥한 것이었지만, 이는 언어에 그러한 전략과 메커니즘이 존재하지 않거나, 심지어 역할을 하지 않는다는 것이 아니라, 존재하지만 부수적으로 선택된 자원으로서 부수적인 역할을 한다는 의미이다. 이는 위의 (2.3)에서 세 번째 요소로 고려해야 할 사항이다. 거시적 인지 생물언어학자와 미시적 인지 생물언어학자가 협력해야 할 점은, 적어도 언어 **사용**의 인지적 (신경) 생물학적 기반을 정확히 파악하기 위해, 언어의 원동력이든 제3의 요인으로 간주되든 이러한 계산 및 인지 과정을 조사하는 것이다(Yang 2016 참조).

'언어에 대한 지식'이라는 개념으로 돌아가서, 다음으로 언어에 대한 인지적 접근을 구분하는 몇 가지 추가 개념을 이 장의 나머지 부분까지 함께 살펴보고자 한다. Chomsky(1965)에서 도입된 언어능력(competence)과 언어수행(performance)의 구분은 초기 미시적 인지언어학에서는 이미 '잘못된 이분법'의 하나로 분류되었지만, 거시적 인지언어학 이론에서는 중요한 개념이다(Langacker 1987: 154). 이는 언어에 대한 **지식**의 한 측면을 명시적으로 언급하기 때문에 훔볼트의 문제와 밀접하게 연관되어 있다. 그러나 미시적 인지언어학에서는 "언어에 대한 지식은 언어 사용 패턴에서 파생되며, 나아가 언어에 대한 지식은 언어가 어떻게 사용되는지에 대한 지식"이기 때문에(Evans & Green 2006: 108), 이러한 용어로 훔볼트의 문제를 다루기는 어렵다(하지만 아래에서 사소한 제안을 참조할 수 있다).

언어능력(competence)은 화자의 언어에 대한 암묵적 지식을 의미하는 반면, **언어수행(performance)**은 원어민이 생성하는 발화로서 이해되는 언어를 반영한다. 이 두 개념은 뚜렷하지만 밀접하게 관련되어 있으며, 미시적 인지언어학자들에 의해 "거짓"으로 거부된 이분법으로 'I-언어'와 'E-언어'의 구분이 있다. 여기서 자세히 설명할 수 없는 것은 능력과 수행의 구분이 자연어 데이터의 '문법성' 또는 더 정확하게는 '수용성'을 식별하는 데 더 많은 도움을 준다는 점이다(최근 반성 및 관련 참고문헌은 Leivada 2020 참조).

Chomsky(1965: 3)가 제시한 "완전히 동질적인 언어공동체에서 이상적인 화자-청자"라는 가설적 맥락에서 화자는 자신의 언어공동체의 언어를 완벽하게 알고 있다. 따라서 화자의 언어 지식을 실제 생산물에 적용하는 언어 분석의 목적상, 기억력 제한, 주의 산만, 또는 생산 오류와 같은 일시적인 조건은 문법성이나 수용성과 관련이 없는 단순한 수행 요소로 무시될 수 있다. 언어능력은 (종종 같은 의미로 사용되는) 화자가 자신의 언어 또는 문법에 대한 지식, 즉 무한한 수의 문장을 생산하고 이해하며 문법 오류와 모호함을 인식하기 위해 습득한 추상적 규칙 체계를 나타낸다.

언어능력과는 달리 언어수행은 명확하게 정의된 개념이 아니며, 언어 생산과 이해의 모든 측면, 심지어 문법을 반영하지 않는 문법성, 잘 형성되었는지 또는 수용 가능성에 대한 판단까지 포함된다(3.3절 참조). 예를 들어, 언어수행은 원어민이 생성한 특정 발화의 집합으로 간주될 수 있다. 수행 발화에는 화자에게 작용하는 다양한 심리적, 사회적 어려움(예: 기억 감퇴)이나 생물학적 한계(예: 숨을 쉬어야 하기 때문에 잠시 멈춤)로 인해 발생하는 망설임, 미완성 구조 등 추상적 규칙 체계와 무관한 특징이 포함된다. 이러한 자질은 문장 구문의 체계적인 과정을 다루는 언어 문법에서는 무시되어야 하지만, 언어수행에서의 구별의 거부는 미시적 인지언어학의 두드러진 특징으로 보인다.

근본적이고 암묵적인 언어 지식의 인간 능력에 대한 촘스키의 패러다임 내에서, 언어의 본질에 대한 두 가지 다른 개념, 즉 위에서 언급한 'I-언어'와 'E-언어'의 구분을 보다 세밀하게 분석할 수 있다. **I-언어**는 언어능력을 지칭하는 데 사용되며('I'는 '의도적', '내부적', '개별적'을 의미), **E-언어**는 "언어를 공유된 사회적 대상으로 간주하고 관습에 의해 확립되며 의사소통을 목적으로 개발된 이론들을 포괄하는 용어"이다(Ludlow 2011: 45). E-언어는 "외부 세계의 일부이며 [⋯] 어린이가 들을 수 있는 것들을 포함하지만, 단일 체계를 반영하지 않는다". 결국 "두 명의 어린이가 똑같은 것을 듣지 않고, 두 사람이 똑같은 방식으로 말하는 것은 없다"는 점이 중요하다(Lightfoot 2006: 12).

이안 로버츠(Ian Roberts)가 요약한 것처럼, "보편문법은 I-언어보다 더 일반적인 개념이며, 실제로 'I-언어의 일반 이론'"(Berwick & Chomsky 2016: 90)으로 정의할 수 있다. 아래는 전체 내용이다.

> I-언어와 언어능력의 주요 차이점은 E-언어와 언어수행의 서로 반대되는 개념에 있다. E-언어는 실제로 '다른 곳'의 개념으로, I-언어가 아닌 모든 언어 개념을 가리킨다. 반면에 언어수행은 언어 토큰을 생산하고 이해하는 데 있어 언어능력의 실제 사용을 지칭한다는 점에서 더 구체적이다. 따라서 언어수행은 개별 심리학과 관련이 있지만, 비언어적 인지의 다양한 측면(장단기 기억, 일반 추론, 마음 이론 및 기타 수많은 능력)을 직접적으로 내포하고 있다.

Roberts 2017: 7

결국 "텍스트 말뭉치나 관찰된 행동의 집합으로서의 언어 개념이 아니라, 인간의 마음에 부호화된 지식으로서의 언어인 I-언어 연구에 초점을 맞춘 생물언어학적 접근 방식"이다(Isac & Reiss 2013: 91). 물론 E-언어라는 개념은 말뭉치 언어학, 담화 분석 또는 사회언어학에서 성공적으로 연구된 바 있다. 그러나 언어에 대한 **지식**을 발견하는 것과는 무관하다. 미시적 인지언어학적 관점에서는 언어에 대한 지식에 관심이 없고, I-/E-언어 이분법을 거부하며 언어 말뭉치에서 제공하는 다른 패턴을 식별할 수도 있다. 이 경우 "이러한 패턴이 생물학에 뿌리를 두고 있다고 가정하는지, 그렇지 않다고 가정하는지, 개인의 심리적 상태에 의존적인지 독립적인지 여부가 달라진다"는 점이 중요하다(Isac & Reiss 2013: 70).

다니엘라 아이작과 찰스 라이스(Daniela Isac & Charles Reiss)가 I-언어를 명시적으로 취한 것은 생물언어학의 한 분야로서의 위치에도 직접적인 영향을 미친다(위의 2절 참조).

> 따라서 우리는 [⋯] 유기체의 속성, 즉 그들의 언어능력을 연구하고 있다는 사실을 강조하기 위해 **생물언어학**이라는 용어를 채택한다. 돌고래의 의사소통 체계나 말벌의 항해 능력에 대한 연구와 같은 맥락에서, 모두 관련 행동을 하는 유기체의 유전적 자질에 의해 제약을 받는 복잡한 계산 체계를 필요로 한다. 이런 의미에서 언어학은 동물 행동의 기초가 되는 계산 체계를 연구하는 인지행동학의 한 분야일 뿐이다.
>
> Isac & Reiss 2013: 55

요컨대, 첫 번째 요소(2.1)는 언어에 대한 종 및 영역별 유전적 자질(보편문법)을 가정하며, 이는 훔볼트의 문제를 해결하는 방법의 한 측면으로 언어에 적합한 뇌를 갖추게 해 준다. 생성적 생물언어학자들은 이를 인간의 언어능력(FLN)의 일부로 간주하지만, 언어가 발달하고 사용되기 위해서는 인지 과정을 비롯한 다른 요인들도 중요한 역할을 한다. (미시적) 인지언어학에서는 언어 전용 인지 체계 내의 역량 또는 모듈의 특수성을 거부한다. 따라서 여기서 언어 준비가 된 뇌는 무엇보다도 언어를 포함하는 일반적인 인지 체계로 간주할 수 있다. 관련 연구 대상은 '자연어 그 자체'이다. 그렇다면 훔볼트의 문제는 (생성적인) 거시적 인지언어학과 마찬가지로 미시적 인지언어학과도 관련이 있지만, 해답에 이르는 길은 달라 보인다. "언어에 대한 지식이란 무엇인가?"라는 질문은 "언어란 무엇인가?"로 간단히 대체할 수 있지만, 아마도 (6.1)에서와 같이 언어에 대한 틴버겐의 네 가지 질문을 Reboul(2017)이 재구성한 것이 더 나은 접근 방식이 될 수 있다. 즉, "언어의 메커니즘은 무엇인가?" 인지언어학자들이 도달할 수 있는 답은 생성적 노력과는 매우 다를 수 있지만, "기능적 동기화를 설명한다고 해서 실제로 문법 구문을 완전하고 명시적으로 자세히 기술하지 않아도 되는 것은 아니다"라고 할 수 있다(Langacker 2012: 7).

3.2 플라톤의 문제

플라톤(Plato, B.C. 429~347)은 서양 철학사에서 가장 영향력 있는 사상가 중 한 명이다. 그의 제자인 아리스토텔레스(Aristotle, B.C. 384~B.C. 322)보다 데카르트 철학에 덜 호의적이었지만, 프라톤의 철학이 남긴 영향력은 매우 크다(언어학에 대해서는 Katz 1984, 생물언어학 비평에 관한 Postal 2009 참조). 플라톤의 문제는 『메노The Meno』에서 소크라테스(Socrates, B.C. 469~B.C. 399)가 교육받지 않은 노예 소년에게 일련의 질문을 통해 기하학의 원리를 발견하도록 유도하는 장면에서 시작된다. 이 실험은 여전히 중요한 질문을 던진다. 즉, 노예 소년이 아무런 교육이나 정보 없이 기하학의 진리를 발견할 수 있었는가 하는 것이다(Chomsky 1988: 4). 따라서 플라톤 문제의 본질은 다음과 같은 질문으로 요약될 수 있다(Russell 1948). "세상과의 접촉이 짧고 개인적이며 제한적인 인간이 어떻게 자신이 아는 만큼 알 수 있는가?"(Chomsky 1986: xxv, 1988: 3-4). 언어와 관련해서는 "제한된 증거를 가지고 어떻게 그렇게 많은 것을 알 수 있는지를 설명하는 문제"로 연결된다(Chomsky 1986: xxv).

플라톤의 문제는 "언어 습득의 논리적 문제"(Baker 1979)로 가장 잘 알려져 있으며, 이는 언어에 대한 지식의 자연주의적 탐구의 중심에 위치한다(Chomsky 1986). 다시 말해, "우리가 이용할 수 있는 증거가 그렇게 빈약할 때, 어떻게 그렇게 풍부하고 구체적인 지식이나 복잡한 믿음과 이해 체계를 가질 수 있는가?"(Chomsky 1987: 33). 이 문제를 해결하기 위한 de Vos(2015)에서의 두 가지 접근 방식은 (i) 언어 습득의 논리적 문제를 구성하는 요소가 무엇인지, (ii) 그러한 사실을 설명하는 데 필요한 이론적 도구와 구조가 무엇인지이다.

생성문법의 역사에서 중요한 점은 "우리의 경험이 우리의 지식을 결정하는 데 제한적이며, 생물학적 자질이 더 큰 역할을 한다"라는 자극의 빈곤(Chomsky 1978, 1980)에 대한 주장이다(Lasnik & Lidz 2017: 221). 자극의 빈곤이라는 주장은 "모국어 습득을 촉진하는 것으로 보이는 경험과 그 결과로 언어 지식의 본질 사이에 상당한 '격차'가 있다는 관찰에 기반하고 있다"(Roberts 2017: 28). 이 주장은 적어도 Chomsky(1965)까지 거슬러 올라갈 수 있으며, Lasnik & Lidz(2017)

는 Chomsky(1955 [1975])의 구절을 인용하여 이 점을 강조한다.

> 습득되는 문법의 특성, 사용 가능한 데이터의 질과 범위의 제한, 결과 문법의 통일성, 그리고 광범위한 변이에 따른 지능, 동기 및 감정 상태의 독립성을 고려할 때, 처음에는 일반적인 성격에 대한 정보가 없는 유기체가 언어 구조의 대부분을 학습할 수 있다는 희망은 거의 남아 있지 않다.
>
> Lasnik & Lidz 2017: 58

즉, 아동에게 제공되는 입력은 두 가지 측면에서 퇴화한다(Chomsky 1967).

> 첫째, 입력은 아동이 접할 수 있는 모든 가능한 문장(문장-의미 쌍, 문장 구조 등)에 대한 증거를 제공할 수 없기 때문에 범위가 제한된다. 둘째, 입력 자체에는 언어의 생성문법을 구축하는 데 필요한 표현의 종류에 대한 정보가 포함되어 있지 않아 품질이 떨어진다.
>
> Lasnik & Lidz 2017: 222

시간이 지남에 따라 이는 보다 일반적인 학습 가능성 문제로 전환되며, 즉 인간 언어에 대한 학습 문제의 본질에 대한 질문으로 이어진다. Roberts(2017)가 인용한 바와 같이, Niyogi(2006)는 아동의 학습 자원은 유한하지만 그 목표가 완전히 '미지의 것'이 아니라 제한된 가설 공간에 속한다고 지적하며, "타불라라사(tabula rasa)의 대안은 아동에게 극복 불가능한 학습 문제를 부과한다는 것은 학습 이론에서 인정되는 결과이다"라고 말한다(Roberts 2017: 28). 자극의 빈곤에 대한 원래의 논쟁과 그 현대적 문제에 대한 최근의 재평가도 있다. 예를 들어, Pullum & Scholz(2002)와 이와 관련된 다양한 반응(특히, Lasnik & Uriagereka 2002, Legate & Yang 2002)인 Berwick *et al.*(2011), Berwick *et al.*(2012)도 참조할 수 있다.

따라서 언어 습득의 논리적 문제의 본질은 자극의 빈곤을 통해 설명될 수 있으며, 이는 분명히 선천주의(nativist)의 관점에 속한다. (미시적) 인지언어학 공동체에서는 베이즈(Bayesian) 학습 알고리즘이 아동의 언어 습득을 설명하기 위해 활용되고 있다(Tenenbaum & Griffiths 2001, Regier & Gahl 2003, Perfors *et al.* 2006 [2011] 참조). 이에 대한 비판적 검토는 Lasnik & Lidz(2017)와 특히 Yang(2016)에서 이루어졌다. 따라서 새로운 공동 연구 의제는 원래 계획되었던 Brasoveanu & Dotlačil(2020)에서 최근 저서의 부제로도 사용될 수 있다. 즉, '생성문법, 인지적 구조 및 베이즈 방법의 통합(Integrating generative Grammars, Cognitive Architectures and Bayesian method)'(Brasoveanu & Dotlačil 2020: 5장)이다. 이 점에 대해 생각해 볼 필요가 있다.

자극식 논증의 빈곤을 설명하기 위해 가장 중요한 이론적 도구는 인간 언어의 생물학적 자질인 보편문법(Universal Grammar, UG)이다. Mobbs(2015)가 요약한 바와 같이, "언어 습득자가 불충분하고 매우 다양한 입력에도 불구하고 문법 체계에 수렴하는 속도와 정확성을 고려할 때, 그 원인이 무엇이든 '특정 방식으로 편향되거나 제약'(Hauser *et al*. 2002: 1577)되어야 설명이 가능하다"(Mobbs 2015: 2)라고 한다. Rizzi(2017)도 이와 관련된 중요한 참고 자료이다. 이러한 편향과 제약은 다양한 형태로 나타나며, 오늘날의 언어학 수정 관점(Hauser *et al*. 2002, Chomsky 2005 이후)에 의해 언어 특정적 및 비특정적 체계, 구조 및 처리 과정으로 구성되고 있다. 과거에는 플라톤의 문제를 해결하기 위한 방법으로 원칙과 매개변수(Principles-and-Parameters) 이론(Chomsky 1981a, 1981b, Chomsky & Lasnik 1993)이 유익한 접근법으로 여겨졌다(Chomsky 1986). 이 이론의 기본 아이디어는 매개변수가 언어의 다양성을 설명하는 동시에 아동이 초기 발달 단계에서 다양한 옵션을 탐색할 수 있는 나침반 역할을 한다는 것이다. 포괄적인 개요는 Huang & Roberts(2017)을 참고할 수 있고, 오늘날의 관점에서 간략히 살펴보려면 Leivada(2020)을 참조할 수 있다.

Boeckx & Grohmann(2013: 1)이 언급한 것처럼, 생물언어학은 심각한 병리를 제외한 모든 아동에게 존재하는 놀라운 언어능력(5절 참조)을 탐구 대상으로 삼아, 언어적 다양성을 목격할 수 있는 가소성과 제약된 문법 체계의 발전에 집중한다. 아동이 자라는 환경에서 이러한 언어능력을 어떻게 활용하는지가 중요하며, 이는 인간이 주변의 소음을 정보로 변환하는 방식이 생물학적으로 구별되어야 함을 의미한다. 선천주의적 관점은 이를 보편문법(UG)을 통해 설명한다.

이 장에서는 언어 습득에 대한 관범위한 논의를 다룰 수는 없지만, 미시적 인지 접근법에 대한 교재로는 Guasti(2017), Becker & Ud Deen(2020)을 참조할 수 있다. 반대로, Rowland(2014)나 Tomasello(2003)의 고전적인 논문이 유익하다. 인지언어학의 모든 측면을 간략히 살펴보고자 한다면 Tomasello(2007), Ambridge & Lieven(2015), Crain *et al*.(2017), Bavin & Naigles(2016), Lidz *et al*.(2016), Hagoort(2019)의 기고문을 참조할 수 있다. 최근 선천주의적 생물언어학적 관점에서 언어 발달의 핵심 이슈에 대한 개요에는 '언어 본능'을 지지하는 증거의 범위(Tsimpli 2013), 언어 습득의 결정적 시기(Meisel 2013), 언어 습득 맥락에서의 성숙 문제(Wexler 2013), 언어가 다른 인지 체계, 특히 이중 언어 영역('집행 통제')에 미치는 영향(Hernández *et al*. 2013, Leivada *et al*. 2020 참조) 등이 포함된다. 또한 아동이 습득할 언어의 특성을 파악하기 위해 초기 입력을 활용하는 방법에 대한 제안(Millotte *et al*. 2013)도 포함되어 있으며, 언어 습득 과정에서 생물학이 아동에게 제공하는 선택의 범위('매개변수')에 대한 설명도 있다. 예를 들어, Pearl & Lidz(2013), Thornton & Crain(2013), 또한 초기 Crain & Pietroski(2001), 고전적인 Pinker(1984), 그리고 최근 Fasanella & Fortuny(2016)와 같은 연구는 언어적 변이를 제3의 요소에서 도출할 것을 제안하며, 이는 최소주의 추론에 대한 미시 인지언어학 검토를 위한 좋은 출발점이 될 수 있다. 이 모든 내용은 아동 언어 연구에서 미시적 인지 관점으로 다뤄져야 할 중요한 문제이다.

결론적으로, 선천주의 생물언어학적(또는 거시적 인지생성적) 관점에서 플라톤의 문제를 해결하려면 위 (2)의 세 가지 요소가 모두 중요한 역할을 한다. 아동은 언어에 대한 선천적인 유전적 자질을 갖추고(첫 번째 요소), 환경으로부터 1차 언어 데이터 형태로 언어 입력을 받아 습득한 언어의 문법에 대한 가설을 구성하고 수정하며(두 번째 요소), 언어에 고유하지 않은 계산 및 인지적 과정을 적용한다(세 번째 요소). 미시 인지적 관점에서 플라톤의 문제와 더 명확히 연결되는 연구는 (6.3)에서와 같이, Reboul(2017)에서 언어의 존재론에 관한 틴버겐의 네 가지 질문을 보다 일반적인 것으로 재구성한 것이다. 그러나 이 연구는 근본적인 개념이나 구조를 직접 탐구하지는 않는다. 미시 인지언어학적 관점에서 "언어 습득에는 자연어에만 국한되지 않는 메커니즘과 제약이 수반된다"라는 주장이 있으며(Yang 2016 참조), "자연어 습득에만 국한된 학습에 제약이 있다면, 이는 언어 이외의 인지 체계에서 제공하는 '정보적 실체'에 의존할 것이다"(Geeraerts & Cuyckens 2007: 6)라는 주장도 있다.

3.3 데카르트의 문제

르네 데카르트(René Descartes, 1596~1650)는 수학, 자연과학, 그리고 형이상학에 기여한 자연철학자이다. '데카르트 언어학'(Chomsky 1966, 『데카르트의 담론』 1637/1649)의 기초는 심신이원론에 뿌리를 두고 있다. 이 이론의 한 측면은 '인간'이 '기계'나 '짐승'과 구별되는 언어 사용 능력이다. 예를 들어, "귀머거리로 태어나 언어 기관이 없는 사람"도 언어를 사용할 수 있다. 데카르트의 문제는 "참신성, 외부 자극과 내적 상태에 의한 통제로부터의 자유, 상황에 대한 일관성과 적합성, 청자에게 적절한 생각을 불러일으키는 능력"이라는 독특한 특성을 지닌 일상적인 언어 사용을 의미한다(Chomsky 1988: 138). 이는 "언어적 행동을 포함한 일반적이고 정상적인 인간의 행동에서처럼 상황에 의해 유발되지만 상황에 의해 결정되지 않는 행동의 선택을 설명하는, 더 일반적인 문제의 한 측면인 '언어 사용의 창의적 측면'을 설명하는 문제"이다(Chomsky

1988: 35).

데카르트의 문제는 간단히 표현하면 위의 (1.3)과 같이 요약할 수 있다. 훔볼트의 문제에 접근하기 위해 de Vos(2015)가 적용한 방법과 플라톤의 문제에 적용한 방법이 여기에서는 명확하게 작동하지 않을 수 있다. 즉, 데카르트 문제의 경험적 특성이 불분명하기 때문에 설명적 구현이 더 어렵다. 한편으로 데카르트의 문제는 촘스키가 언급한 '생산의 문제'로, 언어 사용의 창의적 측면, 즉 '상황에 대한 일관성과 적합성'을 갖춘 언어를 사용하는 화자의 언어능력과 관련이 있다(Chomsky 1988: 138). 반면에 촘스키는 '지각 문제' 또는 때때로 '구문 분석 문제(the parsing problem)'라고 불리는 것에 대해서만 언급하며, 이는 "중요한 언어 이론이 다루어야 할 중심 사실"(Chomsky 1964: 7)이지만 "그것에 대해 할 말이 없으므로 제쳐두겠다"(Chomsky 1997: 22)라고 말한다. 이 지각 또는 구문 분석 문제는 단어가 결합되어 더 큰 표현을 형성하는 방법과 그 의미, 그리고 그 반대(즉, 어떤 서법성으로든 언어 표현을 생성하고 이해하는 방법)를 포함한다.

따라서 데카르트의 문제는 생산 문제(언어 사용의 창의성)와 구문 분석 문제(언어 이해 및 생산)로 나뉘며, 이 두 가지는 인간의 수행 과제이다. 촘스키는 전자의 문제에 대한 관심은 덜 두는 반면, 후자의 문제에 대해서는 지난 수십 년 동안의 이론적 뼈대에 따라 조금씩 다르긴 하지만 생성적 이론화에서 익숙한 경로를 스케치한다. 요컨대, "청자는 단어를 식별하고 어휘 속성에 따라 보편문법의 원칙과 매개변수 값에 따라 결정되는 구문 구조를 투사한다"(Chomsky 1997: 26). 이는 다시 한번 훔볼트의 질문과 관련이 있으며, 무엇부터 시작해야 하는가라는 질문을 던진다. 또한, 이는 언어 이론의 일부와 통사적 관점에서 주로 고려되지만, 심리언어학을 포함한 다른 영역에서도 중요한 역할을 하는 생성문법가의 '빵과 버터'를 다시 한번 형성한다.

문법의 생성 변형적 구성요소에 대한 기술적 세부 사항은 최초 개념 이후 많은 부분에서 발전해 왔다. 우선, 계산적 체계의 최소주의 구조에서 D-구조와 S-구조 사이의 구별이 훨씬 개선되었다. 이 구분은 구문 분석 문제와 관련하여 "우리는 데카르트 언어학의 두 번째 근본적인 결론, 즉 심층 구조와 표면 구조가 동일할 필요가 없다는 결론을 공식화할 수 있다"라는 제안으로 거슬러 올라간다. 의미 해석과 관련된 문장의 기본 구성은 주어진 구성요소의 실제 배열과 구문에 의해 반드시 드러나는 것은 아니다"(Chomsky 1966: 33). 또한 현대의 지배적인 견해는 전용 계산적 체계가 문법의 통사적 구성요소(예: 단어, 접사, 범주, 자질)에 반복적으로 적용되어 인간 언어의 재귀적 계산에 기여하는 이진 연산인 병합을 중심으로 이루어진다는 것이다. 병합의 중요한 측면은 단순히 관련 객체를 연결하는 조합 연산(산술이나 음악 구조 등)과는 달리, 통사적 객체에 표시를 붙인다는 점이다. 따라서 소위 '레이블링 알고리즘'은 인간 언어능력의 독특한 구성요소라고 할 수 있다(Hornstein 2009, Blümel 출간 예정, 현대 최소주의 교과서를 참조하여 자세한 내용을 확인할 수 있음).

그러나 생물언어학 전반과 미시적 인지언어학에서 더 흥미로운 점은 그 너머의 문제이다. 생성문법은 언어능력의 모형으로 설정되었지만, 이는 계산 체계가 언어수행 체계에 최적으로 설계되었다고 주장해 왔다(Chomsky 1998 [2000], 1999 [2001] 참조). 이 관점의 가장 두드러진 구현은 "문법 분석기(parser)가 곧 문법"이라는 Phillips(1996)의 제안이다(Phillips 1996: 15, Phillips 2003 참조). 즉, 통사적 구조는 위에서 아래로 또는 아래에서 위로가 아니라 왼쪽에서 오른쪽으로 구축되며, 이러한 점진적인 왼쪽에서 오른쪽 체계는 아마도 인간이 가진 유일한 구조 구축 체계일 것이다. 데카르트의 문제의 중요한 측면 중 하나는 언어의 생성성과 재귀성이다(예를 들어, Christiansen & Chater 1999 또는 Christiansen & MacDonald 2009 및 거시적/미시적 라인의 양쪽에서의 노력 참조). 이는 통사론(거시 언어학) 또는 의미론적 속성(미시 언어학)에 초점을 맞춰 이론적으로 접근할 수 있지만, 필연적으로 역량과 수행의 구분을 다시 언급할 수 밖에 없다(3.1절 참조). 여러 구체적인 제안 중에는 이론적 통사론과 감각운동 처리의 신경 메커니즘을 연결한 Knott(2014)나 "수행 체계의 체계적 속성이 중요한 설계 기능에 대한 제3의 요소 설명을 제공함으로써 언어에 대한 생물언어학적 관점에서 중요한 역할을 할 수 있다"라는 것을 보여주는 Trotzke *et al.*(2013)을 참조할 수 있다(Trotzke *et al.* 2013: 1).

이러한 연구들은 구문 분석 문제를 다룰 수 있으며, 촘스키는 "결정성, 무작위성, 확률 분포 및 입출력 시스템과 같은 개념으로 공식화할 수 있는 문제"를 언급하면서도 "매우 제한된 영역(예: 언어 오류 연구)을 제외하고는 생산 문제에 대해 [이론적 이해 수준에서] 매우 심각하게 말할 것이 없다"라는 견해를 유지했다(Chomsky 1988: 35, 36). 이는 거시적-인지적 접근 방식에서도 달라질 수 있다. 예를 들어, 생성적 최소주의에서 친숙한 세 가지 요소 모형(위의 (2) 참조)에서 세 가지 요소의 고려 사항은 구문 분석 문제를 해결하는 데 분명히 관련이 있지만, 생산 문제에도 활용될 수 있다. 의사소통적/화용적 측면에 초점을 맞추고 세 가지 요소에 대한 직접적인 언급은 없지만, 명시적인 생물언어학적 처리에 대해서는 Reboul(2017)을 참조할 수 있다. 미시적 인지언어학에서 가장 두드러진 역할을 하는 것은 분명하며, 관련 처리에 대해서는 이 핸드북의 여러 장을 참조할 수 있다.

그러나 미시적 인지언어학은 여기에 더 많은 기여를 할 수 있다. "의사소통 수단으로서의 언어와 의사소통 기능이 문법을 어떻게 구조화했는지" 또는 "언어와 인지 간의 관계, 인간이 주변 세계를 어떻게 개념화하는지, 의미를 생성하고 표현하는 방법, 그리고 이것이 언어에 어떻게 반영되는지"(Siewierska 2013: 485)에 초점을 두어 의미론적이고 기능론적인 설명에 중점을 두고 있다. Christiansen & Chater(2016)도 이와 관련하여 참고할 수 있다.

요컨대, 세 번째 요소를 고려하는 생성적 최소주의 뼈대는 미시적 인지언어학에서 익숙한 '제3의 요소만 고려하는' 관점과 충돌하는 것처럼 보인다. 데카르트의 문제는 아마도 (6.2)에서와 같이 언어에 대한 틴버겐의 네 가지 질문을 재구성한 Reboul(2017)의 연구를 참조하면 미시적 인지언어학과 더 직접적으로 관련될 수 있을 것이다. 즉, "언어의 기능은 무엇인가?"라는 질문을 던지는 것이다. 따라서 미래의 생물언어학적 협력은 저자들이 바라는 것처럼 흑백논리가 아닌 새로운 시각을 제시해야 한다. "특정 현상이 단순한 형식적 통사론이 아닌 인지적 기능을 포함하는 것으로 판명될 때마다, 가능한 통사적 구문에 대해 유전적으로 주어진 형식적 제약을 가정할 필요성은 줄어든다"(Geeraerts & Cuyckens 2007: 6).

4. 역량 모형에서 인간 수행으로

'강력한' 의미의 생물언어학은 마지막 두 가지 기본 질문에서 가장 명확하게 드러난다. 이는 아마도 가장 흥미로운 문제일 것이지만, 동시에 가장 해결하기 힘든 문제이기도 하다. 왜냐하면 두 질문 모두 첫 번째 질문보다 더 분명하게, 그리고 자신의 철학적 또는 이론적 확신(예: 합리주의/경험주자, 선천주의/행동주의, 형식주의/기능주의, 또는 거시적/미시적 인지)과 무관하게 분명한 장애물이 존재하기 때문이다. 다른 한편으로, 인지적 (생물) 언어학자는 혼자서 이 문제를 해결할 수 없으며, 다학제적 협력이 필요하다.

> 아마도 신경과학과의 긴밀한 협력을 통한 향후 연구는 (생물) 언어학자들이 '협의의'/'광의의' 언어능력 및 보편문법의 본질, 특성, 그리고 진화와 발달에서의 역할을 규명하는 데 도움이 될 것으로 기대된다. 또한 '다윈/월리스의 문제'는 [언어능력]이 신경학적으로 구현되는지에 대한 질문인 '브로카의 문제'(Boeckx 2009)와 분리해서 풀 수 없을 것이다. 마찬가지로 유전자형(genotype)과 표현형(phenotype) 사이의 넓은 간극을 메우기 위해서는 훨씬 더 포괄적인 발달 설명(Lorenzo & Longa 2009)이 필요할 것이며, 이 과정에서 보편문법에 대한 고전적인 (생성주의적) 초점이 요구될 것이다.
>
> Trettenbrein 2015: 6

다음으로 이 두 가지 문제를 아주 간략하게 제시할 것이다. 이렇게 간결하게 설명하는 이유는 부분적으로 거시적 인지 관점에서의 실질적인 참여가 비교적 최근에 이루어졌고, 관련 분야의 기술 발전으로 인해 빠른 속도로 변화하고 있기 때문이다. 또한 이 핸드북에는 뇌와 신경언어학에 대한 미시적 인지 관점(37장)과 언어 진화(38장), 즉 브로카 문제와 다윈/월리스 문제의 상당 부분을 각각 더 구체적으로 다루는 두 개의 기고문이 포함되어 있다. 다시 한번, 이러한 기본 질문이 언어학에 대한 다른 인지적 접근(및 그 너머)에도 왜 그리고 어떻게 관련될 수 있는지에 대해 생각해 볼 것이다.

4.1 브로카의 문제

폴 브로카(Paul Broca, 1824~1880)는 실어증 환자의 뇌를 연구하면서 전두엽의 특정 영역인 브로카 영역을 발견한 프랑스 의사이다. 그는 좌반구 전두엽의 손상으로 언어 이해력은 유지되지만 언어 생산 능력이 상실되는 현상을 최초로 과학적으로 설명한 공로로 잘 알려져 있다. 간단히 말해, 브로카의 문제는 위의 (1.4)에서와 같이 언어 지식이 뇌에서 어떻게 구현되는지를 탐구하는 문제를 의미한다. 이 문제를 처음 제안한 세드릭 보에스(Cedric Boeckx)는 "이 문제는 뇌와 마음의 연결에 관한 것으로, 그 미스터리를 푸는 방법에 대한 직관을 가진 사람은 거의 없다. 브로카의 문제나 갈의 문제(프란츠 요제프 갈(Franz Joseph Gall)의 이름을 딴 것)라고 부를 수 있지만, 이 문제에 대한 통찰력 있는 선례를 찾기는 매우 어렵다"(Boeckx 2009: 45)라고 조심스럽게 언급한다.

브로카의 문제를 단순히 거시적 인지나 생성적 문제로 한정할 수는 없다. 언어 지식이 뇌에서 어떻게 구현되는지를 이해하기 위해서는 (합리주의-이원론자, 플라톤주의, 경험주의 등의) 철학적 고찰을 넘어서 뇌의 구조와 기능을 면밀히 살펴보아야 한다. 전형적으로 인지언어학자가 아닌 신경 언어학자와 신경 과학자 간의 협업이 더욱 중요해질 수 있다(6절의 Piattelli-Palmarini 2013 참조). 특히 언어 병리학의 맥락에서 뇌의 활동, 구조, 자극 등이 언어능력과 어떻게 연결되는지를 해석하는 데 중요한 역할을 할 수 있다(아래 5절 참조).

Boeckx & Grohmann(2013)은 마음, 뇌, 행동 간의 상호작용을 연구하는 핸드북에서 여러 주제를 다루었다. 이들은 이론적 근거를 바탕으로 한 실험의 본질(Sprouse & Almeida 2013), 작업기억과 언어 처리(Wagers & McElree 2013), 모듈성(Marcus *et al*. 2013), 언어 결핍과 병리(Benítez-Burraco 2013, Friedmann *et al*. 2013) 등을 소개하며, 언어 탐구의 핵심 영역(통사론, 의미론,

형태론, 음운론)이 뇌에서 어떻게 구현될 수 있는지에 대한 생물언어학적 관심사도 다루고 있다(Schlesewsky & Bornkessel-Schlesewsky 2013, Pylkkänen *et al*. 2013, Bornkessel-Schlesewsky & Schlesewsky 2013, Monahan *et al*. 2013). 또한 브로카 영역의 운명과 마음과 뇌의 관계에서 브로카 영역의 역할을 추적하는 연구도 포함되어 있다(Hickok 2013, 핸드북의 37장 참조).

브로카 문제의 진정한 핵심은 생각, 마음, 뇌, 그리고 이들 간의 상호작용에 있다. 고전적인 키워드는 마음-뇌 이원론(Chomsky 1966), 사고의 언어(Fodor 1975), 인지 체계의 분석 수준(Marr 1982) 등이며, 현대 연구에서도 이러한 개념들이 여전히 중요한 역할을 하고 있다(Fodor 2008, Gallistel & King 2009, Ludlow 2011, Berwick & Chomsky 2016, Kemmerer 2020 등). Berwick & Chomsky(2016: 89-90)에 따르면, 인간 언어의 기본 속성은 다음과 같이 설명된다.

> 각 언어는 외부화를 위한 감각운동 체계와 추론, 해석, 계획, 행동 조직 및 비공식적으로 '사고'라고 불리는 기타 요소들을 위한 개념적 체계라는 두 가지 내부 체계와의 인터페이스에서 체계적인 해석을 통해 계층적으로 구조화된 표현을 디지털 방식으로 무한히 생성한다.

특정 언어적 구현(거시적 또는 인지적 수준)보다 더 일반적인 것은 모든 정보 처리 체계에 대한 Marr(1982 [2010])의 세 가지 분석 수준, 즉 계산적, 알고리즘적, 구현적 분석이다. 그러나 불행히도 "우리의 일반적인 문제는 가장 기본적인 계산적 연산조차도 신경 '두뇌(wetware)'에서 어떻게 수행될 수 있는지에 대해 거의 이해하지 못한다는 것이다"(Berwick & Chomsky 2016: 51). Gallistel & King(2009)의 연구가 한 가지 방향을 제시할 수 있지만, 비판적 성찰과 추가 참고 자료로는 Fitch(2017)를 참조할 수 있다.

구체적인 인지 신경언어학적 구현의 뿌리에는 "언어학과 신경생리학의 형식적 구조가 불일치한다"라는 데이비드 엠빅(David Embick)과 데이비드 포펠(David Poeppel)의 관찰이 있다. 이 소위 '입도성 불일치 문제'는 "[언어능력]의 원리에 대한 뇌 상관관계를 찾으려는 사람들에게 심각한 문제"로 자리잡고 있다(Hornstein 2009: 7, 각주 14). 즉, "언어에 대한 언어 및 신경과학적 연구는 서로 다른 입도성을 가진 대상과 함께 작동한다. 특히 언어 계산은 세밀한 구분과 명시적 계산 연산을 수반하며, 신경과학적 접근은 더 넓은 개념적 구분의 측면에서 작동한다"(Poeppel & Embick 2005: 104-105).

또한 존재론적 불가분성(Ontological Incommensurability) 문제와 함께 "언어 이론의 기본 요소는 현재 신경과학에 의해 확인된 기본 단위로 축소될 수 없다"(Poeppel 2017: 158)라고 주장한다. 논란의 여지가 있지만, "문법학자들이 제안하는 연산은 궁극적으로 뇌 회로, 즉 '단순한 연산을 계산하는 뇌 구조'에 내재되어 있어야 한다"(Hornstein 2009: 3)라고 덧붙인다. 따라서 "입도성 문제를 해소하는 방향으로의 유용한 단계는 문법 설명이 '총칭적인 계산적 서브루틴에 호소하는 계산 분석을 활용하는 것'"(Poeppel & Monahan 2008: 83)이라는 주장도 있다(Hornstein 2009: 116). 신경 계산 모형 분야에서 언어 이해(및 생산)를 위한 최근의 흥미롭고 유망한 연구는 영향력 있는 이중 흐름 모형(Hickok & Poeppel 2000, 2007)에 기반하고 있으며, Grimaldi(2012), Friederici(2017), Murphy(2020), Hickok & Small(2016), Hagoort(2019) 등 다양한 연구가 거시적 및 미시적 인지 언어 문제를 다루는 있다.

요컨대, 보편문법 이론과 언어능력(FLB 및 FLN)에 대한 이론은 현재 변화하고 있으며(특히 Wacewicz *et al*. 2020 참조), 앞으로도 계속 변화할 것이다. 이는 분명히 "포괄적인 '언어 이론'의 한 부분만을 제공할 것이므로, 우리는 인간 언어(따라서 게놈과 뇌)에 대해 여러 인지 기능을 조정하는 방식에는 특별한 무언가가 있다고 가정해야 한다"라는 주장으로 이어진다(Trettenbrein 2015: 6). 이러한 관점은 브로카의 문제가 미시적 인지언어학적 관점을 더 쉽게 통합하는 방식으로 질문을 제기하는 대안으로, 틴버겐의 언어에 대한 네 가지 질문을 재구성한 Reboul(2017)의 의견과 직접적으로 연결된다. "오늘날 많은 학계에서 (1.4)라는 질문이 언어학의 미래가 달려 있는 질문으로 받아들여지고 있음에도 불구하고, 우리가 그 질문에 이름을 붙일 수 없다는 사실에서 배울 수 있는 교훈이 있다"라는 점도 주목할 만하다(Boeckx 2009: 45).

4.2 다윈/윌리스의 문제

찰스 다윈(Charles Darwin, 1809~1882)은 영국의 자연주의자, 지질학자, 생물학자로, (원시) 언어(Darwin 1871)와 관련하여 널리 받아들여진 진화론(Darwin 1859)의 가장 중요한 공헌을 한 인물이다. 플라톤의 문제와 유사하게 "언어 진화의 논리적 문제"가 존재한다(Fujita 2007, 2009, Boeckx 2009, Hornstein 2009 참조, 매우 다른 맥락에서 Christiansen & Chater 2008 참조). 이를 '다윈의 문제'라고 부를 수 있으며, Boeckx(2009, 2011a)가 이 개념을 대중화했지만, 우리가 아는 한 Fujita(2002: 166)가 처음 사용한 것이다. 최근에는 자연 선택에 의한 진화의 공동 발견자인 알프레드 러셀 윌리스(Alfred Russel Wallace)의 이름을 따서 '윌리스의 문제'(Chomsky 2010, Bickerton 2014, Levinson 2014, Berwick & Chomsky 2016, Hackett 2018, Terrace 2019 참조)라고 부르기도 한다. 윌리스는 언어가 없는 종은 이미 충족할 수 없는 생물학적 기능을 인식할 수 없었기 때문에, 기존의 다윈주의적 적응주의 설명의 어려움에 처음으로 주목했다(Berwick & Chomsky 2016: 3). "Wallace(1869)는 일반적으로 이러한 어려움에 대한 최초의 공개적인 설명 중 하나로 간주되며, 언어와 정신의 기원을 다루면서 (그는 그 문제에 대한 다윈주의적 해결책을 구상했지만) 기존의 생물학적 다윈주의의 영역 밖에 두는 해결책을 제시한다"(Berwick & Chomsky 2016: 167, 각주 1).

따라서 위의 (1.5)에서 언급했듯이, 다윈/월리스의 문제는 (언어에 대한) 지식이 어떻게 종에서 출현했는지를 다루고 있다. 언어의 진화에 관한 논의는 매우 방대하여 여기서 모두 검토하기에는 무리가 있다. 생성문법 내에서의 진화 연구는 다소 뒤처져 있는 상황이며, 이러한 관심은 비교적 최근에 나타났다. 특히 Hauser *et al.*(2002)와 관련된 '초기' 연구(Freidin & Vergnaud 2001 참조)에서는 '광의'의 언어능력(FLB)과 '협의'의 언어능력(FLN) 관점에서의 접근이 더욱 두드러진다. Berwick & Chomsky(2016)는 이러한 연구 중 일부를 검토하고 있으며, Fitch(2010b), Reboul(2017), Progovac(2019) 등도 다양한 관점을 제시하고 있다(Gibson & Tallerman 2012, Lieberman 2015, Pennisi & Falzone 2016). 언어 진화에 대한 비생성적 연구는 (미시적) 인지언어학에서 가장 오랫동안 우세해 왔으며, Tomasello(1999)가 그 대표적인 예로 꼽힌다(전문가 개요는 38장 참조). 예를 들어, 오랜 역사를 지닌 에볼랑 컨퍼런스 시리즈(http://evolang.org)에서도 이러한 연구를 확인할 수 있다.

언어 진화 연구와 관련된 다양한 이슈가 존재한다. 생물언어학 관련 문헌을 참고하면, 호모 사피엔스를 제외한 비인간적 발성 학습자의 능력(Okanoya 2013)이나 비인간적 영장류의 인지 능력(Zuberbühler 2013) 등을 생각해 볼 수 있다(Boeckx & Grohmann 2013: 3). 또한, 언어의 진화를 밝히기 위한 화석 기록의 잠재적 활용(Balari *et al.* 2013), 자연 선택의 가능한 역할(Bickerton 2013), 모듈성에 관한 진화적 문제(Marcus *et al.* 2013), 언어 진화의 맥락에서 계산 모형화를 통한 통찰력(Kirby 2013) 등도 미시적 인지언어학 및 생성적 관심사 이상의 문제들과 관련된 주요 이슈들이다.

Chomsky(2005)의 인간 언어 설계에 대한 세 가지 요소 접근 방식(위의 (2) 참조)에서 거시적 및 미시적 인지언어학 문제를 통합할 수 있는 가장 유망한 경로는 세 번째 요소이다. Lohndal & Uriagereka(2017)는 이 세 가지 요소를 더 큰 관점에서 고려하며, 세 번째 요소에 초점을 맞추면서 "세 가지 요소가 생각보다 더 일반적"이라고 언급한다. Gould(2002: 118)는 '적응적 삼각형'이라고 불리는 세 가지 유사한 요인이 유기체에 더 일반적으로 적용된다고 말하며, 이는 다음과 같이 설명된다.

현대 과학자들은 '생물학의 어떤 것도 진화의 관점에서 보면 의미가 없다'라는 Dobzhansky(1973)의 주장을 받아들이고 있지만, 이는 자연 선택에만 어느 정도 적용된다고 볼 수 있다. [⋯] 생물학적 혁신은 Thompson(1917/1942 [1992])이 지적한 생물체의 성장과 형태에 대한 근본적인 설명을 제공하는 제3의 요인에 대한 문제를 제기한다(자세한 논의는 Freidin & Vergnaud 2001 참조).

Lohndal & Uriagereka 2017: 118

언어와 인간의 언어능력에 대한 '지식'의 맥락에서 Ferretti *et al.*(2018)은 거시적, 미시적 인지언어학자들이 한 걸음 더 나아갈 수 있는 제안을 내놓았다. "언어를 '협의'의 언어능력(Faculty of Language in the Narrow sense, FLN)이 아닌 '광의'의 언어능력(Faculty of Language in the Broad sense, FLB)으로 간주하는 아이디어는 고전적 생물언어학에서 가정하는 것보다 더 복잡한 인지 구조를 통해 언어 기능을 설명하는 방법"이라고 하며, "'광의'의 언어능력을 특징짓는 많은 인지 장치가 비인간 동물에도 존재하므로, '광의'의 언어능력에 초점을 맞추면 언어에 대한 지속적인 관점을 발전시킬 수 있다"라고 설명한다(Ferretti *et al.* 2018: 221). 그들은 이어서 "Wacewicz & Żywiczyński(2014)가 강조했듯이, 실제로 언어 기원과 관련하여 중요한 것은 모두 '광의'의 언어능력에 기인한다"(ibid.)라고 덧붙인다. 진화론적 관점에서 '광의'의 언어능력과 '협의'의 언어능력에 대한 비판적 성찰은 앞서 언급한 Wacewicz *et al.*(2020)을 참조할 수 있다.

따라서 언어 진화에 관한 논의의 대부분은 지금까지 이 절에서 언급한 거의 모든 출처에서 나온 진화론 자체에 관한 것이다. 다윈과 월리스와 관련하여 "자연 선택이 어떻게 인류의 뛰어난 지적, 언어적, 기술적 능력을 설명할 수 있는지에 대한 의문"(Trettenbrein 2015: 5)은 정말로 수수께끼이다. 이는 다윈과 월리스의 문제 그 이상을 다루고 있다. 아마도 Trettenbrein(2015)이 Fitch(2010b)를 언급한 것처럼, "최소한의 '협의'의 언어능력 형태로 광범위한 결과를 초래하는 작은 변화가 답이 될 수 있다. 놀랍게도, '협의'의 언어능력이 적응되지 않을 수 있다는 것을 암시하는 대답이다"(ibid.). Fitch(2010b: 22)가 이미 예견한 (미시적) 인지적 반응은 "언어능력의 어떤 하위 구성요소는 진정으로 고유하지 않다"(강조 삭제)는 것이다. 즉, '협의'의 언어능력이 존재하지 않으면 '협의'의 언어능력과 '광의'의 언어능력을 구별할 수 없다는 것이다(초기 논의는 Pinker & Bloom 1990, 최근 논의는 Pinker & Jackendoff 2005 참조).

또한, 언어의 역사가 200,000년 이하라면(Berwick & Chomsky 2016), 인간의 언어는 "진화론적 측면에서 매우 최근의 성과"가 될 것이며, "이러한 이유로 논리적으로 진화할 수 없는 모든 복잡성을 자연화하려는 시도에 의문을 던질 것"(Rosselló & Martín 2012: 16)이라는 점도 고려할 수 있다.

요컨대, 다윈/월리스의 문제는 미시적 인지언어학과 거시적 인지언어학 모두에서 가장 중요한 문제이다. 그리고 해답으로 가는 길은 거시적/미시적 구분에만 의존하거나 선천주의에 의존하지 않는다. 언어와 무관하게 진화론이 큰 역할을 하며, 언어의 출현에 대한 증거(의사소통, 사고, 인지, 계산적 능력 등)와 유전적 증거, 화석 기록 및 기타 자료가 중요한 역할을 한다. 다시 말해, 위의 (1.5)의 다윈/월리스의 문제와 (6.4)의 언어에 대한 틴버겐의 네 가지 질문을 재구성한 Reboul(2017)의 문제 사이의 주요 차이점은 언어에 대한 '지식'에 있다. 이 절과 개요를 마치기 위해 이전과 마찬가지로 마지막 인용문으로 이전 절과 연결되는 항목을 선택한다.

> 우리가 목격하고 있는 변화에 대한 책임은 진화적 적절성, 특히 Hauser *et al.*(2002)의 프로그램 논문 이후 진화적 적절성뿐만 아니라 (우리가 아는 한 새로운 용어를 사용할 수 있다면) 신경적 적절성으로부터 설명적 적절성(언어 습득)에 가해진 압력에 있다. 마찬가지로, [다윈/월리스]와 브로카의 문제에 대한 명령적 접근이 오래된 플라톤의 문제에 대한 새로운 접근 방식을 위한 길을 열었다고 말할 수 있다.
>
> Rosselló & Martín 2012: 16

5. 비교 생물언어학을 향하여

이전 연구(Grohmann & Kambanaros 2016)와 이안티 침플리(Ianthi Tsimpli)와의 공동 작업(Tsimpli *et al.* 2017)을 바탕으로, 여기에서는 생성문법과 인지언어학이 어떻게 더 나은 이해에 공동으로 기여할 수 있는지를 설명하기 위해 언어 병리학 연구를 예로 들어보겠다.

언어 병리학에 대한 생성적 관심은 발화, 언어 및 의사소통 장애를 보편문법 및 개인 간에 불변하는 것으로 추정되는 선천적 종 특이적 언어능력의 맥락에 위치시키는 것에서 시작된다. 앞서 간략하게 검토한 바와 같이, 언어 교수법은 수년에 걸쳐 완전한 언어 원리 및 매개변수의 집합에서 언어 구조 구축 연산인 병합(레이블링 알고리즘의 일부 또는 대체)을 포함하는 훨씬 작은 속성 모음으로 축소되었다. 이러한 속성은 재귀라는 인간 고유의 언어 속성을 도출해 낸다.

나아가, 인간의 언어능력은 완벽한 언어 체계를 구성하는 것으로 가정된다. 그러나 불행히도 인간의 체계나 생리가 항상 최적의 방식으로 원활하게 작동하는 것은 아니다. 오작동, 잘못된 형태, 기타 이상 현상이 곳곳에 존재한다. 언어 체계도 예외는 아니다. 따라서 언어 병리학에서 생성언어학의 역할을 다루고, 언어 장애와 관련된 많은 언어학 연구를 안내하는 한 가지 중요한 질문은 다음과 같다. 손상되지 않은 언어가 언어능력에 대해 무엇을 알려줄 수 있는가?

생물언어학의 다섯 가지 근본 질문과 언어 병리학 연구 사이에는 직접적인 관계가 있다. 훔볼트의 문제(즉, 3.1절에서 논의된 (1.1) 질문)는 일반적으로 건강한 성인 화자의 관점에서 조사하는 반면, 언어 장애는 언어의 어떤 측면이 언어의 암묵적 기본 지식의 영역에 속하는지에 대한 추가 단서를 제공할 수 있다. 마찬가지로 발달 언어 장애를 살펴보면 전형적 언어 발달을 연구하는 것 외에도 플라톤의 문제(3.2절에서 논의된 (1.2) 질문)에 대한 더 많은 통찰력을 얻을 수 있다. 데카르트의 문제(3.3절에서 논의된 (1.3) 질문)에 대한 탐구는 언어 장애 집단, 특히 언어의 뛰어난 통합 역량-수행 모형에 대한 조사를 통해 많은 것을 밝혀낼 수 있다. 브로카의 문제(4.1절에서 논의된 (1.4) 질문)는 언어 병리학, 특히 뇌 손상으로 인한 언어 장애에 대한 매우 명백한 관심사이다. 마지막으로 다윈/월리스의 문제(4.2절에서 논의된 (1.5) 질문)는 정상 언어에 대한 많은 추측의 여지를 열어줄 뿐만 아니라, 유전적 기능 장애로 인해 발생하는 언어 병리와도 관련이 있다.

병리학은 언어 전반에 대한 연구에서 오랫동안 중요한 역할을 해 왔다. 생성언어학은 언어 분해를 조사하여 얻은 통찰력으로부터 많은 혜택을 받았다. 즉, 장애 언어 분석의 이론적 구현이 활용되어 언어 이론을 뒷받침했으며, 동시에 여러 언어 병리에서 발견되는 장애 언어의 유형과 입증된 패턴, 그리고 입증되지 않아 이론에서 배제된 패턴은 인간 언어에서 가능한 것과 불가능한 것(보편문법, 원리 및 매개변수 등)의 직접적인 작용으로 간주되었다. 다시 말해, 언어 병리에 대한 언어학 연구는 오랫동안 변하지 않는 인간의 언어능력이라는 한 가지 상수를 유지해 왔다.

이러한 가정에 따라, 언어 자료가 이론을 뒷받침하고 그 반대의 경우도 마찬가지이다. 현대 연구는 종종 병리적 언어와 인지에 대한 연구의 영향력을 높여, 언어 병리 연구가 언어 이론에 기여할 수 있는 부분을 근본적인 언어능력에 대해 더 많이 알아내는 데 초점을 맞춰야 한다고 주장한다. 언어 병리학 연구가 '유전적 기반 언어능력 이론(언어 준비가 된 뇌)과 같은 보편문법 연구에 기여하는 것과 관련된 몇 가지 핵심 쟁점은 다음과 같다(이러한 질문에 대한 첫 번째 답변은 Tsimpli *et al*. 2017, Leivada *et al*. 2017, Grohmann *et al*. 2021 참조). 여러 국가, 언어, 병리학 및 다양한 분야에 걸쳐 최근 진행 중인 많은 연구에서 알 수 있듯이, 이러한 이슈는 향후 연구 의제의 나침반으로 간주될 수 있다.

- **병리학이 핵심 언어능력에 영향을 미칠 수 있는지, 아니면 언어의 특정 속성에만 영향을 미치는가?** 즉, (거시적) 인지언어학자들은 언어 병리가 있는 집단에서 병합과 같은 기본적인 연산을 사용할 수 없거나 장애가 있을 수 있다는 증거를 찾고자 할 것이며, 그보다는 선택성과 가변성이 언어 사용 장애를 설명할 가능성이 더 높다고 볼 수 있다. 이 질문에 대한 (미시적) 인지언어학적 접근은 다른 측면에서 접근하여 인지적 및 계산적 과정을 통해 (구조적) 병리학적 언어의 모든 속성을 설명하려고 시도할 수 있다.
- **언어 병리학이 언어능력에 영향을 미치는지, 아니면 언어 사용을 매개하는 메커니즘에 영향을 받아 언어 사용의 다양성이 이러한 지식에 접근하는 데 달려 있는가?** 이 문제는 예를 들어, 언어별 선택사항과 작업기억 자원 사이에 종종 언급되는 긴장을 식별한다. 인지언어학에서는 '언어능력'이라는 개념이 완전히 거부되기 때문에 이는 문제가 되지 않지만, 잘 알려진 불일치를 설명할 필요가 있다.
- **언어 장애의 특성에 따라 병리학이 언어 사용에 다르게 영향을 미치는가?** 이 질문과 관련하여, 예를 들어 언어 지식과 언어 사용의 문제를 후천성 언어 장애와 발달성 언어 장애의 기능으로 구분할 수 있는지 조사하는 연구가 있다. 이는 형식주의든 기능주의든 선천적 생성주의든 미시적 인지주의든 모든 인지적 접근에 적용된다. 전자의 진영에서는 특히 세 번째 요소를 요구하지만, 후자의 진영에서는 이것이 유일한 요소로 받아들여질 것이다.
- **언어 병리학에서 언어 외부 요인의 기여를 언어 장애에서 어떻게 분리할 수 있는가?** 인지(주로, 실행 통제)와 환경(예: 특정 토큰, 유형 또는 구조의 입력 빈도)을 관련 요인으로 가정할 때, 언어 사용 장애에 대한 다학제적 연구는 타고난 구조와 메커니즘을 넘어 추가적인 관심을 받는다. 이는 언어적, 인지적, 통계적, 환경적 패턴과 요인에 대한 통찰을 서로 대립하기보다는 결합한다는 정신으로, 서로 다른 이론적 설득력을 가진 언어학자들 간의 협력의 패러다임을 보여주는 사례이다.

병리학적 언어 연구에 (미시적) 인지언어학적 통찰력을 명시적으로 적용하는 연구가 늘어나고 있다. 특히 로즈마리 발리(Rosemary Varley)의 UCL 인지 및 문법 연구실에서는 알츠하이머병의 형식 언어(Zimmerer *et al*. 2016), 비유창성 실어증의 연어(Bruns *et al*. 2019), 일차 진행성 실어증에서의 수동화(Zimmerer *et al*. 2014), 그리고 실문법증(agrammatism)의 수리 능력(Varley *et al*. 2005) 등을 조사하고 있다. 이들의 결론 중 상당수는 (미시적) 인지언어학의 통찰력에서 직접 도출된 것이지만, 중요한 점은 이를 맹목적으로 받아들이지 않고 열린 마음으로 도출했다는 것이다. Friedmann *et al*.(2013)의 기여는 병리학적 언어 오류를 사용하는 것이 어떻게 고전적인 (생성적) 거시적 인지 문제를 넘어서는 언어 분열에 대한 이론적 인지언어학적 모형에 정보를 제공할 수 있는지를 보여주는 또 다른 예이다.

언어능력의 이론으로서의 보편문법은 최근의 개념인 '광의'의 언어능력과 '협의'의 언어능력 모두에서 언어능력과 구별된다. '협의'의 언어능력만이 인간에게 고유한 것으로 가정되는 반면, '광의'의 언어능력은 개념적-의도적 체계의 본질에 대한 정확한 관점에 따라 실용적 역량도 포함하는 것으로 해석될 수 있다. 그러나 동시에 석학주의의 유명한 사례인 크리스토퍼의 언어 및 인지 연구에서 보여주듯, 다학제적 협업을 통해 많은 것을 얻을 수 있다(Smith & Tsimpli 1995). 특히 그가 영국 수어를 배우면서 얻은 연구 결과는 언어, 사고, 의사소통 간의 다양한 연관성을 확인시켜 주었다. 이는 인지의 다른 측면에 비해 언어가 생물학적으로 자율적이라는 점을 시사한다(Smith *et al*. 2010, 간략한 설명은 Tsimpli *et al*. 2017 참조).

인간의 언어능력(즉, Faculty of Language in the Narrow sense, FLN)에 대한 가설은 그것이 종 전체에 걸쳐 불변한다는 것이다. 이 관점은 최근 언어능력 그 자체보다는 '인지 능력의 집합체'인 언어에 대한 점진적 관점을 주장하는 Balari & Lorenzo(2015: 8)의 제안에 도전받고 있다. 언어의 기저에 있는 생물학적 요인에 대한 이러한 개념화는 보편문법의 규모에 관한 현재의 논쟁에 잘 부합한다. 예를 들어, 생성문법학자들은 대부분 이를 받아들이지 않을 것 같지만, 노버트 혼스타인(Norbert Hornstein)의 블로그인 '언어학과'(Faculty of Language)(http://facultyoflanguage.blogspot.com)에서 많은 토론이 이루어지고 있다. 그러나 이는 거시적 인지언어학자와 미시적 인지언어학자 간의 협업을 위한 좋은 출발점이 될 수 있다(적어도 Balari & Lorenzo 2015에 제시된 제안을 이렇게 해석한다). 이것이 의미하는 바는 언어 병리가 어떻게 보편문법에 영향을 미칠 수 있고 그 반대의 경우도 마찬가지인지에 대한 질문이 학습된 개요를 제공하기에는 너무 새롭다는 것이다. 그러나 이는 확실히 흥미로운 새로운 질문을 야기한다.

이러한 질문 중 하나는 언어의 신경생물학적 기초에 관한 것이다(Schlesewsky & Bornkessel-Schlesewsky 2013 참조). 이 이슈를 해결하는 것은 전통적인 의미의 완전한 언어능력('big UG')을 가정하든 매우 축소된 언어능력('small UG')을 가정하든 또는 '광의'의 언어능력과 '협의'의 언어능력의 구분과 관계없이 실어증과 같은 직접적인 뇌 손상으로 인한 언어 실어증과 관련이 있으며, 모든 '언어가 준비된 뇌'와 관련이 있다. 그러나 '입도성 불일치 문제'(4.1절 참조)는 언어 분류와 보편문법의 관계를 조사하는 데 있어 여전히 강력한 장벽으로 남아 있다. 즉, 언어 병리학을 이해하여 보편문법에 대한 연구를 진행하거나 그 반대의 경우, 병합(Merge) 또는 이동(Move)

작용 장애에 대한 신경학적 상관관계를 찾는 것은 결코 쉬운 일이 아니다(Ding *et al.* 2016 또는 Jin *et al.* 2020에서 보고된 흥미로운 연구 결과에도 불구하고 Frank & Christiansen 2018 참조). Grohmann(2013: 343)이 지적했듯이, 이 이슈는 Boeckx(2010: 159)에서도 다루어졌는데, 그는 실제로 판을 뒤집었다. "신경언어학자들이 이론 언어학들의 가설과 일치하는 단위를 찾으려고 노력하지 않는 한 [참조 생략], 우리가 처한 수수께끼는 사라지지 않을 것이다."

이러한 발전의 결과와 관계없이, 언어 병리학의 관점에서 바라본 보편문법은 이론적 정보를 바탕으로 한 언어 연구의 초기 단계에서는 불가능했을지도 모르는 '협의'의 언어능력에 대한 새로운 창을 열어줄 수 있다. 선택된 언어 병리에서 몇 가지 관련 언어 프로파일을 강조함으로써 향후 연구를 위한 한 가지 경로는 이를 구체화하고, 더 많은 데이터를 수집하며, 손상된 언어를 현재의 언어 이론과 더 밀접하게 연결시키는 것(또는 그 반대의 경우도 마찬가지)이 될 수 있다.

그러나 이 장과 직접적으로 관련된 더 큰 메시지도 있다. 유전적, 발달적, 후천적 언어 병리의 공통성을 보다 면밀히 조사하는 특정 연구 분야는 Benítez-Buraco & Boeckx(2014)가 **비교 생물언어학**(Wildgen 2008과는 다르게 사용)이라고 명명한 것에 포함될 수 있다. 언어 병리학에서 변이를 살펴보면, "비교언어학 핵심의 빵과 버터인 표면적 변이 아래에 있는 종 간 및 종 내 변이", 즉 언어 장애 및 그 다양한 양상과 같은 표현형 변이를 더 깊이 고려할 수 있다(Boeckx 2013a: 5-6, Samuels 2015, Samuels *et al.* 2017 참조). 이러한 관점에서 떠오르고 있는 일부 관련 연구는 Leivada(2015), Leivada *et al.*(2017), Grohmann *et al.*(2021)에서 찾아볼 수 있다.

이 연구는 어휘 및 문법 능력에 관한 독특한 언어적 프로파일을 확보하는 것을 주요 목표로 하는 대규모 연구로, 예를 들어 단일 언어, 다중 언어 또는 그 중간 정도인 다양한 유전적 및 비유전적 집단에 대한 인지 프로파일을 개발하려는 목표와 병행하여 수행되고 있다(Kambanaros & Grohmann 2015 참조). 예를 들어, 조현병이나 다발성 경화증 환자의 명사와 동사에 대한 어휘 검색 능력과 HIV 양성 남성의 복잡한 문법적 표지의 문장 반복에 관한 마리아 캄바나로스(Maria Kambanaros) 및 동료들의 연구가 있다. 개별 다양성은 임상적으로 매우 중요하지만, 인구 기반 연구는 관련된 뇌의 기반을 인정하는 행동 테스트를 통해 인지언어학 이론을 발전시킬 수 있다. 이는 유전 생물학, 뇌의 신경생물학, 인지 신경과학, 인지 및 발달 심리학, 언어 치료 및 병리학, 정신 언어학, 신경 언어학, 임상 언어학, 언어 발달, 이론적 언어학 등 다양한 분야에서 협력할 수 있는 특별한 기회를 제공한다.

또한, 특히 병리학에서 보편문법의 역할과 관련된 근본 기능에 대해 더 잘 알 수 있다. 자폐증 표현형에 대한 새로운 관점(Bourguignon *et al.* 2012), 인간 언어의 생물학적 특성과 기본 유전 프로그램(Di Sciullo *et al*. 2010), 언어 조직의 유전적 요인과 두 대뇌 반구의 역할(Hancock & Bever 2013), 구문 네트워크가 발달 언어 장애의 표현형을 구성할 수 있다는 생각(Barceló-Coblijn *et al*. 2015)과 같은 최근 연구들은 부분적으로 이러한 방향으로 나아가고 있다.

온전하지 않은 언어가 보편문법에 대해 무엇을 알려줄 수 있는가? 현재 문헌을 살펴보면, 언어 장애에 대한 수십 년간의 연구에도 불구하고, 인간 **언어능력**의 본질과 유전적으로 손상된 언어, 언어 발달 장애 또는 후천적 언어 장애에서의 역할에 대해 많은 진전이 이루어지지 않았다는 결론에 도달할 수 있다. 병리학적 언어에 대한 대부분의 논의는 언어능력이나 보편문법 이론이 아니라, (아마도 언어 및/또는 의사소통과 함께) 언어의 결과적 붕괴를 암시한다고 해도 과언이 아니다. 과거에는 더 깊은 수준의 분열에 대한 암시가 있었을 수도 있지만, 현재까지 언어 분열과 '협의'의 언어능력 사이의 직접적인 연관성을 밝히려는 연구는 존재하지 않는다(Leivada *et al*. 2017에서 암시, Hinzen 2017 및 후속 연구 참조). 보편문법 원리가 언급된 경우는 일반적으로 독립적인 연구 결과를 설명하기 위한 일시적인 시도로 이루어졌다.

6. 전망

이 장은 생물언어학의 여러 쟁점과 문제를 다루는 진지한 가이드로서, 역사적 검토에서 시작하여 (생성적 최소주의에 초점을 맞춘) 거시적 및 미시적 인지 연구(Wen *et al*. 2014 참조)를 포함한 모든 유형의 인지언어학 연구로 이어지기를 기대한다. 이 장에서는 생물언어학의 다섯 가지 기본 질문에 초점을 맞추고, 각 질문을 길이에 차이를 두면서도 상당히 상세하게 논의했다.

거시적 및 미시적 인지언어학(종 특유의 정신 현상으로서의 자연어)과 같이 매우 밀접한 분야에서도, 여러 학문 분야에 걸쳐 논의할 때 가장 어려운 점 중 하나는 용어의 차이이다. 지배적인 생성주의적 생물언어학의 맥락에서 볼 때, 이는 두 배로 나쁜 상황이다. 첫째, 오랫동안 사용되어 온 생성적 개념, 고려 사항, 합의를 채택함으로써, 비생성적 인지언어학자들은 처음부터 이를 회피할 수 있다. 따라서 모든 관련 개념을 올바른 맥락에 놓고 다시 정리하는 것이 중요하다(더 넓은 각도에서 이를 수행하는 최근 사례는 Adger 2019 참조). 자세히 살펴보면 일부 아이디어는 결국 그렇게 나쁘지 않거나, 심지어 울타리 너머에서 상응하는 개념을 찾을 수도 있다.

둘째, 의미론과 음운론을 포함한 다른 영역뿐만 아니라, 거시적 인지언어학자, 생성문법학자, 최소주의 통사론자 사이에서도 용어의 불일치가 존재한다. Leivada(2020)는 이 중 몇 가지, 일부는 매우 근본적인 문제를 파악하고 용어 사용의 불일치, 잘못된 표기법 적용, 모호한 개념화 또는 이 모든 문제를 지적하는 훌륭한 연구를 수행했다. 이러한 용어의 오용 사례에는 보편문법, 언어능력, 매개변수, 언어 보편성, 자질 등이 있으며, 앞으로도 유사한 문제를 지닌 용어들이 더 등장할 가능성이 높다.

다른 언어학자들도 '언어'의 정의와 같은 명백히 기본적인 개념('언어'의 정의는 가능하지도 바람직하지도 않다고 한 Wacewicz *et al.* 2020)이나 최근 Haspelmath(2020)가 한 것처럼 "언어 구조에 관심이 있지만 언어에 대한 비심리언어학적, 비사회학적 연구를 하는"('구조주의자' 또는 '구조언어학자' 제안) 언어학자들에 대한 올바른 명칭 찾기 등 용어 문제로 어려움을 겪고 있다. 이는 (생성적) 생물언어학의 또 다른 경향을 연상시킨다. "각각의 개별 언어에 대한 이론을 생성문법이라고 부르지만"(Chomsky 2017: 3), 많은 생성언어학자들은 개별 언어의 실제 구조적 속성에 대해서는 그다지 관심이 없다. 예를 들어, "**언어학(linguistics)**(또는 생물언어학, [언어능력]에 중점)과 **언어학(languistics)**(Felix 2010: 71)가 '언어 자료'라고 부르는 것에 초점)"을 농담으로만 의미하는 것이 아니라 이름으로 구분하자는 Hornstein(2013)의 제안을 생각해 보자. 이는 생성적 생물언어학의 또 다른 경향을 떠올리게 한다. Boeckx & Grohmann(2007)이 제안한 강한 의미의 생물언어학과 약한 의미의 구분과 유사한 상황이다(Leivada 2015: 94, 강조 추가, Leivada 2014 참조). 인간 언어능력의 본질에 대한 책임 여부와 관계없이 실무자를 위한 '생물언어학자 대 언어학자'와 같은 다른 개념도 아직 발표되지 않았음에도 불구하고 떠오르고 있다(그러나 Boeckx 2009: 61, 그리고 널리 유포된 미발표 초기 원고에서 더 강력한 공식화를 참조).

다섯 가지 기본 문제를 적절히 다루는 데 있어 더 중요한 쟁점은, 생물언어학자들이 인간의 언어수행과 가변성처럼 전혀 다른 영역의 연구에 기여할 수 있으며, 기여해야 한다는 점이다. 또한, 이들은 오해가 있는 부분을 바로잡고(Smith *et al.* 2014 참조), 다른 연구 분야의 지속적인 발전을 지원할 수 있다. 여기에는 '광의'의 언어능력의 확장 개념도 포함될 수 있다(예: 식물에 대한 Gagliano & Grimonprez 2015, 최근 성장하고 있는 '슈퍼 언어학(super linguistics)' 분야, Patel-Grosz & Schlenker 2018 참조). 이 장과 '생물언어학 2.0'(Boeckx & Benítez-Burraco 2014a)의 맥락에서, 우리는 앞서 제시한 내용을 보다 구체적으로 논의할 수 있다. "생물언어학은 상당히 광범위한 연구 프로그램이며 형식주의자, 기능주의자, 언어능력의 고유성을 주장하는 선천주의자, 일반적인 (인간) 인지에 대한 선천주의자, 언어 자체에 대한 선천주의자 등 다양한 연구 방법을 탐구할 수 있다"(Di Sciullo & Boeckx 2011: 5). 이상적으로는 이러한 생물언어학 연구 프로그램이 가까운 미래에 어떤 형태로든 제도화될 수 있을 것이다. Piattelli-Palmarini(2013)는 최근 이 분야의 과거, 현재, 미래에 대한 짧은 글을 통해 진정한 학제 간 생물언어학 연구 프로그램의 가능한 교육과정을 스케치하기도 했다.

이전 논의가 마치 '만물 연합교회(United Church of Everything)'의 선언문처럼 보일 수 있음을 인정한다. 그러나 이는 부정적인 것으로 볼 필요는 없다. 언어는 사회적, 문화적, 역사적 차원과 함께 정신적 현상으로 연구되어야 한다. 그러나 정신적 측면은 분명히 생물인지적 측면과 연결되므로, 생물언어학은 인지언어학적 접근을 포함해야 한다. 마찬가지로, 언어에 대한 다른 접근 방식에서도 "문화적·역사적 요소는 문법의 생물학적 영역에 속하지 않는다"라고 단정할 수 없다. 이는 Zaefferer & Poeppel(2010: 161)의 견해를 반영한 것이다.

> "언어의 어떤 것도 문법의 생물학적 맥락에서 벗어나서는 의미가 없다"라는 생물언어학적 공리(Boeckx & Grohmann 2007: 3)는 문화 역사적 요소에 근거한 설명과 반드시 양립할 수 없는 것은 아니지만, 문화와 역사가 살아가려면 생물학적 기반이 필요하다는 점을 고려하면 이러한 견해는 '생물언어학' 개념을 사소하게 만들 수 있다(Koster 2009: 92 참조).

그러나 Boeckx & Grohmann(2007: 3)이 계속 주장한 바와 같이, 우리는 여전히 이 견해에 동의한다. 우리는 생물언어학의 독특한 학제적 특성이 의사소통과 오해라는 복잡한 문제를 초래할 수 있음을 충분히 인식하고 있다. 하지만 언어학자, 진화생물학자, 분자생물학자, 신경과학자, 인류학자, 심리학자, 컴퓨터 과학자, 언어 병리학자 등 다양한 배경을 가진 과학자 공동체가 이러한 문제를 서서히 극복하고 있다고 느낀다. Taylor(2007)는 "오직 협업과 상호 존중만이 이러한 유형의 연구를 가능하게 하며, 문제를 명확히 하고 새로운 자료를 발굴하며, 언어의 본질과 인간됨의 본질을 이해하는 데 도움이 되는 질문에 답할 수 있다"라고 강조했다(Boeckx & Grohmann 2007: 3-4).

마지막으로, '생물언어학'이라는 개념에 현대적 의미를 부여하고, 해당 분야에서 학제 간 융합을 가장 적극적으로 옹호한 학자 중 한 명인 마시모 피아텔리 팔마리니(Massimo Piattelli-Palmarini)의 견해를 살펴보자. 다음 글은 그의 저서 『언어와 학습: 피아제와 촘스키 간의 논쟁Language and learning: The debate between Jean Piaget and Noam Chomsky』의 서문에서 발췌한 내용이다. 이 글은 언어학자, 심리학자, 철학자, 신경학자, 생물학자가 한자리에 모여 언어의 근본적인 문제를 논의한 최초의 중요한 생물언어학적 사건 중 하나를 기록한 것이다.

"결국 이 모든 논의는 어디로 이어지는 것인가?"라는 질문이 반복되었다. 또한, "여기서 진정으로 중요한 문제는 무엇인가?", "내 연구 분야의 문제와 어떤 관련이 있는가?"라는 질문도 제기되었다. 흥미로운 점은, 여기서 말하는 "분야"가 종종 인간의 조건 자체를 의미한다는 것이다.

Piattelli-Palmarini 1980: xvii

더 읽을거리

Boeckx, C. (2010). *Language in cognition: Uncovering mental structures and the rules behind them*. Oxford: Wiley-Blackwell. (이 책은 생물언어학이라는 용어를 사용하지 않고도 생물언어학을 완벽하게 소개하며, 때때로 상당히 기술적이다.)

Boeckx, C., & Grohmann, K. K. (Eds.). (2013). *The Cambridge handbook of biolinguistics*. Cambridge: Cambridge University Press. (다양한 관점을 통합하려는 명시적인 목표로 이 분야의 최초의 핸드북이다.)

Isac, D., & Reiss, C. (2013). *I-language: An introduction to linguistics as cognitive science* (2nd ed.). Oxford: Oxford University Press. (생물언어학을 이해하는 비전문가를 위한 생성언어학에 관한 훌륭한 교재이다.)

Jenkins, L. (2000). *Biolinguistics*. Cambridge: Cambridge University Press. (이 용어를 사용한 생물언어학 의제에 대한 최초의 논문이다.)

Lenneberg, E. (1967). *Biological foundations of language*. New York: Wiley. (신세대 생성문법가들과의 초기 상호작용에서 성장한 고전 텍스트로, 촘스키의 자세한 부록도 포함되어 있다.)

제42장
세상을 대신하여 사고하기
급진적 신체화된 생태언어학

1. 도입

페르디낭 드 소쉬르(Ferdinand de Saussure)는 언어학의 근본적인 지향이 언어학을 독립적인 학문으로 정의하는 것이라고 주장했다. 그는 "언어학의 목표는 [···] 언어학 자체를 한정하고 정의하는 데 있다"(Saussure 1992: 20)라고 말했다. 이러한 궁극적 목표를 달성하기 위해, 소쉬르는 la langue라는 언어 대상들의 한 범주를 연구하는 학문으로 언어학을 구상했다. 이 범주는 다른 어떤 학문도 접근할 수 없었다. 소쉬르에게 언어학은 물리학처럼 가치 중립적인 과학이어야 했다. 이후의 언어학자들 역시 이 견해를 공유하고 발전시켰다. 예를 들어, 미국 구조주의에서 이상적인 언어학자는 분석 대상 언어를 실제로 이해하지 못하는, 무관심한 관찰자로 여겨졌다. 오늘날에도 여전히 많은 언어학자들이 이 전통을 따르고 있다. 객관성은 매우 중요하지만, 그것 자체가 하나의 가치일 뿐이다(Reiss & Sprenger 2017). 과학철학에서는 과학과 그 대상은 오늘날 증거 수집과 이론 평가에서 맥락에 민감하게 의존하는 사회적 산물로 간주된다(Hacking 1999). 따라서 많은 과학철학자들은 비인격적인 객관성을 주장하기보다는 모든 관찰이 이론으로 가득 차 있으며, 사실과 가치가 항상 얽혀 있다고 주장한다.

고전적 객관성에 대한 비판을 넘어서, 사실에 대한 충실함만으로는 **혁신**을 설명할 수 없다. 기계론적 모형은 미래를 개념화**하는 데** 유용하지만 살아있는 시스템에는 적용되지 않는다. 진화적 관점에서 정의는 **과거에 대한** 단순한 진술일 뿐이다. 이게 왜 중요한가? James Shapiro(2011)는 그의 저서 『진화: 21세기의 전망Evolution: A view from the 21st century』에서 "진화적 변화에서 중요한 문제는 선택이 아니라 혁신이다"라고 썼다. 이는 생명체가 자연 유전공학과 같은 기술을 통해 유기적으로 생성된 유전적 변화를 일으키는 자기 수정적 존재이기 때문이다(Shapiro 2011). 이러한 자기 수정은 문화 세계와 우리가 일반적으로 혁신이라고 생각하는 것에도 적용된다. 신다윈주의자가 아니라면 이 모든 것이 놀라운 일이 아니다. 결국 변화할 수 있는 능력 자체가 적응력의 본질이기 때문이다. 결과적으로 살아있는 시스템은 **방향성**이 있는 것으로 나타난다. 인간 관찰자의 입장에서 보았을 때, 생물은 생존과 안녕을 확보하기 위해 환경에 적응하거나 적응하지 못한다. 변화의 **방향**은 예측할 수 없으며, 생명체를 연구하는 연구자들에게 이러한 예측 불가능성은 생명체가 우연성을 활용한다는 것을 의미한다. 복잡한 자연 세계에서 생명체는 생물학적 및 생태학적 메커니즘에 의존하여 적응 방법을 찾아내며, Kauffman(2000)이 "인접 가능성(adjacent possible)"이라고 부르는 개념을 탐구한다. 따라서 인접 가능성을 탐구하는 과정에서 생명체는 자신의 즉각적인 미래를 능동적으로 구현한다(Cowley & Markoš 2019).

적응적이고 혁신적인 생활 체계의 방향성에 대한 이러한 서론은 두 가지 목적에 기여한다. 첫째, 언어 현상은 살아 있는 인간에 의존하기 때문에 언어를 독립된 상징 체계로 모형화하는 것은 비생산적이라는 점을 강조한다. 또는 더 근본적으로, 언어의 신체화된 본질을 이해하기 위해서는 언어 사용자의 경험적 영역에 개념 체계를 고정시키는 것 이상의 것이 필요하다. 둘째, 과학의 이상을 가치 중립적 실천으로 간주하는 CUDOS(Merton 1973), 즉 공산주의, 보편주의, 무관심, 조직적 회의주의의 가치에 기반한 과학의 이상을 넘어서기 위한 필수조건으로 작용한다. 이 장에서는 이 두 가지 관심사를 통합하여 **생태언어학(ecolinguistics)**을 새로운 관점에서 제시한다. 인지언어학의 신체화된 전통과 대화하면서 우리는 **급진적 신체화된 생태언어학**으로 전환한다. 급진적 신체화된 생태언어학은 언어를 우리가 인간으로 알고 있는 종류의 생활 체계와 완전히 통합된 것으로 보고, 언어 연구가 생명 과학과 불가분의 관계라는 관점(Bang & Døør 2007)과 생명에 대한 돌봄과 같은 가치에 집착하는 후기 머튼주의(Mertonian)의 과학 이해를 통합한다. 다음 절에서 설명하겠지만, 이 두 가지 관심사 중 후자는 일반적으로 생태언어학에서 공유되는 반면, 전자는 생태언어학에서 최근에 발전한 것이다.

생태언어학의 발전에 대한 개요(2절)를 살펴본 후, 3절에서는 인지에 대한 세 가지 접근 방식, 즉 탈신체화/계산적, 신체화/개념적, 특히 급진적 신체화/제거주의에 대한 비판적 검토를 다룬다. 세 가지 입장 각각에 대해 언어적 대응물을 식별하여 촘스키의 생성주의와 인지언어학을 급진적 신체화된 생태언어학과 나란히 배치한다. 4절에서는 확장된 생태학의 핵심 개념을 중심으로 급진적 신체화된 생태언어학을 소개한다. 마지막으로 5절에서는 급진적 신체화된 관점의 실용적, 도덕적, 정치적 함의를 도출한다.

2. 역사적 관점

인지언어학과 마찬가지로 생태언어학은 1970년대에 노엄 촘스키(Noam Chomsky)가 언어를 컴퓨터 소프트웨어 시스템이 화면에 표시를 생성하는 것처럼 "문장"을 생성하는 특수한 정신적 계산 체계로 이해한 데서 시작되었다. 인지언어학이 언어에 대한 신체화되고 경험적인 접근을 열었다면, 생태언어학은 언어와 사회적, 심리적, 자연적 환경 간의 상호작용을 맥락에서 이해하고자 했다. 노르웨이계 미국인 언어학자 아이너 하우겐(Einar Haugen)은 이러한 움직임의 **고전적 사례(locus classicus)**를 제시했다.

> 언어는 사용자의 마음속에만 존재하며, 이러한 사용자와 자연, 즉 사회 및 자연환경과의 관계 속에서만 기능한다. 따라서 언어 생태학의 일부는 심리적인 측면, 즉 이중 언어 및 다국어 사용자의 마음속에서 다른 언어가 상호작용하는 방식에 주목한다. 또 다른 측면은 사회학적인 것으로, 언어가 의사소통의 매개체로서 사회와 어떻게 상호작용하는지를 다룬다.
>
> Haugen 1972

하우겐과 함께 많은 생태언어학자들은 특정 지역에서 언어가 공존하는 방식과 사회적 역학이 언어적 다양성의 상실을 초래하는 방식에 몰두하게 되었다(Crystal 2002). 이는 권력자의 언어를 습득하는 것이 소외 계층의 필수조건이 되는 언어 식민주의와 관련이 있으며, 언어가 없으면 경제 영역에 대한 접근이 제한되는 수단으로 간주된다. 이 관점에서 세계화는 전 세계의 언어 생태계에 영향을 미치는 경제 체계의 확장으로 볼 수 있다. 이러한 사고방식의 지지자들은 "어떤 동물 종의 멸종이 우리 세계를 축소시키는 것처럼 언어의 멸종도 마찬가지"라는 명백한 공리적 관점을 가지고 있다(Hale 1992: 8). 이 접근법을 지지하는 사람들 사이에서 '생태언어학'이라는 용어는 '언어 생태학'으로 대체되었지만, 여전히 후기 머튼주의의 공리적 차원에 전념하고 있다.

최근 생태언어학에서 언어 연구가 환경 파괴의 한 요인으로 다뤄지는 현상도 후기 머튼주의와 유사하게 전개되고 있다. 생태언어학의 주요 관심사는 수십 년 동안 수만 종의 생물이 멸종하고 기온이 상승하며 빙하가 녹고 해수면이 상승함에 따라 인간 활동이 생물 세계에 미친 영향을 이해하는 것이다. 과학적 합의(IPCC 2014)는 인간 활동이 지구 생태계를 교란하며 그 영향이 모든 생명체에 미친다는 점을 확인하고 있다. 고(故) 마이클 홀리데이(Michael Halliday 1992)의 연구에 따르면, 생태언어학자들은 생태 위기를 개념화하는 방식을 변화시키는 데 중점을 두어야 한다고 강조한다. 그는 "계급주의, 성장주의, 종의 파괴, 오염 등은 […] 생물학자나 물리학자만의 문제가 아니다. 응용 언어학계의 문제이기도 하다"(Halliday 1992: 91)라고 말했다.

최근 생태언어학 연구는 언어가 자연환경에 미치는 영향을 다룸으로써 이러한 사고방식을 따르고 있다. 이 발전은 환경 파괴에 대한 우려가 커지면서, 이러한 파괴가 인간 활동의 언어적 차원에 기인한 것으로 보려는 노력의 결과이다. 대표적인 연구로는 인간이 아닌 동물이 어떻게 담론적으로 구성되는지를 다루거나(Stibbe 2012), 인간의 내러티브가 어떻게 자연 자원을 착취하는 구체적인 방법을 낳는지에 대한 아란 스티브(Arran Stibbe)의 저서(Stibbe 2015)를 들 수 있다. 자연환경을 "인간을 위한 자원"으로 해석하는 것이 생태 위기를 부분적으로 구성하는 내러티브에 기여한다고 볼 수 있다. Fill & Penz(2018)의 『생태언어학 핸드북Handbook of Ecolinguistics』에는 기존의 언어 이론(예: 체계적 기능언어학, 비판적 담화 분석, 인지언어학)을 결합한 많은 사례가 등장하며, 이는 종종 Naess(1973)가 처음 생태학(즉, 생태적 균형을 중시하는 입장)이라고 명명한 입장과 연결된다. 그러나 지난 30년 동안 생태언어학 공동체 내에서는 생태학적 문제를 다루기 위해 더 많은 노력이 필요하다고 주장해 왔다(Bang & Døør 2007, Finke 2014, Mühlhäusler 2003). 이러한 비판적 작업에는 고정된 코드로서의 언어에 대한 Roy Harris(1998)의 회의적 관점을 채택한 Mühlhäusler(2003)와 자연 생태계와 문화 생태계 사이의 '누락된 고리'로서의 언어에 대한 Finke(2014)의 모형, 이념적, 사회적, 자연 현상을 연결하는 데 변증법적 생태언어학을 제안하는 Bang & Døør(2007)의 주장이 포함된다.

최근 생태언어학의 연구에서 Steffensen & Fill(2014)은 하우겐에서 영감을 받은 연구와 마이클 홀리데이에서 영감을 받은 연구를 각각 언어의 **상징적 생태학**과 언어의 **자연 생태학**으로 정의한다. 이들은 또한 생태언어학 문헌에서 미개발된 두 가지 분야를 지적하는데, 하나는 언어의 **사회문화적 생태학**이고 다른 하나는 언어의 **인지 생태학**이다. 전자는 2000년대 초반에 제2언어 습득과 사회화에 관한 연구에서 등장했다(개요는 Kramsch & Steffensen 2008, Steffensen & Kramsch 2017 참조). 이 연구의 생태학적 초점은 언어 습득과 사회화의 다면적인 특성을 이용해 방법론적 다원주의를 주장하는 것이다. "언어 습득에 대한 생태학적 접근을 가장 명확하게 특징짓는 전제는 언어 행동이 항상 단일 틀이나 스크립트로 포착할 수 있는 것보다 더 많은 것을 포함한다는 것이다"(Leather & van Dam 2003: 13). 반면에 언어의 **인지** 생태학은 언어, 사람, 생활 세계 사이의 유대를 추구한다. 담론과 텍스트에서 벗어나 인간의 행동이 생활 세계에 미치는 영향에 초점을 맞추는 것이 이 연구의 특징이다. 인지 생태학을 강조하는 Kravchenko(2016), Cowley(2014), Finke(2014), Steffensen(2011, 2017)과 같은 저자들은 생태언어학이 인간 행위자가 언어와 실용적, 사회적 확장과 어떻게 상호적으로 결합되어 있는지를 명확히 밝혀야 한다고 주장한다. 인간 행위자에 대한 강조는 언어를 인간의 삶과 얽혀 있는 것으로 이해하게 하여 '언어(language)'와 '환경(environment)'을 분리 가능한 실체처럼 '관계(relation)'를 추구하지 않도록 한다(Steffensen 2017). 오히려 언어가 인간 생활의 일부로 간주되면, 더 넓은 생활 세계와 분리될 수 없는 것으로 여겨지게 된다.

3. 중요 이슈 및 주제

급진적 신체화된 생태언어학은 언어에 대한 구조적 및 탈구조적 관점을 모두 거부하며, 언어 분석에 전적으로 의존하는 방법도 반대한다. 대신, 인간의 지각 방식이 주변 환경과 소통하는 데 중요한 역할을 한다고 보고, 이를 통해 언어가 인지, 행동, 환경 구성과 함께 공진화하는지에 초점을 맞춘다. 이 관점에서 언어는 기호가 아니라 삶의 일부로서 공생의 관점으로 이해되어야 한다. 중요한 이슈는 언어가 유연하고 적응적인 인간 행동의 생체 역학에 어떻게 기반하고 있는가이다. 이 절에서는 계산적 및 약한 신체화된 전통(3.1절)과 급진적 신체화된 생태언어학(3.2절)에서 인지와 언어가 어떻게 이론화되는지를 비교할 것이다.

3.1 인지의 배경화 언어 I: 계산적 인지와 인지언어학

고전적 인지과학은 존 폰 노이만(John von Neumann)의 계산적 구조를 기반으로 한다. 많은 사람들은 계산적 체계가 기호 입력을 처리하여 기호 출력을 생성하는 방식에서 유기체를 "효과기, 수용체 및 이들을 연결하는 제어 시스템"으로 간주한다(Newell, Shaw & Simon 1958: 151). 이런 관점에서, 기호에서 작동하는 **원시 정보 프로세스(primitive information processes)**의 집합을 계산하는 **프로그램**이 있는 제어 시스템으로 행동을 추적할 수 있다. 폰 노이만 구조에서 이러한 기호는 메모리에 저장되거나 수용체의 감각 입력으로부터 변환되어, 효과기를 통해 행동 출력으로 변환된다. 따라서 관찰 가능한 외부 행동은 내부 계산 프로세스에 의해 결정된다고 여겨진다.

언어학에서 이 뼈대는 촘스키의 I-언어와 E-언어 구분에서 그 표현을 찾을 수 있다(Chomsky 1986). 촘스키는 기호 문자열이 형식적 규칙으로 기술될 수 있는 구성요소에서 어떻게 파생될 수 있는지를 명시적으로 '설명하려고' 한다. 그는 언어를 "물리학자들이 일상적인 감각 세계에 부여하는 것보다 더 높은 수준의 현실성을 부여하는 우주의 추상적인 수학적 모형"으로 접근한다(Steven Weinberg, 1976, Chomsky 1980: 217에서 인용). 생성주의의 주요 평가 기준은 경제성의 원리이다. 반면, 저명한 균류학자이자 사회생물학자인 Wilson(1998)은 그의 저서 『통섭Consilience』에서 세 가지 부분으로 나누어진 "조직적이고 체계적인 혁신"을 제안한다. (1) 세상에 대한 지식 수집, (2) 지식을 검증 가능한 법칙으로 압축, (3) 지식을 테스트 가능한 원칙으로 압축하는 것이다. 그는 법칙이나 원리를 반복성, 경제성, 측정성, 발견법, 일관성의 측면에서 평가할 수 있다고 강조한다. 즉 "서로 다른 현상에 대한 설명이 서로 연결되고 일관성이 입증될 수 있는 것"이어야 한다.

설명 경제학에 중점을 둔 생성주의는 아동 발달('언어 습득'), 신경과학, 진화론 등 분야에 대한 새로운 이해를 거의 제공하지 않는다. 즉, 새로운 발견법을 제시하지 않는다. 보편문법이나 병합과 같은 선험적 또는 논리적 구조는 문법 분야를 넘어서는 어떤 것과도 일치하지 않는다. 우리가 지식을 응축하는 방법을 강조하는 이유는 언어에 대한 보다 **일관된** 설명이 생태적, 생물학적 사실과 인간 존재의 모형을 연결해야 하며, 이를 통해 보다 **탄력적인** 설명을 제공할 수 있기 때문이다.

1970년대 말, **표상**에 대한 상징적 관점(즉, 외부 세계의 그림으로 기능하는 신경 발생적 실체)은 점차 개념적 모형으로 대체되었다. 언어는 신체와 신체적, 사회적 환경 간의 상호작용으로 추적되었고(Lakoff 1987: xiv), 1970년대 초 엘레노어 로쉬(Eleanor Rosch)가 제안한 것처럼 범주화와 사고는 경험적 원형으로 추적되었다(Lakoff 1987: 39-67 참조). 이로 인해 마음의 상징적 모형은 신경망 모형화, 연결주의, 병렬 분산 처리에 의해 가려졌다. 인지과학의 이러한 변화의 언어적 버전이 바로 인지언어학이다.

인지언어학은 인간의 마음이라는 관점에서 언어를 설명하려는 탐구를 계속하고 있다(Lakoff 1987, Langacker 1987). 개념에 집중함으로써 전통적인 마음과 뇌에 초점을 맞추면서도 언어 기호를 "어떤 종류의 의미 표상을 음운 표상과 연관시키는 실체"로 보는 구조주의적 관점을 유지하고 있다(Langacker 1987: 11). 이러한 방식으로 Chomsky(1995)의 '논리적 형태(Logical Form)'와 '음성적 형태(Phonetic Form)' 구조와 깔끔한 평행선이 그려진다. 로널드 래내커(Ronald W. Langacker)는 "형태소를 점진적으로 더 큰 구상화로 그룹화하는 패턴"이라는 측면에서 문법을 설명하기 위해 언어 층위 또는 순위의 구조적 모형을 사용한다(Langacker 1987: 12). 그의 관점에서 문법은 "본질적으로 상징적이며 따라서 의미 있는" 것이다(Langacker 1987: 12). 인지언어학은 경험과 행동에서 마음의 역할을 강조함으로써 형식주의를 뛰어넘는다. 나중에 레이몬드 깁스

(Raymond W. Gibbs Jr.)는 조지 레이코프(George Lakoff), 래내커 등과 달리 계산적 마음 모형에 더 강하게 반대한다. 그는 다음과 같이 썼다.

> 사람들의 주관적인 신체 경험은 언어와 사고의 근본적인 토대를 제공한다. 인지는 신체가 물리적이고 문화적인 세계와 상호작용할 때 발생하며, 이는 사람과 환경 사이의 역동적인 상호작용 측면에서 연구되어야 한다. 인간의 언어와 사고는 지속적인 지적인 행동을 제약하는 반복되는 신체화된 활동 패턴에서 나온다. 따라서 우리는 **언어와 사고가 신체화된 행동에 의해 형성되는 불가분의 관계를 총체적이고 세부적인 방식으로 탐구해야** 한다.
>
> Gibbs 2006: 276, 고딕체 사용

따라서 깁스는 형식화에 의존하기보다는 행동하는 신체에서 발생하는 느낌의 경험을 바탕으로 한 설명을 추구한다. 그는 인지와 언어에 대한 개념 기반의 관점을 확장하여 '신체화된 행동'이 '언어와 사고'를 형성한다고 묘사한다. 그러나 그는 사람들이 어떻게 문화적, 현상적, 생체 역학적인 요소를 언어와 사고에 통합하는지는 제쳐두고 있다. 깁스는 지각과 행동을 '정신적' 체계에 귀속시켰기 때문에 신체화된 행동이 문화적 산물로서 언어와 사고에 어떻게 의존하는지를 묻지 않았다. 그는 경험에 중점을 두었음에도 불구하고 유기체 중심의 관점, 즉 인지의 입력-출력 모형을 유지하고 있다. 이 모형에 따르면 말하기, 행동하기, 생각하기는 내면적인 마음의 산물이다. 그러나 이 모형은 설명할 수 없는 **정신적 체조(mental gymnastics)**에 의존한다는 비판을 받을 수 있다(Chemero 2009). 따라서 신체화된 인지에 대한 많은 접근 방식과 마찬가지로 깁스는 살아있는 체계가 우발적인 상황을 처리하고 적응하며 유연성을 개발하는 방식에 대해서는 침묵한다. 그는 사건에 기반한 변화, 갑작스러운 결정, 행동 과정, 그리고 때때로 역사적 혁명이나 생태계의 전환을 유발하는 일련의 사건들을 설명하지 않는다.

이러한 단점을 극복하기 위해 생성 프로그램이 계산주의를 채택하고 인지언어학이 신체화된 인지로 전환됨에 따라, 급진적 신체화된 생태언어학은 윌리엄 제임스(William James)와 안소니 케메로(Anthony Chemero)가 **미국적 자연주의**라고 부르는 관점에 기반을 두고 있다. 이 관점에서 유기체는 세계와 직접적으로 상호작용할 때 경험이 발생한다고 본다. 케메로는 이 프로그램을 **급진적 신체화된 인지과학**이라고 부른다(Chemero 2009). 이 절의 나머지 부분에서는 급진적 신체화된 생태언어학이 인지에 대한 급진적 이해를 통해 언어가 살아있는 세계에 어떻게 기여하는지를 다루는 중요한 문제를 살펴볼 것이다.

3.2 인지의 배경화 언어 II: 급진적 신체화와 언어과학

급진적 신체화는 (개념이든 표상이든) 내적 내용을 조작하는 인과 체계에 의존하지 않고 유연하고 적응적인 행동을 다루는 포괄적인 접근 방식을 의미한다. 케메로의 비유에 따르면, 정신적 체조를 통해 유기체가 진화한 세계와 상호작용하는 방식을 탐구해야 한다. 이 관점은 윌리엄 제임스의 연구와 제임스 깁슨(James Gibson) 및 그의 추종자들이 발전시킨 이론에 뿌리를 두고 있다. 하지만 사회적 경험이 인간의 삶에 어떻게 기여하는지를 중시하는 여러 전통도 존재한다. 여기에는 다음과 같은 연구가 포함된다.

- 언어, 활동 및 기능 체계와 관련된 소비에트 연구(예: 레프 비고츠키(Lev Vygotsky), 알렉세이 레온티예프와 니콜라이 번스타인(Aleksei Leonti'ev & Nikolai Bernstein))
- 신체화를 강조하는 현상학적 관점(마틴 하이데거(Martin Heidegger), 모리스 메를로퐁티(Maurice Merleau-Ponty))
- 사회적 실천의 중요성을 강조하는 이론(체계적 기능언어학, 행위자 네트워크 이론, 분산 인지 이론 포함)
- 생물 인지적 접근 방식, 제정주의 등 기타 생명체가 친숙한 세계로 경험하는 것을 어떻게 구성하는지를 강조하는 연구

급진적 신체화된 인지과학은 두 가지 방법론적 주장에 기반하여 이러한 전통을 통합할 수 있다. 첫째, "신체화된 인지는 역동적 체계 이론을 포함하는 특정 도구 세트 T를 통해 설명되어야 한다"는 것이다. 둘째, "설명적 도구인 T는 정신적 표상을 가정하지 않는다"는 주장이다(Chemero 2009: 29). 이를 언어과학으로 확장할 때, 급진적 신체화는 생태언어학과 통합될 수 있다.

1980년대에 제리 포더(Jerry Fodor)와 다니엘 데닛(Daniel Dennett)의 논쟁은 많은 이들에게 정신적 내용이 **선험적**인 것이 아니라 파생된 것이라는 인식을 주었다(Dennett 1994 참조). 지각하고 행동하는 감각이나 의의는 '본래의 의도성'에 근거하기보다 세계와의 관계에서 형성된 맥락을 사용한다. 그러나 데닛의 연구는 인간이 파생된 내용을 사용하는 것을 뇌에 설치된 '직렬 가상적' 언어 기계 때문이라고 보았다(Dennett 1993). 이런 가상의 기계를 가정하는 것은 케메로의 용어로 강력한 정신적 체조를 필요로 한다. 지난 30년간 많은 이들이 신체화를 정신적 내용의 기초로 여겼지만, 케메로의 접근 방식은 방법론에 중점을 두고 있다. 그의 인식론적 입장은 사람들이 생

각하고 말하고 행동하는 방식을 역동적인 조정의 다중 척도로 추적하는 방법론적 의무를 제시한다. 그는 정신적 표상에 의존하지 않는 도구 T를 사용하여 인지를 이해할 것을 제안하면서, 인지가 신체화된다는 형이상학적 관점을 지양한다. 즉, 정신적 내용을 전제로 하는 모형은 인지 능력을 관찰 가능한 시스템 간의 상호작용으로 추적하는 것으로 대체되어야 한다. 일반적으로 이러한 원리는 언어에도 적용된다. 따라서 급진적 신체화된 생태언어학은 비선형적 동적 변화를 안정화하는 방법에 초점을 맞추며, 이는 지식 수집과 검증 가능한 원칙을 확립하는 기초가 된다.

언어, 특히 텍스트에서 나타나는 언어에는 분명한 상징적 측면이 있다. 그러나 소쉬르와 달리, 급진적 신체화된 관점은 '내용'이 감각운동의 역사에서 진화했다고 주장한다. 이해는 랑그(langue)나 '언어능력'에 국한되지 않고, 조정이 물질적 관계성을 만들어내는 방식에 근거를 둔다. 숙련된 지각은 엘리너 깁슨(Eleanor Gibson)이 언급한 **주의력 교육(education of attention)**과 연결되며, 이는 "우리가 지각하는 것은 […] 단순히 환경이 아니라, 지각자와 환경 간의 관계"라고 설명한다(Chemero 2009: 141). 숙련된 지각은 "어떤 변수에 주의를 기울이고 어떤 변수를 무시할지 배우는 것"과 삶의 역사와 밀접하게 연관되어 있다(Adolph & Kretch 2015: 131). 지각은 관계적 성취이기 때문에, 비슷한 두 신호(예: b와 d 자모)나 유사한 조음 제스처(예: [t]와 [d] 소리)를 구별하는 것은 지각 기술이 집단의 공통된 관점에 맞춰지는 데 달려 있다(Steffensen & Harvey 2018). 급진적 신체화된 관점에서는 인간 세계가 관찰자마다 언어를 통해 인식 방식을 찾는 데서 풍부한 잠재력을 갖고 있다고 본다. 따라서 정신적 내용은 필요하지 않다. 사람들이 숙련된 지각과 언어, 그리고 기타 통제 수단을 연결하는 방식을 고려할 때, 세계의 자원 중 일부는 집단적으로 드러나게 된다. 이러한 요소들이 숨겨져 있기 때문에 사람들은 지각, 행동, 언어능력을 습득하게 되는 것이다.

이러한 관점은 정신적 내용을 피할 뿐만 아니라, 언어적 대상에 '실재'를 부여할 필요성을 더욱 줄여준다. 언어는 삶과 인지처럼 시공간을 넘나드는 다차원적 활동이다. 목소리가 신체, 사회 제도, 인공물, 생활 체계를 연결하는 점에서, 급진적 신체화된 관점은 '객관적' 실체를 부호화하는 정신 상태가 필요 없으며, 뇌는 형식이나 내용 모두를 다루지 않는다. 언어적 초점은 조정 언어활동, 즉 **언어화(languaging)**에 있으며(Cowley, 2019 참조), 이는 언어가 큰 주의력과 행동력을 가진 활동임을 강조한다. 이렇게 함으로써 고전적인 생태언어학의 담화적 초점을 넘어, "언어"가 인간 삶의 여러 영역(침묵의 사고방식이 활용되는 영역 포함)을 어떻게 형성하는지에 대해 강조한다.

언어화는 인간 영장류가 사회적 기술과 자원을 문화와 조직 생활의 기초로 활용하게 된 진화의 역사를 반영한다. 언어 자원이 경험의 일부가 될 수 있다면, 조정된 활동 자체는 역사적 차원을 가질 수 있다. Maturana(1970)의 표현을 빌리자면, 언어화는 사람들이 '관찰자'가 될 수 있도록 해주며, 다른 방식으로 표현된 것(그리고 상상된 것)을 사용해 지각된 내용을 전달하고 행동하는 데 도움을 준다. 따라서 언어화는 인간의 행동, 지각, 주의, 그리고 단독 '사고'의 방식을 광범위하게 확장한다. 시간과 경험이 주어지면, 사람들은 사회적으로 기반한 수행 방식을 개발한다. 인간은 과거와 현재를 연결하기 위해 언어를 사용할 뿐만 아니라, 놀랍게도 미래의 행동을 형성하는 데 언어의 잠재력을 활용하는 방법을 찾는다.

20세기 언어학에서 강조한 바와 같이, 언어화 활동은 선형적인 설명과 분석을 가능하게 한다. 윌리엄 제임스(William James)의 비유를 빌리자면, 그 흐름은 마치 시냇물과 같다. 하지만 언어화는 개별 신체를 통해 작동하는 동시에, 집단과 그들의 네트워크가 협력하는 방식에도 의존한다. 실제로 인간은 인공적 또는 문화적 측면을 활용하여 튜링의 범용 기계 테이프가 부여한 것과 놀랍도록 유사한 힘을 얻는다(Wells 2006). 흥미롭게도, 이러한 점은 찰스 다윈(Charles Darwin)이 이미 예견한 바이다.

> 이전의 발전을 통해 반은 예술, 반은 본능인 언어가 사용되기 시작하자, 지성 발달에 큰 진전이 따랐을 것이다. 언어의 지속적인 사용은 뇌에 반응하여 유전 효과를 일으켰고, 이는 다시 언어에 대한 반응과 개선을 가져왔을 것이다.
>
> Darwin 1981: 390-391

다윈은 뇌가 언어적 효과를 유전한다고 잘못 생각했지만, 언어가 다양한 방식으로 인지를 변화시킨다는 점은 분명히 맞다. 언어는 현재와 미래의 활동에 영향을 미치고, 사회생활에 장기적인 영향을 미치는 방식으로 문화와 공동 진화에 기여한다. 역사와 분리할 수 없는 특성을 고려할 때, 언어화는 상징적이면서도 행동적인 역할을 한다. 사람들은 사회적 관행을 현지화하면서(Pennycook 2010) 협력적 활동이나 **공생적(symbiotic)** 행동 방식에 참여하게 된다(Cowley 2011). 따라서 언어화는 내적 내용이나 형식에 대한 은유 없이도 역사적인 것과 신체적인 것을 연결한다. 우리가 '내용'이라고 부르는 것은 사물과 사람의 공통된 세계에서 인간의 행동과 지각 방식을 반복하는 익숙한 관행에서 비롯된다. 결국, 언어화는 언어적 사실을 저장하는 두뇌가 아니라 행동을 조정하고 관찰하며 수행하는 사회적으로 분산된 네트워크와 함께 진화한다. Kravchenko(2011)가 주장하듯이, 이러한 사고방식은 원어민이나 화자/청자에게 어떤 종류의 호소력에도 도전한다. 언어화를 마음이나 두뇌에 있는 역사적 '대상'으로 축소하는 대신, 관찰된 것을 바탕으로 지각하고 주의를 기울이며 행동하는 역사로 전환한다. 이러한 활동의 결과로 사람들은 사회적 관행에 적응하고, 자신의 생활 방식을 수정하며, 언어 사용을 통해 말할 수 있는 것을 재구성한다.

언어화의 공생적 본질을 강조하는 것은 언어에 대한 오랜 과정적 관점과 연결되며, 이는 적어도 Humboldt(1836)가 **에네르게이아**(활동)로 본 관점으로 거슬러 올라간다. 그러나 언어화가 **단순한** 활동이라면, 다른 인간의 행동 방식과 차별화되지 않을 것이다. 따라서 언어화는 유기적 요소와 Charles Morris(1938)가 무기질 논리(inorganic logic)라고 부른 요소를 연결해야 한다. 기호학적 전통에서 언어를 확장할 수 있는 것은 바로 이 무기적 또는 인위적 요소이다. 최근 문헌에서 언어적 규범성이 공동체가 메타언어적 반사성을 사용하는 방식에 따라 어떻게 형성되는지를 추적하여 이 견해가 역전되었다(Taylor 2000). 급진적 신체화된 관점과 연결하여, van den Herik(2019)은 철학자들이 **내용(content)**이라고 부르는 것은 표상이나 정신이 아니라 오히려 메타언어적 성찰을 통한 학습에서 비롯된다고 명시적으로 주장한다.

언어화를 규범적이면서도 동시에 행동적으로 보는 이유는 무엇인가? 무엇보다도 이 관점은 사람들이 관행에 익숙해짐으로써 현재의 행동을 가능하게 해 준다. 언어적 패턴이 신체의 활동과 엮이면서 공생적 활동이 발생한다. 따라서 언어 사용은 집단 수준에서 활동의 결과를 평가하기 때문에, 단독 또는 함께 수행되는 방식으로 공동 구성된다(Steffensen & Harvey 2018). 대면 상호작용에서는 사람들의 발화와 기타 역동적 주의 방식이 다양하며, 그 과정에서 조음 제스처나 반복 가능한 패턴에 중요성이 부여된다. Love(1990)의 표현을 빌리자면, 언어화는 두 가지 순서로 구성되며, 각 순서는 서로 환원될 수 없다. 한편으로, **1차적 언어화(first-order languaging)**는 신체적 협동 활동을 규정한다. 다른 한편으로는, 물리적 사건에 집단 구성원에게 분석 방식을 불러일으키는 반복 가능한 패턴이나 **단어화(wordings)**가 포함된다. 이러한 요소들은 Love(1990)를 반영하여 **2차적 언어(second-order language)**라고 할 수 있는 메타언어적 성찰의 기초가 된다(Thibault 2011).

공생적 본질을 고려할 때, 언어화는 항상 특정한 의미를 지닌다. 사람들이 주의를 기울이는 방식이 달라지면, 그에 따라 인식하고 참여하는 방식도 달라진다. 때로는 반복적인 언어(및 음성) 활동이 기대감을 형성하는 패턴으로 들리기도 하고, 때로는 조율 그 자체만으로도 발화, 행동, 참석을 유도할 수 있다. 이 두 가지 순서를 고려하면, 언어화는 **신체적 표현을 포함하는 활동**으로 설명할 수 있다. 1차 활동의 물리적 사건은 항상 정규화, 표준화, 형식화되며, 무엇보다도 다양한 종류의 논리와 쓰기 체계의 기반이 된 의미 잠재력을 가진 단어와 규칙을 중심으로 개념화된 2차 활동의 측면에서 부분적으로 설명될 수 있다. Thibault(2011)가 지적했듯이, 언어학자들이 일반적으로 '언어'로 간주하는 것은 이러한 2차적 패턴으로 구성된다.

언어화는 경험된 신체 활동(유기적 **에네르게이아**)과 역사에서 파생된 패턴(무기적 또는 인공적 **에르곤**)을 결합한다. 결정적으로, 언어적 공생은 인간이 활동을 수행하고, 사람을 지향하며, 태도를 평가하고, 언어로 표현한 것(예: 의미와 실제로 말하거나 쓴 단어 모두)에 관여할 때 자기 수정을 가능하게 한다. 언어화의 공생적 본질을 충분히 고려한 급진적 신체화된 관점은 다음과 같은 신조를 발전시킬 수 있다. (1) 언어화는 시간이 지남에 따라 사람들이 관찰자로서 자신의 경험을 활용할 수 있게 하는 공공활동으로 진화하고, (2) 그러한 관찰자는 신체화를 통해 더 넓은 전체에 영향을 미치며, (3) 언어화의 다양한 상호 연동 시간 척도가 지각, 주의, 행동, 정서를 연결한다. 따라서 언어화는 경험에서 물리적 단어화가 중요한 구성요소로 작용하는 활동이다. 인구의 관점에서 볼 때, 언어화는 **2차적 측면을 지닌 1차적 활동**이다.

4. 현재 기여 및 연구

급진적 신체화된 생태언어학은 이전 절에서 언급한 것처럼, 언어의 표상, 내용, 형식에 의존하지 않고 언어에 접근한다. 대신, 인간 조상(hominin)의 기술이 공동체, 행동, 지각, 그리고 언어화와 함께 어떻게 공동 진화해 왔는지를 기반으로 한다. 이러한 관점은 우연성과 의사 결정 능력이 주의력, 지각력, 행동력, 언어능력에 영향을 미칠 가능성이 크다는 것을 제안한다. Darwin(1981)이나 William James(1890)가 언급한 것처럼 진화적 변화는 다원적 관점에서 이해해야 한다. 언어화가 공생적이고 집단적일 수 있다는 점을 인정함으로써 특별한 진화 메커니즘을 가정할 필요가 없어진다(Kuhle 2018). 문화심리학에서처럼, "마음은 생각하는 것과 독립적으로 작동하지 않는다 […] 사고는 CPU의 작동이 아니다"(Heine 2008: 25)라는 사실을 받아들이게 된다. 조용히 생각할 때와 마찬가지로, 대화 중인 사람은 "생각하고 있는 내용"을 활용하며 "생각하는 맥락에 참여"한다(Heine 2008: 25-26). 따라서 언어화는 집단적 자원이 인간 행동에 스며들어 있으며, 이는 인간이 변화하는 환경 내에서 스스로 수정하는 방식의 중심이 된다.

그런데 생태언어학의 핵심인 생물 생태학적 관심사는 무엇인가(2절 참조)? 이 질문에 답하기 위해 먼저 '생물 생태학(bio-ecology)'이 무엇인지 정의해 보겠다. 이 용어는 Clements & Shelford(1938)가 특정 연못에서 변화하는 '식물 동물 군집'을 설명하기 위해 사용했다. 생물 생태학은 특정 생물체, 시간성, 장소의 우연성을 연결하며, 공존과 사건의 얽힘을 다룬다. 따라서 생물 생태학은 관찰자가 경험할 수 있는 생물물리학적 우연성을 활용한다. 프레드릭 에드워드 클레멘트와 빅터 어니스트 쉘포드(Frederic Edward Clements & Victor Ernest Shelford)는 생물 생태학에 인간을 포함시키지 않았지만, 미래에는 그렇게 할 수 있음을 시사한다. 실제로 인간도 생물 생태학에 의존하여 문명화된 삶을 가능하게 한다. 언어화를 통해 우리는 생물 생태계에 영향을 미치고 변화를 가져오는 방식으로 과거의 측면을 현재로 가져올 수 있다. 스테펜센(Steffensen 2011, Steffensen & Fill 2014)은 이러한 2차적 패턴이 인간의 삶을 어떻게 변화시키는지를 포착하기 위해 **확장된 생태학(extended ecology)**이라는 용어를 도입했다. 인간 활동은 다양한 역사적 규모에서 언어화 방식을 조정하며 전개된다. 따라서 확장 생태학에서는 2차적 패턴이 현재의 행동, 언어, 상상에 영향을 미친다. 인간은 '감각 포화 경험'을 통해 확장된 생태계를 탐색한다(Harvey, Gahrn-Andersen & Steffensen 2016, Steffensen 2013).

결과적으로 인간의 인지는 **생태적(ecological)**이며 **집단적(collective)**이다. 숙련된 신체 활동은 사회문화적 관행에 의해 국지화되거나 현실화된다. 예를 들어, 운율(prosody)은 대인 관계 사건을 촉발하고(Cowley 1998), 문제해결은 상호작용을 통해 이루어지며(Steffensen, Vallée-Tourangeau & Vallée-Tourangeau 2016), 대화의 단절은 **자아성(selving)**을 드러내고(Thibault 2019), 지시적 움직임은 의학적 의사 결정을 형성한다(Trasmundi & Steffensen 2016). 일반적으로 사람들은 활동과 프로젝트 과정에서 선호하는 방식으로 사건을 통합하기 위해 전문 지식을 사용한다. 이 맥락에서 우리는 두 가지 중요한 함의를 강조하고자 한다. 첫째, Hood(2012)가 주장하듯이 주관성은 집단적으로 도출된다. 타인의 인간성을 통해서만 인간이 될 수 있으며, 이시줄루어(isiZulu)와 같이 인간의 상호연결성은 **우분투(ubuntu)**의 개념을 요구한다. 둘째, 타인을 통해 인간이 되는 과정에서, 인간은 복수의 생물 생태계를 활용한다. **우분투**에 기반한 인류와 마찬가지로, 인간의 혈통은 전적으로 다른 종의 혈통에 의존한다.

급진적 신체화된 관점은 민족지학, 다중양상성의 조사, 행위자 기반 모형화, 동적 체계 이론과 같은 다양한 도구로 전환된다. 이러한 접근은 인지과학에서 특히 중요하며, 음성학에 적용하면 실시간으로 조음 행위를 통해 언어 패턴을 추적할 수 있다(Fowler & Magnuson 2012). 이러한 행위는 발성, 몸짓, 자세 변화 등의 다른 측면과 조화를 이루어 신체가 함께 사회적 실천에 기여하게 된다. 따라서 **인간** 인지에 대한 급진적 신체화된 접근 방식은 확장된 생태를 대화, 대화 내 상호작용 및 다중양상적 활동에 기반한 사회적으로 조직된 행동과 연결할 수밖에 없다.

급진적 신체화된 생태언어학은 소규모 행동, 확장된 생태학, 사회적 활동을 기반으로 한 생물 생태학적 변화를 연결한다. 언어화는 개인 중심이 아니라 인간의 삶을 지탱하는 것으로 간주된다. 생태언어학자에게는 과학적 확장이 인간 영역을 넘어 이해를 확장하는 방식에 특별한 비중이 실린다. 우리는 이제 생물 생태학적 변화와 진화를 형성하는 데 있어 인간의 역할에 대해 많은 것을 알고 있다. 로이 래파포트(Roy Rappaport)는 이러한 관점의 교훈을 다음과 같이 설명한다. "인간을 비롯한 진화가 계속되려면 인류는 세계에 대해 생각할 뿐만 아니라 자신이 특별한 일부가 된 세계를 대신하여 [⋯] 막대한 책임을 져야 한다"(Rappaport 1999: 461). 이러한 책임에 직면하기 위해서는 개인의 경험을 더 큰 그림에 배치해야 한다. 또한 언어화의 집단적이고 규범적인 측면이 생물 생태학을 어떻게 변화시키는지 주목해야 한다. 마지막으로, 피터 핀케(Peter Finke)의 말처럼, "지구의 문제를 심화시키는 대신 지구를 구할 수 있는 과학 문화의 부활"을 위해 언어가 실천을 어떻게 변화시키는지를 탐구할 필요가 있다(Finke 2019: 23).

5. 향후 방향

Steffensen & Fill(2014: 17)이 주장한 것처럼, 언어를 형식적 체계(la langue) 또는 데카르트적 사유(res cogitans)로 간주한다면, 언어는 자연**에 대한** 기술일 뿐, 자연**의 일부**가 될 수 없다. 따라서 언어 이론은 외부 기준에서 타당성을 찾을 수 없으며, 이러한 이유로 Hjelmslev(1961)는 "기술은 모순이 없고(자기 일관성), 철저하며 가능한 한 단순해야 한다"라는 '경험적 원리'를 제안한 것으로 유명하다(Hjelmslev 1961: 11). 이에 반해, 급진적 신체화된 생태언어학은 언어를 자연의 일부로 간주한다. 우리는 자연에 대해 말할 뿐만 아니라, 이를 통해 생물 생태학적 경험을 조정한다. 따라서 언어에 대한 기술과 평가는 모든 생태학적 영역에서 동일한 기준에 따라 이루어진다. 이로 인해, 3절에서는 급진적 신체화된 생태언어학이 생명과학의 방법론적 도구를 적용할 수 있도록 허용했다. 이를 통해 우리는 합의의 중요성을 강조하고, 이제는 도덕적, 정치적 영향을 고려하여 미래의 방향으로 전환하고자 한다.

정신주의를 거부한다는 것은 **언어가 우리에게 미치는 영향**을 탐구하는 것이다. 이러한 틀 부여는 일종의 역설을 내포하고 있다. 사람들은 집단적 영역에서 언어화의 규범적 측면을 적극적으로 사용하지만, 이러한 측면은 인식되지 않는 많은 효과를 발휘한다. 따라서 급진적 신체화된 생태언어학은 로버트 머튼(Robert K. Merton)의 CUDOS 가치에서 벗어나 **관심의 입장(stance of in-**

terestedness)을 취한다. 이 과정에서 핵심적인 생태언어학 관심사는 생물 생태학적 역학을 추구하는 것이다. 인식론을 넘어서서 우리가 알고 있는 것에 대해 알게 되는 방법을 강조한다(Potter 1988 참조). 교육 영역에서 Li(2017)는 번역이 인간의 삶을 어떻게 개선할 수 있는지를 묻는다. 이를 통해 생물 생태학이 언어화에 어떻게 영향을 미치는지를 탐구하는 작은 단계로 나아간다. Li(2017)가 주장하듯이, 이러한 접근법은 실천이 우리의 미래를 어떻게 변화시킬 수 있는지를 추구하기 위한 실용적인 이론이 필요하다. 그는 공자(孔子, B.C. 551~B.C. 479)에서 마오쩌둥(Mao Zedong, 毛澤東)으로 이어지는 중국인의 혈통을 언급한다.

> 마오쩌둥이 […] 이론과 실천의 의존성, 즉 이론은 실천에 기반을 두고 실천에 봉사한다는 점을 강조했다. 이론화 또는 지식 구성 과정은 실천-이론-실천의 끊임없는 순환을 포함하고 있으며, 지식 구성의 중요한 첫 번째 단계는 서술적 적절성이다.
>
> Li 2017: 11

언어화를 생활과 연결지어 추적하면서 실용적인 이론은 소셜 네트워크가 우리에게 어떤 일을 할 수 있게 해 주는지에 대한 인식을 높이는 것으로 시작할 수 있다. 이는 무엇보다도 사람들의 목소리와 표현화가 감각을 확장하기 위해 신념이 어떻게 작용하는지에 달려 있으며, 행동과 지각의 상호 의존성을 고려할 때 이러한 목소리와 말은 확장 생태학에 영향을 미칠 것이다. Steffensen(2011)은 거미가 거미줄의 진동을 통해 원거리에서 먹이를 감지하고 행동하는 방식을 비유로 들어, 이를 통해 거미가 파리의 위치를 정확히 파악할 수 있다고 설명한다. 마찬가지로, 표현화는 우리가 다른 사람의 행동을 통해 반응하도록 하며(Can you pass me the salt?(소금 좀 건네줄 수 있어?)), 또한 그들의 확장된 감각(Look at the rain(비를 봐) 혹은 Believe the science!(과학을 믿어!))을 공유할 수도 있다. 유아기부터 사람들은 확장된 감각이 자신이 성취할 수 있는 것에 대한 기대와 믿음에 기초하여 행동함으로써 학습하는 과정을 거친다. 따라서 미디어와 기관은 '외부(out there)'에 있는 능동적 체계로서 생명체가 의존하는 생물 생태계를 공동 구성하고 변화시키는 확장된 행동 지각 주기를 시작할 수 있다.

급진적 신체화된 생태언어학은 생물 생태학적 인식을 증진하는 데 기여할 수 있다. 이를 통해 새로운 인식은 태도를 변화시키고, 때로는 긍정적인 언어적 행동을 촉진하는 데 활용될 수 있다. 생태철학과 이념적 언명에 대한 호소, 그리고 Stibbe(2015)의 새로운 삶의 이야기를 구성하려는 열망에서도 비슷한 견해가 나타난다. 생태언어학은 단순한 이론이 아니라 인간의 삶의 방식을 변화시키려는 목표를 가지고 있다. 급진적 신체화에 기반한 생태언어학은 과학과 협력하는 새로운 학제적 방법을 개발하려는 Peter Finke(2014)의 열망과도 연결된다. 이는 신념과 지식의 집단적 속성을 강조하며, 과학의 범위와 한계에 대한 새로운 논의를 이끌어낸다. 글로벌 이슈는 우리가 알고 있는 지식을 활용하여 사회정치적 대응을 요구하지만, 시민 사회는 종종 지역적 파괴를 완화하기 위해 적극적으로 행동할 수 있다. 새로운 지식을 개발하는 과정에서 미디어와 과학은 생명체의 상호 의존성에 대한 인식을 확산할 수 있다. 활동가들의 열망은 현대 생태언어학의 핵심 요소이며, 급진적 신체화된 관점은 지역적 실천을 변화시키는 언어적 접근법을 제시한다. 다른 환경에서는 언어를 활성화하고 실제로 새로운 언어를 학습하기 위한 새로운 접근 방식을 육성하는 데에도 활용될 수 있다. 이러한 관점은 Li(2017)와 다른 사람들이 정체성을 형성하고 자존감을 높이는 데 있어 번역 언어의 힘을 강조하는 방식과 맞닿아 있다. 또한, 현지의 말하기/생활 방식이 어떻게 생물 생태계를 촉진할 수 있는지에 대한 통찰력을 제공한다. 대조적으로 언어화가 추상적인 것으로 간주될 때(예: 소비와 생산의 경제 모형이나 신자유주의적 교육 및 관리 모형에 의해 주도되는 경우), 그 결과는 종종 정신 건강에 부정적인 영향을 미친다. 이는 인간이 자신이 속한 사회적·자연적 맥락에서 스스로를 분리하는 경향이 있기 때문이다. 우리는 **우분투(ubuntu)** 기반 공동체나 생물 생태계의 일부가 아닌, 개별적인 존재로 자신을 인식하라는 메시지를 받는다.

메타언어학적 성찰을 바탕으로, 언어의 기능적·사회적 기호학적 모형을 활용하여 생물 생태학적 인식을 증진할 수 있다. 급진적 신체화된 생태언어학적 관점에서는 담론을 단순히 "언어 분석"의 틀에서 접근하는 것이 아니라, 다양한 텍스트 자료를 활용하여 반사성을 증진하고 생물 생태학적 인식을 강화하는 데 초점을 맞춘다. 이러한 접근 방식은 확장된 생태학이 신념(또는 '내용')을 은폐하기 위해 활용하는 (2차적) 패턴을 탐구하는 데 유용하다. 기능적 모형에 대한 이러한 해석은 급진적 신체화를 사람들이 세상**에 대해** 말하는 방식과 연결시키며, Halliday(1992)가 주장한 계급주의와 성장주의에 대한 비판과도 연관된다. 그러나 급진적 신체화는 지성주의와 달리, 사람들이 지역 생물 생태학을 비판적으로 인식하고 활용하도록 장려한다. 이 이론은 언어화를 통해 조직이 긍정적인 행동을 촉진하는 방법을 추구한다. 이는 확장된 감각을 활용하여 판단하고 행동을 결정할 때, 살아있는 존재와 환경을 연결하는 역할을 한다. 따라서 생태언어학은 언어 사용자로서 인간의 본질을 탐구하고, 이를 통해 살아있는 세계의 일부로서 인간의 역할을 개념화하는 새로운 방법을 열어줄 수 있다.

아이너 하우겐(Einar Haugen)은 언어가 환경과 상호작용한다고 직감했으나, 언어화 개념을 명확히 정립하지 않았다. 결과적으로 그는 언어능력을 정신 체조의 작용으로 치부했다. 급진적 신체화된 관점이 언어를 '마음'이라는 상상의 감옥에서 해방시키면 하우겐의 직관을 발전시킬 수 있다. 실제로 언어적 공생에 호소하는 것은 관찰력을 키우고 경험을 명시적으로 만드는 단계이다. 생물 생태학적 인식을 증진하는 과정에서, 언어의 규범적 속성은 어휘문법적 차원에서 활용될 수 있으며, 사람들이 적극적으로 언어를 통해 생물 생태학적 변화를 이끌도록 장려할 수 있다. 사람들은 **확장된 생태학 안에서 언어**를 사용하면서 사회적 프로젝트에 신체 활동을 포함시킴으로써 존재의 이유를 찾는다. 규범적 구조가 의미 있는 이해를 형성하려면, 언어화가 역사, 우연성, 신체, 그리고 살아있는 유기체의 자율적 조정 및 변화하는 방식과 연결되어야 한다.

따라서 우리는 생태언어학과 인지언어학이 함께 급진적인 신체화 전환을 이루어야 한다고 제안한다. 이를 통해 언어화를 생명과학과 연결하여 도덕적, 정치적 의제를 수립할 수 있다. 이러한 관점에서 생태언어학은 의학과 마찬가지로 "명확한 윤리를 내포한 공리주의적 과학"(Døør & Bang 2000: 54)으로 볼 수 있다. 이러한 관점에서 "인류는 세계에 대해 생각할 뿐만 아니라 세계를 대신하여 생각해야 한다"라는 알프레드 라파포트(Alfred Rappaport)의 바람을 실현할 수 있다(Rappaport 1999: 461). 확장된 생태학 속에서 언어를 활용함으로써, 우리는 인간의 삶과 더 넓은 생태 세계에 대한 책임을 수행할 수 있다.

더 읽을거리

Fill, A., & Penz, H. (2018). *The Routledge handbook of ecolinguistics*. New York: Routledge. (이 핸드북은 현대 생태언어학의 중심 입장과 주장에 대한 권위 있는 개요서이다.)

Mühlhäusler, P. (2003). *Language of environment, environment of language: A course in ecolinguistics*. London: Battlebridge. (이 책은 환경 문제('홀리데이적' 생태언어학)와 언어 전통에 대한 비판적 관점을 통합하고 있다.)

Cowley, S. J. (Ed.). (2011). *Distributed language*. Amsterdam: John Benjamins. (이 편집본은 급진적 신체화와 함께 제시된 생태언어학적 관점을 뒷받침하는 분산된 관점에서 언어를 조사한다.)

Steffensen, S. V., & Fill, A. (2014). Ecolinguistics: The ecology of language and the ecology of science. *Special Issue of Language Sciences*, 41(A). (이 특별호는 생태언어학의 주요 인물들을 한자리에 모았으며, 이 분야에 대한 보다 급진적인 견해를 담고 있다. 생태언어학에 대한 편집자들의 종합적인 최신 의견이 포함되어 있다.)

제43장
인지언어학과 언어유형론

1. 도입

현대 언어학의 주요 목표는 어떤 이론적 뼈대를 사용하든 인간 언어의 공통된 속성을 탐구하는 것이지만, 각기 다른 관점이나 차원에 초점을 맞추고 있다. 예를 들어, 생성언어학자들은 오랫동안 추상적인 형태 체계를 지배하는 규칙이나 원리에 관심을 가져왔으며, 이를 통해 잘 형성된 실례를 생성하고 비문법적인 실례를 배제해 왔다(Chomsky 1957, 1981). 반면, 인지언어학자들은 명사, 동사와 같은 보편적인 통사적 범주의 공통 속성을 식별하려고 노력한다. 여기서 명사는 사물을 표상하고, 동사는 과정을 표상하는 것으로 간주된다(Langacker 2013: 103). 유형학의 많은 연구자들은 Greenberg(1966)의 독창적인 연구 이후 함축적 보편성을 발견해 왔다. 하지만 이 분야에서 소위 보편성이라고 불리는 것들은 실제로는 일종의 경향성이나 통계적 규칙성일 뿐이며, 예외가 가장 적은 보편적 상관관계(예: 중국어, 자세한 내용은 Dryer 1992 참조)는 Greenberg(1966)의 보편성 제24항이다.

> 상대 표현이 명사 앞에 유일한 구문으로 또는 대체 구문으로 오는 경우, 해당 언어는 후치사이거나 형용사가 명사 또는 둘 다 앞에 오는 것이다.

그린버그는 "언어의 유형학적 보편성은 인간의 마음을 들여다볼 수 있는 창이기 때문에 가치가 있다"라고 가정하지만, 이러한 함축적 보편성의 동기화는 아직 명확하지 않다(Croft 2016). 이 장에서는 가장 기본적이면서도 일반적인 인지 능력 중 하나인 해석(CONSTRUAL)을 사용하여 모든 문법 범주 내에서 언어 간 변이의 이유를 설명한다. 주어진 구조의 각 요소는 고유한 의미적 가치를 지니므로, 의미가 없는 형태는 존재하지 않는다. 이 발견은 문법이 본질적으로 상징적이며, 모든 표지 또는 구조가 의미 있는 내용과 음운 형식이라는 두 극으로 구성되어 있다는 인지언어학의 신조 중 하나를 강화한다. 다음 분석에서 알 수 있듯이, 인지언어학과 언어유형론의 결합은 언어의 보편성을 발견하고 설명할 수 있는 과학적 방법론을 제공한다.

언어유형론, 특히 문법화에 대한 방대한 양의 실증적 증거는 모든 문법 범주에서 가능한 변이의 영역이 항상 제한적이라는 것을 보여준다. 모든 문법 범주에 대한 유형학적 다양성은 여러 언어의 통시적 발전에서 비롯된다(Comrie 1981: 201). 문법 표지(즉, 기능어)는 내용어라고 하는 일반 어휘 항목에서 진화한다고 가정된다. Heine & Kuteva(2002)는 지금까지 수천 개의 언어를 조사하고 다양한 문법 범주에 대한 어휘 출처의 가능성을 탐구한 훌륭한 연구를 수행했다. 총 154개의 고유한 문법 범주 중에서 주어진 문법 범주에 대한 최소 어휘 출처는 say 동사에서만 나오는 증거성(evidential) 표지와 숫자 one에서만 나오는 비한정적(indefinite) 표지처럼 하나뿐이다. 통계 연구에 따르면 가능한 어휘 출처의 수는 1에서 14까지 다양하다. 유형학적 조사가 더 깊고 넓어짐에 따라 이러한 특정 통계 수치는 수정될 수 있지만, 변하지 않는 것은 모든 문법 영역의 가능한 변이에는 한계가 있어야 한다는 점이다. 예를 들어, 수동태의 변형은 숫자 "14"에서 너무 많이 벗어날 수 없다. 대조적으로 특정 개념에 대한 가능한 음운론적 표현은 일반적으로 무제한이며 순전히 자의적이다. 예를 들어, "한 면을 따라 붙이거나 꿰매고 표지로 제본된 페이지로 구성된 서면 또는 인쇄물"을 가리키는 개념은 영어로는 book, 중국어로는 shū, 스페인어로는 reservar, 독일어로는 buchen, 일본어로는 buku 등으로 표현된다.

앞서 언급한 Heine & Kuteva(2002)가 조사한 총 154개의 문법 범주 중에서 수동태 표지는 〈표 43.1〉에 나열된 것처럼 14개의 내용어에서 문법화된 가장 다양한 어휘 출처를 가지고 있다. 예를 들어, 이 목록에는 영어의 by, 일본어의 ni 및 고대 중국어의 yú와 같은 위치 전치사의 수동태 형태소가 포함되어 있다. 저자들은 Langacker(1991)의 관점을 채택했을 수 있는데, 영어 수동태의 필수 구성요소는 동사 be와 과거분사뿐이고, 전치사 by는 그렇지 않기 때문에 이 유형의 위치 전치사를 제외했다. 그러나 위치 전치사를 제외하는 것은 영어에서는 합리적일 수 있지만, 고대 중국어에서는 대부분의 수동태 사례에 대한 유일한 명시적 표시일 수 있다. 약 3,300년의 잘 문서화된 역사와 현저한 문법적 차이를 가진 1,000개 이상의 방언을 가진 중국어는 표에 나열된 대부분의 수동태 표지를 보유하고 있을 뿐만 아니라, 수동태 표지의 어휘 출처 집합에 새로운 유형도 몇 가지 추가했다. 예를 들어, "허락하다"를 의미하는 중국어 동사 ràng과 jiào는 근대 중국어 후기

(17세기에서 19세기까지)에 수동태 형태소로 문법화되었으며, 여전히 현대 중국어에서 수동태 구조의 가장 빈번한 표지로 사용되고 있다.

〈표 43.1〉 수동태 형태소의 어휘적 출처

어휘 출처	언어
(1) 비-사동 구문	북부 순족, 초기 로망스어
(2) 상태 변화	페르시아어, 한국어, 라틴어, 독일어, 라트비아어
(3) 오다(come)	라딘어(레토로망스어), 포마테르티치어(발저 독일어)
(4) 공동격	바카어, 라망어
(5) 먹다(eat)	초기 근대 중국어, 한국어, 주앙어
(6) 떨어지다(fall)	한국어, 타밀어, 통가어
(7) 얻다(get)	영어, 독일어, 베트남어
(8) 주다(give)	표준 중국어(만다린어), 케다 말레이어
(9) 가다(go)	이탈리아어, 12세기 아파브람샤어
(10) 명사화 접사	압마어, 볼라어
(11) 3인칭 복수 대명사	킴분두어, 루바어, 에웨어, 누에르어
(12) 재귀	북부 순족, 덴마크어, 테소어
(13) 보다(see)	고대 중국어, 이탈리아어, 프랑스어
(14) 겪다(suffer)	중국어

2. 몇 가지 이론적 전제

지난 반세기 동안 언어 이론을 형성하고 발전시키는 데 수동태 구조만큼 많은 관심을 받은 구조는 없었다. 수동태의 이론적 중요성은 부분적으로 해당 능동태와 대조되는 구조적 특성 때문이며, 또 다른 부분은 Chomsky(1957)의 고전적 생성주의 이론에서 특별한 대우를 받았기 때문이다. 언어학의 주류와는 별도로, 서로 다른 이론적 뼈대를 가진 거의 모든 언어학자들이 수동태 형식을 자신의 이론을 지지하거나 다른 이론에 반대하는 논거로 사용해 왔다. 예를 들어, 인지언어학에서는 Langacker(1987, 1991, 2013), 형식의미론에서는 Lakoff(1971), Bouton(1973), 어휘 기능언어학에서는 Bresnan(1982), HPSG에서는 Pollard & Sag(1993), 사회언어학에서는

Weiner & Labov(1983), 인류 언어학에서는 Kroskripty(1985), 구문문법에서는 Goldberg(1995), Croft(2001), 관계 문법에서는 Bennett(1980), 언어유형론에서는 Comrie(1981), 문법화에서는 Hopper & Traugott(2003), '영(null) 이론'에서는 Kiparsky(2013)가 있다. 각 이론에 대한 검토는 이 장의 범위를 벗어나지만, 생성언어학의 입장과 대조되는 인지언어학의 관점 소개는 여기서 분명히 관련이 있다.

능동태와 이에 대응하는 수동태 사이의 추정적 변환은 생성언어학의 발전에서 중추적인 문제였다. Chomsky(1957)의 고전적 분석과 그의 추종자들의 후속 연구에서 수동태 구조는 일련의 구절 규칙을 통해 해당 능동태 구조에서 형식적으로 파생된다. 이 처리에서 수동태의 구성요소인 계사 be, 과거분사 -ed, 전치사 by는 수동태의 결과에 의미론적 가치를 부여하지 않고 자유롭게 삽입된다. 반면, Langacker(2013: 118)는 수동태를 구성하는 이러한 요소들이 각각 고유한 의미론적 가치를 지니고 있으며, 오히려 자의적이거나 순수한 문법적 특이성에 불과하다고 주장한다. 구체적으로 말하자면, 과거분사 형태소 -ed는 형용사처럼 시간적 및 결과적 상태를 나타내며, 수동태에서 동사의 타동성을 제거하고, 계사 be는 합성어에 과정적 윤곽을 부여한다. 여기서 전치사 by는 선택사항이며, 행위자를 언급해야 할 때만 사용된다.

영어 수동태 패턴은 보편적인 것과는 거리가 먼 언어별 패턴으로, 언어 간 수동태의 수많은 변형 중 한 가지 유형을 나타낼 뿐이다. 이러한 언어 간 변형이 발생하는 이유를 설명하기 위해서는 '해석(construal)'이라는 중심 개념이 필수적이다. 인지심리학에서 유래한 '해석'이라는 용어는 개인이 주변 세계를 어떻게 인식하고 이해하며 해석하는지를 나타내는 일상적인 인지 능력을 의미한다(Langacker 1987, 1991 참조). 주관적 해석의 적절성은 심리학의 모든 하위 분야에서 상식처럼 여겨지고 있으며, 사회적 분위기에서 자아 해석과 해석 사이에는 차이가 있다는 점도 인식되고 있다(Ross 1987). 언어 표현에 대한 개별 해석은 일반적으로 구체적인 실례 선택에 영향을 미치지만, 사회적 해석은 문법 표지의 어휘 출처 선택에 결정적인 영향을 미칠 수 있다. 인지언어학의 틀 내에서 해석의 개념은 학자마다 정확히 같은 관점을 공유하지 않는 보다 구체적인 인지적 행위의 집합이다(이 문제에 대한 조사는 Verhagen 2006, 다른 견해는 Langacker 1987, Talmy 2000, Croft & Cruse 2004 참조). (1)은 현재 분석과 가장 적절한 해석보다 하위 수준의 개념을 나열한 것이다.

(1) a. 원근화법(Perspective)

b. 현저성(Prominence)

c. 추상화(Abstraction)

d. 도식화(Schematization)

위의 개념은 다음 절에서 살펴볼 것처럼 수동태 구조의 교차 언어적 변형을 설명하는 데 도움이 될 것이다.

3. 수동태 사건과 그 해석

전형적으로 수동태 사건에는 다음 세 가지 요소가 포함된다.

(2) a. 행위자(Agent)

b. 행위-결과(Action-Resultative)

c. 피동작주(Patient)

대부분의 언어는 동일한 사건을 표현하기 위해 능동태와 수동태 구조를 번갈아 사용한다. 화용론적 관점에서 화자는 개인적인 해석에 따라 능동태 또는 수동태 구조 중 하나를 자유롭게 선택하여 동일한 사건을 묘사할 수 있다. 그러나 이러한 화용적 사용은 이 장의 주제가 아니며, 우리의 주요 목표는 언어공동체의 사회적 해석이 수동태 형태소로 문법화하기 위한 어휘 출처의 선택에 어떻게 영향을 미치며, 궁극적으로 수동태의 유형학적 다양성을 초래하는지를 보여주는 것이다.

3.1 위치적 관점에서의 해석

수동태 사건이 발생하는 일반적인 상황에서 행위자와 피동작주는 물리적으로 동일한 위치에 존재해야 한다. 이 "동일한 위치"는 두 가지 약간 다른 관점에서 볼 수 있다. 첫째, (3)과 (4)의 고대 중국어 예에서 설명된 것처럼, 행위자와 피동작주가 동일한 위치적 영역에서 발하는 경우이다. 둘째, 행위자의 위치가 피동작주와 가까운 경우이다. 예를 들어, 수동태의 전치사 by가 John sat by the window(존은 창가에 앉았다)와 같이 close to(가까이에) 또는 next to(옆에)라는 의미를 갖는 경우이다. 영어에서 by는 Langacker(2013)가 주장한 것처럼 수동태 표현의 필수 구성요소는 아니지만, 고대 중국어의 전치사 yú는 영어에서 at, in 또는 on과 동일하며, 종종 수동태 실례를 표시하는 유일한 문법 형태소였다. 따라서 고대 중국어에서 위치와 수동태 실례는 정확히 동일한 표시 및 통사적 도식을 공유했다.

(3) *Qí Hóu méng zhūhóu* ***yú*** *Kuíqiū.*
Qi Marquis form-alliance dukes in Juiqiu
Marquis Qi formed an alliance with dukes in Kuiqiu (치 후작은 쿠이추의 공작들과 동맹을 맺었다) (Zuo Zhuan, 기원전 500년경)

(4) *Wáng Yáo bì* ***yú*** *Zhuāng Wáng.*
Wang Yao love YU Zhuang Wang
Wang Yao was loved by Zhuang Wang (왕야오는 장왕의 사랑을 받았다) (*Zuo Zhuan*, 기원전 500년경)

'공동격(comitative) 전치사가 수동태 형태소로 발전할 수 있는 의미론적 토대는 해석의 공간적 관점에서 비롯된다. 행위자는 피동작주**와 함께** 어딘가에 등장하여 그들 사이에 어떤 일이 일어날 기회를 만든다. 예를 들어, 공동격 전치사 with인 Baka *tɛ*는 비인칭 행위자(Kilian-Hatz 1992: 63)와 함께 수동태 표지가 되었다. Wolff(1983: 171-172)에서도 유사한 발전 경로가 확인되었다. 중국어 전치사 yǔ(함께)도 (5)와 같이 역사상 산발적으로 수동태 표지로 사용되었지만, 수동태를 표현하는 기능에 특화되지는 않았다.

(5) *Fū Chāi suì yǔ Gōu Jiàn qín.*
Fu Chai then YU Guo Jian capture
Then Fu Chai was captured by Guo Jian (푸차이는 궈젠에게 붙잡혔다) (*Zhan Guo Ce*, 기원전 200년경)

흥미롭게도, 중국어 동사 *āi*는 stand next to (someone)(누군가의 옆에 서다) 또는 get close to (someone)(누군가에게 가까이 다가가다)라는 의미로, 일부 동사 합성어에서 수동태 형태소처럼 기능할 수 있다. 예를 들어, *āi + pī*는 "비판하다"를 의미하고, *āi + dǎ*는 "구타하다"를 의미한다. 일부 방언에서는 이 동사가 수첸 방언(우족에 속함, Huang 1996: 666)과 같이 안정적인 수동태 표지로 문법화되었다.

(6) *Fàn dōu āi tā chī-guāng le.*

food all AI he eat-finish PERF

All the food was finished by him (모든 음식은 그가 직접 만들었다) (중국 쑤첸 방언)

공간 해석이 선택되면 수동태 표지에 비대칭이 있다는 점에 유의해야 한다. 논리적으로 말하자면, 피동작주가 행위자에 인접할 때 행위자가 피동작주에게 인접해야 한다. 그러나 수동태 표현이 선택되면, 피동작주는 전경 또는 탄도체(trajector)라고 하는 주어로 간주되고, 행위자는 배경 또는 지표(landmark)라고 하는 부가어(즉, 전치사의 목적어)로 격하된다(Langacker 1987). 즉, 이 상황에서는 피동작주가 행위자보다 통사적으로 더 현저하게 된다. 이 경우 '피동작주'라는 주어는 표기되지 않고 '행위자'라는 부가어가 표시되는 경향이 있다. 예를 들어, a picture on the wall(벽에 걸린 그림)이라고 말하는 것은 자연스럽지만, the wall behind the picture는 어색하게 들린다. 이러한 이유로, 수동태 구조 표지와 관련하여 보편적인 언어는 수동태 표현에 공간 해석을 채택하는 경우, 위치 전치사의 수동태 형태소로 행위자를 표시해야 한다고 할 수 있다.

3.2 피동작주 관점에서의 해석

수동태의 경우, 피동작주가 초점이 된다. 따라서 피동작주의 관점에서 다양한 해석 선택이 존재한다. 첫째, 피동작주는 자신에게 일어나는 일을 시각적으로 목격해야 한다. 언어공동체가 이러한 관점을 취한다면, 동사 see는 고대 중국어, 이탈리아어, 프랑스어 등에서 수동태 표지로 문법화될 가능성이 높다(Lehmann *et al* 2010, Giacalone Ramat 2017, Heine & Kuteva 2002). 둘째, 수동태 사건은 대개 피동작주에게 부정적인 영향을 미친다. 언어공동체가 그 사건을 피동작주에게 부정적 영향이라는 관점에서 해석하는 경우, 동사 suffer가 수동태 형태소로 문법화될 수 있다. 이런 유형의 언어로는 베트남어(Haspelmath 1990), 한국어(Rhee & Koo 2014), 초기 현대 중국어(Heine & Kuteva 2002) 등이 있다. 또한 동사 eat가 수동태 형태소로 문법화되는 의미론적 기반도 동사 suffer와 동일한 해석에서 비롯된다. 이러한 유형의 언어로는 초기 근대 중국어(Jiang 1989), 한국어(Haspelmath 1990: 41), 카리아어(Haspelmath 1990: 41), 주앙어(Coupe 2018: 221) 등이 있다. 초기 근대 중국어의 경우를 생각해 보자. 동사 chī(먹다)는 수동태 표지로 발전하기 전에, 예를 들어 chī jiàn는 화살에 맞는다는 의미와 같이 많은 불행한 일을 겪는 것을 표현하기 위해 확장될 수 있다. 11세기에서 16세기에 이르는 기간 동안 동사 chī는 (7)과 같이 주요 수동태 형태소 중 하나가 되었다.[1]

(7) *Dàchóng yě chī tā dǎ-shā le.*
tiger also CHI he beat-kill PERF
The tiger was also killed by him (호랑이도 그에게 죽임을 당했다) (*Shui Hu Zhuang*, 기원전 1400년경)

한 언어의 수동태 형태소가 suffer(겪다) 해석에서 유래한 경우, 그 수동태 구조는 동사 suffer의 형태소인 bèi로 표시된 중국어 수동태 구조와 같이 부정적인 내용을 표현하는 경향이 강하다(Li & Thompson 1981: 492-502 참조). 종합적인 조사에 따르면, chī로 표시된 모든 수동태는 부정적인 의미를 포함하고 있다. 또한, 동사 fall(떨어지다)의 수동태도 피동작주의 고통에 대한 해석에서 비롯된다. 이러한 전략을 사용하여 수동태 사건을 해석하는 언어로는 한국어(Rhee & Koo 2014), 타밀어 및 통가어(Haspelmath 1990: 39)가 포함된다.

셋째, 수동태 사건은 전형적으로 변위, 부상, 대상의 획득 또는 상실 등과 같은 일종의 변화를 통해 피동작주에게 영향을 미치기 때문에, 피동작주는 은유적으로 무언가를 받는다고 볼 수 있다. 이런 관점에서 해석하면, 동사 get(얻다)은 구어체 독일어(Lehmann 1991: 517), 웨일스어(Haspelmath 1990: 42), 크레올어(Corne 1977: 164-165)와 같이 수동태 표지로 문법화하기에 가장 적합한 후보가 된다. 영어에서 동사 get은 (8)과 같이 수동태를 표현하는 데 자주 사용되며, 이는 표준 구조 be + V-ed + by NP와 공존하고 경쟁한다.

(8) a. I never get invited to parties.[2] (나는 파티에 초대를 받은 적이 없다)
b. He got caught by the police driving at 120 mph. (그는 시속 120마일로 운전하다가 경찰에게 적발되었다)
c. My watch got broken while I was playing with the children. (아이들과 놀다가 내 시계가

1 Wang & Shi(2019)는 현대 중국어에서 chī 수동태의 흥망성쇠에 대해 논의한다.
2 이 예시는 Swan(2000: 228)에서 인용한 것이다.

고장났다)

넷째, 피동작주는 수동태 사건의 발생에 어느 정도 책임이 있다고 볼 수 있다. 피동작주가 누군가에게 무언가를 하도록 허용하거나, 누군가에게 무언가를 할 수 있는 기회를 주거나, 의도적으로 또는 무의식적으로 어떤 일이 일어날 조건을 만들 수 있다고 상상해 보라. 예를 들어, 공원을 걷고 있는 사람은 다른 사람에게 눈에 띄거나 자전거에 부딪힐 수 있는 상황을 만들어 낼 수 있다. 언어공동체가 수동태 사건을 피동작주의 책임이라는 관점에서 해석할 때, 동사 give(주다), allow(허락하다) 또는 let-be(허락하다)는 수동태 표지를 문법화하기에 가장 적합한 후보가 될 수 있다. 최근의 유형학적 조사에 따르면, 이러한 해석 전략을 취하는 언어는 드물다고 인정해야 한다. Heine & Kuteva(2002)에 따르면, gěi의 수동태 표지를 가진 모든 언어는 중국어와 집중적인 언어 접촉으로 인해 표준 중국어, 중국어 방언, 케다 말레이어 등 중국어 어족에 속하거나 중국어와 관련이 있다(자세한 내용은 Peyraube 2015: 61, Chappell 2015: 29, Bao & Wee 1999 참조). 현재 중국어의 주요 수동태 표지는 give, allow, 또는 let-be를 의미하는 동사에서 문법화되었다. Cao(2008)는 930개의 중국어 방언을 조사하여 서로 다른 어휘 출처에서 유래했을 수 있는 약 60개의 수동태 표지가 있다는 사실을 밝혀냈다. 수동태 표지에 가장 일반적인 어휘 출처 세 가지는 〈표 43.2〉에 나열되어 있다.

문법화 변화는 특정 적절한 문맥에서 발생해야 한다(Hopper & Traugott 2003: 39-70). 다양한 관점의 해석은 주어진 문법적 표지에 대한 어휘 출처의 선택에 영향을 미치며, 이러한 어휘 항목은 시간이 지남에 따라 적절한 문맥에서 자주 사용되지 않으면 문법적 기능을 획득할 수 없다. give(주다), allow(허락하다), let-be(허락하다)의 수동태 표지는 행위자 명사가 반드시 나타나야 제대로 형성되는 중추적 구조에서 문법화되었다. 결과적으로, 이러한 유형의 어휘 출처에서 나온 수동태 구조는 (9)에서 예시된 바와 같이 행위자 명사가 잘 형성되며(자세한 내용은 Zhu 1982, Lü 1996 등 참조), 이는 다른 언어에서는 입증되지 않은 유형학적으로 고유한 특징이다.

(9) a. *Yān hé jiào wǒ gěi rēng le.*
cigarette case JIAO I give throw PERF
The cigarette case was thrown away by me (담배 케이스는 내가 버린 것이다) (현대 중국어)

b. **Yān hé jiào ___ gěi rēng le.*
cigarette case JIAO give throw PERF

〈표 43.2〉 중국어 방언에서 수동태 표지의 어휘적 출처

수동태 형태 give	수동태 형태 allow	수동태 형태 let-be
gěi	jiào	ràng
250개 방언	214개 방언	40개 방언

행위자가 반드시 나타나야 하는 이 독특한 특성은 동일한 유형의 동사(즉, allow(허락하다) 또는 let-be(허락하다))에서 수동태 표지가 문법화된 수백 개의 중국어 방언에서 공유된다. 행위자 명사의 분포와 관련하여 중국어의 수동태 구조는 한 극단에서 다른 극단으로 변화해 왔다. 즉, 고대 중국어에서는 jiàn과 같은 수동태 보조사가 절대로 선-발화적 위치에 행위자 명사를 도입하지 않았으며, 행위자를 표시해야 하는 경우 후-발화적 위치에 전치사 yú를 통해 도입할 수 있었다. 그러나 중세 중국어까지만 해도 bèi와 같은 수동태 형태소는 선택적으로 선-발화적 위치에 행위자를 도입할 수 있는 새로운 기능을 개발했다. 17세기부터 지금까지 중국어 수동태는 행위자 명사가 반드시 나타나야 하는 또 다른 극단에 이르렀다.

3.3 상태 변화로부터의 해석

수동태 사건은 전형적으로 동작과 그 동작으로 인해 야기되는 상태 변화로 구성된다. 중국어에는 수동태 동사에 대한 굴절이 없지만, 수동태의 서술어는 단순 동사, 즉 동사 뒤에 어떤 종류의 상태 변화를 나타내는 양상 표지, 결과, 중복 등이 반드시 따라야 한다. 〈표 43.1〉에는 수동태 사건을 해석할 때 이러한 상태 변화의 관점에서 오는 수동적 표지의 네 가지 유형이 나열되어 있다. 즉 '상태 변화' 유형 그 자체, come(오다) 유형, go(가다) 유형, fall(떨어지다) 유형이 있다. 이러한 동사들은 다음 영어 예에서 설명하는 것처럼 어떤 종류의 상태 변화를 표현할 수 있으므로,[3] 이들은 수동태 표지로 발전하기에 의미론적으로 적합하다.

(10) a. It was becoming very dark. (매우 어두워지고 있다)
　　b. What do you have to do to become a pilot? (조종사가 되려면 무엇을 해야 하는가?)
(11) a. Leaves go brown in autumn. (가을에는 나뭇잎이 갈색으로 변한다)

3 다음 세 가지 사례는 Swan(2000: 111-112)에서 인용한 것이다.

b. She went white with anger. (그녀는 화가 나서 얼굴이 하얗게 되었다)

(12) a. I'll make all your dreams come true. (내가 네 꿈을 이뤄줄 거다)

b. You'll come to regret your decision. (너는 네 결정을 후회하게 될 거다)

(13) a. Tom fell ill last week. (톰은 지난주에 아팠다)

b. James fell asleep suddenly. (제임스는 갑자기 잠들었다)

간단히 말하면, 동사 become(되다)은 수동태 형태소로 발전하거나 후기 라틴어(Cennamo 2015), 독일어(Heine & Kuteva 2002: 10), 라트비아어(Vykypěl 2010: 137)에서 수동적 의미를 표현하는 기능을 할 수 있다. 여기서 증명하려는 것은 이 네 가지 동사 모두 공통된 의미론적 특성을 가지고 있어 다른 언어에서 수동태 표지로 발전할 수 있다는 것이며, 언어마다 정확히 동일한 방식으로 실현되어야 한다는 것은 아니다. 이는 일부 언어에서 수동태 구조 중 하나를 채택하더라도 모든 언어가 그렇게 하지 않는 이유를 설명할 수 있다.

영어 수동태 구조인 be V-ed는 상태 변화의 관점에서 해석되기도 한다. 계사 be는 종종 상태 변화를 나타내는 데 사용되며, 이는 be quiet 또는 be nice와 같은 명령형에서 분명히 드러난다. 영어 수동태에서 동사의 과거분사형은 형용사로 사용되며, 예를 들어 He is confused(그는 혼란스러워한다)와 The car is broken(차가 고장났다)에서처럼 동작 후 결과 상태를 가리킨다(이 논증에 대해서는 Langacker 2013: 118 참조).

3.4 동사의 원자가 손실의 관점에서 본 해석

위에서 살펴본 세 가지 유형의 해석은 모두 수동태 사건의 가시적 측면에 초점을 맞추고 있으며, 그 상세성의 정도는 기본적으로 유사하다고 볼 수 있다. 보다 낮은 수준의 상세성(즉, 추상화)에서 수동태는 타동사의 목적격 논항의 손실로 해석될 수 있다. 능동문에서 목적격 논항을 할당하는 타동사만 수동태 구조에서 사용할 수 있다는 것은 교차 언어학적으로 사실이다. 피동작주 명사가 수동문의 주어로 승격됨에 따라 더 이상 목적격 논항을 할당할 수 없으며, 이는 타동사의 원자가 손실을 나타낸다. 언어공동체가 동사의 이러한 문법적 속성의 변화에 초점을 맞춘다면, 이를 나타내기 위해 특정한 문법 형태를 혁신할 것이다. 〈표 43.1〉의 수동태 표지에는 이러한 해석의 관점에서 진화하는 네 가지 유형이 있다. 즉 '비-사동' 유형, '명사화 접사' 유형, '3인칭 복수격' 유형, '재귀' 유형이 있다. 이 유형들은 모두 동사 어간에 대명사적 요소가 포함되어 있으며, 이 요소는 동사의 목적격 논항의 할당을 취소하기 위해 접두사, 접미사 또는 접사처럼 작용한다. 네 가지 문법 범주 자체는 형식적으로 서로 관련되어 있어 공통점을 가지고 있다. 예를 들어, 재귀 표지는 아란다어에서는 자동사(Wilkins 1989: 256), 프랑스어에서는 비-사동 표지(Heine & Kuteva 2002: 252), 덴마크어에서는 수동태 표지로 직접 발전한다(Haspelmath 1990: 43). 더욱이 고대 중국어에서 명사화는 zhī이고 현대 중국어에서는 de이며, 둘 다 지시 대명사 '그' 또는 '이'에서 문법화되었다. 동사 어간에 명사화 표지를 추가하면 동사는 명사 항목이 되어 더 이상 목적어가 뒤따를 수 없게 된다. Langacker(1991)에 따르면, 영어의 과거분사는 형용사처럼 타동사를 자동사화하는 기능도 하며, 이는 상태적 속성을 표현하는 형용사와 같다. 즉, 영어는 동사의 원자가 손실이라는 전략을 사용하여 수동태 사건을 해석한다.

흥미롭게도, (기원전 1세기부터 기원후 4세기까지) 중세 초기 중국어에 만연한 수동태 패턴은 wèi … suǒ로 첫 번째 형태소 wèi는 계사이고 두 번째 suǒ는 VP를 명사화하는 대명사적 요소이다. 이때 suǒ … VP라는 구문은 관련된 사물을 나타낸다(예를 들어 suǒ shí(suǒ + eat)은 문자적으로 '음식 먹기'를 의미한다). 여기서 명사화 suǒ는 실제로 목적어 논항의 할당을 취소하는 기능을 한다. 이 수동태 패턴의 한 가지 예를 살펴보겠다.

(14) *Wèi Tàizǐ wèi Jiāng Yǔn suǒ bài.*
Wei Prince WEI Jiang Yun SUO defeat
Prince Wei was defeated by Jiang Yun (위왕은 장윤에게 패했다) (*Hanshu*, 기원전 100년경)

3.5 수동태의 유형학적 변이의 제약과 수동태 형태소의 의미적 가치

서두에서 언급한 바와 같이, 모든 문법 범주 중에서 수동태는 언어마다 가장 다양하거나 변이가 많으며, 다양한 어휘 출처에서 문법화된 14가지 유형이 존재한다. 중국어는 이 목록에 적어도 한 가지 유형이 더 추가되는데, allow(허락하다)와 let-be(허락하다)를 의미하는 동사에서 진화한 수백 개의 방언(즉, jiào 및 ràng)과 같은 수동태 표지가 있다. 이는 Heine & Kuteva(2002)에 나열되지 않았다. 또한 여러 언어에서 널리 입증된 현상인 위치격 전치사에서 문법화되는 수동태 표지의 주요 유형을 놓치고 있다. 내가 아는 한, 교차 언어적으로 최소 16가지 유형의 수동태 표지가 있으며, 유형학적 조사가 계속 진행됨에 따라 이 수는 더 늘어날 가능성이 높다. 수동태 표지가 이렇게 다양한 이유는 언어공동체마다 수동태 사건을 해석하는 관점이 다르기 때문이며, 이는 〈

표 43.3〉과 같이 요약할 수 있다.

〈표 43.3〉 언어마다 다른 해석과 다양한 수동태 표지

해석의 관점	어휘 출처
Ⅰ. 위치	(a) 전치사 in (b) 전치사 by (c) 동사 get close to
Ⅱ. 피동작주	(a) 동사 suffer (b) 동사 eat (c) 동사 see (d) 동사 get (e) 동사 allow (f) 동사 let-be (g) 동사 give
Ⅲ. 상태 변화	(a) 동사 become (b) 동사 come (c) 동사 go (d) 동사 be (e) 동사 fall
Ⅳ. 동사의 원자가 손실	(a) 비-사동 (b) 명사화 (c) 인칭 대명사 (d) 과거시제

이 표는 수동태의 몇 가지 중요한 속성을 보여준다. 그중 하나는 해석 가능성의 수가 관점마다 다르다는 것이다. 수동태 표현과 관련하여 피동작주는 초점 현저성이 드러나므로, 표에서 총 6개의 가능한 해석 중 가장 많은 관점을 받는다. 반면, 행위자는 수동태 표현에서 초점이 흐려지고 부가어로 격하되어 가능한 가장 적은 해석적 관점(즉, 0)을 받는다. 일단 행위자가 초점 현저성으로 간주되면, 그 표현은 능동문이어야 하므로 능동태와 관련된 문법적 장치를 사용해야 한다. 따라서 다음과 같은 공식이 있다.

(15) 수동태 표지에 대한 해석의 관점 수

피동작주 (7) 〉 상태 변화 (5) 〉 원자가 변화 (4) 〉 위치 (3) 〉 행위자 (0)

위의 공식은 결코 우연이 아니라 수동태 사건에 대한 인간의 일반적인 인식을 반영한 것이다.

이 불평등 공식에 포함된 이론적 함축은 분명히 더 탐구할 가치가 있다. 한 언어가 수동태 구조를 형성하는 데 두 가지 이상의 해석 관점을 취할 수 있으며, 그 결과 해당 언어의 수동태 표현이 복잡해질 수 있다는 점에 유의해야 한다. 영어의 수동태 패턴을 고려하면, be + V-ed라는 구문은 상태 변화를 의미하며, 여기서 과거분사는 동사를 자동사로 만드는 기능을 한다(Langacker 2013: 121). 또한 위치 전치사 by는 행위자를 소개할 때 사용된다. 즉, 영어 수동태는 해석의 여러 가지 관점, 즉 상태 변화와 원자가 손실이 결합된 결과이다.

수동태 사례에서 피동작주가 초점 현저성이 나타날 때 주어로 사용되며 표기되지 않는다. 피동작주는 두 가지 측면에서 반영되는 수동태 사건을 바라보는 유리한 지점의 역할을 한다. 첫째, 통시적으로 수동태 표지로 문법화하기 위한 어휘 출처로 선택되는 동사 그룹, 즉 suffer(겪다), eat(먹다), see(보다), get(얻다), give(주다), allow(허락하다), let be(내버려두다) 등의 동사 그룹의 행위자이다. 둘째, 위치적 관점에서 해석할 때 피동작주는 전경으로, 행위자는 배경으로 취급되므로 전자는 항상 표기되지 않지만 후자는 대개 처소격 전치사에서 수동형으로 표시된다. 더욱이 수동태의 통사적 도식은 문법의 전반적인 속성에 의해 크게 결정되며, 예를 들어 영어와 중국어 수동태는 각각 고유한 문법을 형식적으로 따른다. 추상화 정도에 관해 위에서 논의한 네 가지 관점의 순위는 다음과 같다.

(16) 해석의 다양한 관점의 추상화 정도

원자가 손실 〉 동일 위치 〉 상태 변화 〉 피동작주에게 미치는 영향

동사의 원자가 손실은 동사의 문법적 분석, 즉 일종의 매우 추상적인 사고를 포함하기 때문에 가장 높은 수준의 추상성을 가진 것으로 간주된다. 행위자와 피동작주 간의 공유 위치는 수동태 사건이 특정 장소에서 발생할 수 있는 이유에 대한 추론과 관련이 있다. 상태 변화는 눈에 보이지만 수동태 사건 전후의 두 상태를 비교하는 것이다. 피동작주에게 미치는 영향은 눈에 보이는 것뿐만 아니라 현재 상황과도 연관되어 있기 때문에 추상화 정도가 가장 낮은 것으로 여겨진다.

수동태 표지에 대한 어휘 출처를 모집할 때의 해석적 관점에서 수동태 구조를 구성하는 모든 요소가 의미가 있다는 것을 알 수 있다. 앞에서 지적한 바와 같이, 인지언어학의 주요 신조 중 하나는 문법 형태는 항상 내용으로 가득 차 있다는 것이다. 즉, 의미가 없는 형태는 없다는 것이다. Langacker(1987, 1991, 2013 등)는 영어 수동태의 두 가지 필수 요소, 즉 계사 be와 과거분사를 분석하여 이 주장을 뒷받침한다. 어떤 개별 언어에서든 수동태를 구성하는 요소는 문법화 과정을

통한 의미론적 표백에도 불구하고 어휘 출처의 원래 의미에서 분명히 드러나는 의미 있는 요소이다. 즉, 수동태 구조를 구성하는 어떤 요소도 의미론적 내용 없이 순전히 형식적인 것은 없으며, 모든 언어에서 수동태의 혁신은 표지에 대한 어휘 출처의 해석적 및 의미적 적합성이라는 두 가지 필수 요소에 기반한다.

4. 사회적 해석과 수동태 도식

이론적으로 화자는 수동태 사건에 직면할 때 위에서 논의한 모든 관점에서 자유롭게 해석할 수 있다. 그러나 수동태 표지와 구조는 오랜 기간에 걸친 관습화의 산물이기 때문에 특정 언어에서는 개별 화자가 자유를 박탈당하고 문법적 관습을 따라야 한다. 결국 수동태 표지의 어휘 출처에 영향을 미치는 해석은 개별적인 것이 아니라 사회적 해석으로 결정된다. 사회적 해석은 매우 규칙적이므로 두 가지 의미에서 예측 가능하다. 첫째, 사회적 해석은 특정 지역과 특정 시기의 언어공동체에서 일관되며, 둘째, 특정 시기에 문법의 전반적인 속성의 영향을 받는다. 특히, 한 언어의 수동태 구조는 그 언어의 문법 체계와 상충되지 않아야 한다. 구체적으로 영어 수동태 구조인 be + V-ed + by는 보조동사의 통사적 형태, 과거분사의 문법적 속성, 전치사구의 분포로 결정된다. 더 결정적으로, 영어 수동태의 구체적인 구조는 다소 추상적인 도식에 의해 정당화된다. 다음 예와 같이 능동문의 패턴을 포함하여 다른 많은 통사적 구조에서 공유되는 Aux + V-ed + PP라는 도식에서 정당화된다.

(17) a. The window was broken by Tom. (창문이 톰에 의해 깨졌다)
b. Bill was sleeping by the table. (빌은 테이블 옆에서 자고 있었다)
c. They had finished their homework in school. (그들은 학교에서 숙제를 끝냈었다)
d. John is reading newspapers in the dining room. (존은 식당에서 신문을 읽고 있다)
e. Tom is good at playing basketball. (톰은 농구를 하는 데 능하다)

(17)에서 첫 번째 문장만 수동태이고, 나머지는 전통문법에서 다르게 분류된다. 그러나 모두 위에 표시된 것과 동일한 통사적 도식을 공유한다. 이러한 관점에서 볼 때 수동태 구조에는 특별한 것이 없다(Kiparsky 2013). 사실, 영어 수동태의 구체적인 구조는 영어 전체의 문법에 상당 부

분 결정된다. 즉, 영어 수동태의 문법화는 언어공동체의 순수한 자유 선택이라기보다는 전체 영어 문법에서 결정된다는 것이다. 모든 모국어 화자는 수천 년 이상 발전해 온 이미 존재하는 언어 체계에 살고 있으며, 이는 문법적 표지를 위한 어휘 후보군을 선택하는 데 있어 사회적 해석을 상당 부분 결정한다.

3,300년에 걸친 풍부한 중국어 역사에는 10가지 이상의 수동태 표지와 다양한 수동태 구조가 존재해 왔다. 이를 간단히 설명하기 위해 〈표 43.4〉에 요약된 각 주요 시대의 지배적인 수동태 구조를 살펴 보자.

〈표 43.4〉 중국어 역사에서 수동태의 주요 유형

기간	해석의 관점	예
고대 중국어 (기원전 1300년경~기원전 100년경)	(a) 처소격 (b) 동사 see	yú jiàn
중세 중국어 (기원전 100년경~1000년경)	(a) 상태 변화 (b) 동사 suffer	wèi … suǒ bèi
근대 중국어~현재 (1000년경~2000년경)	(a) 동사 allow (b) 동사 give	jiào and ràng gěi

언어공동체가 수동태 사건을 해석하기 위해 다른 관점을 취할 때마다, 즉 수동태 표지에 대해 다른 어휘 출처를 선택할 때마다 수동태의 통사적 구상화에 변화가 수반되어야 한다. 해석적 관점이 바뀌는 동기화는 전적으로 문법 체계의 전반적인 변화에서 비롯되며, 즉 언어공동체의 해석적 관점이 아무 이유 없이 바뀌지 않는다는 점이다.

영어의 문장 구조와 마찬가지로 SVO 언어인 고대 중국어는 문장 끝 위치(즉, VO 뒤)에 다양한 유형의 전치사구가 처소격, 비교급, 도구격 등을 도입할 수 있도록 허용했다. 수동태의 경우 특정 문맥에서 행위자를 표시해야 하는 경우, 처소격 전치사 yú가 문장 끝 위치에서 행위자 명사를 도입하도록 확장되었다. 당시에는 동사 see에서 문법화되어 본동사 앞에 오지만, 어떠한 상황에서도 행위자 명사를 도입할 수 없는 수동태 조동사도 있었다. 전치사 yú와 보조사 jiàn은 모두 독립적으로 수동태를 표시하는 데 사용할 수 있으며, 둘을 결합하여 수동태 예시를 만들 수도 있다.

(18) *Wú cháng* ***jiàn*** *xiào* ***yú*** *dàfāng zhī jiā.*

I often JIAN laugh-at YU knowledgeable NOML expert

I was often laughed at by those knowledgeable people (나는 그 박식한 사람들에 의해 자주 비웃음을 당했다) (*Zhuang zi*, 기원전 300년경)

고대 중국어에서 중세 중국어로 넘어가는 과도기 동안 중국어는 문장 구조와 관련하여 체계적인 변화를 겪었다. 그 결과 수동태뿐만 아니라, 처소격, 비교급, 도구격의 모든 전치사구는 더 이상 문장의 종결 위치에 나타날 수 없게 되었고 점차 사라지게 되었다. 이러한 국부적인 변화에 대응하여 yú로 표시되는 수동태 패턴은 붕괴되었고, 행위자를 표현해야 하는 경우가 있었기 때문에 언어공동체는 대신 전-발화적 위치에서 행위자를 도입하는 새로운 어휘 후보를 모집하기 시작했다. 이때 기원전 1세기에 문법화되었지만, 그때까지 행위자를 도입할 수 없었던 수동태 보조사 bèi는 (수동태 보조사 jiàn과 같이) 이 공백을 메울 수 있는 가장 적합한 후보가 되었다. 그 결과 (19)와 같이 bèi는 전치사처럼 행위자 명사를 소개하는 새로운 기능을 개발했다. 반면, 고대 중국어에서 널리 사용되었던 수동태 보조사 jiàn은 이 기능을 획득하지 못하여 버려졌다.

(19) *Liàng Zǐ bèi Sū Jùn hài.*

Liang Zi BEI Su Jun kill

Liang Zi was killed by Su Jun (량쯔는 쑤쥔에 의해 살해되었다) (*Shishuo Xinyu*, 기원전 450년경)

중세 중국어 후기부터 근대 중국어에 이르는 기간 동안 중국어 문법의 중요한 변화 중 하나는 처리 구문의 출현과 발전이다. 이 구문은 수동태와 동일한 도식인 PP + VP를 공유할 뿐만 아니라, 수동태 패턴과 기능적으로 상호 보완적이라는 점이 중요하다. 구체적으로, 처리 표지는 선-발화적 위치에 있는 피동작주 명사를 소개하는 역할을 하고, 수동태 표지는 동일한 위치에 있는 행위자 명사를 지시하는 기능을 하며, 피동작주와 행위자는 기능적으로 서로 관련되어 있다. 처리 구문의 출현 초기부터 (20)에 예시된 바와 같이 처리 예문을 잘 형성하기 위해서는 피동작주 명사의 출현이 필수적이었다. 아마도 처리 구문 속성의 유추 때문에 예문이 잘 형성되기 위해 행위자 명사가 점차 의무적으로 등장하게 된 것 같다. 수동태 bèi가 반드시 행위자 명사를 도입하는 극단적인 상황까지 이르지는 않았으며, 16세기 이후 그 용법이 크게 축소되었다. Cao(2008)의 930개

방언 중 71개만이 여전히 수동적 bèi를 사용하고 있으며, 대부분의 방언에서 수동태 표지는 다른 어휘에서 문법화되어 주로 give(주다), allow(허락하다) 또는 let-be(허락하다)를 의미하는 동사를 사용한다. 더 중요한 것은 이러한 모든 새로운 수동태 구조가 (21)에 설명된 것처럼, 모든 한정 동사가 있는 영어 문장이 잘 형성되려면 주어가 있어야 하는 것과 마찬가지로 문법적으로 행위자 명사가 요구된다는 것이다.

(20) a. *Tā bǎ fángjiān shōushí le yīxià.*
he DISP room clean PERF one-time
e cleaned the room for a while (그는 잠시 동안 방을 청소했다) (현대 중국어)
b. **Tā bǎ _ shōushí le yīxià.*
he DISP clean PERF one-time

(21) a. *Xiǎotōu ràng rén bǎng shù shàng le.*
theft PASS people truss tree at PERF
The thief was trussed to a tree (도둑은 나무에 단단히 묶여 있었다) (현대 북경어의 혼용)
b. **Xiǎotōu ràng _ bǎng shù shàng le*
theft PASS truss tree at PERF

다시 한번 강조하자면, 문법 체계는 전체적으로 수동태 표지에 적합한 어휘 후보를 모집하는 데 중요한 역할을 한다. 동사 jiào(허락하다)와 ràng(내버려두다)은 종종 중추적 구문에서 사용되며, 이 경우 다음 목적어도 나타나야 한다. 그렇지 않으면 (22)에서 설명된 것처럼 중추적 실례가 제대로 형성되지 않는다.

(22) a. *Wǒ ràng tā zǒu* le.
I let he go- away PERF
I let him go away (나는 그가 떠나도록 허락했다) (현대 중국어)
b. **Wǒ ràng _ zǒu le.*
I let go-away PERF

문법 표지의 기능은 일반적으로 어휘의 의미론적, 통사론적 출처의 영향을 받는다는 점을 강조하고 싶다(Hopper & Traugott 2003). 언어에서 행위자 명사가 수동태로 나타나야 하는 경우, 언어공동체는 문법화 경로의 문맥에 명사적 목적어가 포함되어야 하는 어휘 항목을 선호할 것이다. 즉, allow(허락하다), let-be(허락하다) 동사는 모두 이 조건을 충족하여 수동태 표지로 변화되었다. 이미 존재하던 수동태 bèi가 왜 더 이상 발전하여 행위자 명사가 의무적으로 존재해야 하는 기능을 획득하지 않았는지 궁금할 수 있다. 고빈도의 문법적 형태의 오래된 특징은 전형적으로 어떤 유추적 변화에도 저항력이 있다는 것은 교차 언어적으로 사실이다(Bybee & Beckner 2010). 근대 후기 중국어에서 bèi는 1,800년 이상 수동태 표지로 사용되어 왔으며, 특히 suffer(겪다) 동사에서 문법화된 후 처음 6세기 정도는 행위자 명사를 도입하지 못했다. 오랫동안 매우 관습화된 수동태 bèi의 사용 빈도가 높았기 때문에 완전히 없애기 어려웠다. 그래서 언어공동체는 수동태에 반드시 행위자가 나타나야 한다는 요구 사항을 충족하기 위해 새로운 수동태 표지를 찾게 되었다.

위의 분석을 통해 문법적 표지의 어휘 출처를 선택하는 것은 언어공동체의 사회적 해석에 크게 영향을 받으며, 어떤 관점을 취하는가는 원칙적으로 특정 시점의 문법 체계의 전반적인 속성에 의해 결정된다는 것을 알 수 있다. 어휘 출처를 선택하는 것은 단순히 의미적인 문제가 아니라 어휘 항목의 통사론과도 관련이 있다. 언어공동체는 문법적 표지의 구조와 유사한 통사적 구상화를 가진 어휘 항목을 모집하는 경향이 있다.

5. 결론

이 논의는 인지언어학과 언어유형론이 서로에게 유익한 방식으로 언어 연구에 기여할 수 있음을 보여준다. 두 가지 핵심 개념인 해석과 관점화는 수동태 표지를 특별히 언급하면서 유형학적 변이를 설명하는 데 매우 중요하다. 반면, 모든 언어에서 수동태의 모든 요소가 의미를 지닌다는 점을 확인함으로써, 문법이 본질적으로 상징적이며, 모든 문법 요소가 구체적이든 추상적이든 고유한 의미론적 가치를 지닌다는 인지언어학의 신조를 더욱 강화할 수 있다. 의심할 여지 없이, 유형론적 언어학자들은 교차 언어 현상에 대한 그럴듯한 설명을 만들고자 한다면 인지언어학을 무시할 수 없다. 한편, 인지언어학자들은 유형론적 조사를 통해 점점 더 많은 실증적 증거를 발견할 것이며, 이러한 조사는 더욱 널리 받아들여질 것이다.

모든 문법 범주 중에서 수동태는 표지와 구조의 변형 측면에서 가장 큰 유형학적 다양성을 가지고 있다. 또한 한 언어는 시간이 지남에 따라 일련의 극적인 유형학적 변화를 겪을 수 있다. 이러한 유형학적 특징은 어휘와 문법을 포함한 모든 언어 층위뿐만 아니라, 과학에서 일상 활동에 이르기까지 인간의 모든 지식 영역에서 작동하는 영역 일반 인지, 즉 해석(CONSTRUAL)에서 비롯된 것이다. 문법 범주에서 가능한 유형학적 변이는 일정한 한계를 가진다. 현재 분석에 따르면 수동태는 언어에 따라 총 16개의 변이가 있으며, 앞으로 새로운 변이가 발견될 수 있지만 총합이 이 한계를 훨씬 넘을 수는 없다. 다른 문법 범주는 수동태보다 변이가 적다. 유형론적 다양성의 한계는 예외적인 언어 보편성을 반영하며, 이는 해석적 관점에 의해 제약을 받는다. 개별 해석은 자신의 생각을 표현하기 위해 어떤 언어 형식을 선택할지를 결정한다. 즉, 사회적 해석은 언어공동체가 어떤 문법 체계를 혁신할지를 결정한다. 이러한 사회적 해석은 특정 시점의 문법 체계의 전반적인 속성의 영향을 크게 받는다. 이 가설은 유형론적 다양성을 설명하는 데 있어 경험적으로 타당성을 지닌다.

현재 분석은 언어 간 변이와 언어 변화에 관한 생성언어학적 모형에 의문을 제기한다(Chomsky 1981, Lightfoot 1991). 이 모형은 모든 인간이 유전적으로 두 가지 구성요소로 이루어진 소위 보편문법을 타고난다고 가정한다. (a) 언어의 기본 구조를 특징짓고 도달 가능한 문법의 수준을 제한하는 불변의 원칙과 (b) 가능한 변이의 공간을 정의하고 경험에서 고정되는 가변적 매개변수이다. 언어공동체마다 서로 다른 매개변수 집합을 선택하기 때문에 언어의 구조적 차이가 발생하고, 세대마다 (주로 아동의 언어 습득으로 인해) 서로 다른 매개변수를 설정하기 때문에 시간이 지남에 따라 언어가 변화한다는 것이다. 이러한 가설은 유형학적, 역사적, 심리적 근거를 찾기 어렵다. 기능적 인지언어학의 연구자들이 말했듯이, 언어는 인간의 뇌에서 고립되고 특정한 신경 기관에 의해 만들어지는 것이 아니라, 보다 일반적인 인지적 특성이 결합된 산물이다(자세한 내용은 Langacker 1987, 1991, Greenberg 1990 참조). 언어는 인간의 인지와 언어의 의사소통적 기능으로 형성된다(Givón 1989). 이러한 관점은 수동태 사건에 대한 인간의 해석과 표현에서 발생하는 유형론적 변이를 설명하는 내 분석과 완전히 일치한다.

더 읽을거리

Comrie, B. (1981). *Language universals and linguistic typology*. Chicago: University of Chicago Press.

Croft, W. (2001). *Radical construction grammar: Syntactic theory in typological perspective*. New

York: Oxford University Press.

Croft, W. (2016). Typology and the future of cognitive linguistics. *Cognitive Linguistics*, 27(4), 587-602.

Croft, W., & Cruse, D. A. (2004). *Cognitive linguistics*. Cambridge: Cambridge University Press.

Greenberg, J. (1966). Some universals of grammar with particular reference to the order of meaningful elements. In J. Greenberg (Ed.), *Universals of language* (pp. 73-113). Cambridge, MA: MIT Press.

Heine, B., & Kuteva, T. (2013). *World lexicon of grammaticalization*. Cambridge: Cambridge University Press.

Hopper, P., & Traugott, E. C. (2003). *Grammaticalization*. Cambridge: Cambridge University Press.

Langacker, R. W. (1987). *Foundations of cognitive grammar. Vol. 1: Theoretical prerequisites*. Stanford, CA: Stanford University Press.

Langacker, R. W. (1991). *Foundations of cognitive grammar. Vol. 2: Descriptive application*. Stanford, CA: Stanford University Press.

Langacker, R. W. (2013). *Essentials of cognitive linguistics*. New York: Oxford University Press.

Talmy, L. (2000). *Toward a cognitive semantics. Vol. 1: Concept structuring systems*. Cambridge, MA: MIT Press.

참고문헌

〈제23장〉

Austin, P. K. (2016). Language documentation 20 years on. In L. F. Pütz (Ed.), *Endangered languages and languages in danger* (pp. 147-170). Amsterdam: John Benjamins.

Austin, P. K., & Sallabank, J. (Eds.). (2011). *The Cambridge handbook of endangered languages*. Cambridge: Cambridge University Press.

Berlin, B., & Kay, P. (1969). *Basic color terms: Their universality and evolution*. Berkeley: University of California Press.

Berry, J. W. (1969). On cross-cultural comparability. *International Journal of Psychology*, 4, 119-128.

Boas, F. (1896). The limitations of the comparative method of anthropology. *Science*, 4(103), 901-908.

Boas, F. (1911). Introduction. *Handbook of American Indian languages*. Vol. 1 (pp. 1-83). Smithsonian Institution Bureau of American Ethnology, Bulletin 40. Washington: Government Print Office.

Bronckart, J.-P. (2012). Contributions of Piagetian Constructivism to Social Interactionism. In E. Martí & C. Rodríguez (Eds.), *After Piaget* (pp. 43-58). New Brunswick, NJ: Transaction Publishers.

Brown, P. (2015). Language, culture and spatial cognition. In F. Sharifian (Ed.), (2014) *The Routledge handbook of language and culture* (pp. 294-308). New York: Routledge.

Brown, R. F. (2017). *Mary and the art of prayer: The Hours of the Virgin in Medieval Christian life and thought*. New York: Columbia University Press.

Brown, R., & Lenneberg, E. (1954). A study in language and cognition. *Journal of Abnormal and Social Psychology*, 49, 454-462.

Cabrial, A. S. C. C., Sampaio, W. B. A., & Sinha, V. D. C. (2016). Indigenous language policies in Brazil: Training indigenous people as teachers and researchers. In L. Filipovic & M. Pütz (Eds.), *Endangered languages and languages in danger* (pp. 45-59). Amsterdam: John Benjamins.

Carrithers, M., Barry, A., Brady, I., Geertz, C., Keesing, R. M., Roth, P. A., ⋯ Whittaker, E. (1990). Is anthropology art or science? [and Comments and Reply]. *Current Anthropology*, 31, 263-282.

Casey C., & Edgerton, R. B. (Eds.). (2005). *A companion to psychological anthropology: Mo-*

dernity and psychocultural change. Blackwell Companions to Anthropology. Oxford: Blackwell Publishing Ltd.

Clifford, J., & Marcus, G. (1986). *Writing culture: The poetics and politics of ethnography*. Berkeley: University f California Press.

Cole, M., Gay, J., Glick, J. A., & Sharp, D. W. (1971). *The cultural context of learning and thinking: An exploration n experimental anthropology*. London: Tavistock Publications.

Cole, M., Hood, L., & McDermott, R. (1978). Ecological niche picking: Ecological invalidity as an axiom f experimental cognitive psychology. Rockefeller University, Laboratory of Comparative Human cognition.

Comrie, B., Haspelmath, M., & Bickel, B. (2008). The Leipzig Glossing Rules: Conventions for interlinear morpheme-by-morpheme glosses. Department of Linguistics of the Max Planck Institute for Evolutionary Anthropology and the Department of Linguistics of the University of Leipzig. www.eva.mpg.de/lingua/resources/glossing-rules.php

Condillac, E. B., Abbé de (1987 [1746]). *Philosophical writings*. Vol. 2, trans. F. Philip. Hillsdale, NJ: Lawrence Erlbaum.

Darnell, R. (2006). Benjamin Lee Whorf and the Boasian foundations of contemporary ethnolinguistics. In C. Jourdan & K. Tuite (Eds.), *Language, culture and society: Key topics in linguistic anthropology* (pp. 82-95). Cambridge: Cambridge University Press.

Dasen, P. R., Mishra, R. C., & Wassmann, J. (2018). Quasi-experimental research in culture sensitive psychology. *Culture & Psychology*, 24(3), 327-342. https://doi.org/10.1177/1354067X18779043

Davies, I., & Corbett, G. (1994). The basic color terms of Russian. *Linguistics*, 32, 65-90.

Duranti, A. (2003). Language as culture in US anthropology: Three paradigms. *Current Anthropology*, 44, 323-347.

Evans, N., & Wilkins, D. (2000). In the mind's ear: The semantic extensions of perception verbs in Australian languages. *Language*, 76, 546-592.

Evans-Pritchard, E. E. (1940). *The Nuer: A description of the modes of livelihood and political institutions of a Nilotic people*. Oxford: Oxford University Press.

Fauconnier, G., & Turner, M. (2008). Rethinking metaphor. In R. Gibbs (Ed.), *The Cambridge handbook of metaphor and thought* (pp. 53-66). Cambridge: Cambridge University Press.

Geertz, C. (1973). *The interpretation of cultures*. New York: Basic Books.

Goffman, E. (1967). *Interaction ritual: Essays on face-to-face behaviors*. Garden City, NY: Doubleday.

Gries, S. T. (2016). *Quantitative corpus linguistics with R: A practical introduction*. London: Taylor & Francis.

Grinevald, C., & Sinha, C. (2016). North-South relations in linguistic science: Collaboration or colonialism? In L. Filipovic & M. Pütz (Eds), *Endangered languages and languages in danger* (pp. 25–44). Amsterdam: John Benjamins.

Gumperz, J., & Hymes, D. (1972). *Directions in sociolinguistics: The ethnography of communication*. New York: Holt, Rinehart and Winston.

Gumperz, J. J., & Levinson, S. C. (Eds.). (1996). *Rethinking linguistic relativity*. Cambridge: Cambridge University Press.

Haspelmath, M. (1997). *From space to time: Temporal adverbials in the world's languages*. Munich: Lincom.

Hoerl, C., & McCormack, T. (2019). Thinking in and about time: A dual systems perspective on temporal cognition. *Behavioral and Brain Sciences*, 42, e244: 1–69.

Humboldt, W. von (1999). *On language: On the diversity of human language construction and its influence on the mental development of the human species*. Cambridge: Cambridge University Press. Original publication (1836) *Über die Verschiedenheit des menschlichen Sprachbaus und ihren Einfluss auf die geistige Entwicklung des Menschengeschlechts*.

Hutto, D. D., Gallagher, S., Ilundáin-Agurruza, J., & Hipólito, I. (2020). Culture in mind—An enactivist account: Not cognitive penetration but cultural permeation. Unpublished manuscript.

Jensen de López, K., Hayashi, M., & Sinha, C. (2005). Early shaping of spatial meanings in three languages and cultures: Linguistic or cultural relativity? In A. Makkai, W. J. Sullivan, & A. R. Lommel (Eds.), *Selected papers from the LACUS Forum XXXI 2003: Interconnections* (pp. 379–388). Houston, TX: Linguistic Association of Canada and the United States.

Johnson, M. (1987). *The body in the mind: The bodily basis of meaning, imagination, and reason*. Chicago: University of Chicago Press.

Jourdan, C., & Tuite, K. (2006). *Language, culture and society: Key topics in linguistic anthropology*. Cambridge: Cambridge University Press.

Kay, P., & Fillmore, C. J. (1999). Grammatical constructions and linguistic generalizations: The what's X doing Y? construction. *Language*, 75, 1–33.

Kay, P., & McDaniel, C. K. (1978). The linguistic significance of the meanings of basic color terms. *Language*, 54(3), 610–646.

Kemmerer, D. (1999). Neuroscientific evidence against Wierzbicka's analysis of the meanings of basic color terms. In M. K. Hiraga, S. Wilcox, & C. Sinha (Eds.), *Cultural, psychological and typological issues in cognitive linguistics* (pp. 249–268). Amsterdam: John Benjamins.

Köpping, K. P. (1983). *Adolf Bastian and the psychic unity of mankind: The foundations of anthropology in nineteenth century Germany*. Münster: LIT Verlag.

Kroeber, A. L., & Kluckhohn, C. (1952). Culture: A critical review of concepts and definitions. *Papers. Peabody Museum of Archaeology & Ethnology*, Harvard University, 47(1), viii, 223.

Lakoff, G. (1987). *Women, fire and dangerous things: What categories reveal about the mind*. Chicago: University of Chicago Press.

Lakoff, G., & Johnson, M. (1999). *Philosophy in the flesh: The embodied mind and its challenge to Western thought*. New York: Basic Books.

Langacker, R. W. (1987). *Foundations of cognitive grammar*. Vol. I. Stanford, CA: Stanford University Press.

Lave, J., & Wenger, E. (1991). *Situated learning: Legitimate peripheral participation*. Cambridge: Cambridge University Press.

Leavitt, J. (2010). *Linguistic relativities: Language diversity and modern thought*. Cambridge: Cambridge University Press.

Lee, P. (1996). *The Whorf theory complex: A critical reconstruction*. Amsterdam: John Benjamins.

Le Guen, O. (2017). Una concepción del tiempo no-lineal en dos lenguas: el maya yucateco colonial y actual y la lengua de señas maya yucateca. *Journal de la Société des Américanistes* [online]. http://journals.openedition.org/jsa/15327, DOI: 10.4000/jsa.15327

Le Guen, O., & Pool Balam, L. I. (2012). No metaphorical timeline in gesture and cognition among Yucatec Mayas. *Frontiers in Psychology* (Cultural Psychology), 3, 271.

Levinson, S. C. (1996). Language and space. *Annual Review of Anthropology*, 25, 353-382.

Levinson, S. C. (2003). *Space in language and cognition: Explorations in cognitive diversity*. Cambridge: Cambridge University Press.

Levinson, S. C., & Gumperz, J. J. (Eds.). (1996). *Rethinking linguistic relativity*. Cambridge: Cambridge University Press.

Lévy-Bruhl, L. (1910). *Les fonctions mentales dans les societés inférieures*. Paris: Alcan.

Lévy-Bruhl, L. (1949). *Les carnets de Lévy-Bruhl*. Paris: Presses Universitaire.

Liddicoat, A. J. (2011). *An introduction to conversation analysis*. London: Bloomsbury Publishing.

Lu, Y. Y. (2019). *"Self" in language, culture, and cognition*. Amsterdam: John Benjamins.

Lucy, J. A. (1992a). *Language diversity and thought: A reformulation of the linguistic relativity hypothesis*. Cambridge: Cambridge University Press.

Lucy, J. A. (1992b). *Grammatical categories and cognition: A case study of the linguistic relativity hypothesis*. Cambridge: Cambridge University Press.

Lucy, J. A. (1997). The linguistics of 'color'. In C. L. Hardin & L. Maffi (Eds.), *Color categories in thought and language* (pp. 320-346). Cambridge: Cambridge University Press.

Luria, A. R. (1976). *Cognitive development: Its cultural and social foundations* (Ed. Michael Cole). Cambridge, MA: Harvard University Press.

MacLaury, R. E. (1997). *Color and cognition in Mesoamerica: Constructing categories as vantages*. Austin: University of Texas Press.

Markus, H. R., & Kitayama, S. (1991). Culture and the self: Implications for cognition, emotion, and motivation. *Psychological Review*, 98, 224-253.

Marsella, A. J., De Vos, G. A., & Hsu, F. L. (Eds.). (1985). *Culture and self: Asian and Western perspectives*. New York: Tavistock Publications.

Merleau-Ponty, M. (1962). *The phenomenology of perception*. London: Routledge & Kegan Paul.

Mertz, E., & Parmentier, R. J. (1985). *Semiotic mediation: Sociocultural and psychological perspectives*. New York: Academic Press.

Morgan, L. H. (1877). *Ancient society, Or, researches in the lines of human progress from savagery, through barbarism to civilization*. New York: H. Holt.

Munn, N. D. (1992). The cultural anthropology of time: A critical essay. *Annual Review of Anthropology*, 21, 93-123.

Nickerson, D. (1940). History of the Munsell color system and its scientific application. *Journal of the Optical Society of America*, 30, 575-586.

Núñez, R., & Cooperrider, K. (2013). The tangle of space and time in human cognition. *Trends in Cognitive Sciences*, 17, 220-229.

Núñez, R. E., & Sweetser, E. (2006). With the future behind them: Convergent evidence from Aymara language and gesture in the crosslinguistic comparison of spatial construals of time. *Cognitive Science*, 30, 401-450.

Palmer, G. (1996) *Toward a theory of cultural linguistics*. Austin: University of Texas Press.

Pertierra, R. (1983). Lévy-Bruhl and modes of thought: A re-appraisal. *Mankind*, 14(2), 112-126. http://onlinelibrary.wiley.com/doi/10.1111/j.1835-9310.1983.tb01257.x/abstract

Peterman, B. S. (2000). Levy-Bruhl in Piaget: Hermeneutic analysis of text and context. *Developmental Review*, 20(3), 405-437. https://sciencedirect.com/science/article/pii/s0273229799905038

Pike, K. (1975) Selected writings (to commemorate the 60th birthday of Kenneth Lee Pike). (Ed. R. M. Brend). The Hague: Mouton.

Postill, J. (2002). Clock and calendar time: A missing anthropological problem. *Time and Society*, 11(2/3), 251-270.

Roberson, D., Davidoff, J., Davies, I. R. L., & Shapiro, L. (2006). Colour categories and category acquisition in Himba and English. In N. J. Pitchford & C. P. Biggam (Eds.), *Progress in color studies. Vol. II: Psychological aspects* (pp. 159-172). Amsterdam/Philadelphia: John Benjamins.

Rosch, E. H. (1973). Natural categories. *Cognitive Psychology*, 4, 328-350.

Sacks, H., Schegloff, E., & Jefferson, G. (1974). A simplest systematics for the organization of turn-taking for conversation. *Language*, 50, 696-735.

Sapir, E. (1949). *Selected writings in language, culture and personality*. (Ed. D. G. Mandelbaum). Berkeley: University of California Press.

Saunders, B. (2006). The normativity of colour. In C. P. Biggam & C. J. Kay (Eds.), *Progress in color studies. Vol. I: Language and culture* (pp. 89-100). Amsterdam/Philadelphia: John Benjamins.

Senft, G. (2007). Bronislaw Malinowski and linguistic pragmatics. *Lodz Papers in Pragmatics*,

3(1), 79-96.

Sharifian, F. (2017) *Cultural linguistics*. Amsterdam: John Benjamins.

Sharifian, F., Dirven, R., Yu, N., & Niemeier, S. (Eds.). (2008). *Culture, body, and language: Conceptualizations of internal body organs across cultures and languages*. Berlin: Walter de Gruyter.

Shore, B. (1996). *Culture in mind: Cognition, culture and the problem of meaning*. New York: Oxford University Press.

Silva Sinha, V. da (2019). Event-based time in three indigenous Amazonian and Xinguan cultures and languages. *Frontiers in Psychology* (Cultural Psychology), 10, 454.

Silva Sinha, V. da, Moreno-Núñez, A., & Tian, Z. (2020). *Language, culture and identity: Signs of life*. Amsterdam: John Benjamins.

Silva Sinha, V. da, Sinha, C., Sampaio, W., & Zinken, J. (2012). Event-based time intervals in an Amazonian culture. In L. Filipović & K. Jaszczolt (Eds.), *Space and time in languages and cultures II: Language, culture, and cognition* (pp. 15-35). Amsterdam: John Benjamins.

Sinha, C. (1988). *Language and representation: A socio-naturalistic approach to human development*. Hemel Hempstead: Harvester-Wheatsheaf.

Sinha, C. (2007). Cognitive linguistics, psychology and cognitive science. In D. Geeraerts & H. Cuyckens (Eds.), *Handbook of cognitive linguistics* (pp. 1266-1294). Oxford: Oxford University Press.

Sinha, C. (2015). Language and other artifacts: Socio-cultural dynamics of niche construction. *Frontiers in Psychology* (Cognitive Science), 6, 1601. doi: 10.3389/fpsyg.2015.01601

Sinha, C. (2017a). Getting the measure of meaning. In B. Dancygier (Ed.), *The Cambridge handbook of cognitive inguistics* (pp. 493-497). Cambridge: Cambridge University Press.

Sinha, C. (2017b). *Ten lectures on language, culture and mind. Cultural, developmental and evolutionary perspectives in cognitive linguistics*. Leiden: Brill.

Sinha, C., & Bernárdez, E. (2015). Metaphors, maps and fusions: Space, time and space-time. In F. Sharifian (Ed.), *The Routledge handbook of language and culture* (pp. 309-324). New York: Routledge.

Sinha, C., & Gärdenfors, P. (2014). Time, space, and events in language and cognition: A comparative view. *Annals of the New York Academy of Sciences*, 1326, 72-81.

Sinha, C., & Jensen de López, K. (2000). Language, culture and the embodiment of spatial cognition. *Cognitive Linguistics*, 11, 17-41.

Sinha, C., Silva Sinha, V. da, Zinken, J., & Sampaio, W. (2011). When time is not space: The social and linguistic construction of time intervals and temporal event relations in an Amazonian culture. *Language and Cognition*, 3, 137-169.

Sloetjes, H., & Wittenburg, P. (2008). Annotation by category— ELAN and ISO DCR. In *Proceedings of the 6th International Conference on Language Resources and Evaluation* (LREC

2008).

Spencer-Oatey, H. (2012). What is culture? A compilation of quotations. GlobalPAD Core Concepts. Available at GlobalPAD Open House. www.warwick.ac.uk/globalpadintercultural

Talmy, L. (2000). *Towards a cognitive semantics* (2 vols.). Cambridge, MA: MIT Press.

Taylor, C. (1989). *Sources of the self: The making of the modern identity*. Cambridge: Cambridge University Press.

Trabant, J. (2000). How relativistic are Humboldt's "Weltansichten"? In M. Pütz & M. Verspoor (Eds.), *Explorations in linguistic relativity* (pp. 25-44). Amsterdam: John Benjamins.

Tylor, E. B. (1865). *Researches into the early history of mankind and the development of civilization*. Edinburgh: J. Murray.

Valsiner, J. (1995). Editorial. *Culture & Psychology*, 1, 5-10.

Vygotsky, L. S. (1978). *Mind in society. The development of higher psychological processes*. (Ed. M. Cole, V. John-Steiner, S. Scribner, & E. Souberman). Cambridge, MA: Harvard University Press.

Whorf, B. L. (2012). *Language, thought, and reality: Selected writings of Benjamin Lee Whorf*. Cambridge, MA: MIT Press.

Wierzbicka, A. (1990). The meaning of color terms: Semantics, culture, and cognition. *Cognitive Linguistics*, 1, 99-150.

Wierzbicka, A. (2006). The semantics of colour. In C. P. Biggam & C. J. Kay (Eds.), *Progress in color studies. Vol. I: Language and culture* (pp. 1-24). Amsterdam/Philadelphia: John Benjamins.

Yu, N. (2009). *The Chinese heart in a cognitive perspective: Culture, body and language*. Berlin: Walter de Gruyter.

Yu, N. (2014). Embodiment, culture and language. In F. Sharifian (Ed.), *The Routledge handbook of language and culture* (pp. 227-239). New York: Routledge.

〈제24장〉

Bergen, B. K. (2012). *Louder than words: The new science of how the mind makes meaning*. New York: Basic Books.

Colston, H. L. (1997a). "I've never seen anything like it": Overstatement, understatement and irony. *Metaphor and Symbol*, 12(1), 43-58.

Colston, H. L. (1997b). Salting a wound or sugaring a pill: The pragmatic functions of ironic criticism. *Discourse Processes*, 23, 25-45.

Colston, H. L. (1999). "Not good" is "bad", but "not bad" is not "good": An analysis of three accounts of negation asymmetry. *Discourse Processes*, 28(3), 237-256.

Colston, H. L. (2000). On necessary conditions for verbal irony comprehension. *Pragmatics & Cognition*, 8(2), 277-324.

Colston, H. L. (2002). Contrast and assimilation in verbal irony. *Journal of Pragmatics*, 34, 111-

142.

Colston, H. L. (2007). What figurative language development reveals about the mind. In A. C. Schalley & D. Khlentzos (Eds.), *Mental states. Vol. 2: Language and cognitive structure* (pp. 191-212). Amsterdam/Philadelphia: John Benjamins.

Colston, H. L. (2015). *Using figurative language*. New York: Cambridge University Press.

Colston, H. L. (2017). Irony performance and perception: What underlies verbal, situational and other ironies? In A. Athanasiadou & H. Colston (Eds.), *Irony in language use and communication. Figurative Thought and Language* (Vol. 1), (pp. 19-42). Amsterdam/Philadelphia: John Benjamins.

Colston, H. L. (2019). *How language makes meaning: Embodiment and conjoined antonymy*. New York: Cambridge University Press.

Colston, H. L. (2019). Figurative language acquisition/developmental research: Status and ways forward. *Journal of Pragmatics*, 156, 176-190.

Colston, H. L., & Gibbs, R. W. (1998). Analogy and irony: Rebuttal to "Rebuttal Analogy". *Metaphor and Symbol*, 13(1), 69-75.

Colston, H. L., & Keller, S. B. (1998). You'll never believe this: Irony and hyperbole in expressing surprise. *Journal of Psycholinguistic Research*, 27(4), 499-513.

Colston, H. L., & O'Brien, J. (2000a). Contrast and pragmatics in figurative language: Anything understatement can do, irony can do better. *Journal of Pragmatics*, 32, 1557-1583.

Colston, H. L., & O'Brien, J. (2000b). Contrast of kind vs. contrast of magnitude: The pragmatic accomplishments of irony and hyperbole. *Discourse Processes*, 30(2), 179-199.

Dirven, R. (2002). Metonymy and metaphor: Different mental strategies of conceptualization. In R. Dirven & R. Porings (Eds.), *Metaphor and metonymy in comparison and contrast* (pp. 75-111). Berlin/New York: Mouton de Gruyter.

Dirven, R. (2005). Major strands in cognitive linguistics. In F. J. Ruiz de Mendoza Ibanez & S. Pena Cevel(Eds.), *Cognitive linguistics: Internal dynamics and interdisciplinary interaction* (pp. 69-100). Berlin: Mouton de Gruyter.

Dirven, R., & Ruiz de Mendoza Ibanez, F. J. (2010). Looking back at 30 years in cognitive linguistics. In E. Tabakowska, M. Choinski, & L. Wiraszka (Eds.), *Cognitive linguistics in action: From theory to application and back* (pp. 11-70). Berlin: Mouton de Gruyter.

Dunbar, R. (1996). *Grooming, gossip, and the evolution of language*. Cambridge, MA: Harvard University Press.

Fauconnier, G., & Turner, M. (2002). *The way we think: Conceptual blending and the mind's hidden complexities*. New York: Basic Books.

Ford, T, Stangor, C., & Duan, C. (1994). Influence of social category accessibility and category-associated trait accessibility on judgments of individuals. *Social Cognition*, 12(2), 149-168.

Gibbs, R. W. (2000). Irony in talk among friends. *Metaphor and Symbol*, 15(1 & 2), 5-27.

Gibbs, R. W. (2006). *Embodiment and cognitive science*. New York: Cambridge University Press.

Gibbs, R. W. (2017). *Metaphor wars*. New York: Cambridge University Press.

Gibbs, R. W., Colston, H. L., & Johnson, M. D. (1996). Proverbs and the metaphorical mind. *Metaphor and Symbolic Activity*, 11, 207-216.

Gibbs, R. W., Johnson, M. D., & Colston, H. L. (1996). How to study proverb understanding. *Metaphor and Symbolic Activity*, 11, 233-239.

Glenberg, A. M., & Kaschak, M. P. (2002). Grounding language in action. *Psychonomic Bulletin & Review*, 9(3), 558-565.

Gomola, A. (2010). From GOD IS A FATHER to GOD IS A FRIEND. Conceptual integration in metaphors for God in Christian discourse. In E. Tabakowska, M. Choinski, & L. Wiraszka (Eds.), *Cognitive linguistics in action: From theory to application and back* (pp. 387-408). Berlin: Mouton de Gruyter.

Herr, P. (1986). Consequences of priming: Judgment and behavior. *Journal of Personality and Social Psychology*, 51(6), 1106-1115.

Honeck, R. (1998). *A proverb in mind: The cognitive science of proverbial wit and wisdom*. Hillsdale, NJ: Erlbaum.

Lakoff, G., & Johnson, M. (1980). *Metaphors we live by*. Chicago: University of Chicago Press.

Lieberman, M. D. (2013). *Social: Why our brains are wired to connect*. New York: Broadway Books.

Majid, A. (2019). Mapping words reveals emotional diversity. *Science*, 366(6472), 1444-1445.

Majid, A., Gaby, A., & Boroditsky, L (2013). Time in terms of space. *Frontiers in Psychology*, 4, 554.

Matlin, M. W., & Stang, D. J. (1979). *The Pollyanna principle: Selectivity in language, memory and thought*. Cambridge, MA: Shenkman.

Murdoch, B. (1962). The serial position effect of free recall. *Journal of Experimental Psychology*, 64, 482-488.

Panther, K. U., & Radden, G. (Eds.). (1999). *Metonymy in language and thought*. Amsterdam: John Benjamins.

Panther, K. U., & Thornburg, L. (Eds.). (2003). *Metonymy and pragmatic inferencing*. Amsterdam/Philadelphia: John Benjamins.

Penttila, E. (2010). A prototype-based taxonomy of idiomatic expressions. In E. Tabakowska, M. Choinski, & L. Wiraszka (Eds.), *Cognitive linguistics in action: From theory to application and back* (pp. 145-162). Berlin/New York: Mouton de Gruyter.

Ruiz de Mendoza Ibanez, F. J., & Otal Campo, J. L. (2002). *Metonymy, grammar, and communication*. Albolote, Granada: Editorial Comares.

Smith, E., & Branscombe, N. (1988). Category accessibility as implicit memory. *Journal of Experimental Social Psychology*, 24(6), 490-504.

Williams, K. (2001). *Ostracism: The power of silence*. New York: Guilford Press.

〈제25장〉

Athanasiadou, A., Canakis, C., & Cornillie, B. (Eds.). (2006). *Subjectification*. Berlin: Mouton de Gruyter.

Binnick, R. I. (Ed.). (2012). *The Oxford handbook of tense and aspect*. Oxford: Oxford University Press.

Boogaart, R., & Fortuin, E. (2016). Modality and mood in cognitive linguistics and construction grammars. In J. Nuyts & J. van der Auwera (Eds.), *The Oxford handbook of modality and mood* (pp. 514-534). Oxford: Oxford University Press.

Boogaart, R., & Janssen, T. (2007). Tense and aspect. In D. Geeraerts & H. Cuyckens (Eds.), *The Oxford handbook of cognitive linguistics* (pp. 803-828). Oxford: Oxford University Press.

Bybee, J. (1985). *Morphology*. Amsterdam: Benjamins.

Bybee, J., & Fleischman, S. (Eds.). (1995). *Modality in grammar and discourse*. Amsterdam: Benjamins.

Bybee, J. L., Perkins, R. D., & Pagliuca, W. (1994). *The evolution of grammar: Tense, aspect and modality in the languages of the world*. Chicago: University of Chicago Press.

Byloo, P., & Nuyts, J. (2014). Meaning change in the Dutch core modals: (Inter)subjectification in a grammatical paradigm. *Acta Linguistica Hafniensia*, 46, 85-116.

Cappelle, B., & Depraetere, I. (Eds.). (2016). *Modal meaning in Construction Grammar. Constructions and Frames*, 8, Special Issue.

Chafe, W. (1994). *Discourse, consciousness and time*. Chicago: University of Chicago Press.

Cinque, G. (1999). *Adverbs and functional heads*. Oxford: Oxford University Press.

Dahl, Ö. (Ed.). (2000). *Tense and aspect in the languages of Europe*. Berlin: Mouton de Gruyter.

Davidse, K., Vandelanotte, L., & Cuyckens, H. (Eds.). (2010). *Subjectification, intersubjectification and grammaticalization*. Berlin: Mouton de Gruyter.

Dik, S. (1997). *The theory of functional grammar*. Berlin: Mouton de Gruyter.

Foley, W., & Van Valin, R. (1984). *Functional syntax and universal grammar*. Cambridge: Cambridge University Press.

Givón, T. (2001). *Syntax*. Vol. 1. Amsterdam: Benjamins.

Hengeveld, K., & Mackenzie, L. (2008). *Functional discourse grammar*. Oxford: Oxford University Press.

Hopper, P. J. (Ed.). (1982). *Tense-aspect*. Amsterdam: Benjamins.

Hopper, P., & Traugott, E. (2003). *Grammaticalization*. Cambridge: Cambridge University Press.

Langacker, R. W. (1987). *Foundations of cognitive grammar*. Vol. 1. Stanford, CA: Stanford University Press.

Langacker, R. W. (1990). Subjectification. *Cognitive Linguistics*, 1, 5-38.

Langacker, R. W. (1999). *Grammar and conceptualization*. Berlin: Mouton de Gruyter.

Langacker, R. W. (2002). Remarks on the English grounding systems. In F. Brisard (Ed.), *Ground-*

ing (pp. 29-38). Berlin: Mouton de Gruyter.

Langacker, R. W. (2008). *Cognitive grammar: A basic introduction*. Oxford: Oxford University Press.

Levinson, S. (2003). *Space in language and cognition: Explorations in cognitive diversity*. Cambridge: Cambridge University Press.

López-Couso, M. J. (2010). Subjectification and intersubjectification. In A. Jucker & I. Taavitsainen (Eds.), *Historical pragmatics* (pp. 127-163). Berlin: Mouton de Gruyter.

Malchukov, A. (2011). Interaction of verbal categories. *Linguistics*, 49, 229-282.

Mani, I., Pustejovsky, J., & Gaizauskas, R. (Eds.). (2005). *The language of time*. Oxford: Oxford University Press.

Michaelis, L. A. (1998). *Aspectual grammar and past time reference*. London: Routledge.

Mortelmans, T. (2007). Modality in cognitive linguistics. In D. Geeraerts & H. Cuyckens (Eds.), *The Oxford handbook of cognitive linguistics* (pp. 869-889). Oxford: Oxford University Press.

Narrog, H. (2009). *Modality in Japanese*. Amsterdam: Benjamins.

Nuyts, J. (2001). *Epistemic modality, language and conceptualization*. Amsterdam: Benjamins.

Nuyts, J. (2002). Grounding and the system of epistemic expressions in Dutch: A cognitive-functional view. In F. Brisard (Ed.), *Grounding* (pp. 433-466). Berlin: Mouton de Gruyter.

Nuyts, J. (2005a). Brothers in arms? On the relations between cognitive and functional linguistics. In F. Ruiz de Mendoza & S. Peña Cervel (Eds.), *Cognitive linguistics: Internal dynamics and interdisciplinary interaction* (pp. 69-100). Berlin: Mouton de Gruyter.

Nuyts, J. (2005b). The modal confusion: On terminology and the concepts behind it. In A. Klinge & H. H. Müller (Eds.), *Modality: Studies in form and function* (pp. 5-38). London: Equinox.

Nuyts, J. (2006). Modality: Overview and linguistic issues. In W. Frawley (Ed.), *The expression of modality* (pp. 1-26). Berlin: Mouton de Gruyter.

Nuyts, J. (2007). Cognitive linguistics and functional linguistics. In D. Geeraerts & H. Cuyckens (Eds.), *The Oxford handbook of cognitive linguistics* (pp. 543-565). Oxford: Oxford University Press.

Nuyts, J. (2008). Qualificational meanings, illocutionary signals, and the cognitive planning of language use. *Annual Review of Cognitive Linguistics*, 6, 185-207.

Nuyts, J. (2009). The 'one-commitment-per-clause' principle and the cognitive status of qualificational categories. *Linguistics*, 47, 141-171.

Nuyts, J. (2012). Notions of (inter)subjectivity. *English Text Construction*, 5, 53-76.

Nuyts, J. (2016). Analyses of the modal meanings. In J. Nuyts & J. van der Auwera (Eds.), *The Oxford handbook of modality and mood* (pp. 31-49). Oxford: Oxford University Press.

Nuyts, J. (2017). Evidentiality reconsidered. In J. I. Marin-Arrese, G. Haßler, & M. Carretero (Eds.), *Evidentiality revisited: Cognitive Grammar, functional and discourse-pragmatic per-*

spectives (pp. 57–83). Amsterdam: Benjamins.

Nuyts, J., & van der Auwera, J. (Eds.). (2016). *The Oxford handbook of modality and mood*. Oxford: Oxford University Press.

Nuyts, J., & Byloo, P. (2015). Competing modals: Beyond (inter)subjectification. *Diachronica*, 32, 34–68.

Nuyts, J., Byloo, P., & Diepeveen, J. (2010). On deontic modality, directivity, and mood: The case of Dutch *mogen* and *moeten*. *Journal of Pragmatics*, 42, 16–34.

Portner, P. (2009). *Modality*. Oxford: Oxford University Press.

Sweetser, E. (1990). *From etymology to pragmatics*. Cambridge: Cambridge University Press.

Talmy, L. (1988). Force dynamics in language and cognition. *Cognitive Science*, 12, 49–100.

Talmy, L. (2000). *Toward a cognitive semantics*. Vol. 1. Cambridge, MA: MIT Press.

Traugott, E. (1989). On the rise of epistemic meanings in English. *Language*, 65, 31–55.

Traugott, E. (2003). From subjectification to intersubjectification. In R. Hickey (Ed.), *Motives for language change* (pp. 124–139). Cambridge: Cambridge University Press.

Traugott, E. (2010). (Inter)subjectivity and (inter)subjectification. In K. Davidse, L. Vandelanotte, & H. Cuyckens (Eds.), *Subjectification, intersubjectification and grammaticalization* (pp. 29–71). Berlin: Mouton de Gruyter.

Traugott, E., & Dasher, R. (2002). *Regularity in semantic change*. Cambridge: Cambridge University Press.

Valin, R. Van. (2005). *The syntax-semantics interface*. Cambridge: Cambridge University Press.

Valin, R. Van, & LaPolla, R. (1997). *Syntax*. Cambridge: Cambridge University Press.

〈제26장〉

Arundale, R. B. (2008). Against (Gricean) intentions at the heart of human interaction. *Intercultural Pragmatics*, 5(2), 229–258.

Baldwin, D. A., & Baird, J. A. (2001). Discerning intentions in dynamic human action. *Trends in Cognitive Sciences*, 5, 171–178.

Bambini, V. (2010). Neuropragmatics: A foreword. *Italian Journal of Linguistics*, 22(1), 1-20.

Bara, B. G., & Tirassa, M. (2000). Neuropragmatics: Brain and communication. *Brain and Language*, 71, 10–14.

Bar-Hillel, Y. (1971). Out of the pragmatic wastebasket. *Linguistic Inquiry*, 2(3), 401–407.

Barwise, J., & Perry, J. (1983). Situations and attitudes. *The Journal of Philosophy*, 78(11), 668–691.

Bezuidenhout, A. (2017). Contextualism and semantic minimalism. In Y. Huang (Ed.), *The Oxford handbook of pragmatics*. Oxford: Oxford University Press.

Borg, E. (2004). *Minimal semantics*. Oxford: Oxford University Press.

Bratman, M. (1992). Shared cooperative activity. *The Philosophical Review*, 101, 327–341.

Cappelen H., & Lepore, E. (2005). *Insensitive semantics*. Oxford: Blackwell.

Cappelle, B. (2017). What's pragmatics doing outside constructions? In I. Depraetere & R. Salkie (Eds.), *Semantics and pragmatics: Drawing a line* (pp. 115-151). Cham: Springer.

Carston, R. (2002). *Thoughts and utterances. The pragmatics of explicit communication*. Oxford: Blackwell.

Carston, R. (2007). How many pragmatic systems are there? In M. Frapolli (Ed.), *Saying, meaning, referring. Essays on the philosophy of Fançois Recanati* (pp. 1-17). New York: Palgrave.

Carston, R. (2008). Linguistic communication and the semantics/pragmatics distinction. *Synthese*, 165(3), 321-345.

Carston, R. (2010). Metaphor: Ad hoc concepts, literal meaning and mental images. *Proceedings of the Aristotelian Society*, 110(3), 295-321.

Carston, R. (2012). Word meaning and concept expressed. *The Linguistic Review*, 29(4), 607-623.

Cheng, P. W., & Holyoak, K. J. (1985). Pragmatic reasoning schemas. *Cognitive Psychology*, 17, 391-416.

Chierchia, G. (2004). Scalar implicatures, polarity phenomena, and the syntax/pragmatics interface. *Structures and Beyond*, 3, 39-103.

Chomsky N. (1980). *Rules and representations*. New York: Columbia University Press.

Christensen, W., & Michael, J. (2015). From two systems to a multi-systems architecture for mindreading. *New Ideas in Psychology*, 40, 48-64.

Cooper, R., & Shallice, T. (2006). Hierarchical schemas and goals in the control of sequential behavior. *Psychological Review*, 113(4), 887-916.

Cummings, L. (2009). *Clinical pragmatics*. Cambridge: Cambridge University Press.

Cummings, L. (Ed.). (2017). *Research in clinical pragmatics* (Vol. 11). Cham: Springer.

Dehaene, S. (2014). *Consciousness and the brain. Deciphering how the brain codes our thoughts*. New York: Viking Press.

Domaneschi, F., & Bambini V. (2020). Pragmatic competence. In C. Pavese & E. Fridland (Eds.), *Routledge handbook of skill and expertise* (pp. 419-430). Abingdon: Routledge.

Dummett, M. (1981). *The interpretation of Frege's philosophy*. London: Duckworth.

Elqayam, S. (2017). The new paradigm in psychology of reasoning. In L. J. Ball & V. A. Thompson (Eds.), *International handbook of thinking and reasoning* (pp. 152-172). London/New York: Routledge.

Evans, J. S. B. (2006). The heuristic-analytic theory of reasoning: Extension and evaluation. *Psychonomic Bulletin & Review*, 13(3), 378-395.

Fenici, M. (2017). What is the role of experience in children's success in the False Belief Test: Maturation, facilitation, attunement or induction? *Mind & Language*, 32(3), 308-337.

Fodor, J. A. (1975). *The language of thought*. Cambridge, MA: Harvard University Press.

Fodor, J. A. (1983). *The modularity of mind*. Cambridge, MA: MIT Press.

Frank, C. K. (2018). Reviving pragmatic theory of theory of mind. *AIMS Neuroscience*, 5(2), 116-

131.
Garfield, J. L., Peterson, C. C., & Perry, T. (2001). Social cognition, language acquisition and the development of the theory of mind. *Mind & Language*, 16(5), 494-541.
Geurts, B. (2019). What's wrong with Gricean pragmatics. In A. Botinis (Ed.), *ExLing 2019: Proceedings of 10th International Conference on Experimental Linguistics* (pp. 1-8). Athens.
Glenberg, A., & Gallese, V. (2012). Action-based language: A theory of language acquisition, comprehension and production. *Cortex*, 48, 905-922.
Grice, H. P. (1957). Meaning. *The Philosophical Review*, 66(3), 377-388.
Grice, H. P. (1989). *Studies in the way of words*. Cambridge, MA: Harvard University Press.
Hagoort, P., & Levinson, S. C. (2014). Neuropragmatics. In M. Gazzaniga (Ed.), *The cognitive neurosciences* (pp. 667-674). Cambridge, MA: MIT Press.
Hughes, C., Jaffee, S. R., Happé, F., Taylor, A., Caspi, A., & Moffitt, T. E. (2005). Origins of individual differences in theory of mind: From nature to nurture? *Child Development*, 76(2), 356-370.
Jary, M. (2016). Rethinking explicit utterance content. *Journal of Pragmatics*, 102, 24-37.
Jaszczolt, K. M. (2005). *Default semantics: Foundations of a compositional theory of acts of communication*. Oxford: Oxford University Press.
Jaszczolt, K. M. (2010). Situated temporal reference: A case for compositional pragmatics? *Journal of Pragmatics*, 42(11), 2898-2909.
Jaszczolt, K. M. (2019). Rethinking being Gricean: New challenges for metapragmatics. *Journal of Pragmatics*, 145, 15-24.
Kahneman, D. (2011). *Thinking, fast and slow*. New York: Farrar, Straus and Giroux.
Kasher, A., (1991). Pragmatics and Chomsky's research program. In A. Kasher (Ed.), *The Chomskyan turn* (pp. 122-149). Oxford: Blackwell.
Kasher, A. (1994). Modular speech act theory: Programme and results. In S. L. Tsohatzidis (Ed.), *Foundations of Speech Act Theory* (pp. 312-322). London: Routledge.
Lepore, E., & Stone, M. (2015). Imagination and convention: Distinguishing grammar and inference in lan\-guage. Oxford: Oxford University Press.
Levinson, S. J. (1992). Activity types and language. In P. Drew & J. Heritage (Eds.), *Talk at work: Interactions in observational settings* (pp. 66-100). Cambridge: Cambridge University Press.
Lewis, D. (1969). *Convention*. Cambridge, MA: Harvard University Press.
Logan, G. D. (1989). Automaticity and cognitive control. In J. S. Uleman & J. A. Bargh (Eds.), *Unintended thought* (pp. 52-74). New York/London: Guilford Press.
Manktelow, K. I., & Over, D. E. (1991). Social roles and utilities in reasoning with deontic conditionals. *Cognition*, 39, 85-105.
Margolis, H. (1987). *Patterns, thinking, and cognition: A theory of judgment*. Chicago: University

of Chicago Press.

Markovits, H. (2015). Conditional reasoning and semantic memory retrieval. In A. Feeney & V. Thompson (Eds.), *Reasoning as memory* (pp. 67-84). New York: Psychology Press.

Mazzone, M. (2015). Pragmatics and mindreading: Forward and backward inferences in shared intentional contexts. *Intercultural Pragmatics*, 12(3), 289-307.

Mazzone, M. (2018). *Cognitive pragmatics: Mindreading, inferences, consciousness*. Boston/Berlin: Walter de Gruyter.

Mazzone, M. (in press). An associative account of inferences: The development towards the prototype. Rivista Internazionale di Filosofia e Psicologia.

Noveck, I. (2018). *Experimental pragmatics: The making of a cognitive science*. Cambridge: Cambridge University Press.

Noveck, I. A., & Sperber, D. (2004). *Experimental pragmatics*. Basingstoke: Palgrave Macmillan.

Oaksford, M., & Chater, N. (1994). A rational analysis of the selection task as optimal data selection. *Psychological Review*, 101, 608-631.

Parikh, P. (2010). *Language and equilibrium*. Cambridge, MA: MIT Press.

Reboul, A. (2017). Is implicit communication a way to escape epistemic vigilance? In S. Assimakopoulos(Ed.), *Pragmatics at its interfaces* (pp. 91-112). Boston/Berlin: De Gruyter.

Recanati, F. (1993). *Direct reference: From language to thought*. Oxford: Blackwell.

Recanati, F. (2002). Unarticulated constituents. *Linguistics and Philosophy*, 25, 299-345.

Recanati, F. (2004). *Literal meaning*. Cambridge: Cambridge University Press.

Recanati, F. (2016). *Mental files in flux*. Oxford: Oxford University Press.

Rosaldo, M. (1982). The things we do with words: Ilongot speech acts and speech act theory in philosophy. *Language in Society*, 11, 203-237.

Ruffman, T. (2014). To belief or not belief: Children's theory of mind. *Developmental Review*, 34(3), 265-293.

Saul, J. (2002). Speaker meaning, what is said and what is implicated. *Nous*, 36(2), 228-248.

Sbisà, M. (2014). Evidentiality and illocution. *Intercultural Pragmatics*, 11(3), 463-483.

Schneider, K. P., & Ifantidou, E. (Eds.). (2020). *Developmental and clinical pragmatics*. Boston/Berlin: De Gruyter

Simon, H. A. (1992). What is an explanation of behavior? *Psychological Science*, 3, 150-161.

Sperber, D., & Wilson, D. (1986/1995). *Relevance: Communication and cognition*. Cambridge, MA: Harvard University Press.

Sperber, D., & Wilson, D. (1998). The mapping between the mental and the public lexicon. In P. Carruthers & J. Boucher (Eds.), *Language and thought* (pp. 184-200). Cambridge: Cambridge University Press.

Sperber, D., & Wilson, D. (2002). Pragmatics, modularity and mindreading. *Mind & Language*, 17(1-2), 3-23.

Sperber, D., & Wilson, D. (2015). Beyond speaker's meaning. *Croatian Journal of Philosophy*,

XV(44), 117-149.

Stanley, J. (2000). Context and logical form. *Linguistics and Philosophy*, 23, 391-434.

Stanovich, K. E. (1999). *Who is rational? Studies of individual differences in reasoning*. Mahwah, NJ: Lawrence Erlbaum Associates.

Wilson, D. (2004). Relevance and lexical pragmatics. *UCL Working Paper in Linguistics*, 16, 343-360.

Wilson, D., & Sperber, D. (2002). Relevance Theory. *UCL Working Paper in Linguistics*, 14, 249-287.

Wolpert, D. M., Doya, K., & Kawato, M. (2003). A unifying computational framework for motor control and social interaction. *Philosophical Transactions of the Royal Society B*, 358(1413), 593-602.

〈제27장〉

Abbott, H. P. (2011). Reading intended meaning where none is intended: A cognitivist reappraisal of the implied author. P*oetics Today*, 32(3), 461-487.

Alber, J., Caracciolo, M., Iversen, S., Kukkonen, K., & Nielsen, H. S. (2018). Introduction. Unnatural and cognitive perspectives on narrative (a theory crossover). *Poetics Today*, 39(3), 429-445.

Banks, K. (2018). 'Look again', 'listen, listen', 'keep looking': Emergent properties and sensorimotor imagining in Mary Oliver's poetry. In T. Cave & D. Wilson (Eds.), *Reading beyond the code: Literature and relevance theory* (pp. 129-148). Oxford: Oxford University Press.

Barón Palma, E. (2002). *Luis Cernuda, poeta: Vida y obra*. Sevilla: Alfar.

Barsalou, L. W. (2011). Ad hoc concepts. In P. C. Hogan (Ed.), *The Cambridge encyclopedia of the language sciences* (pp. 86-87). Cambridge: Cambridge University Press.

Bernaerts, L., de Geest, D., Herman, L., & Vervaeck, B. (2013). *Stories and minds: Cognitive approaches to literary narrative*. Lincoln: University of Nebraska Press.

Biebuyck, B., & Martens, G. (2011). Literary metaphor between cognition and narration: *The Sandman* revisited. In M. Fludernik (Ed.), *Beyond cognitive metaphor theory: Perspectives on literary metaphor* (pp. 58-76). London: Routledge.

Black, M. (1962). *Models and metaphors: Studies in language and philosophy*. Ithaca, NY: Cornell University Press.

Borges, J. L. (1989/1923). Un patio. In *Obras completas* (p. 23). Buenos Aires: Emecé.

Brône, G., & Vandaele, J. (Eds.). (2009). *Cognitive poetics: Goals, gains and gaps*. Berlin: Mouton de Gruyter.

Brooke- Rose, C. (1958). *A grammar of metaphor*. London: Secker & Warburg.

Bruhn, M. J. (2011). Introduction: Exchange values: Poetics and cognitive science. *Poetics Today*, 32(3), 403-460.

Burke, M., & Troscianko, E. T. (2013). Mind, brain, and literature: A dialogue on what the humanities might offer the cognitive sciences. *Journal of Literary Semantics*, 42(2), 141-148.

Burke, M., & Troscianko, E. (Eds.). (2017). *Cognitive literary science: Dialogues between literature and cognition*. Oxford: Oxford University Press.

Camus, A. (1947). *La peste*. Paris: Gallimard.

Caracciolo, M. (2013). Embodiment at the crossroads: Some open questions between literary interpretation and cognitive science. *Poetics Today*, 34(1-2), 233-253.

Caracciolo, M. (2016). Creative metaphor in literature. In E. Semino & Z. Demjén (Eds.), *The Routledge handbook of metaphor and language* (pp. 206-218). London: Routledge.

Carston, R. (2018). Figurative language, mental imagery, and pragmatics. *Metaphor and Symbol*, 33(3), 198-217.

Cave, N. (2013). Push the sky away (song). Bad Seed Ltd.

Cave, T. (2014). Introduction. *Paragraph*, 37(1), 1-14. (Special Issue *Reading Literature Cognitively*).

Cave, T., & Wilson, D. (Eds.). (2018). *Reading beyond the code: Literature and relevance theory*. Oxford: Oxford University Press.

Crisp, P. (1996). Imagism's metaphors—a test case. *Language and Literature*, 5(2), 79-92.

Csabi, S. (Ed.). (2018). *Expressive minds and artistic creations: Studies in cognitive poetics*. Oxford: Oxford University Press.

Culler, J. (2002/1975). *Structuralist poetics: Structuralism, linguistics and the study of literature*. London: Routledge.

Culpeper, J., & Semino, E. (Eds.). (2002). *Cognitive stylistics: Language and cognition in text analysis*. Amsterdam: John Benjamins.

Danesi, M. (2017). The bidirectionality of metaphor. *Poetics Today*, 38(1), 15-33.

Deacon, T. W. (1997). *The symbolic species: The co-evolution of language and the brain*. New York: Norton.

Delbanco, A. (2003). Introduction. In H. Melville, *Moby-Dick or, the Whale* (pp. xi-xxvii). New York: Penguin.

Eco, U. (1983). The scandal of metaphor: Metaphorology and semiotics. *Poetics Today*, 4(2), 217-257.

Ellis, W. D. (Ed.). (1938). *A source book of Gestalt psychology*. London: Routledge & Kegan Paul.

Fauconnier, G. (2007). Mental spaces. In D. Geeraerts & H. Cuyckens (2007) (Eds.), *The Oxford handbook of cognitive linguistics* (pp. 351-376). Oxford: Oxford University Press.

Fauconnier, G., & Turner, M. (2002). *The way we think: Conceptual blending and the mind's hidden complexities*. New York: Basic Books.

Fontanier, P. (1968). *Les figures du discours*. Paris: Flammarion.

Forceville, C. (2004). Review of 'The way we think: Conceptual blending and the mind's hidden complexities'. *Metaphor and Symbol*, 19(1), 83-89.

Franchi, S., & G. Güzeldere, G. (Eds.). (1994). Bridging the gap: Where cognitive science meets literary criticism. Stanford, CA: Stanford Humanities Review.

Freeman, M. H. (1995). Metaphor making meaning: Dickinson's conceptual universe. *Journal of Pragmatics*, 24(6), 643-666.

Freeman, M. H. (2002). The body in the word: A cognitive approach to the shape of a poetic text. In J. Culpeper & E. Semino (Eds.), *Cognitive stylistics: Language and cognition in text analysis* (pp. 23-47). Amsterdam: John Benjamins.

Freeman, M. H. (2009). Minding: Feeling, form, and meaning in the creation of poetic iconicity. In G. Brône & J. Vandaele (Eds.), *Cognitive poetics: Goals, gains and gaps* (pp. 169-196). Berlin: Mouton de Gruyter.

Freeman, M. H. (2011). The aesthetics of human experience: Minding, metaphor, and icon in poetic expression. *Poetics Today*, 32(4), 717-752.

Freeman, M. H. (2012). Blending and beyond: Form and feeling in poetic iconicity. In I. Jaén & J. J. Simon (Eds.), *Cognitive literary studies: Current themes and new directions* (pp. 127-144). Austin: University of Texas Press.

Gibbs, R. W. (1994). *The poetics of mind: Figurative thought, language, and understanding*. Cambridge and New York: Cambridge University Press.

Gibbs, R. W. (2002a). Feeling moved by metaphor. In S. Csabi & J. Zerkowitz (Eds.), *Textual secrets: The message of the medium*. Budapest: Eotvos Lorand University Press.

Gibbs, R. W. (2002b). Identifying and appreciating poetic metaphor. *Journal of Literary Semantics*, 31(2), 101-112.

Gibbs, R. W. (Ed.). (2008). *The Cambridge handbook of metaphor and thought*. New York: Cambridge University Press.

Gibbs, R. W., & Bogdonovich, J. (1999). Mental imagery in interpreting poetic metaphor. *Metaphor and Symbol*, 14(1), 37-44.

Gibson, J. J. (1979). *The ecological approach to visual perception*. Boston: Houghton Mifflin.

Gil de Biedma (1968). *Poemas póstumos*. Madrid: Poesía para todos.

Gil de Biedma (1968/2013). I will never be young again. Translated by 'Cleanthess'. www.worldliteratureforum. com (last accessed May 29, 2019).

Giora, R. (2008). Is metaphor unique? In R. W. Gibbs (ed.), pp. 141-160.

Gleason, D. W. (2009). The visual experience of image metaphor: Cognitive insights into imagist figures. *Poetics Today*, 30(3), 423-470.

Glicksohn, J., & Goodblatt, C. (1993). Metaphor and Gestalt: Interaction theory revisited. *Poetics Today*, 14(1), 83-97.

Glucksberg, S. (2001). *Understanding figurative language: From metaphors to idioms*. New York: Oxford University Press.

Glucksberg, S. (2008). How metaphors create categories—quickly. In R. W. Gibbs (Ed.), *The Cambridge handbook of metaphor and thought* (pp. 67-83). New York: Cambridge University Press.

Goffman, E. (1969). *The presentation of self in everyday life*. London: Penguin.

Goodblatt, C., & Glicksohn, J. (2003). From practical criticism to the practice of literary criticism. *Poetics Today*, 24(2), 207-236.

Goodblatt, C., & Glicksohn, J. (2017). Bidirectionality and metaphor: An introduction. *Poetics Today*, 38(1), 1-14.

Goodman, N. (1976). *Languages of art*. Indianapolis: Hackett.

Grady, J., Oakley, T., & Coulson, S. (1999). Blending and metaphor. In R. W. Gibbs & G. Steen (Eds.), *Metaphor in cognitive linguistics: Selected papers from the Fifth International Cognitive Linguistics Conference, Amsterdam, July 1997* (pp. 101-124). Amsterdam and Philadelphia: John Benjamins.

Green, M. (2017). Imagery, expression, and metaphor. *Philosophical Studies*, 174(1), 33-46.

Grice, H. P. (1975). Logic and conversation. In P. Cole & J. Morgan (Eds.), *Speech acts: Syntax and semantics* (Vol. 3, pp. 41-58). New York: Academic Press.

Groupe μ. (1970). *Rhétorique générale*. Paris: Larousse.

Haesaert, W. (2015). *Droevig feest: Verzamelde gedichten* ['Sad party. Collected poems']. Tielt: Lannoo.

Halliwell, S. (1998/1986). *Aristotle's Poetics*. London: Duckworth.

Hampe, B. (2005). Image schemas in cognitive linguistics: Introduction. In B. Hampe & J. Grady (Eds.), *From perception to meaning: Image schemas in cognitive linguistics* (pp. 1-12). Berlin: Mouton de Gruyter.

Harrison, C., & Stockwell, P. (2014). Cognitive poetics. In J. R. Taylor & J. Littlemore (Eds.), *The Bloomsbury companion to cognitive linguistics*. London: Bloomsbury.

Herman, D. (Ed.). (2003). Narrative theory and the cognitive sciences. Stanford, CA: Center for the Study of Language and Information.

Herman, D. (2008). Narrative theory and the intentional stance. *Partial Answers: Journal of Literature and the History of Ideas*, 6(2), 233-260.

Hogan, P. C. (2003). *Cognitive science, literature, and the arts: A guide for humanists*. New York: Routledge.

Hogan, P. C. (Ed.). (2011). *The Cambridge encyclopedia of the language sciences*. Cambridge: Cambridge University Press.

Holmes, E., & Mathews, A. (2010). Mental imagery in emotion and emotional disorders. *Clinical Psychology Review*, 30, 349-362.

Hustvedt, S. (2019). *Memories of the future*. London: Sceptre.

Jackendoff, R., & Aaron, D. (1991). More than cool reason: A field guide to poetic metaphor by George Lakoff and Mark Turner (Review). *Language*, 67(2), 320-338.

Jackson, T. E. (2000). Questioning interdisciplinarity: Cognitive science, evolutionary psychology, and literary criticism. *Poetics Today*, 21(2), 319-347.

Jackson, T. E. (2002). Issues and problems in the blending of cognitive science, evolutionary psychology, and literary study. *Poetics Today*, 23(1), 161–179.

Jackson, T. E. (2005). Explanation, interpretation, and close reading: The progress of cognitive poetics, cognitive poetics in practice. *Poetics Today*, 26(3), 519–533.

Jaén, I., & Simon, J. J. (Eds.). (2012). *Cognitive literary studies: Current themes and new directions*. Austin: University of Texas Press.

Jakobson, R. (1958/1987). *Language in literature*. Cambridge, MA: Harvard University Press.

Johnson, M. (1987). *The body in the mind: The bodily basis of meaning, imagination, and reason*. Chicago: University of Chicago Press.

Katz, A. (2011). Metaphor. In P. C. Hogan (Ed.), *The Cambridge encyclopedia of the language sciences* (pp. 483–486). Cambridge: Cambridge University Press.

Kukkonen, K. (2019). *4E cognition and eighteenth-century fiction: How the novel found its feet*. Oxford: Oxford University Press.

Lakoff, G. (1987). *Women, fire, and dangerous things: What categories reveal about the mind*. Chicago: University of Chicago Press.

Lakoff, G. (1993). The contemporary theory of metaphor. In A. Ortony (Ed.), *Metaphor and thought* (pp. 202–251). Cambridge: Cambridge University Press.

Lakoff, G., & Johnson, M. (1980). *Metaphors we live by*. Chicago: University of Chicago Press.

Lakoff, G., & Johnson, M. (1999). *Philosophy in the flesh: The embodied mind and its challenge to Western thought*. New York: Basic Books.

Lakoff, G., & Turner, M. (1989). *More than cool reason: A field guide to poetic metaphor*. Chicago: University of Chicago Press.

Levinson, J. (2010). Defending hypothetical intentionalism. *British Journal of Aesthetics*, 50(2), 139–150.

Lodge, D. (1992/2011). *The art of fiction*. London: Vintage.

López Alfonso, F. J. (1994). Hispanoamérica y la modernidad de 1922. *Cuadernos Hispanoamericanos*, 529(30), 7–20.

Marks, D. F. (1973). Visual imagery differences in the recall of pictures. *British Journal of Psychology*, 64(1), 17–24.

Martens, G., & Biebuyck, B. (2013). Channeling figurativity through narrative: The paranarrative in fiction and nonfiction. *Language and Literature*, 22(3), 249–262.

McGlone, M. S. (2001). Concepts as metaphors. In S. Glucksberg (Ed.), *Understanding figurative language: From metaphors to idioms* (pp. 90–107). New York: Oxford.

Meheny, H. (1997). *Writing cogito*. Albany: State University of New York Press.

Melville, H. (1851). *Moby-Dick, or, The Whale*. New York: Harper and Brothers.

Montaigne, M. de. (1988). *Les essais* (Ed. V. L. Saulnier & P. Villey). Paris: PUF.

Müller, C. (2008). *Metaphors dead and alive, sleeping and waking. A dynamic view*. Chicago: University of Chicago Press.

Narayan, S. (2009). The way in which text worlds are furnished: Response to Elena Semino's 'text worlds'. In G. Brône & J. Vandaele (Eds.), *Cognitive poetics: Goals, gains and gaps* (pp. 73-77). Berlin: Mouton de Gruyter.

Pilkington, A. (2000). *Poetic effects: A relevance theory perspective*. Amsterdam and Philadelphia: John Benjamins.

Reed, B. (2012). Poetics, Western. In R. Greene *et al.* (Eds.), *Princeton encyclopedia of poetry and poetics* (pp. 1058-1064). Princeton: Princeton University Press.

Richards, I. A. (1936). *The philosophy of rhetoric*. Oxford: Oxford University Press.

Richardson, A. (2006). Cognitive literary criticism. In P. Waugh (Ed.), *Literary theory and criticism: An Oxford guide* (pp. 544-556). New York: Oxford University Press.

Ricoeur, P. (1975). *La métaphore vive*. Paris: Seuil.

Rohrer, T. (2007). The body in space: Dimensions of embodiment. In T. Ziemke, J. Zlatev, & R. M. Frank (Eds.), *Body, language, and mind* (pp. 339-378). Berlin: Mouton de Gruyter.

Schank, R. C., & Abelson, R. P. (1977). *Scripts, plans, goals, and understanding: An inquiry into human knowledge structures*. Hillsdale, NJ: Lawrence Erlbaum Associates.

Searle, J. R. (1979). *Expression and meaning*. Cambridge: Cambridge University Press.

Semino, E. (2009). Text worlds. In G. Brône & J. Vandaele (Eds.), *Cognitive poetics: Goals, gains and gaps* (pp. 33-78). Berlin: Mouton de Gruyter.

Semino, E., & Steen, G. (2008). Metaphor in literature. In R. W. Gibbs (Ed.), *The Cambridge handbook of metaphor and thought* (pp. 232-246). New York: Cambridge University Press.

Shen, Y. (2008). Metaphor and poetic figures. In R. W. Gibbs (Ed.), *The Cambridge handbook of metaphor and thought* (pp. 295-307). New York: Cambridge University Press.

Snoek, P., & Roggeman, W. M. (Eds.), Holmes, J. S. (Trans.). (1971). *A quarter century of poetry from Belgium*. Brussels: Maison internationale de la poésie/Manteau.

Sperber, D., & Wilson, D. (1986). *Relevance: Communication and cognition*. Oxford: Blackwell.

Sperber, D., & Wilson, D. (2008). A deflationary account of metaphors. In R. W. Gibbs (Ed.), *The Cambridge handbook of metaphor and thought* (pp. 84-105). New York: Cambridge University Press.

Steen, G. (1994). *Understanding metaphor in literature: An empirical approach*. London: Longman.

Steen, G. (2009). From linguistic to conceptual metaphor in five steps: Analyzing metaphor in poetry. In G. Brône & J. Vandaele (Eds.), *Cognitive poetics: Goals, gains and gaps* (pp. 197-226). Berlin: Mouton de Gruyter.

Steen, G., & Gavins, J. (2003). *Cognitive poetics in practice*. London: Routledge.

Sternberg, M. (2009). Epilogue. How (not) to advance toward the narrative mind. In G. Brône & J. Vandaele (Eds.), *Cognitive poetics: Goals, gains and gaps* (pp. 455-532). Berlin: Mouton de Gruyter.

Stockwell, P. (1999). The inflexibility of invariance. *Language and Literature*, 8(2), 125-142.

Stockwell, P. (2002). *Cognitive poetics: An introduction*. London: Routledge.

Sullivan, K. (2007). Grammar in metaphor: A construction grammar account of metaphoric language. Doctoral dissertation, University of California, Berkeley.

Swiggers, P. (1984). Cognitive aspects of Aristotle's theory of metaphor. *Glotta*, 62(1/2), 40-45.

Tendahl, M., & Gibbs, R. W. (2008). Complementary perspectives on metaphor: Cognitive linguistics and relevance theory. *Journal of Pragmatics*, 40(11), 1823-1864.

Todorov, T. (1977). *Théories du symbole*. Paris: Seuil.

Troscianko, E. (2014). *Kafka's cognitive realism*. London: Routledge.

Tsur, R. (1992). *Toward a theory of cognitive poetics*. Amsterdam: North-Holland.

Tsur, R. (2002). Aspects of cognitive poetics. In J. Culpeper & E. Semino (Eds.), *Cognitive stylistics: Language and cognition in text analysis* (pp. 279-318). Amsterdam: John Benjamins.

Tsur, R. (2009). Metaphor and figure ground relationship: Comparisons from poetry, music, and the visual arts. In G. Brône & J. Vandaele (Eds.), *Cognitive poetics: Goals, gains and gaps* (pp. 237-288). Berlin: Mouton de Gruyter.

Turner, M. (1987). *Death is the mother of beauty: Mind, metaphor, criticism*. Chicago: University of Chicago Press.

Turner, M. (1990). Poetry: Metaphor and the conceptual context of invention. *Poetics Today*, 11(3), 463-482.

Turner, M. (1991). *Reading minds: The study of English in the age of cognitive science*. Princeton, NJ: Princeton University Press.

Turner, M., & Fauconnier, G. (1999). A mechanism of creativity. *Poetics Today*, 20(3), 397-418.

Ulacia, M. (1986). *Luis Cernuda: Escritura, cuerpo y deseo*. Barcelona: Laia.

Vandaele, J., & Brône, G. (2009). Cognitive poetics. A critical introduction. In G. Brône & J. Vandaele (Eds.), *Cognitive poetics: Goals, gains and gaps* (pp. 1-29). Berlin: Mouton de Gruyter.

Veivo, H., Pettersson, B., & Polvinen, M. (2005). *Cognition and literary interpretation in practice*. Helsinki: Helsinki University Press.

Wilson, D., & Carston, R. (2008). Metaphor and the 'emergent property' problem: A relevance-theoretic treatment. *Baltic International Yearbook of Cognition, Logic and Communication*, 3(1), 1-40.

Wilson, D., & Carston, R. (2019). Pragmatics and the challenge of 'non-propositional' effects. *Journal of Pragmatics*, 145, 31-38.

Zhang, Longxi (2011). Poetics. In P. C. Hogan (Ed.), *The Cambridge encyclopedia of the language sciences* (pp. 631-632). Cambridge: Cambridge University Press.

Zunshine, L. (2006). *Why we read fiction: Theory of mind and the novel*. Columbus, OH: Ohio State University Press.

Zunshine, L. (Ed.). (2015) *Introduction to cognitive literary studies*. Oxford: Oxford University

Press.

〈제28장〉

Antonopoulou, E., & Kiki, N. (2011). Construction grammar and conventional discourse: A construction-based approach to discoursal incongruity. *Journal of Pragmatics*, 43, 2594-2609.

Auer, P. (2006). Construction grammar meets conversation: Einige Überlegungen am Beispiel von "so" Konstruktionen. In S. Günthner & W. Imo (Eds.), *Konstruktionen in der Interaktion* (pp. 291-314). Berlin and New York: De Gruyter.

Baranov, A., & Jörg, J. Z. (2003). Die metaphorische Struktur des öffentlichen Diskurses in Russland und Deutschland: Perestrojka- und Wende-Periode. In B. Symanzik, G. Birkfellner, & A. Sproede (Eds.), *Metapher, Bild und Figur. Osteuropäische Sprach-und Symbolwelten* (pp. 93-121). Hamburg: Kovač.

Barcelona, A. (2002). Clarifying and applying the notions of metaphor and metonymy within cognitive linguistics: An update. In R. Dirven & R. Pörings (Eds.), *Metaphor and metonymy in comparison and contrast* (pp. 207-277). Berlin and New York: Mouton de Gruyter.

Barsalou, L. W. (2005). Situated conceptualization. In H. Cohen & C. Lefebvre (Eds.), *Handbook of categorization in cognitive science* (pp. 619-650). Amsterdam: Elsevier.

Blumenberg, H. (1998 [1960]). *Paradigmen zu einer Metaphorologie*. Frankfurt: Suhrkamp.

Blumenberg, H. (1971). Beobachtungen an Metaphern. In K. Gründer (Ed.), *Archiv für Begriffsgeschichte* (pp. 161-214). Band 15. Bonn: Bouvier.

Boers, F., & Demecheleer, M. (1997). A few metaphorical models in (western) economic discourse. In W. A. Liebert, G. Redeker, & R. W. Linda (Eds.), *Discourse and perspective in cognitive linguistics* (pp. 115-129). Amsterdam: John Benjamins.

Brandt, L., & Brandt, P. A. (2005). Making sense of a blend. A cognitive-semiotic approach to metaphor. *Annual Review of Cognitive Linguistics*, 3, 216-249.

Cameron, L. (2008). Metaphor and talk. In R. W. Gibbs, Jr. (Ed.), *The Cambridge handbook of metaphor and thought* (pp. 197-211). Cambridge: Cambridge University Press.

Cameron, L. (2016). Mixed metaphors from a discourse dynamics perspective: A non-issue? In R. W. Gibbs, Jr. (Ed.), *Mixing metaphors* (pp. 17-30). Amsterdam and Philadelphia: John Benjamins.

Charteris-Black, J. (2003). Speaking with forked tongue: A comparative study of metaphor and metonymy in English and Malay phraseology. *Metaphor and Symbol*, 18, 189-310.

Charteris-Black, J. (2016). The 'dull roar' and the 'burning barbed wire pantyhose': Complex metaphor in accounts of chronic pain. In R. W. Gibbs, Jr. (Ed.), *Mixing metaphors* (pp. 155-176). Amsterdam and Philadelphia: John Benjamins.

Cienki, A., & Müller, C. (2008). Metaphor, gesture, and thought. In R. W. Gibbs, Jr. (Ed.), *The Cambridge handbook of metaphor and thought* (pp. 483-501). Cambridge: Cambridge

University Press.

Croft, W., & Alan Cruse, D. (2004). *Cognitive linguistics*. Cambridge: Cambridge University Press.

Debatin, B. (1995). *Die Rationalität der Metapher*. Berlin and New York: Walter de Gruyter.

Deignan, A. (2005). *Metaphor and corpus linguistics*. Amsterdam: John Benjamins.

Deignan, A. (2008). Corpus linguistics and metaphor. In R. W. Gibbs, Jr. (Ed.), *The Cambridge handbook of metaphor and thought* (pp. 280-294). Cambridge: Cambridge University Press.

Deignan, A., & Potter, L. (2004). A corpus study of metaphors and metonyms in English and Italian. *Journal of Pragmatics*, 36, 1231-1252.

Denroche, C. (2018). Text metaphtonymy: The interplay of metonymy and metaphor in discourse. *Metaphor and the Social World*, 8(1), 1-24.

Deppermann, A. (2006). Deontische Infinitivkonstruktionen: Syntax, Semantik, Pragmatik und interaktionale Verwendung. In S. Günthner & W. Imo (Eds.), *Konstruktionen in der Interaktion* (pp. 2339-2262). Berlin and New York: De Gruyter.

Dirven, R., Polzenhagen, F., & Wolf, H.-G. (2007). Cognitive linguistics, ideology, and critical discourse analysis. In D. Geeraerts & H. Cuyckens (Eds.), *Handbook of cognitive linguistics* (pp. 1222-1240). New York: Oxford University Press.

Fauconnier, G. (1997). *Mappings in thought and language*. Cambridge: Cambridge University Press.

Fauconnier, G., & Turner, M. (2002). The way we think. New York: Basic Books.

Fischer, K. (2006). Konstruktionsgrammatik und situationales Wissen. In S. Günthner & W. Imo (eds.), *Konstruktionen in der Interaktion* (pp. 343-363). Berlin and New York: De Gruyter.

Fischer, K. (2015). Conversation, construction grammar, and cognition. *Language and Cognition*, 7, 563-588.

Forceville, C. (2008). Metaphor in pictures and multimodal representations. In R. W. Gibbs, Jr. (Ed.), *The Cambridge handbook of metaphor and thought* (pp. 462-482). Cambridge: Cambridge University Press.

Forceville, C., & Urios-Aparisi, E. (2009). Introduction. In C. Forceville & E. Urios-Aparisi (Eds.), *Multimodal metaphor* (pp. 3-17). The Hague and Berlin: Mouton de Gruyter.

Fried, M., & Östman, J. O. (2005). Construction grammar and spoken language: The case of pragmatic particles. *Journal of Pragmatics*, 37, 1752-1778.

Geeraerts, D. (2016). The sociosemiotic commitment. *Cognitive Linguistics*, 27(4), 527-542.

Goldberg, A. E. (2006). *Constructions at work: The nature of generalization in language*. Oxford: Oxford University Press.

Goossens, L. (1990). Metaphtonymy: The interaction of metaphor and metonymy in expressions for linguistic action. *Cognitive Linguistics*, 1, 323-340.

Hart, C. (2015). Discourse. In E. Dabrowska & D. Divjak (Eds.), *Handbook of cognitive linguistics* (pp. 322-346). Berlin and Boston: De Gruyter.

Heritage, J. (1984). *Garfinkel and ethnomethodology*. Cambridge: Polity Press.

Heritage, J. (2005). Cognition in discourse. In H. te Molder & J. Potter (Eds.), *Conversation and cognition* (pp. 184-202). Cambridge: Cambridge University Press.

Hidalgo-Downing, L., & Mujic, B. K. (2013). Multimodal metonymy and metaphor as complex discourse resources for creativity in ICT advertising discourse. In F. Gonzálvez-García, M. S. P. Cervel, & L. P. Hernández (Eds.), *Metaphor and metonymy revisited beyond the contemporary theory of metaphor: Recent developments and applications* (pp. 157-181). Amsterdam and Philadelphia: John Benjamins.

Koller, V. (2004). *Metaphor and gender in business media discourse: A critical cognitive study*. Basingstoke and New York: Palgrave Macmillan.

Kövecses, Z. (2010). A new look at metaphorical creativity in cognitive linguistics. *Cognitive Linguistics*, 21(4), 663-697.

Kövecses, Z., & Radden, G. (1998). Metonymy: Developing a cognitive linguistic view. *Cognitive Linguistics*, 9, 37-79.

Lakoff, G. (1996). *Moral politics: What conservatives know that liberals don't*. Chicago: University of Chicago Press.

Lakoff, G., & Johnson, M. (2003 [1980]). *Metaphors we live by*. Chicago: University of Chicago Press.

Langacker, R. W. (2008). *Cognitive grammar. A basic introduction*. Oxford and New York: Oxford University Press.

Langlotz, A. (2015). Local meaning-negotiation, activity types, and the current-discourse-space model. *Language and Cognition*, 7, 515-545.

Littlemore, J. (2015). *Metonymy: Hidden shortcuts in language, thought and communication*. Cambridge: Cambridge University Press.

Lüdemann, S. (2004). *Metaphern der Gesellschaft. Studien zum soziologischen und politischen Imaginären*. München: Wilhelm Fink.

McNeill, D. (1992). *Hand and mind: What gestures reveal about thought*. Chicago: University of Chicago Press.

Mittelberg, I. (2017). Experiencing and construing spatial artifacts from within: Simulated artifact immersion as a multimodal viewpoint strategy. *Cognitive Linguistics*, 28(3), 381-415.

Mittelberg, I., & Linda, R. W. (2009). Metonymy first, metaphor second: A cognitive-semiotic approach to multimodal figures of thought in co-speech gesture. In C. Forceville & E. Urios- Aparisi (Eds.), *Multimodal metaphor* (pp. 329-355). Berlin and New York: Mouton de Gruyter.

Mittelberg, I., & Linda, R. W. (2014). Gestures and metonymy. In C. Müller, A. Cienki, E. Fricke, S. H. Ladewig, D. McNeill, & J. Bressem (Eds.), *Body—language—communication. An international handbook on multimodality in human interaction*. Vol. 2 (pp. 1747-1766).

Berlin and Boston: De Gruyter Mouton.
Müller, C. (2008). *Metaphors, dead and alive, sleeping and waking. A dynamic view*. Chicago: University of Chicago Press.
Müller, C., & Tag, S. (2010). The dynamics of metaphor: Foregrounding and activating metaphoricity in conversational interaction. *Cognitive Semiotics*, 6, 85-120.
Musolff, A. (2003). Metaphor scenarios in political discourse in Britain and Germany. In S. Geideck & W.-A. Liebert (Eds.), *Sinnformeln. Linguistische und soziologische Analysen von Leitbildern Metaphern und anderen kollektiven Orientierungsmustern* (pp. 259-282). Berlin and New York: Walter de Gruyter.
Musolff, A. (2017). Metaphor and cultural cognition. In F. Sharifian (Ed.), *Advances in cultural linguistics* (pp. 325-344). Singapore: Springer.
Nikiforidou, K. (2012). The constructional underpinnings of viewpoint blends: The *past + now* in language and literature. In B. Dancygier & E. Sweetser (Eds.), *Viewpoint in language: A multimodal perspective* (pp. 177-196). Cambridge: Cambridge University Press.
Oakley, T., & Coulson, S. (2008). Connecting the dots: Mental spaces and metaphoric language in discourse. In T. Oakley & A. Hougaard (Eds.), *Mental spaces in discourse and interaction* (pp. 27-50). Amsterdam and Philadelphia: John Benjamins.
Östman, J.-O., & Trousdale, G. (2013). Dialects, discourse, and construction grammar. In T. Hoffmann & G. Trousdale (Eds.), *The Oxford handbook of construction grammar* (pp. 476-490). Oxford: Oxford University Press.
Parrill, F. (2012). Interactions between discourse status and viewpoint in co-speech gesture. In B. Dancygier & E. Sweetser (Eds.), *Viewpoint in language: A multimodal perspective* (pp. 97-112). Cambridge: Cambridge University Press.
Pascual, E. (2008). Fictive interaction blends in everyday life and courtroom settings. In T. Oakley & A. Hougaard (Eds.), *Mental spaces in discourse and interaction* (pp. 79-107). Amsterdam and Philadelphia: John Benjamins.
Radden, G., & Kövecses, Z. (1999). Towards a theory of metonymy. In K.-U. Panther & G. Radden (Eds.), *Metonymy in language and thought* (pp. 17-59). Amsterdam: John Benjamins.
Schröder, U. (2012). *Kommunikationstheoretische Fragestellungen in der kognitiven Metaphernforschung. Eine Betrachtung von ihren Anfängen bis zur Gegenwart*. Tübingen: Gunter Narr Verlag.
Schröder, U. (2015). Metaphorical blends and their function in discourse on society. *Cognitive Linguistic Studies*, 2(1), 50-78.
Schröder, U., & Mendes, M. C. (2018). 'The game is rigged': Framing real life metaphorically in the TV-epic 'The Wire'. *Text & Talk*, 38(1), 47-68.
Semino, E. (2017). Corpus linguistics and metaphor. In B. Dancygier (Ed.), *The Cambridge handbook of cognitive linguistics* (pp. 453-476). Cambridge: Cambridge University Press.
Steen, G. J., Dorst, A. G., Herrmann, J. B., Kaal, A., Krennmayr, T., & Pasma, T. (2010). *A meth-*

od for linguistic metaphor identification. From MIP to MIPVU. Amsterdam: John Benjamins.

Stefanowitsch, A. (2005). The function of metaphor. Developing a corpus-based perspective. *International Journal of Corpus Linguistics*, 10(2), 161-198.

Sweetser, E. (2012). Introduction: Viewpoint and perspective in language and gesture, from the ground down. In B. Dancygier & E. Sweetser (Eds.), *Viewpoint in language: A multimodal perspective* (pp. 1-22). Cambridge: Cambridge University Press.

Sweetser, E., & Stec, K. (2016). Maintaining multiple viewpoints with gaze. In B. Dancygier, L. Weilun, & A. Verhagen (Eds.), *Viewpoint and the fabric of meaning* (pp. 237-258). Boston and Berlin: Mouton de Gruyter.

Turner, M. (2015). Blending in language and communication. In E. Dabrowska & D. Divjak (Eds.), *Handbook of cognitive linguistics* (pp. 211-232). Berlin and Boston: De Gruyter.

Ungeheuer, G. (1979). Über das 'Hypothetische in der Sprache' bei Lambert. In E. Bülow & P. Schmitter (Eds.), *Integrale Linguistik. Festschrift für Helmut Gipper* (pp. 69-98). Amsterdam: John Benjamins.

Vandelanotte, L. (2012). 'Wait till you got started': How to submerge another's discourse in your own. In B. Dancygier & E. Sweetser (Eds.), *Viewpoint in language: A multimodal perspective* (pp. 198-217). Cambridge: Cambridge University Press.

Wegener, P. (1991 [1885]). *Untersuchungen über die Grundfragen des Sprachlebens*. Amsterdam: John Benjamins.

Weinrich, H. (1976). *Sprache in Texten*. Stuttgart: Ernst Klett.

Zima, E., & Brône, G. (2015). Cognitive linguistics and interactional discourse: Time to enter into dialogue. *Language and Cognition*, 7, 485-498.

Zinken, J., & Musolff, A. (2009). Metaphorical meaning and understanding. In A. Musolff & J. Zinke (Eds.), *Metaphor and discourse* (pp. 1-8). Basingstoke: Palgrave Macmillan.

〈제29장〉

Armstrong, D. F., Stokoe, W. C., & Wilcox, S. (1995). *Gesture and the nature of language*. Cambridge: Cambridge University Press.

Battison, R. (1978). *Lexical borrowing in American Sign Language*. Silver Spring, MD: Linkstok Press.

Bolinger, D. (1949). The sign is not arbitrary. *Boletín del Instituto Caro y Cuervo(=Thesaurus)*, 5, 52-62.

Bybee, J. (2006). From usage to grammar: The mind's response to repetition. *Language*, 82(4), 711-733.

Bybee, J. (2010). *Language, usage and cognition*. Cambridge and New York: Cambridge University Press.

Darwin, C. (1872). *The expression of the emotions in man and animals*. London: J. Murray.

Dotter, F. (2018). Most characteristic elements of sign language texts are intricate mixtures of linguistic and non-linguistic parts, aren't they? *Colloquium: New Philologies*, 3(1), 1-62.

Dudis, P. G. (2004). Body partitioning and real-space blends. *Cognitive Linguistics*, 15, 223-238.

Fauconnier, G., & Turner, M. (1996). Blending as a central process of grammar. In A. E. Goldberg (Ed.), *Conceptual structure, discourse, and language* (pp. 113-130). Stanford, CA: Center for the Study of Language and Information Publications.

Fenlon, J., Cooperrider, K., Keane, J., Brentari, D., & Goldin-Meadow, S. (2019). Comparing sign language and gesture: Insights from pointing. *Glossa: A Journal of General Linguistics*, 4(1), 2.

Frishberg, N. (1975). Arbitrariness and iconicity: Historical change in American Sign Language. *Language*, 51, 676-710.

Haiman, J. (1980). The iconicity of grammar: Isomorphism and motivation. *Language*, 56, 515-540.

Hodge, G., & Johnston, T. (2014). Points, depictions, gestures and enactment: Partly lexical and non-lexical signs as core elements of single clause-like units in Auslan (Australian Sign Language). *Australian Journal of Linguistics*, 34, 262-291.

Hopper, P. J., & Traugott, E. C. (2003). *Grammaticalization*. New York: Cambridge University Press.

Janzen, T., & Shaffer, B. (2002). Gesture as the substrate in the process of ASL grammaticization. In R. Meier, D. Quinto, & K. Cormier (Eds.), *Modality and structure in signed and spoken languages* (pp. 199-223). Cambridge: Cambridge University Press.

Jarque, M. J. (2006). The expression of possibility in Catalan Sign Language: The sign PODER. *5th International Conference of the Spanish Cognitive Linguistics Association* (AELCO/SCOLA). Murcia, October 19-21, 2006.

Jarque, M. J., Cordoniu, I., Bosch-Baliarda, M., Fernández-Viader, M. D. P., García, C., Serrano, E., & Segimon, J. (2012). Procesos de lexicalización en la LSC: Procedimientos de combinación. *Anuari de Filologia. Estudis de Lingüistica*, 2, 141-176.

Jarque, M. J., & Pascual, E. (2015). Direct discourse expressing evidential values in Catalan Sign Language. *eHumanista/IVITRA*, 8, 421-445.

Jarque, M. J., & Pascual, E. (2016). Mixed viewpoints in factive and fictive discourse in Catalan Sign Language narratives. In B. Dancygier, W.-l. Lu, & A. Verhagen (Eds.), *Viewpoint and the fabric of meaning: Form and use of viewpoint tools across languages and modalities* (pp. 259-280). Berlin: Mouton de Gruyter.

Kendon, A. (2017). Languages as semiotically heterogenous systems. *Behavioral and Brain Sciences*, 40, 30-31.

Klima, E., & Bellugi, U. (1979). *The signs of language*. Cambridge, MA: Harvard University Press.

Kusters, A., & Sahasrabudhe, S. (2018). Language ideologies on the difference between gesture and sign. *Language and Communication*, 60, 44-63.

Lakoff, G. (1987). *Women, fire, and dangerous things: What categories reveal about the mind*. Chicago: University of Chicago Press.

Lakoff, G., & Johnson, M. (1980). *Metaphors we live by*. Chicago: University of Chicago Press.

Lane, H. (1984). *When the mind hears: A history of the deaf*. New York: Random House.

Lane, H., & Grosjean, F. (1980). *Recent perspectives on American Sign Language*. Hillsdale, NJ: Lawrence Erlbaum Associates.

Langacker, R. W. (1987). *Foundations of cognitive grammar. Vol. I: Theoretical foundations*. Stanford, CA: Stanford University Press.

Langacker, R. W. (2008). *Cognitive grammar: A basic introduction*. Oxford: Oxford University Press.

Leeson, L., & Saaed, J. (2004). Windowing of attention in simultaneous constructions in Irish Sign Language (ISL). Proceedings from High Desert Linguistics Society, Albuquerque, NM.

Lepic, R., & Occhino, C. (2018). A construction morphology approach to sign language analysis. In G. Booij (Ed.), *The construction of words* (pp. 141-172). Berlin: Springer.

Liddell, S. K. (1995). Real, surrogate, and token space: Grammatical consequences in ASL. In K. Emmorey & J. Riley (Eds.), *Language, gesture, and space* (pp. 19-41). Hillsdale, NJ: Lawrence Erlbaum Associates.

Liddell, S. K. (2000). Indicating verbs and pronouns: Pointing away from agreement. In K. Emmorey & H. Lane (Eds.), *The signs of language revisited: An anthology to honor Ursula Bellugi and Edward Klima* (pp. 303-320). Mahwah, NJ: Lawrence Erlbaum.

Liddell, S. K. (2003). *Grammar, gesture, and meaning in American Sign Language*. New York: Cambridge University Press.

Long, J. S. (1918). *The sign language: A manual of signs*. Iowa City: Athens Press.

Martínez, R. A., & Morón Usandivaras, M. (2013). Metonimia e iconicidad cognitiva en señas sustantivas concretas de la Lengua de Señas Argentina. *Signo & Seña*, 23, 213-237.

Martínez, R., & Wilcox, S. (2019). Pointing and placing: Nominal grounding in Argentine Sign Language. *Cognitive Linguistics*, 30(1), 85-121.

Massone, M. I., & Martínez, R. A. (2013). La metáfora conceptual en el Discurso Político Sordo. In N. G. Pardo, D. García, T. Oteiza, & M. C. Asqueta (Eds.), *Estudios del discurso en América Latina. Homenaje a Anamaría Harvey* (pp. 211-237). Bogotá: Asociación Latinoamericana de Estudios del Discurso (ALED).

Meier, R. P., & Lillo-Martin, D. (2013). The points of language. *Humana Mente: Journal of Philosophical Studies*, 24, 151-176.

Morris, D., Collett, P., Marsh, P., & O'Shaughnessy, M. (1979). *Gestures: Their origin and distribution*. New York: Stein and Day.

Occhino, C., Anible, B., Wilkinson, E., & Morford, J. P. (2017). Iconicity is in the eye of the beholder: How language experience affects perceived iconicity. *Gesture*, 16(1), 100-126.

Occhino, C., & Wilcox, S. (2017). Gesture or sign? A categorization problem. *Behavioral and Brain Sciences*, 40.

Okrent, A. (2002). A modality-free notion of gesture and how it can help us with the morpheme vs. gesture question in sign language linguistics (or at least give us some criteria to work with). In R. Meier, K. Cormier, & D. Quinto-Pozos (Eds.), *Modality and structure in signed and spoken languages* (pp. 175-198). Cambridge: Cambridge University Press.

Perniss, P., & Özyürek, A. (2015). Visible cohesion: A comparison of reference tracking in sign, speech, and co-speech gesture. *Topics in Cognitive Science*, 7, 36-60.

Perniss, P., Thompson, R. L., & Vigliocco, G. (2010). Iconicity as a general property of language: Evidence from spoken and signed languages. *Frontiers in Psychology*, 1, 227.

Perniss, P., & Vigliocco, G. (2014). The bridge of iconicity: From a world of experience to the experience of language. *Philosophical Transactions of the Royal Society B Biological Sciences*, 369.

Pfau, R., & Steinbach, M. (2011). Grammaticalization in sign languages. In H. Narrog & B. Heine (Eds.), *The Oxford handbook of grammaticalization*. Oxford: Oxford University Press.

Pizzuto, E. (1987). Aspetti morfosintattici. In V. Volterra (Ed.), *La Lingua Italiana dei Segni—La comunicazione visivo-gestuale dei sordi* (pp. 179-209). Bologna: Il Mulino.

Russo, T. (2005). A crosslinguistic, cross-cultural analysis of metaphors in two Italian Sign Language (LIS) registers. *Sign Language Studies*, 5, 333-359.

Russo, T., Giurana, R., & Pizzuto, E. (2001). Italian Sign Language (LIS) poetry: Iconic properties and structural regularities. *Sign Language Studies*, 2, 85-112.

Sandler, W. (2009). Symbiotic symbolization by hand and mouth in sign language. *Semiotica: Journal of the International Association for Semiotic Studies/Revue de l'Association Internationale de Sémiotique*, 2009, 241-275.

Shaffer, B., & Janzen, T. (2016). Modality and mood in American Sign Language. In J. Nuyts & J. van der Auwera (Eds.), *The Oxford handbook of mood and modality* (pp. 448-469). Oxford: Oxford University Press.

Shaffer, B., Jarque, M. J., & Wilcox, S. (2011). The expression of modality: Conversational data from two signed languages. In M. T. Nogueira & M. F. V. Lopes (Eds.), *Modo e modalidade: gramática, discurso e interação* (pp. 11-39). Fortaleza: Edições UFC.

Siyavoshi, S. (2019). Hands and faces: The expression of modality in ZEI, Iranian Sign Language. *Cognitive Linguistics*, 30(4), 655-686. doi:10.1515/cog-2018-0130

Stokoe, W. C. (1960). *Sign language structure*. (Studies in Linguistics, Occasional Papers 8). Buffalo, NY: Department of Anthropology and Linguistics, University of Buffalo.

Stokoe, W. C., Casterline, D., & Croneberg, C. (1965). *A dictionary of American Sign Language on linguistic principles*. Washington, DC: Gallaudet College Press.

Taub, S. (2001). *Language in the body: Iconicity and metaphor in American Sign Language*. Cambridge: Cambridge University Press.

Thompson, R. L., Vinson, D. P., & Vigliocco, G. (2009). The link between form and meaning in American Sign Language: Lexical processing effects. *Journal of Experimental Psychology–Learning Memory and Cognition*, 35, 550-557.

Valli, C., & Lucas, C. (1995). *Linguistics of American Sign Language: An introduction*. Washington, DC: Gallaudet University Press.

Vinson, D. P., Cormier, K., Denmark, T., Schembri, A., & Vigliocco, G. (2008). The British Sign Language (BSL) norms for age of acquisition, familiarity, and iconicity. *Behavior Research Methods*, 40, 1079-1087.

Wilbur, R. B. (1987). *American Sign Language: Linguistic and applied dimensions*. Boston: College-Hill Press.

Wilcox, P. P. (2000). *Metaphor in American Sign Language*. Washington, DC: Gallaudet University Press.

Wilcox, P. P. (2004a). A cognitive key: Metonymic and metaphorical mappings in ASL. *Cognitive Linguistics*, 15, 197-222.

Wilcox, S. (2004b). Gesture and language: Cross-linguistic and historical data from signed languages. *Gesture*, 4, 43-75.

Wilcox, S. (2006). Cognitive iconicity: Conceptual spaces, meaning, and gesture in signed languages. *Cognitive Linguistics*, 15, 119-147.

Wilcox, S. (2009). Symbol and symptom: Routes from gesture to signed language. *Annual Review of Cognitive Linguistics*, 7, 89-110.

Wilcox, S. (2019). Kendon's work on a signed language from the Enga Province of Papua New Guinea: Some implications. In A. Kendon (Ed.), *Sign language in Papua New Guinea: A primary sign language from the Upper Lagaip Valley, Enga Province*. Amsterdam: John Benjamins.

Wilcox, S., & Occhino, C. (2016). Constructing signs: Place as a symbolic structure in signed languages. *Cognitive Linguistics*, 27, 371-404.

Wilcox, S., Rossini, P., & Antinoro Pizzuto, E. (2010). Grammaticalization in sign languages. In D. Brentari (Ed.), *Sign languages* (pp. 332-354). Cambridge: Cambridge University Press.

Wilcox, S., & Shaffer, B. (2017). Evidentiality and information source in signed languages. In A. Y. Aikhenvald (Ed.), *Oxford handbook of evidentiality*. Oxford: Oxford University Press.

Wilcox, S., & Wilcox, P. P. (2013). Cognitive linguistics and signed languages. *International Journal of Cognitive Linguistics*, 3, 127-151.

Wilcox, S., Wilcox, P., & Jarque, M. J. (2003). Mappings in conceptual space: Metonymy, metaphor, and iconicity in two signed languages. *Jezikoslovlje*, 4(1), 139-156.

Xavier, A. N., & Wilcox, S. (2014). Necessity and possibility modals in Brazilian Sign Language (Libras). *Linguistic Typology*, 18, 449-488.

〈제30장〉

Abner, M., Flaherty, M., Stangl, K., Coppola, M., Brentari, D., & Goldin-Meadow, S. (2019). The noun-verb distinction in established and emergent sign systems. *Language*, 95(2), 230-267.

Alibali, M. W., Kita, S., & Young, A. J. (2000). Gesture and the process of speech production: We think, therefore we gesture. *Language and Cognitive Processes*, 15, 593-613.

Bakeman, R., & Gottman, J. M. (1997). *Observing interaction: An introduction to sequential analysis*. Cambridge: Cambridge University Press.

Bateson, G. (1968). Redundancy and coding. In A. Thomas (Ed.), *Animal communication: Techniques of study and results of research* (pp. 614-626). Sebeok/Bloomington: Indiana University Press.

Baytaş, M. A., Yantaç, A. E., & Fjeld, M. (2017). LabDesignAR: Configuring multi-camera motion capture systems in augmented reality. In *Proceedings of the 23rd ACM symposium on virtual reality software and technology* (Article No. 86, pp. 1-2). Gothenburg, Sweden.

Bernard, J. A., Millman, Z. B., & Mittal, V. A. (2015). Beat and metaphoric gestures are differentially associated with regional cerebellar and cortical volumes. *Human Brain Mapping*, 36(10), 4016-4030.

Bolt, R. A. (1980). Put that there: Voice and gesture at the graphics interface. In *ACM SIGGRAPH'80: Proceedings of the 7th annual conference on computer graphics and interactive techniques* (Vol. 14) (pp. 262-270). New York.

Bouvet, D. (2001). *La dimension corporelle de la parole. Les marques posturo-mimo-gestuelles de la parole, leurs aspects métonymiques et métaphoriques, et leur rôle au cours d'un récit*. Paris: Peeters.

Brodie, M., Walmsley, A., & Page, W. (2008). Fusion motion capture: A prototype system using inertial measurement units and GPS for the biomechanical analysis of ski racing. *Sports Technology*, 1(1), 17-28.

Butterworth, G., & Morissette, P. (1996). Onset of pointing and the acquisition of language in infancy. *Journal of Reproductive and Infant Psychology*, 14, 219-231.

Cadoz, C. (1994). Le geste canal de communication homme/machine: la communication "instrumentale". *Technique et Science Informatiques*, 13(1), 31-61.

Camaioni, L., Perucchini, P., Bellagamba, F., & Colonnesi, C. (2004). The role of declarative pointing in developing a theory of mind. *Infancy*, 5, 291-308.

Cienki, A. (2007) Frames, idealized cognitive models, domains. In D. Geeraerts & H. Cuyckens (Eds.), *The Oxford handbook of cognitive linguistics* (pp. 170-187). Oxford: Oxford University Press.

Cienki, A. J. (2013). Gesture, space, grammar, and cognition. In P. Auer, M. Hilpert, A. Stukenbrock, & B. Szmrecsanyi (Eds.), *Space in language and linguistics: Geographical, interactional, and cognitive perspectives* (pp. 667-686) (Linguae & Litterae No. 24).

Berlin: Walter de Gruyter.

Clark, A., & Chalmers, D. (1998). The extended mind. *Analysis*, 58, 10-23.

Cochet, H., & Vauclair, J. (2010). Pointing gestures produced by toddlers from 15 to 30 months: Different functions, hand shapes and laterality patterns. *Infant Behavior and Development*, 33(4), 431-441.

Cooperrider, K., & Núñez, R. (2012). Nose-pointing: Notes on a facial gesture of Papua New Guinea. *Gesture*, 12(2), 103-129.

Ekman, P., & Friesen, W. (1969). The repertoire of nonverbal behavior: Categories, origins, usage, and coding. *Semiotica*, 1, 49-98.

Enfield, N. J. (2001). 'Lip-pointing': A discussion of form and function with reference to data from Laos. *Gesture*, 1(2), 185-211.

Enfield, N. J., Kita, S., & de Ruiter, J.-P. (2007). Primary and secondary pragmatic functions of pointing gestures. *Journal of Pragmatics*, 39(10), 1722-1741.

Evans, V., Bergen, B., & Zinken, J. (2007). The cognitive linguistics enterprise: An overview. In V. Evans, B. Bergen, & J. Zinken (Eds.), *The cognitive linguistics reader (Advances in cognitive linguistics)* (pp. 2-36). London: Equinox.

Evola, V. (2010). Metafore, sistemi religiosi e semiotica cognitiva multimodale. Discorsi, gestualità e disegni di predicatori di strada cristiani e di un satanista. *Sistemi Intelligenti*, 22(1), 23-48.

Evola, V., & Skubisz, J. (2019). Coordinated collaboration and nonverbal social interactions: A formal and functional analysis of gaze, gestures, and other body movements in a contemporary dance improvisation performance. *Journal of Nonverbal Behavior*, 43(4), 451-479.

Fay, N., Casey, J., Lister, T., Mark, E., & Goldin-Meadow, S. (2014). Creating a communication system from scratch: Gesture beats vocalization hands down. *Frontiers in Psychology*, 5, 1-12.

Futrell, R., Mahowald, K., & Gibson, E. (2015). Large-scale evidence of dependency length minimization in 37 languages. *Proceedings of the National Academy of Sciences of the United States of America*, 112, 10336-10341.

Goffman, E. (1971). *Relations in public: Microstudies of the public order*. New York: Harper and Row.

Goldin-Meadow, S., & Alibali, M. W. (2013). Gesture's role in speaking, learning, and creating language. *Annual Review of Psychology*, 64, 257-283.

Goldin-Meadow, S., & Brentari, D. (2017). Gesture, sign, and language: The coming of age of sign language and gesture studies. *Behavioral and Brain Sciences*, 40, e46.

Goldin-Meadow, S., So, W., Ozyurek, A., & Mylander, C. (2008). The natural order of events: How speakers of different languages represent events nonverbally. *Proceedings of the National Academy of Sciences of the United States of America*, 105, 9163-9168.

Güler, R. A., Neverova, N., & Kokkinos, I. (2018). Densepose: Dense human pose estimation in the wild. In *Proceedings of the IEEE conference on computer vision and pattern recognition* (pp. 7297-7306). Including open-access code and movement tracked data: http://densepose.org/

Hammarström, H. (2016). Linguistic diversity and language evolution. *Journal of Language Evolution*, 1, 19-29.

Harrison, S. (2015). The production line as a context for low metaphoricity. Exploring links between gestures, iconicity, and artefacts on a factory shop floor. In J. B. Herrmann & T. B. Sardinha (Eds.), *Metaphor in specialist discourse: Investigating metaphor use in technical, scientific and popularized discourse contexts* (pp. 131-161). Amsterdam/Philadelphia: John Benjamins.

Hassemer, J. (2016). Towards a theory of gesture form analysis. Imaginary forms as part of gesture conceptualisation, with empirical support from motion-capture data. Dissertation, RWTH Aachen University. Including gesture form analysis manuals and templates, open-access motion-capture and video data, coded in gesture form analysis: http://hdl.handle.net/11022/1009-0000-0007-C34C-8

Hassemer, J., & McCleary, L. (2018). The multidimensionality of pointing. *Gesture*, 17(3), 417-463.

Hassemer, J., & Winter, B. (2016). Producing and perceiving gestures conveying height or shape. *Gesture*, 15(3), 404-424.

Hassemer, J., & Winter, B. (2018). Decoding gestural iconicity. *Cognitive Science*, 42, 3034-3049.

Haviland, J. B. (2013). Where do nouns come from? *Gesture*, 13, 3.

Hostetter, A. B., & Alibali, M. W. (2007). Raise your hand if you're spatial: Relations between verbal and spatial skills and gesture production. *Gesture*, 7(1), 73-95.

Joue, G., Boven, L., Willmes, K., Evola, V., Demenescu, L. R., Hassemer, J., Mittelberg, I., Mathiak, K., Schneider, F., & Habel, U. (2018). Handling or being the concept: An fMRI study on metonymy representations in coverbal gestures. *Neuropsychologia*, 109, 232-244.

Joue, G., Boven, L., Willmes, K., Evola, V., Demenescu, L. R., Hassemer, J., Mittelberg, I., Mathiak, K., Schneider, F., & Habel, U. (2020). Metaphor processing is supramodal semantic processing: The role of the bilateral lateral temporal regions in multimodal communication. *Brain and Language*, 205, 104772.

Jurafsky, D., & Martin, J. H. (2009). Speech and language processing: An introduction to natural language processing, computational linguistics, and speech recognition (2nd ed.). Upper Saddle River, NJ: Prentice Hall.

Kendon, A. (1995). Gestures as illocutionary and discourse structure markers in Southern Italian conversation. *Journal of Pragmatics*, 23, 247-279.

Kendon, A. (2004). *Gesture: Visible action as utterance*. Cambridge: Cambridge University Press.

Kendon, A. (2018). Pragmatic functions of gestures: Some observations on the history of their study and their nature. *Gesture*, 16(2), 157-175.

Kendon, A. (2000). Language and gesture: Unity or duality? In D. McNeill (Ed.), *Language and gesture* (pp. 47-63). Cambridge: Cambridge University Press.

Kendon, A., & Versante, L. (2003). Pointing by hand in 'Neapolitan'. In S. Kita (Ed.), *Pointing: Where language, culture, and cognition meet* (pp. 109-138). Mahwah, NJ: Erlbaum.

Kita, S. (Ed.). (2003). *Pointing: Where language, culture, and cognition meet*. London: Erlbaum.

Kita, S., & Özyürek, A. (2003). What does cross-linguistic variation in semantic coordination of speech and gesture reveal? Evidence for an interface representation of spatial thinking and speaking. *Journal of Memory and Language*, 48, 16-32.

Kita, S., van Gijn, I., & van der Hulst, H. (1998). Movement phases in signs and co-speech gestures, and their transcription by human encoders. In I. Wachsmuth & M. Fröhlich (Eds.), *Gesture and sign language in human-computer interaction* (pp. 23-35). Berlin: Springer.

Krauss, R. M., Chen, Y., & Gottesman, R. F. (2000). Lexical gestures and lexical access: A process model. In D. McNeill (Ed.), *Language and gesture* (pp. 261-283). Cambridge: Cambridge University Press.

Lakoff, G. (1990). The invariance hypothesis: Is abstract reason based on image schemas? *Cognitive Linguistics*, 1(1), 39-74.

Langacker, R. W. (2008). *Cognitive grammar. A basic introduction*. Oxford/New York: Oxford University Press.

Lausberg, H., & Sloetjes, H. (2009). Coding gestural behavior with the NEUROGES-ELAN system. *Behavior Research Methods*, 41(3), 841-849.

Levinson, S. C. (1996). Frames of reference and Molyneux's question: Cross-linguistic evidence. In P. Bloom, M. Peterson, L. Nadel, & M. Garrett (Eds.), *Language and space* (pp. 109-169). Cambridge, MA: MIT Press

Lien, J., Gillian, N., Karagozler, M. E., Amihood, P., Schwesig, C., Olson, E., & Raja, H. (2016). Soli: Ubiquitous gesture sensing with millimeter wave radar. *ACM Transactions on Graphics*, 35(4), 1-19.

Mandel, M. A. (1977). Iconic devices in American Sign Language. In A. Friedman (Ed.), *On the other hand: New perspectives on American Sign Language* (pp. 57-107). New York: Academic Press.

Mayberry, R. I., & Jaques, J. (2000). Gesture production during stuttered speech: Insights into the nature of gesture-speech integration. In D. McNeill (Ed.), *Language and gesture* (pp. 199-214). Cambridge: Cambridge University Press.

McNeill, D. (1985). So you think gestures are nonverbal? *Psychological Review*, 92, 350-371.

McNeill, D. (1992). *Hand and mind: What gestures reveal about thought*. Chicago: University of Chicago Press.

McNeill, D. (2000). *Language and gesture*. Cambridge: Cambridge University Press.

McNeill, D. (2005). *Thought, imagery, and language: How gestures fuel thought and speech*. Chicago: University of Chicago Press.

McNeill, D. (2006). Gesture and communication. In J. L. Mey (Ed.), *Concise encyclopedia of pragmatics* (pp. 299-307). Oxford: Elsevier.

McNeill, D. (2014). Gesture–speech unity–Phylogenesis, ontogenesis, and microgenesis. *Language, Interaction & Acquisition*, 5, 137-184.

Mittelberg, I., & Evola, V. (2014). Iconic and representational gestures. In C. Müller, A. Cienki, E. Fricke, S. L. Ladewig, D. McNeill, & J. Bressem (Eds.), *Body—language—communication. An international handbook on multimodality in human interaction* (Handbooks of Linguistics and Communication Science 38.2) (pp. 1732-1746). Berlin/Boston: De Gruyter Mouton.

Mittelberg, I., & Waugh, L. R. (2009). Metonymy first, metaphor second: A cognitive semiotic approach to multimodal figures of thought in co-speech gesture. In C. Forceville & E. Urios-Aparisi (Eds.), *Multimodal metaphor* (pp. 329-356). Berlin: Mouton de Gruyter.

Müller, C. (1998). *Redebegleitende gesten. Kulturgeschichte—theorie—sprachvergleich*. Berlin: Arno Spitz.

Müller, C. (2014). Gestural modes of representation as techniques of depiction. In C. Müller, A. Cienki, E. Fricke, S. H. Ladewig, D. McNeill, & J. Bressem (Eds.), *Body—language—communication: An international handbook on multimodality in human interaction* (Vol. 2) (pp. 1687-1702). Berlin/Boston: De Gruyter Mouton.

Núñez, R. E., & Sweetser, E. (2006). With the future behind them: Convergent evidence from Aymara language and gesture in the crosslinguistic comparison of spatial construals of time. *Cognitive Science*, 30, 1-49.

Özçalışkan, S., Lucero, C., & Goldin-Meadow, S. (2016). Does language shape silent gesture? *Cognition*, 148, 10-18.

Poggi, I. (2008). Iconicity in different types of gesture. *Gesture*, 8, 45-61.

Rümelin, S., Marouane, C., & Butz, A (2013). Free-hand pointing for identification and interaction with distant objects. In *Proceedings of the 5th international conference on automotive user interfaces and interactive vehicular applications (AutomotiveUI'13)* (pp. 40-47). Association for Computing Machinery, New York.

Slobin, D. I. (1996). From "thought and language" to "thinking for speaking". In J. J. Gumperz & S. C. Levinson (Eds.), *Studies in the social and cultural foundations of language, No. 17. Rethinking linguistic relativity* (pp. 70-96). Cambridge: Cambridge University Press.

Slobin, D. (1997). *The crosslinguistic study of language acquisition. Vol. 5: Expanding the contexts*. Hillsdale, NJ: Erlbaum.

Slobin, D. (2004). From ontogenesis to phylogenesis: What can child language tell us about language evolution? In J. Langer, S. T. Parker, & C. Milbrath (Eds.), *Biology and knowledge revisited: From neurogenesis to psychogenesis* (pp. 1-20). Mahwah, NJ: Erlbaum.

Slobin, D. I., & Hoiting, N. (1994) Reference to movement in spoken and signed languages: Typological considerations. *Berkeley Linguistics Society*, 20, 487-505.

Stam, G. (2006). Thinking for speaking about motion: L1 and L2 speech and gesture. *International Review of Applied Linguistics in Language Teaching*, 44(2), 145-171.

Streeck, J. (2008). Gesture in political communication: A case study of the democratic presidential candidates during the 2004 primary campaign. *Research on Language & Social Interaction*, 41(2), 154-186.

Sweetser, E. (2007). Looking at space to study mental spaces: Co-speech gesture as a crucial data source. In M. Gonzalez-Marquez, I. Mittelberg, S. Coulson, & M. Spivey (Eds.), *Methods in cognitive linguistics* (pp. 203-226). Amsterdam: John Benjamins.

Talmy, L. (1985). Lexicalization patterns: Semantic structure in lexical forms. In T. Shopen (Ed.), *Language typology and syntactic description* (pp. 36-149). Cambridge: Cambridge University Press.

Talmy, L. (2000). *Toward a cognitive semantics*. Vol. 2. Cambridge, MA: MIT Press.

Talmy, L. (2018). *The targeting system of language*. Cambridge, MA: MIT Press.

Tellier, M. (2008). The effect of gestures on second language memorisation by young children. *Gesture*, 8(2), 219-235.

Troje, N. F. (2002). Decomposing biological motion: A framework for analysis and synthesis of human gait patterns. *Journal of Vision*, 2(5), 371-387.

Trujillo, J. P., Vaitonyte, J., Simanova, I., & Özyürek, A. (2018). Toward the markerless and automatic analysis of kinematic features: A toolkit for gesture and movement research. *Behavior Research Methods*, 51(2), 769-777.

Tscharn, R., Latoschik, M. E., Löffler, D., & Hurtienne, J. (2017). "Stop over there": Natural gesture and speech interaction for non-critical spontaneous intervention in autonomous driving. In *Proceedings of the 19th ACM international conference* (pp. 91-100). Glasgow.

Umiker-Sebeok, J., & Sebeok, T. A. (Eds.). (2011). *Monastic sign languages*. Berlin: Walter de Gruyter.

Wilkins, D. (2003). Why pointing with the index finger is not a universal (in sociocultural and semiotic terms). In S. Kita (Ed.), *Pointing: Where language, culture, and cognition meet* (pp. 171-215). Mahwah, NJ: Erlbaum.

Wundt, W. M. (1904). *Völkerpsychologie, erster band: Die sprache, erster teil*. Leipzig: W. Engelmann.

〈제31장〉

Alves, F., Pagano, A., Neumann, S., Steiner, E., & Hansen-Schirra, S. (2010). Translation units and grammatical shifts: Towards an integration of product- and process-based translation research. In G. M. Shreve & E. Angelone (Eds.), *Translation and cognition* (pp. 109-142). Amsterdam and Philadelphia: John Benjamins.

Angelone, E. (2010). Uncertainty, uncertainty management, and metacognitive problem solving in the translation task. In G. M. Shreve & E. Angelone (Eds.), *Translation and cognition* (pp. 17-40). Amsterdam and Philadelphia: John Benjamins.

Baker, M. (1992). *In other words: A coursebook on translation*. London: Routledge.

Baker, M. (1993). Corpus linguistics and translation studies: Implications and applications. In M. Baker, G. Francis, & E. Tognini-Bonelli (Eds.), *Text and technology: In honour of John Sinclair* (pp. 233-250). Amsterdam: John Benjamins.

Baker, M. (2000). Linguistic perspectives on translation. In P. France (Ed.), *The Oxford guide to literature in English translation* (pp. 20-26). Oxford: Oxford University Press.

Baker, M. (2005). Linguistic models and methods in the study of translation. In H. Kittel, A. P. Frank, N. Greiner, T. Hermans, W. Koller, J. Lambert, & F. Paul (Eds.), *Übersetzung, translation, traduction* (pp. 285-294). Berlin and New York: Walter de Gruyter.

Boas, H. C. (2005). Semantic frames as interlingual representations for multilingual lexical databases. *International Journal of Lexicography*, 18(4), 445-478.

Boas, H. C. (2009). Recent trends in multilingual lexicography. In Hans C. Boas (Ed.), *Multilingual FrameNets: Methods and applications* (pp. 1-36). Berlin: Mouton de Gruyter.

Boas, H. C. (2013). Frame semantics and translation. In A. Rojo & I. Ibarretxe-Antuñano (Eds.), *Cognitive Linguistics and translation: Advances in some theoretical models and applications* (pp. 125-158). Berlin: Mouton de Gruyter.

Catford, J. C. (1965). *A linguistic theory of translation*. Oxford: Oxford University Press.

Chesterman, A. (2000). A causal model for translation studies. In M. Olohan (Ed.), *Intercultural faultlines: Research models in translation studies. Textual and cognitive aspects* (pp. 15-27). Manchester: St. Jerome.

Croft, W., & Cruse, D. A. (2004). *Cognitive Linguistics*. Cambridge: Cambridge University Press.

Delisle, J. (1980). *L'analyse du discours comme méthode de traduction*. Ottawa: University of Ottawa Press.

D'Hulst, L. (1992). Sur le rôle des métaphores en traductologie contemporaine. *Target. International Journal of Translation Studies*, 4(1), 33-51.

Dirven, R., Polzenhagen, F., & Wolf, H. G. (2007). Cognitive Linguistics, ideology, and critical discourse analysis. In D. Geeraerts & H. Cuyckens (Eds.), *The Oxford handbook of Cognitive Linguistics* (pp. 1222-1240). Oxford: Oxford University Press.

Dragsted, B. (2010). Coordination of reading and writing processes in translation: An eye on uncharted territory. In G. M. Shreve & E. Angelone (Eds.), *Translation and cognition* (pp. 41-62). Amsterdam and Philadelphia: John Benjamins.

Evans, V., Bergen, B. K., & Zenken, J. (2007). The cognitive linguistic enterprise: An overview. In E. Vyvyan, B. K. Bergen, & J. Zenken (Eds.), *The Cognitive Linguistics reader* (pp. 2-36). London and Oakville: Equinox Publishing Ltd.

Evans, V., & Green, M. (2006). *Cognitive Linguistics: An introduction*. Edinburgh: Edinburgh University Press.

Fawcett, P. (1997). *Translation and language: Linguistic theories explained*. Manchester: St. Jerome.

Feist, M. I. (2013). Experimental lexical semantics at the crossroads between languages. In A. Rojo & I. Ibarretxe-Antuñano (Eds.), *Cognitive Linguistics and translation: Advances in some theoretical models and applications* (pp. 375-394). Berlin and Boston: Mouton de Gruyter.

Fillmore, C. J. (1968). The case for case. In E. Bach & R. T. Harms (Eds.), *Universals in linguistic theory* (pp. 1-88). New York: Holt, Rinehart, and Winston.

Fillmore, C. J. (1977). Scenes-and-frames semantics. In A. Zampolli (Ed.), *Linguistic structures processing* (pp. 55-81). Dordrecht: North Holland.

Fillmore, C. J. (1985). Frames and the semantics of understanding. *Quaderni di semantica*, 6, 222-254.

Geeraerts, D., & Cuyckens, H. (2007). *The Oxford handbook of Cognitive Linguistics*. Oxford and New York: Oxford University Press.

Gilquin, G., & Gries, S. T. (2009). Corpora and experimental methods: A state-of-the-art review. *Corpus Linguistics and Linguistic Theory*, 5(1), 1-26.

Glenberg, A. M. (1997). Mental models, space, and embodied cognition. In T. B. Ward, S. M. Smith, & J. Vaid (Eds.), *Creative thought: An investigation of conceptual structures and processes* (pp. 495-522). Washington, DC: American Psychological Association.

Gutt, E. A. (1991). *Translation and relevance: Cognition and context*. Oxford: Blackwell.

Halverson, S. L. (1999a). Conceptual work and the "translation" concept. *Target*, 11(1), 1-31.

Halverson, S. L. (1999b). Image schemas, metaphoric processes and the "translate" concept. *Metaphor and Symbol*, 14(3), 199-219.

Halverson, S. L. (2002). Cognitive models, prototype effects and "translation": The role of cognition in translation (meta)theory. *Across Languages and Cultures*, 3(1), 21-43.

Halverson, S. L. (2003). The cognitive basis of translation universals. *Target*, 15(2), 197-241.

Halverson, S. L. (2007). A cognitive linguistic account of translation shifts. *Belgian Journal of Linguistics*, 21, 105-119.

Halverson, S. L. (2010). Cognitive translation studies: Developments in theory and method. In G. Shreve & E. Angelone (Eds.), *Translation and cognition* (pp. 349-369). Amsterdam and Philadelphia: John Benjamins.

Halverson, S. L. (2013). Implications of Cognitive Linguistics for translation studies. In A. Rojo & I. Ibarretxe-Antuñano (Eds.), *Cognitive Linguistics and translation: Advances in some theoretical models and applications* (pp. 31-73). Berlin: Mouton de Gruyter.

Halverson, S. L. (2017). Multimethod approaches. In J. W. Schwieter & A. Ferreira (Eds.), *The handbook of translation and cognition* (pp. 195-212). Hoboken, NJ: Wiley Blackwell.

Hatim, B., & Mason, I. (1990). *Discourse and the translator*. London: Routledge.

Hatzidaki, A. (2013). A cognitive approach to translation: The psycholinguistic perspective. In A. Rojo & I. Ibarretxe-Antuñano (Eds.), *Cognitive Linguistics and translation: Advances in some theoretical models and applications* (pp. 395-414). Berlin and Boston: Mouton de Gruyter.

Holmes, J. S. (1972/2000). The name and nature of translation studies. In L. Venuti (Ed.), *The translation studies reader* (pp. 172-184). London and New York: Routledge.

House, J. (1997). *Translation quality assessment: A model revisited*. Tübingen: Gunter Narr.

Hurtado Albir, A., & Alves, F. (2009). Translation as a cognitive activity. In J. Munday (Ed.), *The Routledge companion to translation studies* (pp. 54-73). London and New York: Routledge.

Jakobson, R. (1959). On linguistic aspects of translation. In R. A. Brower (Ed.), *On translation* (pp. 232-239). Cambridge, MA: Harvard University Press.

Jia, Y., Carl, M., & Wang, X. (2019). How does the post-editing of neural machine translation compare with from-scratch translation? A product and process study. *Journal of Specialized Translation*, 31, 60-86.

Kussmaul, P. (2005). Translation through visualization. *Meta: Journal des traducteurs/Meta: Translators' Journal*, 50(2), 378-391.

Kussmaul, P. (2007). *Verstehen und Übersetzen. Ein Lehr-und Arbeitsbuch*. Tübingen: Gunter Narr.

Lakoff, G. (1990). The invariance hypothesis: Is abstract reason based on image schemas? *Cognitive Linguistics*, 1, 39-74.

Lakoff, G., & Johnson, M. (1980). *Metaphors we live by*. Chicago: University of Chicago Press.

Langacker, R. W. (1987). *Foundations of cognitive grammar. Vol. 1: Theoretical prerequisites*. Stanford, CA: Stanford University Press.

Langacker, R. W. (1991). *Concept, image, symbol: The cognitive basis of grammar* (2nd ed.). Berlin: Mouton de Gruyter.

Lewandowska-Tomaszczyk, B. (2010). Re-conceptualization and the emergence of discourse meaning as a theory of translation. In B. Lewandowska-Tomaszczyk & M. Thelen (Eds.), *Meaning in translation* (Vol. 19, pp. 105-148). Frankfurt: Peter Lang.

Malmkjær, K. (1992). Reviewing of *Translation and Relevance* by E. A. Gutt. *Mind and Language*, 1(3), 298-309.

Malmkjær, K. (2018). Theories of linguistics and of translation and interpreting. In K. Malmkjær (Ed.), *The Routledge handbook of translation studies and linguistics* (pp. 15-30). London and New York: Routledge.

Mandelbit, N. (1996). The cognitive view of metaphor and its implications for translation theory. In M. Thelen & B. Lewandowska-Tomaszczyk (Eds.), *Translation and meaning* (pp. 483-495). Maastricht: Hoogeschool.

Martín de León, C. (2013). Who cares if the cat is on the mat? Contributions of cognitive models of meaning to translation. In A. Rojo & I. Ibarretxe-Antuñano (Eds.), *Cognitive Linguistics and translation: Advances in some theoretical models and applications* (pp. 99-122). Berlin and Boston: Mouton de Gruyter.

Muñoz Martín, R. (2010). On paradigms and cognitive translatology. In G. M. Shreve & E. Angelone (Eds.), *Translation and cognition* (pp. 169-187). Amsterdam and Philadelphia: John Benjamins.

Muñoz Martín, R. (2013). More than a way with words: The interface between Cognitive Linguistics and Cognitive Translatology. In A. Rojo & I. Ibarretxe-Antuñano (Eds.), *Cognitive Linguistics and translation: Advances in some theoretical models and applications* (pp. 75-98). Berlin and Boston: Mouton de Gruyter.

Muñoz Martín, R. (2016). *Reembedding translation process research*. Amsterdam: John Benjamins.

Muñoz Martín, R. (2017). Looking toward the future of cognitive translation studies. In J. W. Schwieter & A. Ferreira (Eds.), *The handbook of translation and cognition* (pp. 556-572). Hoboken, NJ: Wiley Blackwell.

Neubert, A., & Shreve, G. M. (1992). *Translation as text*: Kent, OH: Kent State University Press.

Nida, E. A. (1964). *Toward a science of translating: With special reference to principles and procedures involved in Bible translating*. Leiden: Brill.

Nida, E. A. (1975). Semantic component in translation theory. In *Exploring semantic structures* (pp. 179-185). München: Wilhelm Fink Verlag.

Nida, E. A., & Taber, C. R. (1969). *The theory and practice of translation*. Leiden: Brill.

Oettinger, A. G. (1960). *Automatic language translation: Lexical and technical aspects, with particular reference to Russian*. Cambridge, MA: Harvard University Press.

O'Halloran, K. (2003). *Critical discourse analysis and language cognition*. Edinburgh: Edinburgh University Press.

Pavlenko, A. (2009). Conceptual representation in the bilingual lexicon and second language vocabulary learning. In A. Pavlenko (Ed.), *The bilingual mental lexicon: Interdisciplinary approaches* (pp. 125-160). Bristol: Multilingual Matters.

Pym, A. (1992). *Translation and text transfer: An essay on the principles of intercultural communication*. Frankfurt am Main: Peter Lang.

Pym, A. (1995). European translation studies, Une science qui dérange, and Why equivalence needn't be a dirty word. *TTR: traduction, terminologie, rédaction*, 8(1), 153-176.

Pym, A. (2010). *Exploring translation theories*. London and New York: Routledge.

Risku, H. (2002). Situatedness in translation studies. *Cognitive Systems Research*, 3(3), 523-533.

Risku, H. (2014). Translation process research as interaction research: From mental to socio-cognitive processes. In R. Muñoz Martín (Ed.), *Minding Translation* (Special Issue No. 1 of MonTI), 331-353.

Risku, H. (2017). Ethnographies of translation and situated cognition. In J. W. Schwieter & A. Ferreira (Eds.), *The handbook of translation and cognition* (pp. 290-310). Hoboken, NJ: Wiley Blackwell.

Risku, H., Windhager, F., & Apfelthaler, M. (2013). A dynamic network model of translatorial cognition and action. *Translation Spaces*, 2, 151-182.

Rojo, A. (2002a). Applying frame semantics to translation. *Meta*, 47, 311-350.

Rojo, A. (2002b). Frame semantics and the translation of humor. *Babel: International Journal of Translation*, 48, 34-77.

Rojo, A., & Ibarretxe-Antuñano, I. (2013). Cognitive Linguistics and translation studies: Past, present and future. In A. Rojo & I. Ibarretxe-Antuñano (Eds.), *Cognitive Linguistics and translation: Advances in some theoretical models and applications* (pp. 1-30). Berlin and Boston: Mouton de Gruyter.

Ross, S. D. (1981). Translation and similarity. In M. G. Rose (Ed.), *Translation spectrum: Essays in theory and practice* (pp. 8-22). Albany: SUNY Press.

Ruiz, C., Paredes, N., Macizo, P., & Bajo, M. T. (2008). Activation of lexical and syntactic target language properties in translation. *Acta Psychologica*, 128, 490-500.

Saldanha, G., & O'Brien, S. (2013). *Research methodologies in translation studies*. London and New York: Routledge.

Schwieter, J. W., & Ferreira, A. (Eds.). (2017). *The handbook of translation and cognition*. Hoboken, NJ: Wiley Blackwell.

Scott, B. (2018). *Translation, brains and the computer: A neurolinguistic solution to ambiguity and complexity in machine translation*. Cham, Switzerland: Springer.

Seleskovitch, D. (1968). *Interpreting for international conferences*. Washington, DC: Pen and Booth.

Seleskovitch, D., & Lederer, M. (1984). Interpréter pour traduire. Paris: Didier Érudition.

Shreve, G., & Angelone, E. (Eds.). (2010). *Translation and cognition*. Amsterdam and Philadelphia: John Benjamins.

Snell-Hornby, M. (1988/1995). *Translation studies: An integrated approach*. Amsterdam: John Benjamins.

Sperber, D., & Wilson, D. (1986/1995). *Relevance: Communication and cognition*. Oxford: Blackwell.

Stockwell, P. (1999). Towards a critical Cognitive Linguistics. In A. Combrink & I. Bierman (Eds.), *Discourses of war and conflict* (pp. 510-528). Potchefstroom: Potchefstroom University Press.

Sun, S., & Xiao, K. (2019). Chinese scholarship in Cognitive Translation Studies. *Translation, Cognition & Behavior*, 2(1), 125-146.

Tabakowska, E. (1993). *Cognitive Linguistics and poetics of translation* (Vol. 9). Tübingen: Gunter Narr.

Thomas, S. (1994). Relevance and translation. In *Text Linguistics and Translation*, a Special Issue of *Turjuman*, 3(2), 27-49.

Tirkkonen-Condit, S. (1992). A theoretic account of translation—without translation theory. *Target*, 4(2), 237-245.

Tirkkonen-Condit, S. (2002). Metaphoric expressions in the translation process. *Across Languages and Cultures*, 3(1), 101-116.

Toury, G. (1980). *In search of a theory of translation*. Tel Aviv: The Porter Institute for Poetics and Semiotics, Tel Aviv University.

Vannerem, M., & Snell-Hornby, M. (1986). Die Szene hinter dem Text, "scenes-and framessemantics" in der Übersetzung. In M. Snell-Hornby (Ed.), *Übersetzungswissenschaft—eine Neuorientierung. Zur Integrierung von Theorie und Praxis* (pp. 184- 205). Tübingen: Francke.

Vermeer, H. J., & Witte, H. (1990). *Mögen Sie Zistrosen? Scenes & Frames & Channels im translatorischen Handeln*. (TEXTconTEXT. Beiheft 3) Heidelberg: Groos.

Vinay, J.-P., & Darbelnet, J. (1958/1995). *Stylistique comparée du français et de l'anglais. Méthode de traduction*, Paris: Didier. Translated into English by Juan Sager and M.-J. Hamel (1995) as *Comparative stylistics of French and English: A methodology for translation*. Amsterdam and Philadelphia: John Benjamins.

Wen, X., & Xiao, K. (2019). *Cognitive Translatology*. Beijing: Peking University Press.

Wilss, W. (1982). *The science of translation: Problems and methods*. Amsterdam and Philadelphia: John Benjamins.

Xiao, K. (2017). *Frame operation in poetic translation: A cognitive study on the English translation of classical Chinese poetry*. Beijing: Science Press.

Xiao, K., & Wen, X. (2012). Recent developments in cognitive research on translation process. *Chinese Translators Journal*, 33(6), 5-10.

Xiao, K., & Wen, X. (2013). Frame and cognitive operation in translation. *Guangyi: Language, Literature and Culture in Translation*, 8, 57-88.

Yamada, M. (2019). The impact of Google Neural Machine Translation on post-editing by student translators. *Journal of Specialized Translation*, 31, 87-106.

〈제32장〉

Achard, M., & Niemeier, S. (2004). *Cognitive linguistics, language acquisition, and foreign language teaching*. Berlin: De Gruyter.

Arnett, C., & Deifel, K. (2015). A cognitive linguistic approach to two-way prepositions in L2 German. In K. Masuda, C. Arnett, & A. Labarca (Eds.), *Cognitive linguistics and sociocultural theory: Applications for second and foreign language teaching* (pp. 183-202). Berlin: De Gryuter.

Bloomfield, L. (1933). *Language*. New York: Henry Holt.

Boers, F. (2000). Metaphor awareness and vocabulary retention. *Applied Linguistics*, 21, 553-571.

DOI: 10.1093/applin/21.4.553

Boers, F. (2011). Cognitive semantic ways of teaching figurative phrases. *Review of Cognitive Linguistics*, 9, 227-261. DOI: 10.1075/rcl.9.1.11boe

Boers, F. (2013). Cognitive linguistic approaches to teaching vocabulary: Assessment and integration. *Language Teaching*, 46, 208-224. DOI: 10.1017/S0261444811000450

Broccias, C. (2008). Cognitive linguistic theories of grammar and grammar teaching. In S. DeKnop & A. Der Rycker (Eds.), *Cognitive approaches to pedagogical grammar: A volume in honour of René Dirven* (pp. 67-90). Berlin: De Gruyter.

Buescher, K., & Strauss, S. (2015). A cognitive linguistic analysis of French prepositions *à*, *dans*, and *en* and a sociocultural theoretical approach to teaching them. In K. Masuda, C. Arnett, & A. Labarca (Eds.), *Cognitive linguistics and sociocultural theory: Applications for second and foreign language teaching* (pp. 155-182). Berlin: De Gruyter.

Buescher, K., & Strauss, S. (2018). Conceptual frameworks and L2 pedagogy: The case of French prepositions. In A. E. Tyler, L. Ortega, M. Uno, & H. I. Park (Eds.), *Usage-inspired L2 instruction: Researched pedagogy* (pp. 95-115). Amsterdam: Benjamins.

Cho, K. (2010). Fostering the acquisition of English prepositions by Japanese learners with networks and prototypes. In S. D. Knop, F. Boers, & A. D. Rycker (Eds.), *Fostering language teaching efficiency through cognitive linguistics* (pp. 259-275). Berlin: De Gruyter.

Chomsky, N. (1957). *Syntactic structures*. The Hague: Mouton.

De Knop, S., & Der Rycker, A. (Eds.). (2008). *Cognitive approaches to pedagogical grammar: A volume in honour of René Dirven*. Berlin: De Gruyter.

Ellis, N. C., & Cadierno, T. (2009). Constructing a second language. *Annual Review of Cognitive Linguistics*, 7, 111-139.

Ellis, N. C., Römer, U., & O'Donnell, M. B. (2016). *Usage-based approaches to language acquisition and processing: Cognitive and corpus investigations of construction grammar*. Hoboken, NJ: Wiley Blackwell.

Goldberg, A. E. (2006). *Constructions at work: The nature of generalization in language*. Oxford: Oxford University Press.

Gries, S. T., & Wulff, S. (2005). Do foreign language learners also have constructions? Evidence from priming, sorting, and corpora. *Annual Review of Cognitive Linguistics*, 3, 182-200.

Halliday, M. A. K. (1973). *Explorations in the functions of language*. London: Edward Arnold.

Holme, R. (2009). *Cognitive linguistics and second language teaching*. Basingstoke: Palgrave Macmillan.

Holme, R. (2012). Cognitive linguistics and the second language classroom. *TESOL Quarterly*, 46, 6-29. DOI: 10.1002/tesq.5

Hymes, D. H. (1971). *On communicative competence*. Philadelphia: University of Pennsylvania Press.

Jacobsen, N. D. (2018). The best of both worlds: Combining cognitive linguistics and pedagogic tasks to teach English conditionals. *Applied Linguistics*, 39, 668-693. DOI: 10.1093/applin/amw030

Juchem-Grundmann, C., & Krennmayr, T. (2010). Corpus-informed integration of metaphor in materials for the business English classroom. In S. D. Knop, F. Boers, & A. D. Rycker (Eds.), *Fostering language teaching efficiency through cognitive linguistics* (pp. 317-335). Berlin: De Gruyter.

Kővecses, Z., & Szabó, P. (1996). Idioms: A view from cognitive linguistics. *Applied Linguistics,* 17, 326-355. DOI: 10.1093/applin/17.3.326

Krashen, S. D. (1981). *Second language acquisition and second language learning*. Oxford: Pergamon.

Krashen, S. D., & Terrell, T. D. (1983). *The natural approach: Language acquisition in the classroom*. London: Prentice Hall.

Kumaravadivelu, B. (2006). TESOL methods: Changing tracks, challenging trends. *TESOL Quarterly*, 40, 59-81. DOI: 10.2307/40264511

Lakoff, G., & Johnson, M. (1999). *Philosophy in the flesh. The embodied mind and its challenge to Western thought*. New York: Basic Books.

Langacker, R. W. (1991). *Foundations of cognitive grammar: Descriptive application*. Stanford, CA: Stanford University Press.

Langacker, R. W. (2008). Cognitive grammar as a basis for language instruction. In R. P. Roberson & N. Ellis (Eds.), *Handbook of cognitive linguistics and second language acquisition* (pp. 66-88). London: Routledge.

Littlemore, J. (2009). *Applying cognitive linguistics to second language learning and teaching*. New York: Palgrave.

Liu, D. (2010). Going beyond patterns: Involving cognitive analysis in the learning of collocations. *TESOL Quarterly*, 44, 4-30. DOI: 10.5054/tq.2010.214046

Liu, D., & Zhong, S. (2016). L2 vs. L1 use of synonymy: An empirical study of synonym use/acquisition. *Applied Linguistics*, 37, 239-261. DOI: 10.1093/applin/amu022

Lysinger, D. (2015). The case for hidden meaning: An application of cognitive linguistics in the Russian classroom. In K. Masuda, C. Arnett, & A. Labarca (Eds.), *Cognitive linguistics and sociocultural theory: Applications for second and foreign language teaching* (pp. 233-258). Berlin: De Gruyter.

Martínez Vázquez, M. (2008). Constructions in learner language. *Circula de Lingűistica Applicata a Communicación*, 36, 40-62.

Masuda, K., Arnett, C., & Labarca, A. (Eds.). (2015). *Cognitive linguistics and sociocultural theory: Applications for second and foreign language teaching*. Berlin: De Gruyter.

Masuda, K., & Labarca, A. (2018). A usage-based approach for presentation of polysemous particles in JFL instruction. In K. Masuda (Ed.), *Cognitive linguistics and Japanese pedagogy: A usage-based approach to language learning and instruction*. Berlin: Mouton de

Gruyter.

Pütz, M., Niemeier, S., & Dirven, R. (2001). *Applied cognitive linguistics I: Language pedagogy*. Berlin: Mouton de Gruyter.

Robinson, P., & Ellis, N. (2008). Conclusion: Cognitive linguistics, second language acquisition, and L2 instruction—issues for research. In P. Robinson & N. Ellis (Eds.), *Handbook of cognitive linguistics and second language acquisition* (pp. 489-545). London: Routledge.

Saussure, F. (1916). *Course de linguistique*. Ed. C. Bally & A. Sechehaye (translated as *Course in general linguistics* by W. Baskin, 1959). New York: Philosophical Library.

Skinner, B. F. (1957). *Verbal behavior*. Acton, MA: Copley Publishing Group.

Song, X., Schnotz, W., & Juchem-Grundmann, C. (2015). A cognitive linguistic approach to teaching prepositions. In W. Schnotz, A. Kauertz, H. Ludwig, A. Müller, & J. Pretsch (Eds.), *Multidisciplinary research on teaching and learning* (pp. 109-129). New York: Palgrave.

Taylor, J. R. (1993). Some pedagogical implications of cognitive linguistics. In R. A. Geiger & B. Rudzka-Ostyn (Eds.), *Conceptualizations and mental processing in language* (pp. 201-226). Berlin: De Gruyter.

Taylor, J. R. (2002). *Cognitive grammar*. Oxford: Oxford University Press.

Tomasello, M. (2003). *Constructing a language: A usage-based theory of language*. Cambridge, MA: Harvard University Press.

Tsai, M. (2020). The effects of explicit instruction on L2 learners' acquisition of verb-noun collocations. *Language Teaching Research*, 24, 138-162. DOI: 10.1177/1362168818795188

Tyler, A. (2012). *Cognitive linguistics and second language learning: Theoretical basics and experimental evidence*. London: Routledge.

Tyler, A., Mueller, C., & Ho, V. (2010). Applying cognitive linguistics to instructed L2 learning: The English modals. *AILA Review*, 23, 30-49. DOI: 10.1075/aila.23.03tyl

Tyler, A., Mueller, C., & Ho, V. (2011). Applying cognitive linguistics to learning the semantics of English to, for and at: An experimental investigation. *Vigo International Journal of Applied Linguistics*, 8, 181-205. DOI: 10.1075/aila.23.03tyl

White, B. J. (2012). A conceptual approach to the instruction of phrasal verbs. *The Modern Language Journal*, 96, 419-438. DOI: 10.1111/j.1540-4781.2012.01365.x

Yasuda, S. (2010). Learning phrasal verbs through conceptual metaphors: A case of Japanese EFL learners. *TESOL Quarterly*, 44, 250-273. DOI: 10.5054/tq.2010.219945

〈제33장〉

Achard, M. (1997). Cognitive grammar and SLA investigation. *Journal of Intensive English Studies*, 11, 157-176. DOI: 10.1109/ICMLA.2010.113

Achard, M. (2008). Teaching construal: Cognitive pedagogical grammar. In P. Robinson & N. C.

Ellis (Eds.), *Handbook of cognitive linguistics and second language acquisition* (pp. 432-455). New York and London: Routledge.

Achard, M., & Niemeier, S. (Eds.). (2004). *Cognitive linguistics, second language acquisition and foreign language teaching*. Berlin: Mouton de Gruyter.

Barcelona, A. (2010). Metonymic inferencing and second language acquisition. *AILA Review*, 23, 134-154. DOI: 10.1075/aila.23.08bar

Boers, F. (2000a). Enhancing metaphoric awareness in specialized reading. *English for Specific Purposes*, 19(2), 137-147. DOI: 10.1016/s0889-4906(98)00017-9

Boers, F. (2000b). Metaphor awareness and vocabulary retention. *Applied Linguistics*, 21(4), 553-571. DOI: 10.1093/applin/21.4.553

Boers, F., & Demecheleer, M. (1998). A cognitive semantic approach to teaching prepositions. *English Language Teaching Journal*, 52(3), 197-203. DOI: 10.1093/elt/52.3.197

Boers, F., & Lindstromberg, S. (2006). Cognitive linguistic applications in second or foreign language instruction: Rationale, proposals and evaluation. In G. Kristiansen, M. Archard, R. Dirven, & F. J. Ruiz de Mendoza (Eds.), *Cognitive linguistics: Current applications and future perspectives* (pp. 305-355). Berlin: Mouton de Gruyter.

Boers, F., & Lindstromberg, S. (2008). (Eds.) *Cognitive linguistic approaches to teaching vocabulary and phraseology*. Berlin: Mouton de Gruyter.

Boers, F., & Littlemore, J. (Eds.). (2003). Cross-cultural differences in conceptual metaphor: Applied linguistics perspectives. *Metaphor and Symbol* (Special Issue), 18(4). DOI: 10.1093/elt/52.3.197

Bybee, J. (1995). Regular morphology and the lexicon. *Language and Cognitive Processes*, 10, 425-455. DOI: 10.1080/01690969508407111

Bybee, J. (2006). *Frequency of use and the organization of language*. Oxford: Oxford University Press.

Bybee, J. (2008). Usage-based grammar and second language acquisition. In P. Robinson & N. C. Ellis (Eds.), *Handbook of cognitive linguistics and second language acquisition* (pp. 216-236). New York and London: Routledge.

Croft, W. (2000). *Explaining language change: An evolutionary approach*. London: Longman.

Croft, W., & Cruse, D. A. (2004). *Cognitive linguistics*. Cambridge: Cambridge University Press.

De Knop, S., & Gilquin, G. (Eds.). (2016). *Applied construction grammar*. Berlin: Mouton de Gruyter.

De Ruiter, L., & Theakston, A. (2017). First language acquisition. In B. Dancygier (Ed.), *The Cambridge handbook of cognitive linguistics* (pp. 59-72). Cambridge: Cambridge University Press.

Diessel, H., & Tomasello, M. (2001). The development of relative constructions in early child speech. *Cognitive Linguistics*, 12, 97-141.

Ellis, N. C. (2003). Constructions, chunking, and connectionism: The emergence of second language structure. In C. J. Doughty & M. H. Long (Eds.), *Handbook of second language acquisition* (pp. 33-68). Oxford: Blackwell.

Ellis, N. C., & Cadierno, T. (2009). (Guest Eds.). Constructing a second language. *Annual Review of Cognitive Linguistics* (Special Issue), 7. DOI: 10.1075/arcl.7.05ell

Ellis, N. C., & Fernando-Junior, F. (2009). Construction learning as a function of frequency, frequency distribution, and function. *Modern Language Journal*, 93, 370-386. DOI: 10.1111/j.1540–4781.2009.00896.x

Ellis, N. C., & Wulff, S. (2015). Second language acquisition. In E. Dabrowska & D. Divjak (Eds.), *Handbook of cognitive linguistics* (pp. 409-432). Berlin: Mouton de Gruyter.

Eskildsen, S. W., & Cadierno, T. (2007). Are recurring multi-word expressions really syntactic freezes? Second language acquisition from the perspective of usage-based linguistics. In M. Nenonen & S. Niemi (Eds.), *Collocations and idioms 1: Papers from the First Nordic Conference on Syntactic Freezes* (pp. 86-99). Joensuu, Finland: Joensuu University Press.

Evans, V., & Green, M. (2006). *Cognitive linguistics: An introduction*. Edinburgh: Edinburgh University Press.

Fauconnier, G. (1997). *Mappings in thought and language*. Cambridge: Cambridge University Press.

Fillmore, C. J., Kay, P., & O'Connor, M. C. (1988). Regularity and idiomaticity in grammatical constructions: The case of 'let alone'. *Language*, 64(3), 501-538. DOI: 10.2307/414531

Goldberg, A. (1995). *Constructions: A construction grammar approach to argument structure*. Chicago: University of Chicago Press.

Goldberg, A. (2006). *Constructions at work: The nature of generalization in language*. Oxford: Oxford University Press.

Gries, S. T., & Wulff, S. (2005). Do foreign language learners also have constructions? Evidence from priming, sorting, and corpora. *Annual Review of Cognitive Linguistics*, 3, 182-200. DOI: https://doi.org/10.1075/arcl.3.10gri

Gries, S. T., & Wulff, S. (2009). Psycholinguistic and corpus-linguistic evidence for L2 constructions. *Annual Review of Cognitive Linguistics*, 7, 163-186. DOI: 10.1075/arcl.7.07gri

Holme, R. (2009). *Cognitive linguistics and language teaching*. Basingstoke: Palgrave Macmillan.

Holme, R. (2010a). Construction grammars: Towards a pedagogical model. *AILA Review*, 23, 115-133. DOI: 10.1075/aila.23.07hol

Holme, R. (2010b). A construction grammar for the classroom. *IRAL*, 48, 355-377. DOI: 10.1515/iral.2010.015

Holme, R. (2012). Cognitive linguistics and the second language classroom. *TESOL Quarterly*, 46(1), 6-29. DOI: 10.1002/tesq.5

Jiang, N., & Nekrasova, T. M. (2007). The processing of formulaic sequences by second language speakers. *Modern Language Journal*, 91(3), 433-445. DOI: 10.1111/j.1540–

4781.2007.00589.x

Jing-Schmidt, Z. (2015). The place of linguistics in CSL teaching and teacher education: Toward a usage-based constructionist theoretical orientation. *Journal of the Chinese Language Teachers Association*, 50(3), 1-22.

Kövecses, Z., & Radden, G. (1998). Metonymy: Developing a cognitive linguistic view. *Cognitive Linguistics*, 9, 37-79. DOI: 10.1515/cogl.1998.9.1.37

Kövecses, Z., & Szabo, P. (1996). Idioms: A view from cognitive semantics. *Applied Linguistics*, 17(3), 326-355. DOI: 10.1093/applin/17.3.326

Lakoff, G. (1987). *Women, fire, and dangerous things*. Chicago: University of Chicago Press.

Lakoff, G., & Johnson, M. (1980). *Metaphors we live by*. Chicago: University of Chicago Press.

Langacker, R. (1987). *Foundations of cognitive grammar.* Vol. 1. Stanford, CA: Stanford University Press.

Langacker, R. (2000). A dynamic usage-based model. In M. Barlow & S. Kemmer (Eds.), *Usage-based model of language* (pp. 1-37). Stanford, CA: CSLI Publications.

Langacker, R. W. (2008). Cognitive grammar as a basis for language instruction. In P. Robinson & N. C. Ellis (Eds.), *Handbook of cognitive linguistics and second language acquisition* (pp. 66-88). New York and London: Routledge.

Lieven, E., Salomo, D., & Tomasello, M. (2009). Two-year-old children's production of multiword utterances: A usage-based analysis. *Cognitive Linguistics*, 20(3), 481-507. DOI: 10.1515/COGL.2009.022

Lieven, E., & Tomasello, M. (2008). Children's first language acquisition from a usage- based perspective. In P. Robinson & N. C. Ellis (Eds.), *Handbook of cognitive linguistics and second language acquisition* (pp. 168-196). New York and London: Routledge.

Littlemore, J. (2009). *Applying cognitive linguistics to second language learning and teaching*. Basingstoke: Palgrave Macmillan.

Littlemore, J. (2015). *Metonymy: Hidden shortcuts in language, thought and communication*. Cambridge: Cambridge University Press.

Littlemore, J., & Grundmann, C. J. (Eds.). (2010). Applied cognitive linguistics in second language learning and teaching. *AILA Review* (Special Issue), 23(1). DOI: https://doi.org/10.1075/aila.23

Littlemore, J., & Low, G. (2006). *Figurative thinking and foreign language learning*. Basingstoke: Palgrave Macmillan.

Luo, H. (2017). English transitive particle verbs: Particle placement and idiomaticity. *Cognitive Linguistic Studies*, 4, 330-354. DOI: info:doi/10.1075/cogls.00008.luo

Luo, H. (2019). *Particle verbs in English: A cognitive linguistic perspective*. Singapore: Springer.

Maclenman, C. H. G. (1994). Metaphors and prototypes in the learning and teaching of grammar and vocabulary. *IRAL*, 32(1), 97-110. DOI: 10.1515/iral.1994.32.2.97

Myles, F. (2004). From data to theory: The over-representation of linguistic knowledge in SLA.

Transactions of the Philological Society, 102, 139-168. DOI: 10.1111/j.0079-1636.2004.00133.x

Ortega, L. (2015). Usage-based SLA: A research habitus whose time has come. In T. Cadierno & S. W. Eskildsen (Eds.), *Usage-based perspectives on second language learning* (pp. 353-368). Berlin: Mouton de Gruyter.

Pütz, M. (2007). Cognitive linguistics and applied linguistics. In D. Geeraerts & H. Cuyckens (Eds.), *The Oxford handbook of cognitive linguistics* (pp. 1139-1159). Oxford: Oxford University Press.

Robinson, P., & Ellis, N. C. (Eds.). (2008). *Handbook of cognitive linguistics and second language acquisition*. New York: Routledge.

Rosch, E., & Mervis, C. B. (1975). Cognitive representations of semantic categories. *Journal of Experimental Psychology*, 104, 192-233. DOI: 10.1037/0096-3445.104.3.192

Rudzka-Ostyn, B. (2003). *Word power: Phrasal verbs and compounds*. Berlin: Walter De Gruyter.

Slabakova, R., Cabrelli Amaro, J., & Kang, S. K. (2016). Regular and novel metonymy: Can you curl up with a good Agatha Christie in your second language? *Applied Linguistics*, 37(2), 175-197. DOI: 10.1093/applin/amu003

Sung, M., & Yang, H. (2016). Effects of construction-centered instruction on Korean students' learning of English transitive resultative constructions. In S. De Knop & G. Gulquin (Eds.), *Applied construction grammar* (pp. 89-114). Berlin: Mouton de Gruyter.

Talmy, L. (2000). *Toward a cognitive semantics: Typology and process in concept structuring*. Cambridge, MA: MIT Press.

Taylor, J. (1993). Some pedagogical implications of cognitive linguistics. In R. Geiger & B. Rudzka-Ostyn (Eds.), *Conceptualizations and mental processing of language* (pp. 201-223). Berlin: Mouton de Gruyter.

Tomasello, M. (2003). *Constructing a language: A usage-based theory of language acquisition*. Cambridge, MA: Harvard University Press.

Tomasello, M. (2007). Cognitive linguistics and first language acquisition. In D. Geeraerts & H. Cuyckens (Eds.), *The Oxford handbook of cognitive linguistics* (pp. 1092-1112). Oxford: Oxford University Press.

Tomasello, M. (2015). The usage-based theory of language acquisition. In E. Bavin & L. Naigles (Eds.), *The Cambridge handbook of child language* (pp. 89-106). Cambridge: Cambridge University Press.

Tyler, A. (2012). *Cognitive linguistics and second language learning: Theoretical basics and experimental evidence*. New York: Routledge.

Tyler, A. (2017). Second language acquisition. In B. Dancygier (Ed.), *The Cambridge handbook of cognitive linguistics* (pp. 73-90). Cambridge: Cambridge University Press.

Tyler, A., & Evans, V. (2001). Reconsidering prepositional polysemy networks: The case of over. *Language*, 77(4), 724-765. DOI: 10.2307/3086846

Tyler, A., & Evans, V. (2003). *The semantics of English prepositions: Spatial scenes, cognition and the experiential basis of meaning*. Cambridge: Cambridge University Press.

Tyler, A., Huang, L., & Jan, H. (Eds.). (2018). *What is applied cognitive linguistics? Answers from current SLA research*. Berlin: Mouton de Gruyter.

Tyler, A., Mueller, C., & Ho, V. (2011). Applying cognitive linguistics to learning the semantics of English prepositions to, for, and at: An experimental investigation. *VIGO International Journal of Applied Linguistics*, 8, 181-206.

Tyler, A., & Ortega, L. (Guest Eds.). (2016). Usage-based approaches to language and language learning. *Language and Cognition* (Special Issue), 8(4). DOI: 10.1017/langcog.2016.15

Verspoor, M. H., & Hong, N. (2008). Cognitive grammar and teaching English articles to Asian students. In J. R. Lapaire (Ed.), *From grammar to mind: Grammar as cognition* (pp. 249-268). Bordeaux: Presses Universitaires de Bordeaux.

Verspoor, M. H., & Lowie, W. (2003). Making sense of polysemous words. *Language Learning*, 53, 547-586. DOI: 10.1111/1467-9922.00234

Wong, M. H. I., Zhao, H., & MacWhinney, B. (2018). A cognitive linguistics application for second language pedagogy: The English preposition tutor. *Language Learning*, 68(2), 438-468. DOI: 10.1111/lang.12278

Yu, N., & Wang, B. P.-Y. (2018). Cognitive linguistics approach to Chinese second language acquisition. In Chuanren Ke (Ed.), *The Routledge handbook of Chinese second language acquisition* (pp. 31-47). London and New York: Routledge.

〈제34장〉

Abdelzaher, E. M. (2017). Compiling a cognition-based thematic monolingual lexicon: The case of violence. *Cognitive Linguistic Studies*, 4(2), 313-329. DOI: 10.1075/cogls.00007.abd

Abdelzaher, E., & Tóth, Á. (2020). Defining crime: A multifaceted approach based on lexicographic relevance and distributional semantics. *Argumentum*, 16, 44-63. DOI: 10.34103/argumentum/2020/4

Atkins, S., & Bouillon, P. (2006). Relevance in dictionary making: Sense indicators in the bilingual entry. In L. Bowker (Ed.), *Lexicography, terminology, and translation: Text-based studies in honour of Ingrid Meyer* (pp. 25-43). Ottawa: University of Ottawa Press. Doi: https://doi.org/10.2307/j.ctt1ckpgs3.6.

Atkins, B. S., & Rundell, M. (2008). *The Oxford guide to practical lexicography*. Oxford: Oxford University Press.

Atkins, S., Rundell, M., & Sato, H. (2003). The contribution of FrameNet to practical lexicography. *International Journal of Lexicography*, 16(3), 333-357. DOI: 10.1093/ijl/16.3.333

Bagasheva, A. (2011). Contrastive word-formation and lexicography: Compound verbs in English and Bulgarian. *Poznań Studies in Contemporary Linguistics PSiCL*, 47(1), 844-872.

Baker, C. F., Fillmore, C. J., & Lowe, J. B. (1998). The Berkeley FrameNet project. *Proceedings of the 17th International Conference on Computational Linguistics*, 1, 86-90.

Boas, H. C. (2001). Frame Semantics as a framework for describing polysemy and syntactic structures of English and German motion verbs in contrastive computational lexicography. *Proceedings of Corpus Linguistics*, 113, 64-73.

Bogaards, P. (2013). A history of research in lexicography. In H. Jackson (Ed.), *The Bloomsbury companion to lexicography* (pp. 19-32). London: Bloomsbury.

Cinková, S., & Hanks, P. (2010). Validation of corpus pattern analysis—assigning pattern numbers to random verb samples.

Dąbrowska, E. (2016). Cognitive Linguistics' seven deadly sins. *Cognitive Linguistics*, 27(4), 479-491. http://ufal.mff.cuni.cz/spr/data/publications/annotation_manual.pdf

Dai, Y., Wu, Z., & Xu, H. (2019). The effect of types of dictionary presentation on the retention of metaphorical collocations: Involvement load hypothesis vs. cognitive load theory. *International Journal of Lexicography*, 32(4), 411-431.

Dalpanagioti, T. (2018a). Corpus-based cognitive lexicography: Insights into the meaning and use of the verb stagger. *Proceedings of XVIII EURALEX International Congress*, 649-662.

Dalpanagioti, T. (2018b). A frame-semantic approach to co-occurrence patterns: A lexicographic study of English and Greek motion verbs. *International Journal of Lexicography*, 31(4), 420-451.

Dalpanagioti, T. (2019). From corpus usages to cognitively informed dictionary senses: Reconstructing an MLD entry for the verb float. *Lexicography*, 6(2), 75-104.

De Schryver, G. M., Chishman, R., & da Silva, B. (2019). An overview of digital lexicography and directions for its future: An interview with Gilles-Maurice de Schryver. *Calidoscópio*, 17(3), 659-683.

Dodge, E., Hongb, J., Stickles, E., & Davidab, O. (2013). The MetaNet Wiki: A collaborative online resource for metaphor and image schema analysis. *12th International Cognitive Linguistics Conference*. https://sites. ualberta.ca/~iclc2013/ABSTRACTS/Dodge_et_al.pdf

Evans, V. (2005). The meaning of time: Polysemy, the lexicon and conceptual structure. *Journal of Linguistics*, 41(1), 33-75.

Fellbaum, C. (2014). Large-scale lexicography in the digital age. *International Journal of Lexicography*, 27(4), 378-395.

Fillmore, C., & Baker, C. (2011). A frames approach to semantic analysis. In B. Heine & H. Narrog (Eds.), *The Oxford handbook of linguistic analysis* (pp. 313-340). Oxford: Oxford University Press.

Fuertes-Olivera, P. A., & Tarp, S. (2011). Lexicography for the third millennium: Cognitive-oriented specialised dictionaries for learners. *Ibérica, Revista de la Asociación Europea de Lenguas para Fines Específicos*, 21, 141-161.

Fuertes-Olivera, P. A., & Velasco-Sacristan, M. (2012). Translation metaphor in business/economics dictionary articles: What the theory says and what the lexicographers should do. In H. Herrera-Soler & M. White (Eds.), *Metaphors and mills: Figurative language in business and economics* (pp. 155-173). Berlin and Boston: De Gruyter.

Geeraerts, D. (1989). Introduction: Prospects and problems of Prototype Theory. *Linguistics*, 27(4), 587-612

Geeraerts, D. (1990). Homonymy, iconicity, and prototypicality. *Belgian Journal of Linguistics*, 5(1), 49-74.

Geeraerts, D. (2001). The definitional practice of dictionaries and the cognitive semantic conception of polysemy. *Lexicographica*, 17, 6-21.

Geyken, A. (2015). Lexicogrammatical patterns and corpus evidence in Schemann's dictionary of idioms. *International Journal of Lexicography*, 28(3), 299-317.

Giora, R. (2003). *On our mind: Salience, context, and figurative language*. Oxford: Oxford University Press.

Gorbis, B. (2006). Cognitive dictionary: A representation of shared reality. *Proceedings of the 50th Annual Meeting of the ISSS-2006*, 1-11.

Grady, J. (2007). Metaphor. In D. Geeraerts & H. Cuyckens (Eds.), *The Oxford handbook of Cognitive Linguistics* (pp. 188-213). Oxford: Oxford University Press.

Grochocka, M. (2008). The usefulness of the definitions of abstract nouns in OALD7 and NODE. *Poznań Studies in Contemporary Linguistics*, 44(4), 469-501.

Hahn, U., & Chater, N. (1998). Similarity and rules: Distinct? exhaustive? empirically distinguishable? *Cognition*, 65(2-3), 197-230.

Halas, A. (2016). The application of the Prototype Theory in lexicographic practice: A proposal of a model for lexicographic treatment of polysemy. *Lexikos*, 26(1), 124-144.

Hargraves, O. (2018). Information retrieval for lexicographic purposes. In P. Feurtes-Olivera (Ed.), *The Routledge handbook of lexicography* (pp. 701-714). London and New York: Routledge.

Horak, A., & Rambousek, A. (2018). Lexicography and natural language processing. In P. Feurtes-Olivera (Ed.), *The Routledge handbook of lexicography* (pp. 179-198). London and New York: Routledge.

Hornby, A. (1942). *Idiomatic and syntactic English dictionary*. Tokyo: Institute for Research in Language Teaching.

Hümmer, C., & Stathi, K. (2006). Polysemy and vagueness in idioms: A corpus-based analysis of meaning. *International Journal of Lexicography*, 19(4), 361-377.

Hung, B. P. (2019). A cognitive linguistic approach to teaching English idioms to EFL students: Experimental results. *3L: Language, Linguistics, Literature*, 25(2), 113-126.

Jackson, H. (2018). English lexicography in the internet era. In P. Feurtes-Olivera (Ed.), *The Routledge handbook of lexicography* (pp. 540-553). London and New York: Routledge.

Jiang, G., & Chen, Q. (2017). A micro exploration into learner's dictionaries: A prototype theoretical perspective. *International Journal of Lexicography*, 30(1), 108-139.

Keysar, B., & Bly, B. M. (1999). Swimming against the current: Do idioms reflect conceptual structure? *Journal of Pragmatics*, 31(12), 1559-1578.

Kilgarriff, A., & Kosem, I. (2012). Corpus tools for lexicographers. In S. Granger and M. Paqout (Eds.), *Electronic lexicography*. Oxford: Oxford University Press.

Kövecses, Z. (1986). *Metaphors of anger, pride and love: A lexical approach to the structure of concepts*. Amsterdam: John Benjamins.

Kovecses, Z. (1990). *Emotion concepts*. New York: Springer-Verlag.

Kövecses, Z. (1991). Happiness: A definitional effort. *Metaphor and Symbol*, 6(1), 29-47. DOI: 10.1207/s15327868ms0601_2

Lakoff, G. (1987). *Women, fire, and dangerous things*. Chicago: University of Chicago Press.

Lakoff, G., & Johnson, M. (1980). The metaphorical structure of the human conceptual system. *Cognitive Science*, 4(2), 195-208.

Leech, G. (1993). *Longman Language Activator*. London: Longman.

Leroyer, P. (2018). Dictionaries for text reception. In P. Feurtes-Olivera (Ed.), *The Routledge handbook of lexicography* (pp. 250-266). London and New York: Routledge.

Lew, R. (2013). Identifying, ordering and defining senses. In H. Jackson (Ed.), *The Bloomsbury companion to lexicography* (pp. 284-302). London: Bloomsbury.

Litkowski, K. (2014). Pattern dictionary of English prepositions. *Proceedings of the 52nd Annual Meeting of the Association for Computational Linguistics*, 1274-1283.

Lu, H., & Wei, X. (2019). Structuring polysemy in English learners' dictionaries: A prototype theory-based model. *International Journal of Lexicography*, 32(1), 20-37.

Mheta, G. (2017). A cognitive analysis of metaphor in Shona terminological dictionaries. *Southern African Linguistics and Applied Language Studies*, 35(3), 311-320.

Miller, J. (2018). Learners' dictionaries of English. In P. Feurtes-Olivera (Ed.), *The Routledge handbook of lexicography* (pp. 353-366). London and New York: Routledge.

Molina, C. (2008). Historical dictionary definitions revisited from a prototype theoretical standpoint. *Annual Review of Cognitive Linguistics*, 6(1), 1-22.

Moon, R. (2015). Idioms: A view from the web. *International Journal of Lexicography*, 28(3), 318-337.

Nerlich, B., & Clarke, D. D. (2000). Semantic fields and frames: Historical explorations of the interface between language, action, and cognition. *Journal of Pragmatics*, 32(2), 125-150.

Nesi, H. (2012). Alternative e-dictionaries: Uncovering dark practices. In S. Granger and M. Paqout (Eds.), *Electronic lexicography*. Oxford: Oxford University Press.

Ostermann, C. (2015). *Cognitive lexicography: A new approach to lexicography making use of cognitive semantics*. Berlin and Boston: De Gruyter.

Peters, P., & Fernadez, T. (2018). Lexicography and applied linguistics. In P. Feurtes-Olivera (Ed.), *The Routledge handbook of lexicography* (pp. 105-122). London and New York: Rout-

ledge.
Pragglejaz Group. (2007). MIP: A method for identifying metaphorically used words in discourse. *Metaphor and Symbol*, 22(1), 1-39.
Ramonda, K. (2016). A bone of contention: Teacher beliefs on the pedagogical value of English idioms for second language learners. *The Reading Matrix: An International Online Journal*, 16(2), 131-143.
Rundell, M. (2012). The road to automated lexicography: An editor's viewpoint. In S. Granger & M. Paqout (Eds.), *Electronic lexicography*. Oxford: Oxford University Press.
Ruppenhofer, J., Ellsworth, M., Schwarzer-Petruck, M., Johnson, C. R., & Scheffczyk, J. (2016). FrameNet II: Extended theory and practice. https://ids-pub.bsz-bw.de/frontdoor/deliver/ index/docId/5415/file/Ruppenhofer_Ellsworth_Petruck_Johnson_Scheffczyk_FrameNet_II_Extended_Theory_and_Practice_2010.pdf
Scholfield, P. (1993). *Longman Language Activator*. London: Longman.
Siqueira, M., de Oliveira, A. F. S., Hubert, D. D., de Almeida, G. F., & Brangel, L. M. (2009). Metaphor identification in a terminological dictionary. *Ibérica: Revista de la Asociación Europea de Lenguas para Fines Específicos*, 17, 157-174.
Steen, G. (2002). Towards a procedure for metaphor identification. *Language and Literature*, 11(1), 17-33.
Storjohann, P. (2017). Cognitive descriptions in a corpus-based dictionary of German paronyms. *Yearbook of the German Cognitive Linguistics Association*, 5(1), 115-126.
Toth, A. (2008). *Perspectives on the lexicon*. Budapest: Akadémiai Kiadó.
Van der Meer, G. (1999). Metaphors and dictionaries: The morass of meaning, or how to get two ideas for one. *International Journal of Lexicography*, 12(3), 195-208.
Vasiljevic, Z. (2011). Using conceptual metaphors and L1 definitions in teaching idioms to non-native speakers. *Journal of Asia TEFL*, 8(3), 135-160.
Xu, H., & Lou, Y. (2015). Treatment of the preposition to in English learners' dictionaries: A cognitive approach. *International Journal of Lexicography*, 28(2), 207-231.
Yang, X. (2015). A cognitive poetic approach to the function of metaphor. *Advances in Literary Study*, 3, 84-88.
Yasuda, S. (2010). Learning phrasal verbs through conceptual metaphors: A case of Japanese EFL learners. *TESOL Quarterly*, 44(2), 250-273. DOI: 10.5054/tq.2010.219945
Yelena, Y. A., & Natal'ya, Z. A. (2015). Metaphorization of eating in the imagery of the Russian language. *Vestnik Tomskogo Gosudarstvennogo Universiteta Filologiya-Tomsk State*, 35(3), 107-121.

〈제35장〉

Arutyunova, N. D. (1990). Metaphor and discourse. In *Metaphor theory* (pp. 5-32). Moscow: Progress. [Арутюнова, Н. Д. Метафора и дискурс. In *Теория метафоры*. Москва:

Прогресс.]

Bierwiaczonek, B. (2013). *Metonymy in language, thought and brain*. Sheffield: Equinox.

Black, M. (1962). Metaphor. In M. Black, *Models and metaphor: Studies in language and philosophy* (pp. 25-47). Ithaca and London: Cornell University Press.

Diaz-Vera, J. E. (Ed.). (2014). *Metaphor and metonymy across time and cultures: Perspectives on the sociohistorical linguistics of figurative language*. (Cognitive Linguistics Research [CLR] 52). Berlin: De Gruyter Mouton.

Geererts, D. (2006). A rough guide to cognitive linguistics. In D. Geeraerts (Ed.), *Cognitive linguistics: Basic readings* (pp. 1-28). Berlin: Mouton de Gruyter.

Kravchenko, A. V. (2004). *Language and perception: Cognitive aspects of language categorization*. Irkutsk: Irkutsk State University Publishing House. [Кравченко, А. В. *Язык и восприятие: Когнитивные аспекты языковой категоризации*. Иркутск: Издательство Иркутского государственного университета.]

Kubryakova, E. S. (1978). *Parts of speech in onomasiological interpretation*. Moscow: Nauka. [Кубрякова, Е. С. *Части речи в ономасиологическом освещении*. Москва: Наука.]

Kubryakova, E. S. (2004). On guidelines of cognitive science and topical problems of cognitive linguistics. *Voprosy kognitivnoy lingvistiki*, 1, 6-17. [Кубрякова, Е. С. Об установках когнитивной науки и актуальных проблемах когнитивной лингвистики. In *Вопросы когнитивной лингвистики*.]

Lakoff, G. & Johnson, M. (1980). *Metaphors we live by*. Chicago: University of Chicago Press.

Lapshina, M. N. (1996). Semantic derivation in cognitive aspect (based on English). Unpublished postdoctoral thesis, St. Petersburg State University. [Лапшина, М. Н. *Семантическая деривация в когнитивном аспекте (на материале английского языка)*: Диссертация на соискание ученой степени доктора филологических наук.]

Lazurenko, A. Ya. (1979). Metaphoric transposition in French word formation. (Unpublished doctoral thesis). Moscow: Moscow State Pedagogical Institute of Foreign Languages. [Лазуренко А. Я. *Метафорический перенос в словообразовании французского языка*. Диссертация на соискание ученой степени кандидата филологических наук.]

Lederman, S. J. (1982). The perception of texture by touch. In *Tactual perception: A sourcebook* (pp. 130-167). Cambridge: Cambridge University Press.

MacCormac, E. (1985). *A cognitive theory of metaphor*. Cambridge, MA: MIT Press.

Maslova, V. A. (2017). *Introduction to cognitive linguistics*. Moscow: FLINTA. [Маслова В. А. *Введение в когнитивную лингвистику*. Москва: ФЛИНТА.]

Ortega-y-Gasset, J. (1990). Two great metaphors. In *Metaphor theory* (pp. 68-81). Moscow: Progress. [Ортега-и-Гассет, Х. Две великие метафоры. *Теория метафоры*. Москва: Прогресс.]

Panasenko, N. (2010). *Phytonymic lexicon in the system of Romance, Germanic and Slavic languages (onomasiological and cognitive analysis)*. Cherkassy: Brama-Ukrayina. [Панасенко Н. *Фитонимическая лексика в системе романских, германских и славянских языков (опыт ономасиологического и когнитивного анализа)*. Черкассы: Брама-Украина.]

Panasenko, N. (2012a). Direct and indirect designation in medicinal plants' names. *International Journal of Humanities and Social Science*, 2(18), 217-233.

Panasenko, N. (2012b). Tactile information processing channel in the plants' names. *Acta Facultatis Philosophicae Universitatis Prešoviensis. Jazykovedný zborník*, 41, 128-153. Prešov: Filozoficka fakulta Prešovskej University.

Panasenko, N. (2016). Metaphoric and metonymic designation of poisonous medicinal plants. In A. Uberman & T. Hrehovcik (Eds.), *Text—sentence—word*. Studies in English linguistics. Vol. II (pp. 64-74). Rzeszów: Wydawnictwo Uniwersytetu Rzeszowskiego.

Panasenko, N. (2019). Evaluative component in Slavic phytonyms. *The Way of Science. International Scientific Journal*, 11(69), 104-108. [Панасенко Н. Оценочный компонент в славянских фитонимах. *Путь науки. Международный научный журнал*.]

Panther, K.-U. (2014). Metaphor and metonymy shaping grammar: The role of animal terms in expressive morphology and syntax. In G. Drożdż & A. Łyda (Eds.), *Extension and its limits* (pp. 10-38). Newcastle upon Tyne: Cambridge Scholars.

Panther, K.-U., & Radden, G. (Eds.). (1999). *Metonymy in language and thought*. (Human Cognitive Processing 4). Amsterdam: John Benjamins.

Panther, K.-U. & Thornburg, L. L. (2017). Metaphor and metonymy in language and thought: A cognitive linguistic approach. *Synthesis Philosophica*, 64(2), 271-294.

Petrov, V. V. (1988). Language and logical theory: In search of new paradigm. *Voprosy yazykoznaniya*, 2, 39-48. [Петров, В. В. Язык и логическая теория: в поисках новой парадигмы. *Вопросы языкознания*.]

Plotnikova, L. I. (2006). Word-forming structure of a new Russian word as a representative of its conceptual setup. *Newsletter of Lugansk National Pedagogical University*, 11(106), 109-116. [Плотникова, Л. И. Словообразовательная структура нового русского слова как репрезентант его концептуальной организации. *Вісник Луганського національного педагогічного університету*.]

Richards, I. A. (1950). *The philosophy of rhetoric*. New York: Oxford University Press.

Robertson, J. (2008). Colchicum autumnale, autumn crocus, naked ladies. www.thepoisongarden.co.uk/atoz/colchicum_autumnale.htm (accessed June 10, 2019).

Rudakova, A. V. (2002). *Cogitology and cognitive linguistics*. Voronezh: Voronezh State University. [Рудакова А. В. *Когнитология и когнитивная лингвистика*. Воронеж: Воронежский Государственный Университет]

Ruzin, V. G. (1994). Cognitive strategies of naming: Perception modi (vision, hearing, touch, smell, taste) and their expression in language. *Voprosy yazykoznaniya*, 6, 79-100. [Рузин И.Г. Когнитивные стратегии именования: модусы перцепции (зрение, слух, осязание,

обоняние, вкус) и их выражение в языке. *Вопросы языкознания*.]
Selivanova, O. O. (1999). *Topical trends of modern linguistics (analytical review)*. Kyiv: Ukrainian Phytosociological Centre Publishing House. [Селіванова О. О. *Актуальні напрями сучасної лінгвістики (аналітичний огляд)*. Київ: Видавництво Українського фітосоціологічного центру.]

〈제36장〉

Abd-Essalam, A., & Zaghlul, M. S. (Eds.). (1988). *Kita:b jamharatu 'al-'amta:l*. Beirut: Dar al-Ilmiyya.
Achard, M., & Niemeier, S. (Eds.). (2004). *Cognitive linguistics, second language acquisition, and foreign language*. Berlin: Walter de Gruyter.
Atkinson, D. (2002). Toward a sociocognitive approach to second language acquisition. *The Modern Language Journal*, 86(4), 525-545.
At Mensur, R. (2010). *Dictionnaire de proverbes kabyles*. Tizi-Ouzou: Editions Achab.
Barcelona, A. (2003). *Metaphor and metonymy at the crossroads*. Berlin and New York: Mouton de Gruyter.
Belkhir, S. (2012). Variation in source and target domain mappings in English and Kabyle dog proverbs. In S. Kleinke, Z. Kövecses, A. Musolff, & V. Szelid (Eds.), *Cognition and culture: The role of metaphor and metonymy* (pp. 213-227). Budapest: Eötvös University Press.
Belkhir, S. (2014). Cultural influence on the use of dog concepts in English and Kabyle proverbs. In A. Musolff, F. MacArthur, & G. Pagani (Eds.), *Metaphor and intercultural communication* (pp. 131-145). London: Bloomsbury.
Belkhir, S. (2019). Animal-related concepts across languages and cultures from a cognitive linguistic perspective. *Cognitive Linguistic Studies*, 6(2), 295-324. https://doi.org/10.1075/cogls.00042.bel
Belkhir, S. (Ed.). (2020). *Cognition and language learning*. Newcastle upon Tyne: Cambridge Scholars Publishing.
Cameron, L., & Low, G. (Eds.). (1999). *Researching and applying metaphor*. Cambridge: Cambridge University Press.
Camps, G., Musso, J. Cl., & Chaker, S. (1988). Ane. In G. Camps (Ed.), *Encyclopédie berbère*, 5, 647-657.
Chomsky, N. (2000). *New horizons in the study of language and mind*. Cambridge: Cambridge University Press.
Croft, W., & Cruse, D. A. (2004). *Cognitive linguistics*. Cambridge: Cambridge University Press.
Deignan, A. (2005). *Metaphor and corpus linguistics*. Amsterdam and Philadelphia: John Benjamins.
Fergusson, R. (2000). *The Penguin dictionary of proverbs*. London: Penguin Books.
Geeraerts, D., & Cuyckens, H. (2007). *The Oxford handbook of cognitive linguistics*. Oxford: Ox-

ford University Press.

Ghazala, H. (2011). *Cognitive stylistics and the translator*. London: Sayyab Books.

Gibbs, R. W. (2005). *Embodiment and cognitive science*. Cambridge: Cambridge University Press.

Gibbs, R. W. (Ed.). (2008). *The Cambridge handbook of metaphor and thought*. Cambridge: Cambridge University Press.

Haji, M., & Al-Akhdar, M. (Eds.). (1981). *Zahr 'al 'akam fi 'al-'amṯa:l wa 'al-ḥikam*. Morocco: Dar Athaqafa.

Holme, R. (2009). *Cognitive linguistics and language teaching*. London: Palgrave Macmillan.

Holme, R. (2012). *Cognitive linguistics and the second language classroom*. TESOL Quarterly, 46(1), 6-29.

Ibrahim, A. A. M. (Ed.). (1996). *Majma'u 'al-'amṯa:l*. Beirut: Dar Al-ji:l.

Kövecses, Z. (2002). *Metaphor: A practical introduction*. Oxford: Oxford University Press.

Kövecses, Z. (2005). *Metaphor in culture: Universality and variation*. Cambridge: Cambridge University Press.

Kövecses, Z. (2015). *Where metaphors come from. Reconsidering context in metaphor*. Oxford: Oxford University Press.

Lakoff, G. (1987). *Women, fire, and dangerous things: What categories reveal about the mind*. Chicago: University of Chicago Press.

Lakoff, G. (1993). The contemporary theory of metaphor. In A. Ortony (Ed.), *Metaphor and thought* (pp. 202-251). Cambridge: Cambridge University Press.

Lakoff, G. (2008). The neural theory of metaphor. In R. W. Gibbs (Ed.), *The Cambridge handbook of metaphor and thought* (pp. 17-38). Cambridge: Cambridge University Press.

Lakoff, G., & Johnson, M. (1980). *Metaphors we live by*. Chicago: University of Chicago Press.

Lakoff, G., & Turner, M. (1989). *More than cool reason: A field guide to poetic metaphor*. Chicago: University of Chicago Press.

Langacker, R. W. (1987). *Foundations of cognitive grammar: Theoretical prerequisites*. Stanford, CA: Stanford University Press.

Langacker, R. W. (2008). *Cognitive grammar: A basic introduction*. Oxford: Oxford University Press.

Langacker, R. W. (2013). *Essentials of cognitive grammar*. Oxford: Oxford University Press.

Lantolf, J. P. (2011). Integrating sociocultural theory and cognitive linguistics in the second language classroom. In E. Hinkel (Ed.), *Handbook of research in second language teaching and learning* (Vol. 2, pp. 303-318). London and New York: Routledge.

Littlemore, J. (2009). *Applying cognitive linguistics to second language learning and teaching*. London: Palgrave Macmillan.

Manser, M. H. (2007). *Facts on File dictionary of proverbs*. New York: Facts on File.

Matlin, M. W. (2005). *Cognition*. Hoboken, NJ: John Wiley and Sons.

Montreynaud, F., Pierron, A., & Suzonni, F. (Eds.). (1993). *Dictionnaire des proverbes et dictons*.

Paris: Le Robert.

Nacib, Y. (2009). *Proverbes et dictons kabyles*. Alger: Enag.

Orthony, A. (1993). *Metaphor and thought*. Cambridge: Cambridge University Press.

Pütz, M., Niemeier, S., & Dirven, R. (Eds.). (2001). *Applied cognitive linguistics: Language pedagogy* (Vol. 2). Berlin: Mouton de Gruyter.

Pütz, M., & Sicola, L. (Eds.). (2010). *Cognitive processing in second language acquisition: Inside the learner's mind*. Amsterdam and Philadelphia: John Benjamins.

Qatamish, A. M. (1988a). *'al-'amṯa:l al-'arabiyya, dira:sa ta:rixiyya taḥli:liyya*. Syria: Da:r 'al-fikr.

Qatamish, A. M. (Ed.). (1988b). *'aḏarra 'al-fa:xira fi: 'al-'amṯa:l 'assa:'ira*. Cairo: Dar Al-Maarif.

Rey, A., & Chantreau, S. (Eds.). (1985). *Dictionnaire des expressions et locutions*. Paris: Le Robert.

Robinson, P., & Ellis, N. C. (Eds.). (2008). *Handbook of cognitive linguistics and second language acquisition*. London and New York: Routledge.

Schwieter, J. W., & Ferreira, A. (Eds.) (2017). *The handbook of translation and cognition*. Hoboken, NJ: Wiley Blackwell.

Segalowitz, N. (2010). *Cognitive bases of second language fluency*. London and New York: Routledge.

Skehan, P. (1998). *A cognitive approach to language learning*. Oxford: Oxford University Press.

Steen, G. J. (2007). *Finding metaphor in grammar and usage*. Amsterdam and Philadelphia: John Benjamins.

Summers, D. (Ed.). (2005). *Longman dictionary of English language and culture*. Harlow: Pearson Education.

Taylor, J. R. (2012). *The mental corpus: How language is represented in the mind*. Oxford: Oxford University Press.

Taylor, J. R., & Littlemore, J. (2014). *The Bloomsbury companion to cognitive linguistics*. London and New York: Bloomsbury.

Ungerer, F., & Schmid, H.-J. (2006). *An introduction to cognitive linguistics*. Harlow: Pearson Education.

Verspoor, M. H. (2017). Cognitive linguistics and its applications to second language teaching. In J. Cenoz, D. Gorter, & S. May (Eds.), *Language awareness and multilingualism* (pp. 55-66). Cham: Springer.

Vigerie, P. (1992). *La symphonie animale. Les animaux dans les expressions de la langue française*. Paris: Larousse.

Wilson, F. P. (1970). *Oxford dictionary of English proverbs*. Oxford: Oxford University Press.

Wilson, R. A., & Keil, F. C. (1999). *The MIT encyclopaedia of cognitive sciences*. Cambridge, MA and London: MIT Press.

〈제37장〉

Andrews, M., Vigliocco, G., & Vinson, D. (2009). Integrating experiential and distributional data to learn semantic representations. *Psychological Review*, 116(3), 463-498.

Arnal, L. H., Poeppel, D., & Giraud, A. L. (2016). A neurophysiological perspective on speech processing. In G. Hickok & S. L. Small (Eds.), *Neurobiology of language* (pp. 463-478). New York: Elsevier.

Barsalou, L. W. (2008). Grounded cognition. *Annual Review of Psychology*, 59, 617-645.

Barsalou, L. W. (2016). Situated conceptualization: Theory and applications. In Y. Coello & M. H. Fischer (Eds.), *Foundations of embodied cognition. Vol. 1: Perceptual and emotional embodiment* (pp. 11-37). New York: Psychology Press.

Binder, J. R. (2017). Current controversies on Wernicke's area and its role in language. *Current Neurology Neuroscience Report*, 17(8), 58.

Binder, J. R., & Desai, R. H. (2011). The neurobiology of semantic memory. *Trends in Cognitive Science*, 15(11), 527-536.

Binder, J. R., Desai, R. H., Graves, W. W., & Conant, L. L. (2009). Where is the semantic system? A critical review and meta-analysis of 120 functional neuroimaging studies. *Cerebral Cortex*, 19(12), 2767-2796.

Binder, J. R., Medler, D. A., Westbury, C. F., Liebenthal, E., & Buchanan, L. (2006). Tuning of the human left fusiform gyrus to sublexical orthographic structure. *NeuroImage*, 33(2), 739-748.

Bonner, M. F., Peelle, J. E., Cook, P. A., & Grossman, M. (2013). Heteromodal conceptual processing in the angular gyrus. *NeuroImage*, 71, 175-186.

Borghi, A. M., Barca, L., Binkofski, F., Castelfranchi, C., Pezzulo, G., & Tummolini, L. (2019). Words as social tools: Language, sociality and inner grounding in abstract concepts. *Physics in Life Review*, 29, 120-153.

Brennan, J., Nir, Y., Hasson, U., Malach, R., Heeger, D. J., & Pylkkänen, L. (2012). Syntactic structure building in the anterior temporal lobe during natural story listening. *Brain and Language*, 120, 163-173.

Chang, E. F., Rieger, J. W., Johnson, K., Berger, M. S., Barbaro, N. M., & Knight, R. T. (2010). Categorical speech representation in human superior temporal gyrus. *Nature Neuroscience*, 13(11), 1428-1432.

Chen, L., Lambon Ralph, M. A., & Rogers, T. T. (2017). A unified model of human semantic knowledge and its disorders. *Nature Human Behavior*, 1(3).

Dehaene, S., & Cohen, L. (2011). The unique role of the visual word form area in reading. *Trends in Cognitive Sciences*, 15, 254-262.

Dehaene, S., Cohen, L., Sigman, M., & Vinckier, F. (2005). The neural code for written words: A proposal. *Trends in Cognitive Sciences*, 9(7), 335-341.

Dell, G. S., Martin, N., & Schwartz, M. F. (2007). A case-series test of the interactive two-step model of lexical access: Predicting word repetition from picture naming. *Journal of Memory and Language*, 56(4), 490-520.

Dell, G., Schwartz, M. F., Martin, N., Saffran, E., & Gagnon, D. A. (1997). Lexical access in aphasic and nonaphasic speakers. *Psychological Review*, 104(4), 801-838.

Dell, G. S., Schwartz, M. F., Nozari, N., Faseyitan, O., & Branch Coslett, H. (2013). Voxel-based lesion-parameter mapping: Identifying the neural correlates of a computational model of word production. *Cognition*, 128(3), 380-396.

Den Ouden, D. B., Malyutina, S., Basilakos, A., Bonilha, L., Gleichgerrcht, E., Yourganov, G., *et al*. (2019). Cortical and structural-connectivity damage correlated with impaired syntactic processing in aphasia. *Human Brain Mapping*, 40(7), 2153-2173.

Desai, R., Conant, L. L., Binder, J. R., Park, H., & Seidenberg, M. S. (2013). A piece of the action: Modulation of sensory-motor regions by action idioms and metaphors. *NeuroImage*, 83, 862-869.

Desai, R., Liebenthal, E., Waldron, E., & Binder, J. R. (2008). Left posterior temporal regions are sensitive to auditory categorization. Journal of Cognitive *Neuroscience*, 20(7), 1174-1188.

Desai, R. H., Reilly, M., & Van Dam, W. (2018). The multifaceted abstract brain. *Philosophical Transactions of the Royal Society B Biological Science*, 373(1752).

Dove, G. (2014). Thinking in words: Language as an embodied medium of thought. *Topics in Cognitive Science*, 6(3), 371-389.

Dronkers, N. F., Wilkins, D. P., Van Valin, R. D., Jr., Redfern, B. B., & Jaeger, J. J. (2004). Lesion analysis of the brain areas involved in language comprehension. *Cognition*, 92(1-2), 145-177.

Faroqi-Shah, Y., Kling, T., Solomon, J., Liu, S. Y., Park, G., & Braun, A. (2014). Lesion analysis of language production deficits in aphasia. *Aphasiology*, 28(3), 258-277.

Fernandino, L., Binder, J. R., Desai, R. H., Pendl, S. L., Humphries, C. J., Gross, W. L., *et al.* (2016). Concept representation reflects multimodal abstraction: A framework for embodied semantics. *Cerebral Cortex*, 26(5), 2018-2034.

Friederici, A. D. (2012). The cortical language circuit: From auditory perception to sentence comprehension. *Trends in Cognitive Science*, 16(5), 262-268.

Gerlach, C. (2007). A review of functional imaging studies on category specificity. *Journal of Cognitive Neuroscience*, 19(2), 296-314.

Geschwind, N . (1970). The clinical syndromes of the cortical connections. *Modern Trends in Neurology*, 5, 29-40.

Giussani, C., Riva, M., Gallucci, M., Boukhatem, L., Sganzerla, E. P., Demonet, J. F., *et al.* (2011). Anatomical correlates for category-specific naming of living and non-living things. *NeuroImage*, 56, 323-329.

Glezer, L. S., Jiang, X., & Riesenhuber, M. (2009). Evidence for highly selective neuronal tuning to whole words in the "visual word form area". *Neuron*, 62(2), 199-204.

Hagoort, P. (2016). MUC (Memory, Unification, Control): A model on the neurobiology of language beyond single word processing. In G. Hickok & S. L. Small (Eds.), *Neurobiology of language* (pp. 339-347). Salt Lake City: American Academic Press.

Hagoort, P. (2019). The neurobiology of language beyond single-word processing. *Science*, 366(6461), 55-58.

Hagoort, P., & Indefrey, P. (2014). The neurobiology of language beyond single words. *Annual Review Neuroscience*, 37, 347-362.

Haller, S., Radue, E. W., Erb, M., Grodd, W., & Kircher, T. (2005). Overt sentence production in event-related fMRI. *Neuropsychologia*, 43(5), 807-814.

Hamilton, L. S., Edwards, E., & Chang, E. F. (2018). A spatial map of onset and sustained responses to speech in the human superior temporal gyrus. *Current Biology*, 28(12), 1860-1871.

Hickok, G., & Poeppel, D. (2007). The cortical organization of speech processing. *Nature Reviews Neuroscience*, 8(5), 393-402.

Hoffman, P., & Lambon Ralph, M. A. (2018). From percept to concept in the ventral temporal lobes: Graded hemispheric specialisation based on stimulus and task. *Cortex*, 101, 107-118.

Humphries, C., Binder, J. R., Medler, D. A., & Liebenthal, E. (2006). Syntactic and semantic modulation of neural activity during auditory sentence comprehension. *Journal of Cognitive Neuroscience*, 18(4), 665-679.

Hurley, R. S., Paller, K. A., Rogalski, E. J., & Mesulam, M. M. (2012). Neural mechanisms of object naming and word comprehension in primary progressive aphasia. *The Journal of Neuroscience*, 32(14), 4848-4855.

Indefrey, P. (2011). The spatial and temporal signatures of word production components: A critical update. *Frontiers in Psychology*, 2, 255.

Indefrey, P., Brown, C. M., Hellwig, F., Amunts, K., Herzog, H., Seitz, R. J., *et al.* (2001). A neural correlate of syntactic encoding during speech production. *Proceedings of the National Academy of Sciences of the United States of America*, 98(10), 5933-5936.

Kearney, E., & Guenther, F. H. (2019). Articulating: The neural mechanisms of speech production. Language, *Cognition and Neuroscience*, 34(9), 1214-1229.

Kemmerer, D. (2015). Are the motor features of verb meanings represented in the precentral motor cortices? Yes, but within the context of a flexible, multilevel architecture for conceptual knowledge. *Psychonomic Bulletin & Review*, 22(4), 1068-1075.

Kiefer, M., & Pulvermuller, F. (2012). Conceptual representations in mind and brain: Theoretical developments, current evidence and future directions. *Cortex*, 48(7), 805-825.

Kousta, S.-T., Vigliocco, G., Vinson, D. P., Andrews, M., & Del Campo, E. (2011). The representation of abstract words: Why emotion matters. *Journal of Experimental Psychology: General*, 140(1), 14-34.

Lakoff, G. (2009). The neural theory of metaphor. In R. Gibbs (Ed.), *The Cambridge handbook of metaphor and thought* (pp. 17-38). New York: Cambridge University Press.

Leff, A. P., Schofield, T. M., Crinion, J. T., Seghier, M. L., Grogan, A., Green, D. W., *et al.* (2009). The left superior temporal gyrus is a shared substrate for auditory short-term memory and speech comprehension: Evidence from 210 patients with stroke. *Brain*, 132(Pt. 12), 3401-3410.

Levelt, W. J. (2001). Spoken word production: A theory of lexical access. *Proceedings of the National Academy of Sciences of the United States of America*, 98(23), 13464-13471.

Levelt, W. J. M. (2013). *A history of psycholinguistics: The pre-Chomskyan era*. Oxford: Oxford University Press.

Levelt, W. J. M., Roelofs, A., & Meyer, A. S. (1999). A theory of lexical access in speech production. *Behavioral and Brain Sciences*, 22, 1-75.

Lyu, B., Choi, H. S., Marslen-Wilson, W. D., Clarke, A., Randall, B., & Tyler, L. K. (2019). Neural dynamics of semantic composition. *Proceedings of the National Academy of Sciences of the United States of America*, 116(42), 21318-21327.

Mahon, B. Z. (2015). What is embodied about cognition? *Language Cognition & Neuroscience*, 30(4), 420-429.

Mano, Q. R., Humphries, C., Desai, R. H., Seidenberg, M. S., Osmon, D. C., Stengel, B. C., *et al.* (2013). The role of left occipitotemporal cortex in reading: Reconciling stimulus, task, and lexicality effects. *Cerebral Cortex*, 23(4), 988-1001.

Matchin, W., & Hickok, G. (2020). The cortical organization of syntax. *Cerebral Cortex* 30(3), 1481-1498.

Matchin, W., Liao, C. H., Gaston, P., & Lau, E. (2019). Same words, different structures: An fMRI investigation of argument relations and the angular gyrus. *Neuropsychologia*, 125, 116-128.

McCandliss, B. (2003). The visual word form area: Expertise for reading in the fusiform gyrus. *Trends in Cognitive Sciences*, 7, 293-299.

Mesulam, M. M., Rogalski, E. J., Wieneke, C., Hurley, R. S., Geula, C., Bigio, E. H., *et al.* (2014). Primary progressive aphasia and the evolving neurology of the language network. *Nature Reviews Neurology*, 10(10), 554-569.

Mesulam, M. M., Wieneke, C., Hurley, R., Rademaker, A., Thompson, C. K., Weintraub, S., *et al.* (2013). Words and objects at the tip of the left temporal lobe in primary progressive aphasia. *Brain: A Journal of Neurology*, 136(Pt. 2), 601-618.

Mesulam, M., Wieneke, C., Rogalski, E., Cobia, D., Thompson, C., & Weintraub, S. (2009). Quantitative template for subtyping primary progressive aphasia. *Archives of Neurology*, 66(12), 1545-1551.

Mirman, D., Landrigan, J. F., & Britt, A. E. (2017). Taxonomic and thematic semantic systems. *Psychonomic Bulletin & Review*, 143(5), 499-520.

Nelson, M. J., El Karoui, I., Giber, K., Yang, X., Cohen, L., Koopman, H., *et al.* (2017). Neurophysiological dynamics of phrase- structure building during sentence processing. *Proceedings of the National Academy of Sciences of the United States of America*, 114(18), E3669-E3678.

Obleser, J., Meyer, L., & Friederici, A. D. (2011). Dynamic assignment of neural resources in auditory comprehension of complex sentences. *NeuroImage*, 56(4), 2310-2320.

Okada, K., & Hickok, G. (2006). Left posterior auditory-related cortices participate both in speech perception and speech production: Neural overlap revealed by fMRI. *Brain and Language*, 98(1), 112-117.

Paivio, A. (2010). Dual coding theory and the mental lexicon. *The Mental Lexicon*, 5(2), 205-230.

Patterson, K., Lambon Ralph, M. A., Jefferies, E., Woollams, A., Hodges, J. R., & Rogers, T. T. (2006). "Presemantic" cognition in semantic dementia: Six deficits in search of an explanation. *Journal of Cognitive Neuroscience*, 18, 169-183.

Pillay, S. B., Binder, J. R., Humphries, C., Gross, W. L., & Book, D. S. (2017). Lesion localization of speech comprehension deficits in chronic aphasia. *Neurology*, 88(10), 970-975.

Purcell, J. J., Turkeltaub, P. E., Eden, G. F., & Rapp, B. (2011). Examining the central and peripheral processes of written word production through meta-analysis. *Frontiers in Psychology*, 2, 239.

Ralph, M. A., Jefferies, E., Patterson, K., & Rogers, T. T. (2017). The neural and computational bases of semantic cognition. *Nature Reviews Neuroscience*, 18(1), 42-55.

Rapcsak, S. Z., Beeson, P. M., Henry, M. L., Leyden, A., Kim, E., Rising, K., Andersen, S., & Cho, H. (2009). Phonological dyslexia and dysgraphia: Cognitive mechanisms and neural substrates. *Cortex*, 45, 575-591.

Rogalsky, C., & Hickok, G. (2011). The role of Broca's area in sentence comprehension. *Journal of Cognitive Neuroscience*, 23(7), 1664-1680.

Rogalsky, C., LaCroix, A. N., Chen, K. H., Anderson, S. W., Damasio, H., Love, T., *et al.* (2018). The neurobiology of agrammatic sentence comprehension: A lesion study. *Journal of Cognitive Neuroscience*, 30(2), 234-255.

Sapolsky, D., Bakkour, A., Negreira, A., Nalipinski, P., Weintraub, S., Mesulam, M. M., *et al.* (2010). Cortical neuroanatomic correlates of symptom severity in primary progressive aphasia. *Neurology*, 75(4), 358-366.

Schwanenflugel, P. J., & Stowe, R. W. (1989). Context availability and the processing of abstract and concrete words in sentences. *Reading Research Quarterly*, 24(1), 114-126.

Schwartz, M. F., Kimberg, D. Y., Walker, G. M., Faseyitan, O., Brecher, A., Dell, G. S., *et al.* (2009). Anterior temporal involvement in semantic word retrieval: Voxel-based lesion-symptom mapping evidence from aphasia. *Brain: A Journal of Neurology*, 132(Pt. 12), 3411-3427.

Seghier, M. L. (2013). The angular gyrus: Multiple functions and multiple subdivisions. *Neurosci-*

entist, 19(1), 43-61.

Snijders, T. M., Vosse, T., Kempen, G., Van Berkum, J. J., Petersson, K. M., & Hagoort, P. (2009). Retrieval and unification of syntactic structure in sentence comprehension: An FMRI study using word-category ambiguity. *Cerebral Cortex*, 19(7), 1493-1503.

Stefanatos, G. A. (2008). Speech perceived through a damaged temporal window: Lessons from word deafness and aphasia. *Seminars in Speech and Language*, 29(3), 239-252.

Thothathiri, M., Kimberg, D. Y., & Schwartz, M. F. (2012). The neural basis of reversible sentence comprehension: Evidence from voxel-based lesion symptom mapping in aphasia. *Journal of Cognitive Neuroscience*, 24(1), 212-222.

Tranel, D. (2009). The left temporal pole is important for retrieving words for unique concrete entities. *Aphasiology*, 23, 867.

Tremblay, P., & Dick, A. S. (2016). Broca and Wernicke are dead, or moving past the classic model of language neurobiology. *Brain and Language*, 162, 60-71.

Turken, A. U., & Dronkers, N. F. (2011). The neural architecture of the language comprehension network: Converging evidence from lesion and connectivity analyses. *Frontiers in Systems Neuroscience*, 5, 1.

Tyler, L. K., Marslen-Wilson, W. D., Randall, B., Wright, P., Devereux, B. J., Zhuang, J., Papoutsi, M., & Stamatakis, E. A. (2011). Left inferior frontal cortex and syntax: Function, structure and behaviour in patients with left hemisphere damage. *Brain*, 134, 415-431.

Vigneau, M., Beaucousin, V., Herve, P. Y., Duffau, H., Crivello, F., Houde, O., *et al*. (2006). Meta-analyzing left hemisphere language areas: Phonology, semantics, and sentence processing. *NeuroImage*, 30(4), 1414-1432.

Vinckier, F., Dehaene, S., Jobert, A., Dubus, J. P., Sigman, M., & Cohen, L. (2007). Hierarchical coding of letter strings in the ventral stream: Dissecting the inner organization of the visual word-form system. *Neuron*, 55, 143-156.

Walenski, M., Europa, E., Caplan, D., & Thompson, C. K. (2019). Neural networks for sentence comprehension and production: An ALE-based meta-analysis of neuroimaging studies. *Human Brain Mapping*, 40(8), 2275-2304.

Wang, J., Conder, J. A., Blitzer, D. N., & Shinkareva, S. V. (2010). Neural representation of abstract and concrete concepts: A meta-analysis of neuroimaging studies. *Human Brain Mapping*, 31(10), 1459-1468.

Wilson, S. M., Brambati, S. M., Henry, R. G., Handwerker, D. A., Agosta, F., Miller, B. L., Wilkins, D. P., Ogar, J. M., & Gorno-Tempini, M. L. (2009). The neural basis of surface dyslexia in semantic dementia. *Brain*, 132, 71-86.

Wilson, S. M., Henry, M. L., Besbris, M., Ogar, J. M., Dronkers, N. F., Jarrold, W., *et al*. (2010). Connected speech production in three variants of primary progressive aphasia. *Brain: A Journal of Neurology*, 133(Pt. 7), 2069-2088.

Wright, P., Randall, B., Clarke, A., & Tyler, L. K. (2015). The perirhinal cortex and conceptual processing: Effects of feature- based statistics following damage to the anterior temporal lobes. *Neuropsychologia*, 76, 192-207.

Yi, H. G., Leonard, M. K., & Chang, E. F. (2019). The encoding of speech sounds in the superior temporal gyrus. *Neuron*, 102(6), 1096-1110.

〈제38장〉

Allan, K. (2007). *The Western classical tradition in linguistics*. London: Equinox.

Armstrong, D. F., & Wilcox, S. E. (2007). *The gestural origin of language*. Oxford: Oxford University Press.

Bateson, P., & Laland, K. N. (2013). Tinbergen's four questions: An appreciation and an update. *Trends in Ecology & Evolution*, 28(12), 712-718.

Berwick, R. C., & Chomsky, N. (2016). *Why only us: Language and evolution*. Cambridge, MA: MIT Press.

Bichakjian, B. H. (2017). Language evolution: How language was built and made to evolve. *Language Sciences*, 63, 119-129.

Bickerton, D. (1990). *Language and species*. Chicago and London: University of Chicago Press.

Bickerton, D. (1998). Catastrophic evolution: The case for a single step from protolanguage to full human language. In J. R. Hurford, M. Studdert-Kennedy, & C. Knight (Eds.), *Approaches to the evolution of language* (pp. 341-358). Cambridge: Cambridge University Press.

Bickerton, D. (2014). *More than nature needs: Language, mind, and evolution*. Cambridge, MA: Harvard University Press.

Breed, M. D., & Moore, J. (2016). *Animal behavior* (2nd ed.). London: Academic Press.

Burling, R. (2000). Comprehension, production, and conventionalization in the origins of language. In C. Knight, M. Studdert-Kennedy, & J. Hurford (Eds.), *The emergence of language: Social function and the origins of linguistic form* (pp. 27-39). Cambridge: Cambridge University Press.

Burling, R. (2005). *The talking ape: How language evolved*. New York: Oxford University Press.

Bybee, J. L. (1998). A functionalist approach to grammar and its evolution. *Evolution of Communication*, 2(2), 249-278.

Bybee, J. L. (2006). From usage to grammar: The mind's response to repetition. *Language*, 82, 711-733.

Cameron, M., & Stainton, R. J. (2015). Introduction. In M. Cameron & R. J. Stainton (Eds.), *Linguistic content: New essays on the history of philosophy of language* (pp. 1-15). Oxford: Oxford University Press.

Campbell, L. (2001). The history of linguistics. In M. Aronoff & J. Rees-Miller (Eds.), *The handbook of linguistics* (pp. 81-104). Malden, MA: Blackwell.

Cangelosi, A., Smith, A. D. M., & Smith, K. (Eds.). (2006). *The evolution of language: Proceedings of the 6th Conference on the Evolution of Language* (EVOLANG6). Singapore:

World Scientific.

Cartwright, J. (2016). *Evolution and human behaviour: Darwinian perspectives on the human condition* (3rd ed.). London: Palgrave Macmillan.

Catania, A. C. (2001). Three varieties of selection and their implications for language origins. In G. Győri (Ed.), *Language evolution: Biological, linguistic and philosophical perspectives* (pp. 55-71). Frankfurt am Main: Peter Lang.

Chater, N., & Christiansen, M. H. (2010). Language evolution as cultural evolution: How language is shaped by the brain. *WIREs Cognitive Science*, 1, 623-628. doi: 10.1002/wcs.85

Chater, N., & Christiansen, M. H. (2012). A solution to the logical problem of language evolution: Language as an adaptation to the human brain. In K. R. Gibson & M. Tallerman (Eds.), *The Oxford handbook of language evolution* (pp. 626-639). Oxford: Oxford University Press.

Chomsky, N. (1981). On the representation of form and function. *The Linguistic Review*, 1(1), 3-40.

Chomsky, N. (1988). *Language and problems of knowledge: The Managua lectures*. Cambridge, MA and London: MIT Press.

Chomsky, N. (2000). *New horizons in the study of language and mind*. Cambridge: Cambridge University Press.

Chomsky, N. (2009). *Cartesian linguistics: A chapter in the history of rationalist thought* (3rd ed.). Cambridge: Cambridge University Press.

Chomsky, N. (2010). Some simple evo devo theses: How true might they be for language? In R. K. Larson, V. Déprez, & H. Yamakido (Eds.), *The evolution of human language: Biolinguistic perspectives* (pp. 45-62). Cambridge: Cambridge University Press.

Christiansen, M. H., & Chater, N. (2015). The language faculty that wasn't: A usage-based account of natural language recursion. *Frontiers in Psychology*, 6. doi: 10.3389/fpsyg.2015.01182

Corballis, M. C. (2003). From mouth to hand: Gesture, speech, and the evolution of right-handedness. *Behavioral and Brain Sciences*, 26(2), 199-208.

Corballis, M. C. (2017). Language evolution: A changing perspective. *Trends in Cognitive Sciences*, 21(4) 229-236.

Croft, W. (2013). Language use and the evolution of languages. In P. Binder & K. Smith (Eds.), *The language phenomenon* (pp. 93-120). Berlin: Springer.

Croft, W. (2017). Evolutionary complexity of social cognition, semasiographic systems, and language. In S. S. Mufwene, F. Pellegrino, & C. Coupbe (Eds.), *Complexity in language: Developmental and evolutionary perspectives* (pp. 101-134). Cambridge: Cambridge University Press.

Csányi, V. (1992). The brain's models. In T. A. Sebeok & J. Umiker-Sebeok (Eds.), *Biosemiotics: The semiotic web* (pp. 27-43). Berlin: Mouton de Gruyter.

Csányi, V. (2001). An ethological reconstruction of the emergence of culture and language during human evolution. In G. Győri (Ed.), *Language evolution: Biological, linguistic and philosophical perspectives* (pp. 43-53). Frankfurt am Main: Peter Lang.

Dąbrowska, E. (2015). What exactly is Universal Grammar, and has anyone seen it? *Frontiers in Psychology*, 6. doi: 10.3389/fpsyg.2015.00852

Deacon, T. W. (1997). *The symbolic species: The co-evolution of language and the brain*. New York: W.W. Norton & Company.

de Boer, B. (2017). Evolution of speech and evolution of language. *Psychonomic Bulletin & Review*, 24, 158-162. doi: 10.3758/s13423-016-1130-6

de Grolier, É. (Ed.). (1983). *Glossogenetics: The origin and evolution of language. Proceedings of the International Transdisciplinary Symposium on Glossogenetics*. Reading: Harwood Academic Publishers.

Diessel, H. (2019). *The grammar network: How linguistic structure is shaped by language use*. Cambridge: Cambridge University Press.

Dixon, R. M. W. (2010). *Basic linguistic theory. Vol. 1: Methodology*. Oxford: Oxford University Press.

Donald, M. (1991). *Origins of the modern mind: Three stages in the evolution of culture and cognition*. Cambridge, MA: Harvard University Press.

Dunbar, R. I. M. (1996). *Grooming, gossip, and the evolution of language*. Cambridge, MA: Harvard University Press.

Dunbar, R. I. M. (1998). Theory of mind and the evolution of language. In J. Hurford, M. Studdert-Kennedy, & C. Knight (Eds.), *Approaches to the evolution of language* (pp. 92-110). Cambridge: Cambridge University Press.

Dunbar, R. I. M. (2003). The social brain: Mind, language, and society in evolutionary perspective. *Annual Review of Anthropology*, 32, 163-181. doi: 10.1146/annurev.anthro.32.061002.093158

Evans, N., & Levinson, S. C. (2009). The myth of language universals: Language diversity and its importance for cognitive science. *Behavioral and Brain Sciences*, 32(5), 472-492.

Fedurek, P., & Slocombe, K. E. (2011). Primate vocal communication: A useful tool for understanding human speech and language evolution? *Human Biology*, 83(2), 153-173. doi: 10.3378/027.083.0202

Fitch, W. T. (2010). *The evolution of language*. Cambridge: Cambridge University Press.

Foolen, A. (2002). Language origins and sexual selection. In H. Jacobs & L. Wetzels (Eds.), *Liber Amicorum Bernard Bichakjian* (pp. 37-58). Maastricht: Shaker.

Friederici, A. D. (2017). *Language in our brain: The origins of a uniquely human capacity*. Cambridge, MA: MIT Press.

Gärdenfors, P. (2004). Cooperation and the evolution of symbolic communication. In D. K. Oller & U. Griebel (Eds.), *The evolution of communication systems: A comparative approach* (pp. 237-256). Cambridge, MA: MIT Press.

Gärdenfors, P., & Osvath, M. (2010). Prospection as a cognitive precursor to symbolic communication. In R. K. Larson, V. Dépre, & H. Yamokido (Eds.), *The evolution of human language: Biolinguistic perspectives* (pp. 103-114). Cambridge: Cambridge University Press.

Geeraerts, D. (1997). *Diachronic prototype semantics: A contribution to historical lexicology*. Oxford: Clarendon Press.

Geeraerts, D. (2010). *Theories of lexical semantics*. New York: Oxford University Press.

Geeraerts, D., & Cuyckens, H. (2007). Introducing Cognitive Linguistics. In D. Geeraerts & H. Cuyckens (Eds.), *The Oxford handbook of cognitive linguistics* (pp. 3-21). Oxford: Oxford University Press.

Givón, T. (1998). On the co-evolution of language, mind and brain. *Evolution of Communication*, 2(1), 45-116.

Givón, T. (2002). The visual information-processing system as an evolutionary precursor of human language. In T. Givón & B. F. Malle (Eds.), *The evolution of language out of pre-language* (pp. 3-50). Amsterdam and Philadelphia: John Benjamins.

Givón, T. (2009). *The genesis of syntactic complexity: Diachrony, ontogeny, neuro-cognition, evolution*. Amsterdam and Philadelphia: John Benjamins.

Givón, T. (2013). On the intellectual roots of functionalism in linguistics. In S. T. Bischoff & C. Jany (Eds.), *Functional approaches to language* (pp. 9-30). Berlin: De Gruyter Mouton.

Goldin-Meadow, S. (2015). Studying the mechanisms of language learning by varying the learning environment and the learner. *Language, Cognition and Neuroscience*, 30(8), 899-911. doi: 10.1080/23273798.2015.1016978

Griffiths, P. E. (2002). What is innateness? *The Monist*, 85(1), 70-85.

Győri, G. (1995). Animal communication and human language: Searching for their evolutionary relationship. In S. Puppel (Ed.), *The biology of language* (pp. 99-125). Amsterdam and Philadelphia: John Benjamins.

Győri, G. (1997). Cognitive archaeology: A look at evolution outside and inside language. In R. Blench & M. Spriggs (Eds.), *Archaeology and language I: Theoretical and methodological orientation* (pp. 43-52). London and New York: Routledge.

Győri, G. (1999). Evolutionary continuity and the rate and curve of language evolution. *Evolution of Communication*, 3(2), 207-226.

Győri, G. (2001a). Symbolic cognition: Its evolution and adaptive impact. In G. Győri (Ed.), *Language evolution: Biological, linguistic and philosophical perspectives* (pp. 113-129). Frankfurt am Main: Peter Lang.

Győri G. (Ed.). (2001b). *Language evolution: Biological, linguistic and philosophical perspectives*. Frankfurt am Main: Peter Lang.

Győri, G. (2002). Semantic change and cognition. *Cognitive Linguistics*, 13(2), 123-166.

Harnad, S. (2005). To cognize is to categorize: Cognition is categorization. In H. Cohen & C. Lefebvre (Eds.), *Handbook of categorization in cognitive science* (pp. 20–43). Amsterdam: Elsevier.

Harnad, S. R., Steklis, H. D., & Lancaster, J. (Eds.). (1976). *Origins and evolution of language and speech. Annals of the New York Academy of Sciences*. Vol. 280. New York Academy of Sciences.

Harris, R. (2001). Wittgenstein's 'Private Language Argument' and theories of the origin of language. In G. Győri (Ed.), *Language evolution: Biological, linguistic and philosophical perspectives* (pp. 221–246). Frankfurt am Main: Peter Lang.

Hewes, G. (1973). Primate communication and the gestural origin of language. *Current Anthropology*, 14, 5-24.

Hewes, G. (1992). History of glottogonic theories. In J. Wind, B. Chiarelli, B. Bichakjian, & A. Nocentini (Eds.), *Language origin: A multidisciplinary approach* (pp. 3–20). Dordrecht: Kluwer.

Hogan, J. A. (2001). Development of behavior systems. In E. M. Blass (Ed.), *Handbook of behavioral neurobiology. Vol. 13: Developmental psychobiology* (pp. 229–279). New York: Kluwer Academic/Plenum Publishers.

Hogan, J. A. (2015). A framework for the study of behavior. *Behavioural Processes*, 117, 105–113.

Hurford, J. R. (2011). Linguistics from an evolutionary point of view. In R. Kempson, T. Fernando, & N. Asher (Eds.), *Handbook of the philosophy of science. Vol. 14: Philosophy of linguistics* (pp. 473–498). Amsterdam: Elsevier.

Hurford, J. R. (2014). *Origins of language: A slim guide*. Oxford: Oxford University Press.

Jackendoff, R. (2010). Your theory of language evolution depends on your theory of language. In R. K. Larson, V. Déprez, & H. Yamakido (Eds.), *The evolution of human language: Biolinguistic perspectives* (pp. 63–72). Cambridge: Cambridge University Press.

Johansson, C. (2001). Emergence of language structure and learnability. In G. Győri (Ed.), *Language evolution: Biological, linguistic and philosophical perspectives* (pp. 155–171). Frankfurt am Main: Peter Lang.

Johansson, S. (2005). *Origins of language: Constraints on hypotheses*. Amsterdam and Philadelphia: John Benjamins.

Johansson, S. (2014). Did language evolve incommunicado? In E. A. Cartmill, S. Roberts, H. Lyn, & H. Cornish (Eds.), *The evolution of language: Proceedings of the 10th Conference on the Evolution of Language* (EVOLANG10) (pp. 130–137). Singapore: World Scientific.

Johansson, S. (2016). Protolanguage possibilities in a construction grammar framework. In S. G. Roberts, C. Cuskley, L. McCrohon, L. Barceló-Coblijn, O. Fehér, & T. Verhoef (Eds.), *The evolution of language: Proceedings of the 11th International Conference on the Evolution of Language* (EVOLANG11) (pp. 157–162). Singapore: World Scientific.

Johnson, M. (1987). *The body in the mind: The bodily basis of meaning, reason and imagination.*

Chicago and London: University of Chicago Press.
Johnson, M. (2018). Embodiment of language. In A. Newen, L. De Bruin, & S. Gallagher (Eds.), *The Oxford handbook of 4e cognition* (pp. 623-640). Oxford: Oxford University Press.
Joseph, J. E. (2016). Structural linguistics. In K. Allan (Ed.), *The Routledge handbook of linguistics* (pp. 431-446). London and New York: Routledge.
Kemmerer, D. (2015). *Cognitive neuroscience of language*. New York: Psychology Press.
Kendon, A. (2017). Reflections on the "gesture-first" hypothesis of language origins. *Psychonomic Bulletin & Review*, 24(1), 163-170. doi: 10.3758/s13423-016-1117-3
Kinsella, A. R. (2009). *Language evolution and syntactic theory*. Cambridge: Cambridge University Press.
Kirby, S., Dowman, M., & Griffiths, T. L. (2007). Innateness and culture in the evolution of language. *Proceedings of the National Academy of Sciences of the United States of America*, 104(12), 5241-5245. doi: 10.1073_pnas.0608222104
Krill, A. L., Platek, S. M., Goetz, A. T., & Shackelford, T. K. (2007). Where evolutionary psychology meets cognitive neuroscience: A précis to evolutionary cognitive neuroscience. *Evolutionary Psychology*, 5(1), 232-256.
Lakoff, G. (1987). *Women, fire and dangerous things: What categories reveal about the mind*. Chicago: University of Chicago Press.
Lakoff, G. (1990). The Invariance Hypothesis: Is abstract reason based on image schemas? *Cognitive Linguistics*, 1(1), 39-74.
Lakoff, G. (1991). Cognitive versus generative linguistics: How commitments influence results. *Language and Communication*, 11(1-2), 53-62.
Lamarque, P. V. (1997). Philosophy of language. In P. V. Lamarque (Ed.), *Concise encyclopedia of philosophy of language* (pp. 1-9). Oxford: Pergamon.
Langacker, R. W. (1987). *Foundations of cognitive grammar. Vol. 1: Theoretical prerequisites*. Stanford, CA: Stanford University Press.
Langacker, R. W. (2008). *Cognitive grammar: A basic introduction*. Oxford and New York: Oxford University Press.
Langacker, R. W. (2010). Control and the mind/body duality: Knowing vs. effecting. In E. Tabakowska, M. Choiński, & Ł. Wiraszka (Eds.), *Cognitive linguistics in action: From theory to application and back* (pp. 163-207). Berlin and New York: Walter de Gruyter.
Langacker, R. W. (2013). *Essentials of cognitive grammar*. Oxford and New York: Oxford University Press.
Langendoen, D. T. (1998). Linguistic theory. In W. Bechtel & G. Graham (Eds.), *A companion to cognitive science* (pp. 235-244). Oxford: Blackwell.
Levinson, S. C., & Holler, J. (2014). The origin of human multi-modal communication. *Philosophical Transactions of the Royal Society B*, 369. doi: 10.1098/rstb.2013.0302
Lieberman, P. (2006). *Toward an evolutionary biology of language* (2nd ed.). Cambridge, MA:

Harvard University Press.

Lieberman, P. (2016). The evolution of language and thought. *Journal of Anthropological Sciences*, 94, 127–146.

Loritz, D. (1999). *How the brain evolved language*. Oxford: Oxford University Press.

Lotem, A., Halpern, J. Y., Edelman, S., & Kolodny, O. (2017). The evolution of cognitive mechanisms in response to cultural innovations. *Proceedings of the National Academy of Sciences of the United States of America*, 114(30), 7915–7922. doi: 10.1073/pnas.1620742114

Mackenzie, J. L. (2016). Functional linguistics. In K. Allan (Ed.), *The Routledge handbook of linguistics* (pp. 470–484). London and New York: Routledge.

MacNeilage, P. F. (2008). *The origin of speech*. Oxford: Oxford University Press.

Mameli, M. (2007). Evolution and psychology in a philosophical perspective. In L. Barrett & R. Dunbar (Eds.), *Oxford handbook of evolutionary psychology* (pp. 21–34). Oxford: Oxford University Press.

Matthews, P. (2001). *A short history of structural linguistics*. Cambridge: Cambridge University Press.

Maynard Smith, J., & Szathmáry, E. (1997). *The major transitions in evolution*. Oxford: Oxford University Press.

McMahon, A. M. S. (1994). *Understanding language change*. Cambridge: Cambridge University Press.

McMahon, A., & McMahon, R. (2013). *Evolutionary linguistics*. Cambridge: Cambridge University Press.

McNeill, D. (2012). *How language began: Gesture and speech in human evolution*. Cambridge: Cambridge University Press.

Morford, J. P., & Goldin-Meadow, S. (2001). Time and again: Displaced reference in the communication of linguistic isolates. In G. Győri (Ed.), *Language evolution: Biological, linguistic and philosophical perspectives* (pp. 173–197). Frankfurt am Main: Peter Lang.

Mufwene, S. S. (2013). The origins and evolution of language. In K. Allan (Ed.), *The Oxford handbook of the history of linguistics* (pp. 13–52). Oxford: Oxford University Press.

Neisser, U. (1976). *Cognition and reality: Principles and implications of cognitive psychology*. San Francisco: Freeman.

Pinker, S. (2003). Language as an adaptation to the cognitive niche. In S. Kirby & M. Christiansen (Eds.), *Language evolution: States of the art* (pp. 16–37). New York: Oxford University Press.

Pinker, S., & Jackendoff, R. (2005). The faculty of language: What's special about it? *Cognition*, 95, 201–236.

Pleyer, M. (2012). Cognitive construal, mental spaces and the evolution of language and cognition. In T. C. Scott-Phillips, M. Tamariz, E. A. Cartmill, & J. R. Hurford (Eds.), *The evolution of language: Proceedings of the 9th Conference on the Evolution of Language* (EVOLANG9) (pp. 288-295). Singapore: World Scientific.

Pleyer, M. (2017). Protolanguage and mechanisms of meaning construal in interaction. *Language Sciences*, 63, 69-90.

Pleyer, M., & Hartmann, S. (2014). A matter of perspective: Viewpoint phenomena in the evolution of grammar. In E. A. Cartmill, S. Roberts, H. Lyn, & H. Cornish (Eds.), *The evolution of language: Proceedings of the 10th Conference on the Evolution of Language* (EVOLANG10) (pp. 90-105). Singapore: World Scientific.

Pleyer, M., & Hartmann, S. (2019). Constructing a consensus on language evolution? Convergences and differences between biolinguistic and usage-based approaches. *Frontiers in Psychology*, 10. doi: 10.3389/fpsyg.2019.02537

Pleyer, M., & Lindner, N. (2014). Constructions, construal and cooperation in the evolution of language. In E. A. Cartmill, S. Roberts, H. Lyn, & H. Cornish (Eds.), *The evolution of language: Proceedings of the 10th Conference on the Evolution of Language (EVOLANG10)* (pp. 244-251). Singapore: World Scientific.

Pleyer, M., & Winters, J. (2014). Integrating Cognitive Linguistics and language evolution research. *Theoria et Historia Scientiarum*, 11, 19-44. doi: 10.12775/ths-2014-002

Plotkin, H. (2007). The power of culture. In L. Barrett & R. Dunbar (Eds.), *Oxford handbook of evolutionary psychology* (pp. 11-19). Oxford: Oxford University Press.

Poeppel, D., & Embick, D. (2005). Defining the relation between linguistics and neuroscience, In A. Cutler (Ed.), *Twenty-first century psycholinguistics: Four cornerstones* (pp. 103-118). New York: Psychology Press.

Puppel, S. (Ed.). (1995). *The biology of language*. Amsterdam and Philadelphia: John Benjamins.

Quiatt, D., & Reynolds, V. (1993). *Primate behaviour: Information, social knowledge, and the evolution of culture*. Cambridge: Cambridge University Press.

Ristau, C. A. (2013). Cognitive ethology. *WIREs Cognitive Science*, 4, 493-509. doi: 10.1002/wcs.1239

Sadowski, P. (2009). *From interaction to symbol: A systems view of the evolution of signs and communication*. Amsterdam and Philadelphia: John Benjamins.

Sampson, G. (1980). *Schools of linguistics: Competition and evolution*. London: Hutchinson.

Schmid, H.-J. (2012). Linguistic theories, approaches and methods. In M. Middeke, T. Müller, C. Wald, & H. Zapf (Eds.), *English and American studies: Theory and practice* (pp. 371-394). Stuttgart and Weimar: Metzler.

Schoenemann, P. T. (2017). A complex-adaptive-systems approach to the evolution of language and the brain. In S. S. Mufwene, F. Pellegrino, & C. Coupbe (Eds.), *Complexity in language: Developmental and evolutionary perspectives* (pp. 67-100). Cambridge: Cambridge University Press.

Schumann, J. H. (2007). A linguistics for the evolution and neurobiology of language. *Journal of*

English Linguistics, 35(3), 278-287.

Scott-Phillips, T. C. (2008). On the correct application of animal signalling theory to human communication. In A. D. M. Smith, K. Smith, & R. Ferrer i Cancho (Eds.), *The evolution of language: Proceedings of the 7th International Conference (EVOLANG7)* (pp. 275-282). Singapore: World Scientific.

Scott-Phillips, T. C., Dickins, T. E., & West, S. A. (2011). Evolutionary theory and the ultimate-proximate distinction in the human behavioral sciences. *Perspectives on Psychological Science*, 6(1), 38-47.

Seuren, P. A. M. (2016). Saussure and his intellectual environment. *History of European Ideas*, 42(6), 819-847. doi: 10.1080/01916599.2016.1154398

Seyfarth, R. M., & Cheney, D. L. (2017). Precursors to language: Social cognition and pragmatic inference in primates. *Psychonomic Bulletin & Review*, 24, 79-84. doi: 10.3758/s13423-016-1059-9

Shettleworth, S. J. (2010). *Cognition, evolution, and behavior* (2nd ed.). New York: Oxford University Press.

Sinha, C. (2004). The evolution of language: From signals to symbols to system. In D. K. Oller & U. Griebel (Eds.), *The evolution of communication systems: A comparative approach* (pp. 217-235). Cambridge, MA: MIT Press.

Sinha, C. (2009). Language as a biocultural niche and social institution. In V. Evans & S. Pourcel (Eds.), *New directions in cognitive linguistics* (pp. 289-309). Amsterdam and Philadelphia: John Benjamins.

Slocombe, K. E., Waller, B. M., & Liebal, K. (2011). The language void: The need for multimodality in primate communication research. *Animal Behaviour*, 81, 919-924.

Smit, H. (2016). The transition from animal to linguistic communication. *Biological Theory*, 11, 158-172. doi: 10.1007/s13752-016-0246-2

Smith, K. (2018). How culture and biology interact to shape language and the language faculty. *Topics in Cognitive Science*, 12(2), 690-712. doi: 10.1111/tops.12377

Sterelny, K. (2012). Language, gesture, skill: The co-evolutionary foundations of language. *Philosophical Transactions of the Royal Society B*, 367, 2141-2151. doi: 10.1098/rstb.2012.0116

Tallerman, M. (2014). No syntax saltation in language evolution. *Language Sciences*, 46, 207-219. doi: 10.1016/j.langsci.2014.08.002

Taylor, J. R. (2014). Cognitive linguistics. In K. Allan (Ed.), *The Routledge handbook of linguistics* (pp. 455-469). London and New York: Routledge.

Tomasello, M. (1999). *The cultural origins of human cognition*. Cambridge, MA and London: Harvard University Press.

Tomasello, M. (2008). *Origins of human communication*. Cambridge, MA: MIT Press.

Tomasello, M. (2014). *A natural history of human thinking*. Cambridge, MA and London: Harvard

University Press.

Újhelyi, M., & Buk, P. (2001). On the origins of syntactically structured vocalizations in primates. In G. Győri (Ed.), *Language evolution: Biological, linguistic and philosophical perspectives* (pp. 101-111). Frankfurt am Main: Peter Lang.

Van Valin, R. D., Jr. (2001). Functional linguistics. In M. Aronoff & J. Rees-Miller (Eds.), *The handbook of linguistics* (pp. 319-336). Malden, MA: Blackwell.

Vicari, G., & Adenzato, M. (2014). Is recursion language-specific? Evidence of recursive mechanisms in the structure of intentional action. *Consciousness and Cognition*, 26, 169-188.

von Raffler-Engel, W., Wind, J., & Jonker, A. (Eds.). (1991). *Studies in language origins*. Vol. 2. Amsterdam and Philadelphia: John Benjamins.

Wasow, T. (2001). Generative Grammar. In M. Aronoff & J. Rees-Miller (Eds.), *The handbook of linguistics* (pp. 295-318). Malden, MA: Blackwell.

Wind, J., Jonker, A., Allott, R., & Rolfe, L. (Eds.). (1994). *Studies in language origins*. Vol. 3. Amsterdam and Philadelphia: John Benjamins.

Wind, J., Pulleybank, E. G., de Grolier, É., & Bichakjian, B. H. (Eds.). (1989). *Studies in language origins*. Vol. 1. Amsterdam and Philadelphia: John Benjamins.

Zlatev, J. (2005). What's in a schema? Bodily mimesis and the grounding of language. In B. Hampe (Ed.), *From perception to meaning: Image schemas in Cognitive Linguistics* (pp. 313-342). Berlin: Mouton de Gruyter.

Zlatev, J. (2008). From proto-mimesis to language: Evidence from primatology and social neuroscience. *Journal of Physiology-Paris*, 102, 137-151.

Zlatev, J., Persson, T., & Gärdenfors, P. (2005). Bodily mimesis as "the missing link" in human cognitive evolution. *Lund University Cognitive Studies*, 121.

〈제39장〉

Backus, A., Doğruöz, S., & Heine, B. (2011). Salient stages in contact-induced grammatical change: Evidence from synchronic vs. diachronic contact situations. *Language Sciences*, 33(5), 738-752.

Barðdal, J. (2007). The semantic and lexical range of the ditransitive construction in the history of (North) Germanic. *Functions of Language*, 14(1), 9-30.

Barðdal, J. (2008). *Productivity: Evidence from case and argument structure in Icelandic*. Amsterdam: John Benjamins.

Barðdal, J., & Gildea, S. (2015). Diachronic Construction Grammar: Epistemological context, basic assumptions and historical implications. In J. Barðdal, E. Smirnova, L. Sommerer, & S. Gildea (Eds.), *Diachronic Construction Grammar* (pp. 1-49). Amsterdam: John Benjamins.

Bergs, A., & Diewald, G. (2008). Introduction: Constructions and language change. In A. Bergs & G. Diewald (Eds.), *Constructions and language change* (pp. 1-21). Berlin: Mouton de

Gruyter.

Beuls, K., & van Trijp, R. (2016). Computational construction grammar and constructional change. *Belgian Journal of Linguistics*, 30, 1-13.

Bisang, W. (1998) Grammaticalization and language contact, constructions and positions. In A. Giacalone Ramat & P. J. Hopper (Eds.), *The limits of grammaticalization* (pp. 13-58). Amsterdam: John Benjamins.

Boas, H. C., & Höder, S. (Eds.). (2018). *Constructions in contact: Constructional perspectives on contact phenomena in Germanic languages*. Amsterdam: John Benjamins.

Booij, G. (Ed.). (2018). *The construction of words: Advances in construction morphology*. Cham: Springer International Publishing.

Börjars, K., Vincent, N., & Walkden, G. (2015). On constructing a theory of grammatical change. *Transactions of the Philological Society*, 113(3), 363-382.

Bybee, J. (2003a). Mechanisms of change in grammaticization: The role of frequency. In B. D. Joseph & R. D. Janda (Eds.), *The handbook of historical linguistics* (pp. 602-623). Oxford: Blackwell.

Bybee, J. (2003b). Cognitive processes in grammaticalization. In M. Tomasello (Ed.), *The new psychology of language: Cognitive and functional approaches to language structure*. Vol. 2 (pp. 145-167). Mahwah, NJ: Erlbaum.

Bybee, J. (2010). *Language, usage and cognition*. Cambridge: Cambridge University Press.

Colleman, T. (2016). A reflection on constructionalization and constructional borrowing, inspired by an emerging Dutch replica of the 'time'-*away* construction. *Belgian Journal of Linguistics*, 30, 91-113.

Colleman, T. (2018). Distributional assimilation in constructional semantics: On contact-related semantic shifts in Afrikaans three-argument constructions. In H. C. Boas & S. Höder (Eds.), *Constructions in contact: Constructional perspectives on contact phenomena in Germanic languages* (pp. 143-177). Amsterdam: John Benjamins.

Colleman, T., & De Clerck, B. (2011). Constructional semantics on the move: On semantic specialization in the English double object construction. Cognitive Linguistics, 22(1), 183-209.

Colleman, T., & Noël, D. (2012). The Dutch evidential NCI: A case of constructional attrition. *Journal of Historical Pragmatics*, 13(1), 1-28.

Colleman, T., & Noël, D. (2014). Tracing the history of deontic NCI patterns in Dutch: A case of polysemy copying. In I. Taavitsainen, A. H. Jucker, & J. Tuominen (Eds.), *Diachronic corpus pragmatics* (pp. 213-236). Amsterdam: John Benjamins.

Croft, W. (2001). *Radical construction grammar: Syntactic theory in typological perspective*. Oxford: Oxford University Press.

David, O. (2015). Clitic doubling and differential object marking: A study in diachronic construction grammar. *Constructions and Frames*, 7(1), 103-135.

Davies, M., & Kim, J.-B. (2019). Historical shifts with the into-causative construction in American

English. *Linguistics*, 57(1), 29-58.

DeLancey, S. (1994). Grammaticalization and linguistic theory. In J. Gomez & D. Rood (Eds.), *Proceedings of the 1993 Mid- America Linguistics Conference* (pp. 1-22). Boulder: Department of Linguistics, University of Colorado.

De Smet, H. (2016). How gradual change progresses: The interaction between convention and innovation. *Language Variation and Change*, 28(1), 83-102.

D'hoedt F., De Smet H., & Cuyckens, H. (2019). Constructions waxing and waning: A diachronic overview of the zero-Secondary Predicate Construction. *Journal of English Linguistics*, 47(1), 3-28.

Doğruöz, S., & Backus, A. (2009). Innovative constructions in Dutch Turkish: An assessment of on-going contact induced change. *Bilingualism: Language and Cognition*, 12(1), 41-63.

Fanego, T. (2019). A construction of independent means: The history of the way construction revisited. *English Language and Linguistics*, 23(3), 671-699.

Fischer, O. (2007). *Morphosyntactic change: Functional and formal perspectives*. Oxford: Oxford University Press.

Fischer, O. (2013). The role of contact in English syntactic change in the Old and Middle English periods. In D. Schreier & M. Hundt (Eds.), *English as a contact language* (pp. 18-40). Cambridge: Cambridge University Press.

Fonteyn, L. (2017). The aggregate and the individual: Thoughts on what non- alternating authors reveal about linguistic alternations—a response to Petré. *English Language and Linguistics*, 21(2), 251-262.

Fried, M. (2009). Construction grammar as a tool for diachronic analysis. *Constructions and Frames*, 1(2), 262-291.

Geeraerts, D. (1997). *Diachronic prototype semantics: A contribution to historical lexicology*. Oxford: Clarendon Press.

Goldberg, A. E. (1990). Constructional borrowing and the process of factorization. Unpublished manuscript. www.princeton.edu/~adele/papers/Papers/Finished/Yiddish.doc (accessed September 7, 2019).

Goldberg, A. E. (1995). *Constructions: A Construction Grammar approach to argument structure*. Chicago: University of Chicago Press.

Goldberg, A. E. (2003). Constructions: A new theoretical approach to language. *Trends in Cognitive Sciences*, 7, 219-224.

Goldberg, A. E. (2006). *Constructions at work: The nature of generalization in language*. Oxford: Oxford University Press.

Goldberg, A. E. (2019). *Explain me this: Creativity, competition, and the partial productivity of constructions*. Princeton: Princeton University Press.

Gyselinck, E. (2020). (Re)shaping the constructional network: Modelling shifts and reorganizations in the network hierarchy. The intensifying fake reflexive resultative construction in

19th–20th century Dutch. In L. Sommerer & E. Smirnova (Eds.), *Nodes and links in the network: Advances in Diachronic Construction Grammar* (pp. 107-140). Amsterdam: John Benjamins.

Hilpert, M. (2013). *Constructional change in English: Developments in allomorphy, word formation, and syntax*. Cambridge: Cambridge University Press.

Hilpert, M. (2018). Three open questions in Diachronic Construction Grammar. In E. Coussé, P. Andersson, & J. Olofsson (Eds.), *Grammaticalization meets Construction Grammar* (pp. 21-39). Amsterdam: John Benjamins.

Höder, S. (2012). Multilingual constructions: A diasystematic approach to common structures. In K. Braunmüller & C. Gabriel (Eds.), *Multilingual individuals and multilingual societies* (pp. 241-257). Amsterdam: John Benjamins.

Höder, S. (2014). Constructing diasystems: Grammatical organisation in bilingual groups. In T. A. Åfarli & B. Mæhlum (Eds.), *The sociolinguistics of grammar* (pp. 137-152). Amsterdam: John Benjamins.

Hoffmann, S., & Mukherjee, J. (2007). Ditransitive verbs in Indian English and British English: A corpus-linguistic study. *Arbeiten aus Anglistik und Amerikanistik*, 32(1), 5-24.

Ingham, R. (accepted). The Middle English prepositional dative: Contact with French. In M. Röthlisberger, E. Zehentner, & T. Colleman (Eds.), *Ditransitive constructions in Germanic*.

Israel, M. (1996). The *way* constructions grow. In A. E. Goldberg (Ed.), *Conceptual structure, discourse and language* (pp. 217-230). Stanford, CA: CSLI.

Jing-Schmidt, Z., & Peng, X. (2016). The emergence of disjunction: A history of constructionalization in Chinese. *Cognitive Linguistics*, 27(1), 101-136.

Kay, P. (2013). The limits of (Construction) Grammar. In T. Hoffmann & G. Trousdale (Eds.), *The Oxford handbook of construction grammar* (pp. 32-48). Oxford: Oxford University Press.

Mithun, M. (2008). Borrowed rhetorical constructions as starting points for grammaticalization. In A. Bergs & G. Diewald (Eds.), *Constructions and language change* (pp. 196-230). Berlin: Mouton de Gruyter.

Noël, D. (2007). Diachronic construction grammar and grammaticalization theory. *Functions of Language*, 14(2), 177-202.

Noël, D. (2008). The nominative and infinitive in Late Modern English: A diachronic constructionist approach. *Journal of English Linguistics*, 36(4), 314-340.

Noël, D. (2016). For a radically usage-based diachronic construction grammar. *Belgian Journal of Linguistics*, 30, 39-53.

Noël, D. (2019). The decline of the Deontic nci construction in Late Modern English: Towards a radically usage-based perspective on constructional attrition. *Cognitive Linguistic Studies*, 6(1), 22-57.

Noël, D., & Colleman, T. (2018). Constructional renovation: The role of French legal language in the survival of the nominative-and-infinitive in Dutch. In E. Zenner, A. Backus, & E. Winter-Froemel (Eds.), *Cognitive Contact Linguistics: Placing usage, meaning and mind at the core of contact-induced variation and change* (pp. 305-337). Berlin: De Gruyter Mouton.

Norde, M. (in preparation). An introduction to diachronic construction morphology. Ms.

Norde, M., & Van Goethem, K. (2018). Debonding and clipping of prefixoids in Germanic: Constructionalization or constructional change? In G. Booij (Ed.), *The construction of words* (pp. 475-518). Cham: Springer International Publishing.

Peng, R. (2013). A diachronic construction grammar account of the Chinese cause-complement pivotal construction. *Language Sciences*, 40, 53-79.

Perek, F. (2018). Recent change in the productivity and schematicity of the way-construction: A distributional semantic analysis. *Corpus Linguistics and Linguistic Theory*, 14(1), 65-97.

Perek, F. (2020). Productivity and schematicity in constructional change. In L. Sommerer & E. Smirnova (Eds.), *Nodes and links in the network: Advances in Diachronic Construction Grammar* (pp. 141-166). Amsterdam: John Benjamins.

Petré, P. (2010). The functions of *weorðan* and its loss in the past tense in Old and Middle English. *English Language and Linguistics*, 14(3), 457-484.

Petré, P. (2016). Unidirectionality as a cycle of convention and innovation: Micro-changes in the grammaticalization of [be going to INF]. *Belgian Journal of Linguistics*, 30, 115-146.

Petré, P., & Anthonissen, L. (2019). Grammaticalization and the linguistic individual: New avenues in lifespan research. *Linguistics Vanguard*, 5(s2).

Petré, P., & Van de Velde, F. (2018). The real-time dynamics of the individual and the community in grammaticalization. *Language*, 94, 867-901.

Pietsch, L. (2010). What has changed in Hiberno-English: Constructions and their role in contact-induced change. *Sprachtypologie und Universalienforschung*, 63, 118-145.

Pijpops, D., & Van de Velde, F. (2016). Constructional contamination: What is it and how do we measure it? *Folia Linguistica*, 50(2), 543-581.

Schmid, H.-J. (2015). A blueprint of the Entrenchment-and-Conventionalization Model. *Yearbook of the German Cognitive Linguistics Association*, 3, 1-27.

Schmid, H.-J., & Mantlik, A. (2015). Entrenchment in historical corpora? Reconstructing dead authors' minds from their usage profiles. *Anglia*, 133(4), 583-623.

Sommerer, L. (2018). *Article emergence in Old English: A constructionalist perspective*. Berlin: Mouton de Gruyter.

Sommerer, L., & Smirnova, E. (Eds.). (2020). *Nodes and links in the network: Advances in Diachronic Construction Grammar*. Amsterdam: John Benjamins.

Torrent, T. T. (2015). On the relation between inheritance and change: The Constructional Convergence and the Construction Network Reconfiguration hypotheses. In J. Barðdal, E. Smirnova, L. Sommerer, & S. Gildea (Eds.), *Diachronic Construction Grammar* (pp.

173-212). Amsterdam: John Benjamins.

Traugott, E. C. (2003). Constructions in grammaticalization. In B. D. Joseph & R. D. Janda (Eds.), *The handbook of historical linguistics* (pp. 624-647). Oxford: Blackwell.

Traugott, E. C. (2008). 'All that he endeavoured to prove was …': On the emergence of grammatical constructions in dialogic contexts. In R. Cooper & R. Kempson (Eds.), *Language in flux: Dialogue coordination, language variation, change and evolution* (pp. 143-177). London: Kings College Publications.

Traugott, E. C., & Trousdale, G. (2013). *Constructionalization and constructional changes*. Oxford: Oxford University Press.

Trousdale, G. (2008a). Words and constructions in grammaticalization: The end of the English impersonal construction. In S. M. Fitzmaurice & D. Minkova (Eds.), *Studies in the history of the English language IV: Empirical and analytical advances in the study of English language change* (pp. 301-326). Berlin: Mouton de Gruyter.

Trousdale, G. (2008b). Constructions in grammaticalization and lexicalization: Evidence from the history of a composite predicate in English. In G. Trousdale & N. Gisborne (Eds.), *Constructional approaches to English grammar* (pp. 33-67). Berlin: Mouton de Gruyter.

Trousdale, G. (2010). Issues in constructional approaches to grammaticalization in English. In E. Stathi, E. Gehweiler, & E. König (Eds.), *Grammaticalization: Current views and issues* (pp. 51-72). Amsterdam: John Benjamins.

Trousdale, G. (2012a). Theory and data in diachronic Construction Grammar: The case of the *what with* construction. *Studies in Language*, 36(3), 576-602.

Trousdale, G. (2012b). Grammaticalization, constructions and the grammaticalization of constructions. In K. Davidse, T. Breban, L. Brems, & T. Mortelmans (Eds.), *Grammaticalization and language change: New reflections* (pp. 167-198). Amsterdam: John Benjamins.

Van de Velde, F. (2014). Degeneracy: The maintenance of constructional networks. In R. Boogaart, T. Colleman, & G. Rutten (Eds.), *Extending the scope of construction grammar* (pp. 141-179). Berlin: De Gruyter Mouton.

Winters, M. E. (2010). Introduction: On the emergence of diachronic cognitive linguistics. In M. E. Winters, H. Tissari, & K. Allan (Eds.), *Historical cognitive linguistics* (pp. 3-27). Berlin: De Gruyter Mouton.

Zehentner, E. (2017). Ditransitives in Middle English: On semantic specialisation and the rise of the dative alternation. *English Language and Linguistics*, 21(1), 1-27.

Zehentner, E. (2019). *Competition in language change: The rise of the English dative alternation*. Berlin: Mouton de Gruyter.

Zenner, E., Backus, A., & Winter-Froemel, E. (Eds.). (2019). *Cognitive Contact Linguistics: Placing usage, meaning and mind at the core of contact-induced variation and change*. Berlin: De Gruyter Mouton.

Ziegeler, D. (2004). Grammaticalisation through constructions: The story of causative *have* in English. *Annual Review of Cognitive Linguistics*, 2, 159-195.

Ziegeler, D. (2015). *Converging grammars: Constructions in Singapore English*. Berlin: Mouton de Gruyter.

〈제40장〉

Abdel-Raheem, A. (2019). *Pictorial framing in moral politics: A corpus-based experimental study*. London: Routledge.

Abed, F. (1994). Visual puns as interactive illustrations: Their effects on recognition memory. *Metaphor and Symbolic Activity*, 9, 45-60. DOI: 10.1207/s15327868ms0901_3

Adami, E. (2015). Aesthetics in digital texts beyond writing: A social semiotic multimodal framework. In A. Archer & E. Breuer (Eds), *Multimodality in writing: The state of the art in theory, methodology and pedagogy* (pp. 43-62). Leiden: Brill. DOI: 10.1163/9789004297197_004

Adami, E. (2017). Multimodality. In O. García, N. Flores, & M. Spotti (Eds.), *The Oxford handbook of language and society* (pp. 451-472). Oxford: Oxford University Press. DOI: 10.1093/oxfordhb/9780190212896.013.23

Archer, A., & Breuer, E. (Eds.). (2015). *Multimodality in writing: The state of the art in theory, methodology and pedagogy*. Leiden: Brill. DOI: 10.1163/9789004297197

Asenjo, R. (2018). The influence of culture in the multimodal murals of Northern Ireland. *Warsaw Multimodality Workshop and Masterclass*, 7-9 June. Poland: University of Warsaw.

Baldry, A., & Thibault, P. J. (2006). *Multimodal transcription and text analysis: A multimedia toolkit and coursebook*. London: Equinox.

Barcelona, A. (Ed.). (2000). *Metaphor and metonymy at the crossroads: A cognitive perspective*. Berlin: Mouton de Gruyter.

Barthes, R. (1986) (original work published in 1964). The rhetoric of the image. In *The responsibility of forms* (pp. 21-40) (R. Howard, Trans.). Oxford: Blackwell.

Bateman, J. (2008). *Multimodality and genre: A foundation for the systematic analysis of multimodal documents*. Basingstoke: Palgrave Macmillan. DOI: 10.1057/9780230582323

Bateman, J. (2014). *Text and image: A critical introduction to the visual/verbal divide*. London: Routledge.

Bateman, J., Delin, J., & Henschel, R. (2004). Multimodality and empiricism: Preparing for a corpus-based approach to the study of multimodal meaning-making. In E. Ventola, C. Charles, & M. Kaltenbacher (Eds.), *Perspectives on multimodality* (pp. 65-87). Amsterdam: John Benjamins. DOI: 10.1075/ddcs.6.06bat

Bateman, J., & Schmidt, K. H. (2014). *Multimodal film analysis: How films mean*. London: Routledge.

Bateman, J., Wildfeuer, J., & Hiippala, T. (2017). *Multimodality: Foundations, research and analysis—A problem-oriented introduction*. Berlin: De Gruyter Mouton.

Bounegru, L., & Forceville, C. (2011). Metaphors in editorial cartoons representing the global financial crisis. *Visual Communication*, 10, 209-229. DOI: 10.1177/1470357211398446

Burgers, C., Konijn, E., & Steen, G. (2016). Figurative framing: Shaping public discourse through metaphor, hyperbole, and irony. *Communication Theory*, 26, 410-430. DOI: 10.1111/comt.12096

Caballero, R. (2006). *Reviewing space: Figurative language in architects' assessment of built space*. Berlin: Mouton de Gruyter. DOI: 10.1080/10926480701357687

Caballero, R. (2009). Cutting across the senses: Imagery in winespeak and audiovisual promotion. In C. Forceville and E. Urios-Aparisi (Eds.), *Multimodal metaphor* (pp. 73-94). Berlin: Mouton de Gruyter. DOI: 10.1515/9783110215366.2.73

Caple, H., Bednarek, M., & Anthony, L. (2018). Using Kaleidographic to visualize multimodal relations within and across texts. *Visual Communication*, 17(4), 461-474. DOI: 10.1177/1470357218789287

Chandler, D. (2017). *Semiotics: The basics* (3rd ed.). London: Routledge.

Chion, M. (2009). *Film, a sound art* (C. Gorbman, Trans.). New York: Columbia University Press.

Cienki, A. (2017). *Ten lectures on spoken language and gesture from the perspective of cognitive linguistics: Issues of dynamicity and multimodality*. Leiden: Brill. DOI: 10.1163/9789004336230

Cila, N. (2013). Metaphors we design by: The use of metaphors in product design. (Doctoral dissertation, Technical University Delft, 2013).

Clark, B. (2013). *Relevance theory*. Cambridge: Cambridge University Press. DOI: 10.1017/CBO9781139034104

Coëgnarts, M., & Kravanja, P. (2012). From thought to modality: A theoretical framework for analysing structural-conceptual metaphor and image metaphor in film. *Image and Narrative*, 13(1), 96-113.

Coëgnarts, M., & Kravanja, P. (Eds.). (2015). *Embodied cognition and cinema*. Leuven: Leuven University Press.

Cohn, N. (2013). *The visual language of comics: Introduction to the structure and cognition of sequential images*. London: Bloomsbury.

Cohn, N. (Ed.). (2016). *The visual narrative reader*. London: Bloomsbury.

Cook, N. (1998). *Analysing musical multimedia*. Oxford: Clarendon.

Cornevin, V., & Forceville, C. (2017). From metaphor to allegory: The Japanese manga Afuganisu-tan. *Metaphor and the Social World*, 7(2), 236-252. DOI: 10.1075/msw.7.2.04cor

Dirven, R., & Pörings, R. (Eds.). (2002). *Metaphor and metonymy in comparison and contrast*. Berlin: Mouton de Gruyter.

Djonov, E., & Zhao, S. (Eds.). (2013). *Critical multimodal studies of popular culture*. New York: Routledge.

Domínguez, M. (2015). The metaphorical species: Evolution, adaptation and speciation of metaphors. *Discourse Studies*, 17(4), 433-448.

Ellestrröm, L. (2010). Introduction. In L. Ellestrröm (Ed.), *Media borders, multimodality and intermediality* (pp. 1-48). Basingstoke: Palgrave Macmillan.

El Refaie, E. (2003). Understanding visual metaphors: The example of newspaper cartoons. *Visual Communication*, 2(1): 75-95. DOI: 10.1177/1470357203002001755

El Refaie, E. (2019). *Visual metaphor and embodiment in graphic illness narratives*. Oxford: Oxford University Press.

Fahlenbrach, K. (Ed.). (2016). *Embodied metaphors in film, television, and video games*. London: Routledge.

Fahlenbrach, K. (2017). Audiovisual metaphors and metonymies of emotions and depression in moving images. In F. Ervas, E. Gola, & M. G. Rossi (Eds.), *Metaphor in communication, science and education* (pp. 95-117). Berlin: De Gruyter Mouton. DOI: 10.1515/9783110549928–006

Fauconnier, G., & Turner, M. (2002). *The way we think: Conceptual blending and the mind's hidden complexities*. New York: Basic Books.

Forceville, C. (1996). *Pictorial metaphor in advertising*. London: Routledge.

Forceville, C. (1999). Educating the eye? Kress and Van Leeuwen's Reading images: The grammar of visual design. *Language and Literature*, 8(2), 163-178. DOI: 10.1177/096394709900800204

Forceville, C. (2005a). Visual representations of the idealized cognitive model of anger in the Asterix album La Zizanie. *Journal of Pragmatics*, 37, 69-88. DOI: 10.1016/j.pragma.2003.10.002

Forceville, C. (2005b). Addressing an audience: Time, place, and genre in Peter van Straaten's calendar cartoons. *Humor: International Journal of Humor Research*, 18(3), 247-278. DOI: 10.1515/humr.2005.18.3.247

Forceville, C. (2006). Non-verbal and multimodal metaphor in a cognitivist framework: Agendas for research. In G. Kristiansen, M. Achard, R. Dirven, & F. J. Ruiz de Mendoza Ibáñez (Eds.), *Cognitive linguistics: Current applications and future perspectives* (pp. 379-402). Berlin: Mouton de Gruyter.

Forceville, C. (2013). Creative visual duality in comics balloons. In T. Veale, K. Feyaerts, & C. Forceville (Eds.), *Creativity and the agile mind: A multi-disciplinary exploration of a multi-faceted phenomenon* (pp. 253-273). Berlin: De Gruyter Mouton.

Forceville, C. (2014). Relevance Theory as model for analysing multimodal communication. In D. Machin (Ed.), *Visual communication* (pp. 51-70). Berlin: De Gruyter Mouton.

Forceville, C. (2018). Multimodality, film, and cinematic metaphor: An evaluation of Müller and Kappelhoff. *Punctum: International Journal of Semiotics* (Greece), 4(2), 90-108. DOI: 10.18680/hss.2018.0021

Forceville, C. (2020). *Visual and multimodal communication: Applying the relevance principle*.

Oxford University Press.

Forceville, C., & Clark B. (2014). Can pictures have explicatures? *Linguagem em (Dis)curso*, 14(3), 451-472.

Forceville, C., & Jeulink, M. (2011). "The flesh and blood of embodied understanding": The source-path-goal schema in animation film. *Pragmatics & Cognition*, 19(1), 37-59. DOI: 10.1075/pc.19.1.02for

Forceville, C., & Paling, S. (2018). The metaphorical representation of depression in short, wordless animation films. *Visual Communication*, 20(1), 100-120. DOI: 10.1177/1470357218797994.

Forceville, C., & Urios-Aparisi, E. (Eds.). (2009). *Multimodal metaphor*. Berlin: Mouton de Gruyter.

Forceville, C., & van de Laar, N. (2019). Metaphors portraying right-wing politician Geert Wilders in Dutch political cartoons. In E. Hidalgo Tenorio, M. Á. Benitez Castro, & F. De Cesare (Eds.), *Populist discourse: Critical approaches to contemporary politics* (pp. 292-307). London: Routledge.

Frow, J. (2015). *Genre* (2nd ed.). London: Routledge.

Gibbons, A. (2012). *Multimodality, cognition, and experimental literature*. London: Routledge.

Gibbs, R. W., Jr. (1993). Process and products in making sense of tropes. In A. Ortony (Ed.), *Metaphor and thought* (2nd ed.) (pp. 252-176). Cambridge: Cambridge University Press. DOI: 10.1017/CBO9781139173865.014

Górska, E. (2010). Life is music: A case study of a novel metaphor and its use in discourse. *English Text Construction*, 3(2), 275-293. DOI: 10.1075/B.C.t.40.08gor

Greifenstein, S., Horst, D., Scherer, T., Schmitt, C., Kappelhoff, H., & Müller, C. (Eds.). (2018). *Cinematic metaphor in perspective: Reflections on a transdisciplinary framework*. Berlin: De Gruyter Mouton.

Grice, H. P. (1975). Logic and conversation. In P. Cole & J. L. Morgan (Eds.), *Syntax and semantics 3: Speech acts* (pp. 41-58). New York: Academic Press.

Hamann, A. (2018). Multimodal meaning-making in classic Maya inscriptions. *LaMiCuS*, 2, 132-146. DOI: 10.32058/LAMICUS-2018-005

Hidalgo-Downing, L., & Mujic, B. K. (Eds.). (2013). Metaphorical creativity across modes. Special Issue of *Metaphor and the Social World*, 3(2), 133-269. DOI: 10.1075/msw.3.2.01int

Hidalgo-Downing, L., & Mujic, B. K. (Eds.). (2020). *Performing metaphoric creativity across modes and contexts*. Berlin: De Gruyter Mouton.

Hiippala, T. (2015). *The structure of multimodal documents: An empirical approach*. London: Routledge.

Holšánová, J. (2008). *Discourse, vision, and cognition*. Amsterdam: John Benjamins.

Holšánová, J. (2014). In the eye of the beholder: Visual communication from a recipient perspective. In D. Machin (Ed.), *Visual communication* (pp. 331-355). Berlin: De Gruyter Mouton.

Hommerberg, C. (2011). Persuasiveness in the discourse of wine: The rhetoric of Robert Parker. (Doctoral dissertation, Linnaeus University).

Ibarretxe-Antuñano, I. (2013). The relationship between conceptual metaphor and culture. *Intercultural Pragmatics*, 10(2), 315-339.

Indurkhya, B., & Ojha, A. (2013). An empirical study on the role of perceptual similarity in visual metaphors and creativity. *Metaphor and Symbol*, 28, 233-253. DOI: 10.1080/10926488.2013.826554

Jewitt, C. (Ed.). (2014a). *The Routledge handbook of multimodal analysis* (2nd ed.). London: Routledge.

Jewitt, C. (2014b). Different approaches to multimodality. In C. Jewitt (Ed.), *The Routledge handbook of multimodal analysis* (pp. 31-43). London: Routledge.

Jewitt, C. (2014c). An introduction to multimodality. In C. Jewitt (Ed.), *The Routledge handbook of multimodal analysis* (pp. 15-30). London: Routledge.

Jewitt, C., Bezemer, J., & O'Halloran, K. (2016). *Introducing multimodality*. London: Routledge.

Johnson, M., & Larson S. (2003). "Something in the way she moves"— Metaphors of musical motion. *Metaphor and Symbol*, 18, 63-84. DOI: 10.1207/S15327868MS1802_1

Kashanizadeh, Z., & Forceville, C. (2020). Visual and multimodal interaction of metaphor and metonymy: A study of Iranian and Dutch print advertisements. *Cognitive Linguistics Studies*, 7(1) 78-110. DOI: 10.1075/cogls.00050.kas.

Klug, N. M., & Stöckl, H. (Eds.). (2016). *Handbuch sprache im multimodalen kontext/The language in multimodal contexts handbook*. Berlin: De Gruyter Mouton.

Kövecses, Z., & Radden, G. (1998). Metonymy: Developing a cognitive linguistic view. *Cognitive Linguistics*, 9(1), 37-78. DOI: 10.1515/cogl.1998.9.1.37

Kozloff, S. (1988). *Invisible storytellers: Voice-over narration in American fiction film*. Berkeley: University of California Press.

Kozloff, S. (2000). *Overhearing film dialogue*. Berkeley: University of California Press.

Kress, G. (2010). *Multimodality: A social semiotic approach to contemporary communication*. London: Routledge.

Kress, G., & Van Leeuwen, T. (2001). *Multimodal discourse*. London: Arnold.

Kress, G., & Van Leeuwen, T. (2006). *Reading images: The grammar of visual design* (2nd ed.). London: Routledge.

Lakoff, G., & Johnson, M. (1980). *Metaphors we live by*. Chicago: University of Chicago Press.

Lankjær, B. (2016). Problems of metaphor, film, and visual perception. In K. Fahlenbrach (Ed.), *Embodied metaphors in film, television, and video games* (pp. 115-128). London: Routledge.

Lin, T. Y. Y., & Chiang, W. Y. (2015). Multimodal fusion in analyzing political cartoons: Debates on U.S. beef imports into Taiwan. *Metaphor and Symbol*, 30, 137-161. DOI: 10.1080/10926488.2015.1016859

Littlemore, J. (2015). *Metonymy: Hidden shortcuts in language, thought and communication*. Cambridge: Cambridge University Press.

Machin, D. (Ed.). (2014), *Visual communication*. Berlin: De Gruyter Mouton.

McCloud, S. (1993). *Understanding comics*. New York: Paradox Press.

McNeill, D. (1992). *Hand and mind: What gestures reveal about thought*. Chicago: University of Chicago Press.

Mildorf, J., & Kinzel, T. (Eds.). (2016). *Audionarratology: Interfaces of sound and narrative*. Berlin: De Gruyter Mouton.

Mittelberg, I., & Waugh L. R. (2009). Metonymy first, metaphor second: A cognitive-semiotic approach to multimodal figures of thought in co-speech gesture. In C. Forceville & E. Urios-Aparisi (Eds.), *Multimodal metaphor* (pp. 329-356). Berlin: Mouton de Gruyter.

Moya Guijarro, A. J. M. (2014). *A multimodal analysis of picture books for children*. Sheffield and Bristol: Equinox.

Müller, C. (2008). *Metaphors dead and alive, sleeping and waking: A dynamic view*. Chicago: University of Chicago Press.

Müller, C., & Kappelhoff, H. (2018). *Cinematic metaphor: Experience–affectivity–temporality*. Berlin: De Gruyter Mouton.

Negro Alousque, I. (2014). Pictorial and verbo-pictorial metaphor in Spanish political cartooning. *Círculo de Lingüística Aplicada a la Comunicación*, 57, 59-84. DOI: 10.5209/rev_CLAC.2014.v57.44515

Norris, S. (Ed.). (2012). *Multimodality in practice: Investigating theory-in-practice through methodology*. London: Routledge.

Origgi, G. (2013). Democracy and trust in the age of the Social Web. *Teoria Politica, Nova Serie, Annali* 3, 23-38.

Ortiz, M. J. (2011). Primary metaphors and monomodal visual metaphors. *Journal of Pragmatics*, 43, 1568-1580. DOI: 10.1016/j.pragma.2010.12.003

Ortiz, M. J. (2015). Films and embodied metaphors of emotion. In M. Coëgnarts & P. Kravanja (Eds.), *Embodied cognition and cinema* (pp. 203-220). Leuven: Leuven University Press.

Pérez Sobrino, P. (2017). *Multimodal metaphor and metonymy in advertising*. Amsterdam: John Benjamins.

Plowright, P. (2017). Qualitative embodiment in architectural discourse: Conceptual metaphors and the value judgement of space. (Doctoral dissertation, Facultad de Letras Universidad de Castilla-La Mancha Ciudad Real, Spain).

Plümacher, M., & Holz, P. (Eds.). (2007). *Speaking of colors and odors*. Amsterdam: John Benjamins.

Poppi, F. I. M., & Kravanja, P. (2019). Actiones secundum fidei: Antithesis and metaphoric conceptualization in Banksy's graffiti art. *Metaphor and the Social World*, 9(1), 84-107. DOI:

10.1075/msw.17021.pop

Rewiś-Łękowska, A. (2015). Multimodal representations of fear metaphors in television commercials. In D. Brzozowska & W. Chłopicki (Eds.), *Culture's software: Communication styles* (pp. 381-404). Newcastle upon Tyne: Cambridge Scholars.

Royce, T., & Bowcher, W. L. (Eds.). (2007). *New directions in the analysis of multimodal discourse*. Mahwah, NJ: Lawrence Erlbaum.

Ruiz de Mendoza Ibáñez, F. J. (2000). The role of mappings and domains in understanding metonymy. In A. Barcelona (Ed.), *Metaphor and metonymy at the crossroads* (pp. 109-132). Berlin: Mouton de Gruyter. DOI: 10.1515/9783110894677.109

Schilperoord, J., & Maes, A. (2009). Visual metaphoric conceptualization in editorial cartoons. In C. Forceville & E. Urios-Aparisi (Eds.), *Multimodal metaphor* (pp. 213-240). Berlin: Mouton de Gruyter.

Scollon, R., & Scollon, S. W. (2003). *Discourses in place: Language in the material world*. London: Routledge.

Scollon, R., & Wong-Scollon, S. (2014). Multimodality and language: A retrospective and prospective view. In C. Jewitt (Ed.), *The Routledge handbook of multimodal analysis* (pp. 205-216). London: Routledge.

Sperber, D., & Wilson, D. (1995). *Relevance: Communication and cognition* (2nd ed.). Oxford: Blackwell.

Stamenković, D., Tasić, M., &. Forceville, C. (2018). Facial expressions in comics: An empirical consideration of McCloud's proposal. *Visual Communication*, 17(4), 407-432. DOI: 10.1177/1470357218784075

Steen, F. F., Hougaard, A., Joo, J., Olza, I., Cánovas, C. P., Pleshakova, A., Ray, S., Uhrig, P., Valenzuela, J., Woźny, J., & Turner, M. (2018). Toward an infrastructure for data-driven multimodal communication research. *LaMiCuS*, 2, 208-222.

Stöckl, H. (2005). Typography: Body and dress of a text—a signing mode between language and image. Visual Communication, 4(2), 204-214. DOI: 10.1177/1470357205053403

Stöckl, H. (2014a). Typography. In S. Norris & C. D. Maier (Eds.), *Interactions, images and texts: A reader in multimodality* (pp. 281-294). Berlin: De Gruyter Mouton.

Stöckl, H. (2014b). Semiotic paradigms and multimodality. In C. Jewitt (Ed.), *The Routledge handbook of multimodal analysis* (2nd ed.) (pp. 274-286). London: Routledge.

Stöckl, H. (2019). Linguistic multimodality—multimodal linguistics: A state-of-the-art sketch. In J. Wildfeuer, J. Pflaeging, J. Bateman, C. Tseng, & O. Seizov (Eds.), *Multimodality: Disciplinary thoughts and the challenge of diversity* (pp. 41-68). Berlin: De Gruyter Mouton.

Szawerna, M. (2017). *Metaphoricity of conventionalized diegetic images in comics: A study in multimodal cognitive linguistics*. Frankfurt am Main: Peter Lang.

Taylor, C. (2019). Audio description: A multimodal practice in expansion. In J. Wildfeuer, J. Pflaeging, J. Bateman, C. Tseng, & O. Seizov (Eds.), *Multimodality: Disciplinary thoughts and the challenge of diversity* (pp. 195-218). Berlin: De Gruyter Mouton.

Teng, N. Y. (2009). Image alignment in multimodal metaphor. In C. Forceville & E. Urios-Aparisi (Eds.), *Multimodal metaphor* (pp. 197-211). Berlin: Mouton de Gruyter.

Teng, N. Y., & Sun, S. (2002). Grouping, simile, and oxymoron in pictures: A design-based cognitive approach. *Metaphor and Symbol*, 17, 295-316. DOI: 10.1207/S15327868MS1704_3

Tseng, C. (2013). *Cohesion in film: Tracking film elements*. Basingstoke: Palgrave Macmillan.

Tseronis, A., & Forceville, C. (2017). The argumentative relevance of visual and multimodal antithesis in Frederick Wiseman's documentaries. In A. Tseronis & C. Forceville (Eds.), *Multimodal argumentation and rhetoric in media genres* (pp. 165-188). Amsterdam: John Benjamins. DOI: 10.1075/aic.14.07tse

Tuominen, T., Hurtado, C. J., & Ketola, A. (2018). Why methods matter: Approaching multimodality in translation research. *Linguistica Antverpiensia, New Series: Themes in Translation Studies*, 17, 1-21.

Unsworth, L., & Clérigh, C. (2009). Multimodality and reading: The construction of meaning through image-text interaction. In C. Jewitt (Ed.), *The Routledge handbook of multimodal analysis* (2nd ed.) (pp. 151-163). London: Routledge.

Van Leeuwen, T. (1999). *Speech, music, sound*. Basingstoke: Macmillan.

Van Leeuwen, T. (2006). Towards a semiotics of typography. *Information Design Journal*, 14(2), 139-155. DOI: 10.1075/idj.14.2.06lee

Van Rompay, T. J. L. (2005). Expressions: Embodiment in the experience of design. (Doctoral dissertation, Technical University Delft, Netherlands).

Ventola, E., & Moya Guijarro, A. J. M. (Eds.). (2009). *The world told and the world shown: Multisemiotic issues*. Basingstoke: Palgrave Macmillan.

Wharton, T. (2009). *Pragmatics and non-verbal communication*. Cambridge: Cambridge University Press.

Wharton, T., & Strey, C. (2019). Slave of the passions: Making emotions relevant. In K. Scott, B. Clark, & R. Carston (Eds.), *Relevance, pragmatics and interpretation* (pp. 253-266). Cambridge: Cambridge University Press.

Wildfeuer, J., Pflaeging, J., Bateman, J., Tseng, C., & Seizov, O. (Eds.). (2019). *Multimodality: Disciplinary thoughts and the challenge of diversity*. Berlin: De Gruyter Mouton.

Wilson, D., & Sperber, D. (Eds.). (2012). *Meaning and relevance*. Cambridge: Cambridge University Press.

Yus, F. (2011). *Cyberpragmatics: Internet-mediated communication in context*. Amsterdam: John Benjamins.

Yus, F. (2014). Not all emoticons are created equal. *Linguagem em (Dis)curso*, 14(3), 511-529.

Yus, F. (2016). *Humour and relevance*. Amsterdam: John Benjamins.

Zbikowski, L. (2009). Music, language, and multimodal metaphor. In C. Forceville & E. Urios-Aparisi (Eds.), *Multimodal metaphor* (pp. 359-381). Berlin: Mouton de Gruyter.

〈제41장〉

Adger, D. (2019). *Language unlimited: The science behind our most creative power*. Oxford: Oxford University Press.

Ambridge, B., & Lieven, E. (2015). A constructivist account of child language acquisition. In B. MacWhinney & W. O'Grady (Eds.), *The handbook of language emergence* (pp. 478-510). Oxford: Wiley-Blackwell.

Augustyn, P. (2013). What connects biolinguistics and biosemiotics? *Biolinguistics*, 7, 96-111.

Baker, C. L. (1979). Syntactic theory and the projection problem. *Linguistic Inquiry*, 10, 533-581.

Balari, S., Benítez-Burraco, A., Longa, V. M., & Lorenzo, G. (2013). The fossils of language: What are they? Who has them? How did they evolve? In C. Boeckx & K. K. Grohmann (Eds.), *The Cambridge handbook of biolinguistics* (pp. 489-523). Cambridge: Cambridge University Press.

Balari, S., & Lorenzo, G. (2013). *Computational phenotypes: Towards an evolutionary developmental biolinguistics*. Oxford: Oxford University Press.

Balari, S., & Lorenzo, G. (2015). Should it stay or should it go? A critical reflection on the critical period for language. *Biolinguistics*, 9, 8-42.

Barbieri, M. (2003). *The organic codes: An introduction to semantic biology*. Cambridge: Cambridge University Press.

Barbieri, M. (2010). On the origin of language: A bridge between biolinguistics and biosemiotics. *Biosemiotics*, 3(2), 201-223.

Barceló-Coblijn, L., Benítez-Burraco, A., & Irurtzun, A. (2015). Syntactic networks as an endophenotype of developmental language disorders: An evo-devo approach to clinical linguistics. *Biolinguistics*, 9, 43-49.

Bavin, E. L., & Naigles, L. R. (Eds.). (2016). *The Cambridge handbook of child language* (2nd ed.). Cambridge: Cambridge University Press.

Becker, M., & Ud Deen, K. (2020). *Language acquisition and development: A generative introduction*. Cambridge, MA: MIT Press.

Benítez-Burraco, A. (2013). Genetics of language: Roots of specific language deficits. In C. Boeckx & K. K. Grohmann (Eds.), *The Cambridge handbook of biolinguistics* (pp. 375-412). Cambridge: Cambridge University Press.

Benítez-Burraco, A., & Boeckx, C. (2014). Universal grammar and biological variation: An evodevo agenda for comparative biolinguistics. *Biological Theory*, 9, 122-134.

Berwick, R. C., & Chomsky, N. (2016). *Why only us: Language and evolution*. Cambridge, MA: MIT Press.

Berwick, R. C., Chomsky, N., & Piattelli-Palmarini, M. (2012). Poverty of the stimulus stands: Why recent challenges fail. In M. Piattelli-Palmarini & R. C. Berwick (Eds.), *Rich languages from poor inputs* (pp. 19-42). Oxford: Oxford University Press.

Berwick, R. C., Pietroski, P., Yankama, B., & Chomsky, N. (2011). Poverty of the stimulus revisited. *Cognitive Science*, 35(7), 1207-1242.

Bickerton, D. (2013). Language and natural selection. In C. Boeckx & K. K. Grohmann (Eds.), *The Cambridge handbook of biolinguistics* (pp. 478-488). Cambridge: Cambridge University Press.

Bickerton, D. (2014). *More than nature needs*. Cambridge, MA: Harvard University Press.

Blümel, A. (to appear). Labeling theory. In K. K. Grohmann & E. Leivada (Eds), *The Cambridge handbook of minimalism*. Cambridge: Cambridge University Press.

Boeckx, C. (2009). The nature of merge: Consequences for language, mind, and biology. In M. Piattelli-Palmarini, J. Uriagereka, & P. Salaburu (Eds.), *Of minds and language: A dialogue with Noam Chomsky in the Basque Country* (pp. 44-57). Oxford: Oxford University Press.

Boeckx, C. (2010). *Language in cognition: Uncovering mental structures and the rules behind them*. Oxford: Wiley-Blackwell.

Boeckx, C. (2011a). Some reflections on Darwin's problem in the context of Cartesian biolinguistics. In A. M. Di Sciullo & C. Boeckx (Eds.), *The biolinguistic enterprise: New perspectives on the evolution and nature of the human language faculty* (pp. 42-64). Oxford: Oxford University Press.

Boeckx, C. (Ed.). (2011b). *The Oxford handbook of linguistic minimalism*. Oxford: Oxford University Press.

Boeckx, C. (2013a). Biolinguistics: Forays into human cognitive biology. *Journal of Anthropological Sciences*, 91, 1-28.

Boeckx, C. (2013b). Biolinguistics: Fact, fiction, and forecast. *Biolinguistics*, 7, 316-328.

Boeckx, C., & Benítez-Burraco, A. (2014a). Biolinguistics 2.0. In K. Fujita, N. Fukui, N. Yusa, & M. Ike-Uchi (Eds.), *The design, development and evolution of human language: Biolinguistic explorations* (pp. 8-30). Tokyo: Kaitakusha.

Boeckx, C. A., & Benítez-Burraco, A. (2014b). The shape of the human language-ready brain. *Frontiers in Psychology*, 5, 282. doi: 10.3389/fpsyg.2014.00282.

Boeckx, C., & Grohmann, K. K. (2007). The *Biolinguistics* manifesto. *Biolinguistics*, 1, 1-8.

Boeckx, C., & Grohmann, K. K. (2013). Introducing the volume. In C. Boeckx & K. K. Grohmann (Eds.), *The Cambridge handbook of biolinguistics* (pp. 1-3). Cambridge: Cambridge University Press.

Boeckx, C., Horno-Chéliz, M. C., & Mendívil-Giró, J. L. (2012). Introduction: Integrating linguistics and biology. In C. Boeckx, M. C. Horno-Chéliz, & J. L. Mendívil-Giró (Eds.), *Language, from a biological point of view: Current issues in biolinguistics*. Newcastle upon Tyne: Cambridge Scholars Publishing.

Boeckx, C., & Piattelli-Palmarini, M. (2005). Language as a natural object—linguistics as a natural science. *The Linguistic Review*, 22, 447-466.

Bornkessel-Schlesewsky, I., & Schlesewsky, M. (2013). Computational primitives in morphology and possible brain correlates. In C. Boeckx & K. K. Grohmann (Eds.), *The Cambridge handbook of biolinguistics* (pp. 283-308). Cambridge: Cambridge University Press.

Bourguignon, N., Nadig, A., & Valois, D. (2012). The biolinguistics of autism: Emergent perspectives. *Biolinguistics*, 6, 124-165.

Brasoveanu, A., & Dotlačil, J. (2020). *Computational cognitive modeling and linguistic theory*. Cham: Springer.

Bruns, C., Varley, R., Zimmerer, V. C., Carragher, M., Brekelmans, G., & Beeke, S. (2019). "I don't know": A usage-based approach to familiar collocations in non-fluent aphasia. *Aphasiology*, 33(2), 140-162.

Chomsky, N. (1955 [1975]). The logical structure of linguistic theory. Ms., Harvard University & Massachusetts Institute of Technology. [Published in part as *The logical structure of linguistic theory*, New York: Plenum, 1975.]

Chomsky, N. (1957). *Syntactic structures*. The Hague: Mouton.

Chomsky, N. (1964). *Current issues in linguistic theory*. The Hague: Mouton.

Chomsky, N. (1965). *Aspects of the theory of syntax*. Cambridge, MA: MIT Press.

Chomsky, N. (1966). *Cartesian linguistics: A chapter in the history of rationalist thought*. New York: Harper and Row.

Chomsky, N. (1967). The formal nature of language. In E. Lenneberg (Ed.), *Biological foundations of language* (pp. 397-442). New York: John Wiley.

Chomsky, N. (1975). *Reflections on language*. New York: Pantheon.

Chomsky, N. (1976). On the biological basis of language capacities. In R. W. Rieber (Ed.), *The neuropsychology of language: Essays in honor of Eric Lenneberg* (pp. 1-24). New York: Plenum Press.

Chomsky, N. (1978). A naturalistic approach to language and cognition. *Cognition and Brain Theory*, 4, 3-22.

Chomsky, N. (1980). *Rules and representations*. New York: Columbia University Press. [Reprinted with a foreword by N. Hornstein, 2005.]

Chomsky, N. (1981a). *Lectures on government and binding*. Dordrecht: Foris.

Chomsky, N. (1981b). Principles and parameters in syntactic theory. In N. Hornstein & D. W. Lightfoot (Eds.), *Explanation in linguistics: The logical problem of language acquisition* (pp. 32-75). London: Longman.

Chomsky, N. (1986). *Knowledge of language: Its nature, origin, and use*. New York: Praeger.

Chomsky, N. (1987). Transformational grammar: Past, present, and future. In N. Chomsky, *Generative grammar: Its basis, development and prospects. Special Issue of Studies in English Language and Literature* (pp. 33-80). Kyoto: Kyoto University of Foreign Studies.

Chomsky, N. (1988). *Language and problems of knowledge: The Managua lectures*. Cambridge, MA: MIT Press.

Chomsky, N. (1993). A minimalist program for linguistic theory. In K. Hale & S. J. Keyser (Eds.),

The view from building 20: Essays in linguistics in honor of Sylvain Bromberger (pp. 1-52). Cambridge, MA: MIT Press. [Reprinted in N. Chomsky (1995). The minimalist program (pp. 167-217). Cambridge, MA: MIT Press.]

Chomsky, N. (1997). Language and problems of knowledge. *Teorema*, XVI, 5-33.

Chomsky, N. (1998 [2000]). Minimalist inquiries: The framework. *MIT Occasional Papers in Linguistics*, 15. [Appeared in R. Martin, D. Michaels, & J. Uriagereka (Eds.), *Step by step: Essays on minimalist syntax in honor of Howard Lasnik* (pp. 89-155). Cambridge, MA: MIT Press, 2000.]

Chomsky, N. (1999 [2001]). Derivation by phase. *MIT Occasional Papers in Linguistics*, 18. [Appeared in M. Kenstowicz (Ed.), *Ken Hale: A life in language* (pp. 1-52). Cambridge, MA: MIT Press, 2001.]

Chomsky, N. (2005). Three factors in language design. *Linguistic Inquiry*, 36, 1-22.

Chomsky, N. (2007). Approaching UG from below. In U. Sauerland & H.-M. Gärtner (Eds.), *Interfaces + recursion = language? Chomsky's minimalism and the view from syntax–semantics* (pp. 1-18). Berlin: Mouton de Gruyter.

Chomsky, N. (2009). Opening remarks. In M. Piattelli-Palmarini, J. Uriagereka, & P. Salaburu (Eds.), *Of minds and language: A dialogue with Noam Chomsky in the Basque Country* (pp. 13-43). Oxford: Oxford University Press.

Chomsky, N. (2010). Some simple evo-devo theses: How might they be true for language? In R. K. Larson, V. Déprez, & H. Yamakido (Eds.), *The evolution of human language* (pp. 45-62). Cambridge: Cambridge University Press.

Chomsky, N. (2017). The Galilean challenge: Architecture and evolution of language. *Journal of Physics: Conference Series*, 880, 012015. doi: 10.1088/1742–6596/880/1/012015.

Chomsky, N., & Lasnik, H. (1993). The theory of principles and parameters. In J. Jacobs, A. von Stechow, W. Sternefeld, & T. Vennemann (Eds.), *Syntax: An international handbook of contemporary research* (pp. 506-569). Berlin: Mouton de Gruyter.

Christiansen, M. H., & Chater, N. (1999). Toward a connectionist model of recursion in human linguistic performance. *Cognitive Science*, 23, 157-205.

Christiansen, M. H., & Chater, N. (2008). Language as shaped by the brain. *Behavioral and Brain Sciences*, 31(5), 489-558.

Christiansen, M. H., & Chater, N. (2015). The language faculty that wasn't: A usage-based account of natural language recursion. *Frontiers in Psychology*, 6, 1182. doi: 10.3389/fpsyg.2015.01182.

Christiansen, M. H., & Chater, N. (2016). *Creating language: Integrating evolution, acquisition, and processing*. Cambridge, MA: MIT Press.

Christiansen, M. H., & MacDonald, M. C. (2009). A usage-based approach to recursion in sentence processing. *Language Learning*, 59, 126-161.

Crain, S., Koring, L., & Thornton, R. (2017). Language acquisition from a biolinguistic perspective.

Neuroscience and Biobehavioral Reviews, 81, 120-149.

Crain, S., & Pietroski, P. (2001). Nature, nurture, and universal grammar. *Linguistics and Philosophy*, 24, 139-186.

Darwin, C. (1859). *On the origin of species*. London: John Murray.

Darwin, C. (1871). *The descent of man, and selection in relation to sex*. London: John Murray.

Descartes, R. (1637/1649). *Discours de la méthode pour bien conduire sa raison, & chercher la vérité dans les sciences*. Leiden: Jan Maire./English translation: *A discourse of a method for the well guiding of reason, and the discovery of truth in the sciences*. London: Thomas Newcombe.

De Vos, M. (2015). Outlining the parameters for a linguistic nativist position. *Stellenbosch Papers in Linguistics Plus*, 48, 17-40.

Ding, N., Melloni, L., Zhang, H., Tian, X., & Poeppel, D. (2016). Cortical tracking of hierarchical linguistic structures in connected speech. *Nature Neuroscience*, 19, 158-164.

Di Sciullo, A. M., & Boeckx, C. (2011). Introduction: Contours of the biolinguistic research agenda. In A. M. Di Sciullo & C. Boeckx (Eds.), *The biolinguistic enterprise: New perspectives on the evolution and nature of the human language faculty* (pp. 1-16). Oxford: Oxford University Press.

Di Sciullo, A. M., Piattelli-Palmarini, M., Wexler, K., Berwick, R. C., Boeckx, C., Jenkins, L., Uriagereka, J., Stromswold, K., Cheng, L.L.-S., Harley, H., Wedel, A., McGilvray, J., van Gelderen E., & Bever, T. G. (2010). The biological nature of human language. *Biolinguistics*, 4, 4-34.

Dobzhansky, T. (1973). Nothing in biology makes sense except in the light of evolution. *American Biology Teacher*, 35, 125-129.

Evans, N., & Levinson, S. C. (2009). The myth of language universals: Language diversity and its importance for cognitive science. *Behavioral and Brain Sciences*, 32, 429-448.

Fasanella, A., & Fortuny, J. (2016). Deriving linguistic variation from learnability conditions: The chunking procedure. In L. Eguren, O. Fernández-Soriano, & A. Mendikoetxea (Eds.), *Rethinking parameters* (pp. 105-132). Oxford: Oxford University Press.

Evans, V., & Green, M. (2006). *Cognitive linguistics: An introduction*. Edinburgh: Edinburgh University Press.

Felix, S. W. (2010). Me and Chomsky: Remarks from someone who quit. In T. Hanneforth & G. Fanselow (Eds.), *Language and logos: Studies in theoretical and computational linguistics—Festschrift for Peter Staudacher on his 70th birthday* (pp. 64-71). Berlin: Akademie Verlag.

Ferretti, F., Adornetti, I., Chiera, A., Cosentino, E., & Nicchiarelli, S. (2018). Introduction: Origin and evolution of language—an interdisciplinary perspective. *Topoi*, 37, 219-234.

Fitch, W. T. (2009). Prolegomena to a future science of biolinguistics. *Biolinguistics*, 3, 283-320.

Fitch, W. T. (2010a). Three meanings of 'recursion': Key distinctions for biolinguistics. In R. K.

Larson, V. Déprez, & H. Yamakido (Eds.), *The evolution of human language: Biolinguistic perspectives* (pp. 73-90). Cambridge: Cambridge University Press.

Fitch, W. T. (2010b). *The evolution of language*. Cambridge: Cambridge University Press.

Fitch, W. T. (2017). On externalization and cognitive continuity in language evolution. *Mind & Language*, 32, 597-606.

Fitch, W. T., Hauser, M. D., & Chomsky, N. (2005). The evolution of the language faculty: Clarifications and implications. *Cognition*, 97, 179-210.

Fodor, J. A. (1975). *The language of thought*. New York: Thomas Y. Crowell.

Fodor, J. A. (1983). *The modularity of mind*. Cambridge, MA: MIT Press.

Fodor, J. A. (2000). Precis of *The modularity of mind*. In R. Cummins & D. Dellarosa Cummins (Eds.), *Minds, brains and computers: The foundations of cognitive science* (pp. 493-499). Oxford: Blackwell.

Fodor, J. A. (2008). *LOT2: The language of thought revisited*. Oxford: Oxford University Press.

Frank, S. L., & Christiansen, M. H. (2018). Hierarchical and sequential processing of language. *Language, Cognition and Neuroscience*, 33(9), 1213-1218.

Freidin, R., & Vergnaud, J.-R. (2001). Exquisite connections: Some remarks on the evolution of linguistic theory. *Lingua*, 111, 639-666.

Friederici, A. (2017). *Language in our brain: The origins of a uniquely human capacity*. Cambridge, MA: MIT Press.

Friedmann, N., Biran, M., & Dotan, D. (2013). Lexical retrieval and its breakdown in aphasia and developmental language impairment. In C. Boeckx & K. K. Grohmann (Eds.), *The Cambridge handbook of biolinguistics* (pp. 350-374). Cambridge: Cambridge University Press.

Fujita, K. (2002). Review of *Biolinguistics: Exploring the biology of language* by Lyle Jenkins. *Gengo Kenkyu*, 121, 165-178.

Fujita, K. (2007). Facing the logical problem of language evolution. *English Linguistics*, 24, 78-108.

Fujita, K. (2009). A prospect for evolutionary adequacy: Merge and the evolution and development of human language. *Biolinguistics*, 3(2-3), 128-153.

Gagliano, M., & Grimonprez, M. (2015). Breaking the silence—Language and the making of meaning in plants. *Ecopsychology*, 7(3), 145-152.

Gallistel, C. R., & King, A. P. (2009). *Memory and the computational brain: Why cognitive science will transform neuroscience*. Chichester: Wiley-Blackwell.

Geeraerts, D., & Cuyckens, H. (2007). Introducing cognitive linguistics. In D. Geeraerts & H. Cuyckens (Eds.), *The Oxford handbook of cognitive linguistics* (pp. 3-21). Oxford: Oxford University Press.

Gibson, K. R., & Tallerman, M. (Eds.). (2012). *The Oxford handbook of language evolution*. Oxford: Oxford University Press.

Givón, T. (1999). *Bio-linguistics: The Santa Barbara lectures*. Amsterdam: John Benjamins.

Gould, S. J. (2002). *The structure of evolutionary theory*. Cambridge, MA: Harvard University Press.

Grimaldi, M. (2012). Toward a neural theory of language: Old issues and new perspectives. *Journal of Neurolinguistics*, 25, 304-327.

Grohmann, K. K. (2013). Spell-out rules. In H. Broekhuis & R. Vogel (Eds.), *Linguistic derivations and filtering: Minimalism and optimality theory* (pp. 316-352) Sheffield: Equinox.

Grohmann, K. K. (2015). *Biolinguistics* for biolinguistics. *Biolinguistics*, 9, 1-7.

Grohmann, K. K. (2019a). Mindful of the brain. *Inference*, 4 (4). https:// inference-review.com/letter/mindful-of-the-brain

Grohmann, K. K. (2019b). Competence and performance. In M. J. Ball & J. S. Damico (Eds.), *The SAGE encyclopedia of human communication sciences and disorders*. Vol. 1 (pp. 443-447). Thousand Oaks, CA: SAGE.

Grohmann, K. K., & Kambanaros, M. (2016). The gradience of multilingualism in typical and impaired language development: Positioning bilectalism within comparative bilingualism. *Frontiers in Psychology*, 7, 37. doi: 10.3389/fpsyg.2016.00037.

Grohmann, K. K., & Kambanaros, M. (2019). Generative linguistics. In M. J. Ball & J. S. Damico (Eds.), *The SAGE encyclopedia of human communication sciences and disorders*. Vol. 2 (pp. 802-807). Thousand Oaks, CA: SAGE.

Grohmann, K. K., Kambanaros, M., & Leivada, E. (2021). The mirage of 'impaired passives' and the locus preservation hypothesis. In K. K. Grohmann, A. Matsuya, & E.-M. Remberger (Eds.), *Passives cross-linguistically: Theoretical and experimental approaches* (pp. 419-434). Leiden: Brill.

Grohmann, K. K., & Leivada, E. (Eds). (to appear). *The Cambridge handbook of minimalism*. Cambridge: Cambridge University Press.

Guasti, M. T. (2017). *Language acquisition* (2nd ed.). Cambridge, MA: MIT Press.

Hackett, C. (2018). Justifications for a discontinuity theory of language evolution. *Biolinguistics*, 11(SI), 171-219.

Hagoort, P. (Ed.). (2019). *Human language: From genes and brains to behaviors*. Cambridge, MA: MIT Press.

Hancock, R., & Bever, T. G. (2013). Genetic factors and normal variation in the organization of language. *Biolinguistics*, 7, 75-95.

Haspelmath, M. (2020). We are all structuralists. Blogpost on the weblog *Diversity Linguistics Comment*. https://dlc.hypotheses.org/we-are-all- structuralists?fB.C.lid=IwAR-0JKZeCfhHZnjzN9yfB6TOfPh98ppmpf 4mQHDbGkF4XXn2vsYZoKaIFxKg.

Hauser, M. D., Chomsky, N., & Fitch, W. T. (2002). The faculty of language: What is it, who has it, and how did it evolve? *Science*, 298 (5598), 1569-1579.

Hernández, M., Martin, C. D., Sebastián-Gallés, N., & Costa, A. (2013). Bilingualism beyond language: On the impact of bilingualism on executive control. In C. Boeckx & K. K. Grohmann (Eds.), *The Cambridge handbook of biolinguistics* (pp. 160-177). Cambridge: Cambridge University Press.

Hickok, G. (2013). The role of Broca's area in language function. In C. Boeckx & K. K. Grohmann (Eds.), *The Cambridge handbook of biolinguistics* (pp. 341-349). Cambridge: Cambridge University Press.

Hickok, G., & Poeppel, D. (2000). Towards a functional neuroanatomy of speech perception. *Trends in Cognitive Science*, 4, 131-138.

Hickok, G., & Poeppel, D. (2007). The cortical organization of speech processing. *Nature Reviews Neuroscience*, 8(5), 393-402.

Hickok, G., & Small, S. (Eds.). (2016). *Neurobiology of language*. Amsterdam: Elsevier.

Hinzen, W. (2011). Language and thought. In C. Boeckx (Ed.), *The Oxford handbook of linguistic minimalism* (pp. 499-522). Oxford: Oxford University Press.

Hinzen, W. (2017). Reference across pathologies: A new linguistic lens on disorders of thought. *Theoretical Linguistics*, 43(3-4), 169-232.

Hinzen, W., Mukherji, N., & Boruah, B. (2011). The character of mind. *Biolinguistics*, 5(3), 274-283.

Hoffmeyer, J. (2008). *Biosemiotics: An examination of the signs of life and the life of signs*. Scranton, PA: Scranton University Press.

Hoji, H. (2016). *Language faculty science*. Cambridge: Cambridge University Press.

Hornstein, N. (2009). *A theory of syntax: Minimal operations and universal grammar*. Cambridge: Cambridge University Press.

Hornstein, N. (2013). LSA summer camp. Blogpost on the weblog *Faculty of Language*. http://facultyoflanguage.blogspot.com/2013/07/lsa-summer-camp.html

Hornstein, N., Nunes, J., & Grohmann, K. K. (2005). *Understanding minimalism*. Cambridge: Cambridge University Press.

Huang, C.-T. J., & Roberts, I. (2017). Principles and parameters of universal grammar. In I. Roberts (Ed.), *The Oxford handbook of universal grammar* (pp. 307-354). Oxford: Oxford University Press.

Humboldt, W. von (1836). *Über die Verschiedenheit des menschlichen Sprachbaues und ihren Einfluss auf die geistige Entwicklung des Menschengeschlechts*. Berlin: F. Dümmler. [English translation by P. Heath, *On language: The diversity of human language structure and its influence on the mental development of mankind*. Cambridge: Cambridge University Press, 1988.]

Isac, D., & Reiss, C. (2013). *I-language: An introduction to linguistics as cognitive science* (2nd ed.). Oxford: Oxford University Press.

Jackendoff, R. (2011). What is the human language faculty? Two views. *Language*, 87, 586-624.

Jackendoff, R., & Pinker, S. (2005). The nature of the language faculty and its implications for evolution of language (Reply to Fitch, Hauser, and Chomsky). *Cognition*, 97, 211-225.

Jenkins, L. (2000). *Biolinguistics: Exploring the biology of language*. Cambridge: Cambridge University Press.

Jenkins, L. (2013). Biolinguistics: A historical perspective. In C. Boeckx & K. K. Grohmann (Eds.), *The Cambridge handbook of biolinguistics* (pp. 4-11). Cambridge: Cambridge University Press.

Jin, P., Lu, Y., & Ding, N. (2020). Low-frequency neural activity reflects rule-based chunking during speech listening. *eLife Sciences*, 9, e55613. doi: 10.7554/eLife.55613.

Kambanaros, M., & Grohmann, K. K. (2015). Grammatical class effects across impaired child and adult populations. *Frontiers in Psychology*, 6, 1670. doi: 10.3389/fpsyg.2015.01670.

Katz, J. J. (1984). An outline of Platonist grammar. In T. G. Bever, J. M. Carroll, & L. A. Miller (Eds.), *Talking minds: The study of language in cognitive science* (pp. 17-48). Cambridge, MA: MIT Press.

Kemmerer, D. (2020). *Cognitive neuroscience of language* (2nd ed.). New York: Psychology Press.

Kirby, S. (2013). Luria's biolinguistic suggestion and the growth of language. In C. Boeckx & K. K. Grohmann (Eds.), *The Cambridge handbook of biolinguistics* (pp. 460-477). Cambridge: Cambridge University Press.

Knott, A. (2014). Syntactic structures as descriptions of sensorimotor processes. *Biolinguistics*, 8, 1-52.

Koster, J. (2009). Ceaseless, unpredictable creativity: Language as technology. *Biolinguistics*, 3, 61-92.

Kull, K., & Velmezova, E. (2015). Language, linguistics: Life, biosemiotics··· In E. Velmezova, K. Kull, & S. J. Cowley (Eds.), *Biosemiotic perspectives on language and linguistics* (pp. 1-10). Cham: Springer.

Lakoff, G. (1971). On generative semantics. In D. D. Steinberg & L. A. Jakobovits (Eds.), *Semantics: An interdisciplinary reader in philosophy, linguistics, anthropology and psychology*. Cambridge: Cambridge University Press.

Lakoff, G., & Ross, J. R. (1967 [1976]). Is deep structure necessary? Personal letter to Arnold Zwicky. [Published in J. D. McCawley (Ed.), *Syntax and semantics*. Vol. 7: *Notes from the linguistic underground* (pp. 159-164). New York: Academic Press, 1976.]

Langacker, R. (1987). *Foundations of cognitive grammar*. Vol. I. Stanford, CA: Stanford University Press.

Langacker, R. (2012). Substrate, system, and expression: Aspects of the functional organization of English finite clauses in English. In M. Brdar, I. Raffaelli, & M. Žic Fuchs (Eds.), *Cognitive linguistics between universality and variation* (pp. 3-52). Newcastle upon Tyne: Cambridge Scholars Publishing.

Lasnik, H., & Lidz, J. (2017). The argument from the poverty of the stimulus. In I. Roberts (Ed.), *The Oxford handbook of universal grammar* (pp. 221-248). Oxford: Oxford University

Press.

Lasnik, H., & Uriagereka, J. (2002). On the poverty of the challenge. *The Linguistic Review*, 19, 147-150.

Legate, J. A., & Yang, C. (2002). Empirical re-assessment of stimulus poverty arguments. *The Linguistic Review*, 19, 151-162.

Leivada, E. (2012). A non-parametric approach to universal grammar within the biolinguistic program. Barcelona: Universitat de Barcelona MA thesis.

Leivada, E. (2014). From comparative languistics to comparative (bio)linguistics: Reflections on variation. *Biolinguistics*, 8, 53-66.

Leivada, E. (2015). The nature and limits of variation across languages and pathologies. Barcelona: Universitat de Barcelona PhD dissertation.

Leivada, E. (2020). Misused terms in linguistics. *Inference*, 5(2). https://inference-review.com/article/misused-terms-in-linguistics

Leivada, E., Kambanaros, M., & Grohmann, K. K. (2017). The locus preservation hypothesis: Shared linguistic profiles across developmental disorders and the resilient part of the human language faculty. *Frontiers in Psychology*, 8, 1765. doi: 10.3389/fpsyg.2017.01765.

Leivada, E., Westergaard, M., Duñabeitia, J. A., & Rothman, J. (2020). On the phantom-like appearance of bilingualism effects on neurocognition: (How) should we proceed? *Bilingualism: Language and Cognition*, 24(1), 1-14. doi: 10.1017/S1366728920000358.

Lenneberg, E. (1967). *Biological foundations of language*. New York: Wiley.

Levinson, S. C. (2014). Language and Wallace's problem. *Science*, 344(6191), 1458-1459.

Lidz, J. L., Snyder, W., & Pater, J. (Eds.). (2016). *The Oxford handbook of developmental linguistics*. Oxford: Oxford University Press.

Lieberman, P. (2015). Language did not spring forth 100,000 years ago. *PLoS Biology*, 13(2), e1002064.

Lightfoot, D. (2006). *How new languages emerge*. Cambridge: Cambridge University Press.

Lohndal, T., & Uriagereka, J. (2017). Third-factor explanations and universal grammar. In I. Roberts (Ed.), *The Oxford handbook of universal grammar* (pp. 114-128). Oxford: Oxford University Press.

Lorenzo, G., & Longa, V. M. (2009). Beyond generative geneticism: Rethinking language acquisition from a developmentalist point of view. *Lingua*, 119(9), 1300-1315.

Ludlow, P. (2011). *The philosophy of generative linguistics*. Oxford: Oxford University Press.

Marcus, G. F., Rabaglia, C. D., & Rabagliati, H. (2013). Modularity and descent-with-modification. In C. Boeckx & K. K. Grohmann (Eds.), *The Cambridge handbook of biolinguistics* (pp. 326-340). Cambridge: Cambridge University Press.

Marr, D. (1982). *Vision: A computational approach*. San Francisco: W. H. Freeman. [Republished by Cambridge, MA: MIT Press, 2010.]

McCawley, J. D. (1968). Lexical insertion in a transformational grammar without deep structure.

Chicago Linguistic Society, 4, 71-80. [Reprinted in J. D. McCawley, *Grammar and meaning* (pp. 155-166). Tokyo: Taishukan, 1973.]

McGilvray, J. (2013). The philosophical foundations of biolinguistics. In C. Boeckx & K. K. Grohmann (Eds.), *The Cambridge handbook of biolinguistics* (pp. 22-46). Cambridge: Cambridge University Press.

McGilvray, J. (2017). On the history of universal grammar. In I. Roberts (Ed.), *The Oxford handbook of universal grammar* (pp. 77-93). Oxford: Oxford University Press.

Meader, C. L., & Muyskens, J. H. (1950). *Handbook of biolinguistics*. Toledo: H. C. Weller.

Meisel, J. M. (2013). Sensitive phases in successive language acquisition: The critical period hypothesis revisited. In C. Boeckx & K. K. Grohmann (Eds.), *The Cambridge handbook of biolinguistics* (pp. 69-85). Cambridge: Cambridge University Press.

Millotte, S., Cauvet, E., Brusini, P., & Christophe, A. (2013). Discovering word forms and word meanings: The role of phrasal prosody and function words. In C. Boeckx & K. K. Grohmann (Eds.), *The Cambridge handbook of biolinguistics* (pp. 86-93). Cambridge: Cambridge University Press.

Miyagawa, S. (2017). Integration hypothesis: A parallel model of language development in evolution. In S. Watanabe, M. Hofman, & T. Shimizu (Eds.), *Evolution of the brain, cognition, and emotion in vertebrates* (pp. 225-247). Berlin: Springer.

Miyagawa, S., Berwick, R. C., & Okanoya, K. (2013). The emergence of hierarchical structure in human language. *Frontiers in Psychology*, 4, 71. doi: 10.3389/fpsyg.2013.00071.

Mobbs, I. J. (2015). Minimalism and the design of the language faculty. Cambridge: University of Cambridge PhD dissertation.

Monahan, P. J., Lau, E. F., & Idsardi, W. J. (2013). Computational primitives in phonology and their neural correlates. In C. Boeckx & K. K. Grohmann (Eds.), *The Cambridge handbook of biolinguistics* (pp. 233-256). Cambridge: Cambridge University Press.

Murphy, E. (2020). *The oscillatory nature of language*. Cambridge: Cambridge University Press.

Niyogi, P. (2006). *The computational nature of language learning and evolution*. Cambridge MA: MIT Press.

Nöth, W. (2015). Biolinguistics and biosemiotics. In E. Velmezova, K. Kull, & S. J. Cowley (Eds.), *Biosemiotic perspectives on language and linguistics* (pp. 151-168). Cham: Springer.

Okanoya, K. (2013). Birdsong for biolinguistics. In C. Boeckx & K. K. Grohmann (Eds.), *The Cambridge handbook of biolinguistics* (pp. 431-459). Cambridge: Cambridge University Press.

Patel-Grosz, P., & Schlenker, P. (2018). Super linguistics. Research group website.www.hf.uio.no/iln/english/research/groups/super-linguistics/index.html

Pearl, L., & Lidz, J. (2013). Parameters in language acquisition. In C. Boeckx & K. K. Grohmann (Eds.), *The Cambridge handbook of biolinguistics* (pp. 129-159). Cambridge: Cambridge University Press.

Pennisi, A., & Falzone, A. (2016). *Darwinian biolinguistics: Theory and history of a naturalistic philosophy of language and pragmatics*. Cham: Springer.

Perfors, A., Tenenbaum, J. B., & Regier, T. (2006 [2011]). Poverty of the stimulus? A rational approach. In R. Sun & N. Miyake (Eds.), *Proceedings of the 28th Annual Conference of the Cognitive Science Society (CSS 28)* (pp. 663-668). Vancouver: Lawrence Erlbaum. [Revised version published in *Cognition*, 118, 306-338, 2011.]

Phillips, C. (1996). Order and structure. Cambridge, MA: Massachusetts Institute of Technology PhD dissertation.

Phillips, C. (2003). Linear order and constituency. *Linguistic Inquiry*, 34, 37-90.

Piattelli-Palmarini, M. (1974). A debate on bio-linguistics. *Centre Royaumont pour une science de l'homme report*. [Conference held at Endicott House, Dedham, Massachusetts, May 20-21, 1974.]

Piattelli-Palmarini, M. (Ed.). (1980). *Language and learning: The debate between Jean Piaget and Noam Chomsky*. Cambridge MA: Harvard University Press.

Piattelli-Palmarini, M. (2013). Biolinguistics yesterday, today, and tomorrow. In C. Boeckx & K. K. Grohmann (Eds.), *The Cambridge handbook of biolinguistics* (pp. 12-21). Cambridge: Cambridge University Press.

Pinker, S. (1984). *Language learnability and language development*. Cambridge, MA: Harvard University Press.

Pinker, S. (1994). *The language instinct*. New York: William Morrow.

Pinker, S., & Bloom, P. (1990). Natural language and natural selection. *Behavioral and Brain Sciences*, 13, 707-784.

Pinker, S., & Jackendoff, R. (2005). The faculty of language: What's special about it? *Cognition*, 95, 201-236.

Poeppel, D. (2017). The influence of Chomsky on the neuroscience of language. In J. McGilvray (Ed.), *The Cambridge companion to Chomsky* (2nd ed.) (pp. 155-174). Cambridge: Cambridge University Press.

Poeppel, D., & Embick, D. (2005). Defining the relation between linguistics and neuroscience. In A. Cutler (Ed.), *Twenty-first century psycholinguistics: Four cornerstones* (pp. 103-118). Mahwah, NJ: Lawrence Erlbaum Associates.

Poeppel, D., & Monahan, P. J. (2008). Speech perception: Cognitive foundations and cortical implementation. *Current Directions in Psychological Science*, 17(2), 80-85.

Postal, P. M. (2009). The incoherence of Chomsky's 'biolinguistic' ontology. *Biolinguistics*, 3(1), 104-123.

Progovac, L. (2019). *A critical introduction to language evolution: Current controversies and future prospects*. Cham: Springer.

Pullum, G., & Scholz, B. (2002). Empirical assessment of stimulus poverty arguments. *The Linguistic Review*, 19, 9-50.

Pylkkänen, L., Brennan, J., & Bemis, D. (2013). Grounding the cognitive neuroscience of semantics in linguistic theory. In C. Boeckx & K. K. Grohmann (Eds.), *The Cambridge handbook of biolinguistics* (pp. 309-325). Cambridge: Cambridge University Press.

Reboul, A. (2017). *Cognition and communication in the evolution of language*. Oxford: Oxford University Press.

Regier, T., & Gahl, S. (2003). Learning the unlearnable: The role of missing evidence. *Cognition*, 93, 147-155.

Rizzi, L. (2017). The concept of explanatory adequacy. In I. Roberts (Ed.), *The Oxford handbook of universal grammar* (pp. 97-113). Oxford: Oxford University Press.

Roberts, I. (2017). Introduction. In I. Roberts (Ed.), *The Oxford handbook of universal grammar* (pp. 1-34). Oxford: Oxford University Press.

Roberts, I., & Watumull, J. (2015). Leibnizian linguistics. In Á. J. Gallego & D. Ott (Eds.), *50 years later: Reflections on Chomsky's* Aspects (pp. 211-222). Cambridge, MA: MITWPL.

Rosselló, J., & Martin, J. (Eds.). (2012). *The biolinguistic turn. Issues on language and biology*. Barcelona: Universitat de Barcelona.

Rowland, C. (2014). *Understanding child language acquisition*. London: Routledge.

Russell, B. (1948). *Human knowledge: Its scope and value*. New York: Simon and Schuster.

Samuels, B. D. (2011). *Phonological architecture: A biolinguistic perspective*. Oxford: Oxford University Press.

Samuels, B. D. (2015). Can a bird brain do phonology? *Frontiers in Psychology*, 6, 1082. doi: 10.3389/fpsyg.2015.01082.

Samuels, B. D., Hauser, M. D., & Boeckx, C. (2017). Looking for UG in animals: A case study in phonology. In I. Roberts (Ed.), *The Oxford handbook of universal grammar* (pp. 527-546). Oxford: Oxford University Press.

Schlesewsky, M., & Bornkessel-Schlesewsky, I. (2013). Computational primitives in syntax and possible brain correlates. In C. Boeckx & K. K. Grohmann (Eds.), *The Cambridge handbook of biolinguistics* (pp. 257-282). Cambridge: Cambridge University Press.

Siewierska, A. (2013). Functional and cognitive grammars. In K. Allan (Ed.), *The Oxford handbook of the history of linguistics* (pp. 485-501). Oxford: Oxford University Press.

Smith, N., & Tsimpli, I. M. (1995). *The mind of a savant: Language learning and modularity*. Oxford: Blackwell.

Smith, N., Tsimpli, I. M., Morgan, G., & Woll, B. (2010). *The signs of a savant: Language against the odds*. Cambridge: Cambridge University Press.

Smith, T. J., Henning, R., Wade, M. G., & Fisher, T. (2014). *Variability in human performance*. Boca Raton, FL: CRC Press.

Sperlich, W. B. (2006). *Noam Chomsky (Critical Lives)*. Chicago: University of Chicago Press.

Sprouse, J., & Almeida, D. (2013). The role of experimental syntax in an integrated cognitive science of language. In C. Boeckx & K. K. Grohmann (Eds.), *The Cambridge handbook of biolinguistics* (pp. 181-202). Cambridge: Cambridge University Press.

Stamenov, M. (2014). Biolinguistics between the language gene, the fossils of language, Merge, and beyond. *Language and Dialogue*, 4, 465-477.

Tallerman, M., Newmeyer, F., Bickerton, D., Nouchard, D., Kann, D., & Rizzi, L. (2009). What kinds of syntactic phenomena must biologists, neurobiologists, and computer scientists try to explain and replicate? In D. Bickerton & E. Szathmáry (Eds.), *Biological foundations and origin of syntax* (pp. 135-157). Cambridge, MA: MIT Press.

Taylor, J. R. (2003) *Linguistic categorization* (3rd ed.). Oxford: Oxford University Press.

Taylor, J. R. (2007). Cognitive linguistics and autonomous linguistics. In D. Geeraerts & H. Cuyckens (Eds.), *The Oxford handbook of cognitive linguistics* (pp. 566-588). Oxford: Oxford University Press.

Tenenbaum, J. B., & Griffiths, T. L. (2001). Generalization, similarity, and Bayesian inference. *Behavioral and Brain Sciences*, 24, 629-641.

Terrace, H. S. (2019). *Why chimpanzees can't learn language and only humans can*. New York: Columbia University Press.

Thagard, P. (2005). *Mind: Introduction to cognitive science* (2nd ed.). Cambridge, MA: MIT Press.

Thompson, D'Arcy (1917/1942 [1992]). *On growth and form*. Cambridge: Cambridge University Press. [Reprinted in J. T. Bonner (Ed.), foreword by S. J. Gould, 1992.]

Thornton, R., & Crain, S. (2013). Parameters: The pluses and the minuses. In M. den Dikken (Ed.), *The Cambridge handbook of generative syntax* (pp. 927-970). Cambridge: Cambridge University Press.

Tinbergen, N. (1963). On the aims and methods of ethology. *Zeitschrift für Tierpsychologie*, 20, 410-433.

Tomasello, M. (1999). *The cultural origins of human cognition*. Cambridge, MA: Harvard University Press.

Tomasello, M. (2003). *Constructing a language: A usage-based approach to language*. Cambridge, MA: Harvard University Press.

Tomasello, M. (2007). Cognitive linguistics and first language acquisition. In D. Geeraerts & H. Cuyckens (Eds.), *The Oxford handbook of cognitive linguistics* (pp. 1092-1112). Oxford: Oxford University Press.

Trettenbrein, P. C. (2015). The 'grammar' in universal grammar: A biolinguistic clarification. *Questions and Answers in Linguistics*, 2, 1-10.

Trettenbrein, P. C. (2017). 50 years later: A tribute to Eric Lenneberg's *Biological Foundations of Language*. *Biolinguistics*, 11(SI), 21-30.

Trotzke, A., Bader, M., & Frazier, L. (2013). Third factors and the performance interface in language design. *Biolinguistics*, 7, 1-34.

Truswell, R. (2014). Book review of Boeckx & Grohmann (2013). *Lingua*, 143, 52-55.

Tsimpli, I. M. (2013). (Evidence for) the language instinct. In C. Boeckx & K. K. Grohmann (Eds.),

The Cambridge handbook of biolinguistics (pp. 49-68). Cambridge: Cambridge University Press.

Tsimpli, I. M., Kambanaros, M., & Grohmann, K. K. (2017). Language pathology. In I. Roberts (Ed.), *The Oxford handbook of universal grammar* (pp. 486-508). Oxford: Oxford University Press.

Varley, R., Klessinger, N., Romanowski, C., & Siegal, M. (2005). Agrammatic but numerate. *Proceedings of the National Academy of Sciences of the United States of American*, 102(9), 3519-3524.

Wacewicz, S., & Żywiczyński, P. (2014). The multimodal origins of linguistic communication. *Language and Communication*, 54, 1-8.

Wacewicz, S., Żywiczyński, P., Hartmann, S., Pleyer, M., & Benítez- Burraco, A. (2020). Language in language evolution research: In defense of a pluralistic view. *Biolinguistics*, 14 (SI).

Wagers, M., & McElree, B. (2013). Working memory and language processing: Theory, data, and directions for future research. In C. Boeckx & K. K. Grohmann (Eds.), *The Cambridge handbook of biolinguistics* (pp. 203-232). Cambridge: Cambridge University Press.

Wallace, A. R. (1869). Sir Charles Lyell on geological climates and the origin of species. *Quarterly Review* (April), 359-392.

Wen, X., Yang, K., & Kuang, F. (2014). Cognitive linguistics: Retrospect and prospect. *Cognitive Linguistic Studies*, 1, 155-170.

Wexler, K. (2013). Luria's biolinguistic suggestion and the growth of language. In C. Boeckx & K. K. Grohmann (Eds.), *The Cambridge handbook of biolinguistics* (pp. 94-128). Cambridge: Cambridge University Press.

Wildgen, W. (2008). Sketch of an evolutionary grammar based on comparative biolinguistics. In L. S. Röska-Hardy & E. M. Neumann-Held (Eds.), *Learning from animals? Examining the nature of human uniqueness* (pp. 45-59). Hove: Psychology Press.

Yang, C. (2016). *The price of linguistic productivity: How children learn to break the rules of language*. Cambridge, MA: MIT Press.

Zaefferer, D., & Poeppel, D. (2010). Linguistic universals as human universals—Divergent views and converging evidence on language congruence and diversity. *Biolinguistics*, 4(2-3), 159-164.

Zimmerer, V. C., Dąbrowska, E., Romanowski, C., Blank, C., & Varley, R. (2014). Preservation of the passive in a patient with primary progressive aphasia. *Cortex*, 50, 7-18.

Zimmerer, V. C., Wibrow, M., & Varley, R. (2016). Formulaic language in people with probable Alzheimer's disease: A frequency-based approach. *Journal of Alzheimer's Disease*, 53, 1145-1160.

Zuberbühler, K. (2013). The cognitive capacities of non-human primates. In C. Boeckx & K. K. Grohmann (Eds.), *The Cambridge handbook of biolinguistics* (pp. 415-430). Cambridge:

Cambridge University Press.

〈제42장〉

Adolph, K. E., & Kretch, K. S. (2015). Gibson's theory of perceptual learning. In J. D. Wright (Ed.), *International encyclopedia of the social behavioral sciences* (Vol. 10, pp. 127-134). Oxford: Elsevier.

Bang, J. C., & Døør, J. (2007). *Language, ecology, and society: A dialectical approach* (S. V. Steffensen & J. Nash Eds.). London: Continuum.

Chemero, A. (2009). *Radical embodied cognitive science*. Cambridge, MA: MIT Press.

Chomsky, N. (1980). *Rules and representations*. New York: Columbia University Press.

Chomsky, N. (1986). *Knowledge of language: Its nature, origin, and use*. Westport, CT: Praeger.

Chomsky, N. (1995). *The minimalist program* (3rd ed.). Cambridge, MA: MIT Press.

Clements, F. E., & Shelford, V. E. (1938). *Bio-Ecology*. New York: John Wiley & Sons, Inc.

Cowley, S. J. (1998). Of timing, turn-taking, and conversations. *Journal of Psycholinguistic Research*, 27(5), 541-571. doi: 10.1023/A:1024948912805

Cowley, S. J. (2011). Distributed language. In S. J. Cowley (Ed.), *Distributed language* (pp. 1-14). Amsterdam: John Benjamins.

Cowley, S. J. (2014). Bio-ecology and language: A necessary unity. *Language Sciences*, 41(Pt. A(0)), 60-70. doi: http://dx.doi.org/10.1016/j.langsci.2013.08.007

Cowley, S. J. (2019). The return of languaging: Towards a new ecolinguistics. *Chinese Semiotic Studies*, 15(4), 483-512.

Cowley, S. J., & Markoš, A. (2019). Evolution, lineages and human language. *Language Sciences*, 71, 8-18. doi: https://doi.org/10.1016/j.langsci.2018.03.005

Crystal, D. (2002). *Language death* (New ed.). Cambridge: Cambridge University Press.

Darwin, C. (1981). *The descent of man, and selection in relation to sex*. Eds. J. T. Bonner & R. M. May. Princeton, NJ: Princeton University Press.

Dennett, D. C. (1993). *Consciousness explained*. London: Penguin.

Dennett, D. C. (1994). The myth of original intentionality. In E. Dietrich (Ed.), *Thinking computers and virtual persons* (pp. 91-107). New York: Academic Press.

Døør, J., & Bang, J. C. (2000). Ecology, ethics and communication: An essay in eco-linguistics. In A. V. Lindø & J. Bundsgaard (Eds.), *Dialectical ecolinguistics: Three essays for the symposium 30 Years of Language and Ecology in Graz December 2000* (pp. 53-82). Odense: Odense University.

Fill, A., & Penz, H. (2018). *The Routledge handbook of ecolinguistics*. New York: Routledge.

Finke, P. (2014). The ecology of science and its consequences for the ecology of language. *Language Sciences*, 41(Pt. A), 71-82. doi: http://dx.doi.org/10.1016/j.langsci.2013.08.008

Finke, P. (2019). Linguistics at the end of the Baconian Age, or: Five essentials of ecolinguistics. In S. V. Steffensen (Ed.), *The Aalpiri papers: Two critical reflections on contemporary ecolinguistics*. Odense: University of Southern Denmark.

Fowler, C. A., & Magnuson, J. S. (2012). Speech perception. In M. J. Spivey, K. McRae, & M. F. Joanisse (Eds.), *The Cambridge handbook of psycholinguistics* (pp. 3-20). Cambridge: Cambridge University Press.

Gibbs, R. W. (2006). *Embodiment and cognitive science*. New York: Cambridge University Press.

Hacking, I. (1999). *The social construction of what?* (7th ed.). Cambridge, MA: Harvard University Press.

Hale, K. (1992). Endangered languages: On endangered languages and the safeguarding of diversity. *Language*, 68(1), 1-42. doi: 10.1353/lan.1992.0052.

Halliday, M. A. (1992). New ways of meaning: The challenge to applied linguistics. In M. Pütz (Ed.), *Thirty years of linguistic evolution* (pp. 59-95). Amsterdam: John Benjamins.

Harris, R. (1998). *Introduction to integrational linguistics*. Oxford: Pergamon.

Harvey, M. I., Gahrn-Andersen, R., & Steffensen, S. V. (2016). Interactivity and enaction in human cognition. *Constructivist Foundations*, 11(2), 602-613.

Haugen, E. (1972). *The ecology of language*. Ed. Á. S. Dil. Stanford, CA: Stanford University Press.

Heine, S. J. (2008). *Cultural psychology*. New York: W. W. Norton.

Herik, J. van den (2019). Talking about talking: An ecological-enactive perspective on language. PhD dissertation, Erasmus University Rotterdam, Rotterdam.

Hjelmslev, L. (1961). *Prolegomena to a theory of language*. Madison: University of Wisconsin Press.

Hood, B. (2012). *Self illusion: Why there is no 'You' inside your head*. La Vergne: Constable & Robinson.

Humboldt, W. von (1836). *Über die Verschiedenheit des menschlichen Sprachbaues und ihren Einfluss auf die geistige Entwickelung des Menschengeschlechts*. Berlin: Druckerei der Königlichen Akademie der Wissenschaften, Dümmler.

IPCC. (2014). *Climate change 2014: Synthesis report. Contribution of Working Groups I, II and III to the fifth assessment report of the Intergovernmental Panel on Climate Change* [Core Writing Team, R. K. Pachauri and L. A. Meyer (Eds.)]. Geneva: IPCC.

James, W. (1890). *The principles of psychology*. Chicago: University of Chicago Press.

Kauffman, S. A. (2000). *Investigations*. Oxford: Oxford University Press.

Kramsch, C., & Steffensen, S. V. (2008). Ecological perspectives on second language acquisition and socialization. *Encyclopedia of Language and Education*, 8, 17-28.

Kravchenko, A. V. (2011). How Humberto Maturana's biology of cognition can revive the language sciences. *Constructivist Foundations*, 6(3), 352-362.

Kravchenko, A. V. (2016). Two views on language ecology and ecolinguistics. *Language Sciences*, 54, 102-113. doi: https://doi.org/10.1016/j.langsci.2015.12.002

Kuhle, A. (2018). *Tool intelligence as an explanation of cross-linguistic variation and family re-*

semblance: An evolutionary and typological investigation. Washington, DC: Lexington Books.

Lakoff, G. (1987). *Women, fire, and dangerous things: What categories reveal about the mind*. Chicago: University of Chicago Press.

Langacker, R. W. (1987). *Foundations of cognitive grammar. Vol. 1: Theoretical prerequisites*. Stanford, CA: Stanford University Press.

Leather, J., & van Dam J. (Eds.). (2003). *Ecology of language acquisition*. Dordrecht: Springer.

Li, W. (2017). Translanguaging as a practical theory of language. *Applied Linguistics*, 39(1), 9-30. doi: 10.1093/applin/amx039

Love, N. (1990). The locus of languages in a redefined linguistics. In H. G. Davis & T. J. Taylor (Eds.), *Redefining linguistics* (pp. 53-117). London: Routledge.

Maturana, H. R. (1970). *Biology of cognition*. Urbana: University of Illinois, Urbana.

Merton, R. K. (1973). The normative structure of science. In N. W. Storer & R. K. Merton (Eds.), *The sociology of science: Theoretical and empirical investigations*. Chicago: University of Chicago Press.

Morris, C. (1938). *Foundations of the theory of signs* (12th ed.). Chicago: University of Chicago Press.

Mühlhäusler, P. (2003). *Language of environment, environment of language: A course in ecolinguistics*. London: Battlebridge.

Naess, A. (1973). The shallow and the deep, long-range ecology movement. A summary. *Inquiry*, 16(1-4), 95-100. doi: 10.1080/00201747308601682

Newell, A., Shaw, J. C., & Simon, H. A. (1958). Elements of a theory of human problem solving. *Psychological Review*, 65(3), 151-166.

Pennycook, A. (2010). *Language as a local practice* (1st ed.). New York: Routledge.

Potter, V. R. (1988). *Global bioethics: Building on the Leopold legacy*. East Lansing, MI: Michigan State University Press.

Rappaport, R. A. (1999). *Ritual and religion in the making of humanity*. Cambridge: Cambridge University Press.

Reiss, J., & Sprenger, J. (2017). Scientific objectivity. In E. N. Zalta (Ed.), *The Stanford encyclopedia of philosophy*. https://plato.stanford.edu/archives/win2017/entries/scientific-objectivity/.

Saussure, F. de (1992). *Course in general linguistics* (5th ed.). LaSalle, IL: Open Court.

Shapiro, J. A. (2011). *Evolution: A view from the 21st century*. Upper Saddle River, NJ: Financial Times Press.

Steffensen, S. V. (2011). Beyond mind: An extended ecology of languaging. In S. J. Cowley (Ed.), *Distributed language* (pp. 185-210). Amsterdam: John Benjamins.

Steffensen, S. V. (2013). Human interactivity: Problem-solving, solution-probing and verbal patterns in the wild. In S. J. Cowley & F. Vallée-Tourangeau (Eds.), *Cognition beyond the brain: Computation, interactivity and human artifice* (pp. 195-221). Dordrecht: Springer.

Steffensen, S. V. (2017). The microecological grounding of language: How linguistic symbolicity extends and transforms the human ecology. In A. Fill & H. Penz (Eds.), *The Routledge handbook of ecolinguistics* (pp. 411-423). London: Routledge.

Steffensen, S. V., & Fill, A. (2014). Ecolinguistics: The state of the art and future horizons. *Language Sciences*, 41(Pt. A), 6-25. doi: http://dx.doi.org/10.1016/j.langsci.2013.08.003

Steffensen, S. V., & Harvey, M. I. (2018). Ecological meaning, linguistic meaning, and interactivity. *Cognitive Semiotics*, 11(1).

Steffensen, S. V., & Kramsch, C. (2017). The ecology of second language acquisition and socialization. In P. A. Duff & S. May (Eds.), *Encyclopedia of language and education: Language socialization* (pp. 1-16). Berlin: Springer.

Steffensen, S. V., Vallée-Tourangeau, F., & Vallée-Tourangeau, G. (2016). Cognitive events in a problem-solving task: A qualitative method for investigating interactivity in the 17 Animals problem. *Journal of Cognitive Psychology*, 28(1), 79-105. doi: 10.1080/20445911.2015.1095193

Stibbe, A. (2012). *Animals erased: Discourse, ecology, and reconnection with the natural world*. Middletown, CT: Wesleyan University Press.

Stibbe, A. (2015). *Ecolinguistics: Language, ecology and the stories we live by*. London: Routledge.

Taylor, T. J. (2000). Language constructing language: The implications of reflexivity for linguistic theory. *Language sciences*, 22(4), 483-499.

Thibault, P. J. (2011). First-order languaging dynamics and second-order language: The distributed language view. *Ecological Psychology*, 23(3), 210-245. doi: 10.1080/10407413.2011.591274

Thibault, P. J. (2019). Simplex selves, functional synergies, and selving: Languaging in a complex world. *Language Sciences*, 71, 49-67. doi: https://doi.org/10.1016/j.langsci.2018.03.002

Trasmundi, S. B., & Steffensen, S. V. (2016). Meaning emergence in the ecology of dialogical systems. *Psychology of Language and Communication*, 20(2).

Wells, A. (2006). *Rethinking cognitive computation: Turing and the science of the mind*. Basingstoke: Palgrave Macmillan.

Wilson, E. O. (1998). *Consilience: The unity of knowledge*. New York: Knopf.

〈제43장〉

Bao, Z., & Lionel, W. (1999). The passive in Singapore English. *World English*, 18, 1-11.

Bennett, P. A. (1980). English passives: A study in syntactic change and relational grammar. *Lingua*, 51(2), 101-114.

Bouton, L. F. (1973). Some reasons for doubting the existence of a passive transformation. In B. B. Kachru (Eds.), *Issues in linguistics: Papers in honor of Henry and Renée Kahane* (pp. 70-84). Champaign: University of Illinois Press.

Bresnan, J. (Eds.). (1982). *The mental representation of grammatical relations*. Cambridge, MA: MIT Press.

Bybee, J. L., & Becker, C. (2010). Usage-based theory. In B. Heine & H. Narrog (Eds.), *The Oxford handbook of linguistic analysis* (pp. 827-855). Oxford: Oxford University Press.

Cao, Z. (Eds.). (2008). *Hanyu fangyan dituji* (yufa juan) [The maps of the Chinese dialects (Volume of Grammar)]. Beijing: Shangwu yinshuguan.

Cennamo, M. (2015). Paths of grammaticalization in Romance voice systems. Paper presented at the symposium on "Areal Patterns of Grammaticalization and Crosslinguistic Variation in Grammaticalization Scenarios", Mainz, March, 2015.

Chappell, H. M. (2015). Linguistic areas in China for differential object marking, passive, comparative constructions. In H. M. Chappell (Eds.), *Diversity in Sinitic languages* (pp. 13-52). Oxford: Oxford University Press.

Chomsky, N. (1957). *Syntactic structures* (2nd ed.). Berlin: Mouton de Gruyter.

Chomsky, N. (1981). *Lectures on government and binding*. (Studies in Generative Grammar 9). Dordrecht: Foris Publications.

Comrie, B. (1981). *Language universals and linguistic typology*. Chicago: University of Chicago Press.

Corne, C. (1977). *Seychelles Creole grammar: Elements for Indian Ocean proto-Creole reconstruction*. (Tübinger Beiträge zur Linguistik 91). Tübingen: Narr.

Coupe, A. R. (2018). Grammaticalization processes in the languages of South Asia. In H. Narrog & B. Heine (Eds.), *Grammaticalization from a typological perspective* (pp. 189-218). Oxford: Oxford University Press.

Croft, W. (2001). *Radical construction grammar: Syntactic theory in typological perspective*. New York: Oxford University Press.

Croft, W. (2016). Typology and the future of cognitive linguistics. *Cognitive Linguistics*, 27(4), 587-602.

Croft, W. (2019). Some contributions of typology to cognitive linguistics, revisited. Presented at the 15th International Cognitive Linguistic Conference, Nishinomiya, Japan.

Croft, W., & Cruse, D. A. (2004). *Cognitive linguistics*. Cambridge: Cambridge University Press.

Dryer, M. S. (1992). The Greenbergian word order correlations. *Language*, 68(1), 81-138.

Giacalone Ramat, A. (2017). Passives and constructions that resemble passives. *Folia Linguistica Historica*, 51, 151-176.

Givón, T. (1989). *Mind, code and context: Essays in pragmatics*. Hillsdale, NJ: Erlbaum Associates.

Goldberg, A. E. (1995). *Constructions: A construction grammar approach to argument structure*.

Chicago: University of Chicago Press.

Greenberg, J. H. (1966). Some universals of grammar with particular reference to the order of meaningful elements. In J. Greenberg (Eds.), *Universals of language* (pp. 73-113). Cambridge, MA: MIT Press.

Greenberg, J. H. (1990). Two approaches to language universals. In K. Denning & S. Kemmer (Eds.), *On language: Selected writings of Joseph H. Greenberg* (pp. 702-720). Stanford, CA: Stanford University Press.

Haspelmath, M. (1990). The grammaticization of passive morphology. *Studies in Language*, 14(1), 25-72.

Heine, B., & Kuteva, T. (2002). *World lexicon of grammaticalization*. Cambridge: Cambridge University Press.

Hopper, P., & Traugott, E. C. (2003). *Grammaticalization*. Cambridge: Cambridge University Press.

Huang, B. (Eds.). (1996). *Hanyu fangyan yufa leibian* [The classification collection of the grammars of the Chinese dialects]. Qingdao: The Qingdao Press.

Jiang, L. (1989). Beidong guanxici 'chi' de laiyuan chutan [A basic study in the lexical source of the passive morpheme chi]. *Zhongguo yuwen*, 5, 370-377.

Kilian-Hatz, C. (1992). Der komitativ im Baka: eine Fallstudie zur gramatikalisierung. MA thesis, Institut für Afrikanistik, University of Cologne.

Kiparsky, P. (2013). Towards a null theory of the passive. *Lingua*, 125(1), 7-33.

Kroskripty P. V. (1985). A holistic understanding of Arizona Tewa passives. *Language*, 61(2), 306-328.

Lakoff, G. R. (1971). Passive resistance. *Papers from the Regional Meeting of the Chicago Linguistic Society*, 7, 149-162.

Langacker, R. W. (1987). *Foundations of cognitive grammar. Vol. 1: Theoretical prerequisites*. Stanford, CA: Stanford University Press.

Langacker, R. W. (1991). *Foundations of cognitive grammar. Vol. 2: Descriptive application*. Stanford, CA: Stanford University Press.

Langacker, R. W. (2013). *Essentials of cognitive linguistics*. New York: Oxford University Press.

Lehmann, C. (1991). Grammaticalization and related changes in contemporary German. In E. C. Traugott & B. Heine (Eds.), *Approaches to grammaticalization*. Vol. 1 (pp. 493-534). Amsterdam and Philadelphia: John Benjamins.

Lehmann, C., de Lima, J. P., & Soares, R. (2010). Periphrastic voice with "see" in Portuguese. In G. Diewald & E. Smirnova (Eds.), *Paradigmaticity and obligatoriness* (pp. 75-100). Special Issue: Acta Linguistica Hafnensia, 42(1).

Li, C. N., & Thompson, S. A. (1981). *Mandarin Chinese: A functional reference grammar*. Berkeley: University of California Press.

Lightfoot, D. (1991). *How to set parameters: Arguments from language change*. Cambridge, MA:

MIT Press.

Lü, S. (Eds.). (1996). *Xiandai hanyu babai ci* [The eight hundred words of Contemporary Chinese]. Beijing: Shangwu Yinshuguan.

Peyraube, A. (2015). Grammatical change in Sinitic languages and its relation to typology. In H. M. Chappell (Eds.), *Diversity in Sinitic languages* (pp. 53-78). Oxford: Oxford University Press.

Pollard, C., & Sag, I. A. (1993). *Head-driven phrase structure grammar*. Chicago and Stanford, CA: University of Chicago Press and the Center for the Study of Language and Information.

Rhee, S., & Koo, H. J. (2014). Grammaticalization of causatives and passives and their recent development into stance markers in Korean. *Poznan Studies in Contemporary Linguistics*, 50(3), 309-337.

Ross, L. (1987). The problem of construal in social inference and social psychology. In N. Grunberg, R. E. Nisbett, & J. Singer (Eds.), *A distinctive approach to psychological research: The influence of Stanley Schacter* (pp. 87-117). Hillsdale, NJ: Erlbaum.

Swan, M. (2000). *Practical English usage*. Oxford: Oxford University Press.

Talmy, L. (2000). *Toward a cognitive semantics. Vol. 1: Concept structuring systems*. Cambridge, MA: MIT Press.

Verhagen, A. (2006). Construal and perspectivization. In D. Geeraerts & H. Cuyckens (Eds.), *The Oxford handbook of cognitive linguistics* (pp. 48-81). Oxford: Oxford University Press.

Vykypěl, B. (2010). *Das Problem der sprachlichen elementarverwandtschaft*. Munich: LINCOM.

Wang, T., & Shi, Y. (2019). Jindai Hanyu "chi" zi beidongju xingshuai de yuanyin [The motivations for the rise and decline of the "eat" passive in Modern Chinese]. *Gu Hanyu Yanjiu* [Research on Ancient Chinese Language], 2, 40-50.

Weiner, J. E., & Labov, W. (1983). Constraints on the agentless passive. *Journal of Linguistics*, 19(1), 29-58.

Wilkins, D. (1989). Mparntwe arrernte (Aranda): Studies in the structure and semantics of grammar. PhD dissertation, Australian National University, Canberra.

Wolff, E. (1983). *A grammar of the Lamang language* (Gwàd Làmàŋ). (Afrikanistische Forschungen 10). Glückstadt: J. J. Augustin.

Zhu, D. (1982). *Yufa jiangyi* [Lectures on Chinese Grammar]. Beijing: The Commercial Press.

찾아보기

ㅇ

ㅈ

A-Z

집필자 소개

에스라 압델자헤르(Esra' Abdelzaher)는 현재 헝가리 데브레첸대학교(University of Debrecen)에서 연구 중이다. 그녀는 디지털 사전 편찬 프로젝트인 프레임넷과 워드넷의 어휘 및 의미적 차이를 분석하는 데 집중하고 있다. 특히, 인지적 사전 편찬 연구에서 분포 및 말뭉치 도구의 통합에 깊은 관심을 가지고 연구하고 있다.

살바토레 아타르도(Salvatore Attardo)는 현재 미국 텍사스A&M대학교-커머스(Texas A&M University-Commerce)에서 언어학을 가르치고 있다. 그는 유머에 관한 두 편의 논문을 발표했으며, 2014년에는 『유머 연구의 백과사전Encyclopedia of Humor Studies』을, 2017년에는 『언어와 유머의 라우틀리지 핸드북Routledge Handbook of Language and Humor』을 편집했다. 그의 최신 저서인 『유머의 언어학The Linguistics of Humor』은 2020년에 출간되었다.

사디아 벨키르(Sadia Belkhir)는 알제리 티지우주의 물루드마므리대학교(Mouloud Mammeri University)에서 영어과 부교수로 활동하고 있다. 그녀는 속담에서 나타나는 동물 관련 은유와 인지, 언어, 문화의 관계를 연구하며, 2020년에는 『인지와 언어 학습Cognition and Language Learning』을 편집했다. 그녀의 대표 논문으로는 2019년 『Cognitive Linguistic Studies』 6(2)에 게재된 "인지언어학적 관점에서 본 언어 및 문화 간 동물 관련 개념Animal-related concepts across languages and cultures from a cognitive linguistic perspective", 2016년 『International Journal of Language and Culture』 3(2)에 발표된 "미국 영와 카빌어의 화 은유: 문화의 영향Anger metaphors in American English and Kabyle: The effect of culture"이 있다.

한스 보아스(Hans C. Boas)는 미국 텍사스대학교 오스틴 캠퍼스(University of Texas at Austin)에서 게르만 연구소 및 언어학과의 석좌교수로 재직 중이다. 그는 2001년 국제 컴퓨터 과학 연구소(International Computer Science Institute)의 프레임넷 프로젝트에서 박사후 연구원으로 재직했으며, 또한 캘리포니아대학교(University of California) 버클리 캠퍼스에서 독일 학술교류 서

비스(Deutscher Akademischer Austauschdienst)의 지원을 받아 언어학과 연구원으로 활동했다. 그는 독일 괴팅겐대학교(Georg-August-Universität Göttingen)에서 법학과 언어학을 전공했으며, 노스캐롤라이나대학교(University of North Carolina)에서 석사학위(논문 제목: 독일어의 수동태 The Passive in German)와 박사학위(논문 제목: 영어와 독일어의 결과 구문 Resultative Constructions in English and German)를 취득했다. 2001년, 그는 텍사스 독일어 방언을 기록하고 문서화하기 위한 텍사스 독일어 방언 프로젝트(www.tgdp.org)를 설립했다. 그의 저서인 『텍사스 독일인의 삶과 죽음 The Life and Death of Texas German』(2009)은 2011년 미국 언어학회에서 수여하는 레너드 블룸필드 우수 도서상을 수상했다. 2012년에 언어학 연구 센터의 소장이 되었고, 2018년에 게르만 연구소의 위원장이 되었다.

리젤로테 브렘스(Lieselotte Brems)는 리에주대학교(University of Liège)에서 영문학 부교수로 재직하며, 벨기에 루벤대학교(KU Leuven)의 연구원으로도 활동하고 있다. 그녀는 주로 영어 명사구에서의 문법화와 (상호-)주관화에 중점을 두고 연구하고 있다. 특히 no doubt/chance/wonder와 같은 표현의 크기와 유형에 따른 명사구의 구문을 탐구하고 있다.

프랭크 브리사드(Frank Brisard)는 벨기에 앤트워프대학교(University of Antwerp)에서 조교수로 근무하며, 『화용론 Pragmatics』의 편집자로 활동 중이다. 그의 연구는 문법적 구문의 의미론과 언어에 대한 인지 기능적 접근에 사용 기반 접근 이론을 바탕으로 진행된다.

크리스티아누 브로키아스(Cristiano Broccias)는 이탈리아 제노바대학교(University of Genoa)에서 영문학과 정교수로 활동 중이다. 그의 연구는 영어 통사론, 특히 공시적 및 통시적 관점에서의 인지적 이론에 초점을 맞추고 있다. 특히 '변화 구문'과 as-절에 대한 연구에 많은 관심을 가지고 있다.

마르 가라차나 카마레로(Mar Garachana Camarero)는 스페인 바르셀로나대학교(University of Barcelona)에서 히스패닉 언어학을 가르치고 있다. 그녀의 말뭉치 언어학, 문법화, 그리고 구문화에 대한 연구를 수행하고 있다. 그녀는 스페인어와 카탈로니아어의 담화 표지, 기사 진화, 그리고 구두 어구의 구문화에 대한 연구를 진행했다. 특히, 언어 접촉으로 인한 스페인어 문법의 변화에 관한 연구가 주목받고 있으며, 이를 통해 언어의 진화를 다양한 시각에서 조망하고 있다.

티모시 콜먼(Timothy Colleman)은 벨기에 겐트대학교(Ghent University) 언어학부의 연구원으로 활동하고 있다. 그는 네덜란드어와 관련 언어에서 논항구조 구문의 형태적 및 의미적 속성이 어떻게 변이되고 변화하는지를 연구하고 있다.

허버트 콜스턴(Herbert L. Colston)은 캐나다 앨버타대학교(University of Alberta)의 언어학과 학과장으로 근무하고 있다. 그는 『은유와 상징Metaphor and Symbol』의 편집자이기도 하며, 『비유적 사고와 언어Figurative Thought and Language』라는 책 시리즈를 공동 편집하고 있다. 또한 그의 저서인 『언어가 의미를 만드는 방법: 신체화와 결합 반의어How Language Makes Meaning: Embodiment and Conjoined Antonymy』는 2019년에 케임브리지 대학교 출판사에서 출간되었다.

스티븐 코울리(Stephen J. Cowley)는 덴마크 남부대학교(University of Southern Denmark) 슬라겔세 캠퍼스의 조직 인지학 교수로 재직하고 있다. 그는 분산 언어 이동의 애니메이터 역할을 맡고 있으며, 언어와 상호작용 그리고 인지 연구를 위한 국제학회의 회장직을 수행하고 있다.

뤼트비크 데사이(Rutvik H. Desai) 박사는 미국 사우스캐롤라이나대학교(University of South Carolina) 심리학과 교수로 재직 중이다. 그는 인지과학 분야에서 광범위한 교육을 받았으며, 현재 단어 의미의 신경학적 기초를 연구하고 있다. 그의 주요 연구 주제는 개념의 신체화, 발화 처리, 읽기 및 은유 이해 등으로, 이 분야에 대한 우리의 지식을 확장하는 데 기여하고 있다.

레나타 잉겔스(Renata Enghels) 교수는 벨기에 겐트대학교(Ghent University)에서 히스패닉 및 로망스어 대조언어학을 가르치고 있다. 그녀는 주로 기능적 및 인지적 관점에서의 말뭉치 연구를 진행하며, 로망스어의 다의성, 문법화, 구문화, 부호 전환, 문법에서의 언어적 논항구조 및 구문에 대한 다양한 연구를 수행하고 있다.

비토 에볼라(Vito Evola)는 포르투갈 노바데리스보아대학교(Universidade Nova de Lisboa)에서 인지언어학과 다중양상적 의사소통을 연구하고 있다. 그의 연구는 언어, 문화, 인지에 초점을 맞추며, 의료, 법의학, 종교 담론, 공연 예술 등 다양한 맥락에서 데이터를 분석한다.

샤를 포스빌(Charles Forceville) 교수는 네덜란드 암스테르담대학교(University of Amsterdam) 미디어학부에서 활동하고 있다. 그는 시각 자료가 단독으로 또는 다른 양상과 결합하여 의미를 전달하는 방식에 대해 연구한다. 다큐멘터리, 애니메이션, 광고, 만화 및 카툰 등 다양한 매체의 발화와 수사학이 그의 주요 연구 대상이다.

더크 기어레츠(Dirk Geeraerts) 교수는 벨기에 루뱅대학교(University of Leuven)에서 언어학을 가르치고 있다. 그는 『인지언어학Cognitive Linguistics』 저널의 창립자이자 『인지언어학 옥스퍼드 핸드북Oxford Handbook of Cognitive Linguistics』의 편집자로 활동하고 있다. 그의 주요 저서로는 『통시적 원형의미론Diachronic Prototype Semantics』(1997), 『단어와 다른 불가사의Words and Other Wonders』(2006), 『어휘의미론의 연구 방법: 역사의미론에서 인지의미론까지Theories of Lexical Semantics』(2010) 등이 있다.

레이첼 지오라(Rachel Giora) 교수는 이스라엘 텔아비브대학교(Tel Aviv University)에서 연구활동을 하고 있다. 그녀는 등급 현저성 가설(Graded Salience Hypothesis)과 기본값 가설(Defaultness Hypothesis)에 중점을 둔 연구를 진행하고 있으며, 140개 이상의 논문과 함께 『우리의 마음On Our Mind』, 『은유와 비유 언어Metaphor and Figurative Language』, 『문화 간 화용론 실행하기Doing Pragmatics Interculturally』 등의 저서를 출간했다.

클리프 고다드(Cliff Goddard) 교수는 호주 그리피스대학교(Griffith University)에서 언어학을 가르치고 있다. 그는 자연 의미 메타언어와 문화적 스크립트 이론을 지지하며, 의미론과 민속 화용론 연구에 기여하고 있다.

클란테스 그로만(Kleanthes K. Grohmann) 교수는 키프로스대학교(University of Cyprus)에서 생물언어학을 가르치며, 키프로스 획득 팀(CAT Lab)의 책임자로 활동하고 있다. 그는 생성문법, 언어 발달, 다국어 연구에 폭넓은 관심을 가지고 있으며, 『최소주의의 이해Understanding Minimalism』의 공동 저자이며, 『생물언어학의 케임브리지 핸드북The Cambridge Handbook of Biolinguistics』의 공동 편집자이다. 또한, 존 벤자민 출판사의 『언어능력과 그 너머Language Faculty and Beyond』 시리즈의 공동 편집자이자, 오픈액세스인 『생물언어학Biolinguistics』의 편집자로도 활동하고 있다.

가보르 죄리(Gábor Győri) 교수는 헝가리 페치대학교(University of Pécs) 영어학과의 부교수이자 학과장이다. 언어 진화에 대한 그의 관심은 동물 행동학과 언어학을 모두 공부한 경험에서 비롯되었으며, 이후 언어학에 집중하여 박사학위를 받았다. 그는 언어와 인지, 언어와 문화, 범주화, 은유, 의미 변화 등을 연구하고 있다.

제키 하마완드(Zeki Hamawand) 교수는 이라크 키르쿠크대학교(Kirkuk University)와 술라이마니 대학교(Sulaimani University)에서 영어와 언어학을 가르치고 있다. 그는 인지언어학을 전공으로, 형태론, 어휘론, 통사론, 의미론에 관한 저서, 교재 및 논문을 다수 출판했다. 저서로는 『영어의 시간 보충절: 인지문법 분석Atemporal Complement Clauses in English: A Cognitive Grammar Analysis』(2002), 『형용사 형성의 접미사 경쟁: 인지-코퍼스적 분석Suffixal Rivalry in Adjective Formation: A Cognitive-Corpus Analysis』(2007), 『명사 형성의 형태소-어휘 교체Morpho-Lexical Alternation in Noun Formation』(2008), 『영어 부정 접두사의 의미론The Semantics of English Negative Prefixes』(2009) 등이 있다. 또한 그의 교재로는 『영어의 형태론: 인지문법의 단어 형성Morphology in English: Word Formation in Cognitive Grammar』(2011), 『의미론: 언어적 의미에 대한 인지적 설명Semantics: A Cognitive Account of Linguistic Meaning』(2016), 『언어 사상의 현대 학파: 단기 코스Modern Schools of Linguistic Thought: A Crash Course』(2020) 등이 있다. zeki.hamawand@gmail.com으로 연락할 수 있다.

율리우스 해세머(Julius Hasseme)는 브라질 상파울루대학교(University of São Paulo)에서 독일 연구 재단(DFG)의 박사후 연구원으로 활동했으며, 독일 아헨대학교(RWTH Aachen University)에서 박사학위를 취득했다. 그는 제스처 형식 이론과 제스처 분류법을 제안했으며, 현재는 제품 사용자 인터페이스를 위한 제스처 제어 분야에서 컨설팅을 진행하고 있다.

토마스 호프만(Thomas Hoffmann)은 독일 아이히슈태트-잉골슈타트가톨릭대학교(Catholic University Eichstätt-Ingolstadt)에서 영어 및 언어학 교수 겸 학과장으로 재직하고 있다. 그의 연구는 용법 기반 구문문법, 언어 변이 및 변화, 다중양상적 의사소통에 초점을 두고 있으며, 『인지언어학Cognitive Linguistics』, 『영어학 저널Journal of English Linguistics』, 『영어 세계 및 말뭉치 언어학English World-Wide and Corpus Linguistics』, 『언어학 이론Linguistic Theory』 등 다수의 국제 저널에 논문을 발표했다. 그는 2011년에 『영어의 전치사 배치Preposition Placement in English』와 2019년에 『영어 비교구문 대조Comparing English Comparatives』를 케임브리지 대학교 출판사에서 저술했으며, 현재 『언어학 분야의 케임브리지 교재Cambridge Textbooks in Linguistics』 시리즈의 일환으로 "구문문법: 영어의 구조Construction grammar: The structure of English"를 집필하고 있다.

추-런 황(Chu-Ren Huang)은 홍콩 이공대학교(Hong Kong Polytechnic University)에서 중국어 및 이중언어학과 석좌교수로 재직하고 있다. 그의 연구는 중국어, 전산언어학, 말뭉치언어학, 어휘의미론, 온톨로지 등을 포함하며, 『중국어Lingua Sinica』(de Gruyter), 『자연 언어 처리 연구Studies in Natural Language Processing』(Cambridge), 『중국어학의 프론티어Frontiers in Chinese Linguistics』(PKU Press/Springer) 등의 편집자로도 활동하고 있다.

리처드 허드슨(Richard Hudson)은 런던대학교(University College London)에서 40년간 언어학 연구를 한 후 2004년에 은퇴했다. 그는 쿠시틱베자어의 문법으로 박사학위를 받았으며, 이후 런던대학교에서 마이클 홀리데이의 연구 조교로 6년 동안 일하며 언어학 교육과 연구에 헌신했다. 은퇴 후에는 영국 언어학 올림피아드(UK Linguistics Olympiad)를 설립하고, 단어 문법 이론을 개발하며 학문적 활동을 이어가고 있다. 가족으로는 아내 게이너와 두 딸이 있다.

프란시스코 호세 루이즈 데 멘도자 이바녜즈(Francisco José Ruiz de Mendoza Ibáñez)는 스페인 라리오하대학교(University of La Rioja) 언어학 교수로 재직하고 있다. 그는 인지언어학, 화용론, 구문문법을 전문으로 연구하며, 『인지언어학 리뷰Review of Cognitive Linguistics』(John Benjamins)와 『인지언어학의 적용Applications of Cognitive Linguistics』(Mouton)의 편집자로 활동하고 있다.

찬중 지앙(Canzhong Jiang)은 중국 서남대학교(Southwest University) 국제학부에서 박사후 연구원으로 활동하고 있다. 그의 연구는 인지언어학, 특히 역사 인지언어학과 구문문법에 중점을 두고 있다.

마리아 캄바나로스(Maria Kambanaros)는 호주 남부대학교(University of South Australia)에서 언어 병리학 교수로 재직하고 있다. 그녀는 후천성 및 발달 언어 장애, 다국어 사용, 재활에 관한 연구를 진행하며, 또한 그리스와 키프로스에서 언어 및 언어 치료 프로그램의 표준 텍스트로 채택된 대학 교재인 『발화 치료의 진단 문제Diagnostic Issues in Speech Therapy』를 저술했다. 그녀는 이퀴녹스 책 시리즈 『의사소통 장애와 임상 언어학Communication Disorders and Clinical Linguistics』의 공동 편집자이자, 오픈액세스인 『생물언어학Biolinguistics』의 부편집장으로도 활동하고 있다.

졸탄 쾨벡세스(Zoltán Kövecses)는 헝가리 부다페스트의 외트뵈시로란드대학교(Eötvös

Loránd University) 명예교수로, 개념적 은유 이론에 관해 광범위한 논문을 발표해 왔다. 현재는 은유와 맥락, 은유와 문화 간 관계, 그리고 은유에 대한 다층적인 맥락적 관점에 초점을 맞춰 연구를 이어가며, 『인지언어학 연구Cognitive Linguistic Studies』(John Benjamins)의 공동 편집자로도 활동하고 있다.

프란체스카 스트릭 리버스(Francesca Strik Lievers)는 이탈리아 제노바대학교(University of Genoa) 연구원으로, 어휘의미론과 비유 언어를 주제로 연구하고 있다. 그녀는 공시적 및 통시적 관점에서 지각 경험, 공감각적 은유에 대한 광범위한 연구를 수행했다.

딜린 류(Dilin Liu)는 미국 앨라배마대학교(University of Alabama) 영어학과 교수로, 영어 어휘와 문법의 말뭉치 기반 연구와 교육에 주력하고 있다. 그는 『응용 인지언어학Applied Linguistics』, 『인지언어학Cognitive Linguistics』, 『말뭉치언어학의 국제 저널International Journal of Corpus Linguistics』, 『학술 목적의 영어 저널Journal of English for Academic Purposes』, 『언어학의 영어 저널Journal of English for Linguistics』, 『현대 언어 저널Modern Language Journal』, 『제2언어 습득 연구Studies in Second Language Acquisition』, 그리고 『영어교육학회TESOL Quarterly』 등 여러 국제 저널에 논문을 발표했으며, 6권의 책을 저술했다.

한 뤄(Han Luo)는 미국 라파예트대학교(Lafayette College)에서 중국어과 조교수로 재직하고 있다. 그녀는 2011년 텍사스대학교 오스틴 캠퍼스에서 외국어 교육학 박사학위를, 2007년에는 베이징외국어대학교에서 언어학 및 응용 언어학 박사학위를 취득했다.

로시오 마르티네즈(Rocío Martínez)는 아르헨티나 부에노스아이레스대학교(Universidad de Buenos Aires)에서 언어학 박사학위를 받았으며, 현재 국립연구기관 코니셋(CONICET)에서 보조 연구원으로 활동하고 있다. 또한 부에노스아이레스 대학교에서 수어 언어학과 대조 분석을 가르치고 있다.

마르코 마조네(Marco Mazzone)는 이탈리아 카타니아대학교(University of Catania) 언어철학과 정교수로 재직하고 있다. 그의 최신 저서는 『인지 화용론: 마인드리딩, 추론, 의식Cognitive Pragmatics: Mindreading, Inferences, Consciousness』이며, 화용적 이해, 자발적 추론, 그리고 합리성의 인지 과정에 초점을 맞춘 연구를 진행하고 있다.

월터 드 멀더(Walter De Mulder)는 벨기에 앤트워프대학교(University of Antwerp)에서 일반 언어학 및 프랑스 언어학과의 정교수로 재직하며, GaP 및 C-APP 연구 그룹의 일원으로 활동하고 있다. 그는 문법화에 대한 용법 기반 접근법과 참조, 의미 그리고 은유를 포함한 의미의 유연성에 대한 틀 기반 인지적 접근법을 연구하며, 주로 프랑스어의 의미론과 화용론, 시제, 양상, 서법 표지, 지시 표현, 전치사 등의 다양한 주제를 연구하며 공시적 및 통시적 관점에서 다른 언어도 탐구하고 있다.

더크 노엘(Dirk Noël)은 홍콩대학교(University of Hong Kong) 영어학과 교수로, 지난 15년간 통시적 구문문법 분야에서 이론적 및 설명적 연구를 진행해 왔다.

얀 누이츠(Jan Nuyts)는 벨기에 앤트워프대학교(University of Antwerp) 언어학과 교수로 재직하며, 인지 기능적 의미론을 연구하고, 특히 서법 범주의 인지적 및 기능적 구조와 언어적, 사고적 함의에 관심을 두고 있다.

나탈리야 파나센코(Nataliya Panasenko)는 슬로바키아 성-키릴-메토디우스대학교(University of SS Cyril and Methodius) 언어 커뮤니케이션학과 교수로 재직하고 있다. 그녀는 언어와 문화, 언어와 인지, 인지적 명의론 등 다양한 주제를 연구하며, 수많은 저서와 논문을 발표했다.

클라우스-우베 팬더(Klaus-Uwe Panther)는 독일 함부르크대학교(University of Hamburg) 영문학과의 명예교수이다. 그는 2004년 독일어 인지언어학 협회의 창립 회원 중 한 명으로, 2004년부터 2008년까지 회장직을 역임했다. 또한, 그는 2005년부터 2007년까지 국제 인지언어학 협회(International Cognitive Linguistics Association)의 회장도 역임했다. 그는 다양한 국제회의에서 기조연설을 했으며, 인디아나대학교(Bloomington), 캘리포니아대학교(Berkeley), 미셸드몽테뉴대학교(Bordeaux, France), 외트뵈시로란드대학교(Budapest, Hungary), 서-일리노이대학교(Carbondale), 라리오하대학교(Spain, Logroño) 등에서 객원교수로 활동했다. 2007년에는 중국 시안 국제대학에서 명예교수직을 수여 받았고, 2012년부터 2014년까지 난징 사범대학교(중국)에서 특별 객원교수로 재직했다. 최근 논문 "동기화와 추론: 인지언어학적 접근Motivation and Inference: A Cognitive Linguistic Approach"(2017)은 인지언어학과 화용론을 다룬다.

군터 라덴(Günter Radden)은 독일 함부르크대학교(Hamburg University) 영문학과 명예교수로, 『인지문법론Cognitive English Grammar』을 포함한 다수의 저서를 르네 더번(René Dirven)과 함께 집필했다. 그의 연구는 인지문법, 개념적 은유, 개념적 환유, 언어 동기 등에 중점을 둔다.

니콜라스 리카디(Nicholas Riccardi)는 미국 사우스캐롤라이나대학교(University of South Carolina) 심리학과 대학원생으로, 병변 증상 사상과 신경 영상을 활용하여 언어와 개념의 신경학적 기초를 탐구하고 있다. 그의 연구는 개념적 표상에서 행동 인식 체계의 중요성을 보여주고 있다.

울리케 슈뢰더(Ulrike Schröder)는 브라질 미나스제라이스연방대학교(Federal University of Minas Gerais) 독일어 연구 및 언어학 교수이다. 그녀는 독일 에센대학교에서 2003년에 박사학위를 받았으며, 인지언어학, 문화언어학, 문화 간 화용론, 상호작용 언어학 분야에서 활발히 연구 중이다.

유즈 쓰(Yuzhi Shi)는 스탠퍼드대학교(Stanford University)에서 1999년에 박사학위를, 캘리포니아샌디에이고대학교(University of California San Diego)에서 1995년에 석사학위를 받았다. 현재 그는 싱가포르국립대학교(National University of Singapore)에서 부교수로 재직하며, 인지언어학, 언어유형론, 문법화 이론을 중심으로 20권 이상의 저서와 160편 이상의 논문을 발표했다. 그의 저서 『중국어 문법의 진화The Evolution of Chinese Grammar』는 케임브리지 대학교 출판사에서 출판 승인을 받았다.

크리스 신하(Chris Sinha)는 중국 후난대학교(Hunan University) 인지과학 석좌교수로, 영국 이스트 앵글리아 대학교(University of East Anglia)에서 명예교수, 중국 충칭 사우스웨스트 대학교(Southwest University)에서 객원교수로 활동하고 있다. 그는 2005년부터 2007년까지 영국 인지언어학 협회의 회장을, 2011년부터 2013년까지 국제 인지언어학 협회의 회장을 역임했다.

순 보크 스테펜센(Sune Vork Steffensen)은 덴마크 남부대학교(University of Southern Denmark) 오덴세 캠퍼스 언어 및 커뮤니케이션 학과에서 언어, 상호작용 및 인지학 교수로 재직하며, 덴마크 고등연구소의 부소장, 중국 화남 농업 대학교 및 남서 대학교 객원교수로 활동하고 있다.

그는 또한 『언어과학Language Sciences』의 편집장으로도 활동 중이다.

데니스 테이(Dennis Tay)는 홍콩폴리테크닉대학교(Hong Kong Polytechnic University) 영어과 부교수로 재직하며, 언어학, 정량적 분석 및 전산 수학에 대한 교육을 받았다. 그는 인지언어학, 은유 이론, 정신 건강 의사소통 그리고 담화 데이터 분석 연구를 진행하고 있다.

존 테일러(John R. Taylor)는 뉴질랜드 오타고대학교(University of Otago) 언어학 선임강사로 은퇴할 때까지 재직했으며, 그 이전에는 독일과 남아프리카에서 교수직을 역임했다. 그는 옥스퍼드 대학교 출판사에서 출간한 『영어의 소유격Possessives in English』(1996), 『인지문법Cognitive Grammar』(2002), 『언어 범주화Linguistic Categorization』(2003년 제3판), 그리고 『정신적 말뭉치The Mental Corpus』(2012)의 저자이다. 또한, 그는 『인지언어학 블룸즈버리 핸드북Bloomsbury Companion to Cognitive Linguistics』(2014)의 공동 편집자이기도 하다.

쩡-훙 싸이(Tzung-Hung Tsai)는 대만 국립핑동대학교(National Pingtung University) 응용영어학과 조교수로 재직 중이다. 그의 주요 연구 및 교육적 관심사는 EFL 교육 방법론, 교사 연수, 듣기/읽기 그리고 비즈니스 영어이다.

제론 밴델(Jeroen Vandaele)는 벨기에 겐트대학교(Ghent University)에서 문학 번역(스페인어-네덜란드어)과 히스패닉 문학을 가르치고 있다. 그는 2008년부터 2017년까지 노르웨이 오슬로 대학교에서 스페인어 교수로 재직하며, 인지시학, 화용론 그리고 번역 연구를 가르쳤다.

쉬 웬(Xu Wen)은 중국 서남대학교(Southwest University) 언어학과 교수로 재직하며, 인지언어학과 화용론을 중심으로 연구하고 있다. 특히 구문문법, 은유 및 환유 이론, 인지 및 문화 간 화용론, 그리고 인지 번역 연구에 초점을 맞추고 있다. 그는 졸탄 쾨벡세스 교수와 함께 『인지언어학 연구Cognitive Linguistic Studies』의 공동 편집자로 활동하며, 중국 인지 번역협회의 회장직도 맡고 있다.

셔먼 윌콕스(Sherman Wilcox)는 미국 뉴멕시코대학교(University of New Mexico) 언어학과 교수로 재직하고 있다. 그는 수어, 제스처, 청각 장애인 문화 및 통역에 관한 수많은 학술 논문과 저서를 집필했다.

카이롱 씨아오(Kairong Xiao)는 중국 서남대학교(Southwest University) 번역학과 부교수이자 영문학과 학과장으로 재직 중이다. 그는 번역 연구 경험주의 인지(Translation Research Empiricism Cognition, TREC) 네트워크의 회원이며, 인지적 번역 연구 협회(Society of Cognitive Translation Studies)의 부국장으로도 활동하고 있다. 인지언어학과 인지적 번역 연구를 주제로 한 논문 및 저서를 다수 발표했다.

찌아찌위엔 씨옹(Jiajuan Xiong)은 중국 서남금융경제대학교(Southwestern University of Finance and Economics) 부교수로 재직하고 있다. 그녀의 주요 연구 분야는 중국어와 싱할라어의 통사론이며, 소승불교의 공감각 및 언어철학에도 깊은 관심을 가지고 있다.

쿤 양(Kun Yang)은 중국 서남대학교(Southwest University) 국제학부에서 부교수로 재직 중이며, 인지언어학, 특히 구문문법과 인지의미론에 중점을 두고 연구하고 있다.